Wolfgang Welsch

Unsere postmoderne Moderne

Sechste Auflage

Akademie Verlag

Die Deutsche Bibliothek – CIP-Einheitsaufnahme

Ein Titeldatensatz für diese Publikation
ist bei Der Deutschen Bibliothek erhältlich

ISBN 3-05-003727-X

© Akademie Verlag GmbH, Berlin 2002
Alle Rechte, insbesondere die der Übersetzung in andere Sprachen, vorbehalten. Kein Teil dieses Buches darf ohne schriftliche Genehmigung des Verlages in irgendeiner Form – durch Photokopie, Mikroverfilmung oder irgendein anderes Verfahren – reproduziert oder in eine von Maschinen, insbesondere von Datenverarbeitungsmaschinen, verwendbare Sprache übertragen oder übersetzt werden.

Satz: Kühn & Weyh, Freiburg
Schrift: 10/12p Garamond
Druck: betz-druck, Darmstadt
Bindung: R. Oldenbourg Graphische Betriebe, Kirchheim

Printed in the Federal Republic of Germany

O

tell me
all about
Anna Livia!
I want to hear
all about Anna Livia.
Well, you know Anna Livia?
Yes, of course, we all know Anna Livia.
Tell me all. Tell me now. You'll die when you hear.

Anna was, Livia is, Plurabelle's to be.

O Pluhurabelle

James Joyce
Finnegans
Wake

Inhalt

Einleitung 1

1. Abgrenzungen 1
2. Hauptthesen 4
3. Überblick 7

I. Kapitel: „Postmoderne". Die Genealogie des Ausdrucks, die Bandbreite des Terminus, der Sinn des Begriffs 9

1. Kontroversen, Kuriositäten, Klischees 9
2. Die Genealogie des Ausdrucks „Postmoderne" 12
3. Die Herausbildung des Begriffs in der nordamerikanischen Literaturdebatte 14
4. Postmoderne versus Posthistoire 17
5. Die Übertragung des Begriffs auf die Architektur 18
6. Postmoderne Tendenzen in Malerei und Skulptur 23
7. Soziologie: postindustrielle und postmoderne Gesellschaft 26
8. Postmoderne philosophisch: Jean-François Lyotard 31
9. Andere Positionen im Spektrum philosophischer Postmodernismen 37
10. Resümee und Ergänzungen 39

II. Kapitel: Moderne – Schillernder Gegenpol der Postmoderne   45

   A. Nach welcher Moderne?   46
   1. Diverse Moderne-Begriffe   46
   2. Ästhetische Modernen   48
   3. Verwirrspiele und Klärungschancen   51

   B. Konträre Moderne-Diagnosen – Spiegelbildliche Postmoderne-Konzepte   53
   1. Das Diagnose-Muster: Differenzierungs- versus Ganzheitsmisere   53
   2. Das Therapie-Muster: Ganzheits- versus Differenzierungsheil   54
   3. Anwendungsfall: Plaisirspiegel Mittelalter   57
   4. Die postmoderne Überschreitung des Gegensatzes: Ganzheit nur via Differenz einlösbar   60

III. Kapitel: Neuzeit – Moderne – Postmoderne   65

   1. Begriff der Neuzeit   66
   2. Neuzeit und neuzeitliche Moderne   73
   3. Moderne des 20. Jahrhunderts   77
   4. Postmoderne   79
   5. Neuzeit – neuzeitliche Moderne – Moderne des 20. Jahrhunderts – Postmoderne   82

IV. Kapitel: Postmoderne für alle: Die postmoderne Architektur   87

   1. Postmodern und modern: Avantgarde-Status des Ästhetischen   87
   2. Postmoderne versus Moderne: plurale, nicht vorschreibende Öffentlichkeitsfunktion der Architektur   89
   3. Moderne: Traditionsbruch und Innovationsschritt   91

4. Kehrseite: der Absolutismus der Moderne   93
  5. Uniformitätserzeugung – Paradoxien des Funktionalismus   95
  6. Technischer Geist   97
  7. Traditionsbezug modern: faktisch vorhanden – offiziell verleugnet   100
  8. Postmodern konturierte Moderne   101
  9. Traditionsverhältnis der Postmoderne   103
 10. Begriff der Postmoderne: Moderne im Status ihrer Transformation (Wellmer und Klotz versus Habermas)   106
 11. Funktion und Fiktion   111
 12. Vielfältigkeit – und ihre Probleme   114
 13. Potpourri   115
 14. Mehrsprachigkeit   117
 15. Zusammenhang   119
 16. Das schwierige Ganze   121
 17. Vorstufen   122
 18. Offene Einheit   126
 19. Typologie der Pluralität: Ungers, Stirling, Hollein   128
 20. Post-Moderne – gegen welche Moderne?   129

V. Kapitel: Panorama philosophischer Postmoderne-Positionen   135

  1. Gianni Vattimo oder postmoderne Verwindung der Moderne   136
  2. Michel Foucault oder Brüche des Wissens   139
  3. Gilles Deleuze oder Differenz und Rhizom   141
  4. Jacques Derrida oder Differenz und Verstreuung   143
  5. Jean Baudrillard oder Indifferenz und Hypertelie – Posthistoire statt Postmoderne   149
  6. Die kritische Dimension der Postmoderne (Rorty, Benhabib, Huyssen, Foster, Jameson)   154
  7. Habermas und Wellmer oder Die Moderne – am Ende ein postmodernes Projekt?   159
  8. Noch einmal Habermas oder Plötzlich diese Übersicht   161
  9. Robert Spaemann oder Essentialistischer Postmodernismus prämoderner Inspiration   165

VI. Kapitel: Lyotards Programmschrift oder
Die philosophische Perspektive der Postmoderne   169

1. Das geläufige Vorwurfssyndrom   169
2. Die Auflösung des Ganzen   172
3. Hegel und einige Folgen   173
4. Ganzheits-Melancholie und Vielheits-Interesse   175
5. Geschichtliche und philosophische Legitimation   178
6. Utopie – anders   183

VII. Kapitel: Moderne des 20. Jahrhunderts und Postmoderne oder
Von der Sensation zur Selbstverständlichkeit   185

1. Postmoderne und wissenschaftliche Moderne   185
2. Postmoderne und gesellschaftliche Moderne   189
3. Postmoderne und künstlerische Moderne   193
4. Konvergenzen in der Theorie oder
Die modernen Konturen der Postmoderne   195
5. Die Vorwürfe gegen die Postmoderne verkennen die Moderne   199
6. Die Postmoderne als exoterische Alltagsform der einst esoterischen
Moderne   202

I. Intermezzo: Heidegger oder
Postmetaphysik versus Postmoderne   207

1. Heidegger – eine Figur der Postmoderne?   207
2. Heidegger und Lyotard – ein imaginärer Disput   209
3. Geviert – ein ganz anderes Denken?   211

II. Intermezzo: Postmoderne versus
    Technologisches Zeitalter   215

   1. Beziehungen zwischen Postmoderne und Technologischem Zeitalter –
      kontrovers gesehen   215
   2. Postmoderne versus Moderne und Spätmoderne   217
   3. Postmoderne Philosophie versus Technologisches Zeitalter   219
   4. Keine Technologie-Feindlichkeit, nur Ausschließlichkeits-Kritik   222
   5. Kooperationsmodell von Postmoderne und Technologie   223

VIII. Kapitel: Der Widerstreit oder
      Eine postmoderne Gerechtigkeitskonzeption   227

   1. Das Verhältnis der Sprachspiele: Wettstreit und Dissens   227
   2. Die unvermeidliche Ungerechtigkeit des Sprechens   230
   3. Konkretionen und Modelle des Problems   234
   4. Lyotards Problemlösung: Empfindung, Artikulation, Bezeugung des
      Widerstreits   237
   5. Die Idee einer philosophischen Politik   241
   6. Eine postmoderne Version von Aufklärung   245
   7. Sprache und Ereignis – gegen Anthropozentrismus   247
   8. Kritik des Autonomie- und Heterogenitäts-Theorems   251
   9. Eine andere Sprachverfassung   256

IX. Kapitel: Der gegenwärtige Streit um die Vernunft   263

   1. Die plural gewordene Vernunft   263
   2. Inkommensurabilität   267
   3. Streitpunkt: Einheitsform   270

XII   *Inhalt*

X. Kapitel: Vielfalt von Rationalitätstypen – Einheit der Vernunft
Modelle der Tradition   277

1. Aristoteles oder Die Selbstverständlichkeit von Vieltfalt   277
2. Pascal oder Dramatik und Widerspruch der Diversität   285
3. Kant oder Übergänge ohne Brücken   291

XI. Kapitel: Transversale Vernunft   295

1. Zum Konzept   295
2. Materiale Übergänge: implizit und explizit   297
3. Vernunft: Vermögen und Vollzug solcher Übergänge   304
4. Weitere Strukturmerkmale transversaler Vernunft   307
5. Verhältnis zu Lyotards Konzeption   310
6. Transversale Vernunft und der Streit zwischen Modernisten und Postmodernisten   312
7. Transversale Vernunft und postmoderne Lebensform   315

XII. Kapitel: Perspektiven der Postmoderne   319

1. Jenseits des Ausdrucks „Postmoderne"   319
2. Pluralität – intensiv und extensiv   320
3. Praxis der Pluralität   322
4. Irritation, Hybridbildung   323
5. Philosophie: Rationalität und Weisheit   325
6. Grundbild Pluralität   327

Ergänzende Veröffentlichungen von Wolfgang Welsch
zum Thema Postmoderne   329

Personenregister   331

Sachregister   337

Vorbemerkung zur 5. Auflage

Zehn Jahre nach Erscheinen erlebt das Buch nun seine fünfte Auflage – die Frage einer „postmodernen Moderne" scheint noch immer aktuell zu sein.

Das ist überraschend, da doch viele erklären, die Debatte sei beendet, ‚Postmoderne' sei heute kein Reizwort mehr, und mit dem Übergang ins dritte Jahrtausend werde man die Vokabel wohl endgültig hinter sich bringen. Wie aber, wenn es – wie dieses Buch es vorschlug – zwischen dem Ausdruck und dem Inhalt zu unterscheiden gälte und wenn zwar der Terminus ‚postmodern' verzichtbar, die durch ihn angezeigten Gehalte aber umso wichtiger wären? Dann könnte das Ende der Aufregung um die Postmoderne daher rühren, daß deren Motive sich mittlerweile durchgesetzt haben.

In der Tat scheint dies die Bilanz der Debatte zu sein: Die Vokabel ‚Postmoderne' ist vernachlässigbar geworden, die Anliegen und Inhalte der Postmoderne aber haben weithin Anerkennung gefunden. Sie sind zu leitbildhaften Beschreibungsmustern der Gegenwart geworden. Sogar die erklärten Anhänger der Moderne zeichnen von ihrer geliebten Moderne heute ein auffallend postmodern konturiertes Bild. Das ist vielleicht das deutlichste Zeichen, wie sehr postmoderne Motive heute die kulturelle Agenda bestimmen. Vermutlich wird dies auch nach der Jahrtausendwende noch einige Zeit so bleiben. Was man in den achtziger Jahren ‚postmodern' nannte, bezeichnet ein Pensum neuer Denkweisen und Erwartungen, das auch in absehbarer Zukunft seine Relevanz behalten dürfte.

Überraschungen ergaben sich anderswo: bei der nicht-westlichen Rezeption des Theorems. Sie zeigt Aspekte, an welche die westlichen Protagonisten des Theorems nicht gedacht hatten. Wenn viele Japaner uns heute sagen, sie seien wohl immer schon postmodern gewesen, weil die japanische Kultur in ihrer ganzen Geschichte eine eklektizistische und hybride Kultur par excellence war, so ist das vielleicht noch verständlich; aber wenn sie erklären, das Postmoderne-Theorem reflektiere das Ende der Vorherrschaft des westlichen Modells und den Übergang zur Dominanz der ostasiatischen Welt, so ist das überraschend. In der islamischen Welt stößt die Postmoderne-Debatte auf großes Interesse, weil die Kritik an Einseitigkeiten und Fehlentwicklungen der westlichen Moderne als Munition aufgefaßt wird, die man dann zu eigenen Zwecken gegen den Westen richten kann. In Südamerika erfahren postmoderne Auffassungen breite Zustimmung, weil dort der Anschluß an unterschiedliche kulturelle Traditionen, wie die Postmoderne ihn nahelegt, längst zur eigenen Lebensform gehört – postmoderne Theorien werden als Bestätigung eigenen gelebten Wissens begrüßt. – Noch die Rezeption des Theorems also ist so vielfältig, wie die Theoretiker der Postmoderne dies für verschiedene Felder behauptet haben.

Wer die postmoderne Sichtweise in sich aufgenommen hat, der wird zur Vielfalt von Traditionen und zur Unterschiedlichkeit von Ansätzen ein wesentlich offeneres Verhältnis einnehmen als andere – oder er selbst früher. Es wird ihm ganz selbstverständlich sein, Inhalte für wichtiger zu halten als Chronologien und nicht mehr ohne weiteres den vorgefertigten Selektionsmustern von Modernität und Fortschritt zu folgen. Er sieht sich um, prüft und ergänzt. Das hat mit Beliebigkeit oder Entscheidungsschwäche – wie oft orakelt wird – nichts zu tun. Das Feld der Wahrnehmung ist breiter geworden, und die Entscheidung besitzt mehr Augenmaß – das ist alles. Wer wollte das einen Rückschritt nennen?

Diese fünfte Auflage enthält am Ende eine Liste weiterführender Arbeiten, in denen ich seit dem ersten Erscheinen des Buches zur Thematik von Moderne und Postmoderne Stellung genommen habe. Ferner sei auf den 1988 erschienenen Band *Wege aus der Moderne* hingewiesen, der – neben einer umfangreichen Bibliographie zum Thema – die Schlüsseltexte der Postmoderne-Diskussion enthält, auf die ich mich in diesem Buch vornehmlich bezogen habe.

Magdeburg, 1. März 1997

Vorbemerkung zur 4. Auflage

Das Buch wechselt mit seiner Verlagsreihe, den Acta humaniora, in den Akademie Verlag. Es folgt damit Dr. Gerd Giesler, dem ehemaligen Lektor der Weinheimer Acta humaniora und jetzigen Leiter des Berliner Akademie Verlages. Die Liaison ist so dauerhaft, weil sie von Anfang an bestand und ein Glücksfall war. Die näheren Umstände habe ich im Vorwort zur dritten Auflage dargestellt, den Dank wiederhole ich hier.

Auch unter den neuen Berliner Bedingungen – und damit meine ich jetzt die veränderte politische Situation – stehe ich zu den Thesen des Buches. Es hatte von Anfang an auch in den östlichen Nachbarstaaten große Resonanz gefunden und war von den dortigen Lesern als Argumentationshilfe, ja gelegentlich als Befreiung empfunden worden. Pluralität anerkennen und sichern zu können, bleibt auch angesichts der neuen Nationalismen – die das Prinzip der Pluralität pervertieren, indem sie es nur nach außen für sich in Anspruch nehmen, im Inneren aber unterdrücken – eine wichtige Aufgabe. Die Namen mögen vergehen, das Pensum der „postmodernen Moderne" bleibt.

Die Gedanken dieses Buches wurden mittlerweile in *Ästhetisches Denken* sowie in meinem Vernunft-Buch (*Vernunft: Die zeitgenössische Vernunftkritik und das Konzept der transversalen Vernunft*) weitergeführt. *Ästhetisches Denken* sucht einige Konsequenzen aus den veränderten Bedingungen heutigen Denkens zu skizzieren. Das *Vernunft-Buch* arbeitet das im vorliegenden Band erstmals entwickelte Konzept der „transversalen Vernunft" detailliert aus. Beide sind Sprößlinge dieses Buches. Und dies eine Mal begehren die Kinder nicht auf, sondern scheint das Familienleben zu gelingen.

Bamberg, im Mai 1993

Vorwort zur 3. Auflage

> „Dies ganze Buch ist eben Nichts als eine Lustbarkeit nach langer Entbehrung und Ohnmacht, das Frohlocken der wiederkehrenden Kraft, des neu erwachten Glaubens an ein Morgen und Übermorgen, des plötzlichen Gefühls und Vorgefühls von Zukunft, von nahen Abenteuern, von wieder offenen Meeren, von wieder erlaubten, wieder geglaubten Zielen. Und was lag nunmehr Alles hinter mir!"
> (Friedrich Nietzsche, 1886, in der Vorrede zur zweiten Auflage der *Fröhlichen Wissenschaft*)

Nein, ich habe das Buch nicht umgeschrieben. Die wechselnde Stärke (3,1 cm in der ersten Auflage, nur noch 1,1 cm in der zweiten und nunmehr 2 cm) ergibt sich allein aus der Verwendung unterschiedlicher Papiersorten. Seitenzahl und Inhalt sind gleich geblieben. Nur die üblichen Fehler wurden korrigiert.

Gewiß hätte mancher Anlaß zur Erweiterung bestanden. Seit das Buch 1986 geschrieben wurde, sind vier Jahre vergangen – bei einem solchen Thema eine beträchtliche Zeit. Die Diskussion hat an Breite und Klärung gewonnen, und eigene Auffassungen haben sich weiterentwickelt. Ergänzend würde ich heute beispielsweise auf das Verhältnis von postmoderner und dekonstruktivistischer Architektur eingehen und ausführlicher über Literatur, Film und Musik sprechen sowie die Ansätze von Rorty und Goodman umfassender diskutieren. Zudem würden Themenkomplexe wie Postmoderne und Feminismus, Postmoderne versus Systemtheorie oder die ästhetische Verfassung der Gegenwart stärker zur Sprache kommen.

Derartige Ergänzungen würden jedoch an den Thesen des Buches nichts ändern. Sie würden nur seinen Rahmen sprengen. Deshalb habe ich auf sie verzichtet.

Zudem ist das Buch in der vorliegenden Form bekannt geworden und seinen Weg gegangen. Erfreulicherweise wurde es viel gelobt und wenig getadelt. An solchen Kindern mag man nicht nachträglich herumerziehen.

Hinzu kommt ein persönlicher Grund. Der Ton des Buches ist heute auch für mich manchmal überraschend. Wenn ich bei anderen Autoren auf Zitate daraus stoße, merke ich, wie riskant manche Formulierungen waren. Ich stehe freilich noch zu ihnen. Der besondere Ton hängt wohl damit zusammen, daß ich mir mit diesem Buch nicht nur etwas von der Seele geschrieben, sondern (man verzeihe die pathetische Formulierung) auch eine andere Seele erschrieben habe. Nachdem ich im Anschluß an die Habilitation von deutschen Wissenschaftsinstitutionen keinerlei Unterstützung hatte erhalten können und die statt dessen offerierte Chance der Arbeitslosigkeit zur Genüge gekostet hatte, war ich nach Wien gegangen, wo das Buch entstanden ist. Vielleicht schrieb ich aus dieser Situation heraus freier und riskanter. „Vogelfrei" sozusagen – wie wenn einem nicht mehr viel zustoßen kann oder wie wenn man einmal noch versucht, das zu sagen, was man hätte sagen können.

Dann kam plötzlich ein Angebot – kein akademisches, sondern ein verlegerisches. Ein Lektor, der einen Vortrag von mir gehört hatte, fragte an, ob ich nicht ein Buch über das Thema schreiben wolle – just dasjenige, an dem ich arbeitete. Ich bin Herrn Dr. Gerd Giesler vom Verlag VCH, Acta humaniora noch heute von Herzen dafür dankbar.

Jetzt, wo ich wieder in akademische Bahnen eingetreten bin, könnte ich den Ton von damals wohl nicht mehr ohne weiteres treffen. Ich will ihn aber nicht zum Verstummen bringen. Auch deshalb nehme ich von Ergänzungen o.ä. Abstand.

Der wichtigste Grund aber liegt darin, daß ich an den vorgelegten Analysen und entwickelten Perspektiven festhalten zu können glaube. Das gilt heute sogar noch mehr, als damals schon erkennbar war. Die Diskussion verlief tatsächlich in die erhoffte und prognostizierte Richtung: weg vom Streit um den Ausdruck „Postmoderne" und dem Schwarz-Weiß-Denken Moderne versus Postmoderne hin zu einer differenzierenden Beachtung unterschiedlicher Stränge der Moderne und zur ernsthaften Beschäftigung mit den Sachgehalten, die man mittlerweile „postmodern" nennt – für die es aber auf diese Bezeichnung nicht ankommt.

Heute wird manchmal als neueste Neuigkeit das Ende der letzten Neuigkeit, der Postmoderne, verkündet. Das wäre schon recht, wenn man es recht zu verstehen wüßte. Denn erstens war die Epochen-Suggestion in Sachen Postmoderne (die These also, daß mit „Postmoderne" eine eigene, neue Epoche gemeint sei, die die Moderne einfach hinter sich gelassen habe und nun alles anders machen werde) nur das trivialste Mißverständnis von Postmoderne. In Wahrheit ging es um eine Durcharbeitung und Verwandlung der Moderne, in der zwar manche Züge dieser Moderne verabschiedet, andere aber erhalten und weiterentwickelt werden sollten. Und zweitens stand stets zu hoffen – und nicht etwa zu befürchten –, daß man eines (vielleicht nicht fernen) Tages des *Ausdrucks* „Postmoderne" nicht mehr bedürfen werde, um fortan wirklich von ihren *Gehalten* zu sprechen, und daß gerade dies die Stunde der Einlösung der postmodernen Motive, jedenfalls der seriösen Beschäftigung mit den Fragestellungen sein könnte, welche die Vertreter der Postmoderne aufgeworfen hatten (und wofür sie sich, um ein allzu selbstsicheres Moderne-Bewußtsein aus seiner Lethargie wachzurütteln, des Signalrufs „Postmoderne" bedient hatten). In diesem Sinn plädierte das vorliegende Buch von Anfang an für den Übergang vom Terminus zur Sache, vom Schlagwort zu den Inhalten. Den Ausdruck nannte es unglücklich, für die Gehalte aber trat und tritt es entschieden ein.

Die Hauptthesen des Buches will ich hier nicht wiederholen. Nur auf drei Punkte möchte ich eigens hinweisen:

1. Pluralität ist der Schlüsselbegriff der Postmoderne. Sämtliche als postmodern bekannt gewordene Topoi – Ende der Meta-Erzählungen, Dispersion des Subjekts, Dezentrierung des Sinns, Gleichzeitigkeit des Ungleichzeitigen, Unsynthetisierbarkeit der vielfältigen Lebensformen und Rationalitätsmuster – werden im Licht der Pluralität verständlich. Pluralität bildet auch die Leitlinie aller fälligen Transformationen überkommener Vorstellungen und Konzepte. Diese postmoderne Pluralität ist jedoch nicht mit der geläufigen und gefälligen Oberflächen-Buntheit gleichzusetzen. Sie geht tiefer und greift in Basisdefinitionen ein. Sie ist anspruchsvoller und härter als der gängige „Pluralismus".

Gleichzeitig wird diese Pluralität ständig von Uniformierungsprozessen bedroht. Ihnen muß gewiß jede Zeitdiagnose *deskriptiv* Rechnung tragen; *normativ* aber optiert die Postmoderne entschieden für die Gegenseite, für Pluralität. Deshalb kommt es so sehr darauf an, den harten, an Basisdifferenzen orientierten Begriff von Pluralität im Auge zu haben. Sein smarter Verwandter nämlich, der Pluralismus der Oberflächen-Buntheit, führt in seiner Potenzierung gerade zum Gegenteil von Pluralität: zur Uniformierung in den diversen Erscheinungsformen der Gleichgültigkeit, Indifferenz und Beliebigkeit. Während die Aufmerksamkeit auf einschneidende Differenzen die Pluralität wahrt und verteidigt, führt die Ankurbelung des Oberflächen-Pluralismus zu ihrer Tilgung. Hier verläuft eine klare Scheidelinie zwischen postmodernen und pseudopostmodernen Konzeptionen.

2. Gegenüber zwei Formen diskursiver Falschmünzerei ist immer noch Vorsicht geboten: erstens gegenüber der postmodern scheinenden Strategie, Indifferenzprozesse zu

diagnostizieren, dabei aber unter der Hand von der deskriptiven auf die normative Ebene überzuwechseln und das Kaleidoskop der Vielheiten in ein Plädoyer für Indifferenz umzumünzen; und zweitens gegenüber der scheinbar kritischen Strategie, welche die Postmoderne mit Beliebigkeit gleichsetzt, um sich dann um so leichter gegen diesen – freilich selbst zurechtgemachten – Popanz wenden zu können, wobei erfolgreich vertuscht wird, daß dieses Verfahren selbst ein Musterbeispiel der Beliebigkeit darstellt, die man angeblich auf der Gegenseite erkennt und zu kritisieren vorgibt. Beide Strategien finden sich weiterhin im feuilletonistischen Postmoderne-Diskurs, der sich um die ernstzunehmenden postmodernen Konzepte nicht kümmern zu müssen glaubt.

3. Jenseits der einst üblichen pauschalen Entgegensetzung von Moderne und Postmoderne habe ich in diesem Buch für eine Verbindung beider plädiert. „Unsere postmoderne Moderne" meint eine Moderne, welche gerade die Motive, die unter dem Stichwort „Postmoderne" ins Bewußtsein gerückt sind, entschieden aufnimmt und sich dadurch kritisch von allen vorausgegangenen Versionen von Moderne unterscheidet. Eine solch postmodern veränderte Moderne bildet den Rahmen beispielsweise auch dessen, was Heinrich Klotz „zweite Moderne" oder Ulrich Beck „reflexive Modernisierung" nennt. Das vorliegende Buch versucht, die eingetretenen Veränderungen auf breiter Ebene zu analysieren, Klarstellungen zu erarbeiten und schließlich eine Aufgabe zu formulieren – die noch nicht abgeschlossen ist. Vielleicht kann das Buch so über den Tag hinaus aktuell bleiben.

Bamberg, im Dezember 1990

Einleitung

Es ist an der Zeit, über Postmoderne anders zu sprechen. Heute ist es möglich geworden, sich dem vernünftigen Kern des Themas zuzuwenden. Lange genug kursiert der Begriff, lange genug ist über Konturen und Nebelschwaden der Sache geschrieben worden. Die Konfrontation zwischen Befürwortern und Gegnern ist zum Ritual erstarrt. Im Lager der Postmodernisten selbst wird zunehmend der Unterschied von Feuer und Schlacke erkennbar, vollzieht sich die Scheidung. Nicht nur manche Kritiken sind als Phantasmagorien durchschaubar geworden, auch die Verdrehtheit gewisser Postmodernismen wurde evident. Die Zeit hat Klärung gebracht. Claritas filia temporis. Es gilt, den vernünftigen Gehalt des als „postmodern" Bezeichneten zu entwickeln.

1. Abgrenzungen

Man hat sich oft am Ausdruck „Postmoderne" gestoßen – zu Recht. Er scheint einen Epochenanspruch auszudrücken, aber damit übernimmt er sich. Zudem stehen die Gehalte, die er vertritt, keineswegs einfach jenseits der Moderne. Der Terminus ist zum größeren Teil irreführend und nur in einem sehr engen, noch zu präzisierenden Sinn berechtigt. Man darf freilich gerade deshalb nicht ohne weiteres die Sache mit dem Wort gleichsetzen und mit dem möglichen Verzicht auf den Terminus auch schon die ganze Problematik für erledigt halten. Auch hier gilt es, zwischen software und hardware zu unterscheiden. Wie dubios der Terminus auch immer sein mag, die Sache selbst ist gewichtig und langlebig – retrospektiv wie prospektiv. So gibt es denn auch im Lager der Postmodernisten selbst etliche namhafte Vertreter, die dem Ausdruck mit Kopfschütteln begegnen – aber nicht, weil sie Kritiker, sondern weil sie reflektierte Vertreter der Richtung sind.[1] Diese Verbindung von Terminus-Skepsis und Konzeptions-Stärkung

---

[1] So hat beispielsweise Heinrich Klotz die Anwendung des Begriffs auf die Architektur unglücklich genannt (Heinrich Klotz, *Moderne und Postmoderne. Architektur der Gegenwart 1960-1980,* Braunschweig – Wiesbaden 1984, 15), hat Dietmar Kamper gegen eilfertige Epochenansprüche einer „Postmoderne" protestiert („Aufklärung – was sonst?", *Merkur* 436, 1985, 535-540, hier 539), hat Jean-François Lyotard gegen das grassierende Postmoderne-Gerede zum Ironie-Titel *Le Postmoderne expliqué aux enfants* (Paris 1986) gegriffen.

ist für den relevanten Teil der Debatte charakteristisch. Wer also den Ausdruck belächelt, kann im folgenden durchaus Verwandtes finden. Nur wird die Kritik hier nicht von einer souveränen, besserwisserischen oder gar höhnischen Warte aus geführt, sondern aus einer Reflexion auf die Gehalte der Postmodernität selbst gewonnen. Nur in deren Licht kann der Ausdruck sinnvoll, legitim und nicht-reaktionär kritisiert werden. Man muß sich um Gehalt und Sache bemühen – das soll im folgenden geschehen.

Vorab drängt sich eine weitere Unterscheidung auf: zwischen einem diffusen und einem präzisen Postmodernismus. Der diffuse ist der grassierende. Seine Spielarten reichen von wissenschaftlichen Universal-Mixturen in Lacan-Derrida-Tunke bis zu aufgedrehten Beliebigkeits-Szenarien chicer Kulturmode.[2] Das Credo dieses diffusen Postmodernismus scheint zu sein, daß alles, was den Standards der Rationalität nicht genügt oder Bekanntes allenfalls verdreht wiedergibt, damit auch schon gut, ja gar gelungen sei, daß man den Cocktail nur ordentlich mixen und mit reichlich Exotischem versetzen müsse. Man kreuze Libido und Ökonomie, Digitalität und Kynismus, vergesse Esoterik und Simulation nicht und gebe auch noch etwas New Age und Apokalypse hinzu – schon ist der postmoderne Hit fertig. Solcher Postmodernismus der Beliebigkeit, des Potpourri und der Abweichung um jeden (eigentlich um keinen) Preis erfreut sich gegenwärtig großer Beliebtheit und Verbreitung.

Besonders bemerkenswert ist, daß dies paradoxerweise noch hinsichtlich seiner Kritik gilt. Denn es hat sich ein merkwürdiges Amalgam dieses Postmodernismus mit seiner kritischen Opposition gebildet. Und es ist genau diese Allianz, die ihn erst so recht zur Herrschaft gebracht und befestigt hat. Nicht nur, daß die Kritik sich schier ausschließlich diesem Postmodernismus zuwendet und ihn dadurch fälschlich mit dem Schein der Einzigkeit versieht, sondern schlimmer: sie gleicht sich in ihrer verbalen Polemik performativ ganz seinem Gestus an. Sie beklagt versiert, daß dieser Postmodernismus bloß Beliebigkeit, bloß Stimmungen, bloß Bedeutungsnebel verbreite – aber in diesem Scheltritual tut sie unversehens selbst nichts anderes mehr: Sie liefert keine Analysen, keine Begriffe, keine Konzepte – weder die gegnerischen, von denen sie schlicht behauptet, es gebe sie nicht, noch die eigenen, die sie für so selbstverständlich und allgemein anerkannt hält, daß sie diese nicht darlegen, sondern bloß antippen, nicht einer Diskussion aussetzen, sondern als Dogmen bloß voraussetzen muß; man begnügt sich mit alten Versicherungen, zeitlosen Appellen und modischen Beschwörungen. In dieser begriffslosen Selbstgefälligkeit und laxen Ersetzung von Analyse und Argumentation durch Aversion und Assoziation gerät diese Kritik selbst zum Agenten der Beliebigkeit und Stimmungsherrschaft, die sie an der Postmoderne bloßzustellen vorgibt. Es ist gerade die Komplementarität solcher Kritik mit dem diffusen Postmodernismus, die aus diesem eine runde Sache, ein Spiel zweier Parteien nach derselben Regel macht. Die

---

[2] Klaus Laermann hat das in einem Artikel beschrieben, dessen Ausführungen so brillant sind wie sein Titel: „Lacancan und Derridada. Über die Frankolatrie in den Kulturwissenschaften", *Kursbuch* 84, 1986, 34–43.

Denunziation ist simulatorisch. Indem sie den Unterschied von Affirmation und Kritik aufhebt, vollendet sie die Bewegung der Diffusion und bringt diesen Postmodernismus umfassend zur Geltung.

Und diese feuilletonistische Postmoderne – denn es ist vorwiegend in den feuilletonistischen Gattungen, daß dieser diffuse Postmodernismus verbreitet wird – hat zudem den Effekt, den veritablen und besseren Postmodernismus – den der Präzision – außer Blick zu bringen. Wer sich immer nur auf Stimmungen bezieht, suggeriert, daß es keine Konzepte gebe; wer lustvoll in der Kritik von Beliebigkeit schwelgt, hat kein Interesse, auch die neuen Verbindlichkeiten sichtbar zu machen; wer ständig Krokodilstränen der Larmoyanz vergießt, trübt jeden Klarblick. Faktisch gibt es beide Postmodernismen, sowohl den der Diffusion als auch den anderen der Präzision. Wer den letzteren kennt, weiß, wie unergiebig und unerträglich der erstere ist. Dessen Dominanz ist doppelt miserabel: weil er so wenig taugt und weil er quallenartig jede andere Version verdeckt und in Mißkredit bringt. Über den begriffslos-kurrenten feuilletonistischen Postmodernismus sind kaum weitere Worte zu verlieren. Ihn zu kennzeichnen, heißt, ihn erkennbar gemacht und in seiner Fatalität bloßgestellt zu haben. Er soll nicht weiterhin kraft der Komplizenschaft mit seiner konformistischen Pseudo-Kritik das Terrain selbstverständlich beherrschen können. Ihm gegenüber gilt es dem präzisen Postmodernismus Raum zu schaffen. Dieser ist der veritable und effiziente Postmodernismus. Er frönt nicht dem Rummel des Potpourri und folgt nicht einer läppisch-beliebigen Verwirrungslizenz, sondern tritt für wirkliche Pluralität ein und wahrt und entwickelt diese, indem er einem Unterscheidungsgebot folgt. Statt die Vielheit durch Mischmasch zu vergleichgültigen, potenziert er sie durch Zuschärfung. Statt den Differenzen in freier Turbulenz ihren Stachel zu nehmen, bringt er ihren Widerstreit zur Geltung. Statt naiver oder zynischer Kompensation betreibt er einschneidende und effektive Kritik. Es ist an der Zeit, diesen anderen Postmodernismus theoretisch wie praktisch zur Geltung zu bringen. Ihm – dem Postmodernismus nicht eines Lunaparks, sondern realer Konfrontation, nicht einer Konsumkultur, sondern der Wirklichkeitsvielfalt, nicht der Feuilletons, sondern der Lebenswelten – ist die vorliegende Untersuchung verpflichtet.

Auf diesen Postmodernismus treffen ersichtlich die Negativprädikate, die man sich als Erkennungszeichen von Postmodernem festzusetzen bequemt hat, nicht zu – weshalb man ihm lieber aus dem Weg geht, anstatt die eingefahrenen Gleise zu verlassen und Zweifel an den liebgewordenen Ressentiment-Topoi zu riskieren. Dieser Postmodernismus ist in Wahrheit weder irrational (wenn schon, wäre er als hyper-rational zu bezeichnen) noch huldigt er einem „anything goes", sondern beachtet die Unterschiede des Gutgehens, Danebengehens und Zugrundegehens sehr genau. Auch ist er kein Agent von Beliebigkeit, sondern schätzt spezifische und benennt allgemeine Verbindlichkeiten, und er plädiert nicht für Orientierungslosigkeit, sondern tritt für präzise Maßgaben ein.

Dieser andere, dieser veritable Postmodernismus ist kein eng begrenztes Phänomen. Er ist nicht etwa auf die amerikanischen Verhältnisse oder das französische Denken beschränkt. Sein Ausgriff ist weiter und sein Atem länger. Die „amerikanischen" Verhältnisse sind ohnehin die der westlichen Welt insgesamt. Und das „französische" Denken ist keineswegs auf den französischen Sprachraum beschränkt. Es ist das weder gegenwärtig noch seiner Herkunft und Tragweite nach. Schon Pascal zählt (bislang unerkannt) zu seinen Ahnen, aber ebenso sind nicht-französische Denker wie Kant oder Wittgenstein von ausschlaggebender Bedeutung. Und der prominenteste Philosoph der Richtung – Lyotard – hat bekannt, daß derjenige Denker, dem er sich am nächsten fühlt, Aristoteles ist.[3] Das sollte denen zu denken geben, die im Postmodernismus nur ein kurzlebiges Modephänomen sehen wollen. Die Postmoderne hat tiefere Wurzeln und ein längere Herkunft, und sie arbeitet an gravierenderen Problemen als denen des Tages. Die „amerikanischen Verhältnisse" und das „französische Denken" repräsentieren und artikulieren diese Problematik nur am sichtbarsten, die Fragen aber gehen weit darüber hinaus. Daher kann man auch sicher sein, daß sie sich eines Tages, wenn von „Postmoderne" niemand mehr sprechen wird, gleichwohl als die entscheidenden Fragen bewährt haben werden.

Zudem muß man sich insgesamt darüber im klaren sein, daß Postmoderne und Postmodernismus keineswegs eine Erfindung von Kunsttheoretikern, Künstlern und Philosophen sind. Vielmehr sind unsere Realität und Lebenswelt „postmodern" geworden. Im Zeitalter des Flugverkehrs und der Telekommunikation wurde Heterogenes so abstandslos, daß es allenthalben aufeinandertrifft und die Gleichzeitigkeit des Ungleichzeitigen zur neuen Natur wurde. Real ist eine Gesamtsituation der Simultaneität und Interpenetration differenter Konzepte und Ansprüche entstanden. Auf deren Grundforderungen und Probleme sucht der postmoderne Pluralismus zu antworten. Er erfindet diese Situation nicht, sondern reflektiert sie. Er schaut nicht weg, sondern sucht sich der Zeit und ihren Herausforderungen zu stellen.

2. Hauptthesen

1. Postmoderne wird hier als Verfassung radikaler Pluralität verstanden, Postmodernismus als deren Konzeption verteidigt. Das Charakteristische postmoderner Pluralität gegenüber früherer ist, daß sie nicht bloß ein Binnenphänomen innerhalb eines Gesamthorizonts darstellt, sondern noch jeden solchen Horizont bzw. Rahmen oder Boden tangiert. Sie schlägt auf eine Vielheit der Horizonte durch, bewirkt eine Unterschiedlichkeit der Rahmenvorstellungen, verfügt eine Diversität des jeweiligen Bodens. Sie geht an die Substanz, weil an die Wurzeln. Daher wird sie hier als „radikale Pluralität" bezeichnet.

---

[3] „... celui dont je me sens le plus près, c'est finalement Aristote" (Jean-François Lyotard und Jean-Loup Thébaud, *Au Juste,* Paris 1979, 52, ähnlich 58 f.).

Solche Pluralität ist seit langem, ist schon in der Moderne zu konstatieren – hie und da. Aber wo sie – wie jetzt – zur allgemeinen Grundverfassung wird, wo sie nicht mehr nur in abstrakten Spekulationen und aparten Zirkeln existiert, sondern die Breite der Lebenswirklichkeit zu bestimmen beginnt, da verändert sich das ganze Spiel. Eben das ist in der Postmoderne der Fall. Die Postmoderne ist diejenige geschichtliche Phase, in der radikale Pluralität als Grundverfassung der Gesellschaften real und anerkannt wird und in der daher plurale Sinn- und Aktionsmuster vordringlich, ja dominant und obligat werden. Diese Pluralisierung wäre, als bloßer Auflösungsvorgang gedeutet, gründlich verkannt. Sie stellt eine zuinnerst positive Vision dar. Sie ist von wirklicher Demokratie untrennbar.

2. Die Grunderfahrung der Postmoderne ist die des unüberschreitbaren Rechts hochgradig differenter Wissensformen, Lebensentwürfe, Handlungsmuster. Diese konkreten Formen von Vernunft weisen sich eigentätig als sinnvoll aus. Von außen sind sie leichter zu verkennen als zu erkennen. Zu ihrer Anerkennung kommt es auf Grund einer relativ einfachen Schlüsselerfahrung: daß ein und derselbe Sachverhalt in einer anderen Sichtweise sich völlig anders darstellen kann und daß diese andere Sichtweise doch ihrerseits keineswegs weniger „Licht" besitzt als die erstere – nur ein anderes. Licht, so erfährt man dabei, ist immer Eigenlicht. Das alte Sonnen-Modell – die eine Sonne für alles und über allem – gilt nicht mehr, es hat sich als unzutreffend erwiesen. Wenn man diese Erfahrung nicht verdrängt, sondern wirksam werden läßt, gerät man in die „Postmoderne". Fortan stehen Wahrheit, Gerechtigkeit, Menschlichkeit im Plural.

3. Die prohibitive Konsequenz und Rückseite dieses prinzipiellen Pluralismus ist seine anti-totalitäre Option. Die Postmoderne plädiert – auf Grund ihrer Erfahrung des Rechts des Verschiedenen und auf Grund ihrer Einsicht in den Mechanismus seiner Verkennung – offensiv für Vielheit und tritt allen alten und neuen Hegemonie-Anmaßungen entschieden entgegen. Sie tritt für die Vielheit heterogener Konzeptionen, Sprachspiele und Lebensformen nicht aus Nachlässigkeit und nicht im Sinn eines billigen Relativismus ein, sondern aus Gründen geschichtlicher Erfahrung und aus Motiven der Freiheit. Ihr philosophischer Impetus ist zugleich ein tief moralischer. Sie folgt der Einsicht, daß jeder Ausschließlichkeits-Anspruch nur der illegitimen Erhebung eines in Wahrheit Partikularen zum vermeintlich Absoluten entspringen kann. Daher ergreift sie für das Viele Partei und wendet sich gegen das Einzige, tritt Monopolen entgegen und decouvriert Übergriffe. Ihre Option gilt der Pluralität – von Lebensweisen und Handlungsformen, von Denktypen und Sozialkonzeptionen, von Orientierungssystemen und Minderheiten. Sie ist darin ersichtlich kritischen Geistes. Mit gedankenloser Affirmation eines Status quo hat sie nichts zu tun. Wer in ihr nur ein „Überbau"-Phänomen oder gar bloß kompensatorische Strategien sieht, kennt sie nicht.

4. In den verschiedenen Bereichen, in denen von Postmoderne gesprochen wird, erweist sich solche Pluralität als der einheitliche Fokus des Postmodernen. Diese Aussage ist keineswegs selbstverständlich. Immer wieder wird von Autoren, die nur in einzelnen Gebieten bewandert sind, behauptet, die in anderen Sachfeldern explizierte Postmoder-

nität habe mit der von ihnen dargestellten – die dabei natürlich zur eigentlichen stilisiert wird – nichts gemein. Solche Behauptungen sind allenfalls im Maß einer borniertenen Wahrnehmung noch der eigenen Sphäre richtig. Die Kongruenz postmoderner Phänomene in Literatur, Architektur, in den Künsten überhaupt sowie in gesellschaftlichen Phänomenen von der Ökonomie bis zur Politik und darüber hinaus in wissenschaftlichen Theorien und philosophischen Reflexionen ist geradezu eklatant. Kraft dieser Kongruenz ist „Postmoderne" denn auch ein Begriff und nicht bloß ein Schlagwort und kann als Konzeption entfaltet und nicht bloß als Denkmode betrieben werden.

5. Die Postmoderne ist keineswegs, was ihr Name suggeriert und ihr geläufigstes Mißverständnis unterstellt: eine Trans- und Anti-Moderne. Ihr Grundinhalt – Pluralität – ist von der Moderne des 20. Jahrhunderts selbst schon propagiert worden, gerade von Leitinstanzen wie Wissenschaft und Kunst. In der Postmoderne wird dieses Desiderat der Moderne nun in der Breite der Wirklichkeit eingelöst. Daher ist die Postmoderne im Gehalt keineswegs anti-modern und in der Form nicht einfach trans-modern, sondern ist als die exoterische Einlösungsform der einst esoterischen Moderne des 20. Jahrhunderts zu begreifen. Wofür man auch sagen kann: Sie ist eigentlich radikal-modern, nicht post-modern. Und auch: Sie gehört – als eine Transformationsform derselben – der *Moderne* zu. Das will der Titel „Unsere postmoderne Moderne" zum Ausdruck bringen. „*Moderne*" ist das Substantiv. „Postmoderne" bezeichnet nur die Form, wie diese Moderne gegenwärtig einzulösen ist. *Unsere* Moderne ist die „postmodern" geprägte. Wir leben noch in der Moderne, aber wir tun es genau in dem Maße, in dem wir „Postmodernes" realisieren.

In einem strikten Sinn post-modern ist diese unsere postmoderne Moderne nur gegenüber einer anderen Moderne; nicht gegenüber der letzten und weiterhin verbindlichen des 20. Jahrhunderts, sondern gegenüber Moderne im ältesten und wirklich antiquierten Sinn, gegenüber Moderne im Sinn der Neuzeit. Die Postmoderne verabschiedet deren Grundobsession: die Einheitsträume, die vom Konzept der Mathesis universalis über die Projekte der Weltgeschichtsphilosophien bis zu den Globalentwürfen der Sozialutopien reichten. Die radikale postmoderne Pluralität bricht mit diesen Einheitsklammern, die auf eine Totalität hoffen, die doch nie anders als totalitär eingelöst werden kann. Daher ist die Postmoderne strikt nach-*neuzeitlich* – und also post-modern in diesem gegen „Moderne" im Sinn der Neuzeit profilierten Sinn. Orientiert man sich hingegen an der Moderne des 20. Jahrhunderts, so ist die Postmoderne als radikalmodern zu bezeichnen.

In einem wichtigen Punkt freilich unterscheidet sie sich noch von radikalen Tendenzen der Moderne dieses Jahrhunderts. Sie führt die Moderne fort, aber sie verabschiedet den Modernismus. Sie läßt die Ideologie der Potenzierung, der Innovation, der Überholung und Überwindung, sie läßt die Dynamik der Ismen und ihrer Akzeleration hinter sich. Daher zählt auch die Ansicht, daß die Postmoderne die Moderne einfach ablösen oder überwinden wolle, allenfalls zu ihren (Selbst-)Mißverständnissen. In solchem Überwindungsgestus erläge die Postmoderne ja gerade der Moderne – und keineswegs deren prospektiver, vielheitlicher Tendenz, sondern ihrem dubiosen Neuzeitrest, denn die modernistische Ideologie der Dauerüberholung ist offenbar genau die moderndynamisierte Form des neuzeitlichen Absolutheitsdekrets. Das Geschichtsverhältnis der Postmoderne ist mit solchen Kategorien der Überholung und Überwindung nicht zu fassen, weder gegenüber älterer Geschichte noch gegenüber jener jüngeren Geschichte, die man „Moderne" nennt. (Wobei, daß diese Moderne mittlerweile ein Stück Tradition geworden ist, so daß man zu ihr und ihren Projekten sich nur noch bekennen kann, indem man nicht, wie die modernistische Ideologie es verlangte, die Tradition verwirft, sondern Tradition aufzunehmen bereit ist, zu den Schlüsselerfahrungen des neuen, postmodernen Bewußtseins und Geschichtsdenkens gehört.) So stellt sich die Postmoderne auch in ihrem Geschichtsverhältnis als diejenige Moderne dar, die sich von ihren Neuzeit-Schlacken befreit hat.

6. Die postmoderne Pluralität ist nicht nur mit Freiheitsgewinnen, sondern auch mit einer Verschärfung von Problemlasten – oder einer neuen Sensibilität für Problemlagen – verbunden. Die Probleme sind sowohl praktischer als auch theoretischer Natur. Die Postmoderne ist wesentlich ethisch grundiert. Sie erfordert eine neue Art des Umgangs mit Pluralität – und zwar mit einer ob ihrer Radikalität schwieriger gewordenen Pluralität. Sie verlangt eine neuartige, eine genau auf diesen radikalen und daher eo ipso konflikthaften Pluralismus zugeschnittene Ethik.

Zudem stellt sich das Problem der Vernunft neu. Die Pluralität tritt – unter anderem – als Pluralität von Rationalitätsformen auf. Deren Verhältnis kann nicht mehr durch Rekurs auf eine einzige verbindliche Form von Rationalität, auf eine Art Hyper-Rationalität geregelt werden. Andererseits kann auch die Heterogenität der Rationalitäten nicht das letzte Wort sein. Und zwar schon deshalb nicht, weil das Dogma von der absoluten Heterogenität (wie es von einem ganz auf Differenz eingeschworenen Postmodernismus verfochten wird) näherer Prüfung nicht standhält. Zu entwickeln ist eine neuartige Konzeption von Vernunft, die weder das Maß wirklicher Differenz ignoriert noch Kommunikationsansprüche unnötig preisgibt, sondern sowohl die Grenzen der verschiedenen Rationalitätsformen aufzeigt und wahrt als auch Übergänge und Auseinandersetzungen zwischen ihnen ermöglicht und vollzieht, und die darin die klassische Funktion von Vernunft gegenüber den Formationen des Verstandes erneuert. Ein solches – spezifisch „postmodernes" – Vernunftkonzept wird hier unter dem Titel einer „transversalen Vernunft" vorgestellt.

3. Überblick

Die Hauptpunkte der Untersuchung sind damit schon angesprochen. Ein *erstes* Kapitel wird einen Überblick über die verschiedenen Artikulationssektoren der Postmoderne geben und dabei deren einheitlichen Begriff herausarbeiten. Das *zweite* Kapitel geht dem Begriff der Moderne und der Spiegelbildlichkeit von Moderne-Diagnosen und Postmoderne-Prognosen nach. Das *dritte* Kapitel vertieft die Unterscheidung von Neuzeit, Moderne und Postmoderne. Das *vierte* Kapitel ist der Architektur gewidmet und stellt anhand dieses prominentesten Artikulationssektors der Postmoderne verschiedene Motive, Konzepte, Chancen und Gefahren von Postmodernität dar. Mit dem *fünften* Kapitel beginnt die spezifisch philosophische Durchführung des Themas. Zunächst wird ein Überblick über die philosophische Postmoderne-Diskussion gegeben. Das *sechste* Kapitel diskutiert dann die am stärksten entfaltete Position eines philosophischen Postmodernismus, die von Lyotard. Das *siebte* Kapitel zeigt, wie sich die Postmoderne vor dem Hintergrund dieser Konzeption als Einlösungsform spezifischer Errungenschaften der Moderne des 20. Jahrhunderts verstehen läßt. In *zwei Intermezzi* wird anschließend das Verhältnis dieser Postmoderne zu konkurrierenden Gegenwartsbestimmungen diskutiert: zur Postmetaphysik Heideggers und zur These vom Technologischen Zeitalter. Das *achte* Kapitel erörtert Lyotards spätere Konzeption, die des „Widerstreits", und führt vor die Schärfen und Probleme dieses Denkens. Das *neunte* Kapitel stellt die offengebliebenen Fragen in den breiteren Horizont der gegenwärtigen Vernunftdiskussion. Das *zehnte* Kapitel blickt auf exemplarische traditionelle Problembehandlungen zurück, bevor im *elften* Kapitel der Lösungsvorschlag transversaler Vernunft entwickelt wird. Das *Schlußkapitel* gibt letzte Hinweise zu Signatur und Verbindlichkeiten der Postmoderne.

I. Kapitel

„Postmoderne"

Die Genealogie des Ausdrucks, die Bandbreite des Terminus, der Sinn des Begriffs

1. Kontroversen, Kuriositäten, Klischees

Seit einigen Jahren macht ein neuer Begriff die Runde: „Postmoderne". Kein Feuilleton, keine Tagung, kein informierter Zeitgenosse kommt ohne ihn mehr aus. Und doch weiß kaum einer so recht, wovon er eigentlich spricht, wenn er „Postmoderne" sagt. Der Ausdruck – der zur Bestimmung unserer Gegenwart und absehbaren Zukunft dienen und der anzeigen soll, daß wir nicht mehr in der Moderne, sondern in einer Zeit nach der Moderne leben –, dieser Ausdruck ist äußerst schillernd und höchst umstritten.

Er ist umstritten *erstens* hinsichtlich seiner *Legitimität*. Manche sagen, es gebe gar keine Phänomene, die die Verwendung eines neuen Terminus rechtfertigten. Die Postmoderne sei bloß alter Wein in neuen Schläuchen, und das Gerede von ihr sei nur der Reklamerummel profilierungssüchtiger Modepropheten oder der leicht zu entlarvende Fluchtversuch derjenigen, die sich durch die Ausrufung eines neuen Zeitalters von den unerledigten Pflichten der Gegenwart davonstehlen wollen. Zudem sagen andere, selbst wenn es neue Phänomene gäbe, so stünde es doch niemals den Zeitgenossen zu, Epocheneinschnitte festzulegen, das sei vielmehr Aufgabe späterer Generationen und künftiger Historiker – es jetzt schon zu tun, sei schlicht Anmaßung.

Der Ausdruck „Postmoderne" ist umstritten *zweitens* auch hinsichtlich seines *Anwendungsbereichs*. Der Begriff wird zunehmend inflationär gebraucht. Ursprünglich ein Begriff der Literaturwissenschaft, hat er sukzessiv andere Bereiche, zunächst die Architektur, aber auch die Malerei erfaßt, hat dann auf die Soziologie übergegriffen, hat in der Philosophie eine beachtliche Konjunktur erreicht, und heute scheint kein Sektor mehr vor der Ansteckung durch diesen Virus sicher zu sein. 1984 ist in den USA ein Buch über postmoderne Theologie erschienen, 1985 eines über postmodernes Reisen und 1986 eines über den postmodernen Patienten. Für 1987 sind die postmoderne Körperkultur und ein postmodernes Meditationsbuch angekündigt. Und man kann die Reihe unschwer in Gedanken fortsetzen: von der Zweierbeziehung in der Postmoderne (wozu es bereits Rundfunk-Interviews gibt) über den postmodernen Gastronomie-Führer bis zur postmodernen Zärtlichkeit. Von übelwollenden Zusammensetzungen wurde in alldem noch abgesehen. Sie reichen mittlerweile von Schickimicki-Postmoderne über Salon-Postmoderne bis zu Kuhstall-Postmoderne – alles aktenkundig und belegbar.

Der Ausdruck „Postmoderne" ist *drittens* hinsichtlich seiner *zeitlichen Ansetzung* umstritten. In den USA, wo die Debatte begann, bezog sie sich ursprünglich auf Phänomene der fünfziger Jahre. Als man in Europa nachzog – so ab 1970 und im Blick auf Phänomene der siebziger Jahre –, da stand im *New Yorker* bereits zu lesen, der Postmodernismus sei out und angesagt sei jetzt ein Post-Postmodernismus. Andererseits hat die Postmoderne zunehmend Vergangenheitsterrain erobert. Für Rudolf Pannwitz, bei dem sich der Ausdruck sehr früh schon findet, war alles noch Zukunftsmusik. Bei Arnold Toynbee, der dem Ausdruck indirekt zu Wirksamkeit verhalf, sollte die Postmoderne jedoch schon 1875 begonnen haben. Und Umberto Eco hat in der „Nachschrift" zu seinem sehr postmodernen Roman *Der Name der Rose* die Befürchtung geäußert, die Kategorie des Postmodernen werde demnächst wohl gar bei Homer angelangt sein. Und das war kaum übertrieben. Denn als Jean-François Lyotard, der Paradephilosoph der Postmoderne, vor einigen Jahren die Klassiker des Abendlandes Revue passieren ließ, um sich zu fragen, wem er sich mit seiner postmodernen Position denn nun am nächsten fühle, da befand er zielsicher, daß dies Aristoteles sei, also einer, bei dem sich Postmodernes, wenn schon, vor aller Moderne finden muß.

Der Ausdruck „Postmoderne" ist *viertens* und vor allem umstritten hinsichtlich seiner *Inhalte*. Für die einen ist die Postmoderne schlicht das Zeitalter der neuen Technologien oder – noch lapidarer – die Ideologie von SDI. Für die anderen hingegen vollzieht sich im Zeichen der Postmoderne gerade der Abschied von der technokratischen Dominanz, ist die Postmoderne grün, ökologisch, alternativ. – Und ein anderer Gegensatz: Während die eine Gruppe unter dem Stichwort „Postmoderne" eine neue Integration der zersplitterten Gesellschaft (beispielsweise durch einen neuen Mythos) erhofft, erwartet die andere gerade eine Epoche gesteigerter Pluralisierung und Fragmentierung. Was dermaßen gegensätzlich ist, kann allerdings in anderer Beziehung auch wieder kongruieren, so hier in der Absage an die Vernunft, worin Mythosfreunde und Fragmentisten einander nicht nachstehen, wenn auch aus entgegengesetzten Gründen: Die Mythosfreunde halten der Vernunft vor, daß sie die nötige Vereinigung nicht zu leisten vermöge und daher Integration zu torpedieren suche, während die Fragmentisten ihr das genaue Gegenteil vorwerfen: Vernunft produziere eo ipso Einheit und sei implizit terroristisch. Anscheinend gehört es zur Postmoderne, daß Kontrahenten zu gleichlautenden Schlußfolgerungen gelangen können.

Angesichts solcher Paradoxien mag es verständlich sein, wenn man alle Hoffnung auf ein Begreifen dieses Phänomens fahren lassen und der vor einiger Zeit ausgesprochenen Empfehlung folgen möchte, es fortan wieder schlicht mit den althergebrachten Wortzusammensetzungen wie Post-amt, Post-bote und Post-scheck genug sein zu lassen und sich um die Post-moderne nicht weiter zu kümmern.

Das erinnert an einen einschlägigen Kalauer, der bei einer Architektur-Tagung geäußert wurde. Man hatte gerade festgestellt, daß zahlreiche Bauten der Postmoderne sich auf einen Paradebau der Frühmoderne, auf den großen Kassensaal von Otto Wagners Wiener Postsparkassenamt von 1906, zurückbeziehen. Damit, so meinte dann einer der Teilnehmer launig, habe man ja nun endlich eine bündige Worterklärung von „Postmoderne" gefunden: „Post-Moderne", das sei offensichtlich die Moderne dieser Post und die von ihr sich herleitende Tradition.

Nun hat dieser vordergründige Scherz zwar eine tiefere Bedeutung, denn es besteht in der Tat auch über die Architektur hinaus eine Nähe von gegenwärtiger Postmoderne und früher Moderne, aber bevor auf solche Einzelheiten näher eingegangen werden kann, gilt es erst einmal grundsätzliche Klärungen vorzunehmen. Gewiß: „Postmoderne" ist als Schlagwort griffig und als Konzept eher vage. Aber das bedeutet nicht eo ipso, daß sie bloß ein „Gespenst" sei (Jauß) oder ein „Passepartoutbegriff" bleiben müsse (Eco).[1] Die Sache ist gewichtiger, als daß sie durch solche Etikettierungen abgetan werden könnte, und zu gehaltreich, als daß derjenige gut beraten sein könnte, der sich so einfach von ihr distanziert.

„Postmoderne" signalisiert einen vielfachen Wandlungsprozeß. Es geht um eine Umstellung nicht nur im ästhetischen Bereich oder gar allein im Sektor der Architektur – an einer solchen Verengung leidet die europäische und zumal die deutsche Diskussion geradezu chronisch –, sondern der Wandel betrifft ebenso den soziologischen, ökonomischen, technologischen, wissenschaftlichen, philosophischen Bereich. Die Veränderungen von der industriellen Produktions- zur postindustriellen Dienstleistungs- und postmodernen Aktivitäts-Gesellschaft, die ökonomische Umstellung von Globalkonzepten auf Strategien der Diversifizierung, die Strukturveränderungen der Kommunikation infolge der neuen Technologien, das neue wissenschaftliche Interesse an nichtdeterministischen Prozessen, an Strukturen der Selbstorganisation, an Chaos und fraktaler Dimension, die philosophische Verabschiedung des rigorosen Rationalismus und Szientismus und der Übergang zu einer Vielfalt konkurrierender Paradigmen, all das sind Prozesse, die gewichtige Verschiebungen gegenüber Positionen der Moderne anzeigen. Die Beispiele wären vom ökologischen Bewußtsein über neuere Feminismen und manche Regionalismen bis zur Wiederaneignung esoterischer Traditionen und zur Anerkennung alternativer Praktiken in der Medizin unschwer zu erweitern. Diese Wirklichkeits- und Denkverschiebungen gegenüber der Moderne müssen ernst genommen und können nicht einfach durch großtuerische Selbstversicherungsrituale beiseite geschoben werden. Sie wollen freilich auch nicht distanzlos übernommen sein, sondern

---

1) Vgl. Hans Robert Jauß, „Der literarische Prozeß des Modernismus von Rousseau bis Adorno" (in: *Adorno-Konferenz 1983*, hrsg. von Ludwig von Friedeburg und Jürgen Habermas, Frankfurt a. M. 1983, 95-137, hier 95) sowie Umberto Eco, *Nachschrift zum ‚Namen der Rose'*, München – Wien 1984, 77.

müssen kritisch – und das heißt nach grundsätzlichem Recht und lächerlichem Auswuchs unterscheidend – begriffen werden.

Zu diesem Zweck soll hier – jenseits vorschneller Etikettierungen und eingängiger Bonmots der zuvor genannten Art – zuerst einmal die Genealogie des Ausdrucks „Postmoderne" rekonstruiert und seine Karriere durch verschiedene Sachfelder verfolgt werden, um die Breite der Phänomenpalette kennenzulernen, vor allem aber auch, um jenseits einer Schlagwort-Statistik den *Begriff* der Postmoderne zu gewinnen und zu bewähren. Diese Anstrengung um den Begriff der Postmoderne will nicht nur dartun, daß in der Tat eine Konkordanz postmoderner Phänomene in den verschiedensten Bereichen besteht, sondern will auch dem Falschspiel derjenigen Kritik Einhalt gebieten, die in feuilletonistischer Laxheit die Begriffslosigkeit der Postmoderne geißelt, um sie dabei ihrerseits so recht zu zelebrieren. Man stößt, wenn man dem Terminus nachgeht, zunächst auf erstaunliche Schwankungen eines Ausdrucks, kann dann aber doch bald einheitliche Konturen eines veritablen *Begriffs* entdecken. Diesen Begriff von Postmoderne herauszuarbeiten, ist im folgenden das Ziel.

2. Die Genealogie des Ausdrucks „Postmoderne"

In der Geschichte des Ausdrucks sind zunächst vier Frühzündungen zu verzeichnen. Dabei bleiben Nummer eins bis drei folgenlos, erst Nummer vier führt – auf dem Weg verzögerter Induktion – zur Initialzündung der heutigen Karriere des Begriffs. Diese Initialzündung erfolgte immerhin schon 1959. Zum ersten Mal aufgetaucht ist der Ausdruck aber schon weit früher. Die Maxime der Begriffsgeschichtler – Lutz Geldsetzer hat sie formuliert –, wonach das erste Vorkommen eines Begriffs circa fünfzig Jahre eher anzusetzen ist als gemeinhin vermutet, bewährt sich hier im Übermaß: Der Ausdruck gibt schon vor mehr als hundert Jahren sein Debut. Um 1870 spricht der englische Salonmaler John Watkins Chapman davon, daß er und seine Freunde zu einer „postmodernen Malerei" vorstoßen wollen.[1a] „Post-modern" meint dabei: moderner als die damals avancierteste Malerei, die des französischen Impressionismus. Chapman will durch die Verwendung von „postmodern" zudem klarmachen, daß es ihm nicht um die übliche reaktionäre, sondern um eine progressive Kritik am Impressionismus geht. – Dieses erste Auftreten des Terminus blieb, soweit wir bis heute wissen, ohne direkte Nachwirkung.

Ein zweites Mal taucht der Ausdruck – wieder nur als Adjektiv – 1917 bei Rudolf Pannwitz auf. In *Die Krisis der europäischen Kultur* spricht dieser vom „postmodernen Menschen", und der ist bei ihm so allerlei: „der sportlich gestählte nationalistisch bewusste militärisch erzogene religiös erregte postmoderne mensch ist ein überkrustetes

---

1a) Vgl. Dick Higgins, *A Dialectic of Centuries. Notes Towards a Theory of the New Arts,* New York 1978, 7 (Higgins hat irrtümlich „um 1880").

weichtier ein juste-milieu von décadent und barbar davon geschwommen aus dem gebärerischen strudel der groszen décadence der radikalen revolution des europäischen nihilismus."²⁾ Kennt man den Kontext, so kann man verstehen, was Pannwitz meint. Er geht von einer Negativdiagnose der Gegenwart sowie der gängigen Therapierezepte aus. Er erklärt, daß „in unserem weltalter der krisis des menschen ... all die anspruchsvollen anspruchslosen kulturbestrebungen die auf gesundung verjüngung erziehung hinauslaufen" „nichtig und lächerlich" sind, ja „sie sind sogar schädlich sofern sie die ungeheure krisis unseren abgründlichen rang und stolz verdecken ja überkrusten".³⁾ Dem hält Pannwitz die Lösungsperspektive des „postmodernen Menschen" entgegen.

Das Ganze ist – kurz gesagt – eine Nietzsche-Paraphrase. Was sich da in Kleinschreibung ohne Kommata über viele Seiten ergießt, ist ein unentwegter Nietzsche-Aufguß, der die Grenze zum Nietzsche-Kitsch oft überschreitet. Gut gemeint, ja sehr gut gemeint ist das alles zweifellos. Nur ist es nicht originell, sondern penetrant gedacht. Pannwitz' „postmoderner Mensch" ist eine nur wortschöpferisch erneuerte Reprise von Nietzsches „Übermensch", so wie insgesamt Nietzsches Diagnose der Pathologien der Moderne – mit den Leitvokabeln Dekadenz und Nihilismus – und Nietzsches Programm einer Überwindung der Moderne die Folie von Pannwitz' Darlegungen bilden. (Immerhin ist interessant, daß Nietzsche, der im Positiven wie Negativen als Vaterfigur der Postmoderne beschworen wird, so in der Tat schon sehr früh hinter dem Ausdruck steht.) Unter Postmoderne ist dieser Ankündigung zufolge also ein bevorstehender Höhenkamm nach dem Wellental der Moderne zu verstehen.

Ganz anders taucht der Ausdruck 1934, unabhängig von Pannwitz, bei Federico de Oníz, einem spanischen Literaturwissenschaftler, auf.⁴⁾ Bei ihm signalisiert „Postmoderne" keineswegs den nächsten Gipfel der Kultur, sondern bezeichnet eine zurückliegende kurze Periode im Bereich der Literatur, ja noch spezieller der spanischen und hispano-amerikanischen Dichtung. „Postmodernismo" heißt bei Oníz die von 1905 bis 1914 reichende Korrekturphase, die auf den „modernismo" (1896-1905) folgte, ehe dieser im „ultramodernismo" (1914-1932) erneut und verstärkt zum Tragen kam.⁵⁾ Die Postmoderne stellt hier also nur ein kurzes – reaktives – Zwischenspiel zwischen einem ersten und einem gesteigerten zweiten Modernismus dar.

Wieder ganz anders taucht „post-modern" ein zweites Mal im englischen Sprachraum auf. Das geschieht 1947, in der von D.C. Somervell besorgten einbändigen Kurzfassung der ersten sechs Teile von Arnold Toynbees enzyklopädischem Hauptwerk *A Study of History*.⁶⁾ „Post-modern" bezeichnet dort die gegenwärtige Phase der abendländischen

---

2) Rudolf Pannwitz, *Die Krisis der europäischen Kultur*, Werke, Bd. 2, Nürnberg 1917, 64.
3) Ebd.
4) Ab hier informiert Michael Köhler, „‚Postmodernismus': Ein begriffsgeschichtlicher Überblick", *Amerikastudien* 12, 1977, Heft 1, 8-18.
5) Federico de Onís, *Antología de la Poesía Española e Hispanoamericana*, Madrid 1934, XVIII.
6) Arnold J. Toynbee, *A Study of History*, Abridgement of Volumes I-VI by D.C. Somervell, Oxford 1947, 39.

Kultur. Das Stichjahr dieser Postmoderne ist, wie schon erwähnt, 1875, und ihr Kennzeichen ist der Übergang der Politik von nationalstaatlichem Denken zu globaler Interaktion.

So weit das sporadische Auftreten des Ausdrucks. Er erscheint dabei so disparat wie nur möglich: Weder besteht ein kausaler Zusammenhang zwischen den Verwendungen noch wird ein inhaltlicher erkennbar. Schon der Anwendungsbereich ist höchst unterschiedlich. Mal soll die Malerei, dann die gesamte Kultur, darauf wieder nur die Literatur, schließlich speziell die Politik betroffen sein. Ebenso schwankt die Chronologie von einer nahen oder fernen Zukunftsperspektive über eine Phase am Jahrhundertanfang bis zu einer schon 1875 begonnenen Epoche. Und schließlich ist die Wertung höchst divergent: Postmoderne meint mal eine neue Gipfelhöhe, mal eine kurze Zwischenphase, mal ein Altersphänomen. Und dennoch: Obwohl der Gebrauch des Ausdrucks zunächst so disparat ist, wird schon bald ein gut konturierter Begriff daraus.

3. Die Herausbildung des Begriffs in der nordamerikanischen Literaturdebatte

Paradigmatisch erfolgt die Formation des Begriffs in der nordamerikanischen Literaturdebatte.[7] Der Ausdruck wird dort von Toynbee übernommen, aber mit ganz anderem Inhalt versehen. Das geschieht 1959 bei Irving Howe, und damit beginnt der zu unserer gegenwärtigen Debatte führende Diskussionsstrang von „Postmoderne".[7a] Howe konstatiert (und bald ist ihm Harry Levin darin gefolgt), daß die Literatur der Gegenwart im Unterschied zur großen Literatur der Moderne – der Literatur der Yeats, Eliot, Pound und Joyce – durch Erschlaffung, durch ein Nachlassen der innovatorischen Potenz und Durchschlagskraft gekennzeichnet sei.[8] In diesem Sinn wird sie als „post-modern" bezeichnet. „Postmoderne" signalisiert am Beginn des aktuellen Diskussionsstrangs also nicht (wie zuvor beispielsweise bei Pannwitz) eine neue Kulturhöhe nach dem Wellental der Moderne, sondern beinhaltet genau umgekehrt die Diagnose eines tristen Wellentals nach den fulminanten Gischtkämmen der Moderne.

---

7) Vgl. Gerhard Hoffmann, Alfred Hornung, Rüdiger Kunow, „‚Modern', ‚Postmodern' und ‚Contemporary': Zur Klassifizierung der amerikanischen Erzählliteratur des 20. Jahrhunderts", in: *Der zeitgenössische amerikanische Roman*, hrsg. von Gerhard Hoffmann, München 1988, Bd. 1, 7-43.

7a) Kurz zuvor hatte Peter F. Drucker unter Verwendung des Ausdrucks „Postmoderne" Zukunftsperspektiven zu umreißen versucht (*The Landmarks of Tomorrow*, New York 1957; vgl. insbes. „Introduction", IX-XII). An ihn knüpft Erich Müller-Gangloff an: das 4. Kapitel seines Buches *Horizonte der nachmodernen Welt* (Stuttgart 1962) ist „Postmoderne Welt" überschrieben.

8) Irving Howe, „Mass Society and Postmodern Fiction", *Partisan Review* XXVI, 1959, 420-436. Harry Levin, „What Was Modernism?", *Massachusetts Review* I, 4, 1960, 609-630.

Allerdings ist es bei dieser Negativdiagnose nicht geblieben. Schon Howe und Levin hatten ihre Befunde nicht als Anklage gemeint, sondern darauf hingewiesen, daß es ganz natürlich sei, wenn dem Aufbruch der Moderne eine Phase der Konsolidierung folge, wenn durch den Erfolg der Moderne tabuloser gewordene Zeiten postmodern weniger Profilierungschancen böten und wenn die neue Massengesellschaft in nivellierten Formen ihr adäquates Bild finde. Und bald, nämlich schon Mitte der sechziger Jahre, kam es zur positiven Neubewertung der postmodernen Literatur. Kritiker wie Leslie Fiedler und Susan Sontag gaben die ausschließliche Orientierung am Maßstab der klassischen Moderne auf, wurden damit die kulturpessimistischen Töne los und gewannen die Freiheit, die spezifischen Qualitäten dieser neuen Literatur wahrzunehmen und zu verteidigen. Die entscheidende Leistung von Autoren wie Boris Vian, John Barth, Leonard Cohen und Norman Mailer wurde jetzt in der neuen Verbindung von Elite- und Massenkultur gesehen. Während die Literatur der klassischen Moderne sehr fein gesponnen, aber auch elitär war und mit ihren Glasperlenspielen nur eine intellektuelle Oberschicht erreichte, bricht die neue Literatur aus diesem Elfenbeinturm aus.

So hat es Leslie Fiedler 1969 in dem berühmten Aufsatz „Cross the Border – Close the Gap" („Überquert die Grenze – Schließt den Graben") dargelegt.[9] (Bezeichnenderweise wurde dieser Aufsatz zuerst nicht in einer Literaturzeitschrift, sondern im *Playboy* veröffentlicht. Grenzüberschreitung, das Programm dieser Literatur, war zugleich ein Verfahren der sie propagierenden Literaturkritik.) Fiedler beginnt seinen Aufsatz recht kategorisch: „Fast alle heutigen Leser und Schriftsteller sind sich – und zwar effektiv seit 1955 – der Tatsache bewußt, daß wir den Todeskampf der literarischen Moderne und die Geburtswehen der Post-Moderne durchleben. Die Spezies Literatur, die die Bezeichnung ‚modern' für sich beansprucht hat (mit der Anmaßung, sie repräsentiere äußerste Fortgeschrittenheit in Sensibilität und Form, und über sie hinaus sei ‚Neuheit' nicht mehr möglich) und deren Siegeszug kurz vor dem ersten Weltkrieg begann und kurz nach dem zweiten endete, ist *tot*, das heißt, sie gehört der Geschichte an, nicht der Wirklichkeit. Für den Roman bedeutet dies, daß das Zeitalter von Proust, Joyce und Mann vorüber ist, ebenso sind in der Lyrik T. S. Eliot und Paul Valéry passé."[10] An anderer Stelle heißt es: „Die Vorstellung von einer Kunst für die ‚Gebildeten' und einer Subkunst für die ‚Ungebildeten' bezeugt den letzten Überrest einer ärgerlichen Unterscheidung innerhalt der industrialisierten Massengesellschaft, wie sie nur einer Klassengesellschaft zustünde."[11]

Statt dessen sollen im Kontext der neuen, postmodernen Literatur alle derartigen Grenzen überschritten werden: „Der Postmodernismus gibt einem jungen Massenpublikum ein Beispiel und verdrängt gewisse alternde und widerwillige Kritiker aus ihrem

---

9) Leslie Fiedler, „Cross the Border – Close the Gap", *Playboy*, Dez. 1969, 151, 230, 252-254, 256-258; dt. „Überquert die Grenze, schließt den Graben!", in: *März-Mammut. März-Texte*, hrsg. von Jörg Schröder, Herbstein ²1984, 673-697.
10) Ebd., 673. 11) Ebd., 689.

ehemaligen Elitestatus, indem er Freiheit anbietet, die jene schon in Gedanken mehr erschreckt als ermutigt. Der Postmodernismus schließt die Kluft zwischen Kritiker und Publikum, selbst wenn man unter dem Kritiker den Anführer in Geschmacksfragen versteht und unter Publikum seine Gefolgschaft. Wichtiger ist, daß er die Kluft zwischen Künstler und Publikum schließt oder, in jedem Fall, zwischen Professionalismus und Amateurtum in den Gebieten der Kunst. Alles andere kommt ganz logisch."[12]

Solche gesellschaftlichen und institutionellen Grenzüberschreitungen gelingen der postmodernen Literatur „logisch", sofern sie unterschiedlichste Motive und Erzählhaltungen in sich verbindet und nicht mehr bloß intellektuell und elitär, sondern zugleich romantisch, sentimental und populär ist: „Die Kluft zu schließen, bedeutet auch, die Grenze zu überschreiten zwischen dem Wunderbaren und dem Wahrscheinlichen, dem Wirklichen und dem Mythischen, der bürgerlichen Welt mit Boudoir und Buchhaltung und dem Königreich, das man lange als das der Märchen zu bezeichnen pflegte, aber das schließlich in den Geruch der verrückten Phantasterei kam."[13] „Der Traum, die Vision, *ekstasis:* Sie sind wieder die wahren Ziele der Literatur geworden; denn unsere neuesten Poeten begreifen in diesen Endzeiten, was ihre entferntesten Vorfahren in den Zeiten des Anfangs begriffen hatten: daß es nicht genug ist, nur zu belehren und zu unterhalten. Sie sind davon überzeugt, daß Wunder und Phantasie, die den Geist vom Körper, den Körper vom Geist befreien, einheimisch werden müssen in einer Maschinenwelt, daß sie vielleicht verändert oder sogar transformiert, aber auf keinen Fall zerstört oder verdrängt werden dürfen."[14]

Der postmoderne Schriftsteller ist somit für Fiedler ein „Doppelagent".[15] Er ist „gleichermaßen zu Hause in der Welt der Technologie und im Reich des Wunders"[16] – und daneben ebenso zu Exkursionen in die Gefilde des Mythos oder die Dimensionen der Erotik bereit. In alldem ist nicht Einebnung, sondern Mehrsprachigkeit der Königsweg dieser postmodernen Literatur. Sie ist durch Mehrfachstruktur, zum mindesten durch Doppelstruktur gekennzeichnet. Und das gilt semantisch ebenso wie soziologisch. Sie schafft eine Verbindung von Wirklichkeit und Fiktion sowie von elitärem und populärem Geschmack.

Damit ist – 1969, also zehn Jahre nach Beginn der postmodernen Literaturdebatte – die fortan sich durchhaltende[17] und dann auch für andere Bereiche verbindlich werdende Grundformel erreicht: Postmodernes liegt dort vor, wo eine grundsätzliche Plu-

---

12) Ebd., 689 f. 13) Ebd., 691. 14) Ebd., 694. 15) Ebd., 691. 16) Ebd., 696.
17) So ist etwa der Bestseller zurückliegender Jahre, Umberto Ecos *Der Name der Rose* – vom Autor selbst als Werk der Postmoderne bezeichnet – tatsächlich das Musterbeispiel eines doppelkodierten Werks, wie es seit Fiedler für den literarischen Postmodernismus verbindlich ist. Eco verbindet (in Thema wie Durchführung) Intellektualität und Vergnügen, Mittelalter und Gegenwart, mystische Ekstase und kriminalistische Analytik. Und er bietet nicht nur dem Kenner exquisite Textinterferenzen, sondern auch dem Laien noch immer Doppelbödigkeiten und Verstehenssprünge genug.

ralität von Sprachen, Modellen, Verfahrensweisen praktiziert wird, und zwar nicht bloß in verschiedenen Werken nebeneinander, sondern in ein und demselben Werk, also interferentiell. „Postmoderne" – zunächst ein sporadischer und höchst disparater Ausdruck – hat in der Literaturdebatte die Konturen eines variablen Begriffs gewonnen und ist dabei (in einer dann auch in anderen Bereichen sich wiederholenden typischen Verlaufsform) von einer Negativ-Vokabel, die Erschlaffungsphänomene registrierte, zu einer Positiv-Vokabel aufgestiegen,[18] die gegenwärtige und künftige Verbindlichkeiten benennt und entscheidende Pluralität zum Inhalt hat.[18a]

4. Postmoderne versus Posthistoire

An diesem Punkt mag es nützlich sein, auf den Unterschied von „Postmoderne" gegenüber „Posthistoire" hinzuweisen. „Posthistoire", das Theorem der „Nachgeschichte", besagt, daß fortan keine Innovationen mehr zu erwarten sind. Die geschichtlichen Möglichkeiten sind durchgespielt, und die Industriegesellschaften haben eine Reproduktionsform angenommen, die neue Konzepte, neue Werte, überhaupt neue Impulse weder braucht noch, wenn sie denn aufträten, beachten könnte. Was läuft und weiterläuft, ist der sozioökonomische Apparat der Versorgung ständig wachsender Menschenmassen. Alles andere – von der großen Schlüsselattitüde bis zum Parzellenprotest – ist Illusion, bleibt ephemer und epigonal. Die bewegenden Kräfte sind allein institutionell-technischer Art, die kulturell-geistigen bloß noch Theater. Mit diesem Theorem der „Posthistoire", wie es vor allem von dem Soziologen Arnold Gehlen seit den fünfziger Jahren entwickelt wurde,[19] hat die Postmoderne nichts gemeinsam. Daß beide Theoreme sich *nach* etwas glauben, berechtigt ja noch nicht – wie es leider allzu

---

18) Man wird das nichtdahingehend mißverstehen wollen, daß das Negative einfach positiv bewertet würde. So stellt es sich allenfalls für mentale Festwurzler dar, für die Denken und Bewegung absolute Gegensätze sind. In Wahrheit verhält es sich so, daß man von einer inadäquaten zu einer adäquaten Optik übergeht, und dabei wird einsehbar, daß die vorherige Negativbewertung nur eine Effekt der perspektivischen Inadäquanz war. Solche Übergänge – nicht nur dieser von einer modernen zu einer postmodernen, sondern generell der von heteronomen zu genuinen Optiken – zählen allgemein zu den Voraussetzungen der Postmoderne.

18a) Eine besondere Prägung erhält der Begriff zu jener Zeit in Japan durch Shin-ichi Hisamatsu. Er erklärt 1967, daß die Postmoderne das humanistische, das nihilistische und das theistische Menschenbild ablöst und das „Erwachen" (satori) des Menschen zur vollen Autonomie bedeutet.

19) Vgl. Arnold Gehlen, „Über kulturelle Kristallisation", in: ders., *Studien zur Anthropologie und Soziologie,* Neuwied – Berlin 1963, 311-328, sowie „Ende der Geschichte?", in: ders., *Einblicke,* Frankfurt a. M. 1975, 115-133. Mit Blick auf die Kunst hat Gehlen diese Perspektive entfaltet in *Zeit-Bilder. Zur Soziologie und Ästhetik der modernen Malerei,* 2., neu bearb. Aufl. Bonn 1965.

häufig geschieht und eine der ignorantesten Strategien zur Diskreditierung der Postmoderne darstellt –, auf Wesensidentität zu schließen. Da müßten die beiden sich schon zumindest jenseits desselben glauben. Das aber ist ersichtlich nicht der Fall. Nur nach der *Moderne* sich zu glauben – wie es die Postmoderne beansprucht –, ist ja offensichtlich wesentlich bescheidener, als nach der *gesamten Geschichte* sich zu glauben – wie es die Posthistoire will. Und an einen kommenden Entwicklungsschritt zu glauben – wie die Postmoderne es tut –, ist das Gegenteil dessen, was mit der Posthistoire-These vom Ende aller Entwicklungsschritte vereinbar ist. Zudem ist das Pathos höchst unterschiedlich. Die Posthistoire-Diagnose ist passiv, bitter oder zynisch und allemal grau. Die Postmoderne-Prognose hingegen ist aktiv, optimistisch bis euphorisch und jedenfalls bunt. Allenfalls zu Anfang hätte man Postmoderne mit Posthistoire verwechseln können, denn da implizierte die Rede von der Postmoderne in der Tat die Diagnose einer Ermattung. Aber sie verwandelte sich dann sehr bald in eine ausdrückliche Proklamation neuer Möglichkeiten und wurde gerade dadurch zu einer Gesamtdiagnose und Zukunftsparole. Fortan verkündet sie eine Zukunft, die nicht, wie die der Posthistoire, die Stillstellung der Unterschiede und eine Phase unüberschreitbarer Indifferenz bedeutet, sondern gerade eine Epoche gesteigerter Vielfalt und neuer Konstellationen und Interferenzen anzeigt.

5. Die Übertragung des Begriffs auf die Architektur

Für das allgemeine Bewußtsein am bekanntesten ist die Postmoderne in der Architektur geworden. Diese gilt als der postmoderne Artikulationssektor par excellence. Und doch hat sich der Terminus „Postmoderne" hier erst vergleichsweise spät eingebürgert und durchgesetzt, nämlich erst ab 1975. Dem gingen allerdings eine sporadische und eine polemische Verwendung des Ausdrucks voraus. Joseph Hudnut hat ihn sporadisch einmal im Titel eines Aufsatzes über „the post-modern house" von 1949 verwendet,[20] ohne ihn allerdings im Text aufzugreifen und zu erläutern, so daß man vermutete, er habe lediglich seinem Harvard-Kollegen Walter Gropius, dem Pionier der Moderne, einige schlaflose Nächte bereiten wollen. Unverblümt polemisch hat den Ausdruck dann Nikolaus Pevsner, der Papst der angelsächsischen Architekturkritik und engagierte Vertreter der Moderne, 1966/67 eingesetzt.[21] Er wollte durch ihn die in seinen Augen moderne-abtrünnigen „Anti-Pioniere" bloßstellen. „Post-modern" – damit sollte schon alles gesagt sein, von Verrat bis Ursünde. „Postmoderne" taucht also auch in der Architektur zuerst als Negativ-Vokabel auf.

20) Joseph Hudnut, „the post-modern house", in: *Architecture and the Spirit of Man*, Cambridge 1949.
21) Nikolaus Pevsner, „Architecture in Our Time. The Anti-Pioneers", *The Listener*, 29. Dez. 1966 u. 5. Jan. 1967.

Zum Standardausdruck und positiven Begriff wurde der Terminus dann durch Charles Jencks, einen nach London übersiedelten amerikanischen Architekten und Architekturkritiker. Jencks hat den Terminus 1975 – zeitgleich mit Robert Stern – von der Literatur auf die Architektur übertragen und der europäischen Postmoderne-Debatte damit den entscheidenden Anstoß gegeben. Die Architektur ist seitdem das bevorzugte Exerzierfeld des Streits um Moderne und Postmoderne geblieben. Der Titel von Jencks' damaligem Aufsatz lautete „The Rise of Post-Modern Architecture".[22] Fast möchte man sich fragen, warum er die andere Hälfte der üblichen Formel unterschlagen hat. Was mit „the rise" beginnt, pflegt doch mit „and the fall" weiterzugehen. Es wäre reizvoll (und gar nicht schwer), diese Ergänzung inzwischen nachzutragen.

Aber zunächst soll es um die Geschichte des Begriffs gehen, von Verirrungen wird im vierten Kapitel zu sprechen sein. Jencks hat seinen Postmoderne-Begriff offenbar von Fiedler übernommen. Er hat nicht nur – wie Fiedler für die Literatur – einen vorher negativ getönten Terminus positiviert, sondern der ganze Gehalt von Jencks' architektonischem Postmoderne-Begriff stimmt mit dem literarischen Fiedlers völlig überein. Jencks schreibt offenbar mit Fiedlers Stift, wenn er in der Einleitung seines Buches über *Die Sprache der postmodernen Architektur* erklärt: „Der Fehler der modernen Architektur war, daß sie sich an eine Elite richtete. Die Postmoderne versucht, den Anspruch des Elitären zu überwinden, nicht durch Aufgabe desselben, sondern durch Erweiterung der Sprache der Architektur in verschiedene Richtungen – zum Bodenständigen, zur Überlieferung und zum kommerziellen Jargon der Straße. Daher die Doppelkodierung, die Architektur, welche die Elite und den Mann auf der Straße anspricht."[23] – Das ist offensichtlich „Cross the Border – Close the Gap" mittels Säule und Stahlträger, und Jencks' „Doppelkodierer" sind (auch wenn Jencks selbst das nicht gerne hört) nichts anderes als die architektonischen Wiedergeburten von Fiedlers literarischen „Doppelagenten".

Auch der architektonischen Postmoderne liegt somit eine sowohl soziale wie semantische Motivation zugrunde. Wie die Literatur der Moderne aus aparten Elfenbeinschnitzereien bestand, so war auch die Architektur der Moderne weitgehend intellektuell und elitär und erreichte die Herzen und Wünsche der Mehrzahl der Bevölkerung nicht. Sie zog sich vielmehr auf die vornehme Nadelstreifensprache von Glas und Stahl zurück, kulminierte in hermetisch-kristallinen Gebilden und lehnte jeden Pakt mit konkretem Ausdruck und sprechender Gestaltung ab. Ihre abstrakte Universalsprache war das Pendant zur aufklärerisch-modernen Konzeption des Menschen als Weltbürger und Subjekt mit universalistischen Prinzipien. Dem „intelligiblen Charakter" konnte einzig eine über-partikulare Architektur reiner Klarheit und Transparenz entsprechen. Die Kehrseite davon war freilich, daß diese Architektur dann Bürohaus und Museum, Ein-

---

22) In: *Architecture – inner Town Government*, Eindhoven 1975, sowie *Architecture Association Quarterly*, Nr. 4, 1975.
23) Charles Jencks, *Die Sprache der postmodernen Architektur. Die Entstehung einer alternativen Tradition*, Stuttgart ²1980, 8.

familien-Bungalow in Berlin und Großhotel in Singapur im gleichen neutralen „Internationalen Stil" errichtete – und dann eines Tages verwundert feststellen mußte, daß die Menschen diese Uniformierung keineswegs als Beglückung, sondern als Pein und diese Sprachlosigkeit als Versagen empfanden.

Postmoderne Architektur ist demgegenüber für Jencks dadurch gekennzeichnet, daß sie bewußt die Benutzer und Betrachter anspricht und als *Sprache* angelegt ist. Nicht von ungefähr lautet der Titel von Jencks' Standardwerk „Die Sprache der postmodernen Architektur". In Gesellschaften wie den unseren, die durch eine gravierende Pluralität von Erwartungshaltungen und Geschmackskulturen gekennzeichnet sind, kann Architektur dieses Ziel sozialer Kommunikation freilich nur erreichen, wenn sie unterschiedliche Benutzerschichten anzusprechen vermag. Und dies gelingt ihr, indem sie verschiedene Architektursprachen kombiniert. Zum mindesten muß sie, um sich von der monolithischen Art der Moderne zu unterscheiden, *zwei* Architektursprachen gleichzeitig verwenden, also beispielsweise traditionelle und moderne, elitäre und populäre, internationale und regionale Kodes zusammenführen. Das meint die Formel von der „Doppelkodierung", das Fundamentalkriterium postmoderner Architektur.

Noch einmal Jencks: „Ein postmodernes Gebäude spricht, um eine kurze Definition zu geben, zumindest zwei Bevölkerungsschichten gleichzeitig an: Architekten und eine engagierte Minderheit, die sich um spezifisch architektonische Probleme kümmern, sowie die breite Öffentlichkeit oder die Bewohner am Ort, die sich mit Fragen des Komforts, der traditionellen Bauweise und ihrer Art zu leben befassen. So wirkt die postmoderne Architektur zwitterhaft und, um eine visuelle Definition zu geben, wie die Front eines klassischen griechischen Tempels. Dieser ist eine geometrische Architektur mit elegant kannelierten Säulen unten und einer unruhigen Tafel mit kämpfenden Giganten darüber, einem in leuchtend roten und blauen Farben bemalten Giebel. Architekten können die darin enthaltenen Metaphern und die subtile Bedeutung der Säulentrommeln ablesen, während das Publikum die expliziten Metaphern und Aussagen des Bildhauers erfaßt. Natürlich erfaßt jeder etwas von beiden Bedeutungskodes, ebenso wie bei einem postmodernen Gebäude, aber sicher mit unterschiedlicher Intensität und Erkenntnisfähigkeit. Diese Diskontinuität der Geschmackskulturen ist es, die sowohl die theoretische Basis als auch die ‚Doppelkodierung' der Postmoderne erzeugt."[24]

Dabei ist „Doppelkodierung" natürlich nur die Minimalformel für „Mehrfachkodierung". „Ein postmodernes Gebäude", hieß es soeben, „spricht *zumindest* zwei Bevölkerungsschichten gleichzeitig an." In Zeiten fundamentaler soziologischer und ästhetischer Pluralität geht es eigentlich um Mehrsprachigkeit, und diese beginnt – jenseits der „Univalenz" der Moderne – eben mit Zweisprachigkeit. Postmodernisten zählen wie Pythagoreer: Sie fangen mit zwei an.

---

24) Ebd., 6.

Als Paradebeispiel expliziter Mehrsprachigkeit kann im deutschen Raum Stirlings Neubau der Stuttgarter Staatsgalerie von 1984 gelten. Der Bau ist eklatant polyglott; er verwendet allenthalben verschiedene Kodes: traditionelle und moderne, konstruktivistische und darstellende, elitäre und populäre. Das Museale wird an seinem Ort ebenso inszeniert wie das Hypertechnische; für den Kenner gibt es eine Hommage an Mies van der Rohe, und ebenso kommt der populäre Geschmack vom grünen Noppenboden bis zu den Handläufen in den Popfarben Ice-blue und Pink auf seine Kosten. Die repräsentative Architektur Schinkels, die Sachlichkeit der Weißenhof-Siedlung, ein in lebendige Schwingung versetztes Glas-Raster und die drastische Farbigkeit der Popkultur durchdringen einander und bilden eine komplexe Architekturlandschaft. Man hat Stirling ob solcher Mehrsprachigkeit den James Joyce der Architektur genannt.[25] Wie dieser mit Hochsprache und Rotwelsch, Zeitungsjargon und Stil des griechischen Heldenepos arbeitete, so gestaltet Stirling mit architektonischer Elitär- und Trivialsprache, mit Universalkode und Dialekt, mit Pathosformeln der Identifikation und Zwischenrufen der Irritation. Hier wird die von Jencks postulierte Mehrsprachigkeit postmoderner Architektur umfassend anschaulich.

Eine etwas andere Formel als Jencks hat für die postmoderne Architektur Heinrich Klotz, Direktor des Deutschen Architekturmuseums in Frankfurt am Main und einer der führenden deutschen Theoretiker in Sachen postmoderner Architektur, vorgeschlagen. Zunächst: Klotz findet den Ausdruck „Postmoderne" wenig glücklich. Er ist zu pauschal, zu sehr durch Negativerscheinungen belastet, zu eng mit „populistischer Genußszene" oder „Nostalgie-Historismus" assoziiert.[26] Aber: „So sehr der Begriff der Postmoderne zu falschen Vorstellungen geführt hat, so wenig können wir ihn heute noch durch einen besseren ersetzen."[27] Man kommt um den Ausdruck nicht mehr herum, man kann nur dafür Sorge tragen, daß er nicht allzu einseitig und falsch gebraucht wird, daß seine kritischen Potentiale erhalten bleiben, daß nicht in seinem Namen Beliebigkeit legitimiert wird.

---

25) So Thorsten Rodieck in: *James Stirling – Die Neue Staatsgalerie Stuttgart*, Stuttgart 1984, 46. – Der Vergleich mit Joyce könnte irritieren. Ist Joyce nicht eine klassische Figur der Moderne? Das kommt auf den Blickpunkt an, der „Ulysses" ist etwas anderes als „Finnegans Wake". Ihab Hassan, ein wichtiger amerikanischer Postmoderne-Theoretiker, betrachtet gerade das Spätwerk „Finnegans Wake" als den Initialtext der Postmoderne (Ihab Hassan, *Paracriticisms. Seven Speculations of the Times*, Univ. of Illinois Press, 1975, 43). Das Verhältnis von Postmoderne und Moderne ist offenbar komplizierter, als die einfachen Vorstellungen von der Postmoderne als einer Trans-Moderne und Anti-Moderne es suggerieren.
26) Heinrich Klotz, *Moderne und Postmoderne. Architektur der Gegenwart 1960-1980*, Braunschweig – Wiesbaden 1984, 16.
27) Ebd., 15.

5. Die Übertragung des Begriffs auf die Literatur

Klotz setzt den Akzent anders als Jencks. Er betont weniger die kommunikative als vielmehr die semantische Seite. Das Entscheidende an postmoderner Architektur ist für ihn, daß diese wieder Gebilde der Fiktion und Orte der Imagination schafft. Zum Paradekriterium der Moderne – Funktion – tritt postmodern das Kriterium der Fiktion hinzu. „Nicht nur Funktion, sondern auch Fiktion", lautet die Postmoderne-Formel von Klotz.[28]

Er erläutert das folgendermaßen: „Im Bereich der Architektur ist das Fiktive immer nur ein Aspekt des Ganzen. Das Bauwerk ist nicht reines Kunstwerk ... Die Architektur steht unmittelbar im Lebenszusammenhang und unterliegt den Nutzungsinteressen stärker als irgendeine andere Kunstgattung. Doch hat man unter der Herrschaft des Funktionalismus den Anteil des Fiktiven gänzlich aus der Architektur vertrieben, so daß nur noch Bautechnik übrigblieb. Eine gotische Kathedrale, von der ihr erster Erbauer, Abt Suger, sagte, sie sei das Abbild der Himmelsstadt auf Erden, Widerschein des Lichtes Gottes in unserer Wirklichkeit, hätte unter den Bedingungen des Funktionalismus niemals entstehen können. Der abbildende und darstellende Charakter der Architektur, das Bauwerk als erdichteter Ort, als künstlerische Fiktion, war zum Kindermärchen erklärt worden, das unter ernüchterten Erwachsenen keine Geltung mehr beanspruchen durfte. Heute sind wir im Begriff, die Architektur aus der Abstraktion der bloßen Zweckdienlichkeit zu befreien und ihr das Potential zurückzugeben, wieder erdichtete Orte möglich zu machen."[29] „Das Resultat sind dann nicht länger nur Funktionsbehälter und Konstruktionswunder, sondern Darstellungen von symbolhaften Gehalten und bildnerischen Themen: ästhetische *Fiktionen*, die nicht abstrakt ‚reine Formen' bleiben, sondern *gegenständlich* in Erscheinung treten."[30]

Natürlich widerstreitet die Postmoderne-Formel von Klotz – „nicht nur Funktion, sondern auch Fiktion" – der von Jencks vorgeschlagenen keineswegs, sondern bietet nur eine etwas andere Konkretion der von diesem geforderten Doppelung. Und wenn Klotz Jencks vorhält, er habe sich zu sehr durch den Literaturdiskurs inspirieren lassen, so suggeriert das einen Unterschied, der keiner ist, denn die Postmoderne-Formel von Klotz ist ersichtlich ebensosehr wie die von Jencks durch den Literaturdiskurs präformiert, und zwar durch die gleiche Vaterfigur: durch Leslie Fiedler. Schon Fiedler hatte ja das Moment der Vision in den Vordergrund gerückt, und schon bei ihm war „Fiktion" zu einer Leitvokabel der Umstellung geworden. – Das zeigt nebenbei noch einmal, wie sehr literarischer und architektonischer Postmoderne-Begriff kongruieren. Die Korrespondenzen sind dichter, als die Theoretiker zu erkennen geben wollen. „Postmoderne" bezeichnet eine nicht an Gattungsgrenzen gebundene einheitliche Struktur.

---

28) Ebd., 423.
29) Ebd., 134f.
30) Ebd., 17.

Kritisch sei hier schon vermerkt, was im vierten Kapitel ausführlicher zu behandeln sein wird. Die postmodern geforderte vielsprachige Artikulation einer Architektur ist objektiv ungleich schwieriger zu bewältigen als eine einsprachige. Die Pluralität erschwert die Stimmigkeit. Andererseits erleichtert sie – leider – die Beliebigkeit. Diese wird darob zwar nicht zum Ziel, aber doch zur schier omnipräsenten Gefahr. Eine solche ist auch der oberflächliche Eklektizismus. Potpourri und Disneyland sind die naheliegenden Verfehlungen der angestrebten Vielfältigkeit. Daß sie Verfehlungen sind, ist leicht zu erkennen: Ihre Potenzierung der Vielfalt steigert diese ja nicht, sondern löscht sie durch Vergleichgültigung. Demgegenüber ist daran festzuhalten, daß das postmoderne Kriterium der Mehrsprachigkeit genau zu nehmen ist: als Forderung nach Mehr-*Sprachigkeit*. Und das bedeutet das Gegenteil eines Plädoyers für eklektizistische Wortfetzen und historische Versatzstücke, es verlangt vielmehr, daß nicht einzelne Vokabeln und beliebige Zitate an einem Gebäude herumschwirren, sondern daß die spezifische Logik und die unbeliebigen Möglichkeiten der jeweiligen *Sprache* in ihrer Konsequenz zur Anschauung gebracht werden. Eben das unterscheidet zwischen Hoch- und Billigformen von Postmoderne oder zwischen Postmoderne und Tohuwabohu.

6. Postmoderne Tendenzen in Malerei und Skulptur

Auch im Bereich der Malerei und Skulptur ist seit den siebziger Jahren eine Akzentverschiebung zu stärker poetischen, emotionalen und ambivalenten Werken festzustellen, aber der Ausdruck „Postmoderne" wird in diesem Feld weit weniger verwendet. Heinrich Klotz beispielsweise, der nicht nur ein engagierter Propagator postmoderner Architektur, sondern auch ein Anwalt der „wilden" Malerei der frühen achtziger Jahre ist, konstatiert zwar bei der Architektur einen Bruch mit der Moderne, sieht bei der Malerei aber eher ein Verhältnis folgerichtiger Fortsetzung und will daher hier den Ausdruck „Postmoderne" nicht gebraucht wissen. Das rührt letztlich daher, daß das Spektrum der Moderne in der Malerei ungleich breiter war als in der Architektur. Während in der Architektur (sehr vereinfacht gesagt) die berüchtigte „Kiste" den Ton angab, umfaßte die Malerei – seit Kandinsky – nicht nur die große Abstraktion, sondern ebenso die große Realistik. In der ersteren Moderne ist kaum etwas Neues, in der letzteren hingegen schier alles unterzubringen. Daher kann auch ein engagierter Vertreter der Moderne wie der Kunsthistoriker Gottfried Boehm hinsichtlich der Malerei erklären, daß man auf den Begriff der „Postmoderne" getrost verzichten könne; was da an neuer Gestaltung hervortrete, sei ohne weiteres den Möglichkeiten der Moderne zuzuschlagen.

Andererseits gibt es gleichwohl auch in diesem Feld einen erklärten Postmodernismus, nur trägt er hier einen anderen Namen: „Trans-Avantgarde". Diese 1980 von dem italienischen Kunsthistoriker und Ausstellungsorganisator Achille Bonito Oliva geprägte Bezeichnung ist offensichtlich dem Ausdruck „Postmoderne" parallel, denn

„Avantgarde" fungierte als Schlagwort des ästhetischen Modernismus, und somit bedeutet „Trans-Avantgarde" eine Position jenseits dieses Modernismus und in diesem Sinn eine post-moderne Position.[31]

Für dieses Konzept der Trans-Avantgarde ist vor allem der Abschied von einem Eckpfeiler des Avantgarde-Theorems der Moderne, die Absage an den Sozialauftrag der Kunst, charakteristisch. Der Künstler will nicht mehr der ästhetische Handlanger oder Propagandist einer gesellschaftlichen Utopie sein. Bonito Oliva schreibt: „Die Kunst kann nicht Praxis der Versöhnung sein, da sie immer die Produktion von Differenzen ist."[32] „Der Niedergang der Ideologie, der Verlust eines allgemeinen theoretischen Standpunktes drängen den Menschen ins Abdriften, das die ganze Gesellschaft zwar nicht in Termini eines gesunden Experimentierens, wohl aber in denen einer prekären Erfahrung nachvollziehen kann. ... Die Kunst ist, per definitionem, eine asoziale Praxis, die an abgesonderten und geheimen Orten entsteht und sich entwickelt, und die sich offensichtlich keine Rechenschaft darüber ablegt, unter welchen Bedingungen sie sich entwickelt, weil sie keine Anregungen braucht, außer den inneren Antrieben, die sie leiten."[33]

Das ist eine deutliche Absage an die Moderne, die sich – seit Schillers Konzeption eines „ästhetischen Staats", in Gropius' Projekt einer „optischen Kultur" oder im Surrealistenprogramm der Überführung von Kunst in Leben – immer wieder gesellschaftsbezogen verstanden hatte, sei es sozialreformerisch, sozialrevolutionär oder sozialutopisch. Freilich: Auf solche Option war schon innerhalb der Moderne stets die Gegenoption gefolgt, bei Baudelaire etwa oder bei Wilde oder bei Benn. Und so gilt es zweierlei zu erkennen: Erstens, daß auch diese Gegenoption „sozial" bestimmt ist, denn sie gibt an, wie menschenwürdiges Leben unter Bedingungen einer unmenschlichen und untherapierbaren Sozietät noch zu führen ist.[34] Und zweitens, daß somit auch die „postmoderne" oder „transavantgardistische" Position bei aller erklärten Abkehr vom Sozialen doch einen Gesellschaftsbezug sekundärer Art impliziert, und daß so ihr Unterschied zur Moderne keineswegs einer ums Ganze, sondern eher der einer Nuance ist. Sie erneuert die „asoziale" Komponente der Moderne. Freilich kann dann nicht darin der Kern ihrer Postmodernität liegen; dieser muß vielmehr in etwas anderem zu suchen sein: in ihrer radikalen Verwiesenheit auf Pluralität.

Bonito Oliva spricht der Kunst von ihrem radikalen Individualismus her eine soziale Funktion zweiten Grades zu, wenn er sagt, daß angesichts der allgemeinen Krise der

---

31) Vgl. schon die interessante Avantgarde-Kritik von Hans Magnus Enzensberger, „Die Aporien der Avantgarde", in: ders., *Einzelheiten II. Poesie und Politik*, Frankfurt a.M. [5]1980, 50-80.
32) Achille Bonito Oliva, *Im Labyrinth der Kunst*, Berlin 1982, 87.
33) Ebd., 89.
34) Wenn man dieser ein klein wenig anspruchsvollen Figur von Differenz und Gemeinsamkeit nicht gewachsen ist, sondern sie partout auf die blanke Opposition von Sozialfunktion und asozialer Praxis herunterbringen muß, dann entsteht das Pingpongspiel zwischen Bürger und Bohrer – Tortur eines philosophierender Germanistik in die Hände gefallenen „Götterboten".

Gesellschaft nur noch die Kunst Orte des Menschseins und Modelle eines Auswegs bieten könne: „In der Entwicklung des Menschen hat sich die Kunst immer als ein Alarmsystem dargestellt, als ein anthropologisches Abschreckungsmittel, um die gesellschaftlichen und allgemein geschichtlichen Transformationen in Angriff zu nehmen." So „ermöglicht es die Kunst, Auswege und Überwindungen jenseits der Blockierung, die scheinbar Produkt der augenblicklichen Umstände ist, ausfindig zu machen. In diesem Sinn ist Kunst die permanente Praktik der Krise." Und schließlich: „Die Kunst ist der symbolische Ort der genetischen Selektion, der Raum des Überlebens – wenn überhaupt – unter nicht lebbaren Bedingungen."[35]

Im Blick auf den postmodernen Aspekt dieser Kunst ist entscheidend, daß ihr Individualismus strikt für Pluralität optiert. Er läßt sich keinerlei Einheitskonzept mehr einschreiben, sondern bleibt diskontinuierlich und divergent: „Endlich haben sich die Poetiken vereinzelt, jeder Künstler arbeitet mit Hilfe eines individuellen Ansatzes, der den gesellschaftlichen Geschmack fragmentiert und den Absichten der eigenen Arbeit folgt." Die neue Kunst zielt auf die „Produktion von Diskontinuität", auf einen „vielfältigen Nomadismus", wo „jedes Werk verschieden vom anderen" ist.[36] Der prinzipielle Abschied vom *einen* utopischen Modell und der Übergang zu einer *Vielzahl* unterschiedlichster Erprobungen ist für die Kunstszene insgesamt charakteristisch. Wir haben das zuvor schon an Literatur und Architektur kennengelernt und werden dem nachher auch in seiner philosophischen Spiegelung und Verteidigung begegnen. Gegenwärtig wird im Kunstbereich die postmoderne Verbindung und Durchdringung heterogener Ansätze allenthalben dominant.

Darin wirken Ansätze der späten sechziger Jahre fort. Dubuffets Übergang von der Serie der „Matériologies" zu der der „Logologies" beispielsweise (und das hieß: der Übergang von einer einseitigen Orientierung an Mimesis zu einer Kombination mimetischer und konstruktiver Bildstruktur) ist hier ebenso als paradigmatisch zu nennen, wie man die Filme Godards heute als hochkarätige Vorwegnahmen aktueller Tendenzen erkennen kann. Die Postmoderne hat auch in diesen Feldern schon lange, bevor der Ausdruck in Umlauf kam, begonnen. In der Architektur hat Robert Venturi bereits in den sechziger Jahren „postmodern" gebaut und gedacht, und in der Malerei zählte der damalige Einbruch der Pop-Art in die Domänen der Abstraktion zu den Auslösefaktoren postmoderner Tendenzen. Seitdem wird die Paradigmen-Kombination erprobt, und sie findet sich heute in einer breiten, von Mimmo Paladino bis Mario Merz und von Gary Stephan bis Albert Hien reichenden Palette. Phänomene der Hybridbildung, irritierende Kombinationen, das Interesse am Umspringen ins Unerwartete prägen das Bild. Das gilt ebenso wie für Malerei und Plastik auch für andere Kunstbereiche, von der Musik bis zum Theater und vom Tanz bis zum Film.[37]

35) Ebd., 88, 90, 92.
36) Ebd., 58, 61, 63.
37) Vgl. das Überblickswerk *The Postmodern moment. A handbook of contemporary innovation in the arts*, hrsg. von Stanley Trachtenberg, Westport – London 1985.

7. Soziologie: postindustrielle und postmoderne Gesellschaft

In der Soziologie taucht der Ausdruck „postmoderne Gesellschaft" erstmals 1968 bei Amitai Etzioni auf.[38] Das Ende der Moderne geschieht ihm zufolge nicht durch Abbruch, sondern durch Transformation. Das postmoderne Stadium wird durch einen technologischen Wandel eingeleitet. Dessen Zielrichtung ist allerdings zweideutig. Eindeutig ist nur Etzionis Option: „Nach dem Zweiten Weltkrieg endete die moderne Zeit mit der radikalen Transformation der Kommunikations-, Wissens- und Energietechnologien. Ihr zentrales Merkmal war die kontinuierliche Zunahme der Effizienz der Produktionstechnologie, die eine wachsende Herausforderung für den Primat jener Werte bedeutete, denen diese Mittel dienen sollten. Die postmoderne Zeit, deren Beginn wir mit dem Jahr 1945 festsetzen können, wird entweder eine weitere und noch weitgehendere Bedrohung des Status dieser Werte durch den Ansturm der Technologien oder die Wiederherstellung der normativen Priorität dieser Werte erleben. Welche der Alternativen sich durchsetzt, wird darüber entscheiden, ob die Gesellschaft Diener oder Meister der von ihr erzeugten Instrumente sein wird. Die aktive Gesellschaft, die Herr ihrer selbst ist, ist eine Option, die sich mit der postmodernen Zeit eröffnet."[39]

Es geht Etzioni also darum, daß die Technologien postmodern nicht als Instrumente einer Steigerung der modernen Technokratie-Tendenzen wirken, sondern daß es umgekehrt zur Relativierung technologischer Rationalität auf den Status eines Mittels und zur Wiedergewinnung einer Priorität der Werte kommt. Diese Werte konvergieren im Ideal der „aktiven Gesellschaft" als einer Gesellschaft, „die gegenüber den Bedürfnissen ihrer sich wandelnden Mitgliedschaft sensibel und in einer intensiven und ständigen Selbsttransformation begriffen ist".[40] Etzionis Werteprofil ist also betont pluralistisch. Die „aktive Option"[41] seiner postmodernen Gesellschaft bedeutet, daß diese sich entgegen technokratischer Fremdbestimmung autonom, dynamisch und plural bestimmt.

In der Soziologie hat sich allerdings ein anderer Ausdruck durchgesetzt. Man pflegt weniger von „postmoderner" als von „postindustrieller" Gesellschaft zu sprechen. Dieser Terminus geht auf den amerikanischen Soziologen David Riesman zurück (1958), wurde von dem französischen Soziologen Alain Touraine aufgegriffen (1969) und hat sich vor allem im Gefolge der Arbeiten des amerikanischen Soziologen Daniel Bell

---

38) Amitai Etzioni, *The Active Society. A Theory of Societal and Political Processes*, New York 1968. Dt. *Die aktive Gesellschaft. Eine Theorie gesellschaftlicher und politischer Prozesse*, Opladen 1975.
39) Ebd., 7.
40) Ebd., 8. Vgl. auch 32, 143, 202.
41) Ebd., 7.

durchgesetzt (seit 1973).[42] Der Unterschied des Ausdrucks ist zugleich einer der Konzeption und Option. In vielem besteht Ähnlichkeit, in manchem Übereinstimmung, im letzten ein Dissens.

Auch Bells „postindustrielle Gesellschaft" ist durch den technologischen Wandel konturiert. Ausschlaggebend sind nicht mehr Maschinentechnologien, sondern „intellektuelle Technologien".[43] Die postindustrielle Gesellschaft ist durch den Primat theoretischen Wissens, durch das Bündnis von Wissenschaft und Technologie sowie durch die Planung und Steuerung der Sozialentwicklung gekennzeichnet.[44] Damit ist sie „auf dem besten Wege", „die natürliche Ordnung durch eine technische zu ersetzen".[45] So stellt sie freilich gegenüber der „industriellen Gesellschaft" nur eine Fortsetzung und Steigerung, nicht eine grundlegende Umorientierung dar. Bell sagt selbst, daß die postindustrielle Gesellschaft den seit hundert Jahren laufenden Technisierungsprozeß weiter vorantreibt – nur „mit noch größerem Nachdruck" und effizienteren Mitteln.[46] Das Projekt ist das alte. Die Perspektive bleibt – so Bell ausdrücklich – „technokratisch".[47]

Bells „postindustrielle Gesellschaft" verfolgt also nur die eine der beiden Möglichkeiten, die Etzioni im Ausgang vom Technologiewandel für möglich gehalten hatte. Sie verfolgt just diejenige, gegen die sich Etzionis postmoderne Option gewandt hatte. Die postindustrielle Gesellschaft intendiert eine Fortsetzung und Steigerung, keine Revision der Moderne. Gerade in der Kernvorstellung wird diese Kluft deutlich: Die postindustrielle Gesellschaft verfolgt den Traum, „die Massengesellschaft zu ‚ordnen'";[48] die postmoderne Gesellschaft Etzionis verkörperte die gegenteilige Vision einer „aktiven", sich selbst bestimmenden und ständig transformierenden Gesellschaft.[49]

Dem ist zu entnehmen, wie vorsichtig man im Feld postmoderner Phänomene und Deklarationen mit Gleichsetzungen sein muß. Die geläufige Etikettierung der „postindustriellen Gesellschaft" als „postmodern" erweist sich als falsch. Was den gleichen Ausgangspunkt hat (eine technologische Veränderung), muß deshalb noch lange nicht im Ziel übereinstimmen – und postmodern werden gerade die Ziele wieder relevant und

---

42) Vgl. David Riesman, „Leisure and Work in Post-Industrial Society", in: *Mass Leisure*, hrsg. von Eric Larrabee und Rolf Meyersohn, Glencoe, Ill. 1958, 365-385; Alain Touraine, *La société post-industrielle*, Paris 1969, dt. *Die postindustrielle Gesellschaft*, Frankfurt a.M. 1972; Daniel Bell, *The Coming of Post-Industrial Society. A Venture in Social Forecasting*, New York 1973, dt. *Die nachindustrielle Gesellschaft*, Frankfurt – New York 1985.
43) Vgl. Daniel Bell, *The Winding Passage. Essays and Sociological Journeys 1960 – 1980*, Cambridge, Mass., 1980, 273, sowie *Die nachindustrielle Gesellschaft*, 43 ff.
44) *Die nachindustrielle Gesellschaft*, insbesondere 32, 36, 42 ff.
45) Ebd., 54.
46) Ebd.
47) Ebd., 251.
48) Ebd., 49.
49) Vgl. *Die aktive Gesellschaft*, 7 f., 143.

leitend. Technophilie kann Technokratie-Bejahung bedeuten, muß es aber nicht. Das hätte früh am Unterschied von Bells und Etzionis Konzeption bemerkt werden können und wäre Jahre später auch für Lyotards Technologie-Rekurs zu beachten gewesen, aber man hat auch hier vorschnell aus Thematisierung auf Affirmation geschlossen. Das ist allerdings ein genau nur unter technokratischen Prämissen gültiger Kurzschluß.[50] So entpuppt sich auch hier der vorgebliche Kritiker technokratischen Denkens als dessen gedankenloser Vertreter. *Ein* Rationalitätstyp – der technologisch-technokratische – wird ganz selbstverständlich für Rationalität überhaupt genommen. Postmodern hingegen ist eben dies unzulässig, geht es vielmehr darum, die *Pluralität* von Rationalitäten, Wertsystemen, Gesellschaftsorientierungen zur Geltung zu bringen.

Um so aufschlußreicher ist, daß auch Bell nicht umhinkann, in sein Gesellschaftskonzept den Gedanken einer unüberschreitbaren Pluralität einzubauen. Nur kommt dies bei ihm in der Technologie-Problematik nicht zum Tragen. Freilich: Bell ist ohnehin kein eigentlicher Verfechter der postindustriellen Gesellschaft, er legt vielmehr Wert auf die Feststellung, dieses Konzept weder als Zukunftsprogramm noch als Prognose einer faktisch eintretenden, sondern nur als Diagnose einer möglichen Entwicklung aufgestellt zu haben.[51] Und vor allem: Bell bejaht den technokratischen Zug keineswegs. Hier liegt für ihn vielmehr die mögliche Bruchstelle des ganzen Komplexes, er hält es für sehr fraglich, ob die Menschen diese technokratische Orientierung auf Dauer mitmachen werden.[52] Andererseits kann Bell an dieser Problemstelle nicht auf die kulturelle Pluralität, die in den zuvor diskutierten Postmoderne-Bereichen entscheidend war, rekurrieren, denn er hat sich durch eine sehr problematische (und in manchem idiosynkratische Züge tragende) These dieser Möglichkeit beraubt. Er hat nämlich die moderne Kultur – und ebenso und erst recht die postmoderne – als Subversions-Unternehmen gebrandmarkt und verworfen. Sie vertrete und verfolge nur die Ziele der Selbstverwirklichung und des Genusses. Und eine solche Ausrichtung sei schlicht subversiv gegenüber der technologisch-ökonomischen Ordnung, die den Maßstäben funktionaler Rationalität und Effizienz zu folgen habe. Insofern habe die moderne Gesellschaft eine

---

50) Wie paradox die Diskussionslage in diesem Feld manchmal ist, kann man daraus ersehen, daß es ausgerechnet Charles Jencks war, der diesen Fehlschluß vertreten hat, und daß er dabei gerade zeigen wollte, daß Lyotard nicht postmodern, sondern spätmodern denkt. Lyotard sollte einen „peinlichen Lapsus" begangen haben „in der Vermengung der postindustriellen Gesellschaft mit Post-Modernismus" bzw. in seiner „Verwechslung des Post-Modernismus mit der jüngsten Tradition des Neuen, dem Spät-Modernismus" (Charles Jencks, „Post-Modern und Spät-Modern. Einige grundlegende Definitionen", in: *Moderne oder Postmoderne? Zur Signatur des gegenwärtigen Zeitalters*, hrsg. von Peter Koslowski, Robert Spaemann, Reinhard Löw, Weinheim 1986, 205-235, hier 229, 230). Bei gelassener Betrachtung zeigt sich schnell, daß die Argumentation von Jencks gerade das Gegenteil erweist.
51) Vgl. *Die nachindustrielle Gesellschaft*, 10.
52) Ebd., 54.

Kultur hervorgebracht, die nicht zu ihr passe, ja sie zu unterminieren drohe. Der Kapitalismus könne an seinen kulturellen Widersprüchen noch zugrunde gehen.[53]

Da gilt es einen Moment innezuhalten. Aus drei Gründen. Zum ersten ist es hochinteressant, daß Bell, dessen Konzept der postindustriellen Gesellschaft in vielem dem Gehlenschen Theorem der Posthistoire ähnelt, hier der Kultur doch einen ganz anderen Stellenwert zuspricht, als Gehlen das tut. Beide erwarten von der Kultur nichts Grundsätzliches. Aber Gehlen meint, daß die Kultur ihre ephemere Rolle wunderbar spiele. In dem Maße, wie wirkliche Orientierung durch sie obsolet wurde, sei die Kultur kompensationsfähiger und amusement-effizienter geworden. Wenn die Kultur heute das System attackiere, so wisse jeder, daß das nur Theater ist (und der clevere Geschäftsmann ermuntert jeden neuen kritischen Trend, schließlich soll er sich ihm schon bald bezahlt machen). Bell sieht das ganz anders. Er nimmt die Kultur für voll. Und hält sie nicht nur für gefährlich, sondern traut ihr die effektive Sprengung des Systems zu. Zwischen diesen Polen schwankt die gegenwärtige Einschätzung der Bedeutung der Kultur insgesamt. Daß die Kultur bloß Epiphänomen sei, ist so unglaubhaft, wie die These, daß demnächst alles nach ihrer Pfeife tanzen werde, unwahrscheinlich ist. Diese Spanne möglicher Kulturrelevanz wird sich auch für die Einschätzung der Postmoderne als wichtig erweisen.

Zum zweiten zeigt sich hier eine Spannung innerhalb der Bellschen Konzeption. Konträre Tendenzen geraten in Konflikt. Denn einerseits konzipiert Bell die postindustrielle Gesellschaft monistisch: technologische Rationalität ist leitend, und zwar für alle Bereiche. Daher erscheint der Einspruch der Kultur konsequenterweise als Subversion. Aber eigentlich ist Bell kein Monist, sondern ein engagierter Pluralist, und als solcher muß er die kulturelle Systemopposition zumindest verteidigen, wenn schon nicht direkt propagieren.

Denn von diesem prinzipiellen Pluralismus Bells ist – drittens – die Opposition von Kultur und technisch-ökonomischem System selbst schon ein Hauptstück. Solche Disparität sozialer Sphären ist für moderne Gesellschaften unaufhebbar und wird dies für postindustrielle und postmoderne bleiben.[54] Ja Bell geht (gegen alle „monistischen" Sozialvorstellungen gewandt) sogar davon aus, daß die meisten, nicht nur die modernen Gesellschaften „radikal disjunktiv" sind. In den gegenwärtig fortgeschrittensten Gesellschaften hat diese generelle Disjunktion die Form des Antagonismus dreier Sphären angenommen: der technisch-ökonomischen Sphäre, die auf funktionale Rationalität und Effizienz zielt, der Kultur, die auf Selbstverwirklichung und Genuß aus ist, und der politischen Sphäre, die Gleichheit und Recht anstrebt.[55]

---

53) Vgl. Daniel Bell, *The Cultural Contradictions of Capitalism*, New York 1976.
54) Die Disparität wird Bell zufolge sogar zunehmen, vgl. *Die nachindustrielle Gesellschaft*, 366.
55) *The Winding Passage*, 329 f.

So sieht man, daß die postmoderne Pluralität auch der Bellschen Gesellschaftskonzeption eingeschrieben ist – nur nicht als bloß kulturelle, sondern als gar fundamentalere Pluralität zwischen verschiedenen Orientierungssystemen und Organisationsbereichen. Der Postmodernismus im engeren Sinn gehört Bell zufolge nur *einer* gesellschaftlichen Sphäre zu – der kulturellen –, aber die einschneidende Pluralität und die unaufhebbare Heterogenität verschiedener Paradigmen, wie dieser kulturelle Postmodernismus sie propagiert, sind Bell zufolge ein Prinzip der postmodernen Gesellschaft *insgesamt*, denn diese ist durch eine Mehrzahl konfligierender und unvereinbarer Maßstäbe charakterisiert. Und Bell hat darauf hingewiesen, daß solche Heterogenität gegenwärtig nicht nur zwischen den Sphären Wirtschaft, Kultur und Politik besteht, sondern auch in die einzelnen Subjekte eindringt: Jeder von uns, sagt er, hat vielfache Neigungen und Identitäten und folgt ganz unterschiedlichen Interessen und Werten;[56] und zwischen diesen sind Konflikte unvermeidlich und ist eine Versöhnung unmöglich. Daher ist die postmoderne Gesellschaft unaufhebbar plural.[57] Wer diese Pluralität überschreiten wollte, der wäre, wenn er es als Soziologe versuchte, ein Ignorant, wenn er es aber politisch täte, ein Diktator.

Solche Pluralität gilt heute quer durch die Lager und Positionen. Nicht nur ausdrückliche Postmoderne-Vertreter, sondern, wie das Beispiel Bells zeigte, auch andere namhafte Theoretiker kommen an ihr nicht vorbei – und sei es erst in zweiter Instanz, dafür aber um so gründlicher und nachhaltiger. Das gilt noch für einen erklärten Postmoderne-Kontrahenten wie Habermas. Auch er konstatiert – die Stichworte „Ausdifferenzierung der Rationalitätsaspekte" und „System versus Lebenswelt" mögen das andeuten – eine gravierende Heterogenität von Maßstäben und Ansprüchen sowie einschneidende Trennungen im gesellschaftlichen Feld. Und auch er intendiert keineswegs eine Aufhebung, sondern eine korrekte Art der Instrumentierung solcher Pluralität. Das durch Diversität gekennzeichnete Wirklichkeitsdesign, das sich spektakulär unter der Bezeichnung „Postmoderne" artikuliert, ist offenbar – so oder anders benannt – schlicht das Wirklichkeitsdesign der Gegenwart.

Die Frage ist nur, wie radikal und unverstellt diese Pluralität wahrgenommen und anerkannt wird. Und zugleich: Wie ihr Rechnung zu tragen, wie mit ihr umzugehen sei. Für manche ist sie nur ein notwendiges Übel, das man einerseits hinnehmen, dem man andererseits aber auch ein Gegengewicht entgegensetzen muß (Spaemann); für andere handelt es sich nicht um ein Übel, sondern um eine unverzichtbare Errungenschaft, die aber gleichwohl gewisser therapeutischer Maßnahmen oder Gegensteuerungen bedarf (Habermas); wieder andere schwanken zwischen konkreter Problematisierung und grundsätzlicher Verteidigung (Bell). Während diese alle auf postmoderne Verhältnisse reagieren, ist ein Postmodernist im strikten Sinn derjenige, der solche Pluralität vor-

---

56) Ebd., 243.
57) „All society is plural society" (ebd.).

behaltlos in ihrer grundlegenden Positivität erkennt, ganz von ihr ausgehend denkt und sie konsequent verteidigt – gegen innere Gefährdungen ebenso wie gegen äußere Attacken. Das ist Programm und Aufgabe des philosophischen Postmodernismus.

8. Postmoderne philosophisch: Jean-François Lyotard

In der Philosophie taucht der Ausdruck „Postmoderne", der, wie wir bei Pannwitz sahen, früh schon in einem philosophischen Kontext stand, erst sehr spät als wirklicher Begriff und ausgearbeitete Konzeption auf: 1979 nämlich bei dem französischen Philosophen Jean-François Lyotard, der in jenem Jahr eine Schrift mit dem Titel *La Condition postmoderne* – deutsch *Das postmoderne Wissen* – publizierte.[58] Lyotard geht von den neuen Technologien und der in den Vereinigten Staaten geführten Diskussion um Postmoderne und postindustrielle Gesellschaft aus.[59] Welche Veränderungen, so lautet die Ausgangsfrage seiner als Gelegenheitsarbeit für den Universitätsrat der Regierung von Québec verfaßten Studie, sind für das Wissen in den am höchsten entwickelten Industriegesellschaften unter dem Einfluß der neuen Informations-Technologien zu erwarten?[60]

Lyotard beantwortet die Frage nicht direkt, sondern klärt zunächst die Eigenart heutigen Wissens. Wie ist das Wissen heute verfaßt, wo liegen seine neuen Tendenzen und prospektiven Verbindlichkeiten – vorerst ganz unabhängig von der Frage neuer Technologien? Was kennzeichnet die heutige – die „postmoderne" – Verfassung des Wissens? Diese wird dann als kritischer Maßstab gegenüber den neuen Technologien verwendet. Es ist keineswegs so, daß diese Technologien die Postmoderne definierten, sondern umgekehrt: die postmoderne Verfassung, wie Lyotard sie anhand jüngerer Wissensent-

---

[58] Jean-François Lyotard, *La Condition postmoderne. Rapport sur le savoir*, Paris 1979, dt. *Das postmoderne Wissen. Ein Bericht*, Bremen 1982, Neuausgabe Graz – Wien 1986. Zitate in z.T. modifizierter Übersetzung, unter Nennung der französischen und deutschen Seitenzahl (1986). – Die Verzögerung der philosophischen Wahrnehmung oder Anerkennung der neuen Konstellation (oder wenigstens des Themas) ist auffällig. Nicht einmal kunstbezogene Debatten machen hier eine Ausnahme. Die drei Bände *Kunst und Philosophie* (hrsg. von Willi Oelmüller, Paderborn – München – Wien – Zürich 1981-1983), die 1980 bis 1982 veranstaltete Kolloquien namhafter Experten dokumentieren, enthalten 74mal den Verhandlungsgegenstand „Moderne", aber kein einziges Mal „Postmoderne". – Die Philosophen stehen damit freilich nicht allein. Während man im angelsächsischen Sprachraum seit bald 30 Jahren und inzwischen auch weltweit über „Postmoderne" diskutiert, enthält der neue, als „Wörterbuch der achtziger Jahre" apostrophierte „Langenscheidt" – auf 2500 Lexikonoktav-Seiten – weder englisch noch deutsch ein entsprechendes Stichwort.

[59] Ebd., 7/13.

[60] Ebd., 11 ff./19 ff.

wicklungen herausarbeitet – und die, das sei gleich gesagt, eben die durch das 20. Jahrhundert (und zwar seit den ersten Dezennien) verbindlich gewordene Grundverfassung ist –, bildet den normativen Rahmen für die Bewertung der neuen Technologien. Lyotards Postmoderne-Begriff ist also keineswegs technologisch konturiert, sondern weit grundsätzlicher gefaßt und vermag von daher gerade auch technologie-kritisch zu fungieren. Es war schlicht ein Mißgriff, als Jencks Lyotard ob der Beschäftigung mit den neuen Technologien als Technologen, Technokraten respektive Theoretiker der postindustriellen Gesellschaft à la Bell einstufte. Jencks suchte hier offenbar sein Theorie-Monopol gegen einen neu aufgehenden Stern zu verteidigen und wollte Lyotard zu diesem Zweck ins Abseits der Spätmoderne abschieben und von seiner Postmoderne fernhalten.[61] Aber diese Einordnung stellt Lyotards Ansatz ersichtlich auf den Kopf. Jede Lektüre des *Postmodernen Wissens* lehrt schnell, daß Lyotard nicht von den neuen Technologien her denkt. Die Argumentationsfigur ist nicht: Es gibt diese neuen Technologien, sie sind unaufhaltsam im Vormarsch, schaffen wir das ihnen entsprechende Denken. Sondern Lyotard argumentiert: Die neuen Technologien kommen und beeinflussen das Wissen, versichern wir uns daher der internen Eigenart und Ansprüche aktuellen Wissens, um die Herausforderung dieser Technologien richtig beantworten zu können, und das heißt: sie zu nützen, soweit sie mit dieser Eigenart des Wissens vereinbar sind, sich ihnen aber entgegenzustellen, wo das nicht der Fall ist. Dieser Ansatz führt denn auch dazu, daß Lyotard zu alldem, was – von Popper bis Habermas und von Luhmann bis Baudrillard – als „spätmodern" klassifiziert werden kann, eine Gegenposition einnimmt.

Der Begriff der „Postmoderne" wird also aus einer Reflexion auf die Eigenart modernen Wissens gewonnen. In Kürze: Modernes Wissen hatte je die Form der Einheit, und diese Einheit war durch den Rückgriff auf große Meta-Erzählungen zustande gekommen. Noch in den entlegensten Detailforschungen war ein solcher Rückbezug auf eine alles legitimierende Leitidee deutlich. Die Neuzeit bzw. Moderne hatte drei solcher Meta-Erzählungen hervorgebracht: die Emanzipation der Menschheit (in der Aufklärung), die Teleologie des Geistes (im Idealismus) und die Hermeneutik des Sinns (im Historismus). Die gegenwärtige Situation hingegen ist dadurch gekennzeichnet, daß diese Einheitsbande hinfällig geworden sind, und zwar nicht nur den genannten Gehalten, sondern ihrer ganzen Art nach. Totalität wurde als solche obsolet, und so kam es zu einer Freisetzung der Teile.

Diese Auflösung des Ganzen ist eine Vorbedingung der postmodernen Pluralität. Die Zerfallsdiagnose allein reicht freilich noch nicht. Sie ist als solche ja auch wenig originell, vielmehr ist dergleichen seit Schillers und Hölderlins Tagen schon oft konstatiert worden. Die Auflösung der Einheit stellt nur eine notwendige Bedingung, aber noch keinen hinreichenden Impuls für die Postmoderne dar. Diese kommt vielmehr erst in Schwung, wenn – als zweite Voraussetzung – die positive Rückseite dieser Auflösung

---

61) Vgl. Anm. 50.

erkannt und als Chance ergriffen wird. Das war laut Lyotard beispielsweise im Wien der Jahrhundertwende noch nicht der Fall. Dort führte die Erfahrung der „Delegitimierung", also des Verlusts der umfassenden Rechtfertigung, zunächst nur zur Trauer über die verlorene Ganzheit: „Dieser Pessimismus hat die Generation der Jahrhundertwende in Wien genährt: die Künstler Musil, Kraus, Hofmannsthal, Loos, Schönberg, Broch, aber auch die Philosophen Mach und Wittgenstein. Sie haben zweifellos das Bewußtsein der Delegitimierung sowie die theoretische und künstlerische Verantwortung dafür so weit getrieben wie möglich. Man kann heute sagen, daß diese Trauerarbeit abgeschlossen ist. Sie muß nicht wieder begonnen werden. Es war die Stärke Wittgensteins, daß er dem nicht auf die Seite des Positivismus entwich, den der Wiener Kreis entwickelte, und daß er in seiner Untersuchung der Sprachspiele die Perspektive einer anderen Art von Legitimierung ... entwarf. Mit ihr hat die postmoderne Welt zu tun. Die Sehnsucht nach der verlorenen Erzählung ist für den Großteil der Menschen selbst verloren."[62]

Entscheidend ist, nicht nur die thetische, sondern auch die nostalgische Einheitsperspektive zu überwinden. Vielleicht genügte es auch schon, sich klarzumachen, daß solche Einheitlichkeit ohnehin immer nur retrospektives Konstrukt ist, während jede Epoche faktisch beträchtliche Divergenzen und Brüche enthielt (was sich gerade an der Musterepoche vorgeblicher Einheit, am Barock, exemplarisch zeigen ließe). Solch retrospektiven und illusionären Einheitsperspektiven gegenüber kommt es darauf an, die faktische Pluralität vorbehalt- und ressentimentlos anzuerkennen, und mehr noch: sie nicht nur nüchtern zu akzeptieren, sondern in ihrer Positivität und ihrem inneren Wert zu erkennen und zu begrüßen. Das Ende der großen, vereinheitlichend-verbindlichen Meta-Erzählungen gibt dem Faktum und der Chance einer Vielzahl begrenzter und heteromorpher Sprachspiele, Handlungsformen und Lebensweisen Raum. Dieser Perspektive gilt es zuzuarbeiten. Erst diese Zustimmung zur Multiplizität, ihre Verbuchung als Chance und Gewinn, macht das „Postmoderne" am postmodernen Bewußtsein aus.

Der negative Minimalbegriff des Postmodernen bezieht sich auf die Verabschiedung der Einheitswünsche: „In äußerster Vereinfachung kann man sagen: ‚Postmoderne' bedeutet, daß man den Meta-Erzählungen keinen Glauben mehr schenkt."[63] Der positive Begriff des Postmodernen hingegen bezieht sich auf die Freigabe und Potenzierung der Sprachspiele in ihrer Heterogenität, Autonomie und Irreduzibilität: „Die Gerechtigkeit wäre folgende: der Vielfalt und Unübersetzbarkeit der ineinander verschachtelten Sprachspiele ihre Autonomie, ihre Spezifität zuzuerkennen, sie nicht aufeinander zu reduzieren; mit einer Regel, die trotzdem eine allgemeine Regel wäre, nämlich ‚laßt spielen ... und laßt uns in Ruhe spielen'."[64]

---

62) *Das postmoderne Wissen*, 68/121 f.
63) Ebd., 7/14.
64) Gespräch mit Jean-Pierre Dubost, abgedruckt im Anhang der ersten deutschen Ausgabe von *Das postmoderne Wissen* (Bremen 1982, 127-150, hier 131).

Diese – unaufhebbare und positiv gesehene – Pluralität macht den Fokus der Postmodernität aus. Zu ihren Konsequenzen zählt dann freilich die Schwierigkeit der Vereinbarung des Heterogenen. Das postmoderne Interesse richtet sich auf die Grenzen und Konfliktzonen, auf die Reibungen, aus denen Unbekanntes und der gewohnten Vernunft Widerstreitendes – „Paraloges" – hervorgeht: „Diese und manch andere Forschungen bringen einen auf die Idee, daß die Vorherrschaft der stetigen, ableitbaren Funktion als Paradigma von Erkenntnis und Vorhersage zu verschwinden im Begriff ist. Indem das Interesse der postmodernen Wissenschaft den Unentscheidbarkeiten, den Grenzen der Kontrollgenauigkeit, den Quanten, den Konflikten mit unvollständiger Information, den ‚Frakta', den Katastrophen, den pragmatischen Paradoxien gilt, skizziert sie die Theorie ihrer eigenen Entwicklung als diskontinuierlich, katastrophisch, unberichtigbar, paradox. Sie verändert den Sinn des Wortes Wissen, und sie sagt, wie diese Veränderung erfolgen kann. Sie bringt nicht Bekanntes, sondern Unbekanntes hervor. Und legt als neues Legitimationsmodell ... das der als Paralogie verstandenen Differenz nahe."[65] Die Folgerungen für die wissenschaftliche und lebensweltliche Praxis sind gravierend: „Geht man von der Beschreibung der wissenschaftlichen Pragmatik aus, so muß der Akzent fortan auf den Dissens gelegt werden." „Der Konsens stellt nur einen Zustand der Diskussionen, nicht ihr Ziel dar. Dieses liegt vielmehr in der Paralogie."[66]

Lyotard konturiert diesen Begriff von Postmoderne primär aus dem Rückblick auf die entscheidenden wissenschaftlichen und wissenschaftstheoretischen Innovationen des 20. Jahrhunderts (Einstein, Heisenberg, Gödel). Er hat ihn später aber ebenso im Blick auf künstlerische Phänomene erläutert. Auch hier ist die Pluralität der Möglichkeiten ausschlaggebend.[67] Die Kunst ist geradezu der Paradefall solcher Polymorphie. Und wieder sind Phänomene des 20. Jahrhunderts vorbildlich. Lyotard beruft sich mehrmals auf die künstlerische Avantgarde dieses Jahrhunderts, auf ihre Arbeit am Begriff Kunst, auf ihre experimentellen Unternehmungen, auf ihre Erprobung neuer und paraloger Möglichkeiten, auf ihre Erzeugung von Vielheit. Es gilt, „das Werk der Avantgarde-Bewegungen fortzuführen".[68] Denn: „Was seit einem Jahrhundert in der Malerei oder in der Musik geschehen ist, antizipiert gewissermaßen die Postmoderne, die ich meine."[69] Worauf es wissenschaftlich wie künstlerisch ankam, war die Erzeugung spe-

---

65) Ebd., 97/172 f.
66) Ebd., 99/176 f. bzw. 106/190.
67) Daß dies auch für den Kunst-Diskurs gilt, hat Lyotard in einem Diderot gewidmeten Essay dargestellt. Er nennt dort einen Diskurs, der – wie der Diderots in den „Salons" – alle möglichen Gattungen enthält und verbindet, wegen dieser „Saturation" (Reichhaltigkeit) eine „Satire" (Jean-François Lyotard, *Philosophie und Malerei im Zeitalter ihres Experimentierens*, Berlin 1986, Titel-Essay, 51-77, hier 59).
68) Jean-François Lyotard mit anderen: *Immaterialität und Postmoderne*, Berlin 1985, 30.
69) Ebd., 38.

zifischer und somit pluraler Möglichkeiten und die Einsicht, daß es in keinem Sektor einen allgemeinverbindlichen und alleinseligmachenden Aktionstypus gibt, sondern daß es eine Vielheit möglicher Wahrheiten zu entdecken und zu entwickeln gilt, die sich dem Prokrustesbett von Einheit und Gleichmaß nicht fügen. Im Resümee heißt das: „All die Forschungen der wissenschaftlichen, literarischen, künstlerischen Avantgarden gehen seit hundert Jahren dahin, die gegenseitige Inkommensurabilität der Spracharten aufzudecken."[70]

Dabei weiß Lyotard zwischen den Billig- und Verfallsformen des Prinzips und seinen anspruchsvollen Einlösungen sehr genau zu unterscheiden. Es geht ihm um die letzteren. Daher wendet er sich gegen die oberflächliche Beliebigkeit des „alles ist erlaubt",[71] gegen die Maskeraden eines „zynischen Eklektizismus",[72] gegen Phänomene der Abspannung und Nachlässigkeit, wie sie im Bereich des „Postmodernen" vornehmlich in jenem Postmodernismus auftreten, der einleitend als der diffuse bezeichnet wurde. Lyotard plädiert für eine „achtenswerte Postmoderne".[73] Er geißelt den grassierenden Postmodernismus der Erschlaffung und miserablen Theorie-Müdigkeit[74] und stellt dem einen philosophischen Postmodernismus präziser Reflexion entgegen. Dieser ist sich der Heterogenität der Sprachspiele, Kunstgattungen, Lebensformen bewußt – und verschenkt sie nicht durch beliebige Mischung.

Lyotard hat diesen Postmodernismus schon sehr früh in Abhebung von einem simplen Epochenverständnis und Periodisierungsbegriff[75] als „Gemüts- oder vielmehr Geisteszustand" charakterisiert.[76] „Postmodern" ist, wer sich jenseits von Einheitsobsessionen der irreduziblen Vielfalt der Sprach-, Denk- und Lebensformen bewußt ist und damit umzugehen weiß. Und dazu muß man keineswegs im zu Ende gehenden 20. Jahrhundert leben, sondern kann schon Wittgenstein oder Kant, kann Diderot, Pascal oder Aristoteles geheißen haben.

Hier sind offenbar etliche kursierende Klischees von Postmoderne außer Kraft gesetzt. Und das hat Gewicht, denn Lyotard ist *der* Autor eines philosophischen Postmodernismus. Kein anderer hat vergleichbar früh, vergleichbar präzis und vergleichbar

---

70) Jean-François Lyotard, *Tombeau de l'intellectuel et autres papiers*, Paris 1984, 84; dt. *Grabmal des Intellektuellen*, Graz – Wien 1985, 86.
71) Vgl. *Immaterialität und Postmoderne*, 38.
72) Ebd., 30.
73) Jean-François Lyotard, *Le Différend*, Paris 1983, 11; dt. *Der Widerstreit*, München 1987, 12.
74) Jean-François Lyotard, „Beantwortung der Frage: Was ist postmodern?", *Tumult* 4, 1982, 131-142, hier 136; ferner *Immaterialität und Postmoderne*, 38, sowie *Der Widerstreit*, 11/12.
75) Vgl. Jean-François Lyotard und Jean-Loup Thébaud, *Au Juste*, Paris 1979, 33, Anm. 1.
76) *Philosophie und Malerei im Zeitalter ihres Experimentierens*, 97. (Der Text stammt von 1981.)

nachhaltig einen philosophischen Begriff von Postmoderne entfaltet. Insbesondere das Verhältnis der Postmoderne zur Moderne stellt sich bei Lyotard anders und sinnvoller dar als gemeinhin angenommen. Die Postmoderne kongruiert mit den Forderungen der wissenschaftlichen und künstlerischen Moderne des 20. Jahrhunderts (der „Avantgarde-Bewegungen"). Ihr Unterschied von diesen ist nur, daß das, was dort gefordert wurde, jetzt eingelöst wird. Postmoderne ist so der Zustand, in dem die Moderne nicht mehr reklamiert werden muß, sondern realisiert wird. Auf der anderen Seite unterscheidet sich die Postmoderne (wie die Moderne des 20. Jahrhunderts) darin von der Moderne im Sinn der Neuzeit. Diese war nicht durch Vielheits-, sondern durch Einheitsprogramme bestimmt. Noch die Gegenprogramme dazu nahmen jeweils die Form von Einheitsprogrammen an. Und wenn sie sich solche Einheit nicht mehr zutrauten, so trauerten sie doch noch immer deren Verlust nach. Diese Signatur – die der Einheitswünsche – gilt von den euphorischen Programmen einer Mathesis universalis im frühen 17. Jahrhundert bis zu den melancholischen Tönen der Romantik des frühen 19. Jahrhunderts und gibt dem Begriff der neuzeitlichen Moderne sein Gepräge. Dieser Neuzeit-Moderne setzt die Postmoderne sich klar entgegen. Ihr gegenüber ist sie wirklich in einem präzisen Sinn post-modern. Darauf wird noch zurückzukommen sein, eines aber sei hier schon festgehalten: Lyotards Absetzung von der Moderne ist konsequent und konsistent. Man kann oft hören, was die Postmoderne fordere, sei in der Romantik schon dagewesen. Das ist, wenn man sich an den wirklichen Begriff der Postmoderne hält, gerade nicht der Fall. Die Romantik hat noch für Einheit plädiert oder ihr zumindest nachgetrauert. Die Postmoderne folgt einem anderen Leitbild: Sie setzt radikal auf Vielheit.

Die postmoderne Philosophie hat dieser Lyotardschen Konzeption zufolge eine dreifache Aufgabe. Erstens hat sie die Verabschiedung der Einheitsobsessionen darzustellen und zu legitimieren. Hier zeigt sie, daß die Einheitsaversion kein Affekt ist, sondern auf Gründen und geschichtlicher Erfahrung beruht. Zweitens hat sie die Struktur effektiver Pluralität zu exponieren. Sie deckt die Heterogenität auf und lehrt verstehen, daß letzte Einheit gar nicht anders als repressiv und totalitär erreicht werden könnte. Daraus ergibt sich zusätzlich zur geschichtlichen eine strukturelle Legitimation dieses Ansatzes. Daß der Abschied vom Einen den Abschied von Herrschaft und Zwang bedeutet, ist fortan nicht mehr nur empfindbar, sondern erkennbar. Verbindlich gesetzte Weltbilder sind von dieser Kritik ebenso betroffen wie monopolistische Utopien. Und drittens hat die postmoderne Philosophie dann die internen Probleme einer Konzeption bzw. Verfassung radikaler Pluralität zu klären.[77] Vielfalt und Heterogenität produzieren unweigerlich Konflikte. Wie kann man mit ihnen im Sinn von Gerechtigkeit umgehen?

---

77) Der Terminus „radikaler Pluralismus" taucht übrigens schon bei William James auf. Er soll, so steht in *A Pluralistic Universe* (New York – London 1909; dt. *Das pluralistische Universum*, Leipzig 1914) zu lesen, „die These dieser Vorlesungen sein" (dt. XX). Allerdings hat der

Die Frage nach solcher Gerechtigkeit steht am Schluß des *Postmodernen Wissens*. Auch ist klar, daß der dort generell relativierte „Konsens" für diese Frage keine Lösungsperspektive bieten kann. So sagt Lyotard (mit Blick auf die Habermas'sche Diskursethik): „Der Konsens ist ein veralteter und suspekter Wert geworden. Ganz anders die Gerechtigkeit. Man muß daher zu einer Idee und Praxis der Gerechtigkeit gelangen, die nicht an jene des Konsenses gebunden ist."[78]

Das vier Jahre später erschienene Buch *Le Différend* (*Der Widerstreit*) kann als Ausführung dieser postmodernen Gerechtigkeitskonzeption angesehen werden. In diesem Buch sucht Lyotard gegen die Laxheit grassierender Postmodernismen die Perspektive einer „achtenswerten Postmoderne" zu entwickeln.[79] Wie kann mit der Heterogenität der Denk- und Lebensformen so umgegangen werden, daß nicht mehr – wie üblich – das eine Paradigma das andere unterdrückt? Wie kann bei den verbleibenden unvermeidlichen Ungerechtigkeiten auch den Ansprüchen des Unterliegenden Gehör und Geltung verschafft werden? Der Impuls und die moralische Inspiration des postmodernen Denkens erweisen sich gerade hier als grundlegend anti-totalitär. Lyotard deckt den Mechanismus der Übergriffe und Verabsolutierungen auf und macht ihn sprachphilosophisch durchschaubar und kritisierbar. Während die postmoderne Pluralität zunächst die Gerechtigkeitsprobleme erhöht, schärft der philosophische Postmodernismus das Gerechtigkeitsbewußtsein und weckt eine neue Sensibilität gegenüber Ungerechtigkeiten. Manche Fragen mögen offen bleiben – aber mit bequemer Beliebigkeit und zynischer Ellbogenlizenz hat dieser Postmodernismus jedenfalls nichts zu tun.

9. Andere Positionen im Spektrum philosophischer Postmodernismen

Philosophische Konzeptionen mit postmodernem Einschlag finden sich nicht nur bei Lyotard, sondern weithin. Man kann dabei unterscheiden zwischen denen, die dem Umfeld zugehören, aus dem die Postmoderne-Konzeption Lyotards hervorging, also

---

Jamessche Pluralismus mit dem hier zur Debatte stehenden nur den Namen gemeinsam. James konzipiert seinen Pluralismus von den „individuellen Existenzen" aus. Es handelt sich um eine pragmatistische – oder, wie James sagt, „radikal empiristische" (18,23) – Version des Leibnizschen Monaden-Denkens. Bezeichnenderweise ist James denn auch sehr um den Nachweis bemüht, daß sein Pluralismus keinen Einheitseinwänden ausgesetzt ist, sondern Einheit der Welt ebensogut wie der Monismus zu verbürgen vermag (vgl. 210 ff.). James' Pluralismus ist allenfalls als Entwicklungsschritt zum hier vertretenen Pluralismus zu betrachten, nicht als Vorwegnahme desselben zu verstehen.

78) *Das postmoderne Wissen*, 106/190.
79) Vgl. Anm. 73.

den Autoren des sogenannten „Poststrukturalismus" wie Foucault, Deleuze oder Derrida, deren Denken deutliche Nähe zu postmodernen Themen und Betrachtungsweisen aufweist, ohne daß sie sich selbst dieses Etiketts bedienen würden;[80] dann einer anderen Reihe „anonymer" Postmodernisten, die jenseits solcher Herkunftsaffinität gleichwohl – von Feyerabend bis Marquard – der Sache nach markante Vielheitstheoretiker und -propagandisten sind und daher zur postmodernen Situation gehören;[81] als dritte Gruppe sind Autoren zu nennen, die sich zwar von anderen Positionen aus kritisch mit der Postmoderne befaßten, dabei aber so viel Schätzenswertes entdeckten und derartige Affinitäten entwickelten, daß sie zumindest in den Verdacht des Überläufertums gerieten – wie beispielsweise Wellmer;[82] als vierte Gruppe kann man Autoren betrachten, die zwar auf „Postmoderne" setzen, dabei aber zu wenig deutlich machen, was sie sich – abgesehen von der Globalthese eines fundamentalen Wandels – darunter vorstellen, so etwa Putnam;[83] ferner sind Autoren zu erwähnen, die für ein postmodernes Denken plädieren, dieses aber, auch wenn seine Konturen dem erklärten Postmodernismus à la Lyotard ähneln, eigenständig und unter Einbeziehung anderer Traditionen entwickelt haben, so Vattimo, der nicht auf Wittgenstein und Kant, sondern auf Heidegger und

---

[80] Manfred Frank hat das Denken des Poststrukturalismus (den er „Neostrukturalismus" nennt) generell als „Denken unter Bedingungen der Nachmoderne" charakterisiert (*Was ist Neostrukturalismus?*, Frankfurt a. M. 1983, 29).

[81] Insbesondere Feyerabend wird oft mit der Postmoderne in Verbindung gebracht, allerdings in negativer Absicht. Man will sowohl Feyerabend als auch die Postmoderne durch diese Verbindung diskreditieren. Zu diesem Zweck hält man sich an die Billigform von Postmoderne und den – von Feyerabend ausdrücklich den Gegnern zugewiesenen – Trivialslogan „anything goes". Das ist wirksam, aber billig, und dies keineswegs im Sinn von gerecht, sondern von simpel. Marquards Position habe ich erstmals als „postmodern" qualifiziert in: „Postmoderne: Tradition und Innovation, modifizierter Begriff, philosophische Perspektiven", *Jahrbuch für Architektur 1985/86*, Braunschweig – Wiesbaden 1985, 93-108, hier 105.

[82] Man hat Wellmer vorgehalten, „zu einer quasi postmodernen Version der Kommunikationstheorie" übergegangen zu sein (Rainer Rochlitz, „Zwischen Subversion und Orthodoxie. Zur geistigen Situation in Frankreich", in: Florian Rötzer, *Französische Philosophen im Gespräch*, München 1986, 7-14, hier 13).

[83] Putnam äußert sich ziemlich prophetisch: „ ... just as we look forward to a post-modernism in the arts, we can look forward to a post-modernism in philosophy." „In philosophy, as in everything else, we are at the beginning of a post-modernism." (Hilary Putnam, *Realism and Reason*, Cambridge 1983, 183, 302 f.) Klar wird nur, daß die analytische Philosophie postanalytisch werden soll. (Ist sie es nicht schon lange?) Traditionsverwerfung, Zukunftsutopie, Letzterkenntnisanspruch sollen zu Ende gehen. Und dann? Putnam spricht einerseits von Integrationsbedürfnis, erkennt andererseits aber das Gewicht der Gegenmotive an. Fazit: „I don't know what the solution to this tension will look like." (303)

Nietzsche zurückgreift;[84)] und schließlich ist unter den erklärten philosophischen Postmodernismen noch ein weiterer zu berücksichtigen, der nun ganz andersartigen Zuschnitts, anderer Herkunft und anderer Option ist, nämlich das vornehmlich von älteren Traditionen her konturierte (und zurückhaltende) Postmoderne-Votum Spaemanns.[85)]

10. Resümee und Ergänzungen

Wenn man diesen Überblick über postmoderne Tendenzen in Literatur, Architektur, Malerei, Skulptur, Soziologie und Philosophie zu einer Gesamtcharakteristik der Postmoderne verbindet, so ergibt sich: Die Postmoderne beginnt dort, wo das Ganze aufhört. Daher tritt sie zum einen Retotalisierungen entgegen – sei es, daß sie in der Architektur das Monopol des Internationalen Stils attackiert oder in der Wissenschaftstheorie mit dem rigiden Szientismus bricht oder politisch sowohl externe wie interne Überherrschungsphänomene angreift. Vor allem nützt sie das Ende des Einen und Ganzen positiv, indem sie die zutage tretende Vielfalt in ihrer Legitimität und Eigenart zu sichern und zu entfalten sucht. Hier hat sie ihren Kern. Aus dem Bewußtsein des unhintergehbaren Wertes der verschiedenen Konzeptionen und Entwürfe (und nicht etwa aus Oberflächlichkeit oder Indifferenz) ist sie radikal pluralistisch. Ihre Vision ist eine *Vision der Pluralität*. Daher bemüht sich die Literatur – von Vian bis Eco –, verschiedenen Erwartungen zugleich gerecht zu werden; daher arbeiten Architekten wie Ungers, Stirling oder Hollein mit verschiedenen Sprachen und orchestrieren diese mal solitär, mal agonal, mal veschliffen; daher inszenieren Künstler wie Merz, Kitaj oder Paladino Orte einer Imagination, wo sich heterogene Welten durchdringen; daher betonen Soziologen wie Etzioni, Bell oder Habermas, daß die Gesellschaft heute durch Brüche und Differenzen geprägt ist, die durch einfache Gleichschaltung überwinden zu wollen Totalitarismus bedeutete; und daher plädieren Philosophen wie Lyotard oder Marquard für entschiedene Pluralisierung, für eine Fortsetzung der Gewaltenteilung, für Poly-

---

84) Vgl. Gianni Vattimo, *La fine della modernità*, Mailand 1985. – Vattimos Position wird im fünften Kapitel behandelt.
85) Vgl. die Beiträge von Spaemann und Koslowski in *Moderne oder Postmoderne? Zur Signatur des gegenwärtigen Zeitalters*, hrsg. von Peter Koslowski, Robert Spaemann, Reinhard Löw, Weinheim 1986.

theismus im Sinn der Anerkennung und Beförderung der Vielfalt gegenwärtiger Lebensentwürfe, Wissenschaftskonzeptionen, Sozialbeziehungen.[86]

Das Feld der Postmoderne erweist sich somit, sobald man von vordergründiger Polemik, oberflächlichen Auswüchsen und monosektoriellen Engführungen auf die tragenden Strukturen zurückgeht, als erstaunlich homogen. Ein forcierter Pluralismus – der nicht als lästiges Zugeständnis empfunden, sondern als positive Aufgabe angesehen und offensiv vertreten wird – macht den Kern der postmodernen Phänomene und Bestrebungen aus. „Postmoderne" wurde denn auch genau in dem Moment zum Leitwort, als es diesen klar umrissenen Begriffsgehalt gewann. Psychologisch sind auch andere Hoffnungen – insbesondere die auf eine Zeit nach dem Zeitalter der Kriege – damit verbunden, konzeptionell aber ist die Pluralität tragend, und jene Nachkriegs-Hoffnung stützt sich selbst auf die konsequente Totalitäts-Absage.[87]

Die postmoderne Vielheit ist als grundlegend positives Phänomen zu begreifen. Wer verlorener Einheit nachtrauert, trauert einem – wie immer auch sublimen – Zwang nach. Das Rad der Geschichte ist nicht durch ein Einheitsdekret zurückzudrehen, und die postmoderne Vielheit ist nicht mehr am Maßstab solcher Einheit zu messen. Beide Konservativismen – jener praktische und dieser kulturkritische – gehen an der Postmoderne vorbei. Konservativ ist diese nicht. Sie ist solch rückwärtsgewandten Blicken gegenüber vielmehr diejenige Haltung, wo die Reibungen heterogener Wissens- und

---

[86] Das Stichwort „Polytheismus" ist interessanterweise sowohl bei Lyotard als auch bei Marquard zentral. Vgl. Lyotard, *Philosophie und Malerei im Zeitalter ihres Experimentierens*, 67, bzw. *Au Juste*, 35, sowie Odo Marquard, „Lob des Polytheismus. Über Monomythie und Polymythie", in: ders., *Abschied vom Prinzipiellen. Philosophische Studien*, Stuttgart 1981, 91-116.

[87] Krieg ist modern „totaler Krieg" geworden, man müßte ihm heute als globalem ins Auge sehen. Anders als apokalyptisch ist er nicht mehr denkbar. Angesichts dieser Fusion von Krieg und Totalität kann die Hoffnung entstehen, mit dem Zeitalter der Totalisierungen auch die Möglichkeit des Krieges hinter sich zu bringen. Eine solche Hoffnung scheint mit der Rede von „Postmoderne" untergründig verbunden zu sein und ein gut Teil ihrer Attraktivität auszumachen. Die Liaison ist alt. Als Nachkriegs-Phänomen war die Postmoderne schon bei ihrem Debut, schon bei Pannwitz begriffen, der mit dem „postmodernen Menschen" 1917 eine Leitfigur für die Zeit nach dem Krieg vor Augen bringen wollte. Und als Howe und Levin dann von „postmodern literature" sprachen, war diese genau die „postwar literature". Im übrigen scheint generell die bald üblich gewordene Rede von einer „postwar period" die Bereitschaft zu post-Ausdrücken verstärkt und so auch die Durchsetzung von „post-modern" begünstigt zu haben. Von dieser Genese wie von ihrer anti-totalitären Inspiration her ist die Rede von „Postmoderne" tief mit der Hoffnung auf ein Nachkriegs-Zeitalter amalgamiert. Man hofft, mit der Zeit der Totalitäten auch die des Krieges hinter sich zu haben oder doch jedenfalls hinter sich bringen zu können.

Lebensformen nicht mehr gefürchtet und ignoriert oder unterbunden, sondern zugelassen und ausgetragen werden, weil man realisiert, daß menschliche Sprache und humanes Leben nur im Plural möglich sind. Die Vision der Postmoderne ist zuinnerst positiv. Sie zielt auf eine Welt der Vielfältigkeit. Wer demgegenüber bloß den Verlust der einen verbindlichen Utopie beklagt, hat weder realisiert, daß die eine Utopie immer auch eine Zwangsvorstellung ist und daß es genau dieses Schema zu verlassen gilt, noch hat er die positive Inspiration erfaßt, die die Postmoderne beseelt und die auf wirkliche Pluralität zielt. Dies ist die Form von Utopie, die nach der Einsicht in den Zwangscharakter jeder monistischen Utopie legitim und notwendig wird.

Diese Postmoderne hält die Mitte zwischen zwei Abweichungen. Die eine wurde schon angesprochen: der diffuse Postmodernismus. Er geht aus der postmodernen Pluralität genau dann hervor, wenn man die Differenzen, die das Salz der Pluralität ausmachen, nicht festhält, sondern verwischt und so ein Potpourri erzeugt und damit die postmoderne Pluralität tilgt. Hier entsteht die Beliebigkeit, die feuilletonistisch als spezifisch „postmodern" gilt und die doch kein wirklich Postmoderner bejaht, sondern allenfalls als Diskreditierungsvokabel verwendet – beispielsweise im Theoretiker-Infight. So haben Jencks und Lyotard einander gegenseitig vorgehalten, bloße Apologeten von Beliebigkeit zu sein. Jencks soll es Lyotard zufolge sein, sofern sein Eklektizismus auf eine Maxime des „alles ist erlaubt" hinauslaufe, die zwar dem „Geist des Supermarkt-Kunden", nicht aber den Ansprüchen einer veritablen Postmoderne entspreche.[88] Und Lyotard soll es Jencks zufolge sein, sofern er einen „Relativismus" vertrete, den es zu „verdammen" gelte.[89] Das lehrt jedenfalls, daß Beliebigkeit als Gegner und Gefahr der Postmoderne verbucht, keineswegs als deren Ideal proklamiert wird. Andererseits ist offensichtlich, daß Jencks und Lyotard sich in dieser Polemik allenfalls an Schwachpunkten und Mißverständnissen, nicht an Substanz und Intentionen des Kontrahenten orientiert haben. Die Abwehr von Beliebigkeit haben sie gemeinsam.[90] Different sind sie in einem anderen Punkt.

---

88) Vgl. *Immaterialität und Postmoderne*, 38, 100.
89) Vgl. „Post-Modern und Spät-Modern", a.a.O., 235.
90) Typologisch gesprochen, stellt der diffuse Postmodernismus den Rückfall der Postmoderne auf die Posthistoire dar. Deren These war, daß ohnehin alles gleich ist: egal. Der diffuse Postmodernismus macht alles gleich. – Solche Indifferenz galt früher als ambivalent, wobei man allerdings auf den positiven Ausgang setzte. So hat Kant in der Vorrede zur ersten Auflage der *Kritik der reinen Vernunft* den „Indifferentism", der in Sachen Metaphysik nach zahllosen vergeblichen Anläufen entstanden war, einerseits „Mutter des Chaos und der Nacht" genannt, andererseits aber auch als den „Ursprung" oder doch „wenigstens das Vorspiel einer nahen Umschaffung und Aufklärung" angesehen (A X). Der historische Hervorgang von Postmoderne-Positionen aus Posthistoire-Wahrnehmungen folgt dieser Figur. Das Posthistoire-Theorem glaubt nicht an diesen Verlauf. Der diffuse Postmodernismus beeilt sich, ihm Recht zu geben. Der Postmodernismus der Pluralität hält es mit Kant.

Jencks vertritt jene Version von Postmodernismus, die – und das ist die zweite Abweichungsform vom postmodernen Pluralismus – jenseits der Vielheit doch wieder ein Ganzes erstrebt und verkündet. Gewiß, Jencks ist dabei widersprüchlich. Denn er hält einerseits – differenzbewußt und auf die Doppelkodierung verweisend – daran fest, daß der Postmodernismus „keine integrierte Sprache" sein kann, wie es beispielsweise der Barock war.[91] Aber andererseits erklärt er gerade den Barock zum Sehnsuchtspol der Postmoderne, sofern es dort zur Erzeugung „eines rhetorischen Ganzen" gekommen sei.[92] Deutlich ist jedenfalls, daß Jencks von einer Synthese träumt, von einer „allen gemeinsamen symbolischen Ordnung von der Art, wie sie eine Religion stiftet" – wobei er nur nicht recht anzugeben vermag, wie dergleichen angesichts der postmodern konstitutiv gewordenen Vielheit zustande kommen soll.[93] Holismen dieser und anderer Art gehören freilich generell zum Spektrum gegenwärtiger Sehnsüchte. Das hat von New-Age-Proklamationen über integrative Wissenskonzepte bis zu Programmen einer Wiederverzauberung der Welt Konjunktur. „Post-Moderne" nimmt dabei den Sinn einer Epoche jenseits der modernen Zersplitterung, einer Epoche neuer Ganzheitlichkeit an. Und hier liegt der wirkliche und in der Tat gravierende Unterschied zwischen Jencks und Lyotard. Lyotard glaubt sprachphilosophisch die Unmöglichkeit eines Super-Kodes erwiesen zu haben, und wirkliche Postmodernität ist für ihn an diese Einsicht und an die Verabschiedung der Einheitsträume gebunden. Das definiert dann auch seinen Unterschied gegenüber denjenigen philosophischen Konzeptionen, die, ähnlich wie Jencks, wieder auf neue Ganzheit setzen und gerade in diesem Sinn sich als „postmodern" verstehen. Jencks hatte schon darauf hingewiesen, daß die gesuchte Ganzheit „von einem überzeugenden sozialen oder metaphysischen Inhalt" abhängt – wollte die Suche nach einem solchen allerdings weniger als Aufgabe von Philosophen, sondern als „Herausforderung an die postmodernen Architekten" verstanden wissen.[94] Von philosophischer Seite hingegen wurde diese Aufgabe von der Spaemann-Schule aufgegriffen, die für einen „postmodernen Essentialismus" bzw. „Substantialismus" plädiert.[95] Da es im Moment nur um den Begriff der Postmoderne und seine Verwendungen geht, mag dieser Hinweis genügen. In der Sache wird diese Position im fünften Kapitel zu behandeln sein. – Den Zentralbereich des Postmoderne-Spektrums jedenfalls repräsentiert die Konzeption der Pluralität. Während diese auf dem einen Flügel in Beliebigkeit verkehrt und in Indifferenz überführt wird, kommen auf der anderen Seite die Versuche zur

---

91) Charles Jencks, „Introduction", in: ders. (Hrsg.), „The Post-Modern Classicism. The new Synthesis", *Architectural Design*, Heft 5/6, 1980, 4-20, hier 14.
92) *Die Sprache der postmodernen Architektur*, 146.
93) „Post-Modern und Spätmodern", 235.
94) *Die Sprache der postmodernen Architektur*, 146.
95) Vgl. insbesondere Koslowskis Beitrag „Die Baustellen der Postmoderne – Wider den Vollendungszwang der Moderne", in: *Moderne oder Postmoderne?*, 1-16, hier 9, 11.

ganzheitlichen Überschreitung der Pluralität über diese offenbar weniger leicht hinweg, als sie glauben machen wollen. Es gilt, den Hauptstrang zu verfolgen.

Eine letzte Bemerkung noch zu dem gewissermaßen terminus-zentralen Problem der Postmoderne, ihrem Verhältnis zur Moderne. Der Überblick über den Begriff zeigt, daß die Postmoderne das gerade nicht ist, was ihr geläufigstes Mißverständnis unterstellt: eine Anti-Moderne und Trans-Moderne.[96] Der Terminus legt diese Auffassung zwar schier unausweichlich nahe. Man hat es geradezu mit einem Musterbeispiel von Magie des falschen Namens zu tun, die bekanntlich darin besteht, etwas dadurch in Mißkredit zu bringen, daß man es dauernd mit dem falschen Namen belegt. Aber es ist offenkundig, daß diese Magie von der Sache nicht gedeckt wird. Die Postmoderne – die von Lyotard denn auch geradezu als Fortsetzung „der wissenschaftlichen, künstlerischen und literarischen Avantgarden" dieses Jahrhunderts bestimmt werden konnte[97] – ist weit eher pro-modern als anti-modern. Das ist in den beiden nächsten Kapiteln näher auszuführen.

---

96) „Transmoderne" taucht, von der Postmoderne-Diskussion unabhängig, als Bestimmungsbegriff einer gegenüber der Moderne gewandelten Erfahrungslage erstmals 1965 bei Petru Dumitriu auf (*Die Transmoderne. Zur Situation des Romans*, Frankfurt a. M. 1965, vgl. insbesondere den Schlußteil „Zum Begriff der Transmoderne", 253-264). Dumitriu ist der Auffassung, daß die Zersplitterung der Moderne durch eine neue Zentrums-Erfahrung überwunden wird. Der Mensch stehe zwar gewiß nicht in der objektiven Mitte der Welt, er könne aber jeweils ein operatives Zentrum konstituieren. Die exakten Wissenschaften und die Kybernetik gäben dazu die Mittel an die Hand, indem sie eine Vielzahl von Handlungsmodellen anböten. Die Perspektive der Transmoderne ist also die eines wissenschaftlich-technologisch formierten Handelns. Damit steht Dumitrius „Transmoderne" der Spätmoderne oder dem Theorem von der postindustriellen Gesellschaft sehr viel näher als der Postmoderne.

97) Vgl. Anm. 70. Ebenso: „ ... die Moderne ist nicht zu Ende." (*Grabmal des Intellektuellen*, 81/83).

II. Kapitel

Moderne –
Schillernder Gegenpol der Postmoderne

Wer von Postmoderne redet, redet auch von Moderne. Und wer sinnvoll von Postmoderne sprechen will, muß angeben, gegen welche Moderne er sie absetzen möchte. Oft hat man die Unbestimmtheit des Postmoderne-Begriffs beklagt. Eco hat ihn einen „Passepartoutbegriff" genannt.[1] Da hat er recht. Nur: Ein solcher Passepartoutbegriff war zuvor der der Moderne auch schon. Und er ist es gar noch mehr als der Postmoderne-Begriff. Die Vagheit des letzteren ist oft nur der Reflex der Unklarheit des ersteren. Es gibt viele „Modernen". Und schon allein deshalb viele Versionen von „Post-Moderne".

Nicht nur die Differenzenpalette muß breit, auch die Differenzierungsskala muß vielfältig angelegt werden. Man hat chronologisch, inhaltlich, sektoriell, subsektoriell und funktional zu unterscheiden. Das soll in einem ersten Teil geschehen. Darüber hinaus ist eine typologische Unterscheidung ratsam: Nicht nur *nach welcher* Moderne die Postmoderne sich situiert, ist wichtig, sondern – vor allem – auch: nach einer *wie gedeuteten* Moderne. Worin wird die Misere der Moderne gesehen, aus der die Postmoderne herausführen will? Dabei sind immer wieder zwei gegensätzliche Deutungsmuster zu konstatieren. Ihrer Darstellung ist der zweite Teil gewidmet.

---

1) Umberto Eco, *Nachschrift zum 'Namen der Rose'*, München – Wien 1984, 77.

A. Nach welcher Moderne?

1. Diverse Moderne-Begriffe

„Modernità in coma" ist ein hübscher Titel.[2] Nur ist die Frage, mit wem es da eigentlich zu Ende geht. Für einen Italiener ist das betroffen, was wir „Neuzeit" nennen; wir aber fühlen uns eher am Sterbebett einer Tochter oder Enkelin der Neuzeit: der „Moderne". Die „Modern Times" von Charlie Chaplin sind etwas anderes als „Les Temps Modernes" von Jean-Paul Sartre, nicht nur, was ihren Unterhaltungs- oder Aufklärungswert angeht, sondern schon der Chronologie und den Phänomenen nach. Wieder ist das eine für uns mit „Moderne", das andere mit „Neuzeit" zu übersetzen. Aber nicht nur können wir selbst das, was wir gemeinhin „Neuzeit" nennen, gelegentlich auch als „Moderne" bezeichnen, sondern noch in der Moderne, die wir von der Neuzeit unterscheiden, bestehen gravierende Unterschiede beispielsweise zwischen einer Moderne der Rationalisierung, einer Moderne der ästhetischen Existenz und einer Moderne des Liberalismus. Solche Unterscheidungen im Konvolut des als „modern" Etikettierten zu beachten, ist eine alte Praxis. Nur drohte sie gerade modern verloren zu gehen. Postmodern ist zu ihr zurückzukehren.

Diderot ist, wie in vielem, so auch hier beispielhaft. Er weiß um die Differenzen und arbeitet gerne mit ihnen. Im Enzyklopädie-Artikel „Moderne" weist er auf die höchst unterschiedlichen Referenzmöglichkeiten dieses Prädikators hin. In der Literatur, sagt er, kann man die Moderne mit Boethius, in der Architektur mit der Gotik oder der Renaissance, in der Physik mit Descartes oder auch erst mit Newton beginnen lassen.[3] Genauer gesagt: Diderot ist sich der sektoriellen Eigenheiten sowie der Relativität der Moderne-Vokabel bewußt und spielt damit: Der Hinweis auf Boethius soll zeigen, daß es Moderne schon bei den Nicht-Modernen, den Antiken, gibt; das Architekturbeispiel will demonstrieren, daß Anciennität sogar eigentliches Kriterium von Modernität sein kann, denn für Vasari (auf den Diderot sich hier offenbar bezieht) ist die moderne Architektur durch die *buona* maniera moderna charakterisiert, und das heißt eben – im Unterschied zur vorausgegangenen bloßen maniera moderna der Gotik – durch eine Neuorientierung an der Antike, so daß hier tatsächlich gilt: je antiker, desto moderner; und das Physik-Beispiel schließlich zeigt, wie auch innerhalb der Moderne immer wieder etwas anderes modern sein kann, im letzten Jahrhundert war es Descartes, im jetzigen ist es Newton.

---

[2] Er stammt von Vittorio Matthieu, *Il Giornale*, April 1985.
[3] *Encyclopédie*, Bd. 10, 1765, 601.

Diese Dialektik des Prädikators „modern", die ob seines temporalen Moments unausweichlich und ob seiner Verbindung mit Inhalten folgenreich ist, kann seit der „Querelle des Anciens et des Modernes" für durchschaut und geläufig gelten. Souverän hat sie beispielsweise Voltaire zu Zwecken sektorieller Unterscheidung genützt, wenn er erklärte, in den Wissenschaften sei man zwar weiter gekommen als die Alten, in der Eloquenz aber gelte noch immer die römische Antike. Solche Differenzierungsbereitschaft tut heute wieder not, wo es um die Bestimmung von Moderne-Inhalten und -Konzeptionen geht, die Postmoderne-Entwürfen als Widerlager dienen. Der Hinweis auf einen angeblich bloß formalen Charakter der Moderne-Vokabel ist so wenig zutreffend wie die Pauschalisierung einer einzigen inhaltlichen Bestimmung von Moderne hilfreich.

Schon auf den ersten Blick zeigt sich, daß ganz unterschiedliche Modernen als Gegenfolien von Postmoderne-Verständnissen fungieren. So wendet sich die Postmoderne laut Habermas gegen das Projekt der Moderne im Sinn der Aufklärung, also gegen eine im 18. Jahrhundert konzipierte und begonnene Moderne.[4] Für Jauß hingegen sucht sie die ästhetische Moderne zu verabschieden, also eine Erfindung des 19. Jahrhunderts.[5] Für Jencks wiederum definiert sie sich durch ihre Opposition zur Moderne des 20. Jahrhunderts.[6] Sogar bei ein und demselben Autor können ganz verschiedene Modernen als Gegenbilder von Postmoderne fungieren, so gerade beim Haupttheoretiker der Postmoderne, bei Lyotard. Im Rahmen der Postmoderne-Ausstellung „Les Immatériaux" versteht er unter „Moderne" die Neuzeit, näherhin das Cartesische Programm, sich zum Herrn und Besitzer der Natur zu machen, also die im 17. Jahrhundert anhebende Moderne.[7] In seiner programmatischen Schrift über die Verfaßtheit der Postmoderne hingegen bezeichnet er als Moderne die Zeit der großen Meta-Erzählungen (Emanzipation der Menschheit, Teleologie des Geistes, Hermeneutik des Sinns), also die Zeit des 18. und 19. Jahrhunderts.[8] In neueren Publikationen wiederum wird die Moderne mal seit Augustinus datiert, mal eher mit dem 20. Jahrhundert kurzgeschlossen.[9]

Hinter diesen chronologischen Differenzen stehen natürlich zugleich sachliche, und diese sind in der Tat kontrovers. Die Front verläuft nicht einfach zwischen Moderne

---

4) So die Grundthese der Adorno-Preis-Rede „Die Moderne – ein unvollendetes Projekt" (in: Jürgen Habermas, *Kleine politische Schriften I-IV*, Frankfurt a. M. 1981, 444-464).
5) Hans Robert Jauß, „Der literarische Prozeß des Modernismus von Rousseau bis Adorno", in: *Adorno-Konferenz 1983*, hrsg. von Ludwig von Friedeburg und Jürgen Habermas, Frankfurt a. M. 1983, 95-130, hier 95.
6) Vgl. Charles Jencks, *Die Sprache der postmodernen Architektur*, passim.
7) Jean-François Lyotard, „Die Immaterialien. Manifest eines Projekts am Centre Georges Pompidou (Beaubourg)", in: *Das Abenteuer der Ideen. Architektur und Philosophie seit der Industriellen Revolution*, Ausstellungskatalog Berlin 1984, 185-194, hier 187 u. 191.
8) Jean-François Lyotard, *Das postmoderne Wissen* (Ausg. 1986), 13 f.
9) Jean-François Lyotard, *Grabmal des Intellektuellen*, Graz – Wien 1985, 80 bzw. 83.

und Postmoderne, sondern schon zwischen verschiedenen Modernen. So kann man die kulturelle Moderne des 20. Jahrhunderts (die der Avantgarde-Bewegungen) als gegen die ökonomische des 19. Jahrhunderts (also die Moderne der Industrialisierung und des Kapitalismus) gerichtet sehen und die letztere wiederum als Abfall von der Aufklärungs-Moderne des 18. Jahrhunderts verstehen. Aber nicht nur diachron, sondern sogar synchron konfligieren verschiedene Modernen, so beispielsweise in diesem Jahrhundert die avantgardistische und die gesellschaftliche Moderne, und solche Disparitäten können dann ihrerseits wiederum zur Konturierung spezifischer Moderne-Konzeptionen dienen.[10]

Diese Diversität herrscht dermaßen generell und bestimmt derart nachhaltig jede Detailsituation, daß man sie noch in einzelnen Sektoren zur Gänze wiederfinden kann. Das sei am Beispiel des ästhetischen Sektors gezeigt.

2. Ästhetische Modernen

Kunstgeschichtlich werden – von späteren Formen ganz zu schweigen – so unterschiedliche Phänomene wie die gotische maniera moderna, die Moderne der Hochrenaissance und der style moderne von Régence und Rokoko als „modern" qualifiziert, und Winckelmann sah „das freche Feuer der Moderne" gar schon bei Bernini lodern.

Literaturgeschichtlich folgen einander – um nur einmal den anschließenden Zeitraum in Betracht zu ziehen – mindestens drei unterschiedliche Moderne-Konzepte: das der „ästhetischen Revolution" kurz vor 1800, das der Baudelaireschen „modernité" um 1850 und das vom Kreis um Apollinaire ausgehende Programm der Avantgarde zu Beginn dieses Jahrhunderts.[11]

Spätestens zu diesem Zeitpunkt aber werden Dyschronien, wie sie bislang schon zur Geschichte gehörten – so daß man eher zur Not denn wahren Sinns von Überholung

---

10) Das hat Habermas für das Moderne-Verständnis des Neoliberalismus bzw. Neokonservativismus gezeigt, und Offe hat es hinsichtlich der „postindustriellen Linken" ergänzt: Gemeinsam ist solchen Positionen ein antagonistisches Bild von gesellschaftlicher und kultureller Moderne, wobei die einen der gesellschaftlichen, die anderen der kulturellen Moderne den Vorzug geben (vgl. Jürgen Habermas, „Die Kulturkritik der Neokonservativen in den USA und in der Bundesrepublik", in: ders., *Die Neue Unübersichtlichkeit. Kleine Politische Schriften V*, Frankfurt a. M., 30-56, hier insb. 35-41, sowie Claus Offe, „Die Utopie der Null-Option. Modernität und Modernisierung als politische Gütekriterien", in: *Moderne oder Postmoderne? Zur Signatur des gegenwärtigen Zeitalters*, hrsg. von Peter Koslowski, Robert Spaemann, Reinhard Löw, Weinheim 1986, 143-172, hier 157-162).
11) Vgl. hierzu den in Anm. 5 genannten Aufsatz von Jauß.

und Ablösung sprach[12] – vollends unübersehbar. Genau in dem Moment, als die Parole der Avantgarde ausgegeben wurde (weil sie jetzt ausgegeben werden *mußte*), ist die vorgebliche Unilinearität einer Entwicklung definitiv unglaubhaft geworden, wurde die Gleichzeitigkeit von Ungleichzeitigem und die Gemengelage von Widerstreitendem unverkennbar. De Chirico, eine neue, sich verehrend auf Apollinaire zurückbeziehende Leitfigur, ist ja doch kein Avantgardist dieser Moderne – sollte diese denn plötzlich „metaphysisch" sein? Schönberg und Strawinsky sind, obwohl beide erklärtermaßen modern, offenkundige Antipoden. Und in der bildenden Kunst stehen einander gleichzeitig Konstruktivismus und Expressionismus oder Surrealismus und Neue Sachlichkeit gegenüber.

Das bedeutet eine Gleichzeitigkeit und Konkurrenz nicht bloß von Stilen, sondern von Weltentwürfen. Dabei zeigen die genannten Beispiele, daß sich nicht nur innerästhetisch schon höchst gegensätzliche „Modernen" gegenüberstehen, sondern daß auch der Unterschied der ästhetischen Sphäre gegenüber anderen Sphären, etwa der ökonomisch-industriellen, sich innerästhetisch reproduziert. Der Konstruktivismus vertritt die ökonomisch-industrielle Moderne, während der Expressionismus dem sich entgegensetzt, und Neue Sachlichkeit und Surrealismus stehen für den gleichen Gegensatz.

Erhart Kästner hat einmal schlaglichtartig die Disparität zwischen technischer und künstlerischer Moderne beleuchtet, indem er sagte, die moderne Kunst sei gar nicht modern. Denn „modern ist die totale Verfügung über die Dinge, die totale Steuerung aller Verläufe". Die Kunst hingegen „scheint nichts Dringenderes zu kennen als die Not, in welche die Dinge gerieten". Sie ist zum Anwalt eines „Natur-Rechts der Dinge" geworden.[13] Das ist trefflich gesagt und doch noch zu pauschal gedacht. Denn einerseits hat Kästner zu selbstverständlich die technische Entwicklung zum Parameter der Modernität gemacht, und andererseits hat er die Ästhetik zu generell auf die Opposition dagegen festgelegt. Man kann von „Moderne" nicht ohne Streubreite reden, und zu dieser gehört nicht nur die Technisierung, sondern auch das Ästhetische, und dessen

---

[12] Warum hat Jauß die Richtung nicht erwähnt, in Bezug auf die der Ausdruck „die Moderne" überhaupt geprägt und erstmals verwendet wurde, nämlich den Naturalismus (vgl. Eugen Wolff, „Thesen zur literarischen Moderne", *Allgemeine Deutsche Universitätszeitung*, Jg. 1, Nr. 1, 1. Jan. 1887, 10; vgl. *Die Literarische Moderne. Dokumente zum Selbstverständnis der Literatur um die Jahrhundertwende*, hrsg. von Gotthart Wunberg, Frankfurt a. M. 1971, 1 f)? Offensichtlich, weil der Naturalismus in dieses Schema, das ein Entwicklungsschema sein soll, nicht paßt. Naturalismus nach Baudelaires Künstlichkeit – welch ein Rückfall! Umgekehrt zeigt das nur, daß die „Entwicklung" eben keine war, daß die verschiedenen Konzepte nicht wie Perlen auf eine Schnur gereiht werden können.

[13] Erhart Kästner, *Aufstand der Dinge. Byzantinische Aufzeichnungen*, Frankfurt a. M. 1973, Kapitel „Moderne Kunst", 173-181, Zitate 173 u. 174.

Möglichkeiten erweisen sich bei genauerer Betrachtung als sowohl technophil wie technophob.

Selbst ein einzelner, bestimmter Begriff von ästhetischer Moderne kann – jedenfalls wirkungsgeschichtlich – höchst Divergentes freisetzen. So gehörten zu Baudelaires „modernité" zwei Momente: „mode" und „éternité".[14] Entscheidend war, daß die Mode gerade in der Zuspitzung ihrer Flüchtigkeit zugleich den Anflug eines Ewigen enthielt.[15] Max Ernst hat dieses Moderne-Konzept gelegentlich auf das bloß Modische hin vereinseitigt und im Diktum „Fiat modes – pereat ars" gegen Eternitätsansprüche der Kunst gekehrt. Modern sollte jetzt nur noch die Herstellung von Mode sein.[16] Hitler hat das wörtlich auch so verstanden – nur mit umgekehrter Wertung. Auch für ihn macht die Gleichsetzung mit Mode den Begriff der Moderne aus.[17] Er setzte dem dann genau das bei Baudelaire mitgedachte, bei Ernst aber verlorengegangene Moment der Ewigkeit als Definiens „wahrer" Kunst entgegen – mit den bekannten barbarischen Folgen.[18] So geht aus einem hochkarätigen Moderne-Begriff (Baudelaire) durch ironische Vereinseitigung eine pointierte Moderne-Formel hervor (Ernst), die dann, wörtlich genommen, zur Beschwörung des Gegenteils und der Verdammung der Moderne führt (Hitler). – Auch ästhetische Moderne-Konstellationen können politisch zünden.

Selbst wenn man sich auf einen identischen Satz bezieht – und gar auf die kanonische Formel des Moderne-Bekenntnisses, auf Rimbauds „Il faut être absolument moderne" –, so kann der Sinn dieses Modernitäts-Fanals höchst unterschiedlich erfahren werden. Adorno meinte, der Satz sei „kein ästhetisches Programm und keines für Ästheten, sondern ein kategorischer Imperativ der Philosophie", er drücke aus, daß allein in der „Bewegung des Begriffs", welche die geschichtliche Tendenz „bis zum äußersten" verfolge,

---

14) Die Schlüsselstelle von Baudelaires Charakterisierung des Constantin Guys als „peintre de la vie moderne" lautet: „Il cherche ce quelque chose qu'on nous permettra d'appeler la *modernité*; car il ne se présente pas de meilleur mot pour exprimer l'idée en question. Il s'agit, pour lui, de dégager de la mode ce qu'elle peut contenir de poétique dans l'historique, de tirer l'éternel du transitoire." (*Œuvres complètes*, hrsg. von Marcel A. Ruff, Paris 1986, 553)
15) Jauß scheint mir diese Struktur zu verkennen. Aus dem, was Baudelaire als Moment der modernité denkt, macht er deren Gegensatz, wenn er „das Ewige ... als Antithese der modernité" bestimmt (Hans Robert Jauß, „Literarische Tradition und gegenwärtiges Bewußtsein der Modernität", in: ders., *Literaturgeschichte als Provokation*, Frankfurt a. M. 1970, 11-66, hier 56).
16) Max Ernst, *Fiat modes – pereat ars*, auf Kosten der Stadt Köln publizierte Mappe mit 8 Lithographien, Köln 1919.
17) Adolf Hitler, Rede zur Eröffnung der „Großen Deutschen Kunstausstellung 1937, München, Haus der Kunst", *Völkischer Beobachter*, Berliner Ausgabe, 19. Juli 1937, 2-4, hier 3. Dabei hat Hitler genau mit der von Ernst propagierten Angleichung der modernen Kunst an die Produktion der „Schneidereien und Modeateliers" argumentiert (ebd., 2).
18) Ebd.

noch Hoffnung liege.[19] Dietmar Kamper hat den Satz umgekehrt gelesen: Er sei „gegen die eigene, schon unlösbare Verzweiflung an der Moderne gerichtet" und formuliere „ein unmögliches Programm: auf der Höhe der Zeit zu bleiben, obwohl eine Niederlage angezeigt ist".[20] Rimbaud selbst hätte sich schwerlich wiedererkannt. Für ihn brachte der Satz den Abschied von der Hölle zum Ausdruck (er steht im „Adieu" überschriebenen Schlußteil von *Une saison en enfer*) und mahnte zum illusionslosen Übergang ins normale, tätige, moderne Leben.

3. Verwirrspiele und Klärungschancen

Moderne-Begriffe, Moderne-Inhalte, Moderne-Parolen sind also – allein schon der Blick auf den ästhetischen Sektor hat es erwiesen – höchst divergent. Daher ist es geboten, jeweils genau anzugeben, was man unter „Moderne" versteht, wenn man von ihr oder gegen sie spricht. Dafür genügt die chronologische Spezifikation keineswegs. Es braucht vielmehr eine vor allem inhaltliche Präzisierung, an die sich dann sektorielle, strukturelle und chronologische Fortbestimmungen anschließen können. Nur wer diesem Gebot der Moderne-Spezifizierung folgt, hat gute Aussichten, sich dem Verwirrspiel der Benennungen zu entziehen und der verbreiteten Substitution von Begriffen durch Äquivokationen zu entgehen. – „Moderne" ist ein Name. Und sollte wie ein solcher gebraucht werden: spezifikatorisch, nicht generalistisch.

An einem Fall wenigstens sei demonstriert, welche Verwirrungen entstehen können, wenn man „Moderne" nur als Vokabel einsetzt und die inhaltliche Spezifikation nicht ausdrücklich macht. Da können dann Kontrahenten die gleichen Sätze sagen und doch völlig Gegenteiliges meinen. So gerade in einer auf Moderne sich berufenden Ablehnung von Postmoderne. Hier sind sich beispielsweise Habermas und Marquard völlig einig. Noch ihre Begründungen erfolgen in gleichlautenden Sätzen. Der Habermas-Satz, die These vom Anbruch der Postmoderne sei unbegründet,[21] hat sein Pendant im Marquard-Satz, die Nachricht vom Tode der Moderne sei – mindestens – stark übertrieben.[22] Und beide geben als Grund ihrer Postmoderne-Kritik an, daß die Postmoderne

---

19) Theodor W. Adorno, „Wozu noch Philosophie", in: ders., *Eingriffe. Neun kritische Modelle*, Frankfurt a. M. 1963, 11-28, hier 28.
20) Dietmar Kamper, „Aufklärung – was sonst?", *Merkur* 436, 1985, 535-540, hier 535.
21) Vgl. Jürgen Habermas, „Die Krise des Wohlfahrtsstaates und die Erschöpfung utopischer Energien", in: ders., *Die neue Unübersichtlichkeit*, 141-163, hier 145.
22) Vgl. Odo Marquard, „Nach der Moderne. Bemerkungen über die Futurisierung des Antimodernismus und die Usance Modernität", in: *Moderne oder Postmoderne?*, a.a.O., 45-54, hier 45.

neohistoristisch sei, womit sie sich selbst decouvriere, so daß man wieder zur Tagesordnung namens Moderne übergehen könne.[23]

Natürlich ist dabei jedesmal ein völlig anderer Moderne-Begriff im Spiel, weshalb auch der Sinn des Neohistorismus-Arguments gerade konträr und die Tagesordnung entgegengesetzt ist. Für Habermas decouvriert sich die Postmoderne qua Neohistorismus als antimodern, als Abrücken von den Aufklärungspflichten der Moderne. Für Marquard hingegen erweist sie sich qua Neohistorismus als im besten Sinne modern, denn Historismus ist die Essenz der Moderne. Daher wird die Postmoderne bei Habermas durch Neohistorismus-Tadel verabschiedet, bei Marquard jedoch durch Neohistorismus-Belobigung eingemeindet; das eine Mal verrät sie angeblich die Moderne, das andere Mal kongruiert sie vorgeblich mit ihr. Im einen Fall gilt es zum Projekt, im anderen zum Usualismus der Moderne zurückzukehren. Es ist dieser Grundunterschied im Moderne-Verständnis, der allen Argumentationen zugrundeliegt. Was für den einen die Moderne definiert – das Projekt einer Strukturierung der sozialen Wirklichkeit –, das fällt für den anderen auf die Gegenseite der Moderne, zählt zur „Gegen-Neuzeit". Umgekehrt ist des letzteren Usualismus für den ersteren nur vor-aufklärerisch. – Der Gegensatz ist klar, man muß ihn aber auch aufdecken und beachten, sonst könnte die gemeinsame Berufung auf die Moderne und die gemeinsame Ablehnung der Postmoderne zur heillosen Verwirrung scheinbarer Einigkeit führen.

Wenn nun schon zur „Moderne" so unterschiedliche Ansätze und Optionen gehören, wie könnte man dann der Postmoderne vordergründige Unübersichtlichkeit vorhalten und das Vorliegen mehrerer Versionen an ihr rügen? Man müßte dazu schon ein arg unmoderner Unitarier sein. Zudem hat die Postmoderne das Problem der Pluralität, das die Moderne bloß mitschleppte, ausdrücklich gemacht und reflektiert, und so hieße, ihr Pluralität vorzurechnen, ohnehin fast nichts anderes, als sie zu bestätigen.

So bleibt es gerade postmodern dabei, daß nicht Indifferenz-Propaganda, sondern Differenzierungs-Arbeit der korrekte Weg ist, mit Pluralität umzugehen. Daher wird auch im folgenden eine Strategie begrifflicher Differenzierung verfolgt, wird mittels Unterscheidungen Klarheit zu gewinnen versucht. In den Augen mancher Zeitgenossen hat ein solches Verfahren wenig postmodernes Flair. Aber darauf kommt es nicht an.

---

23) Vgl. Jürgen Habermas, „Die Moderne – ein unvollendetes Projekt", 444; Odo Marquard, a.a.O., 53.

B. Konträre Moderne-Diagnosen – Spiegelbildliche Postmoderne-Konzepte

Immer wieder tritt unter den verschiedenen Postmoderne-Versionen eine charakteristische Opposition hervor: Die einen plädieren für Pluralität, die anderen für neue Ganzheit. Dieser Gegensatz gründet interessanterweise bereits in konträren Moderne-Diagnosen und ist deren Reflex. Als Krankheit der Moderne wird das eine Mal ihre Uniformierungstendenz, das andere Mal ihre Differenzierungssucht beschrieben. Daher verordnen dann – post-modern – die einen eine Therapie der Pluralisierung, die anderen eine der Homogenisierung. – Im folgenden soll diese Opposition konträrer Postmoderne-Konzepte, soll ihre Spiegelbildlichkeit gegenüber Moderne-Diagnosen und die gegenwärtig mögliche Überschreitung dieses Gegensatzes dargestellt werden.

1. Das Diagnose-Muster: Differenzierungs- versus Ganzheitsmisere

Daß als Krisenfaktor oder Krankheit der Moderne mal ihre Differenzierungsneigung, mal ihre Uniformierungsleistung diagnostiziert wird, ist bekannt. Die Klagen über den Verlust der Einheit sind alt. John Donne stellte schon 1611 fest: „Alles ist zertrümmert, jeder Zusammenhang ist dahin."[24] Schiller schrieb 1794: „Auseinandergerissen wurden jetzt der Staat und die Kirche, die Gesetze und die Sitten; der Genuß wurde von der Arbeit, das Mittel vom Zweck, die Anstrengung von der Belohnung geschieden. Ewig nur an ein einzelnes kleines Bruchstück des Ganzen gefesselt, bildet sich der Mensch selbst nur als Bruchstück aus."[25] Und die konservative Kulturkritik wird bis heute nicht müde, das Klagelied von der Zersplitterung immer wieder neu anzustimmen.

Auf der anderen Seite wird die Moderne als Prozeß gigantischer Uniformierung erfahren und kritisiert. Herder hat die Vereinheitlichung schon früh und stellvertretend an der aufklärerischen Geschichtsphilosophie wahrgenommen, Nietzsche hat die Moderne insgesamt als Nivellierung erfahren, „Kultur heute schlägt alles mit Ähnlichkeit" lautet ein Schlüsselsatz bei Horkheimer und Adorno, und Lévi-Strauss sah die Erstarrung in einem Gefängnis vollendeter Ordnung voraus.

---

24) „'Tis all in peeces, all cohaerence gone" (John Donne, „An Anatomie of the World", Abschn. „The first Anniversary", in: *The Poems of John Donne*, hrsg. von Herbert J.C. Grierson, Bd. 1, Oxford 1912, 237).

25) Friedrich Schiller, „Über die ästhetische Erziehung des Menschen in einer Reihe von Briefen", 6. Brief (*Sämtliche Werke*, Bd. 5, hrsg. von Gerhard Fricke und Herbert G. Göpfert, München ⁶1980, 584).

Diese Diagnosemuster sind aktuell geblieben und gehen gegenwärtig quer durch die politischen Lager. Spaemann diagnostiziert die Selbstzersetzung der Moderne durch einseitige szientische Rationalität, Habermas sieht aus ungebremster Ausdifferenzierung und Abspaltung die Aporien der kulturellen Moderne hervorgehen, und Bell fürchtet, daß der Kapitalismus an seiner kulturellen Widerspruchsproduktion noch zugrunde gehen könne.

Umgekehrt gehört die Unerträglichkeit moderner Uniformierung zu den Schlüsselerfahrungen des Postmodernismus. Das ist an der Architektur exemplarisch deutlich, wird die moderne Architektur doch vor allem wegen der „Univalenz" ihrer Wertskala (Jencks) und der Einförmigkeit ihrer Erscheinung abgelehnt. Generell hat dann Lyotard der Moderne ihren uniformierenden Charakter vorgehalten, wie er bislang durch die Meta-Erzählungen verordnet worden sei und heute durch die Informations-Technologien durchgesetzt zu werden drohe. Und Baudrillard hat als Misere der Gegenwart einen gigantischen Prozeß der Löschung aller Differenzen beschrieben: Uniformität wird erzeugt – aber nicht martialisch durch Zwang, sondern raffiniert durch Vergleichgültigung.

2. Das Therapie-Muster: Ganzheits- versus Differenzierungsheil

Die Szenarien gleichen sich und sind bekannt. In ihnen setzt sich das alte Muster der konträren Moderne-Diagnosen fort. Natürlich werden die Therapien dann diesen Diagnosen entsprechend angelegt. So kommt es – spiegelbildlich zu den konträren Ausgangsdiagnosen – zu zwei konträren Therapievorschlägen. Und beide können sich, da sie den Prozeß der Moderne einschneidend zu verändern suchen, als „post-modern" verstehen und deklarieren. Da formiert sich zum einen – spiegelbildlich zum Krisenszenario der Differenzierung – ein Postmodernismus ganzheitlicher Option, der auf neue Integration setzt. Und da tritt – spiegelbildlich zum Krisenszenario der Uniformierung – ein Postmodernismus differentieller Option auf den Plan, der auf gesteigerte Pluralität setzt. Der erstere – sozusagen homophile – Postmodernismus ist vorwiegend deutscher, der andere – sozusagen heterophile – Postmodernismus vorwiegend französischer Provenienz. Die Ahnenreihe umfaßt im einen Fall Namen wie Hegel und Wagner, im anderen Pascal und Valéry; gebrochener und komplexer gehören Hölderlin und Benn oder Balzac und Butor dazu; gegenwärtig treten die Positionen klar bei Habermas und Spaemann oder Lyotard und Derrida hervor. – Das sei kurz dargelegt.

Spaemann plädiert für die Wiederaufnahme vormoderner Denkformen, insbesondere der Metaphysik, und tut das nicht aus antiquarischem, sondern ganzheitlichem Interesse. Denn nur dort sei die ganze Weite der Wirklichkeit unverkürzt in den Blick genommen und bedacht worden. Spaemann versteht dies, wenn ich recht sehe, freilich als Korrektiv und nicht als verbindliche Norm, denn er sagt, daß die Einheit der Philosophie nicht in einem gemeinsamen philosophischen System oder auch nur in einzelnen Grundannahmen bestehen könne, und er fügt hinzu, daß jeder Versuch, den Streit der Philosophen durch Verpflichtung auf ein einziges Wahrheitsmodell zu schlichten, nur eine Strategie zur Durchsetzung einer bestimmten, partikularen Position sein könne.[26] Es geht also nur darum, daß die modern diskreditierten Denkformen der Ganzheit und Einheit überhaupt wieder als Wahrheitskandidaten zugelassen und verstärkt beachtet werden.

Ähnliches zeichnet sich seit längerem in den Wissenschaften ab. Auch hier finden holistische Ansätze, die Einseitigkeiten spezialistischer Optiken korrigieren und überwinden wollen, wieder stärkere Beachtung.[27] Auch dabei ist die Palette von Bateson und Serres bis Capra natürlich breit. Es geht darum, der rationalistischen Ausdifferenzierung durch komplexe und übergreifende Perspektiven zu begegnen, Interdependenzen und Interpenetrationen zu berücksichtigen, in größeren Zusammenhängen zu denken. Hier knüpft dann auch die New Age-Bewegung an, die diesem holistischen Strang von Postmoderne zuzurechnen ist.[28]

Drastischer, nämlich monistischer artikuliert sich die Tendenz dort, wo man meint, die Gesellschaft könne oder solle noch einmal weltbildhomogen werden; wo man also sagt, daß es um eine neue gesellschaftliche Verbindlichkeit durch Beglaubigung aus einem obersten Wert (mittels eines neuen Mythos) gehe oder daß es für die Philosophie darauf ankomme, die Vielheit der partikularen Konzeptionen in einer einzigen herrschenden Universalphilosophie aufzuheben, die dann zugleich die Bedeutung einer Religion habe. Diesen Traum hat Manfred Frank geträumt,[29] aber ich würde ihn gerne so verstehen, daß er dies wirklich nur als Traum, nicht als Wunsch für die Realität gemeint hat, wo dergleichen ja schnell Totalitärem zumindest enharmonisch gleichkommen müßte – und ich kann es angesichts von Franks sonstigem Eintreten für Individualität gar nicht anders auffassen.

---

26) Vgl. Robert Spaemann, „Der Streit der Philosophen", in: *Wozu Philosophie? Stellungnahmen eines Arbeitskreises*, hrsg. von Hermann Lübbe, Berlin – New York 1978, 91-106, hier 106.
27) Stephen Toulmin hat Gregory Batesons Ansatz, der den Menschen primär nicht als Betrachter gegenüber der Welt, sondern als Teil der Natur zu verstehen sucht, als exemplarisch für die postmoderne Wissenschaft dargestellt in *The Return to Cosmology. Postmodern Science and the Theology of Nature*, Berkeley – Los Angeles – London 1982.
28) Vgl. Marilyn Ferguson, *Die sanfte Verschwörung. Persönliche und gesellschaftliche Transformation im Zeitalter des Wassermanns*, Basel 1982.
29) Vgl. Manfred Frank, *Der kommende Gott. Vorlesungen über die Neue Mythologie*, Frankfurt a. M. 1982, 11; sowie ders., *Was ist Neostrukturalismus?*, Frankfurt a. M. 1983, 19.

Ein soziologisch durchgeführtes Integrationsrezept liegt bei Habermas vor.[30] Die Ausgangsdiagnose, derzufolge die Moderne durch einseitige Ausdifferenzierung einer falschen Uniformierung verfällt, ist bekannt: Da ist erstens und grundlegend die rigide Ausdifferenzierung und Trennung der kognitiven, moralischen und ästhetischen Rationalitätsaspekte; da ist zweitens die Abspaltung der Expertenkulturen von der Alltagswelt; da ist drittens die zunehmende Fragmentierung der Alltagswelt; und all das führt viertens zu jenem Auszehrungszustand der Lebenswelt, der diese dann zum Opfer der Kolonialisierung durch Systemimperative werden läßt. Habermas will nun zwar die Ausdifferenzierung beibehalten, will aber doch zugleich zwischen den Differenzierungsgliedern neue Verbindungen stiften oder alte Verbindungen reaktivieren. Die Prozesse rigider Differenzbildung sollen insgesamt durch eine Art Kreislauftherapie ergänzt und modifiziert werden. So soll eine Kommunikation der Rationalitätsaspekte der Ausdifferenzierung zur Seite treten; dies soll durch eine Rückkoppelung zwischen Expertenkulturen und Alltagspraxis erreicht werden; dadurch würde zugleich der Fragmentierung und Verarmung der Lebenswelt begegnet; somit wäre diese schließlich fortan Systemimperativen nicht mehr schutzlos ausgeliefert. Es geht um Einheit, nur soll diese nicht durch Weltbilder verordnet, sondern „in einer nichtverdinglichten kommunikativen Alltagspraxis" gewonnen werden.[31] – Natürlich ist das eine moderate Integrationsoption, wie überhaupt deren besonnene Formen heute vertretbarer zu sein scheinen als die substantiell-dekretorischen, die zu leicht mit Ausschließlichkeitsansprüchen operieren. Gleichwohl ist unverkennbar, daß es sich auch hier um ganzheits- oder integrationstherapeutische Gegensteuerungen gegen Differenzierungs-Miseren und -Exzesse der Moderne handelt.

Dem stehen auf der anderen Seite Plädoyers für einschneidende Differenzierung gegenüber. Sie können die verhaltene Form der Frage haben, ob es nicht darauf ankomme, daß die Menschen die fortgesetzte Weiterarbeit an der Mauer der Notwendigkeit unterbrechen und statt dessen einmal auf das Unscheinbare achten – so Lévi-Strauss. Sie können die nachhaltige Form des Plädoyers für Fortsetzung der Gewaltenteilung haben – so Marquard. Und sie können vollends offensiv gewendet sein wie bei Lyotard, demzufolge die Moderne ständig durch Totalisierungen bedroht ist, wogegen einzig der Verzicht auf Ganzheitsansprüche und das Eintreten für die Differenz Abhilfe zu schaffen

---

30) Natürlich soll Habermas hier nicht zum Postmodernisten erklärt werden. Aber sofern das Integrationsrezept auch eines der Moderne ist, mag es aufschlußreich sein, hier auch einen markanten Vertreter derselben einzubeziehen. Zudem ist die Grenze zwischen Moderne und Postmoderne so eindeutig nicht – für manchen Habermas-Schüler beispielsweise ist sie es schon weit weniger als für Habermas selbst, und dieser hat seinerseits der Verteidigung der Moderne gegen die Postmoderne ein deutlich postmodern konturiertes Bild von Moderne zugrundegelegt.
31) Jürgen Habermas, *Theorie des kommunikativen Handelns*, 2 Bde., Frankfurt a. M. 1981, II 586.

vermag; nicht das Totum und auch nicht das (darauf noch immer bezogene) Fragment, sondern die Pluralität des Heterogenen ist das Ideal; die Perspektive einer entwickelten Gesellschaft liegt nicht in der Integration, sondern in der Divergenz unterschiedlicher Lebensentwürfe und Handlungsformen.

Diese Andeutungen mögen genügen, um zu zeigen, wie sehr die Gegenwartsdiagnose durch die genannte Opposition bestimmt ist. Das Muster ist allenthalben wirksam. Besonders klar tritt es in polemischen Kontexten zutage, so etwa, wenn Lyotard eine Auseinandersetzung mit Habermas mit dem Aufruf „Krieg dem Ganzen, aktivieren wir die Widerstreite" beschließt.[32] Aber die Polarität kann auch die Überlegungen eines einzigen Autors umtreiben, so etwa bei Putnam, wenn dieser unter Postmodernismus einerseits den Übergang von analytischer zu integraler Betrachtung versteht, andererseits auf das Kollabieren aller Integrationsversuche hinweist.[33] Der Gegensatz kann auch eine ganze Disziplin wie die Soziologie durchziehen, wo der Weberschen Ausdifferenzierungsthese die Münchsche Interpenetrationsbeschreibung der Moderne gegenübersteht. Und er kann ebenso in der Betrachtung anderer Epochen hervortreten und wiederkehren, so hinsichtlich der Lieblingsepoche gegenwärtiger Zuneigung: des Mittelalters. Das sei – paradigmatisch und illustrativ – kurz gezeigt.

3. Anwendungsfall: Plaisirspiegel Mittelalter

Der Titel „Das Neue Mittelalter" taucht in diesem Jahrhundert zweimal auf. Das eine Mal, 1927, bei Nicolai Berdiajew.[34] Das andere Mal, 1972, bei Umberto Eco.[35] Man hat es hier mit einem Lehrstück in Sachen Ganzheitsoption versus Vielheitsoption zu tun.

---

32) Jean-François Lyotard, „Beantwortung der Frage: Was ist postmodern?, *Tumult* 4, 1982, 131-142, hier 142. – Innerhalb des Postmoderne-Disputs wäre darauf hinzuweisen, daß Lyotard den Gegentyp der holistischen Postmoderne auf den „Wunsch nach Sicherheit, Stabilität und Identität" zurückgeführt hat (Jean-François Lyotard mit anderen, *Immaterialität und Postmoderne*, Berlin 1985, 9), während Koslowski den Lyotardschen Postmodernismus als „Anarchismus" kennzeichnen zu sollen glaubte (Peter Koslowski, „Die Baustellen der Postmoderne", in: *Moderne oder Postmoderne? Zur Signatur des gegenwärtigen Zeitalters*, 1-16, hier 9).
33) Vgl. Hilary Putnam, *Realism and Reason*, Cambridge 1983, 303.
34) Nicolai Berdiajew, *Das Neue Mittelalter. Betrachtungen über das Schicksal Rußlands und Europas*, Tübingen 1927.
35) Umberto Eco, „Auf dem Wege zu einem Neuen Mittelalter", in: ders., *Über Gott und die Welt*, München – Wien 1985, 7-33; Erstdruck in *Documenti su il nuovo medioevo*, Mailand 1973.

Berdiajew skizziert „Das Neue Mittelalter" als Programm: „Unsere Zeit möchte ich als das Ende der neuen Geschichte und als den Beginn eines *neuen Mittelalters* bezeichnen."[36] Man hat dieses Berdiajewsche Programm postmodern genannt,[37] und in der Tat: Man muß nur für „neue Geschichte" „Moderne" einsetzen, dann sieht man, daß Berdiajews „Neues Mittelalter" genau eine „Postmoderne" anvisiert. Nur: eine Postmoderne welchen Typs?

Die Moderne ist für Berdiajew eine Epoche der Zersplitterung. Sie hat uns Aufklärung, Irreligiosität, Humanismus, Liberalismus, Individualismus beschert – in seinen Augen alles selbstdestruktive Phänomene. Daher ist die Moderne denn auch zu einer Epoche voranschreitender gesellschaftlicher, kultureller und psychischer Desintegration geworden. Demgegenüber plädiert Berdiajew für eine neue Integration, für eine neue „universalistische, kollektivistische Epoche"[38] – das ist der Sinn seiner Rede von einem „neuen Mittelalter". Es geht um Einheit. Dafür ist das Mittelalter vorbildlich.

Darin wiederholt sich eine ältere Konstellation. Schon in der Romantik ist das Mittelalter als Gegenbild zur Neuzeit entdeckt und propagiert worden. Wackenroder und Tieck haben 1796 die mittelalterliche Kunst und Religion als Zukunftsleitbild proklamiert. Das Stück also ist vertraut, die Bühne ebenfalls, nur Inszenierung und Besetzung wechseln von Zeit zu Zeit. Das gilt freilich insgesamt – nicht nur hinsichtlich des Einheitswunsches, sondern hinsichtlich beider Pole des Musters: Es gilt für die Vielheitsoption nicht weniger als für die Einheitsoption. Berdiajew repräsentiert die Variante Einheitskorrektur einer zersplitterten Moderne. Hierfür wählt er das Mittelalter, das er folglich unter dem Zeichen der Einheit aufgreift.

Man kann das Mittelalter aber auch unter dem entgegengesetzten Zeichen der Vielheit aufgreifen. Das hat Eco getan. Er repräsentiert die Gegenvariante: Vielheitstherapie einer durch monistische Erstarrung bedrohten Moderne. Eco führt daher ein Mittelalter der Dialoge und Disputationen, der Erfindung von Sinnvollem und der Erprobung von Unsinnigem, der schwachen Einheit und der starken Vielheit vor Augen. Und will nach dem Bild dieses Mittelalters – das aus aktuellster Erfahrungslage konturiert ist – die neue, von Eco selbst als „postmodern" apostrophierte Epoche sich formen sehen: „Unser Neues Mittelalter wird eine Epoche der ‚permanenten Transition' sein, die neue Adaptionsmethoden verlangt." Es wird darum gehen, „Hypothesen über die Nutzung des Chaos aufzustellen, indem man sich auf die Logik der Konfliktualität einläßt".[39]

Das sind ganz andere Töne als bei Berdiajew. Die Vorbildlichkeit des Mittelalters wird in dessen „unsystematischem" Charakter, in seiner offenen Vielfalt gesehen. Das Mittelalter wird als Gegenbild gegen eine als systemneurotisch wahrgenommene

---

36) Berdiajew, a.a.O., 17.
37) Vgl. Felix Philipp Ingold, „Ein neues Mittelalter? Nikolai Berdjajew als Wegbereiter der Postmoderne", *Neue Zürcher Zeitung*, Nr. 222, 26. Sept. 1986, 46.
38) Berdiajew, a.a.O., 32.
39) Eco, a.a.O., 33.

Moderne ergriffen. Daher will man natürlich nicht gegen den einen Systeminhalt – den modern-technokratischen – einen anderen – den religiös-ganzheitlichen des Berdiajewschen Mittelalters – eintauschen. Man will vielmehr endgültig dem Einheitsdruck aller Systeme entgehen.

Auch Ecos Mittelalter-Sicht hat, wie die dafür ursächliche Sicht der Moderne, einen Vorfahren, und dessen Abstand von Wackenroder und Tieck entspricht zeitlich so ziemlich dem von Eco zu Berdiajew. Der Vorfahre ist Jacob Burckhardt. Dieser hat 1868 in einer Baseler Vorlesung erklärt, daß Neuzeit und Moderne das Mittelalter deshalb ablehnen mußten, weil sie selbst nur Präzision, Exaktheit, Beherrschung und Überschaubarkeit schätzten. Da konnte ihnen diese Epoche des Verschiedenen, Vielartigen, Symbolischen, Bunten und Zufälligen natürlich weder wertvoll noch gar vorbildlich sein. Burckhardt selbst stand offenbar der Moderne – und jetzt eben einer nicht mehr, wie für die Romantiker, an Zerfall, sondern an herrschaftlichem Einheitswollen krankenden Moderne – kritisch genug gegenüber, um das Mittelalter anders wahrnehmen und überdies den Zusammenhang der Perspektiven erkennen zu können. Das Leiden an der Präzisions- und Einheits-Moderne mußte dann nur noch so allgemein werden, wie es in unseren Tagen geworden ist, damit dieses Mittelalter der Vielfalt für das allgemeine Bewußtsein zum Zukunftspotential avancieren konnte.

Diese beiden Versionen eines „Neuen Mittelalters" bestätigen nicht nur die generelle Erfahrung, daß die Geschichte ein Vexierspiegel ist (man kann Verschiedenes in ihr entdecken) und daß zumal die Lieblingsepochen meist nur Plaisirspiegel sind (man findet ihn ihnen genau das, was man sucht), sondern man erkennt daran noch einmal die Duplizität konträrer Moderne-Diagnosen und Postmoderne-Therapien. Zweimal soll durch eine Arznei aus dem mittelalterlichen Kräutergärtlein die Moderne kuriert und die Postmoderne zum Leben erweckt werden, aber die Kräuter, die man holt, und die Essenzen, die man daraus destilliert, sind denkbar verschieden.

Zusätzlich kann man dem Beispiel entnehmen, daß sich die Waage heute mehr der Vielheit zuneigt. Das zeigt sich sowohl am Abstand zwischen Berdiajew und Eco als auch an der Tatsache, daß sich die Autoren des gegenwärtigen Mittelalterbooms kaum mit dem frühen Mittelalter, sondern fast ausschließlich mit dem Hoch- und Spätmittelalter befassen, das von seiner ganzen Physiognomie her dem aktuellen Vielheitsinteresse sehr viel mehr entgegenkommt, denn damals erblühte die zuvor mühsam errungene Einheit tatsächlich zunehmend in Vielfalt, um sich schließlich ganz in Mannigfaltigkeiten aufzulösen. Das spätgotische Schönheitsverständnis, wonach nicht mehr das Ganze und nicht mehr der als dessen Glied begriffene Teil, sondern – nominalistisch – die Vielheit verselbständigter Individuen für schön galt, ist ein sprechendes Beispiel. Es kommt nicht von ungefähr, wenn die Erfolgsautoren uns heute überwiegend dieses späte, polymorphe Mittelalter präsentieren. Wir suchen in der Vergangenheit, was wir als unsere Zukunft wünschen. Daher ist „der ferne Spiegel" namens Mittelalter für uns anfänglich ziemlich blind, nachher noch immer stellenweise trüb und gibt uns erst gegen Ende unser Wunschbild in vollem Glanz zu erkennen.

4. Die postmoderne Überschreitung des Gegensatzes: Ganzheit nur via Differenz einlösbar

In den letzten Abschnitten ging es primär um den Nachweis, wie die Opposition zweier Postmoderne-Konzepte – eines pluralistischen und eines monistischen – sich aus umgekehrt symmetrischen Krisendiagnosen der Moderne ergibt. Das scheint eine wenig beachtete Einsicht zu sein. Aus ihr folgt zum mindesten, daß diese Doppelung Postmoderne-bezogen nicht verwunderlicher sein kann, als sie Moderne-bezogen für legitim galt. Aus ihr ein Argument gegen die – sogenannt unklare – Vorstellung von Postmoderne zu machen, ist lächerlich. Da müßte man zuvor kein Moderner, sondern ein Einäugiger gewesen sein.

Allenfalls umgekehrt ist eine Frage zu stellen: Wenn die Postmoderne dieses Oppositionsmuster der Moderne so ungebrochen fortsetzt, was ist dann eigentlich „postmodern" an ihr? Und somit weiter: Zeichnet sich nicht vielleicht gerade postmodern eine Überschreitung dieses Gegensatzes ab? Die Frage ist heikel und wichtig.

Zuerst einmal ist sie schwierig: Eine dritte – potentiell „aufhebende" – Möglichkeit ist offensichtlich ausgeschlossen. Über Einheit und Vielheit hinaus gibt es kein Drittes. Wäre es dann wenigstens möglich, daß eine der beiden Optionen eine Form annähme, die sie befähigte, auch den Motiven der anderen Seite gerecht zu werden, ohne daß sie darüber ihr eigenes Profil verlöre? Und wäre die Präferenz für Vielheit, wie sie an Zeittendenzen zutage tritt und zuletzt auch am Mittelalter-Spiegel sich erwies, auch philosophisch zu stützen und zu legitimieren? Ist die Vielheitsoption diejenige, welche auch den Interessen der Gegenseite gerecht zu werden vermag? Ist sie die postmodern überlegene und verbindliche Position?

Nach allem Vorausgegangenen kann über meine eigene Einschätzung wenig Zweifel sein. Heute gilt es, so scheint mir, auf Vielheit zu setzen. Allerdings bin ich zugleich davon überzeugt, daß diese Vielheitsoption veritabel nur dann sein kann, wenn sie das Problem der Ganzheit nicht beiseite läßt, sondern zu lösen vermag. Dem Problem ausweichen zu wollen, ist lächerlich; es nur berücksichtigen zu wollen, ist ungenügend; man muß es lösen.[40]

---

[40] Dieter Claessens führt das Streben nach Ganzheit sozialanthropologisch auf das Instinktsystem des Menschen zurück. Diese Suchtendenz bestehe, und weil sie bestehe, glaube man an ihre Geltung und Erfüllbarkeit – freilich ewig vergeblich. Das Ganzheitsstreben wäre somit ein prähominales Relikt, wie Franz-Xaver Kaufmann das ausgedrückt hat (vgl. Dieter Claessens, *Instinkt, Psyche, Geltung. Zur Legitimation menschlichen Verhaltens. Eine soziologische Anthropologie*, 2., überarb. Aufl. Köln – Opladen 1970, 131-135; Franz Xaver Kaufmann, „Normen und Institutionen als Mittel zur Bewältigung von Unsicherheit: Die Sicht der Soziologie", in: *Gesellschaft und Unsicherheit*, hrsg. von der Bayerischen Rückversicherung, München 1987, 37-48, hier 46). Daraus erklärten sich dann auch die Widerstände, auf die offen plurale Plädoyers immer wieder stoßen: „Tendenzen, von einer ‚totalen' Betrachtungsweise

Es ist trivial zu sagen, daß man von Vielheit nicht ohne Einheit sprechen kann. Aber dies Triviale ist zunächst einmal (und vor allem) wahr und unumgänglich. Man muß es ernst nehmen. Freilich ist dabei noch offen, von welcher Art die Einheit zu sein hat. Aber auch für diese Frage kann jener triviale Satz lehrreich sein, man muß ihn nur einmal umgekehrt hören. Wenn er stimmt, so muß ja tatsächlich jeder, der von Vielheit spricht, auch von Einheit gesprochen haben. Er kann gar nicht bloß von Differenz geredet haben, sondern kann sich darüber nur selbst im unklaren gewesen sein, kann sich geirrt oder uns getäuscht haben. Aber dann wäre die Aufgabe ihm gegenüber offenbar nicht, Einheitsimport zu verlangen, sondern schlicht aufzuweisen, wie er faktisch von Einheit Gebrauch macht – und von welcher Art Einheit. Merkwürdigerweise pflegt aber denen, die für absolute Differentisten gelten, gerade dies nicht zu widerfahren; man begegnet ihnen nicht mäeutisch, sondern man klagt ein und schreibt vor. Das läßt vermuten, daß die Einheitsfreunde den Einheitstypus, den die Differentisten – ungewollt und unerkannt – praktizieren, ihrerseits nicht als solchen zu erkennen imstande sind. Daher meinen sie dann – im Widerspruch zu ihrem eigenen Grundsatz – Einheit erst einführen zu müssen. Aber so gewiß es verdienstvoll ist, Selbsttäuschungen von Differentisten aufzuklären, so wenig hätte doch, wer von der Unumgänglichkeit von Einheit überzeugt ist, Anlaß, Einheit erst einzuführen, statt bloß aufzudecken. – Die kleine Überlegung mahnt zur Vorsicht. Sie spricht dafür, daß dem Einheitsbedürfnis auch in Formen Rechnung getragen werden könnte, die nicht jeder Einheitsreklamateur als solche zu erkennen vermag. Es gilt behutsam vorzugehen.

Offenbar bezieht sich auch umgekehrt, wer Einheit fordert, auf Vielheit. Vielheit ist geradezu Basis und movens der Einheitsforderung. Einheit wird als Gegengift gegen hypertrophe Vielheit aktuell. Einheitsforderungen greifen überhaupt nur in Vielheitssituationen. Soviel – erstens – zur Situationsstruktur der gegenwärtigen Diskussionen.

Zweitens liegt Einheit im eigenen Interesse der Vielheit. Wenn es nicht auch Überschaubarkeit gäbe, würde Vielheit am Ende unwahrnehmbar und zuvor schon unlebbar. Einheit gehört zu den Produktions-, Wahrnehmungs- und Realisationsbedingungen von Vielheit.

> loszukommen, laufen wohl deshalb so oft auf zähe Widerstände auf: hier steht die zentrifugale Tendenz der freigemachten Ratio Kopf an Kopf gegen das angeborene Streben des Menschen auf Totalität." (Claessens, ebd., 134 f.) Claessens läßt jedoch keinen Zweifel daran, welche Position hier sinnvoll ist und welche nicht: „Die Suche nach der Totalität ist zum Scheitern bestimmt, da Totalität für den Menschen nur dem *Anspruch* nach besteht, ihre Verwirklichung aber nicht zu erreichen ist." (ebd., 134) Interessant ist freilich, daß auch Claessens diesbezüglich an der traditionellen – aber schon traditionell zu einseitigen – Einschätzung der Philosophie festhält: Philosophie folge dieser Suchtendenz, und zwar durchaus affirmativ. – Dagegen wird hier ein anderes Ganzheitsverhältnis der Philosophie vorgeschlagen: nicht Preisgabe der Frage – darin ist Claessens, einer Legion von Autoren und der communis opinio zuzustimmen –, sondern ihre andere Beantwortung: auf einem Weg nicht der Ganzheitssetzung, sondern der gerade im Namen des Ganzen zu führenden Kritik an solchen Setzungen.

Somit bleibt aber – drittens – die Einheitsfunktion einem Feld von Vielheit eingeschrieben. Integrationsfunktionen treten modern sektoriell spezialisiert auf.[41] Zudem sind sie – viertens und vor allem – inhaltlich je spezifisch und alles andere denn ganzheitlich. Es gibt keine Ganzheitsoption, in der alle Positionen sich aufgehoben fühlten – und diese Haltung ist im Recht; ihr Protest hat nicht nur auf der Ebene der Empfindung Gewicht, sondern auch in der Dimension der Argumente die Wahrheit auf seiner Seite. Man kann jeder Ganzheitsoption ihre Spezifität und Partikularität schnell nachweisen. Das spricht zwar nicht gegen Ganzheitsoptionen, wohl aber gegen ein Selbstmißverständnis ihrer (und dergleichen gibt es hier so sehr wie bei den Differentisten). Das Mißverständnis besteht darin, die Struktur des Ganzen für durch einen bestimmten Gehalt (also einen Teilgehalt des Ganzen) erfüllbar anzusehen. Genau diese Nichtunterscheidung von Totalität und Partialität im Übergang von Struktur zu Gehalt wird überall dort praktiziert, wo bestimmte Konzeptionen des Ganzen sich für pertinent halten und sich daher absolut setzen. Darin haben sie einerseits (und offenbar impertinent) Sinn und Anspruch von Ganzheit verkannt – nämlich die konstitutive Formalität und inhaltlich-partialistische Unerfüllbarkeit dieser Idee – und haben andererseits den Anspruch auch anderer Optionen auf Ausfüllung dieser Aufgabe übersehen oder beiseite geschoben, und dies nicht mit Gründen, sondern per Ellbogen.

Zu „erfüllter" Totalität kann man nicht anders als durch Totalisierung eines Partikularen gelangen, und das heißt zugleich: durch massive Elimination anderer Optionen, durch eklatanten Ausschluß. Das Ganze wird nur erreichbar, indem man gegen seine Logik, gegen seine Dialektik, gegen seinen Ausgriff verstößt. Terror ist der einzig effiziente Weg zum Ganzen. Und der Weg vom strukturellen zum faktischen Terror ist kurz. Eigentlich ist er gar keiner. Der Unterschied betrifft nur Erscheinungsformen. Um Terror handelt es sich auch schon auf der Ebene des Diskurses, nicht erst im Lager.

Dann bleibt – fünftens – nur ein Weg: die Einsicht in den strikt formalen Charakter der Idee des Ganzen und daher die Zulassung und Anerkenntnis unterschiedlicher inhaltlicher Optionen, verbunden mit einem prinzipiellen Grenz- und Verschiedenheitsbewußtsein sowie mit Wachsamkeit gegenüber Verabsolutierungen. Einer Wachsamkeit freilich nicht polizeilicher, sondern sokratischer Art, einer also nicht verbietend, sondern mäeutisch verfahrenden, welche Grenzen aufweist und Überschritte bloßlegt. Das ist die Weise, wie die Konzeption der Vielheit Ganzheit wahrt und verteidigt. Es gibt das Ganze nicht manifest, gesetzt, erfüllt. Das Ganze ist aber auch nicht bloß eine Redeweise. Es ist jene Idee, die regulativ die Begrenztheit aller Diskurse, Konzeptionen, Lebensformen wahrzunehmen und die Existenz unterschiedlicher Erfüllungsmöglichkeiten zu beachten gebietet. Nicht ein substantielles Absolutes, sondern die Möglichkeit und Wirklichkeit anderer Diskurse depotenziert die unsrigen. Die Idee des Ganzen

---

41) Dies hat Hermann Lübbe am Fall der Religion gegen Hans Maiers Segmentierungs-These herausgearbeitet. Vgl. Hermann Lübbe, *Religion nach der Aufklärung*, Graz – Wien – Köln 1986, 171.

ist allein prohibitiv und regulativ ausmünzbar. Sie besagt: Achte auf die Vielheit anderer wirklicher und möglicher Diskurse; schließe diese nicht aus, denn genau dadurch würdest Du das Ganze, das Du so zu erreichen meinst, definitiv verfehlen; es ist aber auch gar nicht zu erreichen, denn es ist von anderer Art; es kann nur in der Struktur offener Ganzheit gewahrt und gedacht werden; jedes geschlossene Ganze wäre ja notwendigerweise gegen anderes geschlossen und damit schon nicht mehr das Ganze.

Das sind die Gründe, warum nur eine Vielheitskonzeption diesem Begriff des Ganzen gerecht zu werden vermag. Jeder definitive Einheitsanspruch hingegen verfehlt ihn genau in dem Moment, da er ihn zu „erfüllen" glaubt. Aus strukturellen Gründen ist das Vielheitskonzept prinzipiell überlegen. Es *ist* das Ganzheitskonzept. Und auch unter inhaltlichem Aspekt ergibt sich nicht etwa eine Überlegenheit der Einheitskonzeptionen, sondern gerade als inhaltliche münden diese selbst unweigerlich in eine Vielheitsverfassung. Denn in ihrer Inhaltlichkeit sind sie immer spezifisch und vermögen sie ihren Totalitätsanspruch daher gar nicht zu erfüllen, sondern haben sie stets andere, keineswegs weniger legitime Konkurrenten neben sich, so daß die Inhaltlichkeit nicht zum Einlösungspunkt der Ganzheit, sondern zum Tor zur Pluralität wird. Einheitskonzeptionen, die gegen Vielheit antreten, reproduzieren in dem Maße, wie sie dies tun, auf höherer Ebene die Vielheit erneut, nämlich als – sehr viel härtere und von ihnen endgültig nicht mehr synthetisierbare – Vielheit unterschiedlicher Einheitskonzeptionen.

Allein ein Denken der Pluralität vermag der Struktur des Ganzen wirklich gerecht zu werden. Eine Frage freilich ist dabei noch offen. Indem man der Gefahr von Einheitssetzungen entgeht, ist man ja noch nicht allen Gefahren entgangen. Es taucht vielmehr die umgekehrte Gefahr des Atomismus, der zusammenhangslosen Pluralität auf. Wie entgeht man dieser? Während gegen substantielle Einheitsansinnen die Offenheit der Ganzheit zu betonen war, sind gegen die Zusammenhangslosigkeit die Übergänge stark zu machen. Ganzheit besteht nicht als Fixgestalt, sondern stellt sich je in Übergängen, Verbindungen, Komplexionen her. Diese andere – postmoderne – Form von Ganzheit wird in der Darstellung einer anderen – postmodernen – Form von Vernunft noch näher zu erläutern sein. Für die letztere sind gerade solche Übergänge ausschlaggebend, weshalb sie als „transversale Vernunft" bezeichnet wird.

Abschließend ist festzuhalten: Ganzheit – die alte und unverzichtbare Aufgabe philosophischer Reflexion – ist gerade postmodern aktuell. Für die Neuartigkeit der postmodernen Konstellation aber spricht, daß Ganzheit jetzt offenbar nicht mehr durch denjenigen Positionstyp eingelöst werden kann, der ihr zu entsprechen scheint, sondern nur durch den, der ihr auf den ersten Blick eher zu widersprechen scheint: durch die Position der Pluralität. Wirkliche Ganzheit kann aus Strukturgründen einzig durch ein Denken der Pluralität eingelöst werden (allerdings eines, das nicht nur auf Vielheit setzt, sondern auch Übergänge kennt). Die holistische und die plurale Option, die sich in der Postmoderne-Diskussion zunächst noch ganz im gewohnten Stil der Moderne gegenüberstanden, sind postmodern eigentlich in einer ungewohnten Form zu verbinden: Die holistische Intention wird genau durch die plurale Option eingelöst.

III. Kapitel

Neuzeit – Moderne – Postmoderne

Wenn das vorige Kapitel hinsichtlich des Verhältnisses von Postmoderne und Moderne insbesondere auf Wiederkehrphänomene achtete, so geht es jetzt um bleibende Unterschiede und um die Gewinnung einer zuverlässigen Absetzungsformel. Ich nehme diese Frage – gegenüber der ästhetischen Akzentuierung des vorigen Kapitels – diesmal in vorwiegend philosophischer Perspektive auf. Wo beginnt, philosophisch gesehen, die Moderne und was macht ihren Begriff aus?

Wir gehen ja heute nicht mehr von der Konkordanz aller Kulturgebiete aus. Wie wir die mittelalterliche Lehre von der Konvertibilität der Transzendentalien nicht mehr teilen, sondern seit Baudelaire das Schöne eher mit dem Bösen, seit Nietzsche das Wahre mit dem Fiktiven und generell das Eine mit dem Falschen assoziieren, so rechnen wir auch mit Diskontinuitäten zwischen soziologischer, ökonomischer, künstlerischer, philosophischer Geschichte, rechnen mit einer Vielzahl von Geschichten. Oder genauer: Wir rechnen *wieder* damit. Denn bis ins 18. Jahrhundert war das ohnehin üblich. Erst im 19. Jahrhundert, unter dem Druck der ausgebildeten Geschichtsphilosophie, kam es zu den im großen Stil vereinheitlichten Epochen und geschichtlichen „Welten", die wir heute eher für Konstrukte der Historiker als für Gebilde der Geschichte halten. Gegenwärtig gilt unser Interesse wieder stärker den Dyschronien, Diskontinuitäten und Eigenentwicklungen. Und daher können wir „Moderne" – nicht schlechthin isoliert zwar, aber doch immerhin gesondert – unter spezifisch philosophischer Perspektive behandeln.

Nun ist man, wenn man das gegenwärtige Interesse an Diskontinuitäten gegen das vorherige an Großzusammenhängen ausspielt, allerdings schon mit einem Fuß in der Falle – oder steckt doch jedenfalls in einem hermeneutischen Zirkel. Denn der Abschied von den großen Einheiten ist ja bereits ein Abschied von einer philosophischen Konzeption, und zwar genau von der Konzeption der Moderne. Das ist das erste. Hinzu kommt ein zweites: Die Entscheidung zu diesem Abschied gehört ihrerseits einer anderen philosophischen Konzeption zu, einer nicht mehr modernen, sondern postmodernen Konzeption. Wir sind nicht nur mit einem Fuß in der Falle, sondern stehen mit beiden Beinen im Zirkel. Und können gar nicht anders, als aus dieser Not eine Tugend zu machen, will sagen: uns dessen bewußt zu sein, daß unsere Rekonstruktion der Moderne aus einem Blickwinkel erfolgt, der sich aus – insbesondere auch kritischen – Erfahrungen mit dieser Moderne gebildet hat, so daß wir, indem wir die Moderne rekonstruieren, uns zugleich unseres heutigen, „postmodernen" Selbstverständnisses versichern.

Eine Bemerkung noch: Der Titel dieses Kapitels enthält die Ausdrücke „Neuzeit" und „Moderne". Im romanischen Sprachraum existiert diese Unterscheidung nicht. Italienisch „il moderno" oder französisch „les temps modernes" bezeichnet ungetrennt das, was man im Deutschen als „Neuzeit" und „Moderne" zwar nicht unterscheiden muß, aber unterscheiden kann. Diese Unterscheidung soll im folgenden reflektiert und fruchtbar gemacht werden. Das Konzept der Postmoderne verlangt dies geradezu. Denn die Postmoderne setzt sich zwar entschieden von der Neuzeit, sehr viel weniger hingegen von der eigentlichen Moderne ab. Nach-neuzeitlich ist sie gewiß, nach-modern aber kaum, sondern eher radikal-modern. Es gilt – so wird sich zeigen –, nicht nur Moderne von Neuzeit zu unterscheiden, sondern vor allem innerhalb der Moderne weiter zu differenzieren zwischen denjenigen Formen, die sich zwar modern und oft direkt anti-neuzeitlich gerieren, im Grunde aber die Schematik der Neuzeit ungebrochen übernehmen und fortsetzen, und jenen anderen Formen, die in der Tat nicht bloß gegen Inhalte der Neuzeit opponieren, sondern deren Struktur kritisieren und hinter sich lassen. Es gilt, zwischen neuzeitlicher Moderne und radikaler Moderne zu unterscheiden. Die erstere setzt die Neuzeit fort, an die letztere knüpft die Postmoderne an. Diese Positionen – Neuzeit, neuzeitliche Moderne, radikale Moderne des 20. Jahrhunderts, Postmoderne – sollen nun entfaltet und ins Verhältnis gesetzt werden.

1. Begriff der Neuzeit

Ich gehe nicht begriffsgeschichtlich vor. Wie wenig ergiebig das wäre, kann man schon daraus ersehen, daß die deutschen Substantive „Neuzeit" bzw. „Moderne" erst 1838 bzw. 1887 erstmals auftauchen.[1] Und dies zeigt gewiß nicht den Beginn, sondern

---

1) Der früheste Beleg für „Neuzeit" findet sich in der deutschen Übersetzung eines französischen Werkes, nämlich: Edouard Alletz, *De la démocratie nouvelle ou des mœurs et de la puissance des classes moyennes en France*, 2 Bde., Paris 1837, dt. im Auszug bearbeitet von F. J. Buß unter dem Titel *Die neue Demokratie oder die Sitten und die Macht der Mittelklassen in Frankreich*, Karlsruhe 1838, 23 (vgl. Reinhart Koselleck, „‚Neuzeit'. Zur Semantik moderner Bewegungsbegriffe", in: *Studien zum Beginn der modernen Welt*, hrsg. von R. Koselleck, Stuttgart 1977, S. 266, Anm. 3). „Moderne" findet sich erstmals in Eugen Wolffs 1887 in der *Allgemeinen Deutschen Universitätszeitung* abgedruckten „Thesen zur literarischen Moderne" (Jg. 1, Nr. 1, 1. Jan. 1887, 10).

eher schon ein Ende der betreffenden Perioden an. Es ist offenbar im Rückblick, daß man solche Begriffe verwendet. Hegel hat das zu verstehen gelehrt, die Begriffsgeschichte vergißt es zu leicht.

Auch würde es offenbar nichts nützen, sich etwa am Adjektiv zu orientieren, also beispielsweise an „modernus", das philosophie-bezogen zwar seit dem 13. Jahrhundert Konjunktur hat, aber dabei doch ein dauerndes Wechselspiel von Positionen abdecken muß. Denn die moderni des 13. Jahrhunderts beispielsweise – die Aristoteliker – wurden im 14. Jahrhundert zu antiqui, im 15. und frühen 16. Jahrhundert wieder zu moderni, im späten 16. und im 17. Jahrhundert erneut zu antiqui und sind inzwischen – vielleicht – postmodern geworden.[2]

---

2) Man kann diesem Beispiel entnehmen, was als Konsequenz der „Querelle des Anciens et des Modernes" erkennbar wurde: die Relativität der bloß temporalen Begriffe des „Modernen" und „Antiken" und folglich die Notwendigkeit, auf Inhalte zurückzugehen. Schon Perrault, der Wortführer der „Modernes", hatte diese Relativität der Begriffe vorexerziert, indem er 1688, den Geschichtsprozeß überraschend nicht mehr als Distanzvergrößerung, sondern umgekehrt als zunehmende Entwicklung verstehend, erklärte, „que c'est nous qui sommes les Anciens" – womit er sich zur Auszeichnung der Modernen also gerade des Topos der Alten bediente (Charles Perrault, *Parallèle des Anciens et des Modernes en ce qui regarde les arts et les sciences*, Ndr. hrsg. von Hans Robert Jauß, München 1964, 113). Das fand noch im gleichen Jahr seine umgekehrte Parallele und Ergänzung in der Erklärung des „Ancien" La Bruyère: „Nous, qui sommes si modernes, serons anciens dans quelques siècles" (Jean de la Bruyère, „Discours sur Théophraste", Einl. zu: ders., *Les caractères, ou les mœurs de ce siècle*, Œuvres compl., nouv. éd. Julien Benda, Paris 1951, 11). Fortan war mit diesen formalen Begriffen als solchen kein Staat mehr zu machen.

Die eine Konsequenz – die relativistische – zog daraus der Historismus: Alle Epochen sind (in ihrer Unterschiedlichkeit und Eigenheit) gleich – z. B. „gleich unmittelbar zu Gott", wie es bei Ranke heißt. Eine andere – eine differenzierende – Konsequenz wäre heute daraus zu ziehen. Offenbar hat man es in der Verwendung von Ausdrücken wie „modern" und „antik" stets mit zwei gleichzeitig in Anspruch genommenen Bedeutungsmomenten zu tun. Sie zu unterscheiden, könnte von Verwirrungen befreien, an deren Unvermeidlichkeit man sich zu Unrecht gewöhnt hat. Bei diesen Ausdrücken ist sowohl ein temporaler Imperativ als auch ein substantieller Indikativ im Spiel. Der erstere besagt, daß etwas *jetzt* an der Zeit ist, der letztere gibt an, *was* dasjenige ist, was jetzt an der Zeit ist. Plädiert man für Modernität oder Anciennität, so plädiert man dafür, daß 1. *jetzt* 2. *dieses* oder *jenes* angebracht sei. Man plädiert also beispielsweise dafür, daß modern (im Sinn des jetzt Gebotenen) das Moderne (im Sinn eines bestimmten Inhalts, etwa der Naturbeherrschung) oder das Antike (im Sinn eines anderen Inhalts, etwa der Übereinstimmung mit dem Kosmos) sei. Hat man diese Doppelung einmal erkannt – die bewirkt, daß „modern" in der Verwendung der Moderni stets (wenn auch meist unausdrücklich) beide Bedeutungen abdeckt, während „antik" in der Verwendung der Antiqui zugleich „modern" im temporal-imperativen Sinn impliziert –, so werden ansonsten verwirrend oder andererseits auch zu harmlos erscheinende Fälle – so etwa, wenn Schlegel für „modern" das Romantische, also die Orientierung am Mittelalter,

1. Begriff der Neuzeit

Man muß, um sich der Neuzeit im philosophischen Sinn zu versichern, nicht auf Ausdrücke, sondern auf *philosophische Konzeptionen* zurückgehen. Wo wird eine Zäsur zu allem Vorausgegangenen gesehen und aufrechterhalten? Die Antwort lautet weitgehend einhellig: bei Descartes.

Für Hegel war das evident. Für ihn fängt die „Philosophie der neuen Welt ... mit Cartesius an". „Descartes ist in der Tat der wahrhafte Anfänger der modernen Philosophie."[3] Und ein französisches Philosophie-Lexikon wie der „Lalande" will die Neuzeit zwar mit dem 16. Jahrhundert beginnen lassen, kommt dann aber doch nicht an der Feststellung vorbei, daß als eigentlicher Begründer erst eine Gestalt des 17. Jahrhunderts, nämlich eben Descartes, angesehen wird.[4] Und wenn man zur jüngsten Philosophiegeschichte im deutschsprachigen Raum greift, zu der von Wolfgang Röd herausgegebenen, so wird auch dort der „Beginn der modernen Philosophie" mit Descartes und dem 17. Jahrhundert gemacht.[5]

---

erklärt oder wenn konservative Kulturkritiker in scheinbarer Ablehnung jeglicher Modernität sagen, man müsse auf das Immergültige zurückkommen – einen fortan nicht mehr täuschen. Im ersteren Fall ist „modern" im imperativen Sinn gebraucht, im letzteren Fall wird gegen „Moderne" im indikativen Sinn gesprochen. Zugleich aber ist jedesmal auch der andere Sinn präsent: Im ersteren Fall wird als indikative Moderne das Mittelalter genannt, im letzteren Fall das Immergültige als imperativ-modern anempfohlen.

Nun ist von Modernität im temporal-imperativen Sinn gar nicht loszukommen, von Modernität im substantiell-indikativen Sinn aber sehr wohl. Modern muß nicht bloß die Moderne und muß schon gar nicht bloß der Modernismus sein. Diese Unterscheidung – die offensichtlich ist, aber nie ausdrücklich gemacht wurde – hat zur Postmoderne eine vierfache Beziehung: Erstens wird sie durch die Optik der Postmoderne nahegelegt. Zweitens entspricht sie deren Geschichtsbild, sofern die Postmoderne sagt, daß es *jetzt* an der Zeit sei, die Gehalte *verschiedener Epochen* – nicht bloß der modernen – ins Auge zu fassen. Drittens vermag sie so geradezu die Grundformel der Postmoderne wiederzugeben: daß *jetzt* (imperativ-modern) ein grundsätzlicher *Pluralismus* (indikativ-modern) angezeigt ist. Und viertens hilft sie, dem primitiven Mißverständnis von „Postmoderne" zu entgehen, wonach diese als neue Jetztbestimmung ausschließlich neue Gehalte vertreten dürfe – oder andernfalls widersprüchlich sei. Dieser vorgebliche Widerspruch, aus dem eilfertige Kritiker der Postmoderne einen Strick drehen wollen, beruht in Wahrheit auf ihrer eigenen Gleichsetzung und Verwechslung des indikativen Moments mit dem imperativen.

[3] Georg Wilhelm Friedrich Hegel, *Vorlesungen über die Geschichte der Philosophie*, III, Werke Bd. 20, Frankfurt a. M. 1971, 120 bzw. 123.
[4] André Lalande, *Vocabulaire technique et critique de la philosophie*, Paris ¹⁴1983, 640.
[5] *Geschichte der Philosophie*, hrsg. von Wolfgang Röd, Bd. VII. *Die Philosophie der Neuzeit 1. Von Francis Bacon bis Spinoza*, von W. Röd, München 1978, 9. – Da Röd eher Kontinuitäten als Brüche herausstellt, ist die Tatsache, daß auch er bezüglich des Übergangs zum 17. Jahrhundert von einer „Epochenschwelle" spricht, um so signifikanter.

Was aber ist *inhaltlich* das Neue, das man so einhellig mit Descartes beginnen läßt? Hier fangen sogleich die Unterschiede an. Für Hegel begann mit Descartes das Prinzip der Selbstgewißheit, das Prinzip des von sich ausgehenden Denkens – also die zu Hegel, die zum Idealismus führende Linie.[6] Für uns Heutige hingegen beginnt mit Descartes etwas ganz anderes: die exakte Wissenschaft, die Mathesis universalis, die systematische Weltbeherrschung, die wissenschaftlich-technische Zivilisation – also die zu uns führende Linie. Nach Bacons und Galileis Vorarbeit ist die neuzeitliche Leitidee der Mathesis universalis bei Descartes zu ihrem radikalen Selbstbewußtsein gekommen und hat von da aus ihren Siegeszug durch die Wissensgebiete angetreten und die bis in unsere Tage reichende Epoche bestimmt.[7] Diese Idee der Mathesis universalis ist es, die den Zusammenhang der Neuzeit ausmacht.

Die phänomenologische Schule hat uns diesen Zusammenhang schon früh erkennen lassen. Husserl hat in der „Krisis" dargelegt, wie sich bei Descartes die völlig neue Idee bildet, „daß die unendliche Allheit des überhaupt Seienden in sich eine rationale Alleinheit sei, die korrelativ durch eine universale Wissenschaft, und zwar restlos, zu beherrschen sei".[8] Und Husserl hat den Bogen von diesem Neuansatz bis zur Gegenwart gespannt, indem er die Krise der Gegenwart als Folge dieses urneuzeitlichen Wissenschaftskonzepts erklärte. Heidegger hat uns dann zudem zu erkennen gelehrt, wie auch die neuzeitliche Technik nicht eine bloße Nebenfolge dieses Wissensaufbruchs ist, sondern innerlich mit ihm zusammenhängt, wie – um es kurz zu sagen – Technik schon „das Wesen dieses Wissens" ist.[9] Descartes' Gründungstat betrifft nicht bloß einen spezifischen Wissenstypus, sondern das Ganze der wissenschaftlich-technischen Welt.

Und es ist nicht nur die phänomenologische Schule gewesen, die früh schon diesen Zusammenhang aufgedeckt hat, sondern auch die Kritische Theorie hat ihn bereits vor 40 Jahren expliziert. „Technik ist das Wesen dieses Wissens", dieser Satz, der Heideggers These zusammenfassen kann, steht so doch nicht bei diesem, sondern in Horkhei-

---

6) „In dieser neuen Periode ist das Prinzip das Denken, das von sich ausgehende Denken" (Hegel, a.a.O., 120).
7) Vgl. Jürgen Mittelstraß, „Die Idee einer Mathesis universalis bei Descartes", *Perspektiven der Philosophie. Neues Jahrbuch*, 4, 1978, 177-192; zum größeren Zusammenhang: Heinrich Rombach, *Substanz – System – Struktur. Die Ontologie des Funktionalismus und der philosophische Hintergrund der modernen Wissenschaft*, Freiburg – München ²1981.
8) Edmund Husserl, *Die Krisis der europäischen Wissenschaften und die transzendentale Phänomenologie*, hrsg. von Walter Biemel, Husserliana VI, Haag ²1976, 20.
9) Vgl. hierzu die Studie von Günter Seubold, *Heideggers Analyse der neuzeitlichen Technik*, Freiburg – München 1986.

mers und Adornos *Dialektik der Aufklärung*.[10] Auch diese haben es so gesehen, daß mit Descartes ein Grundtypus instrumenteller Vernunft die Herrschaft antritt und daß die Neuzeit der Zusammenhang dieser Herrschaft ist.

Dieses Bild und diese Einschätzung haben sich seitdem noch verstärkt. Für uns ist – retrospektiv natürlich, aber so eben auch aus Gründen geschichtlicher Erfahrung – die Neuzeit diejenige Epoche, wo aus dem Geist der Mathesis universalis die wissenschaftlich-technische Zivilisation geboren wurde und zur Herrschaft gelangte.

Daher greifen *wir*, wenn wir die Texte der frühen Neuzeit studieren, nicht wie Hegel das Cartesische Ego cogito heraus, sondern betonen eher Bacons „dissecare naturam"[11] oder seinen Hinweis, daß die Arbeit des Geistes „wie durch Maschinen zu bewerkstelligen" sei,[12] und wir haken bei Descartes' Rede von den Menschen als „maîtres et possesseurs de la nature"[13] ein und frohlocken nicht über sein fundamentum inconcussum, sondern diagnostizieren Weltverlust, wenn er den stocktastenden Blinden zum Modell des Sehenden erklärt.[14] – Hegel vermochte bei Descartes noch emphatisch den Beginn der Selbstexplikation des Geistes zu begrüßen, wir konstatieren eher ernüchtert den Anfang vom möglichen Ende.

Nachdem so umrissen ist, was *inhaltlich* unseren Begriff der Neuzeit ausmacht (natürlich kann man auch andere Momente anführen, von Autonomie bis Entgrenzung, aber das genannte scheint mir an erster Stelle zu stehen und – wie sich in einer ausführlicheren Analyse zeigen ließe – den Fokus auch aller anderen auszumachen), seien noch zwei *formale* Charaktere neuzeitlichen Denkens herausgehoben.

Es herrscht ein *Pathos des radikalen Neuanfangs*. Ausschlaggebend ist nicht, daß jetzt Neues entsteht. Ausschlaggebend ist, daß jetzt der Entschluß besteht, radikal neu anzufangen. Dies bildet ein Grundpathos der Neuzeit. Bacon schreibt ein *Novum* organum, weil das alte, das aristotelische, so wenig taugt, daß man es nicht verbessern, sondern nur ersetzen kann.[15] Descartes sagt, daß er alles von Grund auf umstoßen und von den ersten Grundlagen an neu beginnen müsse.[16] Es geht nicht um Reform und Erneuerung

---

10) Max Horkheimer und Theodor W. Adorno, *Dialektik der Aufklärung. Philosophische Fragmente* (Th. W. Adorno, Gesammelte Schriften, Bd. 3, Frankfurt a. M. ²1984, 20).

11) Wilhelm Dilthey hat diesen Ausdruck Bacons „tiefsten Begriff" genannt (*Weltanschauung und Analyse des Menschen seit Renaissance und Reformation*, Göttingen 1970, 259).

12) *Bacon's Novum Organum*, ed. with introd., notes etc. by Thomas Fowler, Oxford ²1889, 186.

13) René Descartes, *Discours de la Méthode*, Œuvres, hrsg. von Adam und Tannery, Paris 1897-1913, VI, 62.

14) Vgl. René Descartes, *La Dioptrique*, 6. Diskurs: Vom Sehen, Œuvres, VI, 130-147.

15) „Restat unica salus ac sanitas, ut opus mentis universum de integro resumatur" (Bacon, a.a.O., 186).

16) Vgl. René Descartes, *Meditationes de prima philosophia*, Œuvres, VII, 17.

und schon gar nicht um bloße Wiederbelebung, sondern um einen radikalen Neuanfang.[17] Daher führen die wissenschaftlichen Publikationen jener Zeit so oft das Wort „neu" programmatisch im Titel – wobei „neu" immer „neuartig" meint.[18] Und dieser Charakter des radikal Neuen wurde nicht nur in der Anfangsphase eminent forciert, sondern auch später immer wieder als das Auszeichnende dieses Beginns erkannt und gerühmt. Hegel feierte Descartes genau deshalb als „Heros", weil er „die Sache wieder einmal ganz von vorne angefangen und den Boden der Philosophie erst von neuem konstituiert hat",[19] und noch Husserl qualifizierte Descartes' Grundlegung als „Neustiftung der Philosophie" und nannte Descartes daher – ähnlich wie Hegel – den „urstiftenden Genius der gesamten neuzeitlichen Philosophie" und den „Erzvater der Neuzeit".[20]

Dieses Pathos des Neuen entspringt der innersten Überzeugung der Zeit. Ein radikaler Neubeginn gilt für unerläßlich. Nicht, daß alles am überlieferten Wissen falsch wäre – aber *im ganzen* ist es falsch. Deshalb braucht es einen radikalen Neuansatz und eine darauf aufbauende einheitlich-systematische Neuerrichtung von allem. Descartes drückt das in einem aufschlußreichen Vergleich aus:[21] In den alten Städten, die ohne Gesamtplan einfach historisch gewachsen sind, passen die Häuser nicht zusammen. Es mag zwar sein, daß einzelne dieser Häuser sehr schön sind, aber insgesamt ist alles unkoordiniertes Winkelwerk. Demgegenüber preist Descartes die Neuschöpfung eines Ingenieurs, der auf freier Fläche nach einheitlichem Entwurf alles völlig neu und regelmäßig errichtet. Man kann das Alte nicht verbessern, man muß es abreißen und neu bauen – so die Moral des Vergleichs. Oder – in Descartes' taktisch zurückhaltenderen Worten: „Man wird wohl einsehen, daß es schwierig ist, etwas wirklich Vollkommenes zu schaffen, wenn man nur an fremden Werken herumarbeitet."[22] Uns erinnert die Stadt-Metapher heute fatal an die Eintönigkeit reißbrettkonstruierter Trabantenstädte oder an Le Corbusiers Plan eines Abrisses und Neubaus von Paris und damit an etwas, was zu schlechter Letzt aus dem Cartesischen Neuzeit-Projekt geworden ist. Bei Descartes ging es freilich vorerst nur – aber immerhin – um die Neuerrichtung von Wissenschaft. Diese, so will er uns sagen, kann nicht durch Korrekturen hier und da, sondern nur durch radikalen Neubeginn und systematischen Neuaufbau erfolgen.

---

17) Darin liegt denn auch der gravierende Unterschied zu jeglicher Re-naissance.
18) Vgl. H. Günther, Artikel „Neuzeit, Mittelalter, Altertum", in: *Historisches Wörterbuch der Philosophie*, hrsg. von Joachim Ritter und Karlfried Gründer, Bd. 6, Basel – Stuttgart 1984, Sp. 795.
19) Hegel, a.a.O., 123.
20) Husserl, a.a.O., 12,75,76.
21) Descartes, *Discours de la Méthode*, Œuvres, VI, 11.
22) Ebd., 12.

1. Begriff der Neuzeit

Wenn Descartes am Ende der „Prinzipien" scheinbar gegenläufig hierzu sagt, seine Philosophie sei „keine neue, sondern die älteste und verbreitetste",[23] so wird man sich dadurch nicht irreführen lassen. Denn erstens stimmt es nicht. Und zweitens durchschaut man schnell, wie es (jenseits defensorischer Absichten) gemeint ist: Sofern Descartes sich nur des für die Vernunft Evidenten bedient hat, muß jeder der alten Philosophen – soweit er einer war – mit ihm übereinstimmen. Der Hinweis auf die Tradition hat nicht legitimierenden Sinn für das Neue, sondern kritischen Sinn gegenüber dem Alten. Das Alte wird am Neuen, das einzig gilt, gemessen.

Der Anspruch auf Universalität – das zweite formale Moment, das diese neuzeitliche Philosophie entschieden charakterisiert –, folgt aus dem ersten, der Radikalität des Neuansatzes, gewissermaßen von selbst. Denn wenn man nichts unverändert gelten läßt, dann muß man eben nicht bloß einiges, sondern alles neu aufbauen. Und in der Tat wird die neue Wissenschaft von ihrer Methode her als Mathesis *universalis* verstanden. Descartes schreibt nicht eine Abhandlung über *eine* Methode – für bestimmte Wissensgebiete –, sondern über *die* Methode – für *alle* Wissensgebiete. Die Ausführung ist noch partial, die Idee aber universal. Gerade ihre Unabhängigkeit von regionalen Besonderheiten charakterisiert diese Mathesis ja als Mathesis *universalis*.[24] Und so wird es nicht bei ihrer Anwendung auf die Physik bleiben, sondern zu ihrer Anwendung auf die Politik (durch Hobbes), auf die Ethik (durch Spinoza), auf die Ökonomie (durch Petty), auf das Recht (durch Pufendorf), auf die Botanik (durch Linné) usw. kommen. Die alten Besonderheiten werden langsam, aber sicher aufgesogen. So erfolgt seit der Mitte des 18. Jahrhunderts beispielsweise auch die Vereinigung der *vielen* Geschichten zu der *einen* Geschichte.[25] Man kann insgesamt sagen, daß die Neuzeit im gleichen Maß, in dem sie radikal neu ansetzt, auch unerbittlich vereinheitlichend, universalisierend, totalisierend ist.

Beide Charakteristika – sowohl die Radikalität wie die Universalität – sind offensichtlich „technischen" Geistes. Sie sind von einem Pathos und Drang zur Strukturierung und Zurichtung getragen und kennen weder innere noch äußere Grenzen. So weisen sie noch einmal auf den grundlegend technischen Zug dieser Neuzeit hin, die wir heute als die Epoche der wissenschaftlich-technischen Welt begreifen.[26]

---

23) Descartes, *Principia Philosophiae*, Œuvres, VIII-1, 323.
24) Vgl. Descartes, *Regulae ad directionem ingenii*, Œuvres, X, 378.
25) Vgl. zur zwischen 1760 und 1780 erfolgenden Durchsetzung des „Kollektivsingulars" Geschichte: Reinhart Koselleck, *Vergangene Zukunft. Zur Semantik geschichtlicher Zeiten*, Frankfurt a. M. 1979, 50 ff.
26) Dabei stand für die Gründerväter die Neuheit und Radikalität im Vordergrund. Die Universalität gehörte zu ihren Erwartungen. Der technische Charakter ist erst für uns ausdrücklich geworden.

2. Neuzeit und neuzeitliche Moderne

Freilich: Es hieße ein arg einseitiges Bild der Neuzeit entwerfen, wenn von nichts anderem als der wissenschaftlich-technischen Rationalisierung die Rede wäre. Zur Neuzeit gehören auch entschiedene Gegenbewegungen gegen diesen ihren Hauptstrang. Man denke nur schon an Vico. Auch er verfaßt – wie es sich für einen Neuzeit-Philosophen gehört – eine *Neue Wissenschaft*.[27] Aber die seine ist – hundert Jahre nach Descartes – genau *gegen* die Cartesische Wissenschaft gerichtet, gegen den Rationalismus und gegen die Orientierung an Mathematik und Physik; für wirkliches Wissen, meint Vico, muß man sich dem ganz anderen Bereich der Geschichte zuwenden, und dort findet man nicht, wie die fortschrittsgläubige Neuzeit denkt, das Bild eines Progresses, sondern das eines ständigen Kreislaufs von Werden und Vergehen.

Generell ist das 18. Jahrhundert nicht nur das Zeitalter der Aufklärung, sondern auch das der Gegenbewegungen zu ihr, und vielleicht sind die besten Aufklärer gerade diejenigen, die mit einem Bein auch im anderen Lager stehen.

1750 ist ein Schlüsseljahr. Es erscheint Rousseaus *Discours sur les Sciences et les Arts*, seine Antwort auf die Preisfrage der Akademie von Dijon, ob der Wiederaufstieg der Wissenschaften und Künste zur Läuterung der Sitten beigetragen habe. Descartes – jener von Hegel und Husserl gepriesene „Heros" und „Genius" der Neuzeit – taucht in dieser Abrechnung mit der neuzeitlichen Kultur in einer Fußnote auf. Als nämlich Rousseau die Paarung von faktischer Ignoranz und vorgeblichem Wissen geißelt, da führt er als Beispiel solchen Scheinwissens Descartes' Konstruktion des Weltalls mit Würfeln und Wirbelwinden an.[28] Und natürlich geht Rousseaus Kritik (ähnlich wie die Vicos) noch viel weiter: Auch wenn wir in derlei Dingen wirklich Bescheid wüßten, so wäre uns damit doch überhaupt nicht geholfen. Denn die ganze Richtung dieses Weltwissens ist verfehlt. Es kommt vielmehr einzig darauf an, „in sich zu gehen und die Stimme des Gewissens zu hören, wenn die Leidenschaften schweigen."[29] Ein stoisches Gegenmotiv also und insgesamt eine schneidende Absage an Vergangenheit und Zukunft dieser Neuzeit: sowohl an die schon geleistete Rationalisierung als auch an die künftig erhoffte Emanzipation durch Wissenschaft.

1750 – ein Schlüsseljahr. Denn im gleichen Jahr erscheint auch die Initialschrift eines anderen und ebenso lange währenden Gegenprogramms gegen die Cartesische Neuzeit. Es erscheint Baumgartens *Aesthetica* und damit die Initialschrift der Ästhetik, also des

---

27) Giambattista Vico, *Principi di una scienza nuova d'intorno alla natura delle nazioni*, Neapel 1725.
28) Jean-Jacques Rousseau, *Schriften zur Kulturkritik*, eingel., übers. und hrsg. von Kurt Weigand, frz.-dt., Hamburg ²1971, 32, Anm. f.
29) Ebd., 56.

Programms zunächst einer ästhetischen Ergänzung und Verbesserung, dann einer ästhetischen Kompensation und schließlich und vor allem einer ästhetischen Revision und Revolution der wissenschaftsbestimmten Neuzeit. Diese ästhetische Opposition hat in wechselnden Gestalten bis in unsere Tage Konjunktur. Schlegel hat noch vor 1800 die Parole einer „ästhetischen Revolution" ausgegeben, Baudelaire hat um 1850 die Opposition der Ästhetik gegen Wissenschaft und Moral emphatisch erneuert, Nietzsche hat vor Ende des Jahrhunderts die Ablösung der Wissenschaft durch Artistik propagiert, und all das erfuhr in unserem Jahrhundert seine Neuauflagen, von der russischen Revolutionskunst über Benns Projekt einer Überwindung des szientistischen Nihilismus mittels artistischer Konstruktion bis zur transavantgardistischen Proklamation der Kunst als „Raum des Überlebens unter nicht lebbaren Bedingungen".[30] Die Kunst bildet unter den Oppositionsparteien, die dem Regierungsbündnis von Wissenschaft und Technik neuzeitlich ständig gegenübertreten, die dauerhafteste und stärkste Fraktion.[31]

Mit diesem Überblick will ich andeuten: Zur Neuzeit im Sinn des Hauptstroms – also der Ausbildung der wissenschaftlich-technischen Zivilisation – gehört auch ein oppositioneller Nebenstrom. Die Neuzeit zeigt eine Doppelfigur von Rationalisierungskur einerseits und Anti-Rationalisierungstherapie andererseits. Zur Neuzeit gehört – formelhaft kurz gesagt – immer eine Gegen-Neuzeit.

Freilich: Was bedeutet dies? Kann man es so einfach-paradox zu einer Doppelfigur verbinden, wie ich es hier versuche? Sprengt dieser Befund einer grundlegenden Doppelung nicht vielmehr den zuvor eingeführten Begriff der Neuzeit? Ich glaube das nicht. Und glaube, daß an dieser Einsicht einiges hängt.

Die „Gegen-Neuzeiten" sind – das will ich im folgenden darlegen – allesamt in einem charakteristischen Sinn neuzeitlich. Nicht bloß, weil sie an ihren dominant bleibenden Gegner gebunden sind (und übrigens würde allein schon diese Dominanz die Beibehaltung des Ausdrucks „Neuzeit" für die gesamte Epoche rechtfertigen), sondern vor allem, weil sie sowohl als Fermente von dessen Dynamik wirksam werden als auch – bei aller inhaltlichen Entgegensetzung – die formalen Charakteristika der Neuzeit – Radikalität und Universalität – ungebrochen übernehmen und unverändert reproduzieren.

---

30) Das letztere bei Achille Bonito Oliva, *Im Labyrinth der Kunst*, Berlin 1982, 92.
31) Ist man auf diese Oppositionsfigur einmal aufmerksam geworden, so entdeckt man sie auch schon in vor-aufklärerischen Perioden der Neuzeit. So erkennt man beispielsweise, daß der Barock – gegen das geläufige Vorurteil, er sei die letzte Epoche umfassender Einheit gewesen – durch eine radikale Dissoziation geprägt ist. Der neuen Wissenschaft, die prinzipiell unsinnlich und kunstfeindlich ist, tritt als Bewahrerin der Tradition und als Propagandistin der durch die neue Wissenschaft diskreditierten Lebenswelt die Kunst gegenüber. Genau diese Frontstellung und immense Aufgabe macht die Gestalt des Barock aus und begründet seine Energien.

Von einem *Fermentcharakter* dieser Oppositionsbewegungen ist insofern zu sprechen, als es durch ihre Rezeption immer wieder zu Teilrevisionen oder Erweiterungen und so insgesamt zu einer Dynamisierung der ursprünglichen Programmatik kommt. Rousseau steht der Aufklärung nicht bloß entgegen, sondern ist schon ein Teil von ihr. Es ist bezeichnend, daß seine spektakuläre Antwort auf die Preisfrage der Akademie von Dijon möglicherweise auf den Rat Diderots zurückging. Und gewiß war dieser Diderot kein simpler Aufklärungsoptimist, seine Aufklärung lebt vielmehr aus der Spannung zu Rousseau – und gelangt dadurch zu ihrem Ausgriff und ihren Leistungen. Ebenso bewirkt die Ästhetik eine Selbstkorrektur und Übersteigung der neuzeitlichen Rationalität. Fichte mag von Descartes her noch denkbar sein, Schelling und Hegel sind es nicht mehr. In ihrem Idealismus ist vielmehr zugleich der Impuls der Ästhetik wirksam geworden. Das „Älteste Systemprogramm" lebt aus dem Antrieb, Gedanke und Sinnlichkeit in der höheren Einheit des Geistes zu verbinden und so die Cartesischen Motive der Neuzeit in einer grundlegend verwandelten, ästhetisch motivierten und ästhetisch getönten Gestalt einzulösen.[32] Das Oppositionelle bleibt nicht starr gegenüber und wird nicht einfach ignoriert, sondern wird zum Motor von Steigerungs- und Erweiterungsprozessen der Rationalität.

Und dies erst macht die Dynamik der Neuzeit aus. Wohl ist diese Dynamik durch die prinzipielle Unendlichkeit des Rationalisierungskonzepts angebahnt, vorangetrieben aber wird sie durch solche Infragestellungen. Fortschritt im nicht bloß quantitativen Sinn der Ausbreitung, sondern im qualitativen Sinn der Modifikation und Steigerung gehört zur Neuzeit genau kraft solcher Infragestellungen. In gewissem Sinn kann man diese Oppositionen allesamt als Strategien einer Selbststeigerung der Neuzeit auffassen.[33] Genau durch sie wird die Neuzeit zur neuzeitlichen Moderne, also zu einer dynamischen und durch Selbstkritik fortschreitenden Epoche. Die Neuzeit zeugt sich durch dieses Wechselspiel von Herausforderung und Antwort fort. Daher konnte ich sagen, daß diese Oppositionen das Grundmuster der Neuzeit nicht sprengen. Sie dynamisieren, konkretisieren und verstärken es vielmehr.

Wie sehr diese neuzeitlichen Gegenströmungen Kinder der Neuzeit sind, bleibt auch dort noch deutlich, wo ihr Potenzierungsbeitrag zweifelhaft sein mag. Denn ihrer *Form* nach sind sie stets ganz und gar neuzeitlich. Sie alle reproduzieren die neuzeit-typischen Charakteristika des Neuanfangs, der Radikalität, der Ausschließlichkeit und Universalität.

Bei Vico und Rousseau erkennt man das sofort. Die Wissenschaft bzw. die Kultur darf nicht mehr auf dem bisherigen Weg fortfahren, sondern muß gänzlich neu ansetzen und eine völlig andere Richtung einschlagen. Einzig dort liegt das Heil; der bisherige

---

32) Vgl. *Mythologie der Vernunft. Hegels „Ältestes Systemprogramm des deutschen Idealismus"*, hrsg. von Christoph Jamme und Helmut Schneider, Frankfurt a. M. 1984.
33) So hat es verschiedentlich Dieter Henrich dargestellt.

2. Neuzeit und neuzeitliche Moderne

Weg hingegen ist einer reinen Unheils. Nie verstehen diese Erneuerer, was sie propagieren, als nur *einen* von *mehreren möglichen* Wegen, es muß vielmehr immer *der einzig richtige* sein.[34]

Selbst dort, wo Sprache und Mahngebärde verhaltener sind, zeigt sich bei näherer Betrachtung, daß an der Ausschließlichkeit festgehalten wird. Als Schiller sein Ideal des ästhetischen Staates skizziert, schließt er mit der Feststellung, daß dieser Staat sich „der Tat nach wohl nur in einigen wenigen auserlesenen Zirkeln finden" wird.[35] Schiller macht also das neuzeitliche Realpathos der Französischen Revolution nicht mehr mit. Aber als *das* Ideal für die *gesamte* Menschheit ist sein ästhetischer Staat gleichwohl noch immer gemeint. „Dem Bedürfnis nach", sagt er, „existiert er in jeder feingestimmten Seele"[36] – und jede Seele, so darf man hinzufügen, sollte feingestimmt sein. Der Ausschließlichkeits- und Universalitätsanspruch kann von der Realsphäre in die Idealsphäre verlagert sein. Aber dies geschieht schon nur, um ihn unter Resignationsbedingungen aufrechterhalten zu können. Verlagert wird er, aufgegeben oder beschränkt nicht. Das gilt auch für die Umkehrformen der Neuzeit – etwa Sade[37] – sowie für ihre Übersteigungsversuche – etwa die Romantik. Und es gilt natürlich zumal für andere sozialreformerische Ansätze der Neuzeit, die nicht, wie der Schillersche und die zuletzt genannten, von der Ästhetik herkommen und auf Zirkel setzen, sondern wie der Marxsche ökonomisch argumentieren und auf eine Weltrevolution zulaufen. Es gibt für diese Neuzeit-Denker nicht mehrere Wahrheiten, nicht mehrere Heilsmöglichkeiten, sondern immer nur eine. Es ist in dieser Neuzeit und neuzeitlichen Moderne nicht

---

34) Übrigens reichen diese Kongruenzen zwischen Oppositionsbewegungen und Hauptansatz der Neuzeit bis in inhaltliche Details. Primär proklamieren die Opponenten Gegeninhalte (freilich schon in neuzeit-typischer Form), sekundär decken sich diese jedoch oft mit Leitgehalten des Hauptstrangs. So macht Vicos Grundsatz „verum ipsum factum" die technische Grundstellung der Neuzeit ausdrücklich wie so früh kein zweiter. Und Rousseaus Geist bereitet die für die Neuzeit charakteristische politische Revolution so sehr vor, wie Descartes die wissenschaftliche eingeleitet hatte. „Sa pensée politique constitue bien par avance le cadre conceptuel de ce qui sera le jacobinisme et le langage révolutionnaire ... Rousseau n'est en rien ‚responsable' de la Révolution française, mais il est vrai qu'il a construit sans le savoir les matériaux culturels de la conscience et de la pratique révolutionnaires" (François Furet, *Penser la Révolution française*, Paris 1978, 51).

35) Friedrich Schiller, „Über die ästhetische Erziehung des Menschen in einer Reihe von Briefen" 27. Brief, *Sämtliche Werke*, Bd. 5, hrsg. von Gerhard Fricke und Herbert G. Göpfert, München [6]1980, 669.

36) Ebd.

37) Wo alles umgekehrt werden soll, bleibt – und das ist ein Signal – doch der unerbittliche Gebotscharakter unverändert bestehen. In Sades Utopie wird sexuelle Befreiung zur Pflicht. Strafen stehen jetzt auf Prüderie und Sprödigkeit.

möglich, daß eine Wahrheit anders als mit Ausschließlichkeitsanspruch auftritt. Singularität und Universalität sind ihr zuinnerst eigen, Pluralität und Partikularität zutiefst fremd.[38]

3. Moderne des 20. Jahrhunderts

Das ändert sich mit dem 20. Jahrhundert grundlegend. In ihm werden Pluralität und Partikularität nicht nur denkbar, sondern dominant und verbindlich. Das ist nicht nur in der Philosophie, sondern auch in den Wissenschaften und der Kunst (und dort wohl sogar deutlicher) zu erkennen.[39]

Nehmen wir zunächst das Beispiel der Wissenschaft, also der Fortsetzungsform des Hauptstrangs der Neuzeit. Für die szientischen Basisinnovationen des 20. Jahrhunderts ist allesamt charakteristisch, daß Totalitätsintentionen gebrochen werden, daß die Divergenz von Fragerichtungen unüberschreitbar, daß Pluralität obligat wird.

Einsteins Spezielle Relativitätstheorie hat zu der Einsicht geführt, daß es keinen praktikablen Begriff des Ganzen gibt, weil kein Bezugssystem ausgezeichnet ist. Es gibt vielmehr nur Relationen eigenständiger und eigenzeitiger Systeme. Heisenbergs Unschärferelation hatte zur Pointe, daß sogar im gleichen Bezugssystem definierte Größen nicht gleichzeitig restlos genau bestimmt werden können. So gibt es schon im einzelnen System keine integrale, sondern nur partikulare Transparenz. Und schließlich hat Gödel mit seinem Unvollständigkeitssatz die jahrhundertealten Aspirationen einer Mathesis universalis vollends zerschlagen. Es gibt keinen Zugriff aufs Ganze, alle Erkenntnis ist limitativ.

Und die prominenten wissenschaftlichen Theorien der jüngeren Vergangenheit haben diese Linie fortgesetzt, von Mandelbrots Theorie der Fraktale und Thoms Katastrophentheorie bis zu Prigogines Theorie der dissipativen Strukturen und Hakens synergetischer Chaosforschung. Nach der Verabschiedung des Ganzen konzentriert sich der Blick auf Bildung, Übergänge und Brüche diskreter Strukturen, und man entdeckt, daß Determinismus und Kontinuität je nur in begrenzten Bereichen gelten, die untereinander eher in Verhältnissen der Diskontinuität und des Antagonismus stehen. Die Wirk-

---

38) Daher ist es oberflächlich und grundfalsch, wenn man, um die Postmoderne zu erklären, dauernd die Schallplatte Wiederkehr auflegt. Es ist keineswegs alles schon dagewesen. Gewiß: Themen und Motive kehren wieder. Aber wer bloß das sieht, sieht eben nur die Oberfläche. Es geht um einen Wandel der Struktur, und dieser ist radikal und neu gegenüber allen Varianten von Neuzeit und neuzeitlicher Moderne.

39) Dabei ist, daß diese Sphären für das Selbstverständnis der Epoche mindestens gleichermaßen wichtig werden, selbst schon ein Beleg für diesen Wandel im Sinnraster, für den Übergang zu Pluralität und Partikularität.

lichkeit folgt nicht einem einzigen Modell, sondern mehreren, sie ist konflikthaft und dramatisch strukturiert, sie zeigt Einheitlichkeit nur in spezifischen Dimensionen, nicht im ganzen.

Das alles ist außerordentlich bedeutsam. Denn es kommt dadurch im *Hauptstrang* der Neuzeit, in der Bahn der wissenschaftlich-technischen Entwicklung selbst zu einer *Grundsatzrevision*. Was zuvor von *anderen* Feldern – beispielsweise der Kulturtheorie oder der Ästhetik – her als Kritik vorgetragen worden war, bricht jetzt in den Kernlanden der szientischen Rationalität selbst auf und wird daher schnell verbindlich. Die vorherigen, *externen* Infragestellungen dieser Rationalität hatten entweder zu ihrer Potenzierung geführt oder nur die kurzfristige und schmückende Bildung von Trabantenkulturen bewirkt. Die jetzt erfolgende *interne* Infragestellung aber führt zu einer Mutation im Kern der Neuzeit. Das heißt natürlich nicht, daß die gesamte Neuzeit nun für gescheitert erklärt und verabschiedet würde. Aber sie wird doch einer Grundsatzrevision unterzogen. Mit Gödels Widerlegung des Hilbert-Programms ist immerhin das neuzeitliche Grundprogramm einer Mathesis universalis am Ende. Pluralität, Diskontinuität, Antagonismus, Partikularität dringen jetzt in den Kern des wissenschaftlichen Bewußtseins ein. Monopolismus, Universalität, Totalität, Ausschließlichkeit werden ausgeschieden. Es ist bekannt, wie sehr die Wissenschaftstheorie der letzten Jahre diese Verfaßtheit des Wissens generell ins Bewußtsein gehoben hat.[40] Das heutige Bewußtsein der Wissenschaft ist durch die Vielfalt von Modellen, die Konkurrenz der Paradigmen und die Unmöglichkeit einheitlicher und endgültiger Lösungen geprägt.[41]

Ich habe diesen Umbruch etwas ausführlicher am entscheidenden Strang, am wissenschaftlichen, vor Augen geführt. Natürlich ist er im Bereich der Kunst ebenso offensichtlich. Dabei stellt der Stilpluralismus nur erst die Oberfläche des Phänomens dar, einschneidender ist, daß dieser Pluralismus bis zur Kombination heterogener Paradigmen in ein und demselben Werk reicht. Daher hat sich – seit der Revolution des Kubismus – die Collage immer wieder als Paradeform zeitgenössischer Kunst erwiesen.

Und die Philosophie? Wie steht sie zu diesem Umbruch der Moderne? Sie hat diesen Pluralismus erst relativ spät wahrgenommen, als positive Vision erkannt und zu vertei-

---

40) Stellvertretend sei verwiesen auf Kurt Hübner, *Kritik der wissenschaftlichen Vernunft*, Freiburg – München 1978, sowie Paul Feyerabend, *Wider den Methodenzwang*, Frankfurt a. M. 1983.

41) Das bedeutet natürlich keinen Ausschluß genereller Theorien. Diese haben es zwar – wie an Heisenbergs oder von Weizsäckers Bemühungen zu erkennen ist – ersichtlich schwerer als früher, aber sie sind notwendige Fermente der Wissensentwicklung. Nur widersprechen sie der grundsätzlichen Pluralität keineswegs: All diese Theorien bleiben regional begrenzt, sind also allenfalls generell, nie universell; zudem teilen sie sich in der Pragmatik der Wissenschaft das Feld zweckspezifisch mit anderen Theorien; und schließlich ist ihre Rechtfertigung stets nur eine pragmatische, nie eine absolute.

digen begonnen.⁴²⁾ Sie hat das eigentlich erst als *postmoderne* Philosophie getan. Denn der philosophische Postmodernismus ist im Grunde nichts anderes als die entschiedene Praxis und theoretische Reflexion des Pluralismus, der die Grundverfassung unserer Moderne, der Moderne des 20. Jahrhunderts, ausmacht.

4. Postmoderne

Man kann das exemplarisch an Lyotard erkennen. Die Grundthese des *Postmodernen Wissens* ist die von der Verabschiedung der Meta-Erzählungen, gerade auch der Meta-Erzählung der Neuzeit – Mathesis universalis – und ihrer Nachfolgeformen. Die Grundoption gilt dem Übergang zur Pluralität, zur Anerkennung und Beförderung der heterogenen Sprachspiele in ihrer Autonomie und Irreduzibilität. Die Verteidigung der unterschiedlichen Lebenswelten, Sinnwelten und Anspruchswelten macht die emphatische Inspiration dieses philosophischen Postmodernismus aus. Er tritt allen Totalisierungen philosophischer, ökonomischer, technologischer Art vehement entgegen und hält – über ein grundsätzliches Finitätsbewußtsein – zur Wahrnehmung und Praxis der Pluralität an.

Bei Lyotard wird die Verbindung dieses philosophischen Postmodernismus mit der zuvor geschilderten wissenschaftlichen „Grundlagenkrise" des 20. Jahrhunderts deutlich. In dieser Krise brachen die neuzeitlichen Totalitätsaspirationen des Wissens zusammen, und der Übergang zu Finität und Pluralität wurde obligat.⁴³⁾ Wenn die postmoderne Philosophie dem Rechnung trägt, so beugt sie sich darin nicht einem fremden Diktat, sondern realisiert Erfahrungen von Verwandten. Denn die im Projekt der Mathesis universalis kodifizierten und der klassischen Wissenschaft zugehörigen Totali-

---

42) Das Musterbeispiel einer retrograden Reaktion auf die „Grundlagenkrise" gibt Husserl. Er erneuert das Projekt der Mathesis universalis. Er will die ältesten Intentionen der Philosophie noch einmal zum Tragen bringen, und will das nicht etwa in einschneidend transformierter, sondern – ganz traditionell – in „vertiefter" Form tun. Diesem Wunsch konnte kein Gelingen mehr beschieden sein. Die Geschichte der Phänomenologie ist seitdem eine Folge von Dekonstruktionsschritten dieses Husserlschen Projekts.

43) Frühzeitig ist bei Kant ein Modell greifbar, wie Finitismus positiv verstanden werden kann: nicht als Beschränktheit leider bloß endlicher Wesen, sondern als Eröffnung eigener Gegenständlichkeit. Kant hat dieses Verhältnis am Gleichnis der fliegenden Taube, für die der Luftwiderstand keineswegs bloß Hindernis, sondern elementare Bedingung der Möglichkeit des Fliegens ist, exponiert (*Kritik der reinen Vernunft*, Ausg. B, 8 f.). Merleau-Ponty hat diese Struktur in seiner *Phänomenologie der Wahrnehmung* (Paris 1945) breit ausgearbeitet. Die Postmoderne ist nicht mit einer melancholischen, sondern mit einer euphorischen Rede von Finität und Endlichkeit im Bunde.

tätsansprüche waren philosophischer Herkunft und Natur, und daher konnte ihre Verabschiedung – die nicht aus Resignation, sondern aus Einsicht erfolgte – für die Philosophie nicht folgenlos bleiben. Zudem hatte sich die Philosophie selbst seit längerem – wenn auch etwas halbherzig – von diesen Ansprüchen zu befreien versucht. Deshalb konnte sie die wissenschaftliche Revision um so bereitwilliger aufnehmen, als dadurch nun ihre eigenen Intentionen mit der Legitimation der „hard science" versehen wurden. Die moderne Philosophie hat sich über die Selbstkritik ihres Sprößlings, der Wissenschaft, von Obsessionsresten ihres Neuzeit-Projekts befreit und ist dadurch postmodern geworden. Und diese postmoderne Philosophie ist eine konsequente Philosophie der Pluralität.

Das gilt jedenfalls von ihrer Lyotardschen Version. Es trifft, allgemein gesprochen, auf den *präzisen* Postmodernismus zu. Dieser ist aber nicht der einzige. Mindestens zwei andere Formen sind neben ihm zu nennen: der anonyme und der diffuse Postmodernismus.

Zum *anonymen Postmodernismus* rechne ich all diejenigen Theoretiker, die ihre Position zwar als postmodern weder deklarieren noch erkennen, die aber faktisch aus dem Bewußtsein der Unaufhebbarkeit und Positivität der Pluralität – also aus dem postmodernen Grundbewußtsein – heraus denken. Die Palette ist breit. Eine Schlüsselfigur ist zweifelsohne Wittgenstein, der in den *Philosophischen Untersuchungen* das monothetische Denken der rigiden Moderne verabschiedet und die irreduzible Vielfalt von Sprachspielen aufgedeckt hat. Natürlich gehören dann auch die Theoretiker des kulturellen Relativismus wie Winch und des wissenschaftstheoretischen Pluralismus wie Kuhn und Feyerabend zum Spektrum. Ebenso einige Nachfolger oder Vertreter der Ritter-Schule wie Blumenberg und Marquard. Ritter selbst hatte ja schon das Theorem von der unauflöslichen Doppelstruktur der Moderne entwickelt,[44] und bei Blumenberg ist daraus ein weises Eintreten für die Wirklichkeiten im Plural gegenüber der Versuchung des Denkens zum Singular,[45] bei Marquard ein vehementes Plädoyer für Gewaltenteilung gegen Prinzipialismus geworden.[46] Auch die Hermeneutik Gadamers, die den einen Sinn durch ein vielheitliches Sinngeschehen ersetzt,[47] und die Hermetik Rombachs, die eine

---

44) Vgl. Joachim Ritter, „Hegel und die Französische Revolution" (1956), in: ders., *Metaphysik und Politik*, Frankfurt a. M. 1977, 183-255.
45) Vgl. Hans Blumenberg, *Lebenszeit und Weltzeit*, Frankfurt a. M. 1985.
46) Vgl. Odo Marquard, *Abschied vom Prinzipiellen,* Stuttgart 1981. – Zusatz: Ein Skeptiker muß, so scheint mir, auch wenn er sich modern deklariert, postmodern sein. Dadurch, daß er der Neuzeit gegenüber skeptisch ist, wird er modern. Aber wenn er wirklich skeptisch ist, muß er auch noch dieser Moderne gegenüber skeptisch sein. Eben dadurch wird er postmodern.
47) Vgl. Hans-Georg Gadamer, *Wahrheit und Methode*, Tübingen ²1965.

plurale Ontologie vertritt, gehören hierher.[48] Um so mehr gilt das natürlich von „Poststrukturalisten" wie Derrida und Deleuze, die postmodern denken, nur vorsichtig genug sind, sich dieses Etikett nicht selbst anzuheften. – Ich bin mir bewußt, in dieser Reihe einige getaufte Modernisten als anonyme Postmodernisten reklamiert zu haben.

Zum schillernden Spektrum der *diffusen Postmoderne* rechne ich demgegenüber alle diejenigen, die in einem feuilletonistischen Sinn als „Postmodernisten" gehandelt werden und die zwar vom Ende des rigiden Modernismus profitieren und eine Art postmoderner Praxis entwickeln, die aber keine oder keine zureichende Theorie dieses Umbruchs entwickelt haben – was man ihrer Praxis dann auch anmerkt. Es sind die Postmodernisten der Beliebigkeit, des Potpourri, der Mischung von allem und jedem. Ihr intellektuelles Disneyland ist freilich die falsche Form der Pluralität. Das erkennt man schon daran, daß diese Version die Pluralität tilgt, indem sie alles zu einem Brei der Gleichheit und Beliebigkeit verrührt. Sie ist in solcher Uniformierung der Moderne verwandter, als sie glaubt. Sie ist es auch sonst. Denn sie bedient sich vornehmlich der klassisch-modernen Gegenpotentiale zur neuzeitlichen Rationalität: des Mythos, des Herzens, der Kunst. Auf sie trifft das Schlagwort vom postmodernen Irrationalismus tatsächlich zu. Sie ist nur eine neue alte Anti-Moderne, und daher ein zwar blühendes, aber längst stumpf gewordenes Gift. Der Grundfehler dieser Pseudo-Postmoderne ist, daß sie den Pluralismus – ohnehin ein Wort, das meist die falschen Assoziationen weckt – bloß als Auflösungslizenz, nicht als Reflexionsgebot erfaßt und praktiziert.

Man versteht, daß in einer Situation der Auflösung der Einheitsklammern – des Endes der Mathesis universalis, des Unglaubwürdigwerdens der Meta-Erzählungen – verschiedene Formen von Pluralismus hervortreten: kontraproduktive, unsichere und effiziente – oder eben diffuse, anonyme und präzise. Allein dem letzteren gilt meine Option. Der präzise Postmodernismus nimmt die in anderen Sinnfeldern – paradigmatisch in Wissenschaft und Kunst – schon früher verbindlich gewordene Sinnfigur der Pluralität auf, analysiert sie philosophisch, durchdringt sie denkerisch und verteidigt sie kulturell.[49] In ihm erfährt die für die Moderne des 20. Jahrhunderts charakteristische Sinnstruktur der Pluralität ihre Einlösung.

---

48) Vgl. Heinrich Rombach, *Welt und Gegenwelt. Umdenken über die Wirklichkeit: Die philosophische Hermetik*, Basel 1983.
49) Natürlich gab es im 20. Jahrhundert auch Versuche, die Pluralität durch neue Einheitsdekrete zu überwinden. Gesellschaftlich geschah das in totalitären Bewegungen, philosophisch hingegen etwa im Logischen Positivismus. Die analytische Philosophie ist seitdem freilich selbst in ein post-analytisches Stadium übergegangen. Aus ihr ist gegen die Postmoderne kein Argument mehr zu ziehen. In der Postmoderne wird der Pluralismus nicht zuletzt auf Grund der Negativerfahrungen mit solchen Gegenprogrammen der Vergangenheit verbindlich.

5. Neuzeit – neuzeitliche Moderne – Moderne des 20. Jahrhunderts – Postmoderne

Das gibt Gelegenheit zu einer abschließenden Bestimmung des Verhältnisses von Postmoderne und Moderne. Dafür steht jetzt die verfeinerte Moderne-Skala von Neuzeit, neuzeitlicher Moderne und Moderne des 20. Jahrhunderts zur Verfügung.

Irrig wäre in jedem Fall die Annahme, Postmodernes müßte von Modernem *schlechthin* unterschieden sein. Mag der Ausdruck „Postmoderne" auch eine epochale Absetzung suggerieren, so ist er doch sinnvoll nicht als prophetische Prognose eines kommenden Äons, sondern nur im moderaten Sinn einer Bestimmung der Gegenwart, und für diese ist gerade charakteristisch, daß ihre Gehalte – das ist gegen mittlerweile schier unausrottbar scheinende Mißverständnisse festzuhalten – keineswegs völlig neu sind und das eben – vor allem – auch nicht mehr sein müssen. Postmoderne besagt gerade nicht Novismus, sondern Pluralismus. Und dieser Pluralismus hat gewiß seine antiken, mittelalterlichen und neuzeitlichen Vorformen. Neu ist nur erstens, daß er jetzt dominant und obligat wird – und das unterscheidet die Postmoderne noch von der Moderne des 20. Jahrhunderts, wo der Pluralismus erst sektoriell verbindlich geworden war, während er es jetzt in der ganzen Breite der Kultur und des Lebens wird. Und neu ist zweitens, daß die postmoderne Pluralität radikaler ist als jede vorherige, so radikal nämlich, daß sie nicht mehr durch Gegenmotive aufgefangen oder überboten werden kann, sondern jetzt konsequenterweise zur Grundverfassung werden muß.

Lyotard hat das Verhältnis dieser Postmoderne zur Moderne dementsprechend einmal so formuliert: „Die Postmoderne situiert sich weder nach der Moderne noch gegen sie. Sie war in ihr schon eingeschlossen, nur verborgen."[50] Das ist das Grundbild, das es vor Augen zu haben gilt. Motive, die längst da waren – aber in gedämpften Formen, in Nebensträngen, verstreut und eher verborgen als prominent –, erlangen jetzt Radikalität und Bestimmungskraft. Was Einschluß war, wird Matrix. Daher kann es nicht verwundern, wenn Lyotard Vorbilder postmodernen Denkens nicht erst in Wittgenstein (im späten Wittgenstein der Sprachspiele), sondern schon in Kant (in dessen Unterscheidung von Vernunftformen), ja gar schon in Aristoteles (in dessen Konzeption der *phronesis* sowie in der These von der Mannigfaltigkeit des Seins) erkennt.[51] Paradox wäre dies nur, wenn man – wie ignorante Kritiker das zu tun pflegen – die Postmoderne als den neuesten Ismus verstünde, der folglich nur Allerneuestes propagieren dürfte, wenn

---

50) Jean-François Lyotard, *Le Postmoderne expliqué aux enfants*, Paris 1986, Umschlagrücken.

51) Kants und Wittgensteins Philosophien werden als „prologues à une postmodernité honorable" bezeichnet (Jean-François Lyotard, *Le différend*, Paris 1983, 11). „Ils préparent la pensée de la dispersion ... qui forme notre contexte" (ibid., 12). Zu Aristoteles: „ ... celui dont je me sens le plus près, c'est justement Aristote" (Jean-François Lyotard und Jean-Loup Thébaud, *Au juste*, Paris 1979, 52; vgl. auch 58 f.).

man sie also genau im Stil derjenigen modernistischen Ideologie mißverstünde, der sie in Wahrheit den Abschied gibt. Das Geschichtsverhältnis der Postmoderne ist gerade in diesem Punkt wirklich neuen Zuschnitts und Gewichts: Sie lebt nicht neuzeitlich-modernistisch-progressistisch aus einer vorgeblichen Negation alles Vorausgegangenen, sondern sieht der gegenwärtigen Gleichzeitigkeit des Ungleichzeitigen ins Auge und prüft und begrüßt Vorgängerschaft ohne Geschichtsscheu.

Inzwischen ist eine besondere Affinität der Postmoderne zur Moderne des 20. Jahrhunderts hervorgetreten. Der philosophische Postmodernismus stimmt – als Philosophie radikaler Pluralität – mit den prägenden Innovationen dieses Jahrhunderts überein. Das postmoderne Denken ist keineswegs etwas Exotisches, sondern die Philosophie dieser Welt, und ist dies als denkerische Entfaltung und Einlösung der harten und radikalen Moderne dieses Jahrhunderts. In diesem an der Moderne des 20. Jahrhunderts orientierten Sinn ist dieses Denken strikt als radikal-modern und nicht als post-modern zu bezeichnen.

Der Unterschied zu dieser Moderne liegt nur darin, daß die Postmoderne zum einen dem Modernismus – der paradoxen Verbindung von Ausschließlichkeit und Überholung – abgesagt hat. Und daß sie zum andern all das, was in der Moderne nur in Sondersphären errungen wurde, jetzt bis in den Alltag hinein verwirklicht. Statt der irrigen Entgegensetzung ist daher eine andere, dem Kategorienpaar esoterisch-exoterisch folgende Unterscheidung angezeigt: Die Postmoderne realisiert in der Breite der Wirklichkeit (exoterisch), was modern zunächst nur spezialistisch (esoterisch) erprobt wurde. Sie ist die exoterische Alltagsform der einst esoterischen Moderne. Die einschneidende Pluralität, wie die Postmoderne sie erkennt und vertritt, war als Möglichkeit sogar schon vor der Moderne entdeckt, kam aber nicht zum Tragen. Es ist bezeichnend, daß auf einen Kant, der inmitten der Neuzeit die Differenzierung von Rationalitätstypen schon sehr weit getrieben hatte, die Einheitsprogramme des Idealismus folgten. Die Moderne des 20. Jahrhunderts hat dann Finitismus, Heterogenität und Pluralität zunehmend erkannt, aber doch nur sporadisch zu realisieren vermocht. Erst die Postmoderne macht sich an die breite Verwirklichung dieses neuen Sinnkonzepts.[52]

52) Es ist interessant, daß sogar im Architektur-Diskurs, wo die Tendenz zur Absetzung von der Moderne des 20. Jahrhunderts aus guten Gründen am größten ist, nicht etwa Exklusion, sondern Inklusion das Moderne-Verhältnis der Postmoderne bestimmt. Wenn Lyotard das für die Philosophie klargestellt hat, so hat Jencks – der in anderer Hinsicht als sein Antipode gelten darf – als „eines der erstaunlichen, ja bestimmenden Merkmale der Postmoderne" genannt: „Sie schließt die moderne Architektur und das Formale als mögliche Lösungen ein ... Während die Moderne so exklusiv ist wie die Architektur Mies van der Rohes, ist die Postmoderne so total inklusiv, daß sie sogar ihrem puristischen Gegensatz einen Platz einräumt." (Charles Jencks, *Die Sprache der postmodernen Architektur. Die Entstehung einer alternativen Tradition*, Stuttgart ²1980, 7 f.) Ob souverän wie bei Lyotard oder etwas angestrengter wie bei Jencks – klar wird jedesmal, daß die Postmoderne nicht anti- und trans-modern ist, sondern sich nur gegen all jene Züge und Positionen wendet, die der prinzipiellen Pluralität widerstreiten – seien sie in sich prä-modern, modern oder hypermodern.

Allerdings: Diese Moderne des 20. Jahrhunderts, auf die die Postmoderne sich zurückbezieht, bedeutete ihrerseits einen Bruch mit der Moderne im Sinn der Neuzeit. Und dieser Bruch erfolgte – und das war entscheidend – erstmals im Hauptstrang der Neuzeit, im Bereich der szientifischen Rationalität. Daher wurde er durchschlagend und definitiv. Durch ihn trennt sich die eine Moderne von einer anderen Moderne, trennt sich die Moderne des 20. Jahrhunderts – die in der Postmoderne radikal und extensiv eingelöst wird – von der Neuzeit mitsamt ihrer neuzeitlichen Moderne. Und daher bedeutet meine Grundthese, daß die Postmoderne eigentlich die Radikalmoderne dieses Jahrhunderts sei, nicht, daß sie gar nicht nach-modern sei, sondern bedeutet präzis, daß sie nach jener Moderne ist, die wir eindeutiger und unmißverständlicher als „Neuzeit" bezeichnen.[53] Genau durch die Absetzung von ihr und ihren Nachfolgeformen definiert sich die „Postmoderne".[54]

Sie setzt sich von der Neuzeit sowohl, was deren formale Charakteristika als auch, was ihren Leitinhalt angeht, eindeutig ab. Den Abschied vom Einheitszwang und Ausschließlichkeitspathos habe ich dargelegt. Er impliziert aber auch eine Abstandnahme von der ausschließlich technischen Grundorientierung im ganzen sowie von bestimmten technischen Prozeduren insoweit, als diese auf die Absorption von Unterschiedlichkeit hinauslaufen, sozusagen das philosophisch verabschiedete Projekt der Weltuniformierung nun rein technisch nachholen wollen. Diese Scheidelinie ist gerade bei Lyotard gut zu verfolgen. Sofern die neuen Kommunikations-Technologien vereinheitlichend sind und als Operatoren von Systemherrschaft wirken, tritt der Postmodernismus ihnen strikt entgegen; sofern sie jedoch (etwa über freien Zugang zu den Datenbanken) im Sinn der Pluralität genützt werden und somit als Medien einer postmodern-demokratischen Lebensform fungieren könnten, werden sie begrüßt. Die Logik dieser Absetzung ist signifikant: Sofern etwas ungebrochen – und das meint: im entscheidenden Punkt der Uniformierung bzw. Ausschließlichkeit ungebrochen – eine Fortsetzung der Neuzeit darstellt, gibt es postmodern kein Bündnis damit, sondern nur strikte Opposition dagegen. Die Postmoderne ist eine Moderne, die nicht mehr den Auflagen der Neuzeit folgt, sondern die des 20. Jahrhunderts einlöst.[55]

---

53) Ich habe diese These erstmals entfaltet in „Nach welcher Moderne? Klärungsversuche im Feld von Philosophie und Architektur", in: *Moderne oder Post-Moderne? Zur Signatur des gegenwärtigen Zeitalters*, hrsg. von Peter Koslowski, Robert Spaemann, Reinhard Löw, Weinheim 1986, 237-257.
54) Das wird noch von Postmoderne-Kritikern wie Habermas bestätigt. Er kontrastiert die Postmoderne nicht etwa der Moderne des 20. Jahrhunderts, sondern dem „Projekt der Aufklärung" (vgl. „Die Moderne – ein unvollendetes Projekt", 452).
55) Genau diese Konstellation kennzeichnete übrigens auch These und Ertrag von Lyotards 1985 im Pariser Centre Pompidou veranstalteter Postmoderne-Ausstellung „Les Immatériaux".

Und wie steht die Postmoderne, die so – als ihre exoterische Form – der Radikal-Moderne dieses Jahrhunderts zugeschlagen und von der frühen und klassischen Neuzeit abgesetzt wird, zu dem, was man dazwischen als neuzeitliche Moderne bezeichnen kann, also zu den Steigerungs- und Doppelformen der Neuzeit, die jeweils dadurch gekennzeichnet waren, daß Gegenmotive zum Hauptstrang aufgenommen wurden bzw. das Gesamtbild mitprägten? Die Antwort ist klar: Die Postmoderne erkennt in ihnen die Phase, in der das, was sie will – Pluralität –, scheitert, weil die Gegenmotive selbst noch dem neuzeitlichen Geist der Ausschließlichkeit anhängen, anstatt schon den postmodernen der Pluralität zu vertreten. Jedenfalls ist das die Regel, und darzulegen, daß diese scheinbaren Gegen-Neuzeiten oder Modernen in Wahrheit noch höchst neuzeitlich sind, gehörte zu den Aufgaben dieses Kapitels.

Es gibt freilich, wie überall in solchen Gesamtbildern, auch hier Ausnahmen. Überblicke geben auf einem allgemeinen Niveau Sicht, im Detail hingegen sind (ohne daß dies der Richtigkeit der Überblicke widerstreiten würde) Abweichungen zu erwarten. So gibt es hier sozusagen Postmodernisten avant la lettre. Einer davon – und sicher einer der größten – war Diderot. Er hat theoretisch für die Pluralität der Methoden plädiert und sich praktisch höchst unterschiedlicher Diskursarten bedient. Viele Diderots, wenige d'Alemberts – das ist eine Wunschvorstellung des Postmodernisten. Daher steht er mit der frühen Neuzeit eher auf Kriegsfuß, findet in der neuzeitlichen Moderne mehr Anlaß zum Bedauern als zur Freude und fühlt sich erst in diesem Jahrhundert recht zuhause. Und er meint, daß dieser postmoderne Blick auf Neuzeit und Moderne der heute sich abzeichnende sei und der künftig leitende sein werde.

IV. Kapitel

Postmoderne für alle: Die postmoderne Architektur

Die Architektur ist zwar nicht der früheste Sektor, in dem sich Postmodernes artikuliert hat, aber der prominenteste. An der Architektur und am Streit um sie hat jedermann erfahren, daß heute ein Programm der Postmoderne besteht – und nicht nur als Idee, sondern als Realität. Daß gerade die Architektur solch prominente Funktion erlangte, ist für die neue Struktur der Postmoderne aufschlußreich. Zur Moderne gehörte zwar seit langem eine Vorreiterfunktion ästhetischer Phänomene, nie aber stand dabei die Architektur an erster Stelle. Daß in der Postmoderne die Architektur – die öffentliche Kunst par excellence – solche Signalfunktion erlangt, zeigt an, daß Öffentlichkeitsfunktionen für die Postmoderne besonders wichtig geworden sind. Das bedeutet eine einschneidende Veränderung gegenüber der Moderne. Während diese eher autistisch war und präskriptiv verfuhr, ist die Postmoderne öffentlichkeitsorientiert und betont plural.

1. Postmodern und modern: Avantgarde-Status des Ästhetischen

Die generelle Vorreiterfunktion von Ästhetischem ist ein Topos der Aufklärung. Daher wird in der postmodern-architektonischen Akzentuierung dieser Funktion die Moderne nicht zu Grabe getragen, sondern verändert fortgeführt. Wer anderes behauptet, muß einen sehr restringierten Begriff von Moderne und eine eigentümlich rigide Vorstellung von Aufklärung haben. Eine, die weder an Diderot noch an Kant orientiert sein kann und die weder dem braven Alexander Gottlieb Baumgarten noch dem exzentrischen Charles Baudelaire Heimstatt zu gewähren vermag.

Die Aufklärung war keineswegs einfach rationalistisch. Sie hat gerade die Einseitigkeit und den Dogmatismus der Ratio kritisiert. Nur wußte sie sich dabei auch vor der umgekehrt einseitigen Beschwörung der Gegenmacht, vor dem Abgleiten ins Irrationale zu bewahren. Zur Aufklärung gehört nicht bloß Rationalität, sondern die Doppelfigur von Rationalität und Emotionalität.[1] Diese erst erfüllt Begriff und Maxime der Aufklärung. Wenn es der Aufklärung – nach Kants Worten – um den „Ausgang des Menschen aus seiner selbst verschuldeten Unmündigkeit" geht, so eben auch aus derjenigen Unmündigkeit, die die Menschen sich durch einen schieren Rationalismus verordnen. Dagegen werden in der Aufklärung spezifisch ästhetische Korrektive aufgeboten.

Schon in Frankreich war die Aufklärung eminent sinnenhaft und ästhetisch getönt – man denke nur an einen Autor wie Diderot. Jemand, der – vor über 200 Jahren – von einer Energieform zur anderen umzusteigen riet und dabei vor allem an die Generation der Enkel zu denken mahnte, ist füglich als Aufklärer zu bezeichnen. Aber schon diesen Rat erteilte Diderot zugleich als „Rousseauist" und früher „Romantiker" (er sah langfristig die Wälder bedroht), und so war seine Rationalität allenthalben mit Empfindung gepaart. Seine „Pensées Philosophiques" hat er mit einem vehementen Plädoyer für die Leidenschaften begonnen – gegen die Torheit jedes rigiden Rationalismus. Sein Materialismus war ein Sensualismus. Und er hat zusammen mit der Kraft des Lichts auch die Wahrheit des Dunkels gekannt und verteidigt: Rameaus Neffe ist gewiß kein aufklärerischer Biedermann, Diderot aber hat ihn nicht exiliert, sondern im Gespräch stark gemacht.

In Deutschland gewann die ästhetische Komponente der Aufklärung terminologische Ausdrücklichkeit. Sie schlug sich in der Begründung einer eigenen philosophischen Disziplin nieder, der „Ästhetik". Und diesem Kind der Aufklärung war eine rasante Karriere beschieden. Ihre moderateren Nachfolgeformen durchziehen die gesamte Moderne. Die Avantgarde-Funktion des Ästhetischen hängt an diesem Traditionsstrang. Baumgarten hat die Ästhetik als Korrekturdisziplin des einseitigen Rationalismus konzipiert und begründet. Es ging um die Wahrheit der Sinne, um die Emanzipation sinnenhafter Erkenntnis und um die Therapie rationalistischer Verzerrungen. Dabei war das Verhältnis von Sinnlichkeit und Ratio noch kooperativ gedacht. Bald aber gewann in dieser Komplementarität von Ratio und Sinn – ohne deren Anerkennung kein Aufklärer einer ist – der ästhetische Pol die Oberhand. Das progressive Moment hatte schon anfangs in ihm gelegen, jetzt rückte es gar in den Rang einer absoluten Verheißung auf und wurde mit Erlöserfunktionen betraut.

Schiller, der darauf hinweis, daß die Aufklärung erst in der Ästhetik zu sich zu kommen vermag, „weil der Weg zu dem Kopf durch das Herz muß geöffnet werden", hat das Ästhetische nicht mehr bloß als Korrekturinstanz des Rationalen, sondern als Vollendungsgestalt des Menschlichen gefaßt. Das Ästhetische war jetzt mehr als ein Vorreiter. Es avancierte zur Erfüllung. Gewiß: darin wurde der Ansatz der Aufklärung nicht nur eingelöst, sondern darin überschlug er sich auch einseitig. Überlastung aber tut dem Ästhetischen nicht gut, sie bereitet Depotenzierungen den Weg.

---

[1] Darauf hat Panajotis Kondylis in seiner groß angelegten Untersuchung *Die Aufklärung im Rahmen des neuzeitlichen Rationalismus* (Stuttgart 1981) treffend hingewiesen.

Falscher Universalitätsanspruch wird durch faktische Partialität korrigiert. Wird sie beachtet, so kann eine sinnvolle Vorreiterfunktion des Ästhetischen erhalten bleiben. Das Ästhetische ist fortan *ein* Stern am Götterhimmel der Moderne, und genau der mit Zukunftsweisung beauftragte. Das ist die Weise, wie dem Sondersystem Kunst modern Bedeutung fürs Ganze zugesprochen wird. Seitdem liegt die Position der Kunst zwischen der immer wieder aufflackernden Obsession namens Gesamtkunstwerk – die Welt soll ästhetisch vollendet werden – und der kurzsichtigen Proklamation des l'art pour l'art – die Kunst soll nur mit sich, nicht auch mit der Welt zu tun haben. Von diesen Polen stoßen sich so unterschiedliche Charaktere wie Klee und Mondrian oder Benn und Adorno gemeinsam ab. Kunst steht dazwischen. Durch ästhetische Arbeit entwickelt sie Modelle sozialen und individuellen Lebens, aber sie kann dieses Leben nur induzieren, nicht herstellen. Gerade der Abstand von der Wirklichkeit befähigt sie zu Vorgriffen und Avantgarde-Funktionen. In gespanntem Verhältnis zur Wirklichkeit wird sie ihrer Aufgabe gerecht. Jürgen Habermas spricht diesbezüglich vom „Sensibilisierungspotential der Gegenwartskunst",[2] Carl Friedrich von Weizsäcker von der „seismographischen Funktion" der Kunst,[3] Peter Wapnewski von Kunst als „vornehmster sozialer Energie".[4] Die Moderne verspricht sich von der Kunst – seit langem und weiterhin – statt der Darstellung eines Ewigwahren die Wahrnehmung des Kommenden, eine Erschließung gangbarer Wege, Entwürfe von Lebensformen. Die Postmoderne verspricht sich das nicht weniger. Darin bleibt sie modern.

2. Postmoderne versus Moderne: plurale, nicht vorschreibende Öffentlichkeitsfunktion der Architektur

Die Moderne dieses Jahrhunderts hat eine solche Avantgarde-Funktion erstmals auch in der Architektur in Anspruch genommen und ausgeübt. Die Architektur ist freilich generell ein recht besonderer und prekärer Fall. Stärker als andere Künste schafft sie Realität und ist öffentlich. Ersteres räumt ihr Gestaltungsmöglichkeiten ein, die über Vorgriffe hinausgehen und Dauerhaftes setzen. Letzteres erlegt ihr besondere Pflichten auf – so man Öffentlichkeit demokratisch als Vorgabe, nicht als Manipulationsgegenstand versteht.

Nun war die Architektur dieses Jahrhunderts zweifellos von demokratischen Intentionen getragen. Der Industrialisierungsprozeß sollte aus einer Bedrohung in eine

---

2) Jürgen Habermas, *Die Neue Unübersichtlichkeit. Kleine Politische Schriften V*, Frankfurt a. M. 1985, 49.
3) Carl Friedrich von Weizsäcker, *Wahrnehmung der Neuzeit*, München – Wien 1983, 31, 424.
4) Peter Wapnewski, „Überlegungen zum Ort der Kunst in unserer Gesellschaft", in: *Projekt Bundeskunsthalle*, Berlin 1979, 12-18, hier 17.

Chance gewendet werden. Der ästhetischen Verrohung suchte der Deutsche Werkbund zu begegnen. Im Atelier Behrens in Berlin drang man zur Verbindung von Technik, Industrie und Gestaltung vor. Und daraus ging das Dreigestirn der modernen Architektur hervor: Le Corbusier, Gropius, Mies van der Rohe. Und ob Mart Stam in Frankfurt, Bruno Taut in Berlin oder Karl Ehn in Wien: evident ist allemal das Bemühen um ein menschenwürdiges Wohnen. Das gilt von der Villa Savoye bis zum Karl-Marx-Hof.

Aber was jedem Freund der Moderne (und das sagt ein solcher) zu begreifen schwerfällt, was jedoch begriffen werden muß – mit Händen zu greifen ist es längst, nur Herz und Kopf haben sich ihm zu lange verweigert –, das ist der Umschlag emanzipatorischer Bemühungen in diktatorische Realitäten, ist die Dialektik dieser Moderne, ist die restriktive Kehrseite ihres Fortschritts. Kükelhaus hat die Architektur der Nachkriegszeit eine Fortsetzung des Krieges mit den anderen Mitteln der Architektur genannt.[4a] Im Blick auf die gesamte Moderne ist bemerkenswert, daß die Pioniere, die in ihrer Jugend die demokratischen Qualitäten des Industriebaus gegenüber dem Machtvokabular der Paläste gepriesen hatten, später erleben mußten, wie der von ihnen propagierte demokratisch-utopische Bautypus, wie das von einem grazilen Stahlgerüst durchzogene Hochhaus zum neuen Bautypus der Macht wurde. Aber man landet nicht von ungefähr beim Gegenteil. Äußere Gründe brauchen innere, um greifen zu können.

Die Leitarchitektur der Moderne hat eine eminente Uniformierung gebracht. „Internationaler Stil" ist der traurig-treffende Ausdruck dafür. Die moderne Architektur war avantgardistisch. Aber die Realisierung ihrer Vision ist mehr als schal, ist oft schrecklich ausgefallen. Daß das Realisierte der Vision nicht entspreche (und so auch nicht gegen sie zeuge), ist eine zu einfache Ausflucht. Die Moderne wurde aus prinzipiellen Gründen uniformistisch. Sie war im Wesen präskriptiv. Die Öffentlichkeit, an die sie sich wandte oder die sie sich vorstellte oder zu schaffen suchte, war eine anonyme, inexistente, eine allenfalls kosmopolitisch intendierte Öffentlichkeit. Und die Gefahren des Projekts gewannen über die Chancen die Oberhand.

Die Postmoderne setzt gegen die Uniformierung und die präskriptive Haltung der Moderne sich ab. Sie sucht die Vorreiterfunktion anders zu erfüllen. Sie wendet sich nicht an eine anonyme und hypothetische, sondern an eine konkrete und reale Öffentlichkeit. Und sie will nicht vorschreiben, sondern kommunizieren. Auch sie strukturiert, gewiß – aber nicht uniform, sondern plural.

So tritt die Hauptachse der Opposition von Moderne und Postmoderne – die von Uniformität und Pluralität – gerade in der Architektur exemplarisch zutage. Um diesen Grundunterschied näher zu untersuchen und zu verstehen, sei im folgenden als Leitlinie das Verhältnis der Moderne bzw. der Postmoderne zu Tradition und Innovation verfolgt. An dieser Leitlinie läßt sich erkennen, wo die Misere der Moderne herrührt und wie die Postmoderne ihr – möglicherweise – zu entgehen vermag.

4a) Vgl. Hugo Kükelhaus, *Organismus und Technik. Gegen die Zerstörung der menschlichen Wahrnehmung*, Frankfurt a. M. 1979, 75.

3. Moderne: Traditionsbruch und Innovationsschritt

Es ist evident, daß die ästhetische Moderne des 20. Jahrhunderts insgesamt und in jeder ihrer Gattungen einen eklatanten Bruch mit der Tradition vollzogen hat. Sie hat sich je durch einen radikalen Innovationsschritt konstituiert. Stichwortartig sei an den Übergang der Malerei von der Darstellung zur Abstraktion, der Musik von der Tonalität zur Atonalität, der Dichtung von mimetischer zu absoluter Poesie erinnert. Nicht mehr wird welthaft vorgegebener Sinn aufgenommen und verdichtet, sondern Eigensinn autonomer künstlerischer Sprachen generiert. Vergleichbar radikal wendet sich auch das Ballett von seiner klassischen Ausprägung ab und geht zum modernen Ausdruckstanz über, der statt des klassischen Exerzitiums des Körpers die neue Vitalität des Leibes zur Geltung bringt.

Das sind radikale Veränderungen gegenüber allem Vorausgegangenen. Und wenn es zu manchem davon Vorformen gibt, so zeigt sich an diesen bei näherer Betrachtung noch einmal der große Unterschied. So war es beispielsweise ein altes Atelierrezept, die Ausgewogenheit einer Komposition dadurch zu überprüfen, daß man das Bild auf den Kopf stellte. Aber dies war eben bloß ein Mittel für einen bestimmten Zweck, nicht Selbstzweck. Wenn Goethe rügte, „Maler Friedrich seine Bilder können ebenso gut auf den Kopf gesehen werden",[5)] dann war das ein eindeutiges Negativurteil. Daß kompositorische Stimmigkeit als solche – wie in der abstrakten Malerei – einen ausreichenden Bildsinn abgeben könne, war traditionell gerade ausgeschlossen. Solche Grundunterschiede, nicht Vorläuferschaft, fördert der Blick auf scheinbare Vorformen zutage.

Die Radikalität des Bruchs mit vergangener Verbindlichkeit wird dadurch verstärkt, daß man diesen Bruch bewußt und massiv propagiert. Ein besonders drastisches Beispiel: Die Futuristen sagen nicht bloß, daß die Rasanz eines Rennwagens der Schönheit der Nike von Samothrake überlegen sei, sondern sie machen daraus einen grundsätzlichen Angriff auf alle alte Kunst und deren Institution, das Museum. Die Attacke auf die Identifikationsfigur des Museumsgeschmacks des 19. Jahrhunderts – die Nike von Samothrake – und das Museum par excellence – den Louvre, wo diese Figur prominent aufgestellt war – gipfelt in der Forderung nach Zerstörung der Museen: „Brûlez le Louvre!", eine ältere Formel, wird von Marinetti erneuert.

Ebenso radikal ist der Bruch, den die *Architektur* der Moderne vollzieht. Gewiß: dafür gibt es zuerst einmal vernünftige Argumente. Es gibt das Dauerargument, daß noch jede Epoche sich vom Vergangenen abgesetzt habe und daß, wer anderes erwarte, Kunst mit Archäologie verwechsle. Es gibt, korrelativ, das Zeitgeist-Argument, das die Charakteristika der Gegenwart in Industrialisierung, Technisierung und Kapitalisierung erkennt und mit ihnen zu arbeiten und ihnen Ausdruck zu verleihen fordert. Es

---

5) So zu Sulpiz Boisserée in einem Wutanfall über den „jetzigen Zustand der Kunst", zit. nach Klaus Lankheit, „Die Frühromantik und die Grundlagen der ‚gegenstandslosen' Malerei", *Neue Heidelberger Jahrbücher*, Neue Folge, 1951, 55-90, hier 58.

gibt schließlich vor allem das ökonomische Argument, das mit Zeit-Vergleichen und Kosten-Nutzen-Rechnungen operiert.

Otto Wagner beispielsweise, die geniale Leitfigur der Wiener Frühmoderne, ist ein Meister solch ökonomischer Argumentation. Nachdem er gegen die „Phrasen vom Einfügen in das Stadtbild und dessen Erhaltung" und gegen die muffigen Plädoyers für „lauschige Stadtplätze und krumme Straßen" eingewandt hat, daß man nicht mehr im Biedermeier, sondern in einer „Zeit der Kraftwagen, Luftfahrzeuge, Überdreadnoughts, Kanonen mit 16 Kilometer Schußweite, Millionenheeren etc." lebe,[6] macht er Rechnungen auf: Die Ringstraßenpaläste, sagt er, sind, weil massiv gefertigt, verschwenderisch gebaut und unzeitgemäß teuer. Heute arbeitet man mit Ziegelkern und Plattenverkleidung, das spart Zeit und Geld (und der Eigenunternehmer Wagner mußte das wissen). Die Vorzüge seiner Kirche am Steinhof belegt er durch eine vergleichende Kosten-Nutzen-Analyse der Wiener Kirchenbauten: Maßeinheit ist die „Bausumme pro Kopf des sehenden Besuchers" (sic! wobei Wagner nicht etwa an Sightseeing-Touristen denkt, sondern an Gottesdienst-Teilnehmer mit Altarblick), und da ist der ökonomisch denkende und alle Vorgänger auch schon ökonomisch denken, nur nicht ganz so ökonomisch planen lassende Wagner allen anderen um Längen voraus – Fischer von Erlach darf froh sein, daß Wagner die Bausumme der Karlskirche nicht genau kennt, so bekommt er wenigstens hypothetisch den zweiten Platz.[7]

Gleichermaßen ökonomisch argumentiert dann auch Adolf Loos, wenn er in dem berühmten Aufsatz, der zwar nicht ausdrücklich behauptet, daß Ornament ein Verbrechen sei, dies aber sehr wohl meint und zu verstehen gibt, kategorisch erklärt: „Ornament ist vergeudete Arbeitskraft."[8] Gewiß, keinem Vernünftigen fällt es ein, den Ornamentwust der Gründerzeit leichthin zu verteidigen. Zu diesem Kurzschluß sollte man sich nicht einmal nachträglich durch die Tristesse des sozialen Wohnungsbaus unserer fünfziger und sechziger Jahre verleiten lassen. Die Bauten, die Loos attackierte, waren nicht nur in ihrer architektonischen Substanz so schlecht, daß sie der Kaschierung durch aufgeklatschtes Repräsentationsarsenal absolut bedurften,[9] sie waren, wo es sich um Mietshäuser handelte, darüber hinaus in Schnitt und Ausstattung so unzumutbar, daß darüber hinwegzulügen fürwahr Anlaß bestand.[10] Aber wenn Loos (der übrigens selbst an seinem Michaelerhaus Prachtsäulen setzte, wie die ganze Ringstraße sie nicht aufweist) dann vom ökonomischen zum geschichtsphilosophischen und spirituellen Argument übergeht und dekretiert, daß Ornamentlosigkeit durch die „Evolution der Kul-

---

6) Otto Wagner, *Die Baukunst unserer Zeit*, Wien [4]1914, 3.
7) Vgl. *Traum und Wirklichkeit. Wien 1870-1930*, Ausstellungskatalog Wien 1985, 92.
8) Adolf Loos, „Ornament und Verbrechen" (Vortrag, angeblich 1908, tatsächlich 1910), in: ders., *Trotzdem. 1900-1930*, Innsbruck 1931, 78-88, hier 83.
9) Vgl. Wolf Jobst Siedler, *Die gemordete Stadt*, München – Berlin 1978, 13.
10) Vgl. Michael Müller, *Architektur und Avantgarde. Ein vergessenes Projekt der Moderne?*, Frankfurt a. M. 1984, 69-72.

tur" geboten sei (war also der Barock ein glatter Rückfall hinter die Renaissance?) und „ein Zeichen geistiger Kraft" darstelle (als ob es nicht auch eines von Unbedarftheit sein könne),[11] dann überschreitet er seinerseits die Grenze von Argument zu Ideologie. So sicher kann eine angeblich einzige Logik der Geschichte niemand ausmachen, es sei denn dekretorisch. Die Konstruktion hat polemischen, nicht klärenden Sinn. Man will die Tradition endgültig loswerden. Zu diesem Zweck wird sie diskreditiert.

Diese Verwerfung der Tradition und dieser neue Purismus sind natürlich keineswegs auf die Architektur oder die Kunst beschränkt, man findet sie ebenso in der Philosophie. So gleich einen Stadtbezirk weiter, bei Ludwig Wittgenstein, der nicht nur, als er einmal – für seine Schwester – ein Haus errichtet, dies ganz im Stil des Loos'schen Purismus tut, sondern der in seiner Frühphilosophie ein perfektes philosophisches Pendant dieses Purismus schafft.[12] Noch das Loos'sche (und für die Moderne insgesamt charakteristische) Pathos der Einheit von Ethik und Ästhetik findet sich dort formuliert.[13] Und ähnlich hat auch ein anderer Schlüsseldenker der Zeit, hat Martin Heidegger für eine „Destruktion der Geschichte der Ontologie" plädiert.[14] Tradition stand insgesamt nicht auf dem Prüfstand, sondern am Schafott.

4. Kehrseite: der Absolutismus der Moderne

Nun hat allerdings genau diese – nicht moderate, sondern radikale und unerbittliche – Negation von Tradition, wie sie die Moderne des 20. Jahrhunderts kennzeichnet, diese andererseits mit einem schweren Folgeproblem belastet. Je radikaler die Abstoßung von allem Vorgegebenen ist, um so ausschließlicher und verbindlicher muß der neue, durch den radikalen Innovationsschritt gesetzte Boden werden. Indem man alle Brücken zur Tradition abbricht und alle Alternativen zur Moderne negiert, wird diese Moderne selbst tendenziell absolut. Man befreit sich zwar vom Zwang traditioneller Vorgegebenheiten, tauscht dafür aber einen neuen Zwang ein: den der Ausschließlichkeit des jetzt geltenden Bodens.

Jedermann weiß, wie dieser neue Boden in der Architektur aussieht. Er ist durch den Funktionalismus bestimmt. Gewiß, es gab auch andere Richtungen, Konstruktivismus und Expressionismus zum Beispiel, aber der Funktionalismus hat diese spätestens mit der Etablierung des „Internationalen Stils" absorbiert oder verdrängt. Der Funktionalismus wurde zum Einheitsstil der modernen Weltzivilisation. Aber dieser Funktionalismus enthält nicht nur manch gut Verständliches, sondern auch manch Wundersames.

---

11) Loos, „Ornament und Verbrechen", a.a.O., 88.
12) Vgl. Ludwig Wittgenstein, *Tractatus logico-philosophicus* (Erstveröffentlichung 1921).
13) A.a.O., 6.421.
14) Martin Heidegger, *Sein und Zeit*, Tübingen ¹⁵1979, § 6, 19-27.

Gut verständlich ist, inwiefern er einen Bruch mit der Tradition vollzieht. Daß ein Bau auch funktionale Aufgaben zu erfüllen hat, war stets eine Selbstverständlichkeit. Daß aber diesen Funktionen der ästhetische Primat zukommen, daß die Form ihnen folgen solle, das war ein bislang unerhörtes Dekret, war brachial neu.

Verständlich ist auch (wenngleich es von einer communis opinio Abschied zu nehmen verlangt), daß dieser radikale Innovationsschritt weitere Innovationen keineswegs provozierte, sondern gerade sistierte. Das funktionalistische Paradigma wurde auf Jahrzehnte hinaus verbindlich, und seine Vertreter verstanden sich sehr erfolgreich darauf, Abweichler zu diskriminieren und wirkliche Innovationen auszuschließen. Daher ist es – zumindest was die Architektur angeht – einfach grundfalsch, die Moderne auf Innovationsdynamik und Innovationsturbulenz festzulegen. Die Architektur der Moderne setzte einen einzigen radikalen Innovationsschritt, alles Weitere war Entwicklung auf dessen Basis. Wo heute alle Welt über die Starrheit des Funktionalismus und darüber klagt, daß im Gefolge des Internationalen Stils ein weltweites architektonisches Einerlei eingetreten ist, mutet es verwegen ignorant an, wenn uns noch jemand die alte Mär von der Dauerinnovation auftischt.[15] Nur ein hartnäckig Blinder könnte in Sachen Architektur und angesichts des Internationalen Stils von ständiger Erneuerung reden. Man wird ja nicht schon dergleichen wie die bloß geographische Ausbreitung eines Prototyps – Flachdächer in Island – eine Innovation nennen wollen, sondern diesen Ausdruck wirklichen Veränderungen vorbehalten, wie das etwa Roland Barthes getan hat, der (und ein solcher Vergleich ist der im Zeichen von Maschinen- und Ingenieur-Ästhetik angetretenen architektonischen Moderne angemessen, hat sich doch Le Corbusier selbst ausdrücklich auf das Vorbild des Automobils berufen) im Blick auf Autotypen nicht etwa schon die neue Farbgarnierung oder das aktuelle Facelifting eines älteren Modells eine Innovation nennen mochte, sondern erst die Schaffung einer neuen Typologie des Autos, wo wirklich – wie etwa bei der „D.S." mit ihrer neuartigen Phänomenologie der Zusammenpassung und ihrer göttinnengleichen Erscheinung – ein „Wendepunkt in der Mythologie des Automobils" geschaffen wird.[16]

---

15) Natürlich wirft das andererseits die Frage auf, wo diese Mär denn herrührt und warum die Doxa von der Dauerinnovation der Moderne sich so hartnäckig festsetzt und hält. In Kürze: Das Innovations-Theorem reflektiert eigentlich eine ökonomische, nicht eine künstlerische Logik. Es trifft Kunst nicht als Kunst, sondern als Ware und Investitionsobjekt. Daher hat es im Kunstmarkt nicht nur seine beredtesten Apologeten, sondern auch seinen eigentlichen Ort und Sinn. Der doxa-einschlägige Innovationstyp – die Innovation der Äußerlichkeit und der Verselbständigung des bloßen Faktors „neu" zum Selbstwert – ist die Leitform marktökonomischer Dynamik. Eine Konsequenz davon ist: Wer wissenschaftlich dieses Theorem propagiert, spricht in der Bahn der Marktperzeption von Kunst und ist de facto ein wissenschaftlicher Zuarbeiter der tendenziellen Vereinnahmung und potentiellen Vernichtung der Kunst durch den Markt.

16) Roland Barthes, „Der neue Citroen", in: ders., *Mythen des Alltags*, Frankfurt a.M. 1964, 76-78, hier 77.

5. Uniformitätserzeugung – Paradoxien des Funktionalismus

Wundersam ist allerdings, daß der Funktionalismus zu einem Einheitsstil führte. Wenn die Form der Funktion folgen soll und wenn die Funktionen einer Lagerhalle, eines Rathauses und einer Wohnsiedlung oder eines Verwaltungsgebäudes, eines Einkaufszentrums und eines Einfamilien-Bungalows unterschiedlich sind, dann steht doch gerade das Gegenteil von Uniformität zu erwarten. Warum ist der Funktionalismus trotz der Unterschiedlichkeit der Funktionen so uniform? Das gilt es zu begreifen.

„Funktionalismus" ist ein Etikett. Es deckt etwas anderes. Bei einem großen Funktionalisten wie Mies van der Rohe kann man das sofort sehen. Zwar hat Mies die offizielle Predigt – „form follows function" – mitgemacht, aber er hat sich seinen eigenen Reim darauf gemacht und hat diesen auch kundgetan. Als Hugo Häring sich über die komplexen Abläufe in einer zu errichtenden Fabrik den Kopf zerbrach, riet Mies ihm schlicht, diese Funktionen Sache der Benutzer sein zu lassen und den „Schuppen" einfach groß genug zu machen – dann würden sich die Benutzer darin mit ihren Funktionen schon einzurichten wissen.[17] Das ist alles andere als ein funktionalistisches Diktum, aber ein weiser Rat. Souverän überspielt er das Dilemma der funktionalistischen Doktrin.

Das Dilemma liegt darin, daß die konsequente Berücksichtigung der Funktionen unweigerlich in Bevormundung umschlägt. Entweder räumt man daher hohe Freiheitsgrade und Variationsmöglichkeiten ein – so der Mies'sche Weg (aber es wird noch zu prüfen sein, ob damit wirklich alle Probleme gelöst sind) – oder man ist konsequenter Funktionalist und geht von der Prämisse eines Mechanismus nicht nur der Arbeitsabläufe, sondern auch der Lebensverläufe aus und muß dann überall dort, wo diese Prämisse sich als irreal erweist (also beinahe überall, eben das ist das Problem) dazu übergehen, die Verläufe exakt zu planen, das heißt zu programmieren. Der Architekt schneidert Anzüge für einen neuen Menschen. Nicht mehr „form follows function", sondern „life follows architecture" ist das innere Motto dieses „Funktionalismus".

Das probate Mittel solcher Planung ist die dekretorische Festsetzung und Reduzierung der Funktionen. „Die Schlüssel zum Städtebau", heißt es in der „Charta von Athen", „liegen in den folgenden vier Funktionen: wohnen, arbeiten, sich erholen (in der Freizeit), sich bewegen."[18] Das ist Cartesisch-Corbusierscher Geist. So klar gegliedert ist das Leben – aus der Perspektive perfekter Planung. Adolf Behne, der Berliner Kritiker, hat dazu schon 1930 alles Nötige gesagt: „Der Zeilenbau will möglichst alles von der Wohnung her lösen und heilen, sicherlich in ernstem Bemühen um den Menschen. Aber faktisch wird der Mensch gerade hier zum Begriff, zur Figur. Der Mensch

---

17) Vgl. zu einigen Inkonsistenzen des Funktionalismus: Julius Posener, „Kritik der Kritik des Funktionalismus", *ARCH+*, Jg. 7, Heft 27, 1975, 11-27.
18) Charta von Athen, 1933, Nr. 77.

hat zu wohnen und durch das Wohnen gesund zu werden, und die genaue Wohndiät wird ihm bis ins einzelne vorgeschrieben. Er hat, wenigstens bei den konsequentesten Architekten, gegen Osten zu Bett zu gehen, gegen Westen zu essen und Mutterns Brief zu beantworten, und die Wohnung wird so organisiert, daß er es faktisch gar nicht anders machen kann." „Indem er Leben zum Wohnen spezialistisch verengt" – so faßt Behne diese prinzipielle Kritik zusammen –, „verfehlt dieser Siedlungsbau auch das Wohnen."[19]

So geht Emanzipation in Diktatur über. Der Funktionalismus „folgt" nicht, er diktiert. Das erkennt damals schon die kontinentale Kritik. Und das sagen bald – nach der Etablierung des „Internationalen Stils" – auch die amerikanischen Experten. Frank Lloyd Wright etwa spricht unumwunden vom „Totalitarismus" des neuen Stils.[20] – Warum aber blieb diese Kritik, die von der Postmoderne wiederholt werden wird, damals so wirkungslos? Warum schritt die modern-funktionalistische Vereinheitlichung ungebremst voran?

Man versteht dies besser, wenn man bedenkt, warum auch Mies' Lösung keine ist. Der Verzicht auf diktatorische Programmierung der Funktionen – und Mies ist der Meister dieses Verzichts – hebt eine andere, die formale Uniformierung keineswegs auf, sondern kann mit ihr gerade Hand in Hand gehen. Funktionalismus ist ein mehrfacher Deckname. Zum einen deckt er – ideologie-konträr – die Steuerung (statt Befolgung) der Funktionen, zum anderen verschleiert er – programm-konträr – einen Formalismus, der sich nicht an Funktionen orientiert, sondern gänzlich funktions-indifferent bloß den Look von Funktionalität suggeriert. Das Stahl-Glas-Raster war nicht bloß früh schon reiner Schein (nämlich Haut und nicht etwa tragfähige Fassade),[21] sondern blieb auch spät eine vornehmlich symbolische Form ohne funktionale Legitimation. (Funktional ist sie höchst problematisch.) Der Funktionalismus ist keiner. Wo er auf Funktionen bezogen ist, folgt er diesen nicht, sondern dekretiert sie. Und wo er ihrer überhaupt nicht achtet, sondern ein superber Formalismus ist, kommen funktionale Katastrophen zustande.

Wie sehr es sich bei Mies um Formalismus, nicht um Funktionalismus handelt, kann man gerade an seinem letzten zu Lebzeiten vollendeten Bau in Europa, der Berliner Nationalgalerie (1962-1968), exemplarisch erkennen. Bekanntlich ist diese Nationalgalerie aus einem Schubladenentwurf hervorgegangen, der für ganz andere Zwecke konzipiert

---

19) Adolf Behne, „Dammerstock", *Die Form*, Jg. 6, H. 6, 1930 (zit. nach: *Tendenzen der Zwanziger Jahre*, Ausstellungskatalog Berlin 1977, Teil 2, 125,126).
20) Vgl. Mathias Schreiber, „Nur Einfaches ist gewiß", *Frankfurter Allgemeine Zeitung*, Nr. 73, 27.3.1986, 25.
21) Die vielgepriesene Inkunabel des Systems, das Fagus-Werk in Alfeld an der Leine von Walter Gropius und Adolf Meyer (1911) ließ das gleich erkennen: Die weitgehende Auflösung der Außenwände wurde nur dank eines ausgekragten Stahlskeletts möglich, das die Tragfunktion nach innen verlagerte.

worden war: für das Verwaltungsgebäude der Rumfirma Bacardi in Santiago de Cuba. Daher kann es auch nicht verwundern, wenn funktionsbezogen nicht etwa dank glücklichen Zufalls Lösungen, sondern kraft Systems Miseren zustande kommen. Funktional, als Museumsbau, laviert diese Nationalgalerie an der Grenze der Brauchbarkeit, nur als sich selbst zelebrierendes Bauwerk ist sie ein Juwel. Das spricht freilich der Doktrin des Funktionalismus Hohn. Der Fall zeigt exemplarisch, wie wenig es diesem „Funktionalismus" auf die Funktion ankam, wie sehr er zu einer formalen Universalsprache geworden war.

Auch die Gefahr dieses Formalismus war schon früh erkannt worden. Im Bauhaus stand die Bekämpfung dieser Tendenz alle Jahre wieder auf dem Programm. So fand Paul Klee schon 1925 Anlaß zu der Warnung: „Formalismus ist Form ohne Funktion."[22] Georg Muche verurteilte 1926 das Streben nach einem abstrakten Stil als Rückfall ins Dekorative.[23] Mies van der Rohe erklärte 1927: „Ich wende mich gegen die Form als Stil."[24] Hannes Meyer schrieb 1929: „Wir verachten jegliche Form, die zur Formel sich prostituiert."[25] Und schon Jahre zuvor hatte Wassily Kandinsky – im Zusammenhang seiner Proklamation des malerischen Äquivalents zum architektonischen Funktionalismus, also seiner Forderung, daß die bildnerische Form aus der „inneren Notwendigkeit" hervorgehen müsse – nachdrücklich davor gewarnt, aus einer solcherart erwachsenen Form dann eine „Uniform" zu machen: „Kunstwerke sind keine Soldaten."[26] Natürlich bezeugt die Wiederkehr des Themas die Hilflosigkeit gegenüber dem Problem. Auf Dauer war der Formalismus nicht aufzuhalten. Es wurde tatsächlich ein weltweiter „Uniformalismus" daraus.

6. Technischer Geist

Sowohl der auf Funktionen bezogene (aber ihnen nicht folgende, sondern sie vorschreibende) Funktionalismus als auch der rein formale Funktionalismus wurden so zu Medien weitreichender Uniformierung. Die treibende Kraft war der in beiden wirksame technische Geist. Dieser ist in der Moderne eo ipso vereinheitlichend. Und ihm huldigen beide Funktionalismen, der Corbusiersche wie der Mies'sche, und sie tun es rhetorisch wie praktisch. Le Corbusier – der das Haus zur „Wohnmaschine" erklärte – verkündete stolz: „Wir haben im Namen des Dampfschiffes, des Flugzeugs und des

---

22) Paul Klee, *Das bildnerische Denken*, hrsg. von Jürg Spiller, Basel – Stuttgart ³1971, 60.
23) Vgl. Hans Wingler, *Das Bauhaus*, Ramsche ³1975, 123 f.
24) *Tendenzen der Zwanziger Jahre*, Teil 2, 93.
25) Rainer Wick, *Bauhaus-Pädagogik*, Köln 1982, 46.
26) Wassily Kandinsky, „Über die Formfrage", in: *Der Blaue Reiter*, hrsg. von Wassily Kandinsky und Franz Marc, München 1912, 74-100, hier 78/1.

Autos unsere Stimmen erhoben für Gesundheit, Logik, Kühnheit, Harmonie und Vollkommenheit."[27] Man muß diesen Satz zweimal lesen, muß ihn auch als Geständnis hören. (Wir Heutige, die wir die bittere Wahrheit seiner Kehrseite erfahren haben, wissen zudem, daß gegen diese im Namen von Dampfschiff, Flugzeug und Auto entworfene Welt in einem anderen Namen Einspruch zu erheben ist: im Namen der Menschen.) Ähnlich wie Le Corbusier hat auch Mies van der Rohe sein Ziel bestimmt: Er wollte „Architektur für eine technologische Gesellschaft" schaffen.[28] Und – um das Dreigestirn vollzählig zu versammeln – am pragmatischsten hat diese „neue Einheit" von „Kunst und Technik" Walter Gropius in seiner Bauhauszeit proklamiert (und nachher am trockensten realisiert).[29] „Funktionalismus" ist im Grunde (und am Ende nur noch) die Verbrämungsformel eines Technizismus.[30]

Diese techno-logische Grundorientierung der modernen Architektur hat ihre Fusion mit der Industrie ermöglicht. Zunächst hat man diese Fusion für die Zwecke besseren Wohnens oder zeitgemäßer Architektur nützen zu können geglaubt. Aber auf Dauer geriet die Architektur zum Subunternehmen industrieller Zwecke. Sie hat nicht mehr korrigiert, sondern affirmiert. Sie hat etwas von ihrem Prinzip enthüllt, als sie zuletzt in den Wolkenkratzer-Monumenten des Kapitalismus ihre besten Werke schuf. Uniformierungsgestus und Uniformierungsleistung dieser Architektur sind ohne ihr Industrie-Bündnis nicht denkbar, aber sie konnte dieses Bündnis nur eingehen, weil sie selbst schon im Wesen technisch war und ökonomisch dachte. Hermann Hesse hat bereits 1912 konstatiert, daß eine Ästhetik, die sich für eine Ethik ausgibt, im Grunde Ökonomie sein kann: „Im Deutschen Werkbund arbeiten Künstler mit Handwerkern und Fabrikanten zusammen und zwar gegen den Schund zugunsten der Qualitätsarbeit. ... Es handelt sich um den Geschmack als moralische Angelegenheit, aber Moral ist hier

---

27) Le Corbusier, *Ausblick auf eine Architektur*, Braunschweig ⁴1982, 23 bzw. 33.
28) Vgl. Matthias Schreiber, „Nur Einfaches ist gewiß", a.a.O., 25.
29) „Kunst und Technik – Eine neue Einheit" lautete ein Vortrag, den Gropius im Sommer 1923 aus Anlaß der Bauhaus-Woche hielt und der fortan für das Programm des Bauhauses bestimmend war (vgl. Hans Wingler, *Das Bauhaus*, Bramsche ³1975, 15).
30) Technisch geprägt sind auffallenderweise noch alle Gegenströmungen. Bruno Taut entwickelt in seinem Buch *Alpine Architektur* (Hagen i.W. 1919) die Phantasmagorie einer Transformation der Alpen in Kunst. Die Gipfel der Viertausender um Zermatt sollten zu Edelsteineffekten zugeschliffen werden. „Da soll die Schönheit erstrahlen – Der Monte Rosa und sein Vorgebirge bis zur grünen Ebene soll umgebaut werden." (S.16) So gerät noch der romantisch getönte Expressionismus zu einer Hyperbolie technischen Geistes. Eine ähnliche Ambivalenz von expressionistischem Pathos und technoider Grundierung zeigt auch Wassily Luckhardts im gleichen Jahr entworfenes Denkmal der Arbeit mit dem Titel „An die Freude" (Gouache auf Karton, Akademie der Künste, Sammlung Baukunst, Berlin): Menschenmassen versammeln sich um einen raketenartigen Fetisch, der sie wie Staubpartikel ansaugt. Das Ideal ist totalitär, der Götze technoid.

IV. Kapitel: Postmoderne für alle: Die postmoderne Architektur

gleichbedeutend mit Volkswirtschaft."[31] Le Corbusier hat die einfachen Formen – jene nachhaltigsten Uniformierungsmittel der Moderne – als kosmisch-elementare gepriesen, sie waren freilich – merkwürdige Koinzidenz? – gerade die ökonomisch handlichen.

Die Monopolansprüche und Uniformierungseffekte der modernen Architektur sind nur zu begreifen, wenn man diese ihre interne Technizität erkennt, die sie mit Planungsglauben, Strukturierungsemphase und einer ungehörigen Portion Rücksichtslosigkeit versieht, und wenn man das aus diesem Geist mögliche und gesuchte Bündnis mit dem Industrialisierungsprozeß in Rechnung stellt und das System der modernen Architektur nicht autonom, sondern in diesem Funktionskreis analysiert.[32]

Es geht hier nicht um eine Schreckensvision. Nur Toren können die großartigen Errungenschaften der modernen Architektur übersehen. Aber man müßte umgekehrt einäugig sein, wenn man die Ambivalenz nicht wahrhaben wollte. Und hier geht es um diesen anderen, um den wunden Punkt dieser Architektur, gilt es ihre uniformierenden und totalisierenden Züge zu begreifen. Das ist schmerzlich, aber wichtig. Man macht es sich zu leicht, wenn man meint, worauf man seit den sechziger Jahren negativ reagiere, seien nur Auswüchse und Verirrungen der Moderne. Was uns an Trabantenstädten schreckt, war in den zwanziger Jahren formuliertes und emphatisch vertretenes Programm. Hilberseimers Projekt einer „Hochhausstadt" von 1924 ist in einem Maße totalitär, uniform und gespenstisch, wie keine der sogenannten „Verirrungen" es je erreicht hat.

Wenn sich die Postmoderne von der modernen Uniformierung abkehrt, dann hat sie nicht nur – verständlicherweise – die späten Auswüchse der Moderne, sondern – berechtigterweise – auch die uniformierenden Züge in den frühen Projekten und Utopien der Moderne im Auge. Es ging in den letzten Überlegungen darum, die Paradoxie des Funktionalismus – daß er trotz der Diversität der Funktionen bei der Uniformität der Erscheinungen landet – zu verstehen. Diese Dialektik ist Beleg eines innerlich schon vorhandenen, nicht erst von außen induzierten Widerspruchs. Die Vereinheitlichung liegt im Prinzip dieser Moderne. Das wird sich auch, wenn jetzt von diesen grundsätzlicheren Überlegungen zur Sonderfrage des Traditionsverhältnisses der Moderne übergegangen wird, noch einmal bestätigen.

---

31) Zit. nach: *Zwischen Kunst und Industrie. Der Deutsche Werkbund*, Ausstellungskatalog München 1975, 13.
32) Verdichtet erscheinen alle fragwürdigen Elemente im folgenden Passus von Le Corbusiers Architektur-Programm: „Ein großes Zeitalter ist angebrochen. Ein neuer Geist ist in der Welt. Die Industrie, ungestüm wie ein Fluß, der seiner Bestimmung zustrebt, bringt uns die neuen Hilfsmittel, die unserer von dem neuen Geist erfüllten Epoche entsprechen. Das Gesetz der Sparsamkeit lenkt gebieterisch unser Tun und Denken ... Erste Pflicht der Architektur in einer Zeit der Erneuerung ist die Revision der geltenden Werte, die Revision der wesentlichen Elemente des Hauses ... Es gilt, die geistigen Voraussetzungen für den Serienbau zu schaffen. Die geistige Voraussetzung für die Herstellung von Häusern im Serienbau. Die geistige Voraussetzung für das Bewohnen von Serienhäusern." (*Ausblick auf eine Architektur*, 24)

7. Traditionsbezug modern: faktisch vorhanden – offiziell verleugnet

Auch die funktionalistische Architektur hat ihre Ahnen. Nur versteckt sie diese, und zudem sind ihre neuen sprachlichen Mittel so ungewohnt, daß die alte Botschaft bloß durchschimmert und nicht sogleich erkennbar ist. Man soll sie freilich, dem Traditionsverdikt entsprechend, auch nicht erkennen.

Schon am Industriebau ist die Verwandtschaft mit einem älteren Architekturtyp deutlich, und nicht mit irgendeinem, sondern mit dem klassischen Paradigma von Architektur schlechthin, mit dem griechischen Vorbild, dem Modell des Tempels. Walter Gropius' und Adolf Meyers Industriebau-Inkunabel, das Fagus-Werk in Alfeld an der Leine von 1911, läßt diese untergründige Verbindung der funktionalen Glas-Stahl-Architektur mit dem griechischen Vorbild deutlich erkennen. Die Klarheit der Vertikalen und Horizontalen, die Regularität der Folge und die Wiederkehr der Maße, der hohe Grad an Offenheit und Transparenz stehen dafür.

Vollends ist diese Tiefenverbindung von Moderne und Antike schließlich gegen Ende der Epoche an Mies van der Rohes Berliner Nationalgalerie zu Ausdruck und Anschauung gelangt.[33] Mies, der Schinkels Klassizismus sehr genau studiert hatte, schuf hier eine offensichtliche Tempelarchitektur – die freilich nichts Historisches oder Eklektisches hat, sondern ganz aus der Eigensprache ihrer Zeit ein Äquivalent des klassischen Paradigmas zustande bringt. Alles ist anders, von den Materialien bis zur Syntax: Die Doppel-T-Träger – Standardartikel moderner Bautechnik, nach Mies' aufschlußreichen Worten aber zugleich die „dorischen Säulen" der modernen Architektur – besetzen nicht die Gebäudekanten, sondern stehen weit eingezogen, so daß der Bau sich nicht als Körperblock schließt, sondern seine Transparenz betont in die Umgebung hinausträgt. Die Struktur ist also verändert, und die Faktur ist vollends eine andere als in der Antike, und doch entsteht über Qualitäten der Maßabstimmung, des rhythmischen Wechsels und der Proportionierung nach Ort und Erscheinung ein vollkommenes Äquivalent des Klassischen, eine Anschauung von Vernunft. Am Ende beweist sich die Orientierung am Vorbild noch in einem charakteristischen Kunstgriff: Die leichte Krümmung der horizontalen Dachlinie – notwendig, um den Eindruck des Durchhängens zu vermeiden – entspricht zentimetergenau derjenigen des Architravs am Parthenon.

Gewiß, auch dieser Traditionsbezug ist selektiv. Man orientiert sich an der klaren, rationalen Architektursprache des Gliederbaus, an Antike, Renaissance und Klassizismus, nicht am Filigran der Gotik, nicht am Reflexionsstil des Manierismus, nicht an der Komplexität des Barock. Diese Präferenz hängt natürlich mit der Dominanz technisch-instrumenteller Rationalität zusammen. Die Moderne ist auch in ihrem Traditionsbezug apollinisch, perhorresziert das Dionysische. Mystik kennt sie nur zisterziensisch, nicht exaltiert.

---

[33] Auf die funktionalen Probleme beider Bauten wurde zuvor schon hingewiesen. Jetzt geht es ausschließlich um den Traditionsaspekt.

Und doch wirft das auf den anti-traditionalistischen Gestus der Moderne noch einmal ein neues Licht. Die Dinge liegen differenzierter, als es auf den ersten Blick erscheint. Nur auf der Ebene der Rhetorik ist alles eindeutig: Die Tradition gilt für ein unbrauchbares Wrack. In der Praxis schielt man jedoch sehr wohl nach ihren Schätzen. Nur darf man das eben nicht unverhüllt tun und schon gar nicht offen aussprechen. Die Leitdoktrin der Moderne erlaubt das nicht. Sie gebietet vielmehr die Abstoßung von der Tradition und hält ihr Veto gegen Rückgriffe auch dort noch aufrecht, wo diese unvermeidlich sind und auf den zweiten Blick auch unübersehbar werden.

Dieses Veto ist nicht etwa harmlos. Es hat vielmehr sehr pragmatische und rabiate Seiten. So ließ Gropius, als er in Harvard zu lehren begann, alle Bücher über historische Architektur aus der Bibliothek entfernen.[34] Und Le Corbusier hat mit seinem Plan für Paris den Abriß der alten Stadt propagiert. Tradition wurde eliminiert, attackiert oder versteckt.[35] Die Doktrin war eindimensional fortschrittsversessen.

Willi Baumeister erklärte, verblüffend naiv und doch typisch für diese Moderne: „Es gibt keine guten konservativen Richtungen in der Kunst, sondern nur fortschrittliche: Der Mensch und der Künstler ist gleich einem Radfahrer. Wenn er anhält, fällt er um."[36] Die linearen Fortschrittsdenker glaubten wirklich, daß man nur auf dem eingeschlagenen Weg fortfahren, daß man unmöglich aussteigen, umsteigen oder einen Abstecher in die Geschichte unternehmen könne. Man kann das natürlich sehr wohl. Der rigorose Modernismus will es nur systematisch nicht wahrhaben.

8. Postmodern konturierte Moderne

Wenn wir die Moderne heute so scharf sehen – in der Einseitigkeit ihres technokratischen Fortschrittsdenkens, im Rigorismus und Monopolismus ihrer funktionalen Doktrin, in ihrem Widerspruch von Dekret und Praxis –, so verdanken wir das dem Abstand, den die Postmoderne gebracht hat. Unser Bild von der Moderne ist durch die Optik die-

---

[34] Noch in den sechziger Jahren wurde an vielen Kunstakademien von Professoren für Geschichte der Architektur alles Mögliche gelehrt, nur nicht Geschichte der Architektur – und wenn doch, so vorwiegend zum Zweck der Traditionskritik.

[35] Adorno hat dies, gerade mit Blick auf das Industriebündnis dieser Architektur und die kapitalistische Dynamik ihrer Welt, für unausweichlich gehalten. „Mit bürgerlicher Gesellschaft", sagte er, „ist Tradition strengen Sinnes unvereinbar." Das Grundprinzip der modernen Welt, das Tauschprinzip, hebt Tradition auf. Adorno glaubte auch nicht, daß solcher Traditionsverlust ästhetisch kompensiert werden könne. „Real verlorene Tradition ist nicht ästhetisch zu surrogieren." (Theodor W. Adorno, „Über Tradition", in: ders., *Ohne Leitbild. Parva Aesthetica*, Frankfurt a.M. 1967, 29-41, hier 29, 31) Ästhetische Kompensation ist keine. Würde sie eines Tages dafür gelten, wäre gerade daran das Ausmaß des Verlustes abzulesen.

[36] Willi Baumeister, *Das Unbekannte in der Kunst*, Köln ²1960, 205.

ser Postmoderne geschärft, die ihrerseits aus Erfahrungen mit der Moderne hervorging. Dieser Befund gilt – und das ist wichtig – für Kritiker und Verteidiger der Moderne gleichermaßen.

Die Verteidiger der Moderne zeichnen von dieser heute ein Bild, das auffallend postmodern konturiert ist. Niemand kann seine Verteidigung heute noch so anlegen, wie Pevsner das tat, indem er die funktionalistische Doktrin fraglos zugrunde legte. Für ihn genügte es, Abweichler als „Neo-Expressionisten" und „Anti-Pioniere" zu bezeichnen und „postmodern" als Schimpfwort zu gebrauchen, das diese Abweichung definitiv in ihrer Unmöglichkeit brandmarkte.[37] Inzwischen aber sind die Restriktionen der funktionalistischen Doktrin und der Moderne-Dogmatik zu offensichtlich und unerträglich geworden. Aus Pevsners Schimpfwort wurde eine Leitvokabel, und ihr zunächst verhöhnter Gehalt wurde höchst plausibel und ihre Intention allgemein. Deshalb argumentieren die Verteidiger der Moderne heute gerade andersherum als Pevsner. Sie rügen Abweichungen nicht als Abweichungen, sondern weisen darauf hin, daß bereits die Moderne wenn schon nicht aus lauter Abweichungen, so doch aus einer Vielzahl unterschiedlichster Ansätze bestand – jedenfalls der Intention nach bestehen sollte. Jede Verteidigung der Moderne ist heute – von der Architektur über die Soziologie bis zur Philosophie – solcherart plural getönt.[38] Das allein würde fast schon genügen, um die Geltung der Postmoderne zu erweisen. Sogar innerhalb des Funktionalismus wissen die postmodern inspirierten Modernisten neuerdings erstaunliche Differenzen auszumachen: Gropius – das geben sie zu – war einsilbig; aber Mies van der Rohe war schon ein ganz anderer Fall, Mies war elegant; und vollends Le Corbusier ist funktionalistisch gar nicht zu fassen, sondern war ein reiner Mystiker – hat er je anderes gebaut als Ronchamp?

---

37) Nikolaus Pevsner, „Architecture in Our Time. The Anti-Pioneers", *The Listener*, 29. Dez. 1966 u. 5. Jan. 1967.
38) Damit meine ich natürlich das Eintreten für eine Pluralität von Paradigmen, nicht jene im Architektursektor leider auch anzutreffende Doppelzüngigkeit, die einerseits die Moderne beschwört und die Postmoderne verurteilt, andererseits aber keineswegs modern, sondern gerade schlecht-postmodern baut (vgl. die Hinweise von Heinrich Klotz, „Von der Moderne zur Gegenwart. Rückblicke auf die Stuttgarter Staatsgalerie", *Jahrbuch für Architektur 1985/1986*, 131-140, hier 131). – Architektonisch stellt Richard Meiers Frankfurter Museum für Kunsthandwerk (1985) ein aufschlußreiches Beispiel für die „postmoderne" Beeinflussung – in diesem Fall würde ich allerdings nicht von Transformation, sondern eher von Garnierung sprechen – einer modernen Architektur dar. Das ist von der Bezugnahme auf die alte Villa Metzler (Traditionelles gibt unauffällig Maße vor) über den 3,5°-Winkel (der die leichte Irritation bringt, die jegliche Monotonie vertreibt) bis zur Ausrichtung auf die anderen Museumsbauten am Schaumainkai (virtuelle Bezugnahme auf Nicht-Sichtbares) deutlich. – Soziologisch und philosophisch bietet Habermas das deutlichste Bild einer anti-postmodern akzentuierten Verteidigung einer postmodern konturierten Moderne.

Auf Legitimität wie Grenzen solcher Rückstrahleffekte der Postmoderne auf das (Wunsch-)Bild von Moderne wird noch genauer einzugehen sein. Zumindest müßte, wer die Moderne so verteidigt, ja einräumen, daß er erst dank der Postmoderne die in der Moderne faktisch eher getilgte denn entwickelte Vielfalt neu entdeckt hat. Die Postmoderne tut allerdings mehr, als die verdrängten Seitenstränge der Moderne zu revitalisieren. Dieses Projekt der Moderne-Verteidiger – das sie von der Postmoderne übernommen haben und worin sie fürwahr keinen Grund zur Polemik haben – genügt der Postmoderne noch nicht. Sie greift weiter aus und zurück. In puncto Traditionsbezug bleibt daher ihre Grenze sowohl zur faktischen Moderne wie zum Neo-Bild der Moderne scharf. Die Postmoderne läßt Tradition undogmatisch wieder zu.

9. Traditionsverhältnis der Postmoderne

Schon bei spät- und hypermodernen Gebäuden sind Anzeichen von Selbstrücknahme festzustellen. Das einst pathetische Selbstbewußtsein schwindet. Man tritt nicht mehr triumphal auf, sondern läßt auch anderes gelten. Das zeigt sich an Hochhäusern, deren spiegelnde Außenhaut – ursprünglich zur optischen Entmaterialisierung verwendet – jetzt insbesondere in historischen Baukontexten als Geste der Selbstaufhebung zugunsten der gespiegelten Reproduktion des Geschichtlichen eingesetzt wird. So geschah es beispielsweise 1971 beim Equitable-Building in St. Louis (USA), einer gigantischen Silberpapierschachtel, die den nahen Würdebau des Lincoln Memorial Centre spiegelt. Zwar war dergleichen auch, als es einige Jahre später in europäischen Städten auftauchte, noch keine wirkliche Lösung, aber es ist immerhin aufschlußreich für den gewandelten Bewußtseinszustand der Moderne. Diese hat ihr pralles Selbstbewußtsein verloren, sie spürt, daß sie nicht jeder historischen Architektur überlegen ist, ja nicht einmal mit jeder konkurrieren kann, und sie sucht – symbolisch gesprochen – ihre Auflösung. An ihrer Stelle läßt sie Tradition in Erscheinung treten.

Längst freilich gab es anderes als solch vergleichsweise hilflose Gesten, gab es ausdrückliche Aufnahmen und Einarbeitungen traditioneller Architekturformen in moderne Gebilde. So hat beispielsweise Philip Johnson 1956 eine Synagoge mit offenkundig traditionellen Anklängen geschaffen.[39] Die Deckenkonstruktion erinnert an gespannte Zeltbahnen, ist jedoch offensichtlich von der alten Bauweise nach Jochen abgeleitet. Das ist auch an den Wänden ablesbar, die jochweise durch schwarze Stahlstützen gegliedert sind, zwischen denen eine lichtdurchbrochene Wand wie eingehängt erscheint. Der funktionalistische Formalismus gilt nicht mehr. Die Bauform bringt eine

---

39) Philip Johnson, Synagoge Kneses Tifereth Israel, Port Chester/New York, 1956. Abbildungen in: Charles Jencks, *Spätmoderne Architektur. Beiträge über die Transformation des Internationalen Stils*, Stuttgart 1981, 153.

intelligente Reformulierung des alten Jochsystems mit Hilfe von Parademateralien der Moderne zustande (wobei zudem eine Reindarstellung des Kernelements dieses Systems, des Baldachins, gelingt). Zugleich kommt es zu einer interessanten – die Modernität der Bildung pointierenden – Umkehrung der traditionellen konstruktiven Gesetze: Das „Gewölbe" übt nicht mehr Druck aus auf die Stützen, sondern suggeriert Zug – und vermag gerade infolge dieser modernen Umkehrung Assoziationen an den ursprünglichen Kultbau des Zeltes hervorzurufen. Die Reformulierung erfolgt unter Einsatz der modernsten Materialien und Techniken, und sie erreicht dabei sowohl eine Weiterführung dieser Moderne als auch eine Allusion ans Älteste.

Als weiteres Beispiel sei ein Wohnhaus von Mario Botta angeführt, die „Casa Rotonda" von 1981.[40] Es handelt sich um einen kreisrunden Steinbau mit großenteils geschlossener Außenwand, der ersichtlich von romanischen Wohntürmen abgeleitet ist und einen Hort abgeschirmten, auf den Eigenkreis der Familie zurückbezogenen Wohnens bildet – eine Gegenthese zur Transparenz-Eskalation in der modernen Villa des Internationalen Stils. Und doch handelt es sich keineswegs um eine mittelalterliche Idylle. Was einerseits an einen romanischen Wohnturm erinnert, ähnelt andererseits so banal wie unverkennbar einem modernen Öltank. Zudem schneidet die exemplarische Architekturform der Moderne, das Stahl-Glas-Raster, von obenher in die Steintonne ein und versieht nicht nur die Räume mit Licht, sondern den ganzen Bau mit Gegenwärtigkeit. Altes und Neues durchdringen einander. Die Außenerscheinung, die zwischen Aquileia und Agip oszilliert, ergibt ein Inneres, das seine Klarheit nicht mehr durch Verzicht auf Abschirmung und Geborgenheit erkaufen muß. Dieser Bau Bottas stellt geradezu ein Lehrbeispiel der postmodernen Kombination von Altem und Neuem dar. Die Jencks'sche Generalformel für Postmoderne – Doppelkodierung – ist hier exakt durch die Pole Modernität und Tradition konkretisiert.

Elemente von Tradition sind also sehr wichtig für diese Postmoderne. Sie haben vorbildlichen Charakter, und das nicht bloß in formaler, sondern auch in inhaltlicher Hinsicht; sie verkörpern vergessene und wiederzugewinnende Momente öffentlicher und privater Architektur, symbolische Dimensionen (Baldachin, Zelt) und humane Erwartungen (Geborgenheit). Aber der Rückgriff auf diese Gehalte geschieht nicht einfach imitativ, sondern transformativ. Damit dementieren diese Beispiele ein kurrentes Vorurteil. Ihm zufolge soll sich die Postmoderne darin erschöpfen, Neohistorismus zu sein, und das auch noch in der billigen Form der bloßen Applikation.[41] Den Traditionsentzug durch Moderne suche man hier durch eine postmoderne Nachfütterung mit Tradition zu therapieren. Dazu bediene man sich der Geschichte als Supermarkts und staf-

---

40) Abbildungen in: Heinrich Klotz, *Moderne und Postmoderne. Architektur der Gegenwart 1960-1980*, Braunschweig – Wiesbaden 1984, 274 f.
41) Klotz hat dieses vor allem in den USA – aber nicht nur dort – verbreitete simplistische Verständnis von Postmoderne mehrfach zurückgewiesen (vgl. *Moderne und Postmoderne*, 16, 420).

fiere dementsprechend Vorderseiten von Einkaufszentren mit Tempelfronten aus, errichte Universitätsbibliotheken im Ritterburgenstil und sei insgesamt offenbar der Meinung, daß das Glück des Menschen mit Sprossen, Erkern und Loggien – alternativ allenfalls mit Söllern und Zinnen – zu machen sei. Natürlich gibt es dergleichen Neohistorismus. Aber er ist allenfalls eine Verfallsform der Postmoderne, macht nicht deren Essenz aus. Mehr-Sprachigkeit, nicht Applikations-Unwesen und Zitate-Salat sind für ihren Begriff verbindlich. Wenn die Postmoderne Tradition aufnimmt, dann im Modus der Verwandlung und modernen Artikulation. Tradition bedeutet auch für die Postmoderne „nicht bloße Konservierung, sondern Übertragung", und das „schließt ein, daß man nichts unverändert und bloß konservierend beläßt, sondern daß man ein Älteres neu sagen und erfassen lernt".[42]

Die Postmoderne ist sowohl von substantieller Geschichtsgläubigkeit wie von dem emotionalen Antimodernismus frei, der das Unterfutter des Neohistorismus bildet. Sie übersetzt die alten Aussagen in die Sprache der Moderne und verbindet sie mit Leitformeln moderner Erfahrung. Sie bereichert die Moderne – ohne deren Niveau zu unterschreiten, wohl aber ihren Horizont erweiternd – um Elemente der Tradition. Man kann das noch einmal anhand eines sehr sprechenden Beispiels veranschaulichen: Nachdem die futuristische Avantgarde die Nike von Samothrake, diese Symbolfigur klassischer Schönheit, zugunsten der Rasanz des Rennwagens entthront hatte, wird sie von Haus-Rucker-Co als „Nike von Linz" (1977) wieder inthronisiert – aber jetzt eben in moderner Formensprache, durchsetzt mit den Ingredienzen des Rennwagenzeitalters.[43]

Wenn Hegel kunstbezogen die Erstdiagnose von „Posthistoire" gestellt hat – alles ist heraus und frei verfügbar geworden[44] –, so begnügt sich die Postmoderne nicht damit, seine Zusatzforderung zu erfüllen, wonach sich bei der verbliebenen Darstellung der errungenen Gehalte doch zumindest in deren Behandlungsart überall „die heutige Gegenwärtigkeit des Geistes" mit Nachdruck bekunden müsse;[45] sondern die Postmoderne läßt diese End-Diagnose hinter sich und sucht die Potentiale der Tradition gerade für eine Transformation der Moderne nutzbar zu machen. Das heißt auch – jetzt auf Nietzsches Sorge um die Erstickung gegenwärtigen und künftigen Lebens durch die Univer-

---

42) Hans-Georg Gadamer, *Die Aktualität des Schönen. Kunst als Spiel, Symbol und Fest*, Stuttgart 1977, 64.
43) Die Autoren beschreiben das folgendermaßen: „Traditionelle ästhetische Wertvorstellungen, die durch die Nike repräsentiert sind, werden mit dem Gedankengut der konstruktivistischen Revolutionsarchitektur gekoppelt: humanistische Tradition durch industrielle Technologie überlagert" (*Jahrbuch für Architektur 1981/1982*, 173).
44) Georg Wilhelm Friedrich Hegel, *Ästhetik*, hrsg. v. Friedrich Bassenge, 2 Bde., Frankfurt a.M. o.J., I 578 f.
45) Ebd., 581.

salpräsenz historischen Wissens bezogen:[46] Die Postmoderne erliegt weder historisch dem Druck dieser Universalpräsenz, noch vermag sie ihm bloß durch die von Nietzsche erwogene Ausflucht ins vermeintlich Unhistorische und Überhistorische zu entgehen, sondern ihr gelingt – in ihren besten Manifestationen jedenfalls – jene produktive Bewältigung des Geschichtlichen, die Nietzsche eigentlich erhoffte und von einer als „plastische Kraft" bestimmten Fähigkeit sich versprach, die das Vergangene so zu ergreifen versteht, daß ihr daraus unter der Hand das eigene Zukünftige hervorgeht.[47] Und das heißt schließlich, auf Walter Benjamins Gedanken der „Jetztzeit" bezogen: Die Postmoderne ist – anders als der Historismus, der nur Verstehen, aber keinen „Tigersprung" kennt, und anders als die Moderne, der das Vergangene nichts bedeutet – zum „Tigersprung ins Vergangene" bereit.[48] Sie erkennt Verwerfungen im Kontinuum der Geschichte und erblickt Vergangenes als Modell, das freilich nicht zu reproduzieren, sondern auf den Hitzepunkt der Gegenwart zu bringen und umzuschmelzen ist. Die Postmoderne ist weder historistisch noch posthistoristisch (im Sinn der Posthistoire), sie hat ein anderes Bild von Geschichte: weder das einer kontinuierlichen Chronologie noch das einer beliebigen Gleichzeitigkeit. Der Geschichtsbeton ist gesprengt. Es gibt viele Geschichtslagen. Und deren zeitlicher Index ist weniger wichtig als ihr sachlicher Gehalt. Altes kann jünger sein als das Jüngste, kann mehr Gegenwart und Zukunft entzünden als die Dauerglut des Aktuellen enthält. Kann, muß aber nicht: kein Vorrang der Tradition. Sie muß, wenn schon, ihr Feuer je erst entfachen, kann es nicht einfach mitbringen.

10. Begriff der Postmoderne: Moderne im Status ihrer Transformation (Wellmer und Klotz versus Habermas)

Auf den Begriff der Postmoderne bezogen, bedeutet dies: Die Postmoderne ist keineswegs eine Anti-Moderne und Trans-Moderne, sondern eine über ihre Selbstbeschränkungen und Rigorismen hinausgehende Moderne. Hier bestätigt sich im Sektor der Architektur, was zuvor in allgemeiner Perspektive dargelegt wurde. Die architektonische Postmoderne durchstößt die Schranken monopolistischer Verbindlichkeit und wird dadurch frei, sowohl Traditionspotentiale zu erschließen wie verschüttete Stränge der Moderne wieder aufzunehmen. Sie wendet sich gegen eine durch Selbstverkürzung verkommene Moderne, revitalisiert deren weitere Intentionen und überschreitet prinzi-

---

46) Vgl. Friedrich Nietzsche, *Vom Nutzen und Nachteil der Historie für das Leben* (Zweite Unzeitgemäße Betrachtung, 1874), Stuttgart 1967.
47) Ebd., 7.
48) Vgl. Walter Benjamin, „Über den Begriff der Geschichte", *Gesammelte Schriften*, hrsg. von Rolf Tiedemann und Hermann Schweppenhäuser, Werkausgabe, Bd. 2, Frankfurt a.M. 1980, 691-704, insbes. Nr. XIV.

piell die Traditionsschranke der Modernität. Zeitgenossenschaft ist für diese Postmoderne so wichtig, wie sie es für die Moderne war. Aber durch die Einspeisung von Traditionspotentialen ist sie grundsätzlich für eine größere Vielzahl von Modellen offen, als es der Moderne je in den Sinn kam.

Die Postmoderne ist die zukunftsweisende Transformationsform der Moderne. Diese These geht mit Wellmer und Klotz gegen Habermas einig. Habermas hat den Angriff auf die Postmoderne 1980 in seiner Adorno-Preis-Rede eröffnet.[49] Die Postmoderne wurde dort mit neuem Historismus und Konservativismus gleichgesetzt und mit Vokabeln wie „Antimoderne" und „Tendenzwende" umstellt. Ein Jahr später hat Habermas seine Ausführungen dann speziell an der Architektur präzisiert und differenziert. Er tat es in der Eröffnungsrede zur von der Bayerischen Rückversicherung veranstalteten Ausstellung „Die andere Tradition. Architektur in München von 1800 bis heute".[50] Dabei blieb von den pauschalen Vorwürfen gegen die Postmoderne kaum etwas übrig. Habermas wußte jetzt sehr wohl zwischen „Postmoderne" und „Neohistorismus" zu unterscheiden.[51] Die Beschwörung von Tradition gilt – und da hat er recht – nur mehr für den Neohistorismus, die Postmoderne hingegen hat ein weitaus komplexeres Verhältnis zur Tradition. Sie ist weder nostalgisch noch neokonservativ, und zum politischen Schlachtruf – so räumt Habermas jetzt ein – ist „Postmoderne" auch erst sekundär und von außen geworden, als sich nämlich Neokonservative und Wachstumskritiker in den siebziger Jahren des Audrucks bemächtigten.[52] Ein einziger Einwand bleibt übrig: der der Trennung von Form und Funktion. Die postmoderne Architektur sei bloße Kulissenarchitektur, reiner Formzauber. Sie vernachlässige die Funktion, sie berücksichtige und bearbeite nicht ihren systemischen Kontext. (Nach allem, was zuvor über den „Funktionalismus" und dessen Affinität zur technischen Systemrationalität gesagt wurde, erübrigt sich wohl ein detaillierter Kommentar zur historischen Stichhaltigkeit dieser Gegenzeichnung.) Schließlich folgt noch diesem letzten verbleibenden Vorwurf das Dementi auf dem Fuß. Habermas räumt nämlich erstens ein, daß die Systemzusammenhänge ob ihrer Komplexität faktisch gar nicht mehr gestaltbar sind; und daß zweitens die postmodernen Architekten dieser Situation durch ihren Pluralismus immerhin in Chiffren Ausdruck verleihen.[53]

Habermas hat hier also zwar nicht gerade ein Bekenntnis, wohl aber eine besonnene und differenzierte Stellungnahme zur postmodernen Architektur abgegeben. Sie hätte ausreichen können, um das pauschale Diffamierungsgerede zu beenden und fortan –

---

49) Jürgen Habermas, „Die Moderne – ein unvollendetes Projekt", in: ders., *Kleine politische Schriften I-IV*, Frankfurt a.M. 1981, 444-464.
50) Jürgen Habermas, „Moderne und postmoderne Architektur", in: ders., *Die Neue Unübersichtlichkeit*, Kleine Politische Schriften V, Frankfurt a.M. 1985, 11-29.
51) Ebd., 26 f.
52) Ebd., 12.
53) Ebd., 26 bzw. 27.

produktiver – zwischen mehr und weniger gelungenen Formen kritisch zu unterscheiden.[54] Sie reichte aber nicht aus. Ja dazu reichte nicht einmal die Stellungnahme Wellmers, die sehr viel weiter ging und gerade eine positive, mit dem „Projekt der Moderne" konkordante Lesart der Postmoderne vorschlug.[55] Man blieb im allgemeinen lieber weiterhin beim Ablehnungsritual, auch wenn dieser Gestus kaum noch durch innere Überzeugung gedeckt sein konnte.

Wellmer hat 1982 darauf hingewiesen, daß die postmodernen Tendenzen – in der Architektur ebenso wie im Sozialen und in der Philosophie – grundlegend zweideutig sind. „Die Zurückweisung eines einseitig technokratisch ausformulierten Modernismus durch die postmoderne Architektur *muß* ersichtlich nicht als Abkehr von der Moderne, von der Tradition der Aufklärung verstanden werden, sie kann auch im Sinne einer immanenten Kritik an einer hinter ihren eigenen Begriff zurückgefallenen Moderne verstanden werden: die Wiederentdeckung der sprachlichen Dimension der Architektur, der Kontextualismus, partizipatorische Planungsmodelle, die Betonung des Stadt-,Gewebes' anstelle des kontextlosen Baudenkmals, selbst Historismus und Eklektizismus, wenn man sie versteht im Sinne einer Wiederentdeckung der geschichtlich-sozialen Dimension der Architektur sowie der kulturellen Tradition als eines Reservoirs semantischer Potentiale – kurz, vieles von dem, was die sogenannte postmoderne Architektur von den technokratisch-utopischen Zügen der klassischen Moderne sich abheben läßt, läßt sich als Fortschritt im architektonischen Bewußtsein und als ein Korrektiv *innerhalb* der modernen Tradition verstehen."[56] Es ist bemerkenswert, daß Wellmer sogar die als „Historismus" und „Eklektizismus" gescholtenen Tendenzen als Korrektiv innerhalb der Moderne versteht, und es ist aufschlußreich, daß er hierbei von der „modernen Tradition" spricht. Eben daß man nach bald einem Jahrhundert „Moderne" nur mehr als Traditionalist Modernist sein kann, zählte ja zu den plausibelsten Anlässen und unwiderleglichsten Auslösern des geschichtsoffen gewordenen postmodernen Bewußtseins.[57]

---

54) Habermas selbst kehrte bald wieder zum Vorwurf des Neokonservativismus zurück (vgl. „Die Kulturkritik der Neokonservativen in den USA und in der Bundesrepublik", in: *Die Neue Unübersichtlichkeit*, 30-56, hier 49). Andreas Huyssen hat dagegen lapidar erklärt: „Habermas muß sich geirrt haben in seiner Gleichsetzung von Postmoderne und Neokonservativismus." (Andreas Huyssen, „Postmoderne – eine amerikanische Internationale?", in: *Postmoderne. Zeichen eines kulturellen Wandels*, hrsg. v. Andreas Huyssen u. Klaus R. Scherpe, Reinbek 1986, 13-44, hier 29).
55) Albrecht Wellmer, „Kunst und industrielle Produktion. Zur Dialektik von Moderne und Postmoderne", Vortrag aus Anlaß des 75-jährigen Bestehens des Deutschen Werkbundes in München am 10. Oktober 1982, in: ders., *Zur Dialektik von Moderne und Postmoderne. Vernunftkritik nach Adorno*, Frankfurt a.M. 1985, 115-134.
56) Ebd., 127.
57) Vgl. Harold Rosenbergs bereits 1960 erschienenes Buch *The Tradition of the New*.

Wellmer sieht nun gerade in der Jencks'schen Konzeption von Postmoderne die Tendenz zu einer Radikalisierung – nicht Verabschiedung – der Moderne: „Jencks, soviel scheint mir kaum zweifelhaft, gehört letztlich zu jenen Verfechtern einer postmodernen Architektur und Städteplanung, die in dem hier vertretenen Sinne radikale Moderne sind ... Insoweit ist seine Kritik an der modernen Architektur – entgegen seinen Intentionen – keine Kritik der Aufklärung, sondern Teil einer ‚Kritik der instrumentellen Vernunft'."[58] Man erkennt in diesem Zitat sehr genau Wellmers Vorgehensweise und Intention. Er liest Jencks etwas gegen den Strich und versteht ihn im Sinn des Habermas'schen „Projekts der Moderne". Das ist, was direkte Anschlüsse an Habermas' Konzeption kommunikativer Rationalität angeht (und Wellmer ist um den Nachweis solcher Affinitäten bemüht), suggestiv, aber auch schief. Richtig jedoch ist mit Sicherheit, die Postmoderne nicht einfach antimodern anzusetzen, sondern als Korrektiv der modernen Tradition zu verstehen. Die Postmoderne – so die Pointe von Wellmers Darstellung – ist eine der Formen von Fortsetzung und Kritik, derer das Projekt der Moderne zu seiner Weiterführung und Realisierung bedarf. In Wellmers differenzierender Betrachtung verliert das Feindbild Postmoderne seinen Schrecken zugunsten einer möglichen Genossenschaft von Moderne und Postmoderne. Das Projekt der Moderne kann nicht gegen die Postmoderne, sondern nur durch sie – so könnte man diese Wellmersche Diagnose resümieren und pointieren – zum Erfolg geführt werden.

Die Architekturkenner haben gegen Habermas' Postmoderne-Attacke von 1980 bald Einspruch erhoben. Paolo Portoghesi rügte die Unilinearität von Habermas' Moderne-Bild und die Engherzigkeit seiner Traditionsbarrieren.[59] Auch Klotz kritisierte diese Geschichtsscheu und konstatierte, daß des „konventionellen Fortschrittsdenkers" Habermas Verteidigung des Projekts der Moderne „Züge einer konservativen Orthodoxie" trage.[60] Das war nicht gerade freundlich formuliert, sachlich richtig daran ist aber eben, daß heute der Moderne-Verteidiger unweigerlich ein Traditionalist ist – was kein Vorwurf ist, was ihm aber mit dem Vorwurf des Traditionalismus seinerseits vorsichtig umzugehen gebietet. Jenseits der Polemik hat Klotz dann sehr genau bemerkt, daß die Postmoderne der Sache nach mit Habermas' Konzeption so unvereinbar, wie dieser wollte, nicht ist, und so hat er Habermas angesonnen, die Postmoderne als den Weg zu begreifen, wie das Projekt der Moderne „mit neuen, jedoch nicht gänzlich anderen Mit-

---

58) Ebd., 128.
59) Paolo Portoghesi, „Die Wiedergeburt der Archetypen", *ARCH+* 63/64, 1982, 89-91.
60) Heinrich Klotz, „Ästhetischer Eigensinn", *ARCH+* 63/64, 1982, 92-93, sowie ders., *Moderne und Postmoderne*, 425, Anm. 46. Dort hat Klotz auch auf eine spezifisch deutsche Sperre gegen die Infragestellung der Moderne aufmerksam gemacht: Die Moderne ist – infolge der Vertreibung der Avantgarde 1933 und ihrer Rückkehr im Zeichen der Demokratie – anti-faschistisch und demokratisch konnotiert; das führt leicht dazu, daß eine Kritik an der Moderne dem Bann der gegenteiligen Assoziationen verfällt.

teln" fortgesetzt werden könnte.[61] Mit anderen Worten: Er hat Wellmers These, ohne sie zu kennen, von seiten der Architekturtheorie wiederholt. Diese Koinzidenz darf als Indiz der Trefflichkeit dieser Sicht gelten.

Die Postmoderne verändert die Moderne, aber sie setzt sie auch fort. Daß ihr Name sich auf die Moderne zurückbezieht und zugleich von ihr absetzt, ist bezeichnend. Die Postmoderne ist nicht eine eigennamenlose Zeit nach der Moderne, sondern ist die sich erweiternde Moderne nach der restringierten Moderne – oder will das jedenfalls sein und könnte es wirklich werden, und ihr hier entwickelter Begriff sucht eben dies wie ein Vektor anzuzeigen und zu befördern. Eine solch plurale Postmoderne bringt allenthalben übergangene Gesichtspunkte und Potenzen wieder ins Spiel. Sie enthält imaginative Optionen, arbeitet kontextuell im weitesten, von der Urbanistik bis zur Ökologie reichenden Sinn, berücksichtigt regionale Kodes ebenso wie sie auf die Artikulation differenter Niveaus achtet und bringt Ansprüche von Anschaulichkeit und Interessen sinnenhafter Resonanz zur Geltung. Auf die Grundopposition der Moderne bezogen – wie sie als Konflikt von Genauigkeit und Seele (bei Musil)[62] oder von Konstruktion und Mimesis (bei Adorno)[63] oder von System und Lebenswelt (bei Habermas)[64] bestimmt worden ist –, bringt die Postmoderne vor allem die Potentiale der Lebenswelt wieder zur Geltung, dies aber so – und das unterscheidet sie von bloß alternativen Ansätzen und verleiht ihr prospektiven Rang –, daß diese Potentiale der Lebenswelt *zusammen* mit denen des Systems wirksam werden und zu einer spannungsreichen Kooperation geführt werden.[65]

Dabei wird niemand übersehen, daß die Postmoderne bislang erst auf dem Weg dorthin ist und daß etliche falsche Propheten sowie lächerliche Kulissen diesen Weg säumen. Selbst von den prospektiveren Formen gilt meist noch, daß sie eher deklamatorischen als paradigmatischen Wert haben. Demonstrative Gesten stehen im Vordergrund. Man muß sich erst selbst den Abschied von den Schematismen der Moderne beweisen, muß sich deren möglicher Überschreitung drastisch versichern, bevor man zur wirklich produktiven Verwandlung der Moderne zu finden vermag. Zumal in Ländern,

---

61) Klotz, *Moderne und Postmoderne*, 274 f.
62) Robert Musil, *Der Mann ohne Eigenschaften*, Hamburg 1952, 597: vgl. auch 591-596.
63) Theodor W. Adorno, *Ästhetische Theorie*, Frankfurt a.M. 1970, insbes. 72, 86, 180.
64) Jürgen Habermas, *Theorie des kommunikativen Handelns*, 2 Bde., Frankfurt a.M. 1981. „Die neuen Konflikte entstehen an den Nahtstellen zwischen System und Lebenswelt" (II 581).
65) Darin ist die gegenwärtige Situation derjenigen um die Mitte des 18. Jahrhunderts, in der Geburtsstunde der Ästhetik, vergleichbar. Wie damals geht es auch heute um eine stärkere Berücksichtigung sinnenhafter, mimetischer, imaginativer Potenzen. Die Parallele wird leider selten erkannt. Trister Beleg: 1985 hat keine einzige Publikation, Tagung oder gar Groß-Veranstaltung der 250. Wiederkehr des ersten Auftretens des Ausdrucks „Ästhetik" – er war 1735 von Baumgarten geprägt worden – gedacht.

in denen – wie in der Bundesrepublik Deutschland – eine umfassende kritische Diskussion der Moderne lange Zeit ausgeblieben war, hing sich die Architektur verspätet und nachholgierig an einen internationalen Trend an und kopierte schnell etikettenwirksame Versatzstücke, anstatt wirkliche Lösungen zu entwickeln. Hier hat sich Leonardo da Vincis Mahnung, man solle – wenn schon – Altes, nicht Neues nachahmen, bitter bestätigt.[66] Zu arbeiten wäre heute daran, daß die bisherige Übergangsphase, die man als Phase der rhetorischen Postmoderne bezeichnen könnte, verstärkt in das Stadium und zu den Lösungen einer produktiven Postmoderne vordringt, die imstande wäre, Veränderungen nicht bloß zu proklamieren, sondern künftige Gegenwärtigkeit zu realisieren.

Wenn in diesem Feld dem Philosophen eine Aufgabe zufällt, dann gerade die der Konturierung und Verteidigung prospektiver Möglichkeiten. Der Philosoph arbeitet gewissermaßen professionell an der Grenzlinie von Idee und Erscheinung. Er sieht über Fehler der letzteren keineswegs hinweg. Aber er weiß, daß er sie legitim nur kraft eines Maßstabs kritisieren kann, den er nicht von außen heranträgt, sondern dem Potential der Sache selbst entnehmen muß. Er kritisiert schlechte Postmoderne nicht im Namen des Biedermeier oder der Moderne, sondern namens der Möglichkeiten einer veritablen Postmoderne. Deren Begriff zu entfalten und vor Augen zu bringen, ist seine Aufgabe.

11. Funktion und Fiktion

Man hat sich, was das Spektrum der Postmoderne insgesamt anlangt, vor dogmatischen Dekreten zu hüten. Auch einseitige Optionen können sinnvoll sein. Sie sind ohnehin einer Gesamtsituation eingeschrieben, in der anderes zur Genüge vorhanden ist. Sie dürfen nur nicht ihrerseits Ausschließlichkeit beanspruchen. Das sei besonders im Blick auf betont fiktionale, „poetische" Werke gesagt. Absolutheits-Pathos ist ihnen oft nicht fern, bedeutsam aber sind sie als Gegenpole.

Als Beispiel sei eines von John Hejduks Venedig-Projekten aus dem Jahre 1975 angeführt, der „Friedhof für die Asche der Gedanken". Er sollte am Ort einer alten Fabrik, der Stucky Mühle, entstehen. Hejduk: „Die Außenwände der Stucky Mühle sind schwarz angemalt; die Innenwände der Stucky Mühle sind weiß angemalt. Die lang gestreckten Mauern des Friedhofs sind auf der einen Seite schwarz, auf der anderen Seite weiß. Die Oberkanten und Enden der langen, gestreckten Mauern sind grau. In den Mauern, etwa in Höhe eines Menschen, öffnen sich quadratische Felder von 93 cm^2. In jedem Feld wird ein durchsichtiger Kubus mit Asche aufbewahrt. Unter jedem Kubus ist auf der Mauer ein kleines Bronzeschild angebracht, auf dem der Titel eines Werkes zu lesen ist, z.B.: ‚Auf der Suche nach der verlorenen Zeit' ... ‚Moby Dick' usw.

---

[66] Leonardo da Vinci, *Frammenti letterari e filosofici*, hrsg. v. Edmondo Solmi, Florenz 1979, 89 (XLIII).

Im Inneren der Stucky Mühle sind an den Wänden auf kleinen Tafeln die Namen der Autoren versammelt: Proust, Gide, Dante, Melville usw. In der Lagune, auf einer künstlichen Insel, steht ein Häuschen, das für eine festgesetzte Zeit einzelne Wohnung für eine einzelne Person ist. Nur eine Person soll für einen vorherbestimmten Zeitraum dieses Haus bewohnen; und niemandem soll erlaubt sein, die Insel während des Aufenthaltes dieser Person zu besuchen. Dieser Einzelne soll über die Lagune hinweg den ‚Friedhof für die Asche der Gedanken' beobachten."[67] – Das Projekt ist „poetisch" nicht bloß, weil es sich auf Dichter bezieht, sondern vor allem wegen der Art, wie es diesen Bezug imaginiert: es geht nicht um Lektüre, sondern Erinnerung, nicht um Interpretation, sondern Gedenken; der „Wächter" ist nicht funktional, sondern symbolisch gemeint; und der architektonische Bezug ist so virtuell wie sein persönlicher meditativ. Der Friedhof enthält die Asche; das Leben der Werke ist im Geist – in jenem ortlosen Geist, der hier singulär bezeugt wird.

Insbesondere Heinrich Klotz hat auf die Bedeutung des fiktionalen Moments für die postmoderne Architektur hingewiesen. „Nicht nur Funktion, sondern auch Fiktion" ist geradezu die Formel seines Postmoderne-Verständnisses.[68] Dabei weiß Klotz sehr wohl, daß die fiktionale Akzentuierung vielleicht nur einem Durchgangsstadium entspricht.[69] Man muß freilich auch berücksichtigen, daß Fiktionales in sehr verschiedenen Formen auftreten kann, nicht nur „poetisch" (wie bei Hejduk), sondern beispielsweise auch funktionsnah (bloß nicht funktionalistisch) – wie bei Hans Hollein.

Das sei am Beispiel einer Geschäftsfassade erläutert (Abb. 1). Holleins Juweliergeschäft am Graben in Wien (1972-1974) ist ein Musterbeispiel der Verbindung von Funktion und Fiktion. Das Geschäft hat – im Unterschied zum damals üblichen Einheitslook – wieder eine Fassade, und diese ist nicht eine beliebige Kulisse, sondern ein sprechendes Gesicht, eine „facciata" im ursprünglichen Sinn. Sie erzählt freilich (wie die Gesichter interessanter Menschen) verschiedene Geschichten: eine von der Erlesenheit der Materialien und der Kunstfertigkeit der Arbeit (die insgesamt wie das Geschmeide eines Juweliers wirkt – und es ist gut, daß die Fassade derart den Geschäftstyp zu erkennen gibt); eine andere vom Reiz schimmernder Haut, von der Irritation geöffneter Lippen und von der Faszination einer erotischen Begegnung (und es ist legitim, daß die Fassade

---

67) Klotz, *Moderne und Postmoderne*, 322.
68) Ebd., 423.
69) „Nun darf man annehmen, daß die vorherrschende Tendenz zur gegenständlichen, narrativen Gestaltung in der Architektur der Gegenwart wieder abnehmen wird; denn die Architektur ist mit den darstellenden Künsten nicht gleichzusetzen. ... Ganz sicher aber wird über die Zukunft der Architektur innerhalb dieses Spannungsverhältnisses entschieden, d.h., die Moderne muß durch den Prozeß eines fiktionalen Gestaltens hindurch; und alle diejenigen Architekten, die meinen, die Moderne in der Reinheit der Abstraktion unbefleckt erhalten zu können, ohne sich mit dem Innovationsprozeß der Fiktionalisierung befassen zu wollen, werden an der schöpferischen Weiterentwicklung der Architektur keinen Anteil haben." (Ebd., 422)

den Motivationskreis manchen Kaufs evoziert); und eine dritte von einem Haarriß, der sich zu einer Einbruchsöffnung erweitert und darunter als Schattenfigur den Dieb auf Goldfang zu erkennen gibt (und die Anspielung auf diese Kehrseite macht die Fassade vollends gelungen). Andere mögen andere Geschichten erzählt bekommen – wichtig ist, daß überhaupt ein narratives Potential vorliegt und Fiktionen entstehen, daß die Gestaltung betont imaginativ ist und daß sie dies nicht beliebig, sondern kontext- und funktionsbezogen ist.

An einem Punkt verdichtet sich dieses Verhältnis von Funktion und Fiktion. Das Röhrenbündel über dem Eingang, das als solches gänzlich dekorativ wirkt und wie ein Phantasiegebilde erscheint, ist gleichwohl höchst funktional begründet: durch es erfolgt der Luftaustausch der Klimaanlage. Das Fiktionale ist funktional motiviert und geht doch über jeden simplen Funktionalismus weit und mehrdeutig hinaus.[70] Das ist eine Holleinsche Spezialität, zugleich ist es aber auch für die Frage nach dem Traditionsverhältnis der Postmoderne noch einmal aufschlußreich. Hollein bezieht sich hier nämlich auf eine änigmatische Erfindung der Wiener Frühmoderne zurück, auf Otto Wagners Warmluftbläser im Postsparkassenamt von 1906; auch dort schon war die Gebläse-Funktion fiktional verfremdet und überhöht worden (die Assoziations-Palette der 26 im großen Kassensaal ringsum stehenden Gebilde reicht von anthropoiden Wächterfiguren über Automaten bis zu Alarmsirenen). Interessant ist nun, daß Hollein nicht etwa die Form dieser Gebilde Wagners eklektizistisch „zitiert", sondern daß er ihr Prinzip aufnimmt, also anwendet und übersetzt (weshalb man den Rückbezug auch nur erkennt, wenn man dieses Prinzip – eben das der fiktional wirksamen Gestaltung des Funktionalen – erfaßt hat). Die Postmoderne à la Hollein bedient sich nicht einfach traditionellen Formenguts, sondern läßt sich von historischen Prinzipien zu gegenwärtigen Lösungen inspirieren. Ihr Traditionsumgang ist nicht reproduktiv, sondern produktiv.

Wie schon das Fiktionale vielfältig sein kann – von „poetisch" (Hejduk) bis „funktional" (Hollein) –, so ist die Palette der Postmoderne insgesamt plural. Vor Beckmesserei ist zu warnen. Was manchem nicht paßt, kann gleichwohl sehr legitim sein. Die Definition des Besseren und die Vormundschaft gegenüber denen, die sich selbst – irrtümlicher-, beschränkter-, beschädigterweise, wie man meint – anders verstehen, gehörte zu den großen Versuchungen der Moderne. Dagegen hat selbst Adorno das Recht der „sei's auch falschen Bedürfnisse" verteidigt. Er hatte gewiß großes Verständnis für den Ansatz der modernen Architektur: „Menschenwürdige Architektur denkt besser von

---

70) Schon in seinem gemeinsam mit Walter Pichler verfaßten Manifest „Absolute Architektur" von 1962 hatte Hollein gegen das funktionale Dogma erklärt: „Form folgt nicht Funktion." (*Programme und Manifeste zur Architektur des 20. Jahrhunderts*, zusammengestellt und kommentiert von Ulrich Conrads, Braunschweig – Wiesbaden 1984, 174 f., hier 175) Architektonisch sind ihm auf dieser Basis dann – eher Wagner als Loos folgend – hervorragende Verbindungen gelungen.

den Menschen, als sie sind." Aber er wußte auch: „Nicht alles Recht ist bei ihr und alles Unrecht bei den Menschen." „Die lebendigen Menschen, noch die zurückgebliebensten und konventionell befangensten, haben ein Recht auf die Erfüllung ihrer sei's auch falschen Bedürfnisse." „Sogar im falschen Bedürfnis der Lebendigen regt sich etwas von Freiheit."[71] Adorno lag an solcher Spannung, und man soll den Zustand, den er reflektierte, gewiß nicht gedankenlos zu einem Status des Heils erklären. Aber gegen verordnete Ausschließlichkeit hat seine Verteidigung allemal recht. Wer Freiheit, die durch eine lange Geschichte errungen wurde, wirklich schätzt und nicht leichtfertig preiszugeben bereit ist, der muß, daß eine sich beschränkende Freiheit im Unterschied zu verordneter Unfreiheit noch immer eklatant Freiheit ist, nicht nur anerkennen, sondern auch befolgen.

12. Vielfältigkeit – und ihre Probleme

Jacques Derrida hat eine der ältesten Architekturerzählungen, die vom Turmbau zu Babel, auf die aktuelle Architekturproblematik, auf den Gegensatz von Herrschaftswunsch und Vielheitsanerkennung und damit auf den Unterschied von Moderne und Postmoderne hin gelesen.[72] Die Moderne hat das Projekt des Turmbaus erneuert, hat eine alles beherrschende Einheitssprache durchzusetzen versucht. Die Übersteigung der Vielfalt war ihr Traum. Aber der Bau ist gescheitert, die Vielfalt der Sprachen ist neu zur Geltung gekommen. Es ist erfahrbar geworden, daß die Wahrheit bei der Vielfalt liegt – die nur aus dem Blickwinkel des Einheitsstrebens als „Verwirrung" diskreditiert wird. Die Vielheit ist nicht nur faktisch („leider") unbeherrschbar, sondern solcher Herrschaftswunsch – das gälte es einzusehen – ist der Grundfehler. Der Einheitstraum ist die Anmaßung – weniger gegenüber einem Gott als vielmehr gegenüber der Vielheit des Humanen. Aber die Einheitsobsession zu verabschieden, diese Heilsvorstellung als Unheilsvorstellung zu durchschauen – ich gehe über Derrida hinaus – ist das Schwierigste. Die Postmoderne arbeitet an dieser Revision. Darin besitzt sie allerdings eminente Radikalität – nicht nur gegenüber der Moderne.

Architektur ist eine betont öffentliche Kunst. Sie spiegelt Öffentlichkeit und prägt sie zugleich. Daher kann die Tilgung von Unterschieden heute, wo Pluralität vordringlich und als Wert erkennbar geworden ist, nicht Aufgabe der Architektur sein. Im Gegenteil: Die Zulassung, ja Verfolgung charakteristisch unterschiedlicher Möglichkeiten

---

71) Theodor W. Adorno, „Funktionalismus heute", in: *Ohne Leitbild. Parva Aesthetica*, Frankfurt a.M. 1967, 104-127, hier 120 f. – Der merkwürdige Akzent in der Rede von „lebendigen Menschen" und „den Lebendigen" verrät viel über Adornos Denken.

72) Jacques Derrida u. Eva Meyer, „Labyrinth und Archi/Textur", in: *Das Abenteuer der Ideen. Architektur und Philosophie seit der industriellen Revolution*, Ausstellungskatalog Berlin 1984, 95-106.

ist ihr abzuverlangen. Postmodern besteht darüber hinaus – für öffentliche Gebäude im besonderen – eine Priorität pluraler Gestaltung. Das Nebeneinander verschiedener Möglichkeiten ist nicht bloß zuzulassen, sondern – als Grundverfassung der Gegenwart – an öffentlichen Gebäuden bewußt zum Ausdruck zu bringen. An ihnen ist das Nebeneinander in ein Miteinander und Ineinander überzuführen. Wenn Formierungsaufgaben bestehen, dann nicht im Sinn einer Tilgung der Pluralität, sondern im Sinn des Bekenntnisses zu ihr, ihrer demonstrativen Verteidigung, vor allem aber auch ihrer gelungenen Instrumentierung. Es gilt Formen zu entwickeln, die die mögliche Fruchtbarkeit eines solchen Zusammenspiels vor Augen führen: architektonisch überzeugend – und mit symbolischer Bedeutung fürs Ganze.

Jede Architektur ist zugleich soziologisch oder, wenn man so will, philosophisch lesbar und wirksam. Sie zeigt und übt ein, welche Modelle zugelassen sind und für vorbildlich gelten. Ohne Zweifel ist die Kompositionsaufgabe postmodern schwieriger zu bewältigen als modern. Pluralismus ist diffiziler zu instrumentieren als Singularismus. Auch das gilt architektonisch, soziologisch und philosophisch gleichermaßen. Gerade das aber – und nicht eine Flucht ins Einfache – wäre dann die Aufgabe heutiger Architektur. Ihr suchen die folgenden Überlegungen nachzudenken. Das Problem ist, welche Formen von Pluralität für gelungen anzusehen und welche abzulehnen sind. Die Analogie zu gesellschaftlichen Verhältnissen und Sinnkontexten bleibt dabei im Blick. Die Frage lautet: Welche Form des Umgangs mit Pluralität ist postmodern geboten?

13. Potpourri

Ich kontrastiere zwei Beispiele. Zunächst ist von Charles Moores „Piazza d'Italia" die Rede, 1977-1978 in New Orleans errichtet und hochberühmt (Abb. 2). Jencks hat das Werk „das wirklich ‚große Denkmal' der Postmoderne",[73] Klotz „das wohl treffendste Beispiel postmodernen Bauens" genannt.[74] Moore ging es darum, einen Ort der Identität für die vorwiegend italienisch-stämmige Bevölkerung zu errichten. Man könnte sagen: Er hat ein Szenario für Italo-Amerikaner geschaffen. Die Platzanlage verwendet zunächst geographische Reminiszenzen: einen dem Höhenprofil entsprechend abgestuften Umriß Italiens („Stiefel") einschließlich Siziliens, das als Zentrum der Anlage fungiert; auch Sardinien fehlt (anders als das französische Korsika) in dieser Mittelmeeridylle nicht. Man kann also seelenglücklich die Heimat begehen und dabei auch noch zehenerfrischend das Mittelmeer durchschreiten. Hinzu kommt – in lockerer Kulissenfügung – ein Aufmarsch kultureller Zeichen der italienischen Identität: vor allem Säulen aller möglichen Ordnungen und auch einiger der Kunstgeschichte bis dato noch

---

73) Jencks, *Die Sprache der postmodernen Architektur*, 133.
74) Klotz, *Moderne und Postmoderne*, 137 (Abb. 136-140).

nicht geläufiger Systeme. Es finden sich tuskische, dorische, ionische, korinthische, komposite Säulen, und auch die Würdeform der Serliana fehlt nicht, nur liegt das alles in erstaunlichen Transformationen vor: Säulen können aus aufgeschnittenen Metallschäften bestehen, die mal von einem Heiligenschein umschwebt, mal von Neonröhren (als Anuli-Reminiszenz) umleuchtet sind, und die Serliana führt zu Moores spezieller Erfindung einer „Deli-Ordnung", der Ordnung des Eingangs in ein Delikatessengeschäft. Ferner geben „Duschsäulen" ihr Debut, bei denen die Kanneluren durch einen Wasserstrahl geformt werden, der aus einem als Düsenkranz gebildeten Kapitell herabfließt. Die Travestien klassischer Elemente setzen sich schließlich in einem Wassersprühtyp von Metopen – die daher auch „Wetopen" heißen – fort, und wenn am Ende noch die Maske des Architekten Wasser spuckt, so mag man es dem Betrachter nicht verübeln, wenn er dabei nicht auf heiliges und nicht einmal auf schales, sondern auf synthetisches Wasser tippt.

Auch hier ist unzweifelhaft „Tradition" einbezogen, geographische wie kulturelle. Aber es handelt sich doch um ein Musterbeispiel dafür, wie die „Resemantisierung", auf die man sich beruft, um im Gegenzug gegen die Abstraktion der Moderne solche Rückgriffe zu legitimieren, faktisch auf eine vollendete Desemantisierung hinauslaufen kann. Tradition wird als beliebig formbarer Stoff behandelt, der seiner Verkitschung keinen Widerstand entgegenzusetzen vermag. Tradition ist semantisch nur Kulisse und bildet auch architektonisch bloß Kulissen. (Das ganze Arrangement ist in einen völlig anders, völlig konventionell strukturierten Baukomplex nur eingeblendet.) Italien und seine klassische Kultur kommen allein als Hollywood-italianità zur Erscheinung. Die Angleichung ist umfassend und perfekt. Generalnenner des Arrangements ist die Konsumwelt. Tradition, Heimat, Kultur, der „genius loci" werden als Schaustücke einer Warenhausmentalität behandelt, und die Übersetzbarkeit von allem in Sprache und Look des Konsums bildet die fröhlich-zynische Botschaft des Ganzen.

Auf dergleichen trifft unverändert zu, was Horkheimer und Adorno schon vor über vierzig Jahren im Kulturindustrie-Kapitel der *Dialektik der Aufklärung* diagnostizierten: daß solches Amusement, das nicht Widerstrebendes zur Geltung bringt, sondern alles den bestehenden Standards angleicht, Massenbetrug ist.[75] Der Grundfehler liegt – gerade unter Aspekten der Postmoderne – darin, daß alles Differente, Fremde, Widerstreitende einem einzigen Modul unterworfen wird. (Daß dieser der triste des ohnehin allenthalben Anzutreffenden ist, kommt hinzu.) In solchem Verfahren verkehrt sich unter dem Schein der Postmodernität deren Prinzip. Pluralität wird nicht entfaltet, sondern getilgt. Jencks' Rede vom „wirklich ‚großen Denkmal' der Postmoderne" zeugt

---

75) Vgl. Max Horkheimer u. Theodor W. Adorno, *Dialektik der Aufklärung. Philosophische Fragmente*, Frankfurt a. M. 1977, 108-150.

von einer naiven Mißachtung seiner eigenen Kriterien.[76] Von Mehrfach- oder auch nur Doppelkodierung kann ja gerade nicht mehr die Rede sein. Nur der vordergründigste Oberflächenanschein ist plural. Die Wirklichkeit ist kunststoff-uniform.

14. Mehrsprachigkeit

Einen völlig anderen Typ der Instrumentierung von Pluralität – einen sie pointierenden, nicht tilgenden – repräsentiert James Stirlings 1984 fertiggestellte Neue Staatsgalerie in Stuttgart (Abb. 3). Diese „Architekturlandschaft" ist nicht Disneyland abgeschaut, sondern wirklich komplex strukturiert. Stirling verwendet sehr verschiedene Architektursprachen (nicht bloß Elemente davon). Sein Bau ist eklatant mehrsprachig. Da ist die klassische Sprache des Museumsbaus: die Sprache Schinkels – einschließlich der Rotunde, die hier freilich offen ist. Da ist die noble Sprache der Moderne, die „curtain wall" – aber ins Organische umgesetzt und also geneigt, geschwungen, abgestuft und mit Holzrippen gebildet. Da ist die sachliche Sprache der Moderne – aber auf das Verwaltungsgebäude beschränkt. Da ist die Sprache der Pop-Kultur – aber nur für Bewegungsverläufe verwendet. Da ist die Sprache des Konstruktivismus – aber in ihrem skeletthaften Hervortreten aus dem Bau eher ins Ornamentale gewendet. Dazu kommen etliche Anspielungen architekturgeschichtlicher Art, von Hadrian über Weinbrenner und Bonatz bis zu Le Corbusier, Wright, Piano und Rogers.

Man ersieht daraus zweierlei: Die Alternative zu Moores Italoburger mit Hollywood-Dressing ist keineswegs ein blanker Historismus. Stirling übernimmt keine der vorgegebenen Sprachen unverändert. Transformation ist für den Traditionsbezug auch seiner Postmoderne obligat. Nur geschieht die Transformation bei Stirling ganz anders als bei Moore. Moore unterwirft alles dem einen Kode des Hollywood-Arrangements. Stirling hingegen hat keinen Superkode, sondern artikuliert Eigentümlichkeiten der einzelnen Sprachen. Das hat vor allem zur Folge, daß diese Sprachen in ihrer Spezifität kenntlich bleiben – mit ihren je eigenen Ansätzen, Möglichkeiten, Entscheidungen, Konnotationen, Grenzen. Stirling verschleift sie nicht, sondern bringt sie eher überpointiert zur Darstellung. Seine Architektur ist mehr-sprachig in diesem wörtlichen und besten Sinn. Die Pluralität, die zur Essenz der Postmoderne gehört, kommt darin exemplarisch zum Ausdruck. (Moore, der mit Vielheit allenfalls spielt, um sie der Ein-

---

76) Allenfalls handelt es sich bei Moore um eine Version des „free style classicism", in dem Jencks freilich einst den Konvergenzpunkt der Postmoderne erkennen wollte (vgl. Charles Jencks, „Introduction", in: *Post-Modern Classicism. The new Synthesis*, Architectural Design, Heft 5/6, 1980, 4-20, hier 5). Tatsächlich werden in diesem Aufsatz Moore's Erfindungen von Säulenvarianten nicht nur ausgiebig gepriesen (8-10), sondern gar für das Programm einer „Resemantisierung" in Anspruch genommen (6). Mittlerweile äußert sich Jencks freilich zurückhaltender. Eher gilt ihm jetzt der als nächster zu besprechende Bau als Paradebeispiel von Postmoderne.

14. Mehrsprachigkeit

heitsform des Konsums zu integrieren, erweist sich, damit verglichen, schnell als pseudo-postmodern.) Im ersten Kapitel wurde schon gesagt, worauf es ankommt: daß die verschiedenen Sprachen wirklich als *Sprachen* erscheinen und daß nicht bloß Wortfetzen und Versatzstücke beliebig appliziert werden. Die spezifischen Logiken, anschaulichen Thesen und Weltentwürfe, die mit den Sprachen verbunden sind, müssen zur Anschauung kommen und in Interaktion treten. Der Dialog des Differenten, nicht das Tohuwabohu des Einerlei macht die Signatur gelungener Postmodernität aus.

Dabei ist eines zur Klarstellung noch eigens zu betonen. Stil ist mehr als Stil, Sprache mehr als Sprache. Sie verkörpern vielmehr unterschiedliche Lebensformen und Wirklichkeitsentwürfe. Das erst macht sie und ihre Konkurrenz gravierend. Für ältere Baukunst, etwa klösterliche, hat man oft betont, daß sie rein ästhetisch, ohne Kenntnis der Lebensform, aus der sie erwachsen ist und die sie verkörpert, gar nicht zu verstehen sei.[77] Für jüngere gilt das nicht minder. Es gilt auch in der Umkehrform, wonach durch ästhetische Präsentation eine Lebensform nicht bloß gespiegelt, sondern auch präfiguriert werden kann. Ein zum Himmel geöffneter Rundbau und ein Block mit „curtain wall" verkörpern nicht bloß unterschiedliche Ästhetiken, sondern vertreten und evozieren unterschiedliche Sozialstrukturen (Zentralität/Egalität), psychische Dimensionen (gerichtet/offen), Naturverhältnisse (integrativ/distant), Rationalitäts- und Glaubensformen (Erzählung, Zyklik, Meditation, Aufschau/Analyse, Progression, Bewußtseinshelle, Ausschau). Erst dieser Weltausgriff gibt den vordergründig „nur" ästhetischen Sprachen Tiefendimension und verleiht dem Problem ihrer Auseinandersetzung und Koexistenz wirkliches Gewicht. In der ästhetischen Problematik erscheint das Grundproblem der plural gewordenen Gesellschaft. Daher kommt auch seiner ästhetisch-architektonischen Lösung paradigmatische Bedeutung für das Ganze zu. Diese Analogie macht die ästhetische Problematik postmodern so interessant. Bei Stirling ist es offenkundig, daß nicht bloß Stile kombiniert, sondern gegenwärtige Weltentwürfe und Lebensformen ins Verhältnis gesetzt werden. Es ist wohl diese Erfahrung, die den Bau für die Besucher so ungemein und unerwartet attraktiv – und für die Analyse besonders aufschlußreich macht.

Dabei soll gar nicht verschwiegen werden, daß sich auch mancher Schnickschnack dort findet und daß unter Museumsaspekten manches recht problematisch und einiges – beispielsweise die Skulpturenterrasse – völlig mißlungen ist. Eine Gesamtwürdigung – die, wie es sich gehört, nicht dekretiert, sondern argumentiert – bräuchte sehr viel Raum. In den Grenzen dieses Kapitels geht es jedoch allein um den postmodern prinzipiellen Aspekt der Mehrsprachigkeit des Gebäudes. Und diesbezüglich darf der Bau vorbildlich und zukunftsweisend genannt werden. Mancher hat an ihm das Prinzip einer veritablen Postmoderne erfahren und Anlaß gefunden, ältere Urteile zu revidieren. Das mag immer noch mit Kritik an Einzelheiten der Instrumentierung einhergehen, entscheidend ist, daß der Bau ein Prinzip erkennbar und verfolgbar macht, dem die vollste Zustimmung und künftige Anstrengung gelten kann.

---

[77] Vgl. Wolfgang Braunfels, *Abendländische Klosterbaukunst*, Köln ³1978, 11.

15. Zusammenhang

Eine Architektur wirklicher Pluralität – wie die postmoderne es sein muß und die Stirlingsche es ist – ist freilich nicht allein dadurch schon gelungen, daß sie Vielheit aufrechterhält. Sie muß darüber hinaus das Problem bewältigen, wie ohne Negation der Vielheit gleichwohl auch Einheit erreicht werden kann. Mit der Zusammenstellung beliebiger Vielheiten ist es nicht getan. Das Differente muß auch zueinander passen oder aufeinander bezogen sein. Wie lauten die diesbezüglichen Stimmigkeitsbedingungen?

Robert Venturi, einer der Protagonisten postmodernen Bauens, hat diese Frage schon 1966 aufgeworfen. Er plädierte für eine „komplexe und widerspruchsreiche Architektur ..., die von dem Reichtum und der Vieldeutigkeit moderner Lebenserfahrung zehrt."[78] Im Schlußpassus seines Manifests sagte er: „Eine Architektur der Komplexität und des Widerspruchs hat aber auch eine besondere Verpflichtung für das Ganze ... Sie muß eher eine Verwirklichung der schwer erreichbaren Einheit im Mannigfaltigen sein als die leicht reproduzierbare Einheitlichkeit durch die Elimination des Mannigfachen."[79]

Venturis Wort in Moores Ohr! Dieser hat das Problem ja „gelöst", indem er sich ihm entzog, nämlich eben in die Vereinheitlichung des Mannigfachen auswich. Und man kann vermuten, daß dieser Problemdruck auch etliche andere Architekten bewogen hat, lieber in die Billigform des eklektischen Potpourri und die Kriterienlosigkeit des Wortsalats sich zu flüchten, als den Schwierigkeiten wirklicher Mehrsprachigkeit sich zu stellen. Wie aber wäre das letztere zu leisten, wie ist das Problem zu lösen, wie geht Stirling vor?

Stirling gelingt es, die Unterschiedlichkeit zu wahren und doch Zusammenhang zu schaffen, indem er die diversen Sprachen so einsetzt, daß sie nicht neutral und „sprachlos" nebeneinander verharren, sondern in Austausch und Auseinandersetzung eintreten, miteinander kommunizieren. Stirling inszeniert das konfliktvolle Zusammentreffen verschiedener Sprachen, die einander kommentieren, bestreiten, umdeuten, ergänzen, ohne daß eine einzige den Sieg davontrüge oder für das Ganze pertinent wäre. Es entsteht ein Dialog der Sprachen – ohne Metasprache.

Das sei an einer Schlüsselstelle des Baus, am Eingangsbereich, verdeutlicht (Abb. 4). Die Zweisprachigkeit ist dort evident. Schinkelsche Museumsarchitektur des 19. Jahrhunderts und moderner Konstruktivismus treffen aufeinander. Jede der beiden Architektursprachen ist in sich schon zugespitzt. Schinkels Neigung zum Runden wird durch das ägyptisierende Kranzgesims überdeutlich visualisiert. Andererseits wird am Konstruktivismus der demonstrative Gestus des Konstruktiven hervorgehoben. Vor allem

---

[78] Robert Venturi, *Komplexität und Widerspruch in der Architektur*, hrsg. v. Heinrich Klotz, Braunschweig – Wiesbaden 1978 (Erstausgabe New York 1966), 23.
[79] Ebd., 24.

aber kommt es dann zu einer wechselseitigen Kommentierung und Kritik der beiden Paradigmen: Die souveräne Substantialität Schinkels pointiert und kritisiert im Kontrast die unorganische Erscheinung der konstruktivistischen Skelettarchitektur, die sehr künstlich und gewollt wirkt und unangenehme Spinnen-Assoziationen weckt. Diese Pointierungen sind zwar durchaus nicht freundlich, enthalten aber unbestreitbar kritische Wahrheit. Umgekehrt kommt es aber ebenso zu einem kritischen Stoß des Funktionalismus gegen den Schinkelschen Substantialismus (auch wenn Stirlings Sympathien insgesamt etwas einseitig auf seiten Schinkels liegen). Die Transparenz des konstruktivistischen Glas-Stahl-Gebildes wendet Konnotationen von Freiheit gegen den Burg-, ja Gefängnis-Charakter, der sich nun am Schinkelblock hervorkehrt, und das Bekenntnis zu konstruktivem Geist wirkt ehrlicher als die Propagierung steinerner Ordnungsmythen, wie sie aus Proportionierung und Gestus dieses Schinkelblocks spricht.

Neben der Mehr-*Sprachigkeit* ist dies die zweite Bedingung des Gelingens postmodern instrumentierter Pluralität: daß die Sprachen miteinander in Kontakt treten, daß eine Auseinandersetzung zwischen ihnen entsteht, die von Erläuterung, Übersetzung und Steigerung bis zu Kollision, Kritik und Negation reichen kann. Die Sprachen kommunizieren – ohne einer Metasprache zu bedürfen oder eine solche zu konstituieren. Die verschiedenen Kodes müssen dazu einerseits selbständig und iterativ genug auftreten, um als Sprachen präsent zu sein – das ist gegen die beliebige Mischung von Wortfetzen und Halbzitaten gesagt, die nicht semantische Vielfalt, sondern bloß semantischen Brei ergibt und die vorgebliche Pluralität in Indifferenz erstickt –, und andererseits müssen sie doch auch so direkt aufeinander bezogen sein, daß Bestreitung, Erläuterung, Durchdringung eintreten und nicht abgeblendet werden können – das ist gegen das allenfalls dekorativ wirksame, semantisch aber stumpf bleibende Nebeneinander gesagt. Es gilt herauszufinden, welche Sprachen miteinander und gegeneinander aktiv zu sein vermögen. Im Stirling-Beispiel ist klar, daß die konstruktivistische Architektur schon von ihrer Entstehung her eine Gegenthese zum architektonischen Substantialismus ist, so daß hier eine historisch inhärente Antithese zur Artikulation gelangt. Historischer Zusammenhang ist freilich keine Bedingung solch sprachlicher Interaktionsfähigkeit – wie er andererseits dafür natürlich auch keine Garantie bietet. Formulieren kann man Gelingensbedingungen, faktisches Gelingen gilt es im Einzelfall zu finden und zu beurteilen.

Selbstverständlich muß die postmoderne Mehrfachkodierung nicht die explizite, fast etwas lehrbuchhafte Form haben wie bei Stirling (wo freilich jeder Ansatz von Pedanterie durch Ironie souverän überspielt wird). Auf das Beispiel der sehr viel verschliffeneren Typologie Holleins wird nachher noch einzugehen sein. Auch ist eine im engeren Sinn sprachliche Verfaßtheit des Heterogenen – wie die Terminologie der „Kodierung" sie zum Ausdruck bringt – keineswegs verbindlich. Schon die Erzeugung charakteristisch unterschiedlicher Raumarten (die nicht bloß funktionsspezifisch aus einem einzigen System abgeleitet sind) hat für typisch postmodern zu gelten. Zumal trifft dies dann auf die Durchdringung verschiedener Raumtypen zu. Auch an solch weitergehende

Fälle ist also zu denken, wenn hier – enger – von „Kodierung" und „Mehrsprachigkeit" die Rede ist. Postmodernes liegt dort vor, wo Verschiedenheit weder Systemabfall noch bloßes Beiwerk, sondern für die entstehenden Gebilde konstitutiv und für deren Erfassung essentiell ist.

Postmodern geht es um Vielfalt nicht in der schiedlich-friedlichen Form des Nebeneinander von Verschiedenem, sondern in der anspruchsvollen, spannungsreich-agonalen und irritierenden Form der Komplexion. Nicht das eklektische Puzzle und die willkürliche Deformation – mögen sie auch noch so verbreitet sein – repräsentieren den Kern der Postmodernität, sondern die reibungsvolle Kombination unterschiedlicher Modelle, bei der man weder das eine verabschieden und das andere totalisieren noch das eine ohne seine Affektion durchs andere behalten kann. Jeder Blick über den Architektur-Diskurs hinaus auf die Gesamtsituation der Postmoderne – und ein solcher Blick ist, um sektorielle Einseitigkeiten zu korrigieren, dringend anzuraten – lehrt, daß ein solch zugespitzter, mit irritierender Kombinatorik arbeitender Pluralismus für die Postmoderne verbindlich ist. Man kann diesen Typus als agonale Komplexität bezeichnen. Sie bestimmt das Bild der Postmoderne. Sie repräsentiert die Art von Zusammenhang, der – diesseits bündiger Einheit – die postmoderne Präferenz gilt.

16. Das schwierige Ganze

Viele werden mit dieser Auskunft nicht zufrieden sein. Sie werden die Frage der Einheit noch einmal aufwerfen. Der widerspruchsvolle Dialog der Sprachen kann doch nicht das letzte Wort sein – so sagen sie. Es muß jenseits der Vielfalt doch noch eine Einheit geben, und dieser gilt es architektonisch Ausdruck zu verleihen – so denken sie. Kompliziert strukturiertes Chaos oder wirkliche Einheit – das ist die Alternative.

Genau diese Frage – die Kernfrage der Umstellung und der Generalnenner aller Einwände – muß in der Tat noch einmal gründlich durchleuchtet werden. Ein weiteres Mal ist Venturi zu zitieren. Er hat nicht nur am Ende seines Manifests von der Verpflichtung der postmodernen Architektur für das Ganze gesprochen, sondern am Ende seines Buches dieser Frage ein eigenes Kapitel gewidmet.[80] Venturi präzisiert dort, daß es um eine „Verpflichtung auf das *schwierige* Ganze" geht. Er denkt an einen ungewohnten Typ von Ganzheit und spricht vom „prekären Ganzen". Klar ist für ihn, daß Ganzheit nicht auf dem Weg der Simplifizierung erreicht werden darf. Er fordert aber nicht nur, daß die Ganzheit nicht „um den Preis der Ausgrenzung von Komplexität" erkauft werden solle, sondern, weitergehend, daß man mit einer „prekären" oder gar „inkonsistenten" Beziehung der Vielfaltsmomente rechnen müsse und sogar und gerade das „Unge-

---

80) Ebd., 136-161.

löste" nicht ausschließen dürfe.[81] Und Venturi glaubt sagen zu können: „Bei einem wirklich vielschichtigen Bau ... will das Auge bei seiner Suche nach der Einheit eines Ganzen nicht zu schnell, nicht zu leicht zufrieden gestellt werden."[82]

Diesem interessanten Votum, das Ganzheit thematisiert, sie aber frei von den Charakteren der substantiellen Setzung und Geschlossenheit zu denken versucht, steht die Option von Jencks gegenüber, der sehr viel direkter für Ganzheit und Einheit plädiert. Jencks spricht von der Erzeugung eines „rhetorischen Ganzen", von „einem überzeugenden sozialen oder metaphysischen Inhalt",[83] und er bezieht den Postmodernismus auf „eine allen gemeinsame symbolische Ordnung von der Art, wie sie eine Religion stiftet".[84] Jencks würde sich mit dem prekären oder gar inkonsistenten Ganzen Venturis nicht zufrieden geben. Er kann zwar selbst noch nicht angeben, wie die von ihm angestrebte holistische Einheit erreicht werden soll, aber auf der Ebene der Intentionen ist der Gegensatz so klar wie groß: Venturi will offene, Jencks manifeste Einheit. Dieser Gegensatz ist deshalb so interessant, weil er, wie schon angedeutet, auch in anderen Bereichen der Postmoderne-Debatte wiederkehrt. Radikale Vielheit gegen neue Einheit, das ist die Hauptopposition innerhalb des Postmoderne-Spektrums. Man berührt mit dieser Frage den Nerv der gesamten Diskussion, sowohl der Visionen als auch der Aversionen.

17. Vorstufen

Die Kombination unterschiedlicher Architektursprachen findet sich schon in der Tradition. Ich beziehe mich daher, um das Spezifische der postmodernen Situation und ihrer Einheitsproblematik hervortreten zu lassen, zunächst auf zwei historische Beispiele.

---

81) Zitate ebd., 136, 158, 161. „Jedenfalls bedeutet die Verpflichtung auf das schwierige Ganze in einer Architektur der Vielfalt und des Widerspruchs nicht den Ausschluß des Ungelösten." (158)
82) Ebd., 161.
83) Charles Jencks, *Die Sprache der postmodernen Architektur*, 146.
84) Charles Jencks, „Post-Modern und Spät-Modern. Einige grundlegende Definitionen", in: *Moderne oder Postmoderne? Zur Signatur des gegenwärtigen Zeitalters*, hrsg. v. Peter Koslowski, Robert Spaemann, Reinhard Löw, Weinheim 1986, 205-235, hier 235. – Andererseits hat Jencks, wo er nicht von Zukunftswünschen spricht, sondern eine Analyse der Postmoderne zu geben sucht, durchaus eine dialektische Bedeutungstheorie vertreten, die den Gedanken und Bauten von Venturi und Stirling nahekommt: „Bedeutung besteht aus den Gegensätzen innerhalb eines Systems, aus einer Dialektik im Raum oder über die Zeit hinweg." (*Die Sprache der postmodernen Architektur*, 106) Radikaler Postmodernismus ist „sowohl kontextuell als auch dialektisch, indem er versucht, eine Diskussion zwischen unterschiedlichen und häufig gegensätzlichen Geschmackskulturen anzuregen." (132)

In der römischen Baukunst kommt es zu einer Kombination von römischer und griechischer Architektursprache. Einer spezifisch römischen Form, der Pfeilerarkade (Ziegelmauer mit Rundbogenöffnungen), wird die exemplarische Formel griechischer Architektur, die Kolonnade (Säulenreihe mit Gebälk) vorgeblendet. Man nennt das so entstehende Motiv, da es erstmals am Römischen Staatsarchiv, am Tabularium, auftritt, das Tabularium-Motiv oder, da es dann auch am Kolosseum und am Marcellus-Theater verwendet wird, das Theater-Motiv. (In großem Stil ist diese Form, die eine Verbindung und Verklammerung griechischer und römischer Kultur zum Ausdruck bringt, dann vor allem in der Hochrenaissance verwendet worden, von Bramante in Rom beispielsweise oder von Sansovino in Venedig.) Der Sinn dieses Motivs ist klar: Die römische Kultur übernimmt die griechische und führt sie fort. Wobei für das Verhältnis bezeichnend ist, daß das römische Moment die Grundlage, das griechische hingegen den Zusatz bildet. Das Römische erweitert sich um das Griechische. Man könnte auch von Aneignung und Bemächtigung sprechen. Jedenfalls erfolgt eine Integration. Auch anschaulich ist klar, daß es nicht um eine Gegenführung zweier Architektursprachen geht, sondern um Ergänzung und Einheit. Die Formen sind proportional abgestimmt und verklammert. Einheit ist fraglos intendiert und erreicht. Dies so sehr, daß der Unkundige die Bildung für selbstverständlich halten wird, den kompositen Charakter erst erklärt bekommen muß.

Das zweite Beispiel ist ganz anderer Art. Es steht nicht nur zeitlich, sondern auch strukturell der Postmoderne näher. Es handelt sich um die Schauseite von Fischer von Erlachs Karlskirche in Wien, 1716-1725 erbaut und 1737 geweiht. Die Ausgangssituation ist für Fischer ähnlich wie für die postmodernen Architekten. Der architektonische Bestand der Vergangenheit ist – hundert Jahre vor Hegels Diagnose, daß „alles heraus" sei, 150 Jahre vor dem eigentlichen Historismus und 250 Jahre vor der postmodernen Architektur – weithin disponibel geworden. Fischer hat 1721 im *Entwurf einer historischen Architektur* selbst die erste Weltgeschichte der Architektur herausgegeben, mit Salomons Tempel und den sieben Weltwundern beginnend und über römische sowie arabische und chinesische wie japanische Architektur zu seinen eigenen Bauten reichend, wobei eben die Karlskirche den Höhepunkt der Darstellung bildet. Und wenn Fischer in der Vorrede zu seinem Werk sagt, die historische Anschauung solle „den Künstlern zu Erfindungen Anlaß geben", so ist seine Karlskirche selbst das beste Beispiel dafür. Sie ist eklatant eklektizistisch. Darin ist sie etlichen Bauten der Postmoderne verwandt.

Der Eklektizismus sei kurz buchstabiert: Das Oval der Kuppel und des Tambours – eine nach Rom weisende Bauform – ist mit einer griechischen Tempelvorhalle kombiniert. Die Flanken werden durch zwei von französischer Architektur abgeleitete Turmpavillons gebildet, und dazwischen erheben sich zwei Kolossalsäulen, die sowohl auf den Tempel Salomons in Jerusalem wie auf die Hagia Sophia in Konstantinopel anspielen. Zudem enthalten etliche dieser Elemente mehrfache Bezüge. So verweisen die Pavillons sowohl auf die Pariser Minoritenkirche von Mansart als auch auf einen Entwurf Berninis für den Petersdom; die Tempelvorhalle weckt nicht nur griechische Reminiszenzen, sondern deutet mit ihrer spezifischen Gestalt zugleich ins antike Rom, auf das Templum Jovis et Pacis und die Vorhalle des Pantheon; und diese architekturgeschichtlichen Bezüge vervielfachen sich noch, wenn man die ikonographischen und semantischen Komponenten hinzunimmt. So enthalten beispielsweise die Kolossalsäulen nicht nur salomonische und byzantinische, sondern auch römische, borromäische und kaiserliche Anspielungen.

Nun weist die Fassade aber nicht nur unter diesem eklektizistischen Aspekt, sondern vor allem auch im Erscheinungsbild deutliche Affinitäten zur Postmoderne auf. Wichtig dafür ist die Weise der Instrumentierung des Eklektizismus. Dabei zeigt sich: Die Komposition ist nicht bloß vielfältig, sondern erstaunlich divergent und im ganzen unbeherrschbar – und genau das ist ein Desiderat und Charakteristikum auch postmodernen Bauens. Man vermag die Elemente nicht in einer einzigen integralen Betrachtungsweise zu versammeln. Es sind insbesondere die Kolossalsäulen, die – unten ganz eingebunden, oben ganz autonom – jede geschlossene Sicht immer wieder durchstoßen. Und sie vermögen dies so wirkungsvoll zu tun, weil sie innerhalb der Fassade die Position von Scharnieren innehaben und so entscheidende Haltepunkte und dramatische Akteure der Fassade zugleich sind.

Daß die Komposition solcherart nicht-synthetisch, sondern ambivalent und divergent ist und anschaulich prekär bleibt, hat man immer schon empfunden. Man hat diese Charaktere des Heterogenen, der Unruhe und der allenfalls virtuellen Einheit früher jedoch als befremdlich und bedenklich verzeichnet, als Negativum verbucht. In einheitsgerichteten Zeiten ging dergleichen an die psychische Substanz. Erst Hans Sedlmayr hat – präpostmodern gewissermaßen – der Karlskirche dieses Odium der Verfehltheit oder des Ungenügens zu nehmen versucht. Aber nicht etwa, indem er die vermißte Einheitlichkeit nun doch noch aufgewiesen hätte, sondern die Pointe seiner Beschreibung und Deutung geht dahin, die empfundene Uneinheitlichkeit als Komplexität zu fassen und zu legitimieren. So sagt Sedlmayr, es sei ein falsches modernes Vorurteil, wenn man diese Schauseite als die eines einzelnen Baues verstehen wolle, man müsse sie vielmehr als „Inbegriff verschiedener Urformen und verschiedener Weisen (modi) des Bauens", als „Novum Theatrum Architecturae" begreifen.[85] Im besonderen zeigt Sedlmayr dann, daß in der Betrachtung der Fassade immer wieder zwei Sichtweisen ineinander umschlagen, von denen jede selbst schon gedoppelt und in sich kontrapunktisch verschränkt ist. Es gibt keine instantan-ganzheitliche Erfassung der Fassade, sondern nur sukzessive Übergänge zwischen teilpertinenten Sichtweisen.

Einheit ist hier zumindest sehr viel schwieriger geworden. Ihre klassischen Formen sind überschritten. Daher das historische Unbehagen; daher die angestrengten Versuche vieler Kunsthistoriker, die Einheit, die doch – so meinen sie –, da es sich um das große Werk eines Großen handelt, vorhanden sein muß, wenn sie schon nicht sichtbar ist,

---

85) Hans Sedlmayr, „Die Schauseite der Karlskirche in Wien", in: ders., *Epochen und Werke*, Bd. 2, Mittenwald 1977, 174-187, hier 181.

doch wenigstens literarisch zu erschreiben und zu erdeuten; daher heute noch das gespaltene Empfinden etlicher Betrachter. Die Modelle der Einheit in der Mannigfaltigkeit, der Harmonie, der orchestralen Einheit greifen hier nicht mehr. Die Herausforderung der Fassade liegt nicht in ihrem Eklektizismus, sondern in der Verweigerung faßbarer Einheit. Einheit existiert allenfalls virtuell. Jeder Versuch, sie zu präsentieren, scheitert. Die Fassade enthält sehr viel an Inkommensurabilität (man beachte beispielsweise die eminenten Maßstabs- und Modus-Sprünge von den Kolossalsäulen mit ihren massigen Podesten hin zur Streichholzarchitektur des Portikus). Das insbesondere ist der Zug, der sie der Postmoderne nahe rückt.[86] Als frühes Dokument offener Einheit gibt sie ein Urbild.

Solche Inkommensurabilität ist für Einzelne freilich schon seit langem als Lebenswahrheit und Elixier der Kunst erkennbar geworden. So hat Goethe mit Blick auf die Inkongruenz der Teile des „Faust" gesagt, gerade so, als Nicht-Ganzes, sei diese Dichtung wahr und bewegend. So habe sie nämlich Problemstruktur und damit die Struktur wirklichen Lebens: die Lösung steht aus.

Im 20. Jahrhundert ist diese Erfahrungslage allgemein geworden, als das wissenschaftliche Leitwissen der Epoche Totalität als Illusion verabschiedete und den Übergang zu Finitismus gebot. Das wurde im vorigen Kapitel dargelegt. Interessant ist, daß auch Robert Venturi sich in seinem Manifest darauf bezieht. Venturi hält die Architektur seiner Zeit für retardiert gegenüber dem sonstigen Bewußtseinsstand des Jahrhunderts, und er zeigt das gerade am Maßstab Gödels: Während dieser längst letzte Inkonsistenz demonstriert hatte, verfocht die Architektur noch immer das Ziel der Universaltransparenz und den Dogmatismus der Einheit.[87] Des weiteren beruft sich Venturi auf Josef Albers, und zwar auf dessen „Bestimmung des paradoxen Charakters von Malerei".[88] Der Problempunkt ist derselbe. Venturi hat die „Strukturalen Konstellationen" von Albers im Auge, die so angelegt sind, daß bei völliger Eindeutigkeit der Linien das Sehen gleichwohl nicht mit einer einzigen Lesart die ganze Zeichnung erfassen kann, sondern an bestimmten Punkten in eine gegenteilige Lesart umspringen muß, die aber ihrerseits wiederum nur partial trägt und nicht für das Ganze pertinent ist.[89] Solche Phänomene meint Venturi, wenn er vom „schwierigen Ganzen" spricht.

---

86) Der Unterschied zu wirklich postmoderner Gestaltung liegt darin, daß Fischer – eklektizistisch – exemplarische *Elemente* verschiedener Architektursysteme zusammenführt, während postmoderne Architektur – kollisiv und kommunikativ – verschiedene Architektur*sprachen* miteinander konfrontiert.
87) Venturi, *Komplexität und Widerspruch in der Architektur*, 23.
88) Ebd.
89) Vgl. z.B. Abb. 1 in: *Arbeiter diskutieren moderne Kunst. Seminare im Bayerwerk Leverkusen*, hrsg. v. Max Imdahl, Berlin 1982, 13.

18. Offene Einheit

In diesen Fragen der Architektur spiegeln sich zugleich solche der Philosophie. Die Thematik der Architektur ist über sie hinaus bedeutsam. Das kann man zu wechselseitiger Erhellung der Problemlagen nützen.

Die postmoderne Position ist keineswegs durch die Außerachtlassung des Problems der Ganzheit bestimmt, sondern durch eine spezifische Art seiner Beantwortung charakterisiert: Ganzheit, Totalität ist nicht darstellbar, kann nicht positiv gesetzt werden. Ganzheit muß offen bleiben. Nicht aus Nachlässigkeit, sondern weil dies die einzig angemessene Art ist, ihrem Anspruch wirklich Rechnung zu tragen. Gesetzte Ganzheit wäre bemächtigte Ganzheit und verabsolutierte Partialität. Weder kann das Ganze erfaßt werden – das ist die Grundthese avancierter Wissenschaft und Kunst dieses Jahrhunderts. Noch vermöchte seine Bemächtigung anders als totalitär zu geraten – das ist die politische Grunderfahrung des Jahrhunderts. Unweigerlich wird darin ein Partikulares verabsolutiert – das lehrt jede Analyse dieser Phänomene. Was umgekehrt als Verzicht auf Ganzheit erscheinen mag (und so gescholten wird), ist in Wahrheit die einzig korrekte Weise, ihr Rechnung zu tragen. Die Alternativen dazu sind entweder ignorant oder geraten totalitär.

Für eigentlich postmodern im Sinn dieser Problementwicklung und dieses Begriffs kann also nur diejenige Instrumentierung von Vielheit gelten, durch die zwar Anspielungen, Wege, Vorschläge in Richtung Ganzheit zustande kommen, nicht aber eine definitive Form derselben gesetzt wird. Richard Meiers Frankfurter Museumsbau (1979-1985; Abb. 5) ist dafür ein gutes Beispiel: Der Fassadenabschluß ist virtuell. Das Auge ergänzt zwar, und tut das keineswegs beliebig, sondern auf Grund von Vorgaben, aber insgesamt bleibt der „Block" offen.

Auf der anderen Seite besteht die Gefahr, die Ganzheitsproblematik überhaupt preiszugeben und zu flotter Beliebigkeit überzugehen – die dann freilich sehr schnell zu einer anderen Einheitsform, der Indifferenz, führt. Die gebotene Mittellage besteht darin, das Viele so aufeinander zu beziehen, daß Austauschprozesse und Dialoge in Gang kommen, so aber, daß dieser dialogische Charakter nicht in einer definitiven Ganzheitssetzung erstickt wird.

Dieser Punkt wird freilich lange strittig bleiben. Das weiß, wer dieses neue Einheitsverständnis vertritt, nicht nur aus Erfahrung, sondern auch aus Einsicht in Struktur und Gründe der Gegenposition. Einheitsfreunde (Philomonen) werden immer wieder die substantiale Form einfordern, werden allenfalls eine harmonische akzeptieren, nie aber sich mit der offenen zufrieden geben. Diese sinnt ihnen in der Tat – und das spüren sie deutlich – eine prinzipielle Veränderung an. Sie werden, daß die substantiale Einheit, die sie wollen, immer nur eine spezifische, nie eine wirklich ganzheitliche sein kann, vielleicht sogar einsehen; sie werden deren Kehrseite, die Ausschlüsse, möglicherweise ahnen und werden eventuell einräumen, daß die Erhebung eines Partikularen zum Universalen der Mechanismus der Tyrannei ist. Aber das ist eine Sache von Einsicht, und diese bleibt zunächst folgenlos. Denn Einheit ist primär nicht Korrelat von Einsicht, sondern Objekt eines Wunsches. Einheit, das ist einer der tiefsten Identifikatoren; wenn der Kopf darüber ins Schütteln kommt, hält das Herz noch lange unerschüttert an ihm fest; man steht hier einem Grundwillen gegenüber.

Was umgekehrt bedeutet: Das Infragestellen solcher Einheit wird als Bedrohung erfahren, ruft Angst und Aggression hervor. Wenn man nicht im Herzen Philosoph ist – also einer, der dem Denken bis in den Grund vertraut und sich daher nicht fürchtet, bei der Prüfung einer Überzeugung auf deren Falschheit zu stoßen, sondern sich freuen würde, ein Richtigeres gefunden zu haben und zu diesem übergehen zu können –, wer nicht so ist, der wird in seiner Philomonie allenfalls provozierbar, kaum belehrbar sein.

Bleibt der Punkt der Vision. Für den Einheitsfreund ist Vielheit keine Vision, sondern bedeutet allenfalls die Preisgabe einer solchen (seiner, der einzigen, die er kennt und anerkennt). Für den Vielheitsfreund sieht die Lage anders aus. Er kennt auch die Einheitsvision, genauer: die vielen Einheitsvisionen; eben dies motiviert ihn ja zur Vielheitsvision. Theoretisch gesprochen gibt es einen Vorrang der Pluralität: Wenn nicht nur Einheit eine legitime Vision ist, sondern auch Vielheit eine sein kann, dann hat man in der grundsätzlichen Ebene schon Pluralität anerkannt – die von Einheit einerseits und Vielheit andererseits. Entscheidend ist aber die eher praktische Seite: die Einsicht, daß Vielheit eine höchstrangige Vision sein kann. So, wie es Einheit martialisch-dumpf gibt, so auch Vielheit oberflächlich-beliebig – gewiß. Aber Negativformen zeugen nicht gegen das Prinzip. Vielheit als Pluralität diverser Grundmöglichkeiten (die je Einheits-Charakter haben) verfolgt einen höheren Begriff der Menschheit als die Vorstellungen der Uniformität, die Diversität nur als Abwandlung und vorläufigen Schein zulassen wollen. Vielheit ist nicht nur faktisch überall, sie kongruierte als entwickelte mit der Vision wirklicher, gehaltvoller Freiheit. Einer ihrer Unterschiede gegenüber den Einheitsvisionen besteht darin, daß sie eher anerkennungs- und förderungsbereit ist, während jene vorschreiben und strukturieren wollen. Der Grundblick ist unterschiedlich: Wirklichkeitszutrauen einerseits, Wirklichkeitsmißtrauen andererseits. Manche neigen dazu, das als „konservativ" gegenüber „progressiv" zu verbuchen. Sie sollten nicht übersehen, daß dieser „Konservatismus" kaum bewahren, sondern vor allem entwickeln will, während jener „Progressismus" dauernd in einen Regressismus umschlägt.

Postmoderne – auch postmoderne Architektur – beginnt mit der Anerkennung von Vielheit. Wer an simple Unifizierbarkeit glaubt, kann kein Postmodernist sein. Die avancierten Formen arbeiten mit offener Ganzheit. Und trauern verlorener Einheit nicht nach, sondern stehen auf einem anderen Boden. Im ersten Kapitel ist deutlich geworden, daß die Postmoderne gerade dort beginnt, wo die Trauer über den Verlust der Einheit überwunden, wo vielmehr die positive Kehrseite dieses Verlustes erfaßt und entwickelt wird: die Befreiung der Vielheit. Wer also, wie Jencks, die zunächst prinzipiell anerkannte Vielheit doch noch einmal in einer manifesten Einheit zusammenzuführen hofft, ist zwar weit gekommen, aber nicht weit genug. Wer auf offene Einheit setzt und dies ungebrochen tut, ist weiter. Die Vielheit ist die Minimalbedingung der Postmoderne. Die offene Einheit ziert ihr Wappen.

19. Typologie der Pluralität: Ungers, Stirling, Hollein

Abschließend seien drei typische Weisen aufgeführt, wie postmoderne Pluralität auftreten kann. Die Beispiele sind der Architektur entnommen, sie vermögen aber für das ganze Spektrum zu stehen. Sie sind auch philosophisch lesbar, und zwar auf das Problem des Verhältnisses differenter Vernunftformen hin. Die drei Typen sind durch die Namen Ungers, Stirling und Hollein repräsentiert.

Bei Oswald Matthias Ungers findet sich der *monadische* Typ. In einer aufschlußreichen Polemik gegen Moore hat Ungers auf das Beispiel der Berliner Architekten des Klassizismus und ihrer Gestaltung der Havellandschaft hingewiesen.[90] Während Moore Disparates beliebig mischt, folgten diese Architekten einer streng typologischen und morphologischen Betrachtungsweise und schufen ein Ensemble von Solitären, von reinen Typen antiken Bauens. Ungers hält dieses Verfahren gegen die postmoderne Verführung zum Mischmasch hoch. Vielheit und Übergänge stellen sich dabei nur für den Betrachter ein, die Bauten selbst sind typologische Individuen, Monaden.

Ungers folgt in seinem eigenen Bauen diesem monadischen Prinzip. Nicht historistisch, sondern postmodern sind seine Werke dann dadurch, daß sie das jeweilige Prinzip bis in Dimensionen hinein entwickeln, wo Irritationen bestimmend werden. An seinem Frankfurter Architekturmuseum fällt das jedermann auf (Abb. 6). Offener Raum wird in umschlossenen, Schacht in Schaft, Außen in Innen umgedeutet. Repetition, Reduplikation und Inversion erzeugen in ihrem Zusammenspiel ein Gebilde voll Irritation; dieser Eindruck stellt sich um so nachhaltiger ein, als der Bau völlig rational gegliedert ist. Die postmoderne Irritation, die Doppelung und die Ungewißheit entstehen hier, dem geschilderten „monadischen" Ansatz entsprechend, von einem einzigen Prinzip her.

Bei James Stirling liegt, wie schon ausführlich dargelegt wurde, ein ganz anderer, ein *kontroverser* Typ der Instrumentierung von Pluralität vor. Bei ihm ist die Pluralität am ausdrücklichsten, und die Einheitsprozesse sind dialogisch oder agonal. Ungers erzeugt Pluralität und Irritation von einem einzigen Modell her. Stirling geht von mehreren Modellen aus und geht der wechselseitigen Irritation der Sprachen nach.

Hans Hollein läßt die Sprachen einander durchdringen und umdeuten, verbindet sie, ohne sie zu vereinheitlichen, und gelangt so zu Räumen, die allenthalben spannend und irritierend sind, ohne daß die Momente dieser Spannung so lehrbuchhaft zu buchstabieren wären wie bei Stirling. Sie sind vielmehr von vornherein verschliffener angesetzt. Im Mönchengladbacher Museumsbau ist das an vielen Stellen zu sehen. Da ist erstens

---

[90] „Über Typus und Ort", Protokoll eines Gespräches mit Oswald Matthias Ungers, *Kunstforum International*, Bd. 69, 1984, 32-36.

ein gewöhnlicher Kastenraum nicht geschlossen, sondern geöffnet; zweitens bilden die Stützen in ihm ein eigenes Raumgefüge, das mit dem der Wände nicht kongruiert; und drittens bilden die Neonröhren an der Decke ein Orientierungsmuster, das dem primären Raummuster teils folgt, teils in Spannung dazu tritt. Oder ein anderer Raum ist von der Decke her zentrifugal gestaltet, die Wand aber, die dem in einer Wellenbewegung nachgibt, bildet zugleich eine zentripetal wirksame Klammer (Abb. 7).

Ungers arbeitet monadisch, Stirling kontrovers, Hollein *verschliffen*.[91] Während Ungers von einem Modell ausgeht und Stirling von mehreren, setzt Hollein schon bei komplexen Formen an und gestaltet im Sinn einer fließenden Kombinatorik. Die Vielfalt wird nicht erzeugt wie bei Ungers und nicht demonstriert wie bei Stirling, sondern ist von vornherein impliziert. Von ihr ausgehend und mit ihr arbeitend, erzeugt Hollein neue Konstellationen.

Ungers ist lapidar, Stirling drastisch, Hollein raffiniert. Ob Erzeugung von Komplexität aus Einfachem, ob Kombination von Heterogenem, ob Multidimensionalität verschliffener Formen: keine dieser prototypischen Architekturen kann schlicht deduktiv oder induktiv erfaßt werden. Irritation ist das mindeste, Pluralität der Kern, Komplexion das Elixier. Bei keiner ist Ganzheit manifest. Aber es gibt eben kargere, ostentativere und raffiniertere Lösungen. Jede verlangt von der Wahrnehmung den Vollzug von Wechseln und Übergängen. Nicht ein Einzelnes und nicht ein manifestes Ganzes, sondern die Dimension von Übergängen bildet das Medium der Auffassung. Die Pluralität erschließt sich in solchen Übergängen. Diese bilden das Medium postmoderner Erfahrung.

20. Post-Moderne – gegen welche Moderne?

Zuletzt ist noch zu der Fragestellung zu nehmen, die man fürwahr erst als letzte zu behandeln gut beraten ist: Inwiefern ist diese architektonische Postmoderne eine Post-Moderne, will sagen: gegen welche Moderne setzt sie sich ab? Die Frage ist eigentlich keine mehr, denn gezeigt wurde in extenso, daß diese Architektur sich – natürlich – gegen die Moderne des 20. Jahrhunderts und insbesondere gegen Funktionalismus und Internationalen Stil absetzt. Das scheint freilich der Generalthese zu widersprechen, wonach die Postmoderne sich eigentlich von der Neuzeit absetzt, während sie die Moderne dieses Jahrhunderts eher fortführt und einlöst – und zu diesem Problem ist nun abschließend Stellung zu nehmen.

Die Antwort ist einfach: Die Architektur dieses Jahrhunderts ist – auf Venturis diesbezügliche Feststellungen wurde schon hingewiesen – merkwürdig retardiert, sie ent-

---

91) Das entspricht auch der zuvor erläuterten Art, wie Hollein Tradition aufnimmt: nicht explizit, sondern implizit, nicht gezeigt, sondern übersetzt, nicht kontrastiert, sondern verschliffen.

spricht – mit ihren Totalitäts-Aspirationen und uniformierenden Tendenzen – gerade nicht dem von der Wissenschaft verbindlich gemachten und in den anderen Künsten erreichten Bewußtseinsstand. Wem entspricht sie dann? Offenbar der Neuzeit. Das ist verschiedentlich erkannt und 1986, im 100. Geburtsjahr Mies van der Rohes, mehrfach dargelegt worden. Es ist auch unübersehbar. Man kann Descartes' *Discours de la Méthode* und Mies van der Rohes Glaubensartikel nebeneinander halten und parallel lesen.[92] „Less is more" ist fast wörtlich eine Descartes'sche Formulierung, es ist ganz Cartesischer Geist.

Die Architektur der Moderne hat eine Sonderstellung. Sie ist sehr viel begrenzter als die Kunst der Moderne. Sie setzt die Linie der Neuzeit fort und bringt diese umfassend zur Geltung. Weil dies so ist und weil die Postmoderne sich gerade von der Neuzeit absetzt, daher mußte die Architektur zum klarsten Feld der Auseinandersetzung und Absetzung werden. Kaum sonstwo traf die Postmoderne so ungebrochen, so massiv auf ihren Antipoden. Kaum sonstwo war die Differenz zwischen normativer und faktischer Gegenwart so groß. Daher kam es hier zum Bruch, zum Eklat, zur weltweiten Resonanz.

---

92) „Seine Glas- und Stahlträger-Architektur ist gebauter Descartes." (Mathias Schreiber, „Nur Einfaches ist gewiß", a.a.O., 25).

Abb. 1. Hans Hollein, Juweliergeschäft am Graben Wien, 1972-1974

132 *Abbildungen*

Abb. 2. Charles Moore, Piazza d'Italia New Orleans, 1976-1979

Abb. 3. James Stirling, Neue Staatsgalerie Stuttgart, 1977-1984

IV. Kapitel: Postmoderne für alle: Die postmoderne Architektur

Abb. 4. James Stirling, Neue Staatsgalerie Stuttgart, 1977-1984 (Eingangsbereich)

Abb. 5. Richard Meier, Museum für Kunsthandwerk Frankfurt am Main, 1979-1985

Abb. 6. Oswald Matthias Ungers, Deutsches Architekturmuseum Frankfurt am Main, 1979-1984

Abb. 7. Hans Hollein, Museum in Mönchengladbach, 1972-1982

V. Kapitel

Panorama philosophischer Postmoderne-Positionen

Mit diesem Kapitel beginnt die konzentrierte Diskussion der philosophischen Postmoderne-Problematik. Der folgende Überblick spart nur eine Position aus: die von Lyotard. Sie – die gewichtigste Position – wurde im ersten Kapitel schon ausführlich genug vorgestellt, um hier als Hintergrund präsent zu sein. Eigens diskutiert wird sie dann in den nächsten Kapiteln. Im Augenblick geht es um das Panorama der anderen Positionen. Diese werden nicht extensiv, sondern eher intensiv – auf charakteristische Punkte zugespitzt – vorgestellt.

Die philosophischen Vertreter einer Postmoderne machen die Trivialvorstellung einer die Moderne flugs ablösenden und negierenden Epoche nicht mit. Das muß man bei jeder ernsthaften Diskussion vor Augen haben. Eine Kritik des Postmodernismus, die meint, sie könne einfach gegen Trans-Modernes und Anti-Modernes zu Felde ziehen, führt Scheingefechte und stößt ins Leere. Sie betreibt allenfalls rituelle Selbstbetätigung an einem selbstkonstruierten Popanz von Postmoderne. Das dubiose Verfahren solcher Kritik gipfelt dann in der Manier, den Postmodernen Selbstwidersprüche vorzurechnen, weil sie so ganz trans- und anti-modern, wie sie es dem Begriffsgespenst zufolge sein müßten, nicht sind.

Freilich ist umgekehrt auch zu fragen, ob etwa alles nur ein Bluff war. Haben die Postmodernisten eine Parole ausgegeben, die sie selbst nicht ernst meinten und die sie daher um so bereitwilliger den Mühlen der Kritik überlassen konnten? War man sich in der Sache im Grunde stets einig, nur daß die Postmodernisten ihren Spaß hatten, wo die Kritiker bittere Klage führten? Folgt die Postmoderne-Debatte im ganzen der Logik eines ihrer Details, ist sie ein Groß-Feldzug nach Feyerabend-Strategie? Feyerabend wollte das berühmt-berüchtigte „anything goes" ja schließlich nicht mehr als *seinen* Grundsatz verstanden wissen, sondern als erschreckten Ausruf konventioneller Geister angesichts der von ihm vorgebrachten neuen Evidenzen gemeint haben.[1] Ist

---

1) Paul Feyerabend, *Wider den Methodenzwang*, Frankfurt a. M. 1983, 11. Es handelt sich bei dieser Ausgabe um die revidierte und erweiterte Fassung von *Wider den Methodenzwang. Skizze einer anarchistischen Erkenntnistheorie*, Frankfurt a. M. 1976. Dort war „anything goes" noch nicht den Gegnern in die Schuhe geschoben worden.

auch „Postmoderne" ein von ihren Anhängern zwar lancierter, in den Konnotationen einer Trans- und Anti-Moderne aber nur die Angstreaktionen der Kritiker widerspiegelnder Ausdruck? Sind die Kritiker die eigentlichen Zieheltern des Gespensts, dessen Umtriebe sie beklagen?

Es hängt mit dem neuen Zeit- und Geschichtsverständnis der Postmoderne zusammen, daß sie sich von der Moderne so schnittklar und alternativ gar nicht absetzen kann, wie das zum Geschichtsmuster der Moderne gehört hatte. Die Postmoderne – ich nehme eine im zweiten Kapitel eingeführte Unterscheidung wieder auf – hat gelernt, zwischen dem imperativen und dem indikativen Zeitmoment zu unterscheiden. Sie weiß, daß es unvermeidlich und richtig ist, auf das Gebot der Stunde, auf Erfahrungen der Geschichte, auf Forderungen einer neuen Konstellation zu achten. Das imperative „Jetzt" ist indispensabel. Aber indikativ, hinsichtlich der Gehalte, hat sich Entscheidendes verändert. Nicht nur das Neueste hat (etwa gar automatisch) Gültigkeitsanspruch, sondern auch Ältestes kann zur „Jetztzeit" kristallisieren. Das Jetztprofil ist breiter, das Zeitprofil vielfältiger, das Geschichtsprofil offener geworden. Das ist der tiefere Grund, warum die Postmoderne einerseits von der Moderne unterschieden ist, andererseits dies aber gerade nicht im Stil einer Anti- und Trans-Moderne sein kann. Wäre das letztere der Fall, so setzte sie genau den modernistischen Novismus fort. Keine Postmoderne wäre deutlicher bloß modern als eine anti- und trans-modern konfektionierte. Die sinn- und belangvolle Rede von Postmoderne beginnt erst jenseits der Trivialklischees.

1. Gianni Vattimo
   oder
   postmoderne Verwindung der Moderne

Wie wenig die Postmoderne einfach eine Trans- und Anti-Moderne sein kann, geht besonders klar aus einem Buch hervor, dessen Titel eher das Gegenteil nahezulegen scheint, aus Gianni Vattimos *La fine della modernità* („Das Ende der Moderne").[2] Die These des „Nichilismo e postmoderno in filosofia" („Nihilismus und Postmoderne in der Philosophie") überschriebenen Schlußkapitels ist dort gerade, daß es der Postmoderne, sofern sie eine wesentliche Veränderung beinhaltet, nicht um eine Überwindung der Moderne gehen kann, denn „Überwindung" war genau der für die Moderne typische Stil der Überholung.[3] Die Moderne war diejenige Epoche, in der das Novum zum Inbegriff des Seins avancierte, und so ist eine Verabschiedung dieses Novismus die Minimalbedingung des Übergangs zur Postmoderne.

2) Mailand 1985.
3) Ebd., 172-189.

V. Kapitel: Panorama philosophischer Postmoderne-Positionen

Dieser novistische Charakter der Moderne ist erstmals von Nietzsche erfaßt und kritisiert worden, und so erfolgt für Vattimo (wie übrigens auch für Habermas,[4] nur mit umgekehrtem Vorzeichen) der Eintritt in die Postmoderne mit Nietzsche. Und zwar in dem Augenblick, als Nietzsche von seiner ersten zu seiner zweiten Kritik der Moderne übergeht. Während er in der *Zweiten Unzeitgemäßen Betrachtung* von 1874 noch die Überwindung der modernen Krankheit des Historismus durch „überhistorische" und „äternisierende Mächte" propagiert hatte, schlug er wenig später (in *Menschliches, Allzumenschliches*, 1874) einen anderen Weg ein, nämlich den einer „chemischen" Analyse der höchsten Werte. Und diese Analyse führte, indem sie die Wahrheit auflöste, zugleich zu einer Auflösung der Moderne und ihres Novismus. Denn nun konnte man nicht mehr im Namen der Wahrheit immer neue Projekte in die Welt bugsieren, sondern mußte – nachdem der Maskencharakter durchschaut war – mit der Wiederkehr des Gleichen rechnen. Dadurch brechen Figur und Pathos des Novismus zusammen, und an die Stelle der modernen Eskalation tritt eine postmoderne Haltung. Diese versteift sich nicht weiter auf die Rituale der Wahrheit, sondern rechnet mit Irrtumseinschlüssen in allen Vorzügen. Und sie will das Vergangene nicht einfach überwinden, sondern sucht es sich verwandelt anzueignen.

Insbesondere unter dem letzteren Gesichtspunkt rekurriert Vattimo auf Heideggers Gedanken der „Verwindung". Der Terminus drückt sehr treffend aus, worum es seit Nietzsche und in der Postmoderne geht: Abschied von allen (im Wesen modernistischen) Vorstellungen einer Überwindung; statt dessen Übergang zu einem anderen Verhältnis, in dem die Krankheit der Vergangenheit sich zugleich gelöst hat.[5] Dabei ist sich Vattimo (dessen Denken insgesamt auf Nietzsche und Heidegger fußt) sehr wohl dessen bewußt, daß seine Konkordanzerklärung von Nietzsche und Heidegger sowie beider Erhebung zu Schlüsselfiguren der Postmoderne beträchtliche interpretatorische Entscheidungen zur Voraussetzung hat. Nietzsche wird unter Abblendung der Lehre vom Übermenschen rezipiert und (beispielsweise ganz gegen Heideggers Nietzsche-Lektüre) nicht als Vollender, sondern als Verwinder der Metaphysik verstanden, wobei gerade der Nihilismus nicht als Umkehr-, sondern als Verwindungsform der Metaphysik gilt. Und ebenso läßt Vattimo, wie er selbst einräumt, denjenigen Heidegger beiseite, der im Grunde stets und ausdrücklich auf ein ganz anderes Denken gesetzt hatte (was, so Vattimo, aber nur zu Mystizismen geführt habe), und zaubert statt dessen einen betont „nihilistischen" (einen grundlegend diversitätsoffenen) Heidegger hervor – von dem dann freilich gilt, daß er so recht erst in seiner hermeneutischen Nachfolge zu sich gekommen ist.

---

4) Vgl. Das Kapitel „Eintritt in die Postmoderne: Nietzsche als Drehscheibe", in: Jürgen Habermas, *Der philosophische Diskurs der Moderne. Zwölf Vorlesungen*, Frankfurt a. M. 1985, 104-129.
5) Vattimo, a.a.O., 179 ff.

1. Gianni Vattimo oder postmoderne Verwindung der Moderne

Das postmoderne Denken, das Vattimo durch diese Vorgängerschaft konturiert sieht, zeigt drei Merkmale: Es ist grundlegend hermeneutisch, das heißt „unrein" in dem Sinn, daß es verschiedene Ansätze aufnimmt und verfolgt; und so wendet es sich Geistformen der Vergangenheit zu, aber weder um sie zu restituieren noch um mittels ihrer etwas anderes vorzubereiten, sondern um sich durch ihre (auch ästhetische) Wiederaufnahme zugleich von ihnen zu befreien. Es ist des weiteren der gegenwärtigen technologisch-wissenschaftlichen Welt zugewandt und will Möglichkeiten der planetarischen Technik entdecken und vorbereiten, die nicht mehr den Auflagen der Metaphysik folgen und deren Problemen unterliegen. Schließlich geht es um „die Chance eines neuen – eines schwach neuen – Anfangs".[6] Diese Chance, so die Grundthese, ist nur gegeben, wenn man nicht mehr einer Kritik und Überwindung der Moderne huldigt, sondern sich um eine andere Aufnahme ihrer Möglichkeiten bemüht.

Die Postmoderne ist also nicht als eine Trans-Moderne konzipiert, die durch eine Verabschiedung oder ein Überspringen der Moderne zu erreichen wäre. All solche Überwindungs-Vorstellungen gelten vielmehr gerade als der Grundfehler. Es geht um eine andere Aneignung, Übernahme und Verwandlung der Moderne.

1986 hat Vattimo in der Thematisierung des Futurismus – also einer Bewegung, die ein Musterbeispiel der novistischen Ideologie des Modernismus darstellte[7] – ein eindrucksvolles Beispiel dafür gegeben, wie die Postmoderne selbst mit solchen Formen der Moderne nicht einfach brechen muß, sondern sie in gewandelter – nur nicht mehr dem Diktat des Modernismus folgender – Perspektive anerkennen und sich aneignen kann.[8] Vattimo geht der Frage nach, wie man die Avantgarde-Bewegungen heute so denken könnte, daß sie uns noch etwas zu sagen haben. Natürlich geht das nicht, wenn man ihrem Novismus folgt. Der fruchtbare Punkt liegt woanders: Die Avantgarde mischte verschiedene Sprachen und Kodes, sie vollzog eine Öffnung auf andere kulturelle Universen, sie entwickelte eine Multiplizität von Perspektiven, die sie nicht wieder synthetisierte oder dem Ideal der Versöhnung unterstellte. Darin hat sie die Postmoderne antizipiert.

Vattimo gibt hier ein Musterbeispiel postmoderner Aneignung einer nicht mehr durch die Brille des Modernismus gesehenen Moderne.[9] Er unterstreicht – seinem eigenen Denken der Differenz entsprechend – die von der Avantgarde beförderte Heterogenität und bestätigt so die Grundaussage des ominös „La fine della modernità" betitelten Buches, wonach die Postmoderne die Moderne nicht etwa abstößt, sondern aufnimmt.

---

6) Ebd., 189.
7) Vgl. *La fine della modernità*, 176.
8) Gianni Vattimo, „Le futur passé", *Lettre Internationale*, Nr. 9, Sommer 1986, 50-52.
9) Ich vermute, daß diese Analyse Vattimos unter dem Einfluß Lyotards steht, der schon früher die paradigmatische Rolle avantgardistischer Kunst für die Konzeption der Postmoderne betont hatte.

Das sehr postmoderne Thema der Differenz ist bei Vattimo von Heidegger her entwickelt und durch eine eigenwillige (vielleicht auch eigenartige) Deutung der „ontologischen Differenz" gewonnen. „Daß das Sein nicht das Seiende ist", versteht Vattimo dahingehend, daß das Sein nicht – wie es angeblich für das Seiende gelten soll – unbeweglich und unveränderlich ist, „es ist im Gegenteil gerade das, was wird, entsteht und vergeht".[10] „Ein so gedachtes Sein befreit uns ... von allen ‚Ganzheiten', die die traditionelle Metaphysik sich erträumte und die allen autoritären Herrschaftssystemen stets als Maske und Legitimation gedient haben."[11] Vattimo bezeichnet seine Gegenkonzeption als eine „Ontologie des Verfalls". Man soll diese freilich nicht im Sinn des Pessimismus oder der Dekadenz verstehen.[12] – Die Herleitung dieser Konzeption von Heidegger ist wohl kühner, als Vattimo selbst vermerkt. Die Tonart ist offensichtlich eher französisch. Man muß, um dieses Denken der Differenz richtig einzuschätzen, seine französische Genealogie betrachten.

2. Michel Foucault
oder
Brüche des Wissens

Zu den Initiatoren dieses Denkens gehört zweifelsohne Michel Foucault, und zwar durch sein 1966 erschienenes Buch *Les mots et les choses*.[13] Foucault hat dort die Verfassung des Wissens vom 16. Jahrhundert bis zur Gegenwart untersucht und dargelegt, daß in diesem Zeitraum zwei radikale Brüche zu verzeichnen sind. Im 17. Jahrhundert (von der traditionellen zur klassischen episteme) und im 19. Jahrhundert (von der klassischen zur modernen episteme) wandelt sich jeweils die ganze Typik des Wissens, und zwar so, daß die neue nicht aus der vorausgegangenen ableitbar ist. Man hat es mit radikaler Diskontinuität zu tun.

Eine solche Auffassung ist mittlerweile – auch durch die Rezeption der Arbeiten von Thomas S. Kuhn – Gemeingut geworden. Damals jedoch bedeutete sie einen Einschnitt

---

10) Gianni Vattimo, *Jenseits vom Subjekt*, Graz – Wien 1986, 33. Vgl. dagegen die „neoparmenideische" Seinskonzeption Emanuele Severinos: *Vom Wesen des Nihilismus*, Stuttgart 1983.
11) Vattimo, a.a.O., 34.
12) Ebd., 10 bzw. 32. – Einschlägig sind von Gianni Vattimo des weiteren zu vergleichen *Le avventure della differenza. Che cosa significa pensare dopo Nietzsche e Heidegger*, Mailand 1980, sowie „Dialettica, differenza, pensiero debole" in: *Il pensiero debole*, hrsg. von Gianni Vattimo u. Pier Aldo Rovatti, Mailand 1983, 12-28. Einen informativen Überblick über die italienische Postmoderne-Debatte insgesamt gibt Antonio Villani, „Le ‚chiavi' del postmoderno: un dialogo a distanza", *il Mulino*, 35. Jg., Nr. 303, Heft 1, 1986, 5-22.
13) Dt. *Die Ordnung der Dinge. Eine Archäologie der Humanwissenschaften*, Frankfurt a. M. 1971.

und eine Herausforderung. Zudem hat Foucault seine Rede von Brüchen (ruptures) gleichermaßen apodiktisch angelegt wie lapidar gehalten. Er hat von Diskontinuität höchst änigmatisch gesprochen und auf künftige Untersuchungen verwiesen[14] – um so mehr bestand für andere Anlaß, dieses beunruhigende Thema aufzugreifen und weiter zu verfolgen.

Zudem aktivierte Foucault hier ein altes Motiv französischen Denkens. Seit Pascals Lehre von den Ordnungen – die Pascal zufolge durch eine „unendliche Distanz" getrennt sind – gehörte der Gedanke radikaler Differenz mindestens zum latenten Arsenal französischen Geistes. Gewiß, dominant war die andere Konzeption geworden, die des Systems, des integralen Wissens, die Cartesische Tradition der Mathesis universalis. Sie hatte eben erst im Strukturalismus von Lévi-Strauss eine neue und eindrucksvolle Gestalt und beherrschende Stellung erreicht, und es ist bezeichnend, daß Foucault den Gedanken der Differenz um so besser transportieren konnte, als er ihn in strukturalistischer Hülle präsentierte. Aber immerhin: Auch das Denken der Differenz war zuvor schon verschiedentlich reaktiviert worden, so beispielsweise bei Gaston Bachelard, der bereits seit den dreißiger Jahren lehrte, daß die Wissenschaftsentwicklung nicht kontinuierlich verläuft, sondern durch Krisen und dramatische Einschnitte (coupures épistémologiques) gekennzeichnet ist, die jeweils „eine vollständige Umwälzung des Wissenssystems" zur Folge haben[15] – und natürlich ist Foucaults Konzeption durch Bachelard inspiriert. So bringt Foucault – im Ausgriff ungleich breiter und prinzipieller, in der Darstellungsweise brillanter, im Zugriff härter als Bachelard – eine Traditionslinie französischen Geistes wieder zur Geltung – auch das erklärt die ungewöhnliche Resonanz, die sein Werk sogleich fand.

Es lohnt sich, dem Verhältnis zum Strukturalismus noch einen Moment nachzudenken. Der Unterschied ist typologisch tief und aufschlußreich. Mit Foucaults Arbeit von 1966 beginnt, was man später als „Poststrukturalismus" bezeichnet hat und was den namhaftesten Nährboden postmodernen Denkens bildet. Inwiefern spaltet sich hier ein Poststrukturalismus vom Strukturalismus ab und trennt sich darin ein postmodernes Denken von einem neuzeitlichen oder modernen Denken? Zunächst sind Foucaults Anschlüsse an Lévi-Strauss unverkennbar. Sie betreffen nicht nur die Rhetorik der Rede vom „Ende des Menschen", sondern – wichtiger – die Konstruktion der episteme. Daß die verschiedenen Wissensgebiete und Wissensarten einer Epoche nur oberflächlich different erscheinen, in Wahrheit jedoch Manifestationen einer und derselben episteme – eines unbewußten, „archäologischen" Musters von Wissen – sind (so dort die Grund-

---

14) Vgl. ebd., 82 f.
15) Vgl. Gaston Bachelard, *Die Bildung des wissenschaftlichen Geistes. Beitrag zu einer Psychoanalyse der objektiven Erkenntnis* (frz. Originalausgabe Paris 1938), Frankfurt a. M. 1978, 49. Bachelard hat seine Grundthese von der Diskontinuität der Wissenschaftsentwicklung schon in der Dissertation entworfen und dann in *Le Nouvel Esprit scientifique* (Paris 1934) systematisch vorgestellt.

these von Foucault), das ist eine typisch strukturalistische Betrachtung und Aussage. Lévi-Strauss hatte sich ja auf die Suche nach dem einen universalen und invarianten Kode gemacht, der sämtliche Erscheinungen der Kultur zu erklären und zusammen mit denen der Natur bis in ihre physiko-chemischen Bedingungen hinein einheitlich zu erfassen vermöchte.[16] Strukturalismus war der Idee nach universaler Integralismus.

Umgekehrt erkennt man nun, wie drastisch Foucaults These von der „archäologischen" Diskontinuität und Heterogenität der episteme-Blöcke den Fundamental-Intentionen dieses Strukturalismus zuwiderlief, ja sie gleichsam zerhackte. In einem ersten Schritt war Foucault ein perfekter Strukturalist, der die synchrone Homogenität augenscheinlich so unterschiedlicher Wissensformen wie der Fossilienkunde und des Merkantilismus darlegte, aber nur, um dann in einem zweiten Schritt die Grenze der strukturalistischen Betrachtung zu durchstoßen: In der diachronen Aufeinanderfolge der episteme-Blöcke herrscht unübersteigliche Heterogenität. Damit war im Kontext eines zunächst noch strukturalistisch ansetzenden Denkens die Karriere des „Poststrukturalismus" gestartet. Denn der Poststrukturalismus ist eben diejenige Strömung, die durch den Gedanken unaufhebbarer Differenz vom Strukturalismus – der jede Differenz auf Einheit hin überschreiten zu können glaubt – sich absetzt.

Typologisch gesprochen, kommt hier der schwächere Neuzeitstrang – der differenzbewußte – gegen den dominanten – den einheitseffizienten – zum Durchbruch. Im Strukturalismus kulminierte die Mathesis-universalis-Tradition der Neuzeit, in Poststrukturalismus und Postmoderne tritt deren Gegentradition ans Licht. Daher ist dieser Punkt der Differenz so eminent sensibel, daher war in Foucaults Buch eine gewaltige Spannung angelegt. Diese Spannung ist dann bei Deleuze, Derrida und Lyotard zum Tragen gekommen.

3. Gilles Deleuze
oder
Differenz und Rhizom

Deleuze hat das Thema der Differenz in einer großangelegten Studie von 1968, *Différence et répétition*, aufgenommen. Der neuen und gesteigerten Bedeutung der Differenz entsprechend, versucht er sie anders zu denken, als die traditionelle Philosophie dies vermochte. Deleuze sucht sie aus dem Bann von Identität und Negation zu befreien, in deren Rahmen sie eingespannt war. Es geht darum, freie Differenz zu denken – jenseits der klassischen Kategorien von Identität, Ähnlichkeit, Analogie und Gegensatz.

---

16) Vgl. Claude Lévi-Strauss, „Die Struktur der Mythen", in: ders., *Strukturale Anthropologie I*, Frankfurt a. M. ²1981, 226-254, hier 251 sowie „Geschichte und Dialektik", in: ders., *Das wilde Denken*, Frankfurt a. M. 1973, 282-310, hier 284.

3. Gilles Deleuze oder Differenz und Rhizom

Deleuze hat dabei die moderne Welt der Simulakren im Blick. Hier handelt es sich um Differenzen, die sich nicht mehr – metaphysisch – auf ein Identisches, sondern nur noch auf andere Differenzen beziehen. Und diese bilden untereinander dezentrierte, bewegliche Netze und nomadische Distributionen. Wenn es hier überhaupt noch einen letzten Zusammenhang gibt, dann nicht in einem universalen Kode, sondern in einem „informellen Chaos".[17]

Später hat Deleuze (zusammen mit Félix Guattari) dieses Denken der Differenz anhand der Metaphorik des „Rhizoms" weiterentwickelt:[18] nicht der klassische Wurzelbaum, der in seiner Entfaltung hierarchisch alle Differenzen umgreift, und nicht das moderne System der kleinen Wurzeln, das viele Mikro-Einheiten pflegt, sondern das Rhizom, das Wurzelstengelwerk, bei dem Wurzel und Trieb nicht zu unterscheiden sind und das sich in ständigem Austausch mit seiner Umwelt befindet, ist paradigmatisch für Wirklichkeit heute. Das Rhizom tritt in fremde Evolutionsketten ein und knüpft transversale Verbindungen zwischen divergenten Entwicklungslinien. Es ist nicht monadisch, sondern nomadisch; es erzeugt unsystematische und unerwartete Differenzen; es spaltet und öffnet; es verläßt und verbindet; es differenziert und synthetisiert zugleich.

Damit ist – in metaphorischer Begrifflichkeit – ein gewichtiger Entwicklungsstand des Differenztheorems erreicht. Differenz wird jetzt ohne Scheu vor Einheitsmomenten gedacht. Die Autoren wissen um die Bedeutung dieses Zuges. Sie proklamieren die Gleichung „PLURALISMUS = MONISMUS" geradezu als „magische Formel".[19] Wie weit dabei Anspruch und Einlösung im einzelnen zu überzeugen vermögen, mag dahingestellt bleiben. Wichtig ist, daß Differenz hier bewußt mit Übergang und Verbindung zusammengedacht wird.[20] Die Autoren bedenken (im Unterschied zu den Unterstellungen mancher Kritiker), daß sich rigide Differenz selbst aufhöbe. Andererseits verlöre sich Differenz auch, wenn die Einheit Differenz nur absorbierte und nicht ihrerseits wieder freisetzte. Die Einheit, die mit einem Differenzdenken kompatibel sein soll, muß selbst differentiell sein. Sie kann nicht den Charakter abschließender Präsenz haben. – Das hat kein Autor so klargemacht wie Derrida.

---

17) Vgl. *Différence et répétition*, 356.
18) Gilles Deleuze und Félix Guattari, *Rhizom*, Berlin 1977 (frz. Originalausgabe Paris 1976).
19) Ebd., 34.
20) Eco hat das Rhizom, das zu den emblematischen Figuren der Postmoderne gehört, als Labyrinth begriffen und als den Labyrinth-Typ bezeichnet, den er in seinem postmodernen Roman *Der Name der Rose* vor Augen hatte (vgl. Umberto Eco, *Nachschrift zum ‚Namen der Rose'*, München – Wien 1984, 65).

4. Jacques Derrida
oder
Differenz und Verstreuung

Im gleichen Jahr, in dem Deleuze seine Schrift über die Differenz publizierte, griff auch Derrida dieses von Foucault her offene Thema auf. Er tat es in einem doppeldeutig „Les fins de l'homme" betitelten Vortrag.[21] Und er kam zu seiner Lösung, indem er Foucault gegen Foucault – den poststrukturalistischen gegen den strukturalistischen Foucault, den Differenz-Denker gegen den Anthropologie-Kritiker – stark machte. Das Ende des Menschen, sagt Derrida in diesem Vortrag von 1968, hat nicht nur aktuelle Konjunktur im französischen Denken, sondern hat Dauerkonjunktur im metaphysischen Denken,[22] und diese zweite Beobachtung spricht gegen die Originalität, Radikalität und Erfolgsaussicht der ersteren Anstrengung. Auf ihren Wegen wird es schwerlich gelingen, in einen neuen und speziell in einen nicht mehr metaphysischen Denkraum vorzustoßen. Dazu bedarf es vielmehr – so Derrida – einer ganz anderen Strategie: einer Strategie einschneidender Pluralisierung. Es braucht ein neues Schreiben – eines, das mehrere Sprachen zugleich spricht und mehrere Texte zugleich hervorbringt.[23] Pluralität ist der Schlüssel zum Jenseits der Metaphysik.

Da ist also – bei einem Autor, der sich selbst niemals als „postmodern" bezeichnet (so wenig wie als „Poststrukturalist" oder dergleichen) – das postmoderne Grundmotiv unmittelbar zu fassen. Ein anderer Denkraum – wie die Postmoderne ihn konstellieren möchte – ist auch für Derrida nur mit deren Grundmotiv – Pluralität – zu erreichen. Allerdings erkennt man bei ihm zugleich, daß es dafür einer Veränderung nicht nur gegenüber der Moderne, sondern gegenüber der gesamten metaphysischen Tradition bedürfen wird.[24] Allein Pluralität – nicht vordergründige Vielheit, sondern grundsätzliche Pluralität – vermag in neue Gefilde zu führen; aber gerade solche Pluralität, die sich den überkommenen Begriffsmühlen entzöge, hatte metaphysisch keine Heimstatt.

Wie ist sie dann zu denken? Derrida begreift sie nicht als Pluralität mehrerer Ursprünge, die sich in ihren Folgen überschneiden oder verketten, sondern eher umge-

---

21) In: Jacques Derrida, *Marges de la philosophie*, Paris 1972, 129-164.
22) Vgl. ebd., 144.
23) Ebd., 163.
24) Diese Verabschiedungsextension ist für alle von Heidegger herkommenden Postmodernisten charakteristisch. Man kann nicht bloß die Moderne, man muß – da die Moderne die Vollendungsgestalt der Metaphysik ist – schon die ganze Metaphysik hinter sich bringen. Kleiner als Postmetaphysik kann man Postmoderne nicht haben. Das war schon bei Vattimo deutlich und ist es bei Derrida wieder. Dabei ist Derrida ersichtlich Heidegger-kritischer als Vattimo. Das ist zugleich Indiz seiner Avanciertheit. Vattimo rekurriert immer und immer wieder auf das Heidegger-Geschäft der „Verwindung" des Abendlandes. Derrida hingegen praktiziert das andere, das möglicherweise nicht mehr metaphysische Schreiben.

kehrt als Pluralität von Bahnen, in die jedes Sinnelement auseinandertritt. Die Elemente der Pluralität sind nicht idealtypisch reine Einheiten, die unsaubere Verbindungen eingehen (die es dann aufzulösen gälte), sondern jedes Sinnelement verweist auf andere und öffnet sich auf diese, und es gilt, diese Bahnen und Verflechtungen zu verfolgen. Derrida, sagt Bernhard Waldenfels sehr treffend, gehört „nicht zu den ‚Rupturisten‘, diesen epistemologischen Chirurgen, die mit sauberen Einschnitten für Ordnung sorgen".[25]

Entscheidend ist für Derrida, daß der Sinn nie präsent, sondern immer verschoben und in verschiedene Bahnen verstreut ist. Folgt man dieser Bewegung der „différance" und „dissémination", so erkennt man, daß gerade sie nicht eine Bewegung des Entzugs von Sinn, sondern die Weise seiner Konstitution ist. Sinn gibt es nur durch diese Bewegung der Differenz. Was umgekehrt bedeutet: Die Differenz ist ursprünglich und unhintergehbar.[26]

Derrida denkt die Differenz so radikal und elementar wie nur möglich. Und das gelingt ihm gerade deshalb, weil er nicht, wie andere „Differentisten", von Differentem – von mehreren Ursprüngen, Ordnungen, Diskursarten – ausgeht, sondern Differenz als Grundgeschehen konzipiert.[27] Aller Vielheit (die immer schon Vielheit von Einheiten ist) liegt die Bewegung der Differenz schon voraus. Bei Derrida sind die postmodernen Grundphänomene Pluralität und Differenz wirklich als Grundphänomene gefaßt.

Umgekehrt ergibt sich aus Derridas Ansatz, daß das Differente nicht atomistisch zersplittert, sondern über Bahnen der Verstreuung und Kreuzung verbunden ist. Das war ähnlich schon bei Deleuze der Fall. Auch er dachte beim Thema der Differenz weniger an monadische Inseln als an nomadische Quergänge. Bei Derrida erscheint beides – Verstreuung wie Verknüpfung – radikalisiert. Sein Denken ist mit den alten Oppositionen am wenigsten zu fassen.

Derridas Konzeption ist anspruchsvoll. Das bedeutet umgekehrt auch: In den Händen anderer wird leicht Unsinn daraus. Das virtuose Spiel der Spuren, Nebenbedeutun-

---

25) Bernhard Waldenfels, *Phänomenologie in Frankreich*, Frankfurt a. M. 1983, 539.
26) Von daher versteht man, warum Derrida auf dem Unterschied seiner dissémination von einer – z. B. Aristotelischen – Polysemie beharren muß (vgl. *Marges de la philosophie*, 295, 392). Die letztere richtet sich auf die Verkreuzung prinzipiell distinkter Sinnformen (die, als distinkte, nach Hinsichten unterschieden werden können und müssen), die erstere hat eine Vorgängigkeit der Zerstreuung im Auge, die sich in jedem Versuch, hinter sie zurückzugehen, erneut hervorkehrt, also unübersteiglich und nicht in Distinktionen aufzulösen ist.
27) Man hat, hinsichtlich des Inspirationsbodens dieser Konzeption von Derrida, immer wieder auf die Literatur hingewiesen. Das ist richtig, aber vielleicht zu einseitig. Derridas Konzeption hat verblüffende Affinitäten zur Kunst des Informel, wie sie in den fünfziger und frühen sechziger Jahren die französische Szene beherrschte. Sie kann geradezu als philosophische Auslegung der Sinnstruktur informeller Malerei verstanden werden. Spur, Marke, Fährte, Verstreuung, Bahnung, der Aufschub des Sinns und ein generalisierter Schriftbegriff sind innerste Kategorien und exemplarische Erfahrungen dieser Malerei. – Derrida selbst hat diese Deutung gesprächsweise als neu, aber plausibel bezeichnet.

gen, Verzweigungen, Umkehrungen gerinnt bei ihnen zu einem Korsett von Gestelztheiten oder zerfließt zu einem Brei der Indifferenz. Vieles von dem, was dem „diffusen Postmodernismus" zuzurechnen ist, leitet sich auf diese Weise von Derrida her. Sehr zu unrecht beruft es sich dann auch noch auf ihn. Selbst wenn Derridas Interesse den Paradoxien des Sinns gilt, so beweist er selbst doch eine außerordentliche Fähigkeit, in der luzidesten Weise dorthin zu führen. Sein Denken ist komplex, kann dies aber nur sein, weil es zugleich diszipliniert ist.[28] Erst bei manchen Adepten wird das Getümmel einer „Derridistik" daraus.

Postmoderne-einschlägig im engeren Sinn hat sich Derrida zum Thema der Vielsprachigkeit in der Architektur sowie zum Vorstellungskomplex „Apokalypse" geäußert.[29] Im ersteren Fall hat er – wie im vorigen Kapitel schon erwähnt – das Scheitern des Turmbaus zu Babel als Gleichnis für das Scheitern der Moderne gelesen.[30] Derrida geht davon aus, daß Bauen wie Denken und Schreiben Modi sind, eine Welt zu bahnen. Wenn er sagt „Man wohnt in der Schrift. Schreiben ist eine Art Wohnen",[31] so gilt das Umgekehrte ebenso: Auch Bauen und Wohnen sind Arten zu „schreiben", nämlich: Sinnprozesse zu generieren und zu vollziehen. Daher ist Architektur ein Welt-Thema. Mit Säulen, Plätzen und Dächern „schreibt" man eine Welt.

Architektur ist also auf ihren Weltentwurf hin zu betrachten. An der modernen Architektur zeigt sich dabei: Sie war einem Projekt der Herrschaft verbunden. Sie wollte das Leben planen und seine Vielfalt meistern. Mittels einer überlegenen Sprache wollte sie sich über die vorgegebenen Sprachen erheben, um – darin liegt die Parallele zum Turmbau zu Babel – „von der Höhe einer Metasprache herab die anderen Stämme, die anderen Sprachen zu dominieren, zu kolonialisieren".[32] Aber dieses Unternehmen ist gescheitert. Die Vielfalt der Sprachen kann nicht beherrscht werden, die eine universale Sprache ist eine Chimäre, ihre Anmaßung ist zum Zusammenbruch verurteilt. „Vielleicht ist es ein Charakteristikum der Postmoderne, daß sie dieser Niederlage Rechnung trägt. Wenn sich die Moderne durch das Streben nach der absoluten Herrschaft auszeichnet, so ist die Postmoderne vielleicht die Feststellung oder die Erfahrung ihres Endes, des Endes dieses Plans zur Beherrschung."[33]

---

28) „Ich glaube nicht, daß man irgendwas Beliebiges sagen darf. Ich bin für die Disziplin." (Jacques Derrida in: *Französische Philosophen im Gespräch*, hrsg. von Florian Rötzer, München 1986, 87).
29) Im Ausgang von Derrida hat Mark C. Taylor das Konzept einer postmodernen Theologie entwickelt – die, dem Ansatz der Dekonstruktion entsprechend, „A/theologie" ist (Mark C. Taylor, *ERRING. A Postmodern A/theology*, Chicago 1984).
30) Jacques Derrida und Eva Meyer, „Labyrinth und Archi/Textur", in: *Das Abenteuer der Ideen. Architektur und Philosophie seit der industriellen Revolution*, Ausstellungskatalog Berlin 1984, 95-106, hier 103-105.
31) Ebd., 101.   32) Ebd., 103.   33) Ebd., 105.

Die Postmoderne steht also auch bei Derrida im Zeichen der Vielfalt – der wiedergewonnenen, untilgbaren und entwicklungsoffenen Vielfalt. Diese Vielfalt bedeutet nicht „Verwirrung" und ist nicht die Strafe eines Gottes, sondern das Elixier von Sprachlichkeit selbst. Differenz und Verstreuung sind ursprünglich. Wir sind heute dabei, das Trügerische aller Versuche zu ihrer Bannung – seien sie modern oder metaphysisch – zu durchschauen. Eben das gehört zum Sinn des Übergangs in eine „Postmoderne".

Grundfragen der Postmoderne-Situation greift Derrida auch in seiner Thematisierung der Apokalypse auf. Hier laufen verschiedene Fäden zusammen. Warum werden uns dauernd Enden verkündet – zum Beispiel von manchen Postmodernisten das Ende der Moderne –, und was hat es mit dem Szenario des großen Endes, mit der gerade unter Auspizien der Postmoderne wieder bedrängend gewordenen Vorstellung einer Apokalypse auf sich? In der Behandlung dieses Themas werden Methode und Gehalt des Derridaschen Denkens musterhaft deutlich. Es handelt sich um ein Stück „Dekonstruktion". Derridas Ergebnis – daß es keine Apokalypse gibt – ist die Rückseite seiner Grundeinsicht, daß es keine Präsenz gibt.

Stets war Derrida den Reden vom Ende gegenüber skeptisch. Wir haben das gleich eingangs hinsichtlich der Rede vom „Ende des Menschen" kennengelernt. Nicht, daß Derrida keine Alternativen erwöge, aber er denkt sie anders: nicht danach, sondern daneben, nicht neu, sondern different. Selbst Vattimo – der immerhin klargemacht hatte, daß die Postmoderne nicht einfach ein Ende und eine Überwindung der Moderne bedeuten kann – hält in Derridas Augen wohl noch zu sehr an einer Periodisierung fest. Seine post-metaphysische Konturierung der Postmoderne stellt noch zu wenig in den Vordergrund, daß es um eine andere Haltung, ein anderes Schreiben, ein anderes Denken geht als das metaphysisch dominant gewesene. Das Thema der Postmoderne gibt besonderen Anlaß, über die Wiederkehr solcher Reden von einem Ende nachzudenken. In ihrem Zeichen hat die Endformel ja geradezu Dauerkonjunktur gewonnen. Sie wohnt dem Terminus inne – und läuft doch der Sache möglicherweise zuwider.

Was also hat es mit diesem Typus apokalyptischer Reden auf sich, die uns stets erneut sagen, daß es mit dem bisher für wahr Gehaltenen zu Ende ist, um uns statt dessen eine neue und eigentliche Wahrheit zu verkünden? Wozu diese Dauerüberbietung an eschatologischer Eloquenz (Ende der Geschichte, des Klassenkampfs, der Philosophie, Gottes, der Moral, des Subjekts, des Menschen, des Phallogozentrismus, des Ödipus, der Welt)? Und was ist von jenen „katastrophischen" Postmoderne-Versionen zu halten, die uns verkünden, daß wir auf eine finale Katastrophe zusteuern, daß diese verhindern zu wollen sie am sichersten zu befördern bedeutet, daß Panik unsere Erleuchtung ist?[34]
In dem Text „Von einem neuerdings erhobenen vornehmen Ton in der Philosophie"

---

[34] Vgl. Peter Sloterdijk, „Wieviel Katastrophe braucht der Mensch?", *Psychologie heute*, Okt. 1986, 29-37.

diskutiert Derrida diese in Apocalypse-now-Zeiten aktuellen Fragen unter Rückbezug auf *die* Apokalypse, die Johanneische.[35]

Ein erster Befund lautet: Die Rede von Offenbarung ist ambivalent, denn sie kündigt die Wahrheit an, aber sie bedeutet den Tod. Und das zweifach. Zunächst anscheinend unverfänglich: Der Untergang ist notwendig als Vorspiel der Enthüllung. Allerdings: Unverfänglich? Inwiefern? Um der Wahrheit willen den Untergang in Kauf nehmen? Man bedenke, welche Opfer diese Denkfigur historisch gekostet hat – ohne daß die Wahrheit eingetreten wäre. Freilich: Es kommt gleich noch besser-schlimmer: Die Wahrheit selbst – wenn sie denn käme – wäre tödlich. Denn mit ihr wäre alles zu Ende. Sie sistierte die Geschichte, die Bewegung, das Leben. „Die Wahrheit" bedeutete unweigerlich Todesstarre. Der Zusammenhang der beiden Todesbezüge ist ein innerer: Die apokalyptische Vision nimmt das Vorspiel der Vernichtung so leichthin in Kauf, weil sie im Innersten den Tod herbeisehnt, dessen schöner Name „Wahrheit" lautet.

Dies ist die Wahrheit über die Apokalypse. Ist also die Apokalypse – die Demaskierung, die Enthüllung, die Offenbarung des Wesens – der Apokalypse. Sie deckt auf, was diesen Vorstellungskomplex konstituiert und durchspukt. Sie entlarvt jegliche apokalyptische Rede als Todespredigt.

Ist sie eine Apokalypse der Apokalypse auch im anderen Sinn? Im Sinn nicht nur der Enthüllung, sondern auch des Untergangs? Löst durch diese Enthüllung ihres Wesens die Vorstellung „Apokalypse" sich auf?

Eine Kleinigkeit immerhin ist noch zu vermerken. Daß es nämlich „die Wahrheit" nicht gibt und nicht geben kann. Daß die Wahrheit nie massiv präsent zu sein vermag, sondern immer schon eine Streuung darstellen muß. Indirekt wird diese Absenz der Wahrheit in der Apokalypse sogar durch die klassische Apokalypse, die Johanneische, angezeigt. Man weiß dort nämlich nicht, wer spricht. Wenn aber der Sender unbekannt ist, dann auch die Botschaft. Die Apokalypse ist eine leere Sendung, eine Sendung ohne Botschaft. Es gibt kein Jüngstes Gericht, es gibt keine Wahrheit.

Damit ist schließlich dies die eigentliche und ganze Wahrheit über die Apokalypse und ihre Botschaft: daß es keine Wahrheit, keine Enthüllung, kein Ende gibt. Das ist es, was ankommt. Apokalypse der Apokalypse. Will sagen: Enthüllung und Zusammensturz der Apokalypse. Enthüllung: es gibt keine Wahrheit, keine Botschaft, kein

---

[35] Jacques Derrida, *D'un ton apocalyptique adopté naguère en philosophie*, Paris 1983. Dt. in: Jacques Derrida, *Apokalypse*, Graz – Wien 1985, 9-90. – Meine Darstellung hält sich nicht an das, was Samuel Weber – seinerseits kritisch – als „die in der Bundesrepublik dominierende Auffassung von Wissenschaftlichkeit" bezeichnet hat, für die „das Schreiben wie Schlacke abfällt, um das Gold der Bedeutung umso reiner preiszugeben" (Samuel Weber, „‚Postmoderne' und ‚Poststrukturalismus'. Versuch eine Umgebung zu benennen", *Ästhetik und Kommunikation*, 17. Jg., Heft 63: Kultur im Umschlag, 105-111, hier 109). Ich versuche Derridas Gedanke in einer Form zu präsentieren, die ihn zu vermitteln vermag – wenn es auch nicht Derridas, sondern meine Form ist.

Ende. Zusammensturz: damit löst diese Vorstellung sich auf. – Es gibt keine Apokalypse, es hat nie eine gegeben und wird nie eine geben. Das ist es. Apocalypse now: not now nor ever.[36]

Ich habe das ein Musterbeispiel von Derridas Denken genannt: Er dekonstruiert den Vorstellungskomplex „Apokalypse". Er schüttelt ein paar von dessen Voraussetzungen und Implikationen frei, und schon zeigt die Obsession ihr anderes Gesicht. Zugleich erkennt man: Es kann deshalb keine Apokalypse geben, weil es keine Präsenz gibt. Die Apokalypse ist die Wahnvorstellung vollendeter Präsenz.

Die Anwendung dieser Betrachtung auf die modernen und postmodernen Reden vom Ende ist klar: *Das* Ende gibt es nicht;[37] und die kleinen Enden soll man nicht überschätzen; die Wiederkehr des Totgesagten ist nicht ausgeschlossen, eher ist sie wahrscheinlich; sinnvoll hingegen ist: anderes zu machen, ohne daß man behauptet, das Vorherige sei sinnlos, beendet, inexistent; es geht schlicht darum, das Spiel der Alterität zu versuchen. – So führt auch Derrida wieder zu jener anderen, gelasseneren Zeiterfahrung, wie sie für die Postmoderne charakteristisch ist, die den modernistischen Überholungsgestus und die modernistischen Totalitätsansprüche hinter sich gebracht hat.

Dies ist die Stelle, wo Lyotards Position ihren „logischen Ort" hat. Lyotard teilt mit Derrida die Auffassung, daß „Postmoderne" nicht eine völlig neue Epoche bezeichnen, sondern nur den Übergang zu einer bestimmten Geistes- und Gemütshaltung bedeuten kann, die freilich immer schon möglich war, nur jetzt allgemeiner wird: zu einer in besonderer Weise pluralitätsoffenen und diversifikationsbereiten Haltung.

In der Konturierung der Pluralität aber unterscheidet sich Lyotard von Derrida deutlich. Er ist einer jener Differentisten, die man als „Rupturisten" bezeichnen kann. In ihm kehrt diesbezüglich die Härte Foucaults wieder im Unterschied zu den Verschleifungs- und Übergangsformen bei Deleuze und Derrida. Das wird später noch im einzelnen darzustellen und zu diskutieren sein. Im Augenblick sei nur vermerkt, daß Lyotards Denken und Postmoderne-Konzept offenbar in die Entwicklungslinie dieses französischen Denkens der Differenz gehört. Daher kann denn auch Lyotard selbst dieses französische Denken durch sein eigenes Hauptmotiv – die Betonung der Inkommensurabilität – charakterisiert sehen. Genau in diesem Sinn empfindet er es als „postmodern" und genau wegen der Rationalität solcher Differenz möchte er es von allem Neo-Irrationalismus unterschieden wissen. Foucault, Derrida und Deleuze sind auch seine Kronzeugen.[38]

---

36) Vgl. Derrida, a.a.O., insbes. 64, 87-90.
37) Vgl. Dietmar Kamper: „Schlußzumachen mit dem Ende, vielleicht ist das der Effekt von Postmoderne und Posthistoire." („Aufklärung – was sonst?", *Merkur* 436, 1985, 535-540, hier 540).
38) Vgl. Jean-François Lyotard, *Tombeau de l'intellectuel et autres papiers*, Paris 1984, 85 sowie ders., „Grundlagenkrise", *Neue Hefte für Philosophie*, Heft 26, 1986, 1-33, hier 28 f.

Die Themen des Endes und der Differenz, die zuletzt ausführlich bei Derrida erörtert wurden, sind auch bei der nächsten Figur des französischen Panoramas prominent, bei Jean Baudrillard. Bei ihm begegnen sie freilich in einer eigenwilligen Version. Sie werden gewissermaßen umgekehrt: Es gibt kein Ende, denn das Ende ist schon da; und es gibt keine Differenz, denn Differenz ist nur ein Zustand von Indifferenz. Mit beiden Modifikationen rückt Baudrillard tendenziell aus dem Spektrum der Postmoderne heraus bzw. plaziert sich an dessen Rand. Als solcher Grenzfall sei er hier behandelt.

5. Jean Baudrillard oder Indifferenz und Hypertelie – Posthistoire statt Postmoderne

Bei Baudrillard ist das „Post" zum Nullwert geschrumpft. Er belehrt uns, daß wir alle Verabschiedungsmöglichkeiten real längst hinter uns haben, daß wir in unmerklicher Kontinuation und bar jeder Innovation in ein definitives Endstadium übergegangen sind. Wir leben, so Baudrillard, in der „Hypertelie", also jenseits des Endes und aller Endmöglichkeiten – aber man kann dafür ebensogut sagen: vor jedem Ereignis und Ende. Inwiefern kommt das aufs gleiche hinaus?

Baudrillard ist bekannt geworden als Theoretiker der Simulation. Wenn für die strukturalistische Sicht distinkte Oppositionen grundlegend waren, so hat Baudrillard dargelegt, daß sich Differenzen heute zunehmend aufheben und daß es so zu einer gigantischen Implosion allen Sinns, zu einem Übergang in universelle Indifferenz kommt.[39] Das ist eine differenz-kritische These, und es gilt, ihre Logik zu begreifen und zu prüfen. Differenzbildung, so Baudrillard, ist zum mindesten dialektisch und von einem bestimmten Punkt an kontraproduktiv. Sie wird es genau dann, wenn sie – wie heute – freigegeben ist. Dann nämlich bewirkt die ungebremste Steigerung der Vielfalt zugleich die Vergleichgültigung der durch sie hervorgebrachten Möglichkeiten. Die verschiedenen Möglichkeiten neutralisieren sich gegenseitig und konsonieren im weißen Rauschen der Indifferenz. Unsere Kultur ist zu einer solch gigantischen Maschinerie der Vergleichgültigung der durch sie produzierten Differenzen geworden. Die gepriesene Differenzbildung ist in Wahrheit ein Modus der Indifferenzerzeugung. Es ist die Dialektik der Differenzierung, daß sie in ihrer Potenzierung in Indifferenz umschlägt. – Wenn es Illusionen eines hypertrophen Differenzdenkens gibt, so werden sie hier bloßgestellt.

In der *Agonie des Realen* hat Baudrillard den Prozeß der Indifferenzbildung am Verhältnis der Realität zu ihren Gegeninstanzen erläutert. Das Reale – so seine These – existiert nicht mehr, weil es von seinen klassischen Kontrasten wie Beschreibung, Deutung, Abbildung nicht mehr unterschieden werden kann. In der Informationsgesell-

---

[39] Vgl. Jean Baudrillard, *Der symbolische Tausch und der Tod*, München 1982 (frz. Orig. 1976).

schaft, wo Wirklichkeit durch Information erzeugt wird, ist es nicht nur immer schwieriger, sondern zunehmend unmöglich und sinnlos geworden, zwischen Realität und Simulakrum noch zu unterscheiden. Die beiden affizieren und durchdringen einander und konstellieren eine Situation universeller Simulation.[40] Inszenierungen zur Wiederbelebung der Fiktion des Realen sind dann die Gipfelveranstaltungen dieses Kosmos der Simulation.[41]

Das Möbius-Band – eine allgegenwärtige emblematische Figur unserer Zeit – verleiht dieser Prozeßform anschaulichen Ausdruck.[42] Unmerklich gerät man heute zwischen den einst klaren Gegensätzen auf die andere Seite, und so sind wir – ebenso unmerklich – insgesamt aus den Zeiten der Bestimmtheit, da es noch Projekte, Anfänge und Enden gab, in die Phase der Hypertelie übergegangen. Wenn alle Gegensätze scheinbar sind und alle Handlungen infolgedessen den Gesamtzustand nicht verändern, sondern nur bestätigen und potenzieren können, so ist dies gleichbedeutend damit, daß alles schon geschehen ist (ohne daß etwas Besonderes geschehen wäre): wir befinden uns in der Hypertelie.[43]

---

[40] Vgl. Jean Baudrillard, *Agonie des Realen*, Berlin 1978 (frz. Einzelausgaben 1977 bzw. 1978).
[41] Mit dem Fall der Tasaday (a.a.O., 16 ff.) griff Baudrillard ein Beispiel auf, dessen Exzellenz damals noch gar nicht abzusehen war. Die „Realität" hat Baudrillards Simulationsthese perfekter bestätigt, als er es sich je hätte ausdenken können. Die Tasaday sind jener philippinische Eingeborenenstamm, den man 1971 auf ethnologischen Rat hin vor dem Zugriff der Ethnologen zu schützen beschloß, weil die Ethnologie es an sich hat, ihren Gegenstand zu vernichten. Das war Simulation erster Stufe, denn indem die Tasaday der Wissenschaft entzogen wurden, avancierten sie zum ethnologischen Simulationsmodell aller prä-ethnologischen Eingeborenen, und die Ethnologie dehnte so ihr Simulationswissen auf all die Phasen aus, von denen sie nichts wissen kann. Mittlerweile spricht freilich etliches dafür, daß die Tasaday gar keine unberührte Eingeborenenkultur darstellten – bzw. eine solche eben in der Tat bloß darstellten: daß *sie* die eigentlichen Simulateure waren, indem sie auf höhere Weisung und möglicherweise zwecks Attraktivität für ethnologische und andere Touristen wohlkalkuliert ein Steinzeitdasein bloß vorspielten. Die Schraube der Simulation ist perfekt. Vor ihr liegt nicht Realität, sondern schon Simulation. Und der Drehung der Schraube ist nicht mehr zu entkommen. Gelegentlich wird die Steinzeit-Hypothese erneuert. Aber wie immer es gewesen sein mag – man wird es nicht mehr unterscheiden können. Genau das macht die Essenz der Simulationswelt aus.
[42] Vgl. ebd., 33.
[43] „Ich weiß nicht, wie möglicherweise das System umgestürzt werden könnte. Ich meine, daß alles schon passiert ist. Die Zukunft ist schon angekommen, alles ist schon angekommen, alles ist schon da. Es lohnt sich nicht, zu träumen oder irgendeine Utopie der Umwälzung oder der Revolution zu nähren. Es ist schon alles umgewälzt. Ich meine, alles hat schon seinen Ort verloren. Alles hat Sinn und Ordnung verloren. Es ist keine Übertreibung, wenn wir sagen, alles sei schon eingetreten." (*Der Tod der Moderne. Eine Diskussion*, mit Beiträgen von Baudrillard, Bergfleth u.a., Tübingen 1983, 103).

In der Schrift über *Die fatalen Strategien* faßt Baudrillard diesen Übergang unter den Gesichtspunkten der Wucherung und der Obszönität.[44] An die Stelle der früheren Dialektik (des Spiels von Differenzen) ist gegenwärtig die bloße Wachstumsprogression des Gleichen getreten. Von einem bestimmten Punkt an arbeiten Systeme nicht mehr an ihren Widersprüchen, sondern gehen in die Ekstase der Selbstbespiegelung über. Diese Grenze ist heute überschritten, der ekstatische Zustand ist erreicht. Wucherung macht den Grundvorgang des Sozialkörpers aus. Die Fettleibigkeit, wie sie Baudrillard insbesondere in den USA auffiel, ist das drastischste Symptom. Wie diese Körper strukturlos wuchern und alles absorbieren, so wächst auch die soziale Masse in monströser Saturierung, und ähnlich werden auch die Informationsspeicher und Gedächtnissysteme überfüttert und überfettet. Der Krebs – die maßlose Wucherung – und das Klon – die Reproduktion des Gleichen – haben symbolische Wahrheit für das Ganze.

„Hypertelie" meint zweierlei: daß dieses Stadium jenseits der bisherigen (triumphalen) Endvorstellungen liegt[45] sowie daß in ihm die Gehalte, deren Einlösung man sich versprach, zwar eingelöst sind – aber ganz anders, als man sie gemeint hatte. „Wir befinden uns wahrhaftig in einem Jenseits. Die Phantasie ist an der Macht, ebenso die Aufklärung und die Intelligenz, und wir erleben jetzt oder in naher Zukunft die Perfektion des Sozialen; alles ist erreicht, der Himmel der Utopie ist auf die Erde herabgekommen, und was sich einst als strahlende Perspektive abzeichnete, stellt sich nunmehr als Katastrophe im Zeitlupentempo dar. Wir spüren bereits den fatalen Vorgeschmack der materiellen Paradiese. Und die Transparenz, die im Zeitalter der Entfremdung ein Ausdruck der idealen Ordnung war, erfüllt sich heute in Form eines homogenen und terroristischen Raumes."[46]

Das ist eine schwarze Diagnose. Sie ist nicht postmodern, sondern hypermodern, aber mit Verkehrungsblick. Sie diagnostiziert die Gegenwart als Zeit der Einlösung der Utopien, aller Utopien der Moderne, aber diese verkehren sich in ihrer Einlösung ins Gegenteil. So hat man es nicht gewollt – aber das ist daraus geworden. Baudrillard ist kein Vertreter der These, daß die Postmoderne das Ende der Utopien bedeute, daß solcher Utopie-Verzicht ihr Mangel sei. Seine These ist anders und schärfer: Man braucht keine Utopien mehr, weil sie sich alle schon erfüllt haben, und die Erfüllung von Utopien gerät fatal – weil sie selbst es schon sind. Unsere Heilsvorstellungen sind in Wahrheit allesamt Unheilsvorstellungen. An diese These muß man sich bei Baudrillard gewöhnen. Dann klingt das Geschrei vom Verlust der utopischen Dimension nach dem, was es ist: Blech und Schwefel.

---

44) Jean Baudrillard, *Les stratégies fatales*, Paris 1983, dt. München 1985.
45) Vgl. (ähnlich wie bei Derrida und doch anders als bei diesem): „Das ist das Ende der Pathetik des Gesetzes. Es wird kein Jüngstes Gericht geben. Ohne uns dessen bewußt zu sein, haben wir diesen Punkt überschritten" (*Die fatalen Strategien*, 85).
46) Ebd.

Andererseits: Bedeutet dies dann auch das Ende von Kritik? Baudrillards schwarze Diagnose ist offenbar nicht zynisch, sondern bitter. Indem er die Bewegungen der Wucherung als Figuren des Obszönen brandmarkt, artikuliert er Kritik. Die Preisgabe der Illusion, der Verlust des Spiels, die nackte Schamlosigkeit des Faktischen – das macht für ihn das Obszöne aus. Demgegenüber preist er die Verführung, das Geheimnis, das Schauspiel. Früher schon hatte er die Realität der Simulation als unerträglich bezeichnet.[47] Jetzt sucht er deutlicher Gegenperspektiven zu benennen. – Die Frage ist nur, warum das alles so fruchtlos bleibt.

Es muß fruchtlos bleiben, wenn die These stimmt. Wenn alle Gegensätze ihre Konturen verlieren und die Indifferenz unaufhaltsam ist, dann kann solch rhetorische Opposition schon gar keine Veränderung initiieren, sondern allenfalls den Prozeß beleben. Baudrillard sagt selbst, daß alle Anstrengungen, den Vorgang abzuwenden, diesen in Wahrheit nur beschleunigen.[48]

Baudrillard – so erklärt sich das – ist kein Denker der Postmoderne, sondern variiert eine andere und ältere Diagnose, die der Posthistoire. Sie besagt, daß die Geschichte vorbei ist, daß keine offenen Horizonte mehr existieren und daß es keine Innovationen mehr geben wird, daß einzig noch das Pensum der Versorgung wachsender Menschenmassen abgespult wird. Alles andere ist Illusion, ist ephemer und epigonal.[49]

Nun kann man allerdings von einer solchen Diagnose nicht bloß die eine Hälfte sich nehmen und die andere sich ersparen wollen. Wenn Baudrillard von der rein fatalistischen Perspektive seiner früheren Darlegungen heute etwas abzurücken versucht, so genügt dazu die bloße Intention nicht, er müßte schon die Konzeption ändern. Dem steht freilich – unter anderem – entgegen, daß die ganze Stärke und Attraktivität dieses Autors eben in der suggestiven Entfaltung des „Alles schon geschehen" liegt. Baudrillards Schreiben hat die monotone Dynamik eines Rausches. Das soll nicht heißen, daß der Leser sich immer betrunken vorkommen müßte, wenn er aufwacht – es gibt Passagen

---

47) *Agonie des Realen*, 63.
48) Baudrillard verweist auf das Modell Los Angeles: Experten haben berechnet, daß die Panik, die ein in Erwartung des Erdbebens angeordneter Ausnahmezustand auslöste, entsetzlichere Auswirkungen hätte als die Katastrophe selbst (*Die fatalen Strategien*, 25). – Inzwischen wurde in Kalifornien ein Immunitätsgesetz verabschiedet, das den Gouverneur von möglichen Haftpflichtfolgen einer von ihm verkündeten Erdbebenwarnung freistellt. (Vgl. Robert Geipel, „Gesellschaftliches Verhalten bezüglich potentieller und tatsächlicher Katastrophenfälle: Die Sicht der Hazard-Forschung", in: *Gesellschaft und Unsicherheit*, hrsg. von der Bayerischen Rückversicherung, München 1987, 67-84, hier 74).
49) Baudrillard scheint Gehlens kulturelles Vergleichgültigungstheorem auf das Ganze der Wirklichkeit ausgedehnt zu haben. Das hat unter anderem zur Folge, daß Kopfprozesse nun umstandslos für Wirklichkeitsprozesse gehalten werden können. Dann ist umgekehrt die Katastrophe im Kopf auch schon die ganze wirkliche Katastrophe, so daß die Vermeidung der realsten Katastrophe allein schon durch Kopfarbeit (Meditation) geleistet werden kann. Ältere Idealismen waren weniger eskapistisch. Sie sind vorzuziehen.

von außerordentlicher Luzidität –, aber dieses Schreiben lebt doch ganz von seinem Sog und davon, daß seine Spirale immer enger und zwingender wird. Wenn Baudrillard von „schwarzen Löchern" spricht, so gibt er, scheinbar von Gegenständen sprechend, das Herz und Geheimnis seines eigenen Schreibens preis.[50] Einen solchen Schreib- und Denkprozeß aber vermag die Einstreuung von Gegenvokabeln wie „Verlust der Verführung" und „Preisgabe des Spiels" in der Tat nur zu beleben und zu beschleunigen. Aus Motiven von Kritik werden hier flugs Motoren der Perennierung.

Das gilt ebenso für die Kritik am „Sozialen" und am „Sozialismus", wie Baudrillard sie vor allem in der Schrift *Die göttliche Linke. Chronik der Jahre 1977-1984* mit Blick auf die französischen Verhältnisse vorgetragen hat.[51] Während der Sozialismus noch immer von einer transparenten und kohärenten Gesellschaft träumt, haben die Menschen ein solches Bedürfnis nach Anschluß, Kontakt und Kommunikation überhaupt nicht mehr – da kann man sehen, wie antiquiert und widersprüchlich der Sozialismus ist. Das ist freilich eine Rechnung, die gerade ein Baudrillard schwerlich aufmachen kann. Seiner eigenen Analyse zufolge ist ja das neue Streben der Menschen nach Differenz illusorisch, und der Sozialismus, den er attackiert, stellt so in Wahrheit das Spiegelbild seiner eigenen Diagnose dar: Das Einerlei herrscht allemal, und ob man es nun als Transparenz verklärt oder als Unterschiedslosigkeit beklagt, macht gerade hier keinen Unterschied. Noch Baudrillards Kritik des Sozialismus ist also bloß narzißtisch und ein Vehikel, seine Posthistoire-Diagnose als aktuell erscheinen zu lassen. In Wahrheit ist diese einigermaßen antiquiert. Es ist nicht so, daß es nichts Neues gäbe, sondern es ist so, daß die Posthistoire-Diagnose so angelegt ist, daß sie nichts Neues wahrnehmen und ihre Perspektive nicht überschreiten kann.

Demgegenüber ist das Theorem der Postmoderne von grundsätzlich anderem Zuschnitt. Der Unterschied zum Posthistoire-Lamento ist essentiell, und nichts ist irreführender, als Postmoderne und Posthistoire in einen Topf zu werfen. Das Theorem der Postmoderne gewann gerade dadurch Kontur, daß es die anfänglichen Posthistoire-Konnotationen abstieß und von einer vergangenheitsbelichteten Negativdiagnose der Gegenwart zu einer Positivdiagnose der in ihrem eigenen Licht wahrgenommenen Aktualität überging. Gegenüber der Posthistoire der Erschlaffung und der End-

---

50) Daher ist denn auch Baudrillard die eigentliche Leitfigur des diffusen, Differenzen löschenden Postmodernismus. Er ist es sehr viel mehr als Derrida, und vor allem: auf ihn und sein Schreiben können sich die postmodernen Grau-in-Grau-Maler – die raffinierten Gourmets exquisiter Schalheit und die versierten Akrobaten galoppierender Indifferenz – zu Recht berufen. Fürwahr: Allein der Kollaborateur der Résistance und der Euphoriker der Agonie kollabieren nicht, wenn alles schwindet.
51) München 1986, Originalausgabe Paris 1985.

moderne der Vergleichgültigung ist die Postmoderne gerade die Aktiv-Wendung der Gegenwartserfahrung, deren Resignativ-Auslegungen jene sind.[52]

6. Die kritische Dimension der Postmoderne (Rorty, Benhabib, Huyssen, Foster, Jameson)

Eine solch positive Sicht hat nichts mit billiger Euphorie zu tun, wohl aber mit Möglichkeiten wirklicher Kritik. Das postmoderne Konzept der Pluralität ist gegenüber Uniformierungstendenzen – die posthistoristisch durch Unausweichlichkeits-Erklärungen zumindest gestützt oder gar offen propagiert werden – nicht bloß allergisch, sondern effizient. Wenn sich der postmoderne Pluralismus als positive Vision versteht, so gerade auch in einem kritischen Sinn. Er glaubt zudem die Potentiale zu beinhalten, die nötig sind, um diese positive Vision real zu befördern.

Genau dies jedoch bildet in der Auseinandersetzung mit anderen Positionen einen Streitpunkt. Dem Postmodernismus wird vorgeworfen, daß er unkritisch sei,[53] ja Kritikmöglichkeiten schier systematisch torpediere. Dieser Vorwurf wird insbesondere von der kulturellen Linken in zahlreichen Varianten vorgebracht. Oft schimmern dabei Reaktionsmuster desjenigen durch, der nicht wahrhaben will, daß ihm die Felle der Kritik davonschwimmen. Jenseits mancher Vordergründigkeiten gibt es jedoch essentielle Punkte, deren Diskussion unerläßlich ist. Die Debatte wird vor allem im amerikanischen und deutschen Raum geführt. Ein deutscher Text – Habermas' „Die Moderne – ein unvollendetes Projekt" von 1980 (ein Jahr später in den Vereinigten Staaten bezeichnenderweise unter dem Titel „Modernity Versus Postmodernity" erschienen)[54] – bildet den kanonischen Bezugspunkt. Begonnnen sei jedoch mit den amerikanischen Stimmen (auch, weil sie über manche Restriktionen dieses Textes hinausgehen).

Richard Rorty – von Gefolgschaft gegenüber diesem Text sicher am weitesten entfernt (sein Angriff richtet sich denn auch zugleich gegen Habermas) – hat Lyotard 1984 vor-

---

[52] Aufschlußreich für den typologischen Ort von Baudrillards Diagnose ist ihre Kongruenz mit der Perspektive, die Lévi-Strauss 1955 am Ende der *Tristes Tropiques* formuliert hat. Was dort „Entropologie" hieß und „die ganze Kultur" als einen „Mechanismus" deutete, dessen Aufgabe „einzig darin besteht, das zu produzieren, was die Physiker Entropie und wir Trägheit nennen" (Claude Lévi-Strauss, *Traurige Tropen*, Köln 1974, 367), das kehrt bei Baudrillard als Hypertelie-Theorem und Indifferenz-Spirale wieder. Beide denken das Ende der Moderne ganz aus deren Horizont: als unaufhörliche – und unaufhörlich triste – Fortsetzung, nicht als Veränderung.

[53] So hat Félix Guattari den Postmodernismus als „Paradigma aller Unterwerfungen und aller Kompromisse mit dem gegenwärtigen Status quo" bezeichnet („L'impasse post-moderne", *La Quinzaine littéraire*, Nr. 456, 1.-15. Februar 1986, 21).

[54] In: *New German Critique* 22, 1981, 3-14.

gehalten, daß dieser dem Intellektuellen zu Unrecht noch eine soziale Funktion zuschreibe.[55] Das sei um so falscher, als Lyotard die Rolle des Intellektuellen auf die Abweichung von vorgegebenen gesellschaftlichen Standards festlege. Daß solche Abweichung aber automatisch gut und gesellschaftlich relevant sei, gehöre zu den dämlichsten Ideen im Arsenal der Linken.

Nun stimmt dieser Vorwurf so einfach gewiß nicht. Zum einen ist, Möglichkeiten von Abweichung vorzuexerzieren, in einer Situation voranschreitender Uniformierung allemal auch gesellschaftlich relevant. Vor allem aber ist Lyotard kein schlichter Prediger von Abweichung. In seiner Widerstreitsthematik erwägt er vielmehr präzis, wie in einer Situation bestehender Divergenzen diese gegen Einheitsdruck geschützt und vor Destruktionstendenzen bewahrt werden können. Diese Konzeption ist mit dem simplen Hinweis auf ein Abweichungsfaible nicht zu fassen. – Aber immerhin: Rorty ist nicht entgangen, daß Lyotards Konzeption grundsätzlich kritischen Zuschnitts ist – wenn er auch gerade daran Anstoß nimmt.

Seyla Benhabib hat, ebenfalls 1984, den umgekehrten Vorwurf erhoben.[56] Sie beklagt, daß sich bei Lyotard jede Möglichkeit von Kritik auflöse. Die Begründung, die sie gibt, führt näher an den Kern der Sache. Lyotards Ausgangsdiagnose, das Ende der Meta-Erzählungen, sei gleichbedeutend mit dem Verlust des archimedischen Punktes der Kritik. Das ist eine richtige Feststellung. Nur ist damit eben nur die archimedische, nicht jede Möglichkeit von Kritik dahin. Bedenklich ist hingegen, Kritik mit deren archimedischem Typus gleichzusetzen, nur diesen zu kennen oder anzuerkennen – und dazu neigt Benhabib.

Lyotard hat 1983 in einem „Grabmal des Intellektuellen" betitelten Text dargelegt, daß die klassische Figur des Intellektuellen nicht mehr greift.[57] Sie eben war die archimedische. Sie basierte auf der Identifizierbarkeit eines ausgezeichneten Subjekts der Geschichte. Der Intellektuelle war derjenige, der für das geschichtlich noch verhüllte Subjekt von universeller Bedeutung eintrat und in dessen Namen die Feder der Kritik führte. Solch geschichtsphilosophischer Singularismus und Universalismus aber ist inzwischen mehr als verdächtig geworden. Kritik kann nicht mehr unter Berufung auf die Absolutheit eines imaginären archimedischen Punktes erfolgen. Darin nun, daß das

---

55) Richard Rorty, „Habermas and Lyotard on Postmodernity", *Praxis International* 4/1 (1984) 32-44.
56) Seyla Benhabib, „Epistemologies of Postmodernism: A Rejoinder to Jean-François Lyotard", *New German Critique* 33 (1984) 103-126; leicht veränderte deutsche Fassung: „Kritik des ‚postmodernen Wissens' – eine Auseinandersetzung mit Jean-François Lyotard", in: Andreas Huyssen, Klaus R. Scherpe (Hrsg.), *Postmoderne. Zeichen eines kulturellen Wandels*, Reinbek bei Hamburg 1986, 103-127.
57) Jean-François Lyotard, „Tombeau de l'intellectuel", *Le Monde*, 8. Okt. 1983; wiederabgedruckt in: *Tombeau de l'intellectuel et autres papiers*, Paris 1984, 9-22; deutsch: *Grabmal des Intellektuellen*, Graz – Wien 1984, 9-19.

Ende der Meta-Erzählungen das Ende dieses Kritiktyps bedeutet, würde Lyotard der Benhabibschen Diagnose seiner Position völlig zustimmen. Auch wäre unstrittig, daß man dann eben andere Kriterien von Kritik braucht. Aber wenn Benhabib diese anderen Kriterien bei Lyotard vermißt, so wird das allenfalls daraus erklärlich, daß sie die entscheidende Schrift, *Le Différend* (1983), unberücksichtigt läßt. (Die ganze Lyotard-Kritik krankt ja daran, daß immer und immer wieder nur *La Condition postmoderne*, die Gelegenheitsarbeit von 1979, nicht aber das sehr viel gewichtigere Buch von 1983 herangezogen wird.) Lyotard gibt dort nämlich sogar sehr viel mehr als die „Minimalkriterien" an die Hand, mit denen sich Benhabib angesichts des Endes der Metaerzählungen – das sie mitmacht – schon zufrieden geben würde. Der postmoderne Pluralismus bedeutet ja keineswegs Beliebigkeit, sondern tritt für eine Vielheit und Unterschiedlichkeit von Verbindlichkeiten ein. Und Lyotard entwickelt zusätzlich eine kriterienbestückte Konzeption des Umgangs mit solcher Vielheit. Das ist realistischer und effizienter als alle archimedisch gebliebenen Wünsche, denen der Weg vom Wollen zum Sein noch viel weiter werden mag, als es der vom Sein zum Sollen je war.

Während also die einen das postmoderne Denken als zu kritisch kritisieren und die anderen eine postmoderne Aufhebung von Kritik beklagen, finden sich positive Stellungnahmen zur Postmoderne bei zwei Herausgebern von für die Position der Linken wichtigen Sammelbänden zum Thema.[58] Andreas Huyssen bricht eine Lanze für den kritischen Status der Postmoderne.[59] Er weist darauf hin, daß sich der Postmodernismus in den sechziger Jahren nicht so sehr im Gegenzug gegen die Moderne selbst als vielmehr gegen deren kulturpolitische Domestizierung und konformistische Angleichung formierte. Die Postmoderne war somit von Anfang an von kritischen Impulsen getragen. Und daß sie auch heute keineswegs mit „Neokonservativismus" gleichgesetzt werden kann, lehrt jeder Blick auf führende Neokonservative wie Daniel Bell oder Hilton Kramer, die gerade zu den vehementesten Kritikern der postmodernen Kultur zählen. Daher ist es – so Huyssen – an der Zeit, daß die Linke ihre alten Rituale ablegt und von der scheinbar selbstsicheren Verurteilung der Postmoderne zu einer genaueren Kenntnisnahme übergeht.

Das hatte sich *Hal Foster* schon 1983 zum Programm gemacht. Im Vorwort zu dem Sammelband *Postmodern Culture* weist er darauf hin, daß man einen „oppositionellen" Postmodernismus, einen „Postmodernismus des Widerstands", sehr genau vom „Post-

---

58) Zuvor schon war beispielsweise Herbert Marcuses Kritik der westlichen Zivilisation als postmodern eingestuft worden (vgl. Richard Palmer, „Postmodernity and Hermeneutics", *Boundary 2*, Bd. 5, 1977, 363-394, hier 371: „Marcuse offers a postmodern global critique of the prevailing culture"). Das zeigt, daß „Postmoderne" nicht als affirmatives, sondern kritisches Konzept verstanden wurde.

59) Andreas Huyssen, „Postmoderne – eine amerikanische Internationale?", in: Huyssen, Scherpe (Hrsg.), a.a.O., 13-44. Der Sammelband enthält eine Reihe von zuerst in den Vereinigten Staaten publizierten Aufsätzen.

modernismus der Reaktion" unterscheiden muß.[60] Wer das nicht tut und bloß den letzteren sieht, ist einäugig und verkennt die Chancen der Gegenwart.

Die differenzierteste Position in diesem Spektrum nimmt *Fredric Jameson* ein. Er verbindet eine kritische Haltung gegenüber der Postmoderne mit einer Anerkennung ihres Wahrheitsgehalts und ihrer Chancen.[61] Auch für Jameson ist die grundlegende Erfahrung im postmodernen Kontext die der Unübersichtlichkeit. Einschneidend, schier eine Schockerfahrung ist dies für die kulturelle Linke deshalb, weil damit die eigene Position in Frage gestellt ist, ja in ihrer Möglichkeit aufgelöst scheint. In einer Situation objektiver Unübersichtlichkeit gibt es keinen archimedischen Punkt mehr, und die Inanspruchnahme eines kritischen Hochsitzes und Interventionspostens ist anachronistisch und leer geworden. Darauf reagieren nun die einen, indem sie diese Situationsdiagnose bestreiten und sie (in einer Art umgekehrter „Intellektuellenschelte") zum rattenfängerhaften Gefasel von Gegenaufklärern erklären. Darauf reagieren die anderen, indem sie die Diagnose zwar ernst nehmen, aber dann – gegen deren Logik und lieber frei nach dem Motto „was nicht sein darf, das nicht sein kann" – wunschvoll versichern, daß es so schlimm gar nicht stehen könne, daß gewiß noch Minimalreservate von Kritik existierten, daß es diese nur als neue Kontinente zu entdecken gelte. Darauf reagiert hingegen Jameson, indem er das Dilemma weder dementiert noch überspringt, sondern zunächst einmal in seinen Gründen analysiert, um dann – auf dem Boden dieser Situation – nach einem Ausweg zu suchen.

Jameson versteht die kulturellen Phänomene der Postmoderne als Reflex sehr realer Veränderungen. Die Unübersichtlichkeit ist eine Folge des politisch-gesellschaftlich-technologischen Systems, in dem wir uns befinden. Wir leben heute, so sagt er im Anschluß an Ernest Mandel, in der dritten und reinsten Phase des Kapitalismus, im multinationalen Kapitalismus, und dessen Struktur ist durch die neuen Technologien geprägt.[62] Das dadurch herrschend gewordene „große, globale, multinationale und dezentrierte Kommunikationsgeflecht" überschreitet aber die Begreifens- und Orientierungsfähigkeiten des individuellen Bewußtseins.[63] Daher besteht objektiv eine fundamentale Desorientierung. Und diese Grundsituation findet in den kulturellen Phänomenen der Postmoderne ihren Niederschlag. Sie wird darin reflektiert wie inszeniert. Das macht die – unbequeme, aber sehr reale – Wahrheit der Postmoderne aus. Jameson glaubt nun nicht, daß man diese Situation rückgängig machen könne. Der Rekurs auf die alten Projekte nützt nichts. Man kann über diese Situation nur durch eine andere

---

60) Hal Foster, „Postmodernism: A Preface", in: ders. (Hrsg.), *Postmodern Culture*, London – Sydney 1985, IX-XVI, hier XI f. (Die Erstausgabe erfolgte unter dem Titel *The Anti-Aesthetic*.)
61) Fredric Jameson, „Postmoderne – Zur Logik der Kultur im Spätkapitalismus", in: Huyssen, Scherpe (Hrsg.), a.a.O., 45-102.
62) Ebd., 50, 78.
63) Ebd., 89.

Aneignung ihrer hinauskommen. Jameson skizziert diese – stellvertretend – ästhetisch: So wie es durch Ausbildung neuer Organe und Wahrnehmungsformen gelingen könnte, sich im postmodernen Hyperraum neu zu orientieren, so vermöchten eventuell neue, vernetzungserfahrene Denkformen im planetarischen Raum des multinationalen Kapitalismus einen neuen Standort zu begründen, der seinerseits neue Handlungsmöglichkeiten freisetzte.[64]

Wie vage diese Perspektive bei Jameson im einzelnen bleiben mag, grundsätzlich ist von seiner Analyse her gegen geläufige Vorurteile festzuhalten: Die Postmoderne ist keineswegs ein bloßes Überbauphänomen. Manchmal steht ja gar zu lesen, sie sei ein bloß ästhetisches Phänomen und ersetze Sach- durch Stilfragen. Und weiter heißt es dann, die Buntheit der Postmoderne verbräme bloß die Tatsache, daß im Grunde eine einzige Logik und Entwicklung herrsche und voranschreite, die technologisch-kapitalistische. Die Postmoderne stabilisiere diese Situation durch kompensatorische Entlastung. Sie sei nur der Kulturzirkus, der die Menschen bei Laune halte und von der Infragestellung der Realdynamik abhalte.

Das ist ein wundersames Reden und Trachten. Es spricht mit Marx und denkt mit Gehlen. Dieser war es ja, der der Kultur die „reizvolle Unverantwortlichkeit" zuschrieb, die hier der Postmoderne unterstellt wird.[64a] Und wer von „Überbau" redet, müßte dieses Theorem erst einmal genau nehmen und zeitgemäß vorbringen. Daß kulturelle Impulse die Basis nicht verändern könnten, muß seit langem für überholt gelten. Selbst Habermas hat in seiner „Rekonstruktion des Historischen Materialismus" darauf hingewiesen, daß heutzutage gerade von Überbau-Faktoren Widerstandspotentiale und Veränderungschancen zu erwarten sind. Und Jameson schreibt der Postmoderne eben solch therapeutische Funktion prinzipiell zu. Fähig ist sie dazu, weil sie die Überbau-Schranke überschreitet: Die postmoderne Pluralität greift in Basisentscheidungen ein. Die Heterogenität – die jetzt erstmals in ihrer Grundsätzlichkeit erfahren und ergriffen wird – läßt keinen Einheitsboden unberührt. Die Diversität der Lebensformen macht vor Konsumverhalten, Demokratieverständnis und Arbeitsleben keineswegs Halt. Die elementarsten Definitionen der Gattung sind postmodern in der Breite des Alltags vom Feminismus bis zur Homosexualität in Bewegung geraten und werden kontrovers bleiben.[65] Ebenso läßt die Postmoderne die Ökonomie nicht unangetastet, sondern entwickelt – von alternativen Konzepten bis zu Strategien der Diversifikation – andere Modelle, die sich der Pauschalverfassung eines „multinationalen Kapitalismus"

---

64) Ebd., 99 f.
64a) Vgl. Arnold Gehlen, „Über kulturelle Kristallisation", in: ders., *Studien zur Anthropologie und Soziologie*, Neuwied–Berlin 1963, 311-328, hier 325.
65) Die Kongruenz von postmoderner Kritik an der Autorität der Meistererzählung und feministischer Kritik am Patriarchat vermerkt Craig Owens, „Der Diskurs der Anderen – Feministinnen und Postmoderne", in: Huyssen, Scherpe (Hrsg.), a.a.O., 172-195.

nicht mehr werden zurechnen lassen.⁶⁶⁾ Die Postmodernes geht an die Substanz. Und Postmodernes findet sich auf allen Terrains: von den ästhetischen Spekulationen um das Erhabene bis zu elementaren Umstrukturierungen der Gesellschaft und von den engagierten Postmodernen bis zu – den umgekehrt gleichermaßen engagierten Modernen. Das kann man gerade am nächsten, am kritischsten Autor erkennen, an Habermas.

7. Habermas und Wellmer
oder
Die Moderne – am Ende ein postmodernes Projekt?

Seitdem Habermas die Postmoderne in der schon erwähnten Adorno-Preis-Rede von 1980 attackiert hat,⁶⁷⁾ bildet diese Rede einen kanonischen Bezugspunkt der Debatte. Dem vorgeblichen Historismus und Konservativismus der Postmoderne wurden dort Adorno und sein Werk, vor allem aber Habermas und sein Projekt der Moderne gegenübergestellt. Eine genauere Lektüre entdeckt allerdings Passagen, die mit dieser scharfen Opposition kaum vereinbar sind – so plädiert auch Habermas für eine „postavantgardistische" Kunst, und Benjamins Konzeption der Jetztzeit nennt er immerhin „posthistoristisch"⁶⁸⁾ –, aber oberflächlich war die Absetzung klar und die Attacke wirkungsvoll. Die Trikots waren verteilt, die Positionen bezogen, das Spiel konnte beginnen. (Nur: nach wessen Regeln?)

Die im vorigen Kapitel schon behandelte Rede von 1981 hingegen – eindrucksvolles Beispiel kompetenter Grenzüberschreitung⁶⁹⁾ – entwickelte ein differenzierteres Bild. Die moderne Architektur ist nicht von ungefähr auf Abwege geraten. Aber nicht, weil sie ästhetisch falsch gewesen wäre und daher durch eine andere – „postmoderne" – Ästhetik abzulösen wäre, sondern weil sie, ohnmächtig gegen systemische Abhängigkeiten, in den Mühlen der Kolonialisierungsprozesse verkehrt wurde. Es handelt sich also um ein Lehrstück in Sachen System versus Lebenswelt. Diesem Problem aber kann man

---

66) Eine ausführlichere Analyse könnte zeigen, daß sich Jameson – von der Ökonomie bis zur Ästhetik – überwiegend an spätmodernen, nicht an im eigentlichen Sinn postmodernen Phänomenen orientiert. John Portmans Bonaventure Hotel in Los Angeles von 1977, auf das sich Jameson paradigmatisch bezieht, ist geradezu ein Musterbeispiel spätmoderner im Unterschied zu postmoderner Architektur. Die Unterscheidung ist belangvoll, sofern für die Spätmoderne Vereinheitlichungsprozesse, für die Postmoderne hingegen Diversifizierungsprozesse charakteristisch sind.
67) Jürgen Habermas, „Die Moderne – ein unvollendetes Projekt", in: ders., *Kleine politische Schriften I-IV*, Frankfurt a. M. 1981, 444-464.
68) Ebd., 448.
69) Jürgen Habermas, „Moderne und postmoderne Architektur", in: ders., *Die Neue Unübersichtlichkeit. Kleine Politische Schriften V*, Frankfurt a. M. 1985, 11-29.

sich nicht durch einen Paradigmenwechsel einfach entziehen. Die wirklichen Probleme bleiben für die Postmoderne die gleichen wie für die Moderne. Das ist an ihrer Architektur auch abzulesen. Die postmoderne Pluralität verleiht dem Umstand, daß die Systemzusammenhänge ob ihrer Komplexität faktisch gar nicht mehr gestaltbar sind, immerhin in Chiffren Ausdruck.[70] Indirekt wird damit selbst dem ungeliebten Kulissenwesen noch gesellschaftliche Wahrheit attestiert. Die anfängliche strategische Opposition macht zunehmend einer Einsicht in gemeinsame Momente von Moderne und Postmoderne Platz. „Moderne contra Postmoderne" – die These der Adorno-Preis-Rede und ihr englischer Titel – will nicht mehr recht stimmen. Näher rückt die Vermutung, das Projekt der Moderne sei am Ende postmodern zu transformieren.

Diese Vermutung ist die These Albrecht Wellmers. Daß er sich schon 1982 in diese Richtung bewegte,[71] wurde im vorigen Kapitel dargestellt und sei hier nur resümiert und ergänzt. Wellmer erkennt eine grundlegende Zweideutigkeit der postmodernen Tendenzen, und zwar in allen Bereichen: in der sozialen Dynamik ebenso wie in der Wissenschaftstheorie und in der Architektur so gut wie in der Philosophie. Es muß gar nicht – wie es immer wieder nur der Audruck nahelegt – um eine Verabschiedung der Moderne gehen, es kann sich auch – und diese Seite wäre interessant und wichtig – um eine immanente Kritik einer hinter ihren Begriff zurückgefallenen Moderne, um „ein Korrektiv *innerhalb* der modernen Tradition" handeln.[72] Wellmer will denjenigen postmodernen Tendenzen Kontur verleihen und Akzeptanz verschaffen, die in diesem Sinn zu verstehen oder zu nützen sind. Die Pointe seines Ansatzes ist dann: Die Postmoderne enthält genau diejenigen Veränderungspotentiale, derer das Projekt der Moderne zu seiner Revitalisierung und Weiterführung bedarf.

Nachdem Wellmer zunächst bestrebt gewesen war, die Affinität von Postmoderne und Projekt der Moderne zusätzlich dadurch plausibel zu machen, daß er die postmoderne Architektur – mit Jencks – unter den Leitgesichtspunkt der Sprachlichkeit stellte und diese dann – mit Habermas – als kommunikative Rationalität deutete,[73] ging er auf genuin philosophischem Terrain in dem erstmals 1985 erschienen Titelaufsatz seines Buches *Zur Dialektik von Moderne und Postmoderne. Vernunftkritik nach Adorno* über diese Strategie einer Habermas-Konkordanz hinaus und orientierte sich nun offensichtlich stärker an Lyotard. Er machte sich dessen Betonung der irreduziblen Pluralität von Sprachspielen zu eigen und gab nicht nur der Chance, sondern sogar der „Wünschbar-

---

70) Ebd., 26 bzw. 27.
71) Vgl. Albrecht Wellmer, „Kunst und industrielle Produktion. Zur Dialektik von Moderne und Postmoderne", Vortrag aus Anlaß des 75-jährigen Bestehens des Deutschen Werkbundes in München am 10. Oktober 1982, in: ders., *Zur Dialektik von Moderne und Postmoderne. Vernunftkritik nach Adorno*, Frankfurt a. M. 1985, 115-134.
72) Ebd., 127.
73) Ebd., 123-126.

keit eines allgemeinen Konsenses"(!) den Abschied.⁷⁴⁾ „Ein ‚Projekt der Moderne' im Sinne einer ‚identitätslogischen' Vernunft" wäre für ihn jetzt bloß noch „schlechter Marxismus".⁷⁵⁾ Demgegenüber geht es Wellmer natürlich nicht um die Proklamation eines anarchischen Postmodernismus, sondern um die Verbindung der postmodernen Pluralität mit dem modernen Universalismus.

Hier wäre vieles noch klärungsbedürftig. Wellmer will einerseits, daß der Pluralismus der Sprachspiele „als ein Pluralismus von Institutionen wiederkehrt", meint andererseits aber, daß dies nicht möglich wäre, „ohne daß kommunikatives Handeln im Sinne von Habermas zum Mechanismus der Handlungskoordinierung würde".⁷⁶⁾ Gerade Wellmer jedoch hat gravierende Zweifel an der Vereinbarkeit beider Intentionen geweckt. Und wenn er dann „eine skeptische Rückkehr zum common sense" empfiehlt,⁷⁷⁾ so klingt das gewiß eher nach Marquard als nach Habermas. Hier bleiben Desiderate offen, und Wellmer selbst deutet an, daß es zu ihrer Einlösung einer gewandelten Konzeption von Vernunft bedürfte. Dafür wäre der postmoderne Impuls fruchtbar zu machen. Ohne diesem Rechnung zu tragen, wird das Projekt der Moderne – so Wellmers These – schwerlich vorankommen.

8. Noch einmal Habermas oder Plötzlich diese Übersicht

Habermas hingegen kehrte zu früheren Vorwürfen zurück. 1982 – also im gleichen Jahr, als Wellmer sein Konkordanz-Programm entwickelte – galt ihm die Postmoderne schon wieder schlicht als „programmatische Verabschiedung der Moderne" und ihre Ausrufung für „neokonservativ".⁷⁸⁾ Zudem sollte jetzt schon die Behauptung vom Ende der Avantgardekunst für die Ausrufung einer Postmoderne genügen – was den pikanten Nebeneffekt hat, daß dann der Habermas von 1980 ein Postmodernist gewesen wäre.⁷⁹⁾

---

74) Albrecht Wellmer, *Zur Dialektik von Moderne und Postmoderne*, 105. Vgl. des näheren Albrecht Wellmer, *Ethik und Dialog. Elemente des moralischen Urteils bei Kant und in der Diskursethik*, Frankfurt a. M. 1986.
75) *Zur Dialektik von Moderne und Postmoderne*, 107.
76) Ebd., 106.
77) Ebd., 108.
78) Jürgen Habermas, „Die Kulturkritik der Neokonservativen in den USA und in der Bundesrepublik", in: ders., *Die Neue Unübersichtlichkeit*, Frankfurt a. M. 1985, 30-56, hier 49.
79) Ebd., 49, sowie „Die Moderne – ein unvollendetes Projekt", 448. Polemik tut gut daran, erst ihre Begriffe zu klären. Lieber sollen sie sich gleich als überflüssig herausstellen denn später als Bumerangs erweisen.

8. Noch einmal Habermas oder Plötzlich diese Übersicht

1984 hat Habermas in einer Rede über „Die Krise des Wohlfahrtsstaates und die Erschöpfung utopischer Energien" – ihr entstammt das Stichwort von der „Neuen Unübersichtlichkeit" – den zum Postmoderne-Spektrum gehörenden Topos vom Ende der Utopien einerseits traditionalisiert, andererseits entschärft.[80] Traditionalisiert hat er ihn, indem er ihn weder als pessimistische Ausblicklosigkeit noch als positive Kehrseite der Einsicht in die immanent totalitären Züge jeder Utopie, sondern als Rückkehr zum vorsäkularen, eschatologischen Heilsverständnis deutete: das Heil stehe nicht in dieser, sondern erst in einer anderen Welt zu erwarten. Und entschärft hat er den Topos, indem er darlegte, daß sich in Wahrheit nicht die utopischen Energien schlechthin zurückzögen, sondern nur eine bestimmte, nämlich die arbeitsgesellschaftliche Utopie (insbesondere in ihrer sozialstaatsprogrammatischen Ausprägung) an ihr Ende gelangt sei, wohingegen es sehr wohl auch heute noch eine zukunftsweisende Utopie gebe, nämlich eine „auf die formalen Aspekte einer unversehrten Intersubjektivität" bezogene bzw., wie Habermas sagt, darauf zusammengeschrumpfte Utopie.[81]

Kann man es jemandem verübeln, wenn er angesichts dieser Schrumpfutopie nicht in Begeisterungsstürme ausbricht? Schrumpfung scheint laut Habermas freilich allenthalben geboten. So auch, was den Gebrauch des Ausdrucks „Postmoderne" angeht. Habermas hält die „These vom Anbruch der Postmoderne für unbegründet"[82] – und man muß sagen: in dieser schrumpfutopischen Perspektive besteht auch gewiß kein Grund dazu. Selbst die von ihm als Ersatzausdruck für „Postmoderne" lancierte Formel von der „Neuen Unübersichtlichkeit" ist ja offensichtlich noch stark übertrieben. Sie soll die Situation nach dem Niedergang der Sozialstaatsprogrammatik charakterisieren, eben diese Situation aber ist durch die Habermas'sche Analyse soeben höchst übersichtlich geworden.[83, 84] Sollte gleichwohl noch ein Rest von Unübersichtlichkeit verblieben sein, so ist Habermas zufolge an den Grundsatz zu erinnern, daß Unübersichtlichkeit „auch eine Funktion der Handlungsbereitschaft" ist, „die sich eine Gesellschaft zu-

---

[80] Jürgen Habermas, „Die Krise des Wohlfahrtsstaates und die Erschöpfung utopischer Energien", Rede auf Einladung des Präsidenten des spanischen Parlaments vor den Cortes am 26. November 1984, in: *Die Neue Unübersichtlichkeit*, 141-163.
[81] Ebd., 161.
[82] Ebd., 145.
[83] „Plötzlich diese Übersicht" scheint mir daher treffender als „Die Neue Unübersichtlichkeit". Es handelt sich um den (ironischen) Titel einer Ausstellung der Schweizer Künstler Peter Fischli und David Weiss (Zürich, Dezember 1981 – Januar 1982).
[84] Vgl. dagegen in der italienischen Debatte Franco Volpis Diagnose einer „neuen Intransparenz", die weder ein vordergründiger Tatbestand ist noch einer baldigen Durchleuchtung harrt, sondern die Absenz fundamentaler Wahrheit reflektiert (Franco Volpi, „Nuova intransparenza e paradigmi di razionalità nella dialettica di moderno e postmoderno", in: *Metamorfosi. Dalla verità al senso della verità*, hrsg. von Guiseppe Barbieri u. Paolo Vidali, Rom – Bari 1986, 169-190).

traut".⁸⁵⁾ Kein Grund also zur Beunruhigung. – Andererseits aber Anlaß zur Verwunderung gegenüber diesen Tönen, die man bislang anderswoher zu kennen glaubte. Es fehlt nicht mehr viel, und sie fügen sich zur Melodie. Gekehrt sind sie gegen einen „auf der intellektuellen Szene sich ausbreitenden Verdacht"; dagegen wird betont, daß es „um das Vertrauen der westlichen Kultur in sich selbst" gehe;⁸⁶⁾ am Ende des *Philosphischen Diskurses der Moderne* wird dann gar „das alte Europa" beschworen.⁸⁷⁾ – Das Projekt der Moderne ist wirklich in die Jahre gekommen.

Wo Habermas sich mit der Postmoderne auf rein philosophischem Terrain auseinandersetzt, ist er um den Nachweis bemüht, daß die Vernunftkritik des Postmodernismus widersprüchlich ist. Entweder nämlich wird sie jenseits argumentativer Rede betrieben, dann entgeht man zwar dem Selbstwiderspruch, ist aber „aus der Kommunikationsgemeinschaft der Vernünftigen" ausgestiegen, hat sich also selbst aus dem Spiel gebracht. Das ist der Fall Sloterdijk.⁸⁸⁾ Oder man versucht eine argumentative „Liquidierung der Vernunft", dann gerät man in das Dilemma, die Instanzen, kraft derer man argumentiert, selbst dementieren zu müssen und andere nicht aufweisen zu können. Das ist der Fall Nietzsche, der Fall Heidegger, der Fall Horkheimer, der Fall Adorno, der Fall Derrida, Bataille und Foucault. Es ist der Fall der Postmoderne, denn die Genannten bilden insgesamt die Belegschaft dieses Habermas'schen „Steinhof" der Moderne. Mit Nietzsches Eintritt ist die Station eröffnet worden, und bei Foucault dreht sich noch immer die gleiche Scheibe des Selbstwiderspruchs. Alles die gleiche Platte. So die These der 1985 erschienenen Schrift *Der philosophische Diskurs der Moderne*. Mit einem kleinen Zusatz freilich: Der Ausweg aus der Subjektphilosophie (den die Genannten alle suchten, aber nicht fanden, weshalb ihnen die Drehscheibe zum Dauerdomizil wurde) gelingt einzig im Übergang zum Paradigma kommunikativer Vernunft – so die Rückseite der Platte. (Thomas Bernhard bereitete ein Stück darüber vor.)

Die Übersichtlichkeit, die Habermas mit dieser Strukturierung geschaffen hat, ist beträchtlich. Natürlich ist auch die Einseitigkeit unübersehbar. Und die Ausschlüsse sind bedenklich. Die Verteidigung der Moderne droht hier auf deren Kosten zu gelingen. Wenn Nietzsche expatriiert wird, warum dann nicht auch Schelling? Aber wenn dieser, dann doch wohl der Tübinger Freundeskreis überhaupt? Der aber hatte Kant zwar in manchem zum Gegener, in anderem aber auch zum Anreger. Wo soll das Töpfchen-Kröpfchen-Spiel da ein Ende haben? Manch blitzsaubere Verteidigung droht durch zunehmende Reduktion der Verteidigungsmasse voranzuschreiten und am Ende kaum

---

85) Habermas, „Die Krise des Wohlfahrtstaates", a.a.O., 143.
86) Ebd., 142, 143.
87) Jürgen Habermas, *Der philosophische Diskurs der Moderne. Zwölf Vorlesungen*, Frankfurt a. M. 1985, 425.
88) Jürgen Habermas, „Zwischen Heine und Heidegger. Ein Renegat der Subjektphilosophie?", in: *Die Neue Unübersichtlichkeit*, 121-125, hier 123.

noch Genossen übrig zu behalten.[89] Das steht in diesem Fall zu befürchten. Die Kritik hat insgesamt bezweifelt, ob die Gewinne größer sind als die Verzerrungen und Verluste. Andererseits muß man aber wohl anerkennen, daß Habermas eine Gefahr der von ihm kritisierten Positionen so scharf gezeichnet hat, daß man sie fortan nicht mehr übersehen und ihr nicht mehr naiv erliegen kann. Noch, daß sich das kritische Potential der verworfenen Positionen in den von Habermas aufs Korn genommenen Aspekten keineswegs erschöpft, ist eine Wahrnehmung, die der Habermas'schen Attacke etliches an Energie und Präzision verdankt.

Zuletzt kann aber eine Verwunderung nicht ungenannt bleiben. Habermas beansprucht, den philosophischen Diskurs der Moderne vor der Folie der postmodernen Vernunftkritik zu rekonstruieren.[90] Wie ist es dann möglich, daß der einzige Autor, der dafür verbindlich und unumgänglich gewesen wäre, außer acht bleibt? Wie ist es möglich, daß Habermas sich zwar mit Nietzsche und Bataille, Heidegger und Foucault, Adorno und Derrida – also lauter Autoren, denen es nie in den Sinn gekommen wäre, ihr Denken als „postmodern" zu bezeichnen – befaßt, daß er aber jede Auseinandersetzung mit *dem* Autor in Sachen eines philosophischen Postmodernismus, daß er jede Auseinandersetzung mit Lyotard unterläßt?

Was verwunderlich erscheint, ist andererseits verräterisch. Auf Lyotards Postmodernismus nämlich – auf diesen einzigen erklärten philosophischen Postmodernismus – passen all die Substitute nicht, die man sich als Essenzen des Postmodernismus festzusetzen bequemt hat. Lyotards Denken ist ersichtlich weder vernunftfeindlich noch irrational noch subjektphilosophisch noch neokonservativ. Setzte man mit ihm sich auseinander, würde man am Ende gar zu einem Umdenken über die Postmoderne genötigt.

So findet die Verwunderung eine Erklärung, aber es bleibt ein Bedauern. Die Außerachtlassung Lyotards ist nicht bloß dubios, sondern fast ruinös, denn von einer Konfrontation stünden gewichtige Klärungsfortschritte zu erwarten – für beide Seiten. Gewisse Konvergenzen sind ja unübersehbar. Beide – der engagierte Verteidiger der Moderne wie der vorsichtige Anwalt einer Postmoderne – wollen Pathologien der Moderne diagnostizieren und therapieren. Und dabei ist, ob die Zukunftsperspektive eher aus einer Rückbesinnung auf das Projekt der Moderne oder aus einem postmodernen Ausblick zu gewinnen sei, kaum mehr als eine Frage rhetorischer Präferenz. Denn wenn die Postmoderne für Lyotard in Wahrheit eine Radikal-Moderne ist, dann kann sie ohnehin nicht partout gegen eine Fortführung des Projekts der Moderne ausgespielt

---

89) Diese Gefahr scheint mir übrigens symmetrisch auch bei Marquards Verteidigung der Moderne gegen verschiedene „Anti-Modernismen" – darunter den „futurisierten" namens „Postmoderne" – zu bestehen; vgl. Odo Marquard, „Nach der Postmoderne. Bemerkungen über die Futurisierung des Antimodernismus und die Usance Modernität", in: *Moderne oder Postmoderne? Zur Signatur des gegenwärtigen Zeitalters*, hrsg. von Peter Koslowski, Robert Spaemann u. Reinhard Löw, Weinheim 1986, 45-54.

90) Vgl. *Der philosophische Diskurs der Moderne*, 7.

werden, und Lyotard hat ja auch selbst darauf hingewiesen, daß die Moderne keineswegs beendet ist, sondern in der Postmoderne weitergeht.[91] Und wenn umgekehrt Habermas sein Modell einer kommunikativen Vernunft so hart der subjektzentrierten Vernunft der Moderne konfrontiert und wenn er zum Paradigmenwechsel auffordert, was bedeutet das anderes, als daß er diese kommunikative Vernunft als post-modern versteht und bloß den Ausdruck vermeidet? Eine Auseinandersetzung wäre also nicht nur möglich, sondern verspräche gar, fruchtbar zu werden. Sie soll im Anschluß an die Erörterung von Lyotards Position erfolgen.

Zuvor aber ist zum Abschluß dieses Panoramas noch eine ganz andere Version von Postmoderne zu erörtern, eine, die sich vom Vorausgegangenen dreifach unterscheidet: weil sie die Moderne wirklich überwinden will, weil sie dafür auf prämoderne Modelle zurückgreift und weil sie – und das interessiert hier – entschieden ganzheitlich orientiert ist.

9. Robert Spaemann oder Essentialistischer Postmodernismus prämoderner Inspiration

Im deutschen Sprachraum ist vor einiger Zeit die Position von Robert Spaemann als Position von Postmoderne reklamiert worden.[92] Andere haben dies mit dem Hinweis abgetan, daß „Postmoderne" heute die Spitze des Zeitpfeils markiere und daß daher jeder, der der Zeit ins Gewissen reden und den Zukunftskurs bestimmen wolle, seine Position mit dem geduldigen Etikett der „Postmoderne" versehe, auch wenn die Inhalte, die er vertritt, den postmodernen Tendenzen diametral entgegenstehen. So leicht sollte man es sich nicht machen. Im zweiten Kapitel ist schon darauf hingewiesen worden, daß zur Krise der Moderne (also deren koextensivem Dauerzustand) immer wieder zwei konträre Therapievorschläge gehören, die ihrerseits auf konträren Krankheitsdiagnosen beruhen. Das eine Mal wird die Krankheit der Moderne in zunehmender Uniformierung sowie in latent totalitären Zügen und manifest totalitären Phasen gesehen, das andere Mal in wachsender gesellschaftlicher und kultureller Differenzierung und Fragmentierung erblickt. Folgerichtig plädiert die eine Seite für eine Therapie durch Diversifizierung, die andere hingegen für eine Heilung durch Integration. Beide Auffassungen haben eine lange Tradition und stehen sich heute im Feld der Postmoderne-Debatte als radikalmoderner Postmodernismus französischer Provenienz mit differen-

---

91) „Das Projekt der Moderne besteht weiterhin, allerdings in Unruhe und Sorge." (*Immaterialität und Postmoderne*, 9). Vgl. auch *Grabmal des Intellektuellen*, 83.
92) Vgl. insbesondere die Beiträge von Robert Spaemann und Peter Koslowski in: *Moderne oder Postmoderne? Zur Signatur des gegenwärtigen Zeitalters*, a.a.O.

tieller Option und prä- oder transmoderner Postmodernismus deutscher Provenienz mit ganzheitlicher Option gegenüber.

Wenn nun die Spaemannsche Position (deren Applikation auf die Postmoderne weniger von Spaemann selbst als von Koslowski vorgenommen wird)[93] für die Rückbesinnung auf Substantielles und für einen neuen Essentialismus plädiert und wenn sie von Koslowski für „das neue Bedürfnis nach einer ‚Einheit der Lebenswelt'" und damit für eine „postmoderne Theorie der Gesellschaft" in Anspruch genommen wird,[94] so wird dabei ein Bild von Postmoderne entworfen, das negativ gegen die Neuzeit, positiv hingegen an Prämodernem konturiert ist. Gleichwohl knüpft dieses Bild offensichtlich auch an neuzeitliche – an klassizistische ebenso wie an romantische – Reformprogramme an. Dies sei hier als Stärke verstanden. Die Moderne ist nicht so einfachhin verabschiedet, wie es die einseitige Rekonstruktion ihres Begriffs gelegentlich suggerieren könnte. Es geht nicht um das Programm einer Rückkehr, sondern um eine – als zukunftsträchtig vermutete – Verbindung von aristotelischem Essentialismus und neuzeitlichem Freiheitsdenken.

Jedenfalls sei diese Position hier so aufgefaßt. Es gibt ja auch das andere Votum. Da knüpft sich an den Eintritt in die Postmoderne die Hoffnung auf die Wiederkehr eines christlichen Zeitalters, einer Ordo-Welt, eines Mittelalters oder wovon immer – jedenfalls von Zeiten und Konstellationen *vor* der Moderne.[95] Man will die Moderne nicht einmal beerben, sondern bloß hinter sich bringen, sie ungeschehen machen. Das ist eine Verheißung, mit der nur Toren winken können, die nicht ahnen, was sie da beschwören. „Postmoderne" sollte nicht die Parole sein, die den Zurückgebliebenen die Erfah-

---

93) Spaemann ist skeptisch gegenüber dem Terminus „Postmoderne". Dieser scheint ihm noch zu sehr die Ideologie des Modernismus fortzusetzen. Spaemann ist in seiner Vorstellung vom „Ende der Moderne" eher Heidegger und Vattimo nahe. „Überwindung der Moderne würde sich, so vermute ich, eher ankündigen in einer unspektakulären, fast unmerklichen Haltungsänderung gegenüber der Moderne, ohne den Willen, sie entweder zu überholen oder aber ihre Errungenschaften einfachhin preiszugeben" (Robert Spaemann, „Ende der Modernität?", in: *Moderne oder Postmoderne?*, 19-40, hier 20). Koslowski hingegen plädiert „für eine essentielle und substantielle Postmoderne" und hat dabei die Spaemannsche Position im Blick: Er will die Postmoderne im Sinn des „postmodernen Essentialismus oder ‚Neoaristotelismus' in der Philosophie" verstehen (Peter Koslowski, „Die Baustellen der Postmoderne – Wider den Vollendungszwang der Moderne", a.a.O., 1-16, hier 11 bzw. 9).

94) Peter Koslowski, „Vorwort", in: *Moderne oder Postmoderne?*, XI-XIV, hier XIII; vgl. ferner ders., „Die Grenzen der ökonomischen Theorie. Plädoyer für eine gesamte Staatswissenschaft", *Merkur* 439/440, 1985, 791-806.

95) Vgl. Walter Ch. Zimmerlis Kritik an der Vorstellung einer „Restitution der Monopolstellung des Christentums" in „Religion, Wissenschaft und Technik. Wertwandel zwischen Trivialität und tieferer Bedeutung", in: *Ende der Neuzeit? Die Forderung eines fundamentalen Wertwandels und ihre Probleme*, hrsg. von Hans Michael Baumgartner u. Bernhard Irrgang, Würzburg 1985, 185-199, hier insbes. 198.

rung der Moderne erspart. In diesem Buch jedenfalls wird sie dezidiert als Transformationsform *der Moderne* vorgestellt und verteidigt.

Die Spaemannsche Position wird hier also beim Wort genommen, das lautet, „daß wir unter Ende der Moderne nicht Preisgabe ihrer positiven Errungenschaften verstehen und daß wir dieses Ende nicht als ‚Überholung' begreifen".[96] Strukturell scheinen mir dann allerdings interessanter als die prämodernen Bezüge die holistischen Intentionen zu sein,[97] in denen sich dieser Ansatz mit zahlreichen anderen gegenwärtigen Strömungen trifft, nicht nur in der Philosophie, sondern auch außerhalb: von der Wissenschaftstheorie über die Alternativszene und Esoterik bis zur Kunst.

Unklar bleibt freilich in all diesen Bestrebungen, wie Ganzheiten als nicht bloß dekretorische Ansinnen von Einzelnen, sondern als Gehalte eines sensus communis erwachsen sollen. Und unklar bleibt vor allem, inwiefern solche Ganzheitsprogramme anderes sein können als ihrerseits spezifische Optionen, die als solche aber das prinzipiell plurale Orientierungsset der Gegenwart nicht aufheben und überschreiten, sondern ihm eingeschrieben und verpflichtet bleiben. Überdies haben sie offenbar genau in diesem Funktionsrahmen ihre Stärke und Effizienz. Zu einer legitimen Überschreitung der Pluralität sind sie ob ihrer Spezifität jedenfalls nicht in der Lage – und sind durch die Einsicht in diese ihre Spezifität vor solchen Totalitätsanmaßungen geschützt bzw. zu bewahren.[98] Eine effiziente Überschreitung der Pluralität, die nicht eine Totalisierung bedeutete, ist undenkbar. Dazu ist im zweiten Kapitel alles Wesentliche schon gesagt worden. Für Koketterie ist hier kein Platz.

Ein Grundmotiv dieser Richtung freilich – daß nämlich ein Tohuwabohu heterogener Sprachspiele nicht das letzte Wort sein kann bzw. daß eine Konzeption bloßer Fragmentierung Gefahr liefe, den Terror, den sie im Ganzen bekämpft, im Innern kaum weniger hart zu reproduzieren, da absolute Heterogenität, streng genommen, Kommunikation verunmöglicht und somit im Konfliktfall nur noch die Praxis des Terrors übrig läßt –, dieses Motiv ist ernst zu nehmen und bedarf der Einlösung. Integrative Momente sind unverzichtbar. Nur muß dabei eine Totalisierungssperre klar eingebaut und erkennbar sein. Ob die Orientierung an prämodernen Modellen dabei hilfreich sein kann, mag dahingestellt bleiben. Ich werde auf eine andere Art, integrativen Zügen Rechnung zu tragen, bei der Vorstellung der Konzeption transversaler Vernunft zu sprechen kommen.

---

96) Robert Spaemann, „Ende der Modernität?", a.a.O., 20.
97) Vgl. zu diesem Anspruch: Peter Koslowski, „Über Totalismus. Metaphysik und Gnosis", in: *Oikeiosis. Festschrift für Robert Spaemann*, hrsg. von Reinhard Löw, Weinheim 1987, 101-111.
98) Spaemann hat dargelegt, daß die Erhebung *einer* Philosophie zu *der* Philosophie immer nur die unzulässige Verabsolutierung eines in Wahrheit Partikularen darstellen könne und daher notwendigerweise totalitär wirken müsse (vgl. Robert Spaemann, „Der Streit der Philosophen", in: *Wozu Philosophie? Stellungnahmen eines Arbeitskreises*, hrsg. von Hermann Lübbe, Berlin – New York 1978, 91-106, hier 106). Das gilt natürlich nicht nur gegen das diskursethische Gesellschaftskonzept, sondern auch für die essentialistische Ganzheitsphilosophie.

VI. Kapitel

Lyotards Programmschrift oder Die philosophische Perspektive der Postmoderne

Mit diesem Kapitel beginnt die eingehende Behandlung der prominentesten philosophischen Postmoderne-Position, der Position von Jean-François Lyotard. Ich beziehe mich zunächst auf die Programmschrift *Das postmoderne Wissen* von 1979. Im achten Kapitel werde ich dann die Auseinandersetzung mit dem Hauptwerk *Der Widerstreit* von 1983 aufnehmen.

Die Erörterung der Programmschrift gibt zugleich Gelegenheit, die Perspektive der Postmoderne insgesamt noch einmal zu erörtern. Das liegt um so näher, als zum einen die Hauptthesen der Schrift schon im ersten Kapitel vorgestellt wurden und sich zum anderen gerade an diesem Buch eine breite Diskussion entzündet hat. Ich meine zwar nicht, daß diese Schrift besonders hochkarätig ist.[1] Man muß etwas aus ihr machen. Aber man kann das auch im besten Sinne tun. Sie eröffnet eine Perspektive, die generell als die der Postmoderne zu gelten und sich zu bewähren vermag. Daher verbinde ich ihre Präsentation mit der Einbringung ergänzender Reflexionen. Im nächsten Kapitel werde ich von da aus ein für das vorliegende Buch zentrales Fazit in Sachen „unsere postmoderne Moderne" gewinnen.

1. Das geläufige Vorwurfssyndrom

Immer wieder wird gegen die Postmoderne der Vorwurf des Irrationalismus oder – wenn eher Alltags- und Sozialphänomene als Wissenschaftsbestände im Blick stehen – des Ästhetizismus und Anarchismus erhoben. Was es mit diesen Vorwürfen auf sich hat, wird zu prüfen sein. Es wird sich einerseits zeigen, daß sie weit mehr über die

---

[1] Vgl. Lyotards ausdrücklichen Hinweis auf den Gelegenheitscharakter der Schrift: Jean-François Lyotard, *Das postmoderne Wissen. Ein Bericht*, Graz – Wien 1986, 9/17. (Angabe der Seitenzahlen jeweils nach französischer und deutscher Ausgabe; Übersetzung z. T. modifiziert.)

1. Das geläufige Vorwurfssyndrom

Perspektiven der Beschwerdeführer – über die von diesen als selbstverständlich vorausgesetzten Perspektiven – aussagen als über die postmodernen Phänomene selbst. Zudem wird sich zeigen, daß gerade diese Vorwürfe auf Punkte zielen, in denen die Postmoderne mit der Moderne des 20. Jahrhunderts kongruiert. Daher sind diese Einwände zur Verwerfung der Postmoderne wie zur Verteidigung der Moderne gleichermaßen ungeeignet – es sei denn, man betrachte willkürliche Schulmeisterei schon als modern. – Aber nun zu den Vorwürfen selbst.

Postmodernismus, heißt es, breitet sich überall dort aus, wo die Lebensgestaltung nicht mehr Kriterien der Verläßlichkeit, sondern ästhetischen Trends und dem aktuellen Chic folgt, wo der Hedonismus des Subjekts zur Richtschnur des Handelns wird, wo sich das Leben von der Industriewelt auf ästhetische Refugien zurückzieht und in zerstreuter Wahrnehmung das Kontinuum des Alltags zerstückelt. Ästhetische Perzeption werde darin zum Kanon von Wirklichkeit erhoben, und so gerate diese postmoderne Weltsicht in die Fallstricke des Ästhetizismus.

In sozialer Hinsicht grassiere die Seuche des Postmodernismus (denn man ist überzeugt, daß es sich um eine Seuche handelt, man sagt es allenfalls nicht so unverblümt) dort, wo das „Patchwork der Minderheiten" vordringt und die Gruppen sich so sehr vervielfachen, daß sie zu Zirkeln werden, so daß im Ganzen nur noch Exzentrizität ohne Zentrum herrscht. Diversifikation und Fragmentierung prägen auf diese Weise das postmoderne Sozialdesign – das diesen Namen freilich kaum mehr verdient, denn eigentlich handelt es sich nur noch um einen ästhetisch lancierten und getönten Anarchismus.

Dieser Ästhetizismus und Anarchismus gipfelt dann im philosophischen Irrationalismus der Postmoderne und besorgt in ihm sich sein gutes Gewissen und seine Pseudo-Legitimation. Und um nichts anderes als Irrationalismus handelt es sich ja, wenn letzte Begründungsmöglichkeiten verneint, Begründungspflichten aufgelöst und Begründungsusancen verspottet werden; wenn Ansprüche der Vernunft als totalitär diskriminiert werden und Rationalität als solche – dialektisch oder neoromantisch – der Unterdrückung bezichtigt wird; wenn der Logozentrismus aufgebrochen und die Grenze zwischen Philosophie und Poesie beseitigt werden soll; wenn die Wahrheit – jenes alte Weib, das (wie schon Melanchthon und Nietzsche konstatierten) nach Griechenland riecht – endgültig vertrieben werden soll.

Nun wäre dieser Postmodernismus – oder dieses Klischee davon – freilich nur dann schlimm, wenn man ihn wirklich ernst nehmen müßte. Er droht ja Errungenschaften der Moderne preiszugeben und am Ende gar deren Essenz zum Verdampfen zu bringen. Denn die Moderne beruhte auf Rationalität, und wenn manchmal auf hybrider Rationalität, so war doch Rationalität wiederum das einzige Mittel, das solche Fehldosierungen oder Exzesse zu kritisieren und zu therapieren erlaubte. Wer also – wie diese Postmodernisten – totale Vernunftkritik übt und Irrationalismus-Propaganda betreibt, der beraubt sich und uns unverantwortlicherweise des einzigen Interventionspotentials gegenüber einer in Systemen und Institutionen verselbständigten Rumpfrationalität, die nur noch Selbstreferenz, aber nicht mehr kritische Reflexion kennt. – Freilich, nur keine Bange: Wirklich ernst nehmen muß man diesen Postmodernismus – Gott (und seinen Moderne-Hütern und beider Heerscharen) sei es gedankt – keineswegs.

Seine Attacken auf Rationalität heben sich nämlich offenbar selbst auf, denn entweder sind sie ernst gemeint, dann geraten sie in den performativen Selbstwiderspruch einer totalen Vernunftkritik mit Mitteln der Vernunft (so Apels Widerlegung), oder sie sind nicht ernst gemeint, dann sind sie ohnehin bedeutungslos.

Also kann man der Sache reichlich gelassen gegenübertreten. Wo sie ihren circensischen Charakter nicht verleugnet, sei sie als belebendes Element willkommen und – augenzwinkernd – begrüßt. Jeder König hat seinen Narren, warum sollte die Philosophie die Chance nicht nützen, dank postmoderner Narreteien noch einmal königlich zu werden? Geben wir also auch den postmodernen Exoten und Paradiesvögeln Raum! Freilich den ihnen gebührenden: also *Tumult* und *Konkursbuch*, aber nicht *Ratio* und nicht *Philosophisches Jahrbuch*. Wo diese Postmodernisten hingegen ihre Übergriffe ernst zu meinen beginnen, da gilt es, sie in die Schranken zu weisen und nötigenfalls aufs Haupt zu schlagen: Zu effektiven Raubrittern einer Gegenaufklärung darf man diese Exoten denn doch nicht werden lassen. Bizarrerien – ja; ästhetomanische Dekonstruktion – wenn es denn sein muß; aber effektive Unterwanderung des wissenschaftlichen Diskurses – nie und nimmermehr. Aber noch einmal keine Bange: Diese postmodernistischen Diskursgebilde sind ohnehin so dünn, daß es genügt, einmal an ihre Schale zu klopfen, schon erkennt jeder ihre Hohlheit, und beim nächsten kritischen Angriff stürzen sie in sich zusammen. Ein bißchen Analyse und Argumentation, gelegentlich auch Entlarvung und Spott – schon ist das Aufklärungswerk geleistet. Das Ganze war eben doch nur ein Gespenst, und mit drei modernen Koordinatenkreuzen und etwas Diskurswasser ist es schnell vertrieben.

Am Ende kann man nur staunen, was – will sagen: wie wenig – sich diese postmodernen Exoten inmitten einer allenthalben von der Moderne geprägten Welt eigentlich gedacht haben. Ihre Entwürfe, Anmaßungen und Zumutungen sind von den Wirklichkeiten der Gegenwart und den Verbindlichkeiten der scientific community so weit entfernt, daß sie allenfalls in einem Wolkenkuckucksheim zu Hause sein können. Das mag man dann „Postmoderne" nennen. Aber mit unserer Gegenwart und den Standards moderner Wissenschaft, Sozietät und Kunst hat dies nichts zu tun. Es gehört ins Reich des Exotismus. Diesem gegenüber ist Exorzismus die allfällige Aufgabe.

Wir werden im folgenden sehen, wie diese Klischees an Lyotard abprallen. Nur bei vordergründigster Betrachtung können sie als zutreffend erscheinen, jede nähere Prüfung hingegen lehrt, daß es sich anders verhält. Das ist bei Lyotards philosophischem Hauptwerk – *Der Widerstreit* – evident, war aber auch schon bei der postmodernen Programmschrift – *Das postmoderne Wissen* – unübersehbar. Wenn man nicht bloß Sätze oder Passagen aufschnappte, sondern sich die Grundgedanken des Buches vergegenwärtigte, stellten sich die Epitheta der Kritik schnell als oberflächlich, ignorant oder gezielt diskriminierend heraus. Mancher, der das merkte, griff dann eilends zu Substituten.

Postmoderne sollte plötzlich „wohl eigentlich Postmarxismus" bedeuten oder – wieder einmal – das „letzte Bollwerk" sein, das die Bourgeoisie gegen den Sieg der Arbeiterklasse noch errichten könne.[2] Dergleichen ideologische Verortungen stellen offenbar eher Ausflüchte als Auskünfte dar. Statt ihrer ist Analyse geboten. Nicht Bekenntnisse und Beschwörungen, sondern Untersuchungen und Vergewisserungen sind am Platz.

2. Die Auflösung des Ganzen

Die Ausgangsthese des *Postmodernen Wissens* besagt, daß es mit der Legitimationskraft der Meta-Erzählungen vorbei ist, daß wir an sie nicht mehr glauben.[3] Die drei großen Meta-Erzählungen der Moderne – die aufklärerische von der Emanzipation der Menschheit, die idealistische von der Teleologie des Geistes und die historistische von der Hermeneutik des Sinns[4] – sind zu Gestalten der Vergangenheit herabgesunken, bilden keine Kräfte der Gegenwart mehr. Damit soll nicht gesagt sein, daß sie gar nicht mehr vorhanden wären und nicht für manchen weiterhin Orientierung geben und Engagement freisetzen könnten – dergleichen wird Lyotard nur von Kritikern mit Lektüredispens unterstellt –, sondern es geht ausschließlich darum, daß diese Meta-Erzählungen keine *allgemeine* Verbindlichkeit und Legitimationskraft mehr besitzen. Und das wird schwerlich zu bestreiten sein. Entscheidend ist dabei nicht, daß ihre Inhalte antiquiert wären, sondern daß ihre Form hinfällig wurde.

Die Form der Meta-Erzählung, die alles theoretische und praktische Verhalten einer Epoche als Leitidee zu umgreifen und zu dirigieren vermochte, ist obsolet geworden. Wäre es anders, hätte sich nichts Grundsätzliches verändert, sondern gälte es nur auf die nächste Meta-Erzählung zu setzen oder zu warten, würde die Moderne sich also weiterhin fortzeugen, wäre nicht eine „condition postmoderne" eingetreten. Meta-Erzählungen sind heute doppelt unmöglich. Erstens weil keine in Sicht ist, die wirklich universell auch nur scheinen könnte. Das muß bei einiger Besonnenheit noch der Anhänger des attraktivsten Rahmen-Paradigmas zugeben. Und zweitens und vor allem, weil uns die Unmöglichkeit solch übergreifender Meta-Erzählungen zur Einsicht geworden ist. Wir haben den Trug der Ganzheit durchschaut, haben statt dessen Vielheit erkennen und anerkennen gelernt und haben beobachtet, wie sich an den Ganzheitspro-

---

2) Rainer Rochlitz, „Zwischen Subversion und Orthodoxie. Zur geistigen Situation in Frankreich", Vorwort zu: Florian Rötzer, *Französische Philosophen im Gespräch*, München 1986, 7-14, hier 9.
3) „In äußerster Vereinfachung kann man sagen: ‚Postmoderne' bedeutet, daß man den Meta-Erzählungen keinen Glauben mehr schenkt." (*Das postmoderne Wissen*, 7/14)
4) Vgl. ebd. 7/13. Eine etwas andere Aufzählung (Emanzipation, Verwirklichung des Geistes, Kapitalismus) gibt Lyotard in: *Philosophie und Malerei im Zeitalter ihres Experimentierens*, Berlin 1986, 98.

jekten, je mehr sie sich anstrengen, um so deutlicher ihre Partikularität hervorkehrt. Wir haben die Vielheitssignatur der Ganzheitsentwürfe zu entdecken gelernt. Wahrheit, Legitimität, Menschlichkeit liegen für uns diesseits solch krampfhafter Anspannung von Meta-Erzählungen.

3. Hegel und einige Folgen

Wenn man so will, ist das jetzt unsere Meta-Erzählung.[5] Dann ist sie seit geraumer Zeit dazu geworden. Denn schon seit langem glauben wir nicht mehr an die Möglichkeit von Gesamtdeutungen, welche die Vielfalt der Entwürfe und Praktiken noch einmal zu umfassen und auf ein gemeinsames Ziel zu verpflichten vermöchten, wie das noch für Hegel im Gedanken der Teleologie des Geistes glaubhaft – oder letztmals denk- und suggestionsgeboten war. Im Grunde genommen glaubte schon die ganze nachhegelsche Philosophie nicht mehr daran. Der Postmodernismus kann geradezu als Konsequenz und Kulminationspunkt dieser nachhegelschen Entwicklung angesehen werden. Daher liegt ihm denn auch mehr als die Betriebsamkeit von Eintagsfliegen zugrunde. In ihm kommen langfristige Entwicklungen und gewichtige Erfahrungen zum Tragen.

Hegel war der Kulminationspunkt jenes Einheitsdenkens, gegen das dieser Postmodernismus sich entschieden absetzt. Für Hegel galt, daß nur das Ganze das Wahre sein könne, und er realisierte sein Credo durch eine Einheitskonzeption, die das Differente nicht ausschloß, sondern einbegriff, indem sie Einheit als Einheit von Einheit und Differenz dachte.

Schon in der Vorrede zur *Phänomenologie des Geistes* ist Hegels Stellung zur Differenz in ihrer Großartigkeit – wie Gewaltsamkeit – zu fassen. Man könnte fast glauben, einen „Differentisten" vor sich zu haben, sagt Hegel doch mit Nachdruck, der Geist müsse „in seiner Auslegung sich auszubreiten und sich zu verlieren" getrauen, und weist er ihm doch als Aufenthaltsort die „absolute Zerrissenheit" zu.[6] Das ist jedoch nur die halbe und nicht die ausschlaggebende Seite der Wahrheit. Die Ausbreitung, das Sichverlieren, die Zerrissenheit bezeichnen nicht Zielgestalten, sondern Bewältigungsaufgaben und Steigerungsmittel des Geistes. An ihnen muß der Geist gleichsam seine Muskeln üben, um diese Spannungen schließlich bezwingen zu können. Hegel sagt bezeichnenderweise von der *Kraft* des Geistes, daß sie „nur so groß" sei „als ihre Äußerung".

---

[5] „Der Verlust des Zentrums wird zum neuen Mythos des zeitgenössischen Bewußtseins", schreibt Antonio Villani („Le ‚chiavi' del postmoderno: un dialogo a distanza", *il Mulino*, 35. Jg., Nr. 303, Heft 1, 1986, 5-22, hier 13).
[6] Georg Wilhelm Friedrich Hegel, *Phänomenologie des Geistes*, hrsg. von Johannes Hoffmeister, Hamburg ⁵1952, 15 bzw. 30. Nachfolgende Zitatstellen: 15, 48, 18.

Das größtmögliche Hinausgehen in die Differenz wird nur um der Absolutheit ihrer Bewältigung willen gefordert.

Dem ist gewiß noch immer zu entnehmen, daß diese Arbeit erstens nicht leicht ist, sondern eine ungeheure „Anstrengung" erfordert und daß sie zweitens einen Kraftakt darstellt und ein Bewältigungsunternehmen ist – aber eigentlich soll mit den zitierten Worten ein Drittes gesagt sein: daß die Rückkehr aus der Ausbreitung, daß Selbstfindung und Selbstgewinnung aus der Zerrissenheit das Ziel und Gebot sind. Die Differenz ist von vornherein als Hindernisparcours für Leistungsgewinn und Leistungserweis des Geistes angesetzt. Es ist gar keine Frage, daß die Differenzen zu bezwingen sind – im doppelten Sinn einer Möglichkeit und einer Aufgabe. Der Widerstand, den sie bieten, ist nur Medium der Selbstentfaltung des Geistes. Und diese grundsätzliche Entschärfung der Differenz wird noch durch die Erklärung von deren Ursprung abgesichert: Alle Differenzen entstehen dadurch, „daß ein und dasselbe sich selbst verschieden gestaltet". Differenz ist Differenzierungsprodukt und Steigerungsmedium des Einen. Einheit gilt fraglos. Differenz ist nur ihr Elixier und provokativer Garant. Hegel, das bedeutet: maximaler Differenzvorschein bei minimaler Differenzwirklichkeit.

Nach Hegel ist nicht mehr nur das Großartige dieser Anstrengung bewundert, sondern auch ihr Gewaltsames durchschaut und in seinen Kosten bilanziert worden. Das Einheitsunterfangen wurde zunehmend suspekt und abnehmend teilbar. Nachhegelsche Philosophie ist eine Philosophie des Abschieds vom Ganzen, eine Philosophie der Auflösung der Einheitsklammern. Sie vollzieht den Prozeß, den Lyotard als Abschied von der Moderne und Übergang zur Postmoderne beschreibt.

Geschichtsphilosophisch trat dergleichen schon im Historismus zutage. Ihm stellten sich die historischen Epochen als Eigenwelten dar, die nicht mehr über den einen Leisten der Weltgeschichte geschlagen werden konnten. Die eine universelle Logik des Übergangs – an der Hegel so sehr gelegen war – entpuppte sich angesichts der Verschiedenheit der geschichtlichen Welten als Herrschaftswunsch. Die eine Weltgeschichte brach in die Pluralität geschichtlicher Welten auseinander. Dies wiederholte sich im 20. Jahrhundert in Heideggers Konzeption der Seinsgeschichte oder in Foucaults Darstellung der Wissensgeschichte: sowohl „Schickung" wie epistemische „Archäologie" sind mit Kontinuität und Übergang unvereinbar. Bruch, nicht Übergang wurde zur Grundkategorie des Geschichtlichen.

Hat man diesen Weg erst einmal eingeschlagen, so entdeckt man auch retrospektiv zunehmend schon vorhegelsche Opponenten gegen den Einheitsdruck. Bereits Herder hatte sich ja – früh-historistisch gewissermaßen – gegen die geschichtsphilosophische Vereinheitlichung aufgelehnt und statt dessen für die diachrone Besonderheit der geschichtlichen Welten plädiert. Und Kant hatte gar die synchrone Diskontinuität verschiedener Rationalitätstypen (des kognitiven, des moralischen und des ästhetischen) entdeckt und verteidigt. Vernunft tritt zunehmend heterogen auf; der Zusammenhang zwischen ihren Formen ist prekär und wird dort, wo man ihn kompakt zu buchstabieren sucht, mit Sicherheit verfehlt. Zudem ist bei Kant wie bei Herder das philosophisch einschneidende Grundmotiv gegen solche Totalisierungen greifbar: ein grundsätzlicher Finitismus der Vernunft. Herder skizzierte diesen noch aus der Gegenzeichnung gegen eine göttliche Vernunft; Kant begründete ihn immanent, durch eine Kritik der Vernunft, die zum Ergebnis hatte, daß menschliche Vernunft aus Strukturgründen des Ganzen nicht habhaft werden kann, daß sie sich mißverstünde, wenn sie dies wollte, daß sie sich zerstörte, wenn sie sich Totalität als Besitz zuspräche.

Es sind also, genau genommen, nicht erst nachhegelsche Erfindungen, sondern schon vorhegelsche Errungenschaften, die sich historisch nach Hegel in der Philosophie durchsetzen. Das Motiv eines enttotalisierten, fragmentierten und pluralisierten Denkens wird zum Dauermotiv nachhegelscher Philosophie. Zu erinnern ist neben vielem anderen an Kierkegaards Zuwendung zum Paradox, an Nietzsches Perspektivismus oder an Adornos ausdrückliche Hegel-Attacke, daß das Ganze das Unwahre sei. Schon solche Stichproben lassen erkennen, daß der Postmodernismus à la Lyotard einen langen Stammbaum mit respektablen Ahnen hat. Der Abschied vom Ganzen ist das Werk vieler Generationen. Daß er sich so lange hinzieht, deutet freilich auch an, daß er schwierig ist oder zumindest schwerfällt.

4. Ganzheits-Melancholie und Vielheits-Interesse

Lyotards Kennzeichnung ist übernehmbar: Solange die Auflösung der Ganzheit noch als Verlust erfahren wird, befinden wir uns in der Moderne. Erst wenn sich eine andere Wahrnehmung dieses Abschieds – eine positive – herausbildet, gehen wir in die Postmoderne über. So geht der Befund, daß Ganzheitsverlust in der Moderne schon seit langem registriert wurde, mit der These von der Spezifität der Postmoderne zusammen. Die Romantik ist für Lyotard der exemplarische Fall, an dem es diese Unterscheidung zu beachten gilt: Hundert Erfahrungen des Endes der Ganzheit und des Verlusts des Sinns – aber alle im Modus der Trauer und mit der Hoffnung, das Blatt noch einmal wenden zu können.[7] Auch Dandytum und Nihilismus hielten sich in dieser Erfahrungslage und weiteten sie aus.[8] Im Wien der Jahrhundertwende hatte das als „Pessimismus" seinen letzten gebündelten Auftritt.[9] In alledem blieben Denken und Fühlen durch einen elementaren Einheitswunsch besetzt – die melancholische Beschreibung der ganzheitslosen Realität oder ihre allenfalls „illusionslose" Hinnahme waren die Folge.

In der Tat ist aus dieser Warte eine positive Sicht der Situation nicht zu gewinnen, und es kann nicht darum gehen, Verlusterfahrungen in Gewinnbehauptungen umzulügen. Aus dem Blickwinkel der Einheit betrachtet, gibt es keine andere Diagnose. Nur

---

[7] Vgl. *Au Juste*, 33/1; *Immaterialität und Postmoderne*, 38; *Philosophie und Malerei im Zeitalter ihres Experimentierens*, 75, 97.
[8] Vgl. *Philosophie und Malerei*, 97.
[9] Vgl. *Das postmoderne Wissen*, 68/121.

ist deren Horizont nicht der einzig mögliche. In anderer, vielheits-offener Perspektive stellen sich Situation und Phänomene völlig anders dar, sind sie grundlegend positiv konnotiert.

Es ist eine alte, vornehmlich aus der Geschichte der Kunst bekannte Erfahrung, daß es unterschiedliche Grundsichten gibt und daß die Phänomene der einen mit der Optik der anderen nicht erfaßt, sondern nur verurteilt werden können. Die Äußerungen der Klassik über die Gotik, der Romantik über die Renaissance, des Bürgertums über den Barock sind so unerhört wie aufschlußreich. Man sollte inzwischen die Lehre daraus gezogen, sollte die Lektion gelernt haben. Bei jedem Urteil über einen Gegenstand gilt es den Horizont zu beachten, von dem her es gesprochen ist. Die postmoderne Perspektive ist von der modernen grundsätzlich verschieden. Daher kann sich, was in einer modernen Sicht noch als Verlust der Ganzheit erscheint und entsprechend zu beklagen ist, postmodern gerade als Gewinn von Vielheit zu erkennen geben und zu begrüßen sein. Man vertritt immer eine Perspektive. Und sollte die anderen Perspektiven darob nicht leugnen und verwerfen, sondern aufsuchen und erproben.

An zwei Autoren, die der Postmoderne schon nahestehen, aber noch modern sind, sei der Auffassungsunterschied exemplifiziert. *Musil* hatte ein waches Gespür für Diversität und erkannte, daß divergente Perspektiven die moderne Lebenswirklichkeit prägen. Objektivistische Meteorologie, sozial-technische Sekurität und Schwundzustände subjektiv-lebensweltlicher Erfahrung stehen am Anfang des *Mannes ohne Eigenschaften*. Die Vielheit wird dann auf eine Grundopposition, auf die von „Gewalt und Liebe" bzw. „Eindeutigkeit und Gleichnis", zugespitzt. Diese Zweiheit gilt für unhintergehbar; man kann nur den korrekten Umgang mit ihr zu finden und möglicherweise zu installieren suchen. Dem könnte ein „Erdensekretariat für Genauigkeit und Seele" dienen. Allein, der ironische Unterton der Formel verrät, daß die eigentliche Hoffnung doch noch einmal anderswohin zielt. Sie gilt der Einheit. Und diese Einheit kommt: als Inzest, als Verschmelzung, als Mystik, als anderer Zustand – wenn auch voller Gebrochenheit. So endet, was zur Postmoderne führen könnte, doch wieder – aber schon äußerst mühsam, immer wieder aufgeschoben und schier hoffnungslos – in Romantik.

Ähnlich hat *Adorno* eine unaufhebbare Polarität konstatiert – die gleiche wie Musil, er belegt sie mit Namen wie „Konstruktion" und „Mimesis" oder „Geschichte" und „Natur" – und hat doch stärker als Musil stets schon ihre – unmögliche – Verbindung im Auge gehabt. Darin war Adorno immer Hegelianer geblieben – wenn auch unglücklicher. Der letzte Abschnitt der *Minima Moralia* bekennt den Blickpunkt: Philosophie sei hier verstanden als „der Versuch, alle Dinge so zu betrachten, wie sie vom Standpunkt der Erlösung aus sich darstellten".[10] Und an einer Herzstelle der *Negativen Dialektik* gibt Adorno zudem den Blick auf den Gehalt seines Eschaton, auf die Konturen einer mit Eichendorff gedachten Versöhnung frei: „Der versöhnte Zustand annektierte

---

10) Theodor W. Adorno, *Minima Moralia. Reflexionen aus dem beschädigten Leben*, Frankfurt a. M. 1973, 333 (Nr. 153).

nicht mit philosophischem Imperialismus das Fremde, sondern hätte sein Glück daran, daß es in der gewährten Nähe das Ferne und Verschiedene bleibt, jenseits des Heterogenen wie des Eigenen."[11] Adorno träumt von dieser Versöhnung und bleibt darin modern. Die Pointe der letzteren Stelle ist gar, daß er sich damit von der Romantik absetzen will. Diese nämlich sei durch „Weltschmerz, Leiden an der Entfremdung" gekennzeichnet gewesen.[12] Dem hält er das Eichendorffsche Ideal des versöhnten Zustands entgegen. Aber dieses Ideal einer Versöhnung ist Signum einer noch immer im Hegelschen Spielraum verbleibenden und mit der Romantik durchaus vereinbaren Moderne.[13]

Die Postmoderne hingegen operiert nicht mehr auf dem Terrain, nicht mehr im Horizont und nicht mehr mit den Mitteln der Versöhnung. Sie kennt Einheit nur virtuell, als offene, und hat statt dessen elementare Konstellationen von Vielheit vor Augen. Dieser Unterschied zur Moderne muß freilich nicht dramatisch in Erscheinung treten. Er kann, zumal gegenüber der von Eichendorff hergeleiteten Formel, eine minimale Verschiebung bedeuten – aber ums Ganze.

Insgesamt müssen – das wurde in vorausgegangenen Überlegungen schon gezeigt – Einheit und Vielheit nicht auf Dauer feindliche Brüder sein oder bleiben. In dem Moment, wo das Einheitsinteresse anzuerkennen lernt, was anzuerkennen ihm zwar schwerfällt, wovon es aber stets aufs deutlichste gezeichnet ist: seine Spezifität – in diesem Moment werden beide kompatibel. Freilich geschieht dies auf dem Boden der Vielheit. Aber dieser ist nun einmal fundamentaler als jeder einheitsbestimmte. Die Postmoderne beleuchtet nicht bloß eine Enklave, sondern die Grundstruktur der Welt.

Wirklich vorweggenommen findet sich die postmoderne Perspektive dann bei dem Autor, auf den sich Lyotard im *Postmodernen Wissen* sprachphilosophisch vor allem stützt, bei Wittgenstein, dem Theoretiker der Sprachspiele. Im Vorwort zu den *Philosophischen Untersuchungen* hat Wittgenstein von seiner Erfahrung mit Ganzheitsversuchen und von seinem Übergang zu einer Alternative, zu „Landschaftsskizzen", Rechenschaft gegeben.[14]

Was er vorhatte, war: ein Ganzes zu schaffen, wo „die Gedanken von einem Gegenstand zum anderen in einer natürlichen und lückenlosen Folge fortschreiten sollten". Aber er machte die Erfahrung, daß dies gegen die „natürliche Neigung" seiner Gedanken war, daß sie „erlahmten", sobald er versuchte, sie „in *einer* Richtung weiterzuzwingen". Dann entdeckte er, daß dieser subjektive Befund ein objektiver war, daß er „mit

---

11) Theodor W. Adorno, *Negative Dialektik*, Frankfurt a. M. 1975, 192.
12) Ebd.
13) Ähnlich hat Lyotard Adornos Position eingeschätzt: in manchem die Postmoderne antizipierend (vgl. *Grabmal des Intellektuellen*, 87), im Grunde aber einer Verfallsdiagnose verhaftet bleibend (*Philosophie und Malerei*, 74 f.).
14) Vgl. Ludwig Wittgenstein, *Philosophische Untersuchungen*, in: Schriften 1, Frankfurt a. M. 1969, 285.

der Natur der Untersuchung selbst" zusammenhing. Das „Gedankengebiet", mit dem Wittgenstein es zu tun hatte (Fragen der Bedeutung, des Verstehens, des Satzes, der Logik, der Bewußtseinszustände usw.), kann nicht aus einem einzigen Blickpunkt erfaßt werden, man muß es vielmehr „kreuz und quer ... durchreisen" und vermag es nur auf diversen Wegen und über „eine Menge von Landschaftsskizzen" zu erschließen, wobei man auch am Ende nicht zu einem integralen Bild gelangt, sondern auf die Wahrheit der vielen Perspektiven angewiesen bleibt. – Wittgenstein hat hier, als Resümee seiner Erfahrung, eine Elementarbeschreibung der Postmoderne gegeben. Das Vorwort der *Philosophischen Untersuchungen* kann als deren Prolog gelesen werden.

5. Geschichtliche und philosophische Legitimation

Der Abschied vom Ganzen und der Übergang zu Pluralität – Leitmotive des im *Postmodernen Wissen* propagierten Postmoderne-Konzepts – wurden bislang in ihrer Herkunft und Dynamik dargestellt. Als fraglich aber könnte empfunden werden, ob sie auch gerechtfertigt sind. Sind die Gewinne größer als die Verluste? Kann der Prozeß gar alternativlos genannt werden? Vermag, was als historisch-faktische Entwicklung unzweifelhaft ist, auch die quaestio iuris zu bestehen?

In Fragen wie diesen ist Rechtfertigung von geschichtlicher Erfahrung nicht zu lösen. Absolute Begründungen gibt es nicht. Umgekehrt verdient geschichtliche Erfahrung diesen Namen erst, wenn sie die Strukturen und Gründe erfaßt, aufgrund derer die Folgen sich einstellen. Nur dann sind Übertragbarkeit und Anwendbarkeit auf Künftiges gegeben. Wirkliche Erfahrung muß – im Unterschied zu bloßer Empirie – intern erhellbar, ausweisbar, rational sein.

Die Postmoderne hat traumatische Erfahrungen mit der Moderne bzw. mit Modernisierungsprojekten hinter sich, genauer gesagt: in sich. Ich will drei davon nennen. Die erste zeigt, wie man im Nu – in einem traumatischen Nu – von der Moderne in die Postmoderne gelangen kann.

München erlebte Ende der sechziger Jahre einen gigantischen Modernisierungsschub. Die Olympischen Spiele standen bevor, und im Zug des U-Bahn-Baus wurde allenthalben unter der Erde aufgegraben und darüber die Modernisierungsflagge gehißt: Auf Bautafeln der dreifachen üblichen Größe konnte man sich über die jeweiligen Bauvorhaben und ihre Details informieren. Oben prangte jedesmal – in roten Lettern – eine Standardzeile, die Programm und Fazit verkündete: „MÜNCHEN WIRD MODERN". Eine selbstbewußte Fortschrittsparole, hundertfach über die Stadt verteilt.

Eines Morgens jedoch las ein gedankenverlorener Passant in zerstreuter Wahrnehmung plötzlich einen anderen Text (er ist ihn seither nicht mehr losgeworden). Die Tafeln, die Farben, die Buchstaben – gewiß, alles war noch wie vorher. Aber der Text lautete anders. Da prangte nicht mehr die Fortschrittsparole „München wird modern", sondern da stand plötzlich eine Fäulnisprophetie: „München wird modern" (in Moder übergehen). Die Modernisierungsparole erwies sich als Palimpsest, jetzt war das Menetekel hervorgetreten: München wird – dereinst, in absehbarer Zeit, bald, es hat schon begonnen – modern: wird sich in Fäulnis, Verwesung, Moder auflösen.

Nichts war geschehen, nichts verändert worden – nur alles. Niemand hatte eingegriffen, kein anderes Programm war angelaufen – nur eine Tiefenschicht der Fortschrittsparole war für eine andere Wahrnehmung plötzlich lesbar geworden. Und man begriff: Nichts muß geschehen, es läuft schon alles. Der Modernisierungs-Prozeß *ist* der Moder-Prozeß. Seine selbstgefällige Parole gab hier ihre Wahrheit zu erkennen, schrie sie heraus.

Oft hat man die Verbindung von „Moderne" und „Mode" betont und ausgespielt. Seit Baudelaires Begriffsprägung der „modernité" war das geläufig. Man konnte das negativ oder positiv wenden. In der „Mode-Stadt" München war die letztere Lesart üblich. Jetzt galt es zu entdecken, daß „Moderne" auch „Moder" birgt. Und das ließ keine positive Lesart mehr zu. München wies jetzt (nur noch nicht allenthalben bemerkt) als Metropole des Moders sich aus.

Dieser Umschlag – im Nu, ohne einen Buchstaben zu verändern, durch einen Wechsel nur des Akzents und des Tons – führte vom Fortschrittspathos zur Desaster-Imagination und zur ernsthaften Vermutung, der Modernisierungsprozeß könne nicht bloß gelegentlich seine Schattenseiten haben, sondern insgesamt in die Katastrophe führen. Solche Verwandlung der utopischen in eine katastrophische Perspektive gehört zu den Initialerfahrungen der Postmoderne.

Solche Erfahrungen fallen freilich nicht vom Himmel, eher steigen sie aus der Hölle der Geschichte auf. Daß es sich mit dem Fortschritt ganz anders verhalten könnte, als das Wort suggeriert, hat schon vor einem halben Jahrhundert Walter Benjamin vermutet. In seinen „Thesen zum Begriff der Geschichte" sprach er vom „Engel der Geschichte", einer Figur, die für den Fortschritt steht. Gewiß, dieser Engel geht in die Zukunft. Aber wie tut er es und warum? Sein Gesicht ist nicht der Zukunft, sondern der Vergangenheit zugekehrt, dort aber „sieht er eine einzige Katastrophe, die unablässig Trümmer auf Trümmer häuft und sie ihm vor die Füße schleudert". Und ein Wind, der vom Paradies her weht, der Wind der Vertreibung, des Unerlösten und gesteigert Katastrophischen attackiert ihn, schlägt ihm die Flügel auseinander und treibt ihn voll Ohnmacht und Entsetzen rückwärts schreitend in die Zukunft.[15] Das ist der Fortschritt: voll Entsetzen rückwärts getrieben zu werden.

Das München-Exempel macht diese Benjaminsche Sicht ubiquitär. Es macht keinen Unterschied mehr, ob man in die Vergangenheit oder in die Zukunft blickt. Auch dort wartet nur Katastrophisches.

---

15) Vgl. Walter Benjamin, „Über den Begriff der Geschichte", *Gesammelte Schriften*, hrsg. von Rolf Tiedemann und Hermann Schweppenhäuser, Werkausgabe, Bd. 2, Frankfurt a. M. 1980, 691-704, Nr. IX („Es gibt ein Bild von Klee, das Angelus Novus heißt...", 697 f.).

5. Geschichtliche und philosophische Legitimation

Und ein dritter Beleg und noch einmal ein Hinweis, daß es angezeigt sein könnte, hinsichtlich der Heilsvorstellungen umzudenken – erweisen sie sich doch im Maß ihrer Realisierung als Unheilsvorstellungen. Am Beispiel „Ordnung" hat das Robert Musil beschrieben: „Stell dir Ordnung vor. Oder stell dir lieber zuerst einen großen Gedanken vor, dann einen noch größeren, dann einen, der noch größer ist, und dann immer einen noch größeren; und nach diesem Muster stell dir auch immer mehr Ordnung in deinem Kopf vor. Zuerst ist das so nett wie das Zimmer eines alten Fräuleins und so sauber wie ein ärarischer Pferdestall; dann großartig wie eine Brigade in entwickelter Linie; dann toll, wie wenn man nachts aus dem Kasino kommt und zu den Sternen ‚Ganze Welt, habt acht; rechts schaut!' hinaufkommandiert. Oder sagen wir, im Anfang ist Ordnung so, wie wenn ein Rekrut mit den Beinen stottert und du bringst ihm das Gehen bei; dann so, wie wenn du im Traum außer der Tour zum Kriegsminister avancierst; aber jetzt stell dir bloß eine ganze, universale, eine Menschheitsordnung, mit einem Wort eine vollkommene zivilistische Ordnung vor: so behaupte ich, das ist der Kältetod, die Leichenstarre, eine Mondlandschaft, eine geometrische Epidemie!"[16]

Musil reflektiert hier ein Leitprojekt der Moderne: die Erstellung universaler Ordnung. Und seine Schlußworte – „Kältetod", „Leichenstarre", „geometrische Epidemie" – sind Schlüsselworte der Umschlagserfahrung, von der auch in den vorausgegangenen Exempeln die Rede war. Heute steht allerdings zu befürchten, daß es sich bei Musils Bild schon bald nicht mehr um die Beschreibung einer Mondlandschaft, sondern um die Diagnose des Erdzustandes handeln könnte.

Die drei Beispiele – Modernisierungsparole, Engel der Geschichte, Dialektik von Ordnung – demonstrieren den Umschlag von Leitvokabeln der Moderne in Schreckensbilder, die gegen die ursprünglichen Hoffnungen zeugen. Wer davor die Augen nicht verschließt, wird in die Postmoderne katapultiert. Er erkennt, daß die schiere Verfolgung der Prozesse der Moderne zum Gegenteil des Gewünschten und Geglaubten führen kann. Daß Modernisierung in Moder, Fortschritt in Rückschritt, Universalordnung in Leichenstarre endet. Die Postmoderne hat diese Erfahrung der Moderne in sich aufgenommen.

Wirkliche Erfahrung ist sie freilich erst dank der Einsicht in die Logik dieser Umschlagprozesse. Das Problem ist die Totalisierung. Musil hat genau das meisterhaft beschrieben: Was zunächst ein Wunschtraum ist, wird in seiner Totalisierung zum Alptraum.[17] Solche Totalisierung kennt viele Wege und hat viele Gesichter. Und die Moderne stellte reichlich Anschauungsmaterial bereit. Sie, in der Pluralisierung vordringlich geworden war, neigte andererseits immer wieder zu Retotalisierungen – ideologi-

---

16) Robert Musil, *Der Mann ohne Eigenschaften*, Hamburg 1952, 464.
17) André Glucksmann hat das aufgenommen und hat gegenüber den großen Unternehmungen für die „Unterbrechung" plädiert (vgl. *Die Meisterdenker*, Reinbek bei Hamburg 1978, 69 bzw. 70 ff.)

scher, ästhetischer, politischer Art.[18] So konnte man, am Beispiel von Paradefiguren der literarischen Moderne wie Pound und Eliot und ihrem Verhältnis zum Faschismus, die Moderne sogar insgesamt als Epoche der Totalisierungen zu kennzeichnen suchen.[19] Andere Autoren haben zwischen den paranoischen – totalitären – und den schizoiden – revolutionären – Tendenzen der Moderne unterschieden.[20] Auch Lyotard hat sich diese Kennzeichnung der gefährlichen Moderne als „paranoisch" zu eigen gemacht.[21]

Nicht schon die Pluralisierung befreit von der Totalisierung. Das vermag erst die Einsicht in den Mechanismus solcher Totalisierung und solchen Unrechts und die daraus resultierende Wachsamkeit gegenüber derlei Prozessen. Die Postmoderne ist von der Erkenntnis durchdrungen, daß Totalität nur durch die Verabsolutierung eines Partikularen entspringen kann und daher unweigerlich mit der Unterdrückung anderer Partikularitäten verbunden ist. Das ist die Einsicht, die sie aus der Geschichte gewonnen, die Erfahrung, die sie gemacht hat. Diese befähigt sie, die jüngere Moderne als jene ambivalente Phase zu erkennen, in der die Ansätze und Motive, die der Dialektik der Totalisierung zu entgehen erlauben, zwar allesamt schon vorhanden, aber noch nicht Allgemeingut und nicht prinzipiell genug gefaßt waren, um Rückfälle auszuschließen oder ihnen erfolgreich entgegenwirken zu können. Geschichtlicher Anstoß der Postmoderne war die Erfahrung der Unterdrückungsbestände, die aus einseitigen Absolutheitserklä-

---

18) Man täusche sich dabei über die geschichtliche Stellung Nietzsches nicht. Man muß ihn arg strapazieren, um ihn umstandslos zum Vordenker der Postmoderne zu erklären. Nietzsche sieht den modernen Pluralismus gerade nicht positiv. Er ist für ihn vielmehr das Phänomen der modernen Décadence schlechthin, demgegenüber es zu einer neuen Totalität vorzustoßen gilt. Im Pluralismus gewahrt Nietzsche – angesichts des Historismus – nur die Geschäftigkeit der Vergleichung und Kostümierung (vgl. Friedrich Nietzsche, *Werke in drei Bänden*, hrsg. von Karl Schlechta, München ⁸1977, I 464, II 686). Der „Übermensch" sollte dann die Überwindung dieser Décadence darstellen. – Postmodernes muß man bei Nietzsche gegen diesen Hauptzug suchen. Man kann es freilich finden: Nietzsche gestand, daß ihm die genannte Einstellung zur modernen Décadence schwergefallen sei und daß sie ihn viel gekostet habe (II 903). Er hat dann sogar die Ambivalenz des von ihm als bloße Décadence Gebrandmarkten verzeichnet: „Es gibt etwas von Verfall in allem, was den modernen Menschen anzeigt: aber dicht neben der Krankheit stehen Anzeichen einer unerprobten Kraft und Mächtigkeit der Seele. *Dieselben Gründe, welche die Verkleinerung der Menschen hervorbringen*, treiben *die Stärkeren und Selteneren bis hinauf zur Größe*" (III 844). – Die Postmoderne ist genau die Epoche, in der diese positive Kehrseite des zuvor nur als Dekadenz Empfundenen und Praktizierten erfaßt und ergriffen wird.
19) Vgl. Charles Percy Snow, *The Two Cultures: and A Second Look*, London – New York 1963, 7. Des weiteren: Fredric Jameson, *Fables of Aggression. Windham Lewis, the Modernist als Fascist*, Berkeley – London 1979.
20) Vgl. Gilles Deleuze und Félix Guattari, *Anti-Ödipus (Kapitalismus und Schizophrenie I)*, Frankfurt 1974, 475 f. sowie dies., *Rhizom*, Berlin 1977, 64.
21) Vgl. Jean-François Lyotard, *Grabmal des Intellektuellen*, Graz – Wien 1985, 19.

rungen und Ausschlüssen resultieren. Ihr Evidenzpunkt ist das unüberschreitbare Recht differenter Konzeptionen und Ansprüche. Ihre Vision gilt der prinzipiellen Anerkennung der Differenz und Vielheit.

Universalistisch begründen läßt sich dergleichen nicht. Eine universalistische Begründung ist allgemein ein widersprüchliches, durch die Struktur der Sprache, der Wirklichkeit, der Differenzen ausgeschlossenes Unterfangen. Hier wäre sie zudem ob der Eigenart der Phänomene fehl am Platz. Die Pluralität ist ein geschichtliches Gut. Und dies eine geschichtliche Einsicht. Die Aufgabe der Philosophie liegt nicht in einer transzendenten Begründung, sondern in der internen Analyse und Erhellung dieser Konstellation. Dabei zeigt sich, daß die inhärenten Rechtsgehalte dieser geschichtlichen Situation von regulativer Allgemeinheit sind und geschichtlich alternativlos genannt werden können.[22] Man mag diesen Geschichtsstand kontingent nennen. Daß wir uns zu ihm bekennen aber geschieht mit Einsicht.[23]

Postmodernes Denken entspricht darin einer Haltung, für die Demokratie verbindlich wurde. Die Postmoderne bedroht nicht – wie manche, von Irrationalismus redend, ihr unterstellen wollen – die demokratische Tradition der Moderne, sondern entwickelt eine *grunddemokratische Vision*. Denn in ihr wird Pluralität grundsätzlich anerkannt und freigegeben. Und erst unter der Bedingung solch grundsätzlicher Pluralität macht Demokratie eigentlich Sinn. Denn eine einheitliche Gesellschaft wäre fürwahr mit anderen – monarchischen oder oligarchischen – Staatsformen besser bedient. Zur Demokratie hingegen gehört die Präsumption, daß in der Gesellschaft unterschiedliche, gleichermaßen legitime, aber im Letzten nicht vereinbare Ansprüche existieren. Daher ist die Postmoderne grunddemokratischen Geistes, denn sie ist hartnäckiger und unverlierbarer als die Moderne von diesem Bewußtsein der Heterogenität geprägt. Und ich gehe

---

[22] Vgl. Herbert Schnädelbach, „Zur Dialektik der historischen Vernunft", in: *Wandel des Vernunftbegriffs*, hrsg. von Hans Poser, Freiburg – München 1981, 15-37, insbes. 36.

[23] Daher würde auch der bekannte Selbstanwendungs-Einwand – von seinen logischen Problemen einmal ganz abgesehen – hier nicht greifen. Er würde lauten: Beinhaltet dieser Postmodernismus, der die Ganzheitsdekrete und Totalisierungen hinter sich zu lassen gedenkt, nicht seinerseits ein Ganzheitsdekret? Totalisiert nicht auch er? Nur daß sein Dekret nicht mehr Einheit, sondern Pluralität verordnet, sein Diktat nicht mehr Mathesis universalis, sondern Polymorphie heißt? – Darauf ist zu antworten: Der postmoderne Pluralismus ist gegenüber den Positionen der Ausschließlichkeit durch einen Reflexionssprung gekennzeichnet. Sein Totalisierungsverbot steht nicht in der gleichen Reihe wie deren Totalisierungsgebote. Das kann man schon daran erkennen, daß seine Position nicht eine weitere materiale, sondern eine *formale* ist, die sich auf alle materialen gleichermaßen bezieht und diesen einen Wandel ihrer *Form* ansinnt, die Aufmerksamkeit nämlich auf ihre eigene Spezifität und auf die Möglichkeit und Legitimität auch anderer Ansprüche und ein Abrücken vom Ausschließlichkeitswahn. Dies ist eine geschichtlich motivierte, einsichtsvoll legitimierte und widerspruchsfreie Position.

noch einen Schritt weiter: Was an der Postmoderne das Prekäre zu sein scheint und für viele beunruhigend ist, daß nämlich zwischen den heterogenen Ansprüchen keine rechtlich begründete Entscheidung mehr getroffen werden kann, dieses irritierende Moment eines solcherart radikalen Pluralismus ist in der Demokratie – und nur in ihr – prinzipiell akzeptiert und von vornherein in die Konstruktion aufgenommen. Ja man könnte geradezu sagen, daß die Demokratie auf diesen Konfliktfall hin entworfen ist. Die Demokratie ist eine Organisationsform nicht für den Konsens, sondern für den Dissens von Ansprüchen und Rechten. Und ihre konsensuale Basis – die sie natürlich gleichwohl hat und braucht (sie ist in den Grundrechten kodifiziert) – bezieht sich genau auf dieses Grundrecht der Differenz und Pluralität und bemüht sich zu sichern, daß diesem Grundrecht nicht namens irgendeiner Einheit Einhalt geboten wird und Unrechtsfolgen in den Weg treten. Die Postmoderne nimmt dieses konstitutive Prinzip der modernen Demokratie ernst. Ja man kann sagen, daß *sie* erst dieses innerste Prinzip der Demokratie voll nützt und daß so erst in ihr der eigentliche Nerv der Demokratie zum Tragen kommt.

6. Utopie – anders

Als letzter Punkt dieser Reflexionen zu Hauptthesen des *Postmodernen Wissens* sei die Frage der Utopie angesprochen. Unter den vielen potentiellen Substituenten für den Referenten des „post" – die Postmoderne soll mal nach der Moderne, mal nach dem Fortschritt, mal nach Rationalität, Logozentrismus und Universalismus, mal nach Geschichtsphilosophie, Anthropozentrik und Szientismus sich befinden – zählt „Utopie" zu den geläufigsten Kandidaten. Und doch ist auch das korrekturbedürftig. Jedenfalls wäre es falsch, der Postmoderne den Visionscharakter zu bestreiten oder sie gar defaitistisch zu schelten. Das wäre ein borniertes Urteil in dem präzisen Sinn, daß es die Begrenztheit der eigenen Perspektive nicht beachtete. Aus der Sicht der alten Utopien – der Ein-Heils-Imaginationen – bedeutet die Postmoderne gewiß den Abschied von der Utopie. Aber das liegt nicht daran, daß sie keine Utopie mehr verträte, sondern daran, daß sie eine Utopie ganz anderer Art, eine die alten Utopien korrigierende und überbietende Utopie vertritt: die der Vielheit. Die alten Utopien waren klassische Figuren, wie aus plausiblen Gesichtspunkten überzogene Vorstellungen wurden, die dann als Heilsvisionen erschienen, bevor sie sich in ihrer Realisation als Unheilsprogramme herausstellten. Die Alternative dazu ist nicht der Verzicht auf Utopie überhaupt, sondern auf diese Form von Utopie, genauer: die Korrektur ihres erkennbaren Fehlers, der Totalisierung eines Partikularen.

Mit zynischen Abgesängen auf Utopiemöglichkeiten hat das nichts zu tun. Gehlens Diagnose, daß Utopien bzw. „weltanschauliche Angebote" heute nicht mehr entstehen, weil sich gezeigt hat, „daß die Realisierung von Ideen ... stets ein Vorgang ist, bei dem es blutig zugeht", könnte noch übernommen werden, aber sein Hauptgrund und seine Rahmenthese – daß nämlich heute nur noch solche Antriebe zukunftsträchtig sein können, die „bereits in die Funktionsordnung, in die Betriebsgesetze großer Industriegesellschaften eingegangen sind" – ist es nicht.[24] Abweichende Perspektiven – gerade auch kritische – sind keineswegs durch den vorgeblich universalen und unkorrigierbaren Automatismus einer einzigen Perspektive obsolet geworden.

Gewiß: Es geht heute um Perspektiven, die Wirklichkeitsbestände berücksichtigen – aber die Wirklichkeit ist weiter und differenzierter zu verstehen als im industriegesellschaftlichen Indifferenz-Konzept der Posthistoire. Daher ist es auch ein läppischer Einwand zu sagen, die Vision der Vielheit sei eine Vision, die nicht weh tue. Da nicht die oberflächliche Vielheit eines Spektakels auf einheitlicher Basis, sondern eine an die Wurzeln gehende Pluralität zur Debatte steht – und zumindest seit der ökologischen Diskussion kann niemand mehr Gehlens Behauptung, daß dergleichen Grund-Dissense fortan ausgeschlossen seien, noch fortschreiben –, sind die anstehenden Veränderungen und Einschnitte drastisch und schmerzhaft.

Der Postmodernist kann die Empfindung vieler teilen, daß die Gesellschaft eine neue Begeist(er)ung brauche. Aber die Vorstellung, daß diese Begeisterung, die integrativ wirken müsse, nur eine an einer neuen Einheit sein könne, hält er genau für falsch. Er plädiert dagegen für eine Vision der Vielheit, denn allein diese vermag den Aporien der Mono-Utopien zu entgehen und doch zugleich deren berechtigte Motive einzulösen. In diesem Sinn hat Lyotard gerade am Ende des *Postmodernen Wissens* eine visionäre und, wenn man so will, utopische Perspektive von Postmoderne formuliert. Sie zielt auf eine Konstellation des öffentlichen Lebens, „in der der Wunsch nach Gerechtigkeit und der nach Unbekanntem gleichermaßen respektiert sein werden".[25] Beides zusammen kennzeichnet eine entwickelte Vision von Vielheit.

---

24) Arnold Gehlen, „Über kulturelle Kristallisation", in: ders., *Studien zur Anthropologie und Soziologie*, Neuwied – Berlin 1963, 311-328, hier 316.
25) *Das postmoderne Wissen*, 108/193.

VII. Kapitel

Moderne des 20. Jahrhunderts und Postmoderne oder Von der Sensation zur Selbstverständlichkeit

Verfolgt man, wie es im letzten Kapitel geschehen ist, die von Lyotard im *Postmodernen Wissen* skizzierte Perspektive von Postmoderne in einige ihrer Begleitphänomene und Folgerungen hinein, so wird schnell plausibel, was die zentrale These dieses Kapitels sein wird: daß in der Postmoderne spezifische Errungenschaften der Moderne zur Einlösung gelangen. Und zwar im besonderen Errungenschaften der Moderne des 20. Jahrhunderts. Dessen ausschlaggebende Innovationen – die wissenschaftlichen ebenso wie die gesellschaftlichen und künstlerischen – erfahren in der Postmoderne ihre breite Realisation. Sie sind in Selbstverständlichkeiten des Alltags übersetzt. Diese Fortsetzung und Einlösung bildet eine zentrale These dieses Buches. Sie kommt auch im Titel zum Ausdruck. „Unsere postmoderne Moderne" besagt nicht nur, daß die Postmoderne die heutige Form der Moderne ist, sondern kann dies nur behaupten, weil Postmodernes als Einlösungsform von Modernem zu begreifen ist.

1. Postmoderne und wissenschaftliche Moderne

Die Kongruenz der postmodernen Verfassung mit Basiserrungenschaften der wissenschaftlichen Moderne dieses Jahrhunderts ist offensichtlich und bildet eine Leitschiene in Lyotards Exposition des *Postmodernen Wissens*. Indem Lyotard nach Charakteristika und Verbindlichkeiten gegenwärtigen Wissens fragt, rekurriert er auf den durch die „Grundlagenkrise" dieses Jahrhunderts hervorgebrachten Stand. Durch sie wurde jedes wissenschaftliche Wissen, das diesen Namen verdient, auf seinen limitativen Charakter verwiesen, und das Wissensinteresse zielt seitdem nicht auf die Wiedergewinnung eines

1. Postmoderne und wissenschaftliche Moderne

Globalcharakters, sondern auf die Hervorbringung spezifischer und differenter Wissensarten.[1] Es sind gerade die Leitsterne frühmoderner „hard science", auf die sich Lyotard bei dieser Bestimmung der postmodernen Verfassung des Wissens berufen kann.

Man kann diese Entsprechung darstellen, indem man Phasen wissenschaftlicher Veränderung mit Entwicklungsschritten zur Postmoderne parallelisiert.[2] In einer ersten Phase wird der Abschied vom Ganzen vollzogen. Dafür ist an drei entscheidende Theoreme der Naturwissenschaft und Mathematik dieses Jahrhunderts zu erinnern: an Einsteins Relativitätsprinzip, an Heisenbergs Unschärferelation und an Gödels Unvollständigkeitssatz.

Einsteins Spezielle Relativitätstheorie von 1905 hob den Begriff des Ganzen als wissenschaftlich brauchbaren Gesichtspunkt auf. Er ist nicht praktikabel, weil kein Bezugssystem ausgezeichnet ist. Es gibt nur eine Vielzahl eigenständiger und eigenzeitiger Systeme, und man kann nur deren Relationen, nicht aber ein absolutes Ganzes darstellen – daher der Name „Relativitätstheorie". Heisenbergs Unschärferelation von 1927 setzte dann diese Linie der Verabschiedung von Ganzheit und Totaltransparenz fort und radikalisierte sie: Nicht erst im Ganzen, sondern schon im einzelnen System herrscht keine vollständige Transparenz. Größen wie Ort und Impuls oder Zeit und Energie sind zwar im gleichen System definiert, ja sind kanonisch konjugierte Größen, gleichwohl stößt ihre simultane Bestimmung an unübersteigbare Grenzen. Die präzise Fokussierung auf das eine macht die gleichzeitige Erfassung des anderen unmöglich. Es gibt schon im einzelnen System keine integrale, sondern nur partiale Transparenz. Und eine vergleichbare Pointe hatte dann auch Gödels Unvollständigkeitssatz von 1931. Er besagt, daß jedes für die Darstellung der elementaren Zahlentheorie ausreichende und widerspruchsfreie formale System unvollständig ist und seine Widerspruchsfreiheit nicht mit seinen eigenen Mitteln beweisen kann – von schwächeren ganz zu schweigen. Damit waren die zuletzt im Hilbert-Programm (gegen das sich Gödels Beweis richtete) verkörperten Aspirationen einer Mathesis universalis endgültig zerschlagen. Nicht einmal die Mathematik, die klassische Paradedisziplin von Rationalität, gibt die Möglichkeit einer einheitlichen axiomatischen Theorie an die Hand, die alle mathematischen Probleme zu lösen imstande wäre. Es gibt – allgemein gesprochen – keinen Zugriff aufs Ganze, alle Erkenntnis ist limitativ.

In diesen grundlegenden Theoremen der modernen Wissenschaft werden Totalitätsintentionen des Wissens gebrochen und Wahrheitsansprüche auf das Maß spezifischer

---

1) Lyotard hat sehr treffend festgestellt, daß die Versuche „einheitlicher Theorien" sich bei näherem Hinsehen jedesmal als „Theorien der Vielfältigkeit" erweisen (*Philosophien*, Graz – Wien 1985, 122).
2) Kurz habe ich dies schon im dritten Kapitel dargelegt. Dort ging es darum, das Spezifische der Moderne des 20. Jahrhunderts gegenüber der Neuzeit zu verstehen. Jetzt geht es darum, die Kongruenz der Postmoderne mit der Moderne des 20. Jahrhunderts zu begreifen.

VII. Kapitel: Moderne des 20. Jahrhunderts und Postmoderne

und begrenzter Transparenz reduziert. Absolutheit ist nur noch eine Idee, ein archimedischer Punkt ist undenkbar, das Operieren ohne letztes Fundament wird zur Grundsituation.[3] Die „Grundlagenkrise" dieses Jahrhunderts macht genau diejenige Verfassung obligat, die in der Postmoderne dann allgemein wird.[4] Und es war entscheidend, daß diese Veränderung der Rationalität hier nicht mehr nur von anderen Feldern – der Kulturtheorie, der Religion oder der Ästhetik – her gefordert wurde, sondern in den Kernlanden der szientischen Rationalität selbst aufbrach. Eben deswegen wurde sie wissenschaftlich rasch verbindlich und in der breiten Orientierung bald allgemein.

So besteht eine grundlegende Übereinstimmung des postmodernen Denkens mit Basisinnovationen der szientischen Moderne dieses Jahrhunderts. Damit soll nicht behauptet werden, daß die Philosophie diese Einsichten von der Wissenschaft übernom-

---

3) Vgl. Lyotards neuere Darstellung dieser Grundlagenkrise: „Die Kontroversen über die Grundlage der Geometrie (Riemann, Hilbert, Brouwer), über die der Arithmetik und der Mathematik im allgemeinen (Russell, Husserl, Bourbaki) und über die der Mechanik und der physikalischen Theorie (Einstein, Bergson, Heisenberg) behandeln ausdrücklich den Status und die Geltung, die es der wissenschaftlichen Theorie zu geben gilt. Die Aufmerksamkeit hat sich dann auf die Aporie gerichtet, an die formale oder semantisch-syntaktische Systeme stoßen, wenn sie versuchen, ihre Unbezweifelbarkeit abzuschließen, d. h. die logische Entscheidbarkeit aller in Anspruch genommenen Propositionen festzulegen. Diese Aporie beruht auf dem Gegensatz des Gegebenen und des Konstruierten und auf dem Vorrecht, das dem Konstruierten zugestanden wird (wie es Schlick, Carnap und der Wiener Kreis ausdrücken). Wenn alles Gegebene fragwürdig ist – dies ist die Hypothese sogar der Wissenschaft – und rekonstruiert werden muß, dann stößt man auf die Schwierigkeit, ohne Stützung auf Gegebenes, ohne Fundament, konstruieren zu müssen." (Jean-François Lyotard, „Grundlagenkrise", *Neue Hefte für Philosophie*, Heft 26, 1986, 1-33, hier 2)

4) Betroffen sind nicht nur die Grundlagen der Wissenschaft, sondern – in einer wesentlich wissenschaftlich geprägten Kultur – deren Grundlagen insgesamt. Auch wird die Bedeutung der Veränderungen erst verständlich, wenn man nicht auf binnenwissenschaftliche Details, sondern auf diese Grundfragen blickt. Natürlich ist die Heisenbergsche Unschärfe mathematisch genau definiert, und natürlich wird weiterhin präzis gerechnet. Hier hat sich fürwahr nichts geändert. Aber das heißt nicht, daß sich gar nichts geändert hätte. (Vgl. dagegen Hans-Georg Gadamer, „,Bürger zweier Welten'", in: *Der Mensch in den modernen Wissenschaften*, hrsg. von Krzysztof Michalski, Stuttgart 1985, 185-199, hier 193). Entscheidendes hat sich verändert – nur nicht an der Oberfläche, sondern in den Grundschichten. Man rechnet noch mit Descartes' Zahlen, gewiß – aber nicht mehr mit seinem Projekt einer Mathesis universalis. Und genau weil die Krise eine *Grundlagen*-Krise ist, kann sie für einen Gesamtwandel wie denjenigen, der von der Neuzeit zur Moderne des 20. Jahrhunderts und schließlich zur Postmoderne führt, relevant und kann Postmodernes konsequent durch sie bestimmt sein.

men habe.⁵⁾ Man könnte ja auch umgekehrt sagen, daß die Wissenschaft hier – reichlich verspätet – ältere Einsichten der Philosophie endlich realisiert hat, die der eine dann mehr auf Kant, der andere mehr auf Nietzsche zurückführen mag. Hinsichtlich der Konzeption ist der Vorsprung der Philosophie schwerlich zu bestreiten, ebenso aber umgekehrt hinsichtlich der Effizienz der der Wissenschaft. Hier geht es jedoch allein um das Faktum der typologischen Entsprechung von szientifischer und postmoderner Axiomatik und um die damit verbundene Einsicht, daß die Postmoderne folglich keineswegs anti- und trans-modern, sondern fortgesetzt, konsequent und extensiv modern ist. Diese Entsprechung bestätigt sich auch in der nächsten Phase.

Denn nachdem die Verabschiedung des Ganzen geleistet ist, erfolgt in prominenten wissenschaftlichen Theorien der jüngeren Vergangenheit gewissermaßen die interne Exploration der solcherart freigesetzten Vielfalt. Von Mandelbrots Theorie der Fraktale und Thoms Katastrophentheorie bis zu Prigogines Theorie der dissipativen Strukturen und Hakens synergetischer Chaosforschung richtet sich der Blick auf Bildung, Übergänge und Brüche diskreter Strukturen, und man entdeckt dabei, daß Determinismus und Kontinuität je nur in begrenzten Bereichen gelten, die untereinander eher in Verhältnissen der Diskontinuität und des Antagonismus stehen. Die Wirklichkeit ist nicht homogen, sondern heterogen, nicht harmonisch, sondern dramatisch, nicht einheitlich, sondern divers strukturiert. Sie hat – denn auch so kann man das ausdrücken – ein geradezu postmodernes Design.

So ergibt sich insgesamt: Die Postmoderne konvergiert mit Basistheoremen der wissenschaftlichen Moderne dieses Jahrhunderts. Wie Pluralität, Diskontinuität, Antagonismus und Partikularität in den Kern des Wissenschaftsbewußtseins eingedrungen sind, so bilden sie heute Grundkategorien der postmodernen Weltsicht. Der Abschied von Monopolismus, Totalität, Ausschließlichkeit prägt die erste Phase, der Übergang zu den „paradoxen" Kehrseiten und neuen Phänomenen die zweite, eine dritte kann man durch die neuere Wissenschaftstheorie markiert sehen. Sie hat die geschilderte Verfassung des Wissens vollends klargestellt und hat von daher für die Einschränkung des Monopolanspruchs der Wissenschaft und für die Legitimität und Beachtung auch anderer Verständigungsformen als der wissenschaftlichen plädiert. So hat sie entscheidend zur postmodernen Pluralisierung beigetragen, denn gerade durch nicht von außen, sondern von innen oder zumindest vom Rande der Wissenschaft her kommende Reflexionen werden Veränderungen der Wissenschaft nicht bloß angesonnen, sondern in ihr ausgelöst. Durch wissenschaftsnahe Kritik illegitimer Übergriffe der Wissenschaft wird in

---

5) Von Philipp Frank stammt das Wort, daß die Erkenntnisse der Physik von gestern die Axiome der Philosophie von heute seien (vgl. Willy Hochkeppel, „Nebelwerfer als Aufklärer", *Merkur*, 439/440, 1985, 831-842, hier 834). Möglich ist dies freilich dadurch, daß die neuzeitliche Physik seit ihrer Grundlegung ein philosophisch konnotiertes Unternehmen war. Nur im Horizont solcher Gemeinsamkeit – bei faktischer Differenziertheit – sind dann Übernahmen zu erwarten.

einem wissenschaftsbestimmten Zeitalter die Pluralität grundsätzlich errungen, die die Postmoderne dann auszufüllen unternimmt. Dabei ist für die hier vertretene Kongruenz-These noch einmal bezeichnend, daß Paul Feyerabend in *Wider den Methodenzwang* betonen konnte, „daß die im Buch vorgetragenen Auffassungen nicht neu sind – für Physiker wie Mach, Boltzmann, Einstein, Bohr waren sie eine Selbstverständlichkeit".[6]

2. Postmoderne und gesellschaftliche Moderne

Auch im gesellschaftlichen Aspekt ist evident, daß die Postmoderne die Moderne fortsetzt, ja in radikalisierter Form einlöst. Denn schon für die moderne Gesellschaft wurde Pluralität – das Kennzeichen der Postmoderne – verbindlich wie für keine andere vor ihr. Das ist im 20. Jahrhundert verschiedentlich und von sehr unterschiedlichen Geistern konstatiert worden. Ich weise zunächst auf Max Weber und Paul Valéry hin.

Für Weber ist die Moderne durch einen grundsätzlichen „Polytheismus der Werte" gekennzeichnet.[7] Weber macht das in Gegenzeichnung gegen die alten Transzendentalien klar, mit deren Konvertibilität es modern vorbei ist. Nicht mehr gilt, wie es jahrtausendelang geglaubt wurde, daß das Wahre, das Gute, das Schöne und das Heilige koinzidieren; modern sind sie vielmehr auseinandergetreten, sind eigensinnig geworden und schließen einander geradezu aus.[8] Ebenso besteht zwischen den Kulturen und Weltanschauungen – etwa zwischen deutscher und französischer Kultur oder zwischen Katholizismus und Freimaurertum – keinerlei Möglichkeit der Entscheidung nach besser und schlechter, Recht und Unrecht mehr.[9] Die Situation der Moderne ist durch einen nackten, unhintergehbaren Pluralismus geprägt.

Der für die Moderne charakteristische „großartige Rationalismus der ethisch-methodischen Lebensführung"[10] hat einen solchen „Polytheismus" zur Kehrseite. „Die verschiedenen Wertordnungen der Welt" sind unhintergehbar, jede von ihnen erscheint gleichermaßen verpflichtend,[11] und als ihre Exponenten beginnen „die alten vielen Götter, entzaubert und daher in Gestalt unpersönlicher Mächte ... untereinander wie-

---

6) Paul Feyerabend, *Wider den Methodenzwang*, Frankfurt a.M. 1983, 12.
7) Vgl. Max Weber, „Vom inneren Beruf zur Wissenschaft", in: ders., *Soziologie – Universalgeschichtliche Analysen – Politik*, mit einer Einl. von Eduard Baumgarten hrsg. u. erläut. von Johannes Winckelmann, Stuttgart ⁵1973, 311-339, hier 328. Ähnlich: ders., „Zwischen zwei Gesetzen", *Gesammelte Politische Schriften*, Tübingen ⁴1980, 142-145, hier 145.
8) Weber, „Vom inneren Beruf zur Wissenschaft", a.a.O., 328 f.
9) Vgl. ebd., 329 bzw. 327.
10) Ebd., 330.
11) Weber, „Zwischen zwei Gesetzen", a.a.O., 145.

2. Postmoderne und gesellschaftliche Moderne

der ihren ewigen Kampf".[12] Das, sagt Weber, ist der moderne „Alltag",[13] und „wer in der Welt ... steht, kann an sich nichts anderes erfahren als den Kampf zwischen einer Mehrheit von Wertreihen."[14] Aber: Die Menschen sind diesem „Alltag" mit seiner letzten und radikalen Pluralität, die die Signatur der entwickelten Moderne ausmacht, noch nicht gewachsen. Daher rufen sie nach einem Führer und Lehrer, der sie aus dieser Pluralität noch einmal herausführt, indem er ihnen gibt oder auch bloß verspricht, was modern gerade obsolet wurde: letzte Orientierung.[15] Weber bezeichnet die Unfähigkeit, „einem solchen *Alltag* gewachsen zu sein", ausdrücklich als „Schwäche".[16] Demgegenüber liegt die Aufgabe des Wissenschaftlers darin, den Mitbürgern die Augen für die Unausweichlichkeit und Unhintergehbarkeit dieses Pluralismus zu öffnen.[17] Einübung in den Polytheismus, Desillusionierung der Monotheismus-Wünsche, das ist die Aufgabe.

Weber hat die Grundsituation des Pluralismus mit einer Radikalität gesehen und verteidigt, die ihn als Ahnherrn postmodernen so gut wie modernen Denkens erscheinen läßt. Webers Aufforderung an den Wissenschaftler, in die Pluralität einzuführen, sie zu exponieren und zu verteidigen, kann geradezu als Leitmotiv postmodernen Denkens übernommen werden. Nur die Tonlage hat sich verändert. Bei Weber war es ja nicht so, daß der Pluralität die Sympathie gegolten hätte, nur forderte die Einsicht ihre rückhaltlose Anerkennung. Daher sprach Weber von Schicksal und Illusionslosigkeit und schlug einen heroischen Ton an. Die Postmoderne hingegen empfindet die Pluralität nicht als auferlegtes Schicksal, dem man ins „ernste Antlitz" blicken muß,[18] sondern erfährt sie als Befreiung und Chance, die es zu entwickeln gilt.

Die gleiche Sicht – nur schon nicht mehr im Stil der heroischen Akzeptation, sondern der interessierten Zuwendung – findet man bei Paul Valéry. Auch für ihn bedeutet die Moderne einen Zustand, wo „eine Menge von Lehren, Richtungen und ‚Wahrheiten', die untereinander höchst verschieden, wenn nicht ganz und gar widersprüchlich sind, gleichermaßen anerkannt sind."[19] Und Valéry geht noch den entscheidenden Schritt weiter, indem er sagt, daß sie „sogar in den gleichen Individuen nebeneinander bestehen und wirksam sind."[20] Die diversen Mächte, die „verschiedenen Wertordnungen", die „vielen Götter", von denen Weber gesprochen hatte, stehen einander nicht nur im

---

12) „Vom inneren Beruf zur Wissenschaft", a.a.O., 330.
13) Ebd.
14) „Zwischen zwei Gesetzen", 145.
15) Vgl. „Vom inneren Beruf zur Wissenschaft", 330. – Das ist die Weise, wie Weber die Versuche einordnet, dieser Situation noch einmal nach rückwärts zu entkommen. Wir hatten solche Versuche zuvor verschiedentlich zu erwähnen. Sie folgen dem modern-romantischen Reaktionsmuster.
16) Ebd.
17) Vgl. ebd., 328.
18) Ebd., 330.
19) Paul Valéry, „Triomphe de Manet", Œuvres, II, Paris 1960, 1326-1333, hier 1327.
20) Ebd.

VII. Kapitel: Moderne des 20. Jahrhunderts und Postmoderne

Großraum der Gesellschaft, sondern schon im Binnenraum des Individuums gegenüber. Heute, sagt Valéry, „bestehen bei einer Vielzahl von Menschen Glaube und Atheismus, Gefühlsanarchie und Meinungsordnung nebeneinander".[21] „Die Mehrzahl unter uns wird über denselben Gegenstand mehrere Ansichten haben, die einander in den Urteilen ohne weiteres abwechseln."[22] Unsere Epoche ist modern, sofern „in allen kultivierten Köpfen die verschiedensten Ideen und die gegensätzlichsten Lebens- und Erkenntnisprinzipien frei nebeneinander bestehen".[23] Eben diese Pluralität macht „die Essenz der Moderne" aus.[24]

Schon in den ersten Jahrzehnten dieses Jahrhunderts also ist Pluralität als Grundmerkmal der modernen Gesellschaft erfahren und propagiert worden. In einer zunehmend funktional differenzierten Gesellschaft ist das Entstehen konzeptioneller und evaluativer Pluralität geradezu selbstverständlich und wird solche Pluralität zur neuen Natur. Schon seit den zwanziger Jahren ist die These so allgemein, daß sie sich in entgegengesetzten Lagern findet. So hat Carl Schmitt sein Verständnis der Moderne auf den „Bankerott der idées générales" gegründet,[25] und die gleiche These hatte zuvor schon Hugo Ball, der Wortführer des Züricher Dadaismus, verkündet.[26] Später ist diese These prominent beispielsweise von Arnold Gehlen und Daniel Bell wieder aufgenommen worden.

Gehlen hat sie in der Weberschen Form erneuert und mit Blick auf ethische Fragen präzisiert. Er betonte, daß wir „nicht nur an eine Mehrheit moralischer Instanzen, sondern *letzter* Instanzen" glauben, also daran, „daß es mehrere voneinander funktionell wie genetisch unabhängige und letzte sozialregulative Instanzen im Menschen gibt".[27] Der Grundvorgang der Gegenwart ist: „Der Pluralismus mitsamt den darin mitgeborenen Krisen und Reibungen tritt deutlich ans Licht."[28] Bell hat diese Pluralitätsthese dann in ihrer starken Form erneuert; er hat sie nämlich nicht nur – wie Weber und Gehlen – auf dem sozialen, sondern – wie Valéry – schon auf dem individuellen Niveau vertreten. Auch Bell sieht die Gesellschaft gegenwärtig durch einen „radikalen Antagonismus" zwischen den Zielsetzungen der technisch-ökonomischen, der kulturellen und der politischen Sphäre gekennzeichnet,[29] woraus sich ergibt, daß unweigerlich ver-

---

21) Paul Valéry, „La politique de l'esprit", *Œuvres*, I, Paris 1957, 1014-1040, hier 1017.
22) Ebd. 1018 f.
23) Paul Valéry, „La crise de l'esprit", *Œuvres*, I, Paris 1957, 988-1014, hier 992.
24) „La politique de l'esprit", a.a.O., 1018.
25) Carl Schmitt, *Nationalsozialistisches Rechtsdenken*. Deutsches Recht, 4. Jg., 1934, 225.
26) Hugo Ball spricht vom „Bankrott der Ideen", *Die Flucht aus der Zeit*, München-Leipzig 1927, 98.
27) Arnold Gehlen, *Moral und Hypermoral. Eine pluralistische Ethik*, Frankfurt a.M. – Bonn 1969, 38 bzw. 10.
28) Ebd., 10.
29) Daniel Bell, *The Winding Passage. Essays and Sociological Journeys 1960-1980*, Cambridge, Mass., 1980, 329 f.

schiedene, plurale Interessen bestehen.[30] Aber Bell geht eben noch einen Schritt weiter und sagt, daß schon die Individuen, daß „wir alle mehrfache Anhänglichkeiten und Identitäten" haben.[31]

Dabei muß dieser Prozeß keineswegs positiv bewertet werden – Weber diagnostiziert ihn als Schicksal, Ball verbindet ihn mit der Weltkriegskatastrophe, Schmitt sieht ihn als Verlust, selbst bei Valéry wird er im Rahmen von Krisenreflexionen erörtert, Gehlen ist vor allem an seinen Zweideutigkeiten interessiert und Bell benützt ihn vornehmlich zur Polemik gegen „organische" Sozialtheoretiker –, aber auch wenn dieser Prozeß eher als problematisch erfaßt und beschrieben wird, wie das (im Anschluß an Gehlen) dann insbesondere bei Peter Berger, Brigitte Berger und Hansfried Kellner der Fall ist, die ebenfalls von der Grunddiagnose einer „Pluralisierung der sozialen Lebenswelten" ausgehen,[32] ob des Voranschreitens dieser Pluralisierung aber zunehmend „Instabilität" befürchten, den modernen Menschen an einer „permanenten Identitätskrise" leiden sehen[33] und vom „Unbehagen in der Modernität" sprechen, auch dann wird durch solche Beschreibungen zuerst einmal bestätigt, was hier allein dargetan werden soll: daß Pluralität schon für die Moderne charakteristisch war und daß die Postmoderne darin eine Fortsetzung, ja eine Steigerung und Radikalisierung der Moderne des 20. Jahrhunderts darstellt.

Die Pluralisierung ist der gemeinsame Grundvorgang. Wenn sie als Gefahr beschrieben oder als Negativum verbucht wird, so kann uns das nicht irritieren – wir haben den Mechanismus dieser Ablehnung zu oft klappern hören, er ist uns darüber durchsichtig geworden. Auch gilt es hier weniger auf das zu hören, was die Menschen auf Anfrage als ihre Sinnerwartungen deklarieren, weil sie das gesellschaftliche Sprachspiel des Sinn-Interviews gelernt haben – bei Sinnfragen ist eben dieses und nichts anderes allgemein sprachfähig –, sondern es gilt darauf zu achten, wie die Menschen – unter Umständen theorie- und lamentokonträr – wirklich leben. „Crosscutting identities" sind heute glaubhafter als Monismus-Schwüre. Wo vieles möglich wurde, ist Unbehagen behaglich geworden.

---

30) Ebd. 243.
31) Ebd. – Zudem gibt Bell persönlich das beste Beispiel dafür, denn in der technisch-ökonomischen Sphäre vertritt er eine sozialistische, in der kulturellen eine konservative und in der politischen Sphäre eine liberale Position (vgl. John A. Hall, *Diagnoses of Our Time. Six Views on Our Social Condition*, London 1981, 102).
32) Peter L. Berger, Brigitte Berger, Hansfried Kellner, *Das Unbehagen in der Modernität*, Frankfurt – New York 1975, 59.
33) Ebd., 63 bzw. 71.

3. Postmoderne und künstlerische Moderne

Auch ein Vergleich der postmodernen Verfassung mit Grundzügen der Kunst dieses Jahrhunderts fördert erstaunliche Entsprechungen zutage. In der Postmoderne ist, was im Aufbruch dieser Moderne spektakulär Zug um Zug errungen wurde, selbstverständlich und allgemein geworden. Was Eruption war, wurde Boden.

Wenn man die gesellschaftliche Differenzierung der Moderne als dauernde Triebfeder der Pluralisierung verstehen kann und wenn durch die wissenschaftliche Moderne das Bewußtsein der Pluralität obligat wurde, so hat die Ausgestaltung dieser Pluralität an der modernen Kunst ihr Vorbild. Denn was war die moderne Kunst? Eine gigantische Dekomposition des alten, ganzheitlichen Wesens der Kunst und eine glänzende Bearbeitung und Reindarstellung der Momente des solcherart fraktionierten artistischen Feldes. Max Ernst hat die moderne Malerei daher treffend eine „Malerei jenseits der Malerei" genannt.[34] Der amerikanische Kunstkritiker Harold Rosenberg hat vom Prozeß der „De-definition of Art" gesprochen.[35] Die moderne Kunst hat ihr Wesen darin, eine Dekonstruktion ihres überkommenen Begriffs zu betreiben. Was zuvor zur Ganzheit eines Bildes zusammengetreten war, wird jetzt in seiner Partialität und Spezifität ausgearbeitet und vor Augen gebracht. Das reicht von der Konstruktion (Mondrian) über die Farbe (Rothko) bis zur Nuance (Girke), von Weiß (Zero) über Blau (Klein) bis Schwarz (Reinhardt), vom Alltäglichen (Schwitters) zum Kultischen (Beuys), vom Einmaligen (Opalka) zum Seriellen (Warhol), vom Irritierenden (Albers) zum Erhabenen (Newman) und über das Unsichtbare (Duchamp) und das Paradoxe (Magritte) wieder zurück zum Trivialen (Spoerri), und dann das ganze noch einmal vom Begriff (Kosuth) über das Medium (Paik) bis zum Rahmen (Viallat) und vom Künstler (Lüthi) über den Betrachter (Pistoletto) bis zum Kunstsammler (Haacke). Die moderne Kunst thematisiert all die Partialitäten, die mit der Auflösung der Gesamtheit hervortreten, arbeitet sie subtil und spezifisch aus und erprobt noch Facetten und Kleinstmöglichkeiten. Sie ist eine konsequente Entfaltung des Möglichkeitsfeldes der Kunst. Sie hat dessen Vielfalt zu einer veritablen Pluralität entwickelt. Sie ist eklatant polymorph.

Die Entsprechung dieser Bewegung der Moderne zur Postmoderne ist doppelt zu verstehen: Sie gilt sowohl für die künstlerischen wie für die lebensweltlichen Phänomene der Postmoderne. Daß die postmoderne Kunst Strukturen der modernen aufnimmt und fortsetzt, ist verschiedentlich festgestellt worden. So hat Werner Hofmann darauf hingewiesen, daß sich der Übergang zu Vielfältigkeit schon bei Kandinsky oder Schönberg findet und daß er bei Duchamp oder in der Dada-Bewegung vollends programmatisch und verbindlich wurde.[36] Hofmann meint damit zwar das Theorem der Postmoderne

---

34) Max Ernst, „Au-delà de la peinture", *Cahiers d'art*, Nr. 6/7, 1936, 149-184.
35) Harold Rosenberg, *The De-definition of Art*, Chicago – London 1972.
36) Werner Hofmann, „Zur Postmoderne", Vortrag an der Berliner Akademie der Künste, 1984.

zu korrigieren, aber ins Stammbuch muß man solche Kongruenzen allenfalls abgehobenen Postmoderne-Freaks schreiben, die die Moderne schlechthin hinter sich zu haben wähnen. Für die besonnenen Theoretiker hingegen ist nichts selbstverständlicher und aufschlußreicher als eben diese Kongruenz. „Was seit einem Jahrhundert in der Malerei oder in der Musik geschehen ist, antizipiert gewissermaßen die Postmoderne, die ich meine", schrieb Lyotard 1984 (im gleichen Jahr, als Hofmann seine Thesen vortrug).[37] Und Lyotard wies der Postmoderne gar ausdrücklich die Aufgabe zu, „das Werk der Avantgarde-Bewegungen fortzuführen".[38] Zudem hatte er früher schon „Polymorphie" als entscheidenden Grundzug der modernen Malerei konstatiert.[39] Das Fortsetzungsverhältnis postmoderner gegenüber moderner Kunst ist offensichtlich und wichtig.

Bedeutsamer noch als die künstlerische Fortsetzung ist freilich die lebensweltliche Übersetzung. Aus den avantgarde-ästhetischen Paukenschlägen sind Rhythmen des Alltags geworden. Fragmentierung, Szenenwechsel, Kombination des Diversen, Geschmack an Irritation sind heute allgemein, von der Medienkultur über die Werbung bis zum Privatleben.[40] Penthouse und Öko-Hütte, Zweitbürgerschaft und Halbgeliebte, Termininversionen und Freizeitsprünge gehören zum Setting. Unser Alltag ist aus inkommensurablen Bausteinen zusammengesetzt, und wir haben die Fähigkeit entwickelt, diese so zu verbinden, daß das Heterogene uns mehr belebt als anstrengt. Ohne Frage verlangt dies eine Lebenskunst, deren Vorformen und Modelle in der Ästhetik der Moderne am deutlichsten ausgebildet wurden. Ein künstlerischer Mensch wird sich in der postmodernen Pluralität wie ein Fisch im Wasser fühlen können. Wir übersetzen, was von der modernen Kunst modellhaft vorexerziert wurde (und auch das ist ein Stück Einlösung des Avantgarde-Programms der Überführung von Kunst in Leben) zunehmend in unsere Lebensformen, und wenn heute allgemein ein gesteigertes Interesse an Kunst festzustellen ist – Stichwort „Museumsboom" –, so hängt das auch mit der genannten Entsprechung zusammen. Wir finden und erkennen in der Kunst, was wir im Leben suchen und praktizieren. Noch die auffälligen Präferenzen im Kunstspektrum erklären sich so, denn sie gelten gerade jenen Perioden, in denen die Kunst vielfältig wurde und den Lebensstil bestimmte – vom Manierismus bis zu Wien um 1900, das als Aufbruch zur Moderne gefeiert wird, weil man es als Aufbruch zur Postmoderne

---

[37] Jean-François Lyotard mit anderen, *Immaterialität und Postmoderne*, Berlin 1985, 38.
[38] Ebd., 30.
[39] Jean-François Lyotard, *Essays zu einer affirmativen Ästhetik*, Berlin 1982, 91.
[40] Vgl. Hans-Magnus Enzensbergers Deutung der „Bild-Zeitung" als des totalen Kunstwerks, „das alle Träume der Avantgarde-Bewegungen ... liquidiert, indem es sie erfüllt („Der Triumph der Bild-Zeitung oder Die Katastrophe der Pressefreiheit", *Merkur* 420, 1983, 651-659, hier 658).

verspürt.⁴¹⁾ – Die ästhetische Avantgarde ist nicht nur wegen ihrer künstlerischen, sondern vor allem auch wegen ihrer alltäglichen Vorbildlichkeit für die Postmoderne relevant.⁴²⁾ Die Inkommensurabilität – die Botschaft der Moderne – ist in der Postmoderne zur Wirklichkeit geworden.

4. Konvergenzen in der Theorie oder Die modernen Konturen der Postmoderne

Die von den Basisinnovationen des 20. Jahrhunderts angestoßenen Veränderungen durchdringen – das ist hier meine generelle These – die gegenwärtigen, „postmodernen" Denk-, Erfahrungs- und Lebensverhältnisse außerordentlich nachhaltig und gründlich. Aus hochkulturellen Innovationen sind Selbstverständlichkeiten des Alltags geworden. Umberto Eco hat ähnliches am Schlüsselbegriff „Diskontinuität" schon 1962 dargelegt: „Die Diskontinuität ist, in den Wissenschaften wie in den Alltagsbeziehungen, die Kategorie unserer Zeit: die moderne westliche Kultur hat die klassischen Begriffe von Kontinuität, universellen Gesetzen, Kausalbeziehung, Vorhersehbarkeit der Phänomene endgültig aufgelöst: sie hat, so kann man zusammenfassend sagen, darauf verzichtet, allgemeine Formeln auszuarbeiten, die den Anspruch erheben, die Gesamtheit der Welt in einfachen und endgültigen Termini zu bestimmen. Neue Kategorien haben in die modernen Sprachen Eingang gefunden: Ambiguität, Ungewißheit, Möglichkeit, Wahrscheinlichkeit."⁴³⁾

Gaston Bachelard, dessen Denken äußerst sensibel auf die wissenschaftlichen Revolutionen zu Beginn dieses Jahrhunderts reagierte – „Gedanken, von denen ein einzelner genügt hätte, ein Jahrhundert zu bezeichnen, erscheinen innerhalb von 25 Jahren"⁴⁴⁾ – war schon 1940 zu dem Schluß gekommen, daß das künftige Denken offen und plural sein werde. Gegenwärtig sei „die Philosophie der wissenschaftlichen Physik die einzige

---

41) Vgl. meine Glosse „Österreich oder Die Vielfalt als Lebensprinzip", *Wiener Journal*, Nr. 78, März 1987, 28.
42) Negativ verzeichnet den Übergang moderner Errungenschaften in postmoderne Lebensverhältnisse Daniel Bell: „Postmodernism overflows the vessels of art ... The happening and the environment, the street and the scene, not the object or the stage, are the proper arena for life." *(The Winding Passage. Essays and Sociological Journeys 1960-1980,* Cambridge, Mass., 1980, 288)
43) Umberto Eco, *Das offene Kunstwerk* (ital. Originalausgabe Mailand 1962), Frankfurt a.M. 1973, 214.
44) Gaston Bachelard, *Die Bildung des wissenschaftlichen Geistes. Beitrag zu einer Psychoanalyse der objektiven Erkenntnis* (frz. Originalausgabe Paris 1938), Frankfurt a.M. 1978, 39.

offene Philosophie".[45] Im Unterschied zur „integralen Philosophie der Philosophen", die von einer „absoluten und unveränderlichen Vernunft" ausgehe,[46] repräsentiere sie das „Bewußtsein eines Geistes, der sich dadurch selbst begründet, daß er am noch Unbekannten arbeitet und im Wirklichen das sucht, was seinen vorausgegangenen Erkenntnissen widerspricht".[47] Und eine „Rückwirkung der wissenschaftlichen Erkenntnisse auf die geistige Struktur" werde unausweichlich sein.[48] „Die traditionelle Lehre von der absoluten und unveränderlichen Vernunft ... ist überholt."[49] Sie wird von einer durch die Entwicklung des wissenschaftlichen Denkens inspirierten „gestreuten Philosophie" und einem „philosophischen Pluralismus" abgelöst werden.[50] Es ist offenkundig, wie sehr Bachelard Recht behalten sollte. Noch in Details erinnert Lyotards Konturierung des postmodernen Wissens an Bachelards Konzeption. Was bei diesem als Begründung des Wissens durch Arbeit am Unbekannten und durch Aufsuchen des Widersprechenden beschrieben wurde, heißt bei Lyotard „Legitimierung durch die Paralogie".[51]

Die neuere Entwicklung der Wissenschaftstheorie hat dann, seitdem (wie Franco Volpi es ausdrückte[52]) selbst in deren Hochburgen Fundamentalismus zugunsten von Fallibilismus fallengelassen wurde, diese Tendenz nachhaltig gefördert und uns zudem die Spezifität und Partikularität von Wissenschaft überhaupt erkennen lassen und damit die Pluralisierung weitergetrieben, so daß wir heute auch andere Orientierungsweisen und Weltdeutungen – mythische, religiöse, künstlerische – wieder ernst nehmen.[53] Innereuropäische Formen sind davon ebenso betroffen wie außereuropäische. Moderne Kunst und antiker Mythos, Zen-Meditation und indianische Praktiken sind uns näher gerückt. Wir pluralisieren uns nicht nur intern, sondern auch extern und nicht bloß herkunfts-, sondern auch zukunftsbezogen. Man lächle selbst über die Wiederkehr der Esoterik nicht zu einfach. Zum Bestand moderner Sehnsucht hat sie immer gehört. Und man vergesse nicht, daß es auch hier wie überall zu unterscheiden und abstruse Formen nicht fürs Ganze zu nehmen gilt. Wer Popper nicht aufsaß, fiel auf Castaneda zweimal nicht herein. Aber wer Musil versteht, kann der den „anderen Zustand" so einfach dementieren? Hardware ist nicht mit software gleichzusetzen, und sperrige Vorstellungen

---

45) Gaston Bachelard, *Die Philosophie des Nein. Versuch einer Philosophie des neuen wissenschaftlichen Geistes* (frz. Originalausgabe Paris 1940), Wiesbaden 1978, 22.
46) Ebd., 28 bzw. 165.
47) Ebd., 24.
48) Ebd., 22.
49) Ebd., 165.
50) Ebd., 26.
51) Vgl. *Das postmoderne Wissen*, 97/173 sowie Kap. 14.
52) Vgl. Franco Volpi, „Hermetik versus Hermeneutik. Zu H. Rombachs Versuch, Heidegger weiterzudenken", *Philosophischer Literaturanzeiger*, 39/2, 1986, 181-195, hier 181.
53) Vgl. die einschlägigen Darstellungen von Kurt Hübner: *Kritik der wissenschaftlichen Vernunft*, Freiburg – München ²1979 sowie *Die Wahrheit des Mythos*, München 1985.

gilt es erst zu prüfen, nicht gleich zu verwerfen. Daß unsere Akzeptanzbereitschaft heute ungleich größer, die Skala veritabler Möglichkeiten beträchtlich breiter geworden ist – was nicht Beliebigkeit, sondern Wahrnehmungsfähigkeit bedeutet –, bezeugt, daß die seit Beginn des Jahrhunderts im Leitparadigma – der Wissenschaft – eingetretenen Umstrukturierungen analog zunehmend ins allgemeine Bewußtsein und die tägliche Selbstverständigung eingedrungen sind.

Damit konvergiert ein stärker von soziologischen Phänomenen und Theoremen her darstellbarer Entwicklungsstrang. Odo Marquard hat Carl Schmitts These von der Neuzeit als „Zeitalter der Neutralisierungen" aufgenommen und die moderne Welt ganz in diesem Sinn – und uneingeschränkt positiv – zu verstehen versucht.[54] Sie ist für ihn durch den „Abschied vom Prinzipiellen" gekennzeichnet, der eine „Befreiung der Menschen aus absoluten Kontroversen ums Absolute" und somit eine „Entlastung vom Absoluten" bedeutet.[55] Da ist Schmitts Tenor mit Gehlen verändert. Letzterer, der Theoretiker der Entlastung, hatte „das Ende der Philosophie im Sinne der Schlüsselattitüde" zynischer gemeint.[56] Aber es geht im Moment nicht um Nuancen, sondern um eine generelle Richtung, und deren Nenner lautet: Abschied vom Ganzen und damit Abschied von der Philosophie alten Stils, Übergang zu einem anderen Denken. Gehlens Diagnose zufolge ist „kein Bewußtseinsort denkbar, von dem aus man alles in den Blick bekäme, d.h. keine Philosophie im alten Sinne",[57] und Marquard versteht diesen Abschied von der „prinzipiellen Philosophie" als Abschied von Wirklichkeits- und Selbstvergewaltigung, als Ende des Tribunals und der Übertribunalisierung, als Übergang zu Gewaltenteilung, „unprinzipieller Philosophie" und Konzepten der „Pluralisierung".[58] Die Parallelität aller drei Ansätze mit Lyotards Generaldiagnose vom Ende der Meta-Erzählungen ist offenkundig. Ob man die Neutralisierung ambivalent, das Ende der Schlüsselattitüde philosophie-kritisch oder die Pluralisierung positiv versteht – der Grundbefund ist jedesmal der gleiche: Ganzheit ist obsolet und Pluralität obligat geworden, und das zeigt sich von der soziologischen und politologischen Ana-

---

54) Vgl. Carl Schmitt, „Das Zeitalter der Neutralisierungen und Entpolitisierungen", in: *Der Begriff des Politischen*, Berlin 1963, 79-95. Odo Marquard, Artikel „Neutralisierungen, Zeit der", in: *Historisches Wörterbuch der Philosophie*, hrsg. von Joachim Ritter und Karlfried Gründer, Bd. 6, Basel – Stuttgart 1984, Sp. 781 f.; ferner: ders., „Erziehung des Menschengeschlechts – Eine Bilanz", in: *Der Traum der Vernunft – Vom Ende der Aufklärung*, hrsg. von d. Akademie der Künste Berlin, Darmstadt – Neuwied 1985, 125-133, hier 129.
55) „Erziehung des Menschengeschlechts", 129.
56) Arnold Gehlen, „Über kulturelle Kristallisation", in: ders., *Studien zur Anthropologie und Soziologie*, Neuwied – Berlin 1963, 311-328, hier 316.
57) Ebd., 323.
58) Odo Marquard, *Abschied vom Prinzipiellen. Philosophische Studien*, Stuttgart 1981, 19 f.

lyse bis zur philosophischen Programmatik. Wenn die Gegenwart – als Moderne oder Postmoderne, als Posthistoire oder Nachneuzeit benannt – grundsätzlich polyperspektivisch und plural denkt, so löst sie damit Entwicklungen ein, die seit Beginn dieses Jahrhunderts deutlich wurden und deren Stränge ebensosehr wissenschaftslogisch wie soziologisch verfolgbar sind.

Sie sind es auch ästhetisch. Von der Vorbildfunktion moderner ästhetischer Techniken – der Montage oder der Collage – für postmoderne Lebensformen war schon die Rede und auf Anregungsfunktionen des Blicks auf Kunst für das neuere Verständnis der Wissenschaft – etwa bei Thomas S. Kuhn – ist zu verweisen.[59] Zuletzt soll es hier aber um einen anderen Aspekt gehen: um die Inkommensurabilität differenter Rationalitätsformen. Sie ist gerade für die Ästhetik essentiell, denn keine Sprachform ist immer wieder so sehr von Heteronomisierung bedroht wie die ästhetische und muß daher ihre Inkommensurabilität auf Dauer deutlicher herausstellen als sie.

Seit Baudelaire gehört zur ästhetischen Moderne die Verteidigung ihrer Autonomie gegenüber kognitiver Vereinnahmung einerseits und moralischer Bevormundung andererseits. Texte wie *L'Art philosophique* und *Les Fleurs du mal* lassen diese Fronten und Verteidigungsmaßnahmen erkennen. Das Konfliktpotential aber blieb lebendig, und es konnte in der Folgezeit dazu kommen, daß das Ästhetische, um vor dem einen Zugriff geschützt zu werden, dem anderen in die Arme getrieben wurde. Gegen die Begehrlichkeit der wissenschaftlichen Rationalität sollte es durch Gleichsetzung mit dem Ethischen gesichert werden, gegen moralapostolische Übergriffe suchte man es durch Erklärung zu schierer Erkenntnis zu immunisieren. Auf Dauer jedoch ging aus dem Wechselspiel solcher Verfehlungen die Einsicht in die Eigenständigkeit des Ästhetischen gefestigt hervor. Gerade die Ästhetiker wurden zu Verteidigern der Vielfalt der Rationalitätstypen, nicht nur des eigenen, sondern – um diesen nicht immer wieder bedroht sehen zu müssen – auch der anderen.

Das Ästhetische ist weder kognitiv-theoretisch zu fassen (Bubner) noch ethisch-aufklärerisch zu funktionalisieren (Bohrer).[60] Seine Eigenständigkeit bezeichnet ein Programm der Moderne, einen zunehmenden Einsichtsbestand der jüngeren Vergangenheit und ein Axiom der Postmoderne. Niemand hat diese Inkommensurabilität klarer

---

59) Thomas S. Kuhn hat im „Postskriptum" von 1969 bekannt, daß *Die Struktur wissenschaftlicher Revolutionen* so originell nicht war: Er hatte lediglich das in Sachen Kunst längst geläufige Periodisierungsschema nach Umbrüchen einerseits und Traditionsphasen andererseits nun auch auf die Naturwissenschaften angewandt (Frankfurt a.M., ²1976, 220).

60) Vgl. Rüdiger Bubner, „Über einige Bedingungen gegenwärtiger Ästhetik", *Neue Hefte für Philosophie*, Heft 5, 1973, 38-73, sowie Karl Heinz Bohrer, „Das Böse – eine ästhetische Kategorie?", *Merkur* 436, 1985, 459-473.

herausgestellt als Lyotard.⁶¹⁾ Auch in ästhetischer Hinsicht erweist sich die Postmoderne als fortgesetzte, gesteigerte und geklärte Moderne.

5. Die Vorwürfe gegen die Postmoderne verkennen die Moderne

Was ergibt sich daraus hinsichtlich der Standard-Vorwürfe gegen die Postmoderne, die ihr Irrationalismus, Ästhetizismus und Anarchismus vorhalten? Ich habe schon zu Beginn des sechsten Kapitels, als dieses Kritik-Syndrom vorgestellt wurde, darauf hingewiesen, daß es mehr über die Beschwerdeführer und deren Moderne-Verständnis Auskunft gibt als über die postmodernen Phänomene selbst. Jetzt ist deutlich geworden: Die Vorwürfe werden zwar an die Postmoderne gerichtet, aber sie betreffen die Moderne. Denn sie attackieren genau diejenigen Züge, in denen die Postmoderne ekla-

---

61) „Hier nun betreten die Philosophen den Schauplatz der ‚Kritik': da, wo sich das Werk seiner Umsetzung in Sinn entzieht" *(Philosophie und Malerei im Zeitalter ihres Experimentierens,* Berlin 1986, 53). Das ist vor allem auch gegen die immer wieder drohende Bemächtigung der Kunst durch die Philosophie gesprochen. – Man kann Lyotards Position, in einer komprimierten Geschichte, als Schlußpunkt einer Einsichtsreihe begreifen. Friedrich Schlegel hatte gesagt: „In dem, was man Philosophie der Kunst nennt, fehlt gewöhnlich eins von beiden; entweder die Philosophie oder die Kunst" *(Kritische Schriften,* hrsg. von Wolfdietrich Rasch, München o.J., 6). Das war eine wundervolle Kritik sowohl an einer Philosophie, die über Kunst, die sie nicht kennt, Erklärungen abgibt, wie an einem feuilletonistischen Kunstgeschwätz, das jeder philosophisch-begrifflichen Klarheit entbehrt. Aber einer Heterogenität der beiden Bemühungen, einer prinzipiellen Inkommensurabilität von Philosophie und Kunst, gibt der Satz doch eher ungewollt als intendiert Ausdruck. Eben das machte ihn für Adorno, der ihn seiner *Ästhetischen Theorie* als Motto voranzustellen gedachte, übernehmbar. Denn bei allem Gespür für die Unübersetzbarkeit war Adorno, der Kritiker traditionellen Philosophierens, in Sachen Kunst doch zuletzt wieder traditioneller Philosoph. Die Kunst, heißt es bei ihm, „bedarf ... der Philosophie, die sie interpretiert, um zu sagen, was sie nicht sagen kann". Der Nachsatz freilich: „... während es doch nur von Kunst gesagt werden kann, indem sie es nicht sagt" *(Ästhetische Theorie,* Frankfurt a.M. 1970, 113), wahrt noch einmal die Differenz und das Eigene der Kunst. Aber später heißt es doch unverblümt: „Genuine ästhetische Erfahrung muß Philosophie werden oder sie ist überhaupt nicht" und die „Wahrheit des Werkes an sich ist der philosophischen Interpretation kommensurabel und koinzidiert, der Idee nach jedenfalls, mit der philosophischen Wahrheit" (ebd., 197). Da ist es mit der Inkommensurabilität grundsätzlich, weil eben „der Idee nach", vorbei. Sie besteht allenfalls akzidentell und vorläufig. So hat die Philosophie die Kunst wieder eingeholt. Erst bei Lyotard findet sich eine ungetrübte Anerkennung der Inkommensurabilität und liegt in deren Aufweis und Verteidigung die Aufgabe des Philosophen: Die Philosophen betreten den sonst von der Eloquenz der Kunstschriftsteller oder der Penetranz ästhetischer Systematiker besetzten Schauplatz der Kritik genau dort, „wo sich das Werk seiner Umsetzung in Sinn entzieht".

5. Die Vorwürfe gegen die Postmoderne verkennen die Moderne

tant als Einlösungsform der Moderne zu begreifen ist – freilich der harten, radikalen Moderne dieses Jahrhunderts. Und das ist der Punkt. Die Beschwerdeführer, die ihre Heimstatt im 18., allenfalls im 19. Jahrhundert haben, wenden sich gegen die Moderne des 20. Jahrhunderts. (Diese hat ja auch in der Tat den entscheidenden Bruch mit der vorausgegangenen Moderne, typologisch gesprochen mit der Neuzeit, vollzogen, den die Postmoderne dann gleichsam nur ausagiert.) Die Opponenten kennen entweder diese Moderne nicht oder – was wahrscheinlicher ist – sie mögen sie nicht oder wollen sie jedenfalls nicht wahrhaben, sondern möglichst schnell – und eventuell gerade via Postmoderne – hinter sich bringen.

Sie suchen die Moderne noch einmal und wieder im Stil einer Metaphysik zu verstehen oder zu strukturieren – nur einer immanenten. Keine Figur aber ist gefährlicher als diese. Klassisch bewahrte der Umstand, daß die Bögen des Endlichen erst transzendent sich schließen, vor der Verabsolutierung des Bestehenden wie vor der absoluten Zurichtung der Wirklichkeit. (Vielleicht liegt in dieser prohibitiven Funktion der beste, vielleicht der ganze Sinn von Transzendenz.[62]) Die Moderne dieses Jahrhunderts hat solche Projekte einer immanenten Verbarrikadierung und Totalstrukturierung endgültig aufgebrochen, freilich nicht durch Rückkehr zur Transzendenz, sondern durch Aufdeckung der immanenten Brüche und Divergenzen, die zu einer plural strukturierten Wirklichkeit gehören und kraft derer diese sich Totalisierungsversuchen entzieht. Genau das ist wissenschaftlich, gesellschaftlich, ästhetisch deutlich geworden. Genau das aber wird in dieser Kritik an der Postmoderne, die eine an der Moderne ist, moniert oder verkannt.

Der „Irrationalismus" ist keiner. Nur wird statt der Präsumption einer Totalrationalität jetzt die Spezifität unterschiedlicher Rationalitätsformen entdeckt und anerkannt. Das stellt sich aus der ersteren Perspektive natürlich als Auflösung der Vernunft dar, in Wahrheit aber bedeutet es die Verabschiedung einer götzenhaften Pseudo-Vernunft und den Übergang zu einer Vielheit höchst präziser und scharfer Rationalitätsformen. Diffus und irrational war der Götze, die vielen Vernunftformen sind äußerst genau und rational.

Auch was man hier „Ästhetizismus" schilt, ist keiner. Das Leben wird nicht ästhetisch gestylt, sondern moderne Ästhetiken, die zugleich Lebensformen meinten, werden realisiert. Von „Ästhetizismus" zu reden, hätte genau jenes eingeschränkte Verständnis künstlerischer Phänomene zur Voraussetzung, gegen das die Moderne dieses Jahrhunderts sich immer wieder zur Wehr setzte. Ästhetizistisch denkt jener Vorwurf, nicht sind es diese Verwirklichungen.

Schließlich zum Vorwurf des „Anarchismus": Daß die moderne Gesellschaft faktisch organisch sei, wird niemand behaupten wollen. Also müßte man sie dazu schon machen – was dem Gedanken des Organischen widerspräche. Die moderne Alternative ist also

---

[62] Genau in diesem Sinn (und nur in diesem) scheint mir die postmoderne Thematisierung des „Erhabenen" sinnvoll zu sein.

nur: Durchsetzung eines Typs oder Arrangement der vielen Typen.[63] Demokratische Gesellschaften haben sich prinzipiell für das letztere entschieden. Will man das Anarchie nennen? Wiederum erkennt man, daß sich nur von sehr alteuropäischen Vorstellungen aus dieses Etikett verwenden, dieser Vorwurf erheben läßt und daß er, wenn schon, gegen Moderne und Postmoderne gleichermaßen gerichtet sein müßte. – Aber ist dann wenigstens die hinter ihm stehende Befürchtung berechtigt, daß nämlich eine Gesellschaft ohne herrschende Gruppe eine Gesellschaft ohne Ordnung und ein Spielball chaotischer Mächte wäre? Nicht einmal das. Schon Max Weber hat beschrieben, wie „akephale" Gesellschaften sehr wohl geordnete Gesellschaften sein können. Und wenn er das in Bezug auf segmentär differenzierte Gesellschaften konstatierte, so wäre es heute auf funktional differenzierte zu übertragen. Akephalie und Zentrumslosigkeit sind darin gleichwertig. „Anarchismus" wird als Vorwurf offenbar in dem Maße virulent, wie er nicht zutrifft. Die diversifizierte und flexibilisierte Gesellschaft ist die stabilste.

So gibt gerade diese Vorwurfs-Trias noch einmal zu erkennen, wie sehr die Postmoderne mit der Moderne des 20. Jahrhunderts kongruiert. Was man an der Postmoderne aufspießt, ist durch die Moderne verbindlich gemacht worden. Daher kann Feyerabend – wissenschaftseinschlägig und irrationalismus-konträr – darauf hinweisen, daß scheinbar spektakuläre Auffassungen der Gegenwart für die Vaterfiguren der wissenschaftlichen Moderne dieses Jahrhunderts bereits selbstverständlich waren. Daher kann Lyotard – kunsteinschlägig und ästhetizismus-konträr – sagen, daß die Postmoderne zusammen mit dem Werk der wissenschaftlichen Avantgarde auch das der künstlerischen und literarischen Avantgarden einlöst. Und daher kann – gesellschaftseinschlägig und anarchismus-konträr – Luhmann darauf hinweisen, daß Theoretiker des modern-postmodernen Schlags – seine Reihe reicht von Nietzsche und Heidegger über Derrida und Wittgenstein bis zu Gödel und Feyerabend – von der modernen Gesellschaft und deren Zusammenhängen mehr begriffen haben, als die konventionellen Soziologen wahrhaben wollen.[64] – Die Kongruenz von Postmoderne und „harter" Moderne mag heute noch erstaunen, morgen wird sie ein Gemeinplatz sein.

---

63) Das „Organische" steht somit, wie man sieht, heute eher auf der letzteren, der „anarchischen" Seite.

64) Vgl. Niklas Luhmann, „Die Richtigkeit soziologischer Theorie", *Merkur* 455, 36-49, hier 46f.

6. Die Postmoderne als exoterische Alltagsform der einst esoterischen Moderne

Natürlich ist der Übergang zur Postmoderne, ist deren „Einlösung" der Moderne auch mit Veränderungen verbunden. Ich beschreibe diese zunächst unter den Gesichtspunkten der Selbstverständlichkeit, der Expansion und der Trivialisierung, um sie dann unter Aspekten der Radikalisierung und der Herausbildung neuer Verhaltensweisen zu betrachten.

Das Vernunft-Design der Moderne ist uns zunehmend in Fleisch und Blut übergegangen. Ich sage nicht: allen Vertretern der philosophischen Zunft. Ich meine schlichter: den Menschen wachen Sinnes und heutiger Erfahrung. Ihnen muß man, was die anderen nicht immer hören mögen, kaum erklären. Vielfalt und Relativität – im Unterschied nicht nur zu Monismen und Absolutismen, sondern auch zu Beliebigkeit und Indifferenz – sind ihnen vertraut, und sind es im Verhalten gar noch mehr als im Denken. Diejenigen, die noch sagen können, darin sei die Philosophie (auch das Abendland und was nicht sonst noch) preisgegeben, geraten in die Minderzahl, auch Konservativen ist Platons Sophisten-Schelte zunehmend unglaubhaft und peinlich geworden, man erkennt, daß es sich um Perspektiveneffekte handelt. Die Glasfenster der Kathedralen sind von außen grau, aber ein jeder verlacht den Toren, der daraus ein Urteil macht. Die Toren, die in Moderne und Postmoderne noch immer nur Verfall sehen, müssen aber taub sein für das Gelächter, das ihnen entgegenschallt – schallte, denn inzwischen lockt ihr monotones Lamento kaum noch einen Lacher hervor. Niemand, der nicht die Erfahrung gemacht hat, daß etwas, was völlig klar ist, in einer anderen Betrachtungsweise völlig anders gleichermaßen klar sein kann, vermag heute noch kompetent zu reden. „Erwachen" gibt es auch heute. Aber nicht zu einer Globalschau, sondern zu solcher Diversität. Genau wer die genannte Elementarerfahrung gemacht hat, kann „erwacht" genannt werden. Und diese Erfahrung ist – wenn man nicht sosehr auf reflexive Klarheit, sondern auf habituelle Selbstverständlichkeit achtet – erstaunlich allgemein. Dabei ist dieser neue „Relativismus" nicht der (möglicherweise) billige alte, sondern ein anspruchsvoller auf neuem Boden. Ich verkenne nicht, daß er sich manchmal ideologisch artikuliert, aber ich sehe, daß Treffliches gemeint ist. Noch einmal: Nicht sosehr auf die Sprachmuster, die gesellschaftlich zur Artikulation bereitstehen, soll man schauen, sondern – in solchen Fragen – auf die Einstellung, die Handlung, die Praxis. Und darin sind Befreiungen von beträchtlichem Ausmaß zu erkennen. Es geht nicht um ein laissez-faire, sondern um eine Vision: Vielheit ohne letzte Koordinierung als Gestalt von Freiheit; die Doppelung von punktueller Bestimmtheit und umgebender Unschärfe als Signatur der Wirklichkeit; das Spiel der Interferenzen, Kombinationen und Übergänge als Vollzug von Leben.

Im Kontext dieser neuen Selbstverständlichkeit situieren sich Phänomene, die als typisch für die Postmoderne gelten können. Pluralität, Dekonstruktion, Hybridbildung allenthalben, in hochkarätigen Formen ebenso wie in trivialen. Die Beispiele stehen jedem vor Augen, ich beschränke mich auf einen Nachmittag.

Die Kleidung verrät, was überall gilt: Vom Materialmix bis zur Stilvielfalt und der eigenwilligen Kombination versteht man: Nicht mehr gilt – aber wie bezeichnend war das für die mode-affine Moderne – das Gebot der Saison, das Diktat der Rocklänge, der Chronometer der Accessoires. Bekannte und Freunde wechseln ihr Erscheinungsbild nicht mehr synchron, man kann sie jetzt leichter auseinanderhalten. Mehr Individuen und mehr Individualität, mehr sogar als in den heroischen Zeiten des existentialistischen Individualismus, als am Ende alle gleich aussahen. Individualität ist selbst individueller geworden.[65]

Gleichzeitig betreten einen Vortragssaal ein jugendlicher Rucksacktourist und ein korrekt gekleideter älterer Herr: ein merkwürdiges Zusammentreffen und ein unübersehbarer Kontrast noch immer, aber er wird positiv aufgenommen. Keiner von beiden hat sich – worauf man früher hätte schließen dürfen – verirrt oder will provozieren. Eine neue Selbstverständlichkeit bestimmt ihr Auftreten ebenso wie die Reaktion der anderen. (Schließlich hat man auch zu Hause im Bücherregal „L'amour fou" neben dem „Großen Ploetz" stehen.)

Kuriositäten sind nicht zu leugnen. Kaum gibt es einen Minister in Turnschuhen, kann man ihn daran schon nicht mehr erkennen. Die klassischen Distinktionsmerkmale versagen den Dienst und die neuen nehmen ihn – interessanterweise – gar nicht erst auf. „Dekonstruktion" ist mehr als eine modische Kategorie unserer Zeit, bezeichnet vielmehr eines ihrer grundlegenden Schnittmuster. Zu ihrem Verfahren gehört (nach Derrida) in einem ersten Schritt die Verkehrung der Oppositionen – also eben: der Minister in Turnschuhen und der Jugendliche mit Monokel oder Reinhold Messner in der Sahara und alle auf dem Weg zum Unisex –, woraus im zweiten Schritt dann ganz neuartige Konstellationen hervorgehen können. Solche Dekonstruktion geschieht allenthalben, daher ja auch die Attraktivität dieser Kategorie für Architekten, Stadtanalytiker und Sozialdesigner, und es kommt in der Tat nicht darauf an, ob sie Derrida verstanden haben, sondern was sie daraus machen. Sie könnten ihr Verfahren ebensogut bei den Surrealisten abgeschaut haben.

Allerdings kann es auch beim ersten Schritt bleiben, ganze Phänomenbereiche der Gegenwart beschränken sich darauf. Sie praktizieren die Aufhebung der Gegensätze, ohne zur Entwicklung neuer Figuren zu gelangen. Das ist Baudrillards Diagnose, und deren Domäne ist weit. Indifferenz expandiert und Simulation dringt in Kernzonen ein. Heute wird selbst die Ikone der Originalität und Individualität – die „Mona Lisa" – nur noch in einem Zirkus von Simulation vorgeführt. Der Fall ist exemplarisch bedeutsam, daher sei das Geheimnis ausgeplaudert.

---

65) Der Gedanke an die scholastische Angelologie, die höchste Individualität dadurch kennzeichnete, daß sie ihr Gattungsausgriff zuschrieb, der von einem einzigen Exemplar erfüllt wird, ist aber doch beiseite zu lassen, vermutlich auf Dauer.

Das Bild, das man heute im Louvre zu sehen bekommt, ist, wie wenige wissen und doch jeder sich klarmachen kann, eine Kopie. Freilich bei vollständiger Simulation der Originalität. Jedermann kennt den imposanten Schutzkasten, niemand käme auf die Idee, daß er bloß eine Attrappe birgt. Er zieht an, indem er inszeniert; zugleich hält er so weit auf Distanz, daß man nicht per Augenschein Verdacht schöpft. Das Gedränge ist, seit das Original durch die Inszenierung ersetzt wurde, noch größer geworden.

Allerdings sehen heutige Sightseeing-Touristen Wichtiges nicht mit einem körperlichen, sondern mit ihrem geistigen, ihrem dritten Auge, der Kamera. Und hier kann man dem Simulations-Szenario dann doch auf die Spur kommen. Natürlich ist Blitzlicht verboten. Der Kopie würde es zwar keinen Schaden zufügen, aber die Illusion des Originals wäre bedroht. Also gilt strikt „No flash". (Paradoxerweise kann sich, wer will, gleich gegenüber völlig ungeniert illuministisch betätigen, da hängen unbedeutende Meister wie Giorgione und Tizian, ohne Verglasung, ohne Schutzvorbau, wirkliche Originale, Blitz frei!) Aber das Verbot wird mit wenig Nachdruck vertreten. Die Aufseherinnen, die natürlich Bescheid wissen und gerade bei diesem Totalschutz eines abwesenden Originals selbst nur noch simulatorische Funktion haben, schreiten bloß mechanisch und halbherzig ein. Stereotyp rufen sie „No flash", wenn jemand die Kamera zückt, und dann noch einmal, nachdem er geblitzt hat – so pendelt sich an normalen Tagen die Blitzquote zwischen drei und vier Erleuchtungen pro Minute ein. Für das Original wäre das in der Tat eine ruinöse Belastung, die man unmöglich zulassen könnte. Für die Aufrechterhaltung der Illusion aber ist sie eher dienlich, daher ist man gezielt nachsichtig.

Man muß, um Sinn und Notwendigkeit dieses Theaters zu verstehen, die Gesamtsituation bedenken: Ein Bild wie die „Mona Lisa" *kann* im Zeitalter des musealen Massentourismus nur noch auf diesem Weg wirksam geschützt werden. Man muß es fernhalten, aber auch das funktioniert nur, wenn man seine Präsenz am erwarteten Ort perfekt simuliert. Die Simulation ist die Rettung des Originals.[66]

Der Simulation bleibt das wirkliche Original, allen Phänomenen der Indifferenz eine Praxis der Differenz gesellt. Wer nur die Indifferenz sieht, verkennt die Grundsituation. Die Gleichzeitigkeit von Möglichkeiten bedeutet nicht deren Unterschiedslosigkeit. Sie ist denn auch weniger als objektiver Zustand, sondern als Handlungsreservoir zu begreifen. Zudem muß man bedenken, wogegen sie sich gebildet hat und welcher Vorstellung sie den Abschied zu geben sucht: der modernistischen Zwangsvorstellung einer Dauerinnovation, gar in deren beschleunigungspotenzierter Form. Denn dies war

---

[66] Daher mußte ich mich fragen, ob es nicht unverantwortlich sei, davon zu sprechen. Aber ich glaube beruhigt sein zu können: Man wird die Geschichte nicht glauben. Die Simulation entfaltet eine merkwürdige Überzeugungs- und Ausschließungsdynamik, sie ist wie ein Perpetuum mobile, das sich durch Expansion intensiviert, sie bildet ihren eigenen Kosmos. – Und in einem anderen, nicht weit davon, verbringen Michel Laclotte und seine Besucher glückliche Stunden.

die alte Weise, Vielheit zu registrieren und kompensatorisch auch noch zu ergänzen: Chronos verschlingt in der modernen Beschleunigungswelt immer schneller seine Kinder, so daß nur noch instantane Identitätswechsler am Leben bleiben könnten – aber wer vermag das schon, also gilt es kompensatorisch historische Identitätsäquivalente einzubringen, um die Moderne lebbar zu halten. Diese insbesondere von Hermann Lübbe ausgearbeitete Perspektive denkt die Gegenwart noch im Stil des Modernismus, nämlich unter dem Diktat des Fortschrittspfeils.[67] Aber wenn die Beschleunigungsthese stimmt, muß die Lichtgeschwindigkeit ohnehin bald erreicht sein. Spätestens dann gälte es umzudenken. Die Postmoderne hat das schon getan. Ihre ganze Erfahrungslage ist anders. Das *nunc stans* ist ihr näher als die Innovationsobsession. Die Postmoderne hat zu einem gelasseneren Zeitverhältnis gefunden. Räumliche Metaphern passen besser zu ihr als zeitliche. „Indifferenz" ist für diese Situation nur eine Mißdeutungs-Vokabel. Das Nebeneinander der Möglichkeiten verwischt deren Konturen so lange nicht, als es um Selektion und Neukombination geht. Und das ist der Fall.

Auch Selektion hat dabei freilich einen neuen Sinn angenommen. Es geht nicht mehr um Anpassung an eine Welt, sondern um Wahl der passenden Welt. In der Vielfalt der Möglichkeiten gilt es diejenigen zu finden, die zu einem passen und zu denen man paßt. Man muß auswählen im doppelten Sinn: Man hat auszusondern, was einem produktive Umwelt nicht zu sein vermag, und man soll erwählen, was Entfaltungsraum sein kann. Diesen zu finden wird zu einer neuen Kunst. Das geschieht gegenwärtig unter Freiheit ebenso wie unter Druck. Denn auch, wenn die Wahlmöglichkeiten eklatant gestiegen sind, erweisen sich die Traumwahlen oft als verbarrikadiert und die Erstwahlen als falsch.

Auch dadurch wird die Fähigkeit, zwischen verschiedenen Sinnsystemen und Realitätskonstellationen übergehen zu können, zu einer neuen Tugend. Von „Tugend" ist insofern zu sprechen, als es sich in der Tat um eine Bedingung gelingenden Lebens handelt. Auch diese Fähigkeit des Übergangs wird leicht verkannt, wird als Bindungslosigkeit oder Beliebigkeit diskreditiert. Das erweist sich für jeden, der die Phänomene kennt, als leeres Gerede. Der Übergang ist immer ein Übergang zwischen verschiedenen Verbindlichkeiten. Und wenn keine davon Letztcharakter hat, so liegt das schlicht an der Struktur der Wirklichkeit, für die modernes und heutiges Erfahren sensibel geworden ist. Diskontinuität, Spezifität, Umfeldunschärfe, Eigensprachlichkeit gelten von der Oberfläche der Erscheinungen bis zu den Tiefen der Vernunft. Daß man sich nicht mehr absolut versteht, bedeutet nicht, daß alles desolat würde. Beweislast fürs Gegenteil hätten die Absolutisten, ihre Verfemungen aber reichen dafür nicht aus, sie belegen allenfalls noch einmal, wogegen sie sich wenden: letzte Disparität. Mit dieser aber

---

67) Vgl. Hermann Lübbe, *Zukunft ohne Verheißung? Sozialer Wandel als Orientierungsproblem*, Zürich 1976, sowie *Fortschritt als Orientierungsproblem. Aufklärung in der Gegenwart*, Freiburg 1975. Ebenso Reinhart Koselleck, *Vergangene Zukunft. Zur Semantik geschichtlicher Zeiten*, Frankfurt a.M., 1979.

vermag allein eine Praxis der Übergänge sinnvoll umzugehen. Alles andere – die Versteifung auf die absolute Heterogenität wie auf die absolute Einheit – führt zum Terror.

Immer wieder stößt man, wenn man einzelne Trends und Oberflächenphänomene auf den Grundwandel hin befragt, auf ihre Herkunft aus Initialzündungen der Moderne des 20. Jahrhunderts. Erfahrungen mit moderner Rationalität sowie Errungenschaften der ästhetischen Moderne sind zunehmend in Lebensformen übergegangen und in den Alltag eingedrungen. In einer durch fortgesetzte Pluralisierung gekennzeichneten Gesellschaft stellen sie Orientierungs- und Verhaltensmuster bereit. Dabei geht es nicht so sehr um die Übernahme einzelner Bestände und Zeichen – des Möbiusbands, der Kubistenbrüche oder der Surrealistensprüche –, sondern um die grundsätzliche Übernahme der entsprechenden Sichtweisen und Wirklichkeitsmuster in die Selbstverständlichkeiten der Orientierung und des Handelns. Und gerade hierin – und also elementar und nachhaltig – erweist sich die Postmoderne als Einlösungsform der Moderne dieses Jahrhunderts. Was in dieser noch esoterisch und elitär war, ist jetzt exoterisch und populär geworden. Was in der Moderne Kult und Ritus war, ist postmodern in Alltag und Usus übergegangen. Die spektakuläre Moderne ist postmodern zur Normalität geworden.

I. Intermezzo

Heidegger oder Postmetaphysik versus Postmoderne

Das zuletzt entwickelte Bild von der Postmoderne und ihrem Verhältnis zur Moderne – die Postmoderne verabschiedet nur die Neuzeit, nicht aber die Moderne des 20. Jahrhunderts, deren paradigmatische Veränderungen löst sie vielmehr gerade ein – läßt erkennen, daß diese Postmoderne von jenen Theoremen deutlich unterschieden ist, die eine antimoderne Grundierung mit der Hoffnung auf den Übergang in eine *ganz* andere Epoche verbinden. Das ist bei Heidegger und seinem Konzept einer Postmetaphysik der Fall.

1. Heidegger – eine Figur der Postmoderne?

Zu einer Gegenüberstellung von Postmoderne und Postmetaphysik besteht um so mehr Anlaß, als Heidegger verschiedentlich als Vordenker der Postmoderne apostrophiert oder gar als deren Zentralfigur angesehen wird. So hat in den Vereinigten Staaten Richard Palmer Heideggers Denken als die radikalste Version von Postmoderne bezeichnet.[1] In Italien hat Gianni Vattimo sein Verständnis von Postmoderne vornehmlich von Heidegger her entwickelt.[2] Und bezüglich der französischen Verhältnisse wird immer wieder darauf hingewiesen, daß die Poststrukturalisten allesamt Söhne Heideggers seien und daher auch das postmoderne Denken etliche Affinitäten zu Heidegger aufweise, sowohl bei einem impliziten Postmodernisten wie Derrida als auch bei einem expliziten Postmodernisten wie Lyotard – wenn auch einzuräumen sei, daß sich beträchtliche Differenzierungen und Absetzungen finden.

---

1) Vgl. Richard Palmer, „The Postmodernity of Heidegger", *Boundary 2*, Sonderheft „Martin Heidegger and Literature", 1976, 411-432, sowie ders., „Postmodernity and Hermeneutics", *Boundary 2*, Bd. V, 1977, 363-394.
2) Vgl. Kap. V, S. 137-139.

1. Heidegger – eine Figur der Postmoderne?

Ich halte diese Rückbezüge auf Heidegger für mißverständlich und irreführend. Es ist eine banale Selbstverständlichkeit, daß sich zwischen verschiedenen Konzepten, die eine Veränderung gegenüber ähnlichen Phänomenen intendieren, Berührungspunkte und Parallelen finden lassen. Aber das besagt herzlich wenig. Man müßte schon die Grundvorstellungen vergleichen und dabei auch die Intentionen nicht außer acht lassen. Dabei aber zeigen sich tiefgreifende und aufschlußreiche Unterschiede zwischen Postmoderne und Postmetaphysik.

Palmer subsumiert alles, was von überkommenen Standards abweicht, unter „Postmoderne". Da ist Heidegger dann natürlich eine prominente Figur – aber „Postmoderne" kein Begriff mehr, sondern ein Sammelsurium, so daß die Auszeichnung wenig besagt. Vattimo ist klug genug zuzugeben, daß der Heidegger, der ihn inspiriert, schon ein durch seine eigene Brille gesehener Heidegger ist, der mit dem Heidegger des „ganz anderen Denkens" (der nur zu Mystizismen gelangt sei) nichts zu tun hat.[3] Und der französische Heidegger ist bekanntlich ohnehin ein anderer als der deutsche. Schon wenn ein Deutscher in Frankreich über ihn schreibt, ist Heidegger gleich „anarchisch".[4] Ich denke freilich, daß der wirkliche Heidegger doch ein ziemlich deutscher Denker war. Und daß man zwischen geistreichen Deutungen, gezielten Anleihen und der wirklichen Struktur eines Denkens unterscheiden muß. So ist es beispielsweise Lyotard nie in den Sinn gekommen, Heidegger als Protagonisten seiner Postmodernität zu bezeichnen. Wenn er sich auf Heidegger bezieht, so tut er es selektiv, transformativ und oft kritisch.

Mir ist im folgenden daran gelegen, die Unterschiede klar zu benennen. Meine Darstellung ist deskriptiv, aber mit normativem Hintersinn. Meine Option und deren Gründe liegen offen zutage. Ich wähle, dem Ort dieses Intermezzos entsprechend, *Das postmoderne Wissen* als Vergleichshintergrund, und ich greife der Kürze halber zur Darstellungsform eines fiktiven Disputs. Ich will zweierlei deutlich machen: daß Heidegger einerseits wesentlich mehr will als Lyotard – nämlich nicht bloß eine Erhebung vorhandener Tendenzen zum Grundparadigma, sondern den Übergang in ein ganz anderes Denken – und daß er doch andererseits wesentlich weniger tut als Lyotard, indem er die „ganz andere" Verfassung unbemerkt nach dem Muster aller bisherigen ansetzt.

Zuvor noch ein Wort zum Optionscharakter: „Postmetaphysik" und „Postmoderne" sind primär nicht Beschreibungs-, sondern Deutungsbegriffe, und der jeweilige Diskurs ist kein objektivistischer, sondern ein pragmatischer und poietischer Diskurs: Er sucht das, wovon er spricht, dadurch, daß und wie er davon spricht, zugleich mit hervorzubringen. Der Streit der Konzeptionen geht um die Wirklichkeit. Daher ist es keine akademisch-unschuldige Frage, welches Bild des Künftigen man bevorzugt und propagiert; im Sinn der entstehenden Wirklichkeit kommt es sehr auf Unterscheidungen an.

---

[3] Vgl. Gianni Vattimo, *La fine della modernità*, Mailand 1985, 186.
[4] Vgl. Rainer Schürmann, *Le principe d'anarchie. Heidegger et la question de l'agir*, Paris 1982.

2. Heidegger und Lyotard – ein imaginärer Disput

Lyotards Konzeption von Postmoderne kann für diesen Zweck so zusammengefaßt werden: Auslösend für die Postmoderne ist das Hinfälligwerden der großen, durch Meta-Erzählungen repräsentierten Einheiten. Die positive Kehrseite dieser Auflösung liegt im Hervortreten der Vielfalt differenter Sprachspiele und Lebensformen. Diesen gilt es künftig zuzuarbeiten. Dabei ist nicht eine Ökonomie der Fülle leitend, sondern die Erzeugung von Disparität entscheidend. Die Widersetzlichkeit gegen Integration ist das Salz der Wahrheit und das Elixier der Freiheit.

Wie stellt sich dies aus Heideggers Sicht dar? Erreicht Lyotard die Anspruchsdimension Heideggers? Von Heidegger aus gesehen, ist Lyotards Ansatz unzureichend, denn er ist noch dem alten, zu überwindenden Denken verhaftet. Lyotard hat den Schritt über die Ideologie des Machens, die Philosophie des Wollens und die Leistungsspiele der Subjektivität hinaus noch nicht vollzogen. Er ist noch darin befangen, daß es Vielheit *herzustellen* gelte, daß die Menschen diese neue Verfassung zu bewerkstelligen hätten. Er vertritt noch ein den Grundzügen nach technisches Denken. Indem er zur Erfindung immer neuer und neu irritierender Formen des Wissens und Sprechens anhält, unterliegt er der Ideologie des Machens und propagiert sie auch noch. Ihm scheint entgangen zu sein, daß die neue, die postmetaphysische Konfiguration gerade nicht gemacht werden kann. Lyotard bleibt noch der Epoche des Gestells verhaftet.

Nun verkennt allerdings Heidegger bekanntlich manches als gemacht, was in Wahrheit ein Entstehendes ist und was als solches die trans-subjektivistischen Züge, auf die es Heidegger ankommt, durchaus schon hat – man muß sie nur zu sehen wissen. Heidegger aber fehlt der Blick für Genetisches.[5] Also wäre zu erwägen, ob Lyotards Rekurs auf das Theorem der Sprachspiele nicht vielleicht gerade von der Absicht getragen ist, die trans-subjektiven Züge autogenetischer Prozesse zu berücksichtigen und zum Ausdruck zu bringen. Dann ginge der Vorwurf, bei ihm werde noch in der Bahn des Machens gedacht, am Wesentlichen dieser Konzeption gerade vorbei. Dem ist in der Tat schon im *Postmodernen Wissen* so, und im *Widerstreit* ist Lyotards Absetzung von Anthropozentrismus und Instrumentalismus dann sogar so weit getrieben, daß nun Heidegger seinerseits des Verhaftetseins in diesen Denkformen bezichtigt werden kann.[6] Lyotard kann also in dem imaginären Disput, den ich hier skizziere, mit Recht sagen, was Heidegger bei ihm vermisse, habe er in Wahrheit längst eingelöst.

Dann aber wäre die Kritik wohl vollends umzudrehen. Lyotard könnte nämlich (und ich denke, mit nicht weniger Recht) nun sogar sagen, nicht nur bei ihm sei das erfüllt –

---

5) Vgl. Heinrich Rombach, *Phänomenologie des gegenwärtigen Bewußtseins*, Freiburg – München 1980, 168.
6) Jean-François Lyotard, *Der Widerstreit*, München 1987, 133 f., Nr. 173.

und zwar gut –, sondern allenthalben, in der ganzen Breite der heutigen Wirklichkeit sei, was Heidegger unter der Parole „Jenseits von Subjektivität und Machen" erwarte, eingelöst – allerdings in fataler Weise. Denn tatsächlich leben wir längst in einer trans-subjektiven Epoche und in Verhältnissen, in denen *wir* nicht mehr „machen". Sondern wo wir „Sachzwängen" unterworfen sind, wo das selbstregulative System herrscht und wo dessen Imperative gegen die humanen Intentionen sich durchsetzen. Subjektivität ist längst liquidiert, Trans-Subjektivität real. Dieser Typ von Trans-Subjektivität ist zwar gewiß nicht das, was Heidegger erwartete und erhoffte, aber seine faktische Herrschaft macht zumindest für den, der Texte nicht bloß im Kunst-, sondern auch im Real-Licht liest, Heideggers Option zweifelhaft. Die schlechte Realform wirft auf die prätendiert bessere einer erhofften Zukunft mehr als bloß einen Schatten. Die bedenkliche Affinität gegenwärtig realer und künftig geforderter Formen des „Seinlassens" ist mit dem – in Heideggers Sinn natürlich ganz unerläßlichen – Hinweis darauf, daß die ersteren allenfalls die Zerrbild-Versionen der letzteren seien, kaum abzufangen. Die Affinität legt eher die Vermutung nahe, daß „Seinlassen" lediglich die Bezeichnung eines anderen gegenwärtigen, nicht aber eines ganz anderen künftigen Weltverhaltens sein könne.[7] – Vielleicht wird sich die Formel „Heidegger will zuviel und tut zuwenig" auch darüber hinaus noch als treffend erweisen.

Zumindest müßte, wer Heideggers Position verteidigen will, sich dem Problem stellen, daß, was Heidegger als Signatur einer künftigen Weltgestalt beschreibt und reklamiert, als Schematik der jetzigen schon eingelöst ist – wie verdreht und falsch auch immer. Solch falsche Einlösung ist freilich ein generelles Phänomen. Wir scheinen in einer Zeit zu leben, in der viele der großen Entwürfe der Philosophie eine Einlösung erfahren – aber augenscheinlich die falsche. Was im vorigen Kapitel an Leitvokabeln der Moderne gezeigt wurde, gilt für die Philosophie insgesamt. Dietmar Kamper hat darauf hingewiesen, daß man unsere Wirklichkeit, sofern sie – nach Baudrillards schwarzer Diagnose – durch die Ununterscheidbarkeit des Realen und Imaginären gekennzeichnet ist, als Einlösung idealistischer bzw. frühromantischer Hoffnungen auffassen kann: Längst ist das Wirkliche intellekt-bestimmt und die Phantasie an der Macht – aber die Form dieser Einlösung ist die miserabelste, geistlos und bildertoll zugleich.[8] Das ist auf andere Groß-Theoreme der Denkgeschichte auszudehnen – coincidentia oppositorum und mystische Ungeschiedenheit in der modernen Funktionswelt des Immergleichen

---

7) Kritische Überlegungen dieser Art sind in den Augen derjenigen, die Heideggers Konzeption als verbindliche Folie zugrunde legen, natürlich einfach falsch. Die Überlegungen entstammen ja einem Blick, dem Heideggers Grundannahmen gerade fraglich geworden und nicht mehr übernehmbar sind. Dann kann freilich der Streit nicht mehr einfach auf der Basis von Heideggers Behauptungen behandelt werden. Ich weiß aus Erfahrung, daß die Diskussion endlos werden kann. Ich weiß nicht aus Erfahrung, daß sie fruchtbar werden kann.
8) Vgl. Dietmar Kamper, „Die Phantasie an die Macht? Skeptische Überlegungen zur Macht der Phantasie", in: ders., *Zur Geschichte der Einbildungskraft,* München 1981, 21-38.

als zynische Austauschbarkeit und schale Indifferenz hervorgetreten, Apokatastasis als beliebige Verfügbarkeit alles Gewesenen realisiert –, und solch längst erfolgte schlechte Einlösung steht auch für Heideggers „anderen Anfang" zu vermuten. Dann wäre dies die gegenwärtig zu konstatierende Dialektik nicht bloß der Aufklärung, sondern der Philosophie weithin: daß sie in ihrer Einlösung ins Falsche umschlägt. Die Endthesen haben allesamt recht, aber Vollendung ist nirgends.

Dann ist die Frage nur, wie man diesen Befund zu deuten hat, ob als Desaster oder als Signal. Ich meine: Man muß damit rechnen, daß nicht erst die Einlösungen miserabel geraten, sondern daß schon die Wünsche fatal waren. Heilsvorstellungen müssen in Unheilsrealitäten nicht erst umschlagen, sie können sich in ihrer Einlösung schlicht als solche herausstellen. Dann aber gälte es herauszufinden, warum das so ist. Was an diesen Heilsvorstellungen ist grundsätzlich verfehlt? Welche ihnen gemeinsame Struktur ist daran schuld? Welche Struktur behält auch Heidegger bei?

3. Geviert – ein ganz anderes Denken?

Es muß erstaunen, daß die künftige Welt, auf die Heidegger hinausdenkt, bei allem, was sich darüber ausmachen läßt, eine Welt sein soll, welche die Bahnen von Einheit und Ganzheit nicht verläßt. Erstaunlich ist das zum einen, weil allein damit schon der Anspruch auf ein „ganz anderes Denken" hinfällig wird – schließlich war für das traditionelle Denken nichts charakteristischer als sein Einheits- und Ganzheitsduktus –, und zum anderen, weil sich doch das moderne Denken seit langem um die Auflösung der Einheitsklammern bemüht hat und gerade in dieser Richtung Konturen eines anderen Denkens zu erwarten sind. Sollte sich hier rächen, daß Heidegger sich auf den Geist der Moderne nie wirklich positiv eingelassen hat?

Heidegger glaubt sich imstande, sowohl eine gesamtheitliche Bestimmung der kommenden Ära zu geben – also zu sagen, was für diese essentiell sein wird –, als auch das ganzheitliche Grundmuster und den begrifflichen Rahmen dieser neuen Konstellation anzugeben – und damit noch einmal zu behaupten, daß auch die neue Konstellation durch einen solch ganzheitlichen Rahmen geprägt sein wird. Genau das tut Heidegger mit dem Theorem vom Geviert. Erde und Himmel, die Göttlichen und die Sterblichen, das – und nichts anderes – sind die Eckpunkte des Welt-Spiels. Und dieses ist ein Spiel innerhalb des durch diese Eckmarken definierten Rahmens.

Ich verkenne nicht, daß die Einheitsklammern dabei schon erheblich gelockert sind. Der moderne Vielheitseinschlag ist auch an dieser Konzeption nicht spurlos vorübergegangen. Das Geviert ist gewissermaßen plural in sich. Nur ist es das – und darauf kommt es an – nicht im Sinn freier Pluralität, sondern von vornherein im Sinn einer *Fügung* der Momente zum Ganzen. Heidegger hat nur den Herrschaftscharakter des Ganzen abgelegt oder zurückgedrängt, nicht aber die Ganzheitsstruktur als solche verabschiedet; diese hat er vielmehr gerade beibehalten und in unverfänglich scheinender Form erneuert. Die moderne Vielheitserfahrung hat nur einen Reflex hinterlassen, keine grundsätzliche Aufnahme gefunden. Zudem kann man sich schwerlich blind dafür stellen, daß hier altes kosmologisches Denken in neuem Gewand wiederkehrt. Gewiß, Tetraden sind weniger zwingend als Triaden, aber ganzheitlich sind allemal auch sie. Ob Lehre von den Elementen oder den Charakteren, ob Aristotelische Kreuzlogik oder Heideggersches Geviert – auch Postmetaphysik bleibt Metaphysik.

Auch daß Heidegger so ohne Umstände von einem Gott zu reden vermag, der allein uns noch retten könne, belegt, daß er die neue Welt als Eine und Ganze gedacht hat – nur unter dieser Bedingung ist es ja möglich, daß *ein* Gott sie stiftet. In der Tat ist bei Heidegger, näher besehen, alles auffällig singularisch gefaßt. Er hat die Gegenwart auf *einen* Begriff gebracht, den der Technik; er spricht von *dem* Sprung, *dem* Ereignis, *dem* Gott. Schließlich zeigt sich diese Einheits- und Ganzheitsinklination – von der hier gesagt wird, daß sie das Antiquierte und Problematische an Heidegger ist, das ihn mit der Metaphysik verbindet und von der Postmoderne trennt – auch im Geschichts- und Epochenverständnis.

Ich habe die Formel ins Spiel gebracht „Heidegger will zuviel und tut zuwenig". Inzwischen habe ich dargelegt, was es heißen kann, er tue – wo es ihm doch um ein ganz anderes Denken geht – zuwenig. Man kann nicht auf Andersheit Anspruch erheben und die traditionellsten Strukturen unangetastet lassen. Daß er viel will, ist offenkundig: Es geht ihm um eine neue Epoche der Seinsgeschichte (und gar um eine neue Großepoche gegenüber der gesamten Geschichte der Metaphysik, nicht nur einzelnen ihrer Stationen). Daß dies zuviel ist, wird jetzt begreifbar: Nicht nur ist es, solange man die Ganzheitsokkupation nicht überwindet, uneinlösbar, sondern diese Epochenvorstellung ist ihrerseits ein – höchst problematisches – Produkt des Ganzheitsdenkens. Epochen sind die Lettern, mit denen ein Ganzheitsdenken Geschichte schreibt. Somit entwirft schon die Ausgangsvorstellung nur scheinbar etwas „ganz anderes"; in Wahrheit bedeutet, was sie vertritt, Kontinuation. Nicht erst Heideggers Lösungsidee, sondern schon sein Problemansatz zeigt, wie sehr er dem traditionellen Denken der Einheit und Ganzheit verhaftet blieb. Von da aus führen allenfalls Abwege zur Postmoderne.

Der Unterschied in der Geschichtskonstruktion ist vollständig und signifikant. Er muß es sein, weil er aus einem Grundunterschied im Ansatz herrührt. Der Ganzheitsdenker muß in jeweils klar definierten Epochen denken und daher auch, wo Neues ansteht, gleich auf eine ganz andere Epoche sinnen. Der Vielheitsdenker ist da anders gestellt. Für ihn kann, was jetzt dominant wird, längst in Ansätzen dagewesen sein, kann vereinzelt hier und dort schon und konzentriert in der jüngeren Moderne anzutreffen sein. Sein Geschichtsblick ist nicht blockhaft-progressiv, sondern netzartig-konstellativ. Er erkennt Verflechtungen, Umschichtungen, Dominanzkristallisationen. Er denkt nicht metaphysisch-univok und nicht modern-unilinear, sondern postmodern-mehrreihig.

Im Ergebnis bedeutet das: Heideggersche Postmetaphysik und Lyotardsche Postmoderne sind in ihrer Grundvision konträr. Heidegger bleibt dem monistisch-holistischen

Denken verhaftet und entwirft die künftige Welt ihrer Form wie Struktur nach wieder als eine einheitliche und ganzheitliche – nur haben diese Charaktere jetzt eine gedämpftere Fassung erhalten und sind nicht mehr herrschaftlich gemeint. Damit, daß wir diese Welt machen und bestimmen könnten, damit ist es bei Heidegger gewiß und definitiv vorbei. Und das ist ein großer Schritt. Aber mit der Grundannahme, daß diese neue Welt – woher immer sie komme – wieder eine ganzheitlich bestimmte sein wird, damit ist es nicht vorbei. Und das ist eine große Unterlassung. Lyotard hingegen – der seinerseits, mit Heidegger, jenseits der Ideologie des Machens denkt – versteht die neue Konstellation, anders als Heidegger, als eine Situation essentieller Multiplizität und Heteromorphie, die mit den klassischen Formen von Einheit und Ganzheit nicht mehr zu fassen ist. Für ihn, für den Postmodernisten, wäre die Angabe einer bestimmten Gesamtstruktur – die für den Metaphysiker und Postmetaphysiker selbstverständlich ist – das *proton pseudos*. In diesem Punkt gibt es – bei allen sonst möglichen Anklängen und Anregungen (die freilich stets schon auf einer Übersetzung ins eigene Konzept beruhen) – keine Gemeinsamkeit, keinen Pakt und keine Verwechslungslizenz. Postmoderne und Postmetaphysik sind Gegenkonzeptionen, nicht Geschwister oder gar Zwillinge.

II. Intermezzo

Postmoderne versus Technologisches Zeitalter

Als konkurrierende Gegenwartsdiagnose steht dem Theorem von der Postmoderne die These vom Technologischen Zeitalter gegenüber. Während es der ersteren Diagnose zufolge darauf ankommt, das monistische Gepräge der Moderne – das in vielem ein technisches war – zu überwinden, gehen wir der letzteren Diagnose zufolge eher in die technologische Steigerungsform dieser technischen Moderne über, denn heute sind alle Wirklichkeitsprozesse technologisch vermittelt und einzig die Technologie bietet noch Möglichkeiten gezielter und wirksamer Intervention. Der Gegensatz der Konzeptionen ist groß. Er muß hier behandelt werden. Da Lyotard sich gerade im *Postmodernen Wissen* mit den neuen Technologien auseinandersetzt, hat das Thema in der fortgesetzten Erörterung dieser Schrift seinen Ort. Außerdem führt es die Absetzung gegen Heidegger fort. Auch dieser hatte ja an eine Zeit jenseits der technisch-technologischen Dominanz gedacht. – Ich werde zunächst einige vermutete Beziehungen von Postmoderne und Technologischem Zeitalter anführen, dann eine pointierte Darstellung des Unterschieds geben und schließlich ein Kooperationsmodell von Postmoderne und Technologie skizzieren.

1. Beziehungen zwischen Postmoderne und Technologischem Zeitalter – kontrovers gesehen

Ein Zusammenhang von Postmoderne und Technologischem Zeitalter wird negativ, positiv und kritisch behauptet. Er wird *negativ* behauptet, wo Postmoderne mit Neokonservativismus und dieser mit uneingeschränkter Affirmation technologischer Entwicklungen gleichgesetzt wird – so, zumindest zeitweise, bei Habermas.[1]

---

1) Vgl. Jürgen Habermas, „Die Kulturkritik der Neokonservativen in den USA und in der Bundesrepublik", in: ders, *Die Neue Unübersichtlichkeit*, 30-56, hier 49 bzw. 36.

1. Beziehungen zwischen Postmoderne und Technologischem Zeitalter

Ein Zusammenhang von Postmoderne und Technologie wird *positiv* behauptet von denjenigen, welche die Postmoderne als Epoche universeller Kommunikation nicht nur zwischen den Kulturen, sondern auch zwischen Mensch und Materie bzw. Mensch und Kosmos ansehen und die Computer-Technologie als Durchbruch zu dieser Kommunikation begreifen – so Ihab Hassan, ein amerikanischer Postmodernist, der die Postmoderne als „neuen Gnostizismus" deutet, als auf informationstechnologischer Basis erfolgende Einlösung des alten Traums von der Überführung der Materie in Licht bzw. Geist[2], was er beispielsweise unter Rückgriff auf Marshall McLuhans Rede von einem „technologischen Pfingsten" erläutert.[3]

Und ein Zusammenhang wird *kritisch* von denjenigen behauptet, die einerseits sagen, die Postmoderne sei zwar ein ernstzunehmendes Phänomen und nicht bloßer Schein, die andererseits aber meinen, ihr postmodernistisches Selbstbewußtsein sei scheinhaft. Die kulturellen Phänomene, die im Vordergrund stünden, seien nämlich in Wahrheit der Reflex ganz anderer, und zwar genau technologischer Veränderungen – so der amerikanische Komparatist Fredric Jameson, der freilich andererseits doch hofft, daß der Postmodernismus auch kritische Potentiale gegen den technologischen Prozeß freizusetzen vermöge.[4]

Eine Beziehung zwischen Postmoderne und Technologischem Zeitalter besteht also wohl. Aber vermutlich nicht als einfache Gleichung, die rechtsherum-positiv oder linksherum-negativ zu lesen ist, sondern mit einem Deutungsunterschied, dem nachzudenken sich lohnt.

Gewiß gehört die technologische Entwicklung zu den faktischen Voraussetzungen der Postmoderne. Im Zeitalter des Flugverkehrs und der Telekommunikation ist Heterogenes abstandslos und die Gleichzeitigkeit des Ungleichzeitigen zur neuen Natur geworden. Auch für die postmoderne Realitäts- (oder Irrealitäts-)Erfahrung ist ihre technologische Prägung wichtig. Baudrillard hat diesbezüglich vom „kybernetischen Stadium" der Realität gesprochen.[5] Ebenso zeigt die Ontologie der Postmoderne Über-

---

2) Vgl. Ihab Hassan, „THE NEW GNOSTICISM: Speculations on an Aspect of the Postmodern Mind", in: ders., *Paracriticisms. Seven Speculations of the Times*, Univ. of Illinois Press, 1975, 121-147. In einem neueren Aufsatz sagt Hassan lapidar: „Postmodernismus entsteht aus der technologischen Bewußtseinsexpansion, einer Art Gnostik des 20. Jahrhunderts, wozu der Computer und alle unsere verschiedenen Medien beitragen (eingeschlossen jenes mongoloide Medium, das wir Fernsehen nennen)." („The question of postmodernism", *Bucknell Review* 25 (1980), 117-126).
3) Hassan, „THE NEW GNOSTICISM", a.a.O., 122.
4) Vgl. Fredric Jameson, „Postmoderne – Zur Logik der Kultur im Spätkapitalismus", in: Andreas Huyssen, Klaus R. Scherpe (Hrsg.), *Postmoderne. Zeichen eines kulturellen Wandels*, Reinbek 1986, 45-102, hier 50 u. 89 bzw. 81 f. u. 99 f. Ähnlich schon in „Postmodernism and Consumer Society", in: Hal Foster (Hrsg.), *Postmodern Culture*, London – Sydney, ²1985, 111-125.
5) Jean Baudrillard, *Der symbolische Tausch und der Tod*, München 1982, 117.

einstimmungen mit den neuen Technologien. Wie durch die letzteren Vernetzung, Instantaneität und Virtualität zu Grundkategorien erhoben werden, so arbeitet auch die postmoderne Ontologie allenthalben mit Durchdringungen, Sprüngen und Irritationen. Ihre Konvergenzen mit der Teleontologie sind zum Teil geradezu frappierend.

Aber eines ist mit all diesen Entsprechungen doch noch keineswegs bewiesen: daß die beiden Deutungsmuster auch im Kern übereinstimmten oder gar daß die Postmoderne nur eine getrübte Wahrnehmungsform dessen sei, was sich klaren Köpfen als Technologisches Zeitalter zu erkennen gebe. Die genannten Entsprechungen beziehen sich nur auf Teilphänomene – jedenfalls aus der Sicht der Postmoderne nur auf Teilphänomene – und bedürfen im Licht des ausgearbeiteten Begriffs der Postmoderne einer modifizierten Betrachtung.

2. Postmoderne versus Moderne und Spätmoderne

Das Beispiel der Architektur ist aufschlußreich für das Ganze. Postmoderne Architektur, so wurde im vierten Kapitel dargelegt, ist mehrfachkodiert, verwendet mehrere Sprachen. Dabei ist freilich eine Sprache geradezu obligat: die moderne. Und das heißt: eine Architektursprache, die gerade der Vorbildlichkeit, Kraft und Schönheit des Technischen Ausdruck verleiht. Auf Le Corbusiers Lobpreis der „Ingenieur-Ästhetik" und auf Gropius' Proklamation von „Kunst und Technik" als „neuer Einheit" wurde hingewiesen.[6] Die Postmoderne schließt die technische oder technologische Prägung der Gegenwart durchaus ein – zwar als nur ein Moment, aber doch als das verbindlichste.

Wenn die Moderne dabei gleichwohl etwas verwandelt erscheint, nämlich sowohl überscharf pointiert als auch fiktionaler und spielerischer geworden – nicht mehr als Technik, sondern als High-Tech –, so entspricht dies genau dem Übergang vom technischen zum technologischen Zeitalter. Die Technik selbst ist durch den Übergang zur Mikroelektronik so vergleichsweise spielerisch und pointiert geworden, wie die postmoderne Architektur sie vor Augen bringt.

Postmodern wird also die technologische Prägung der Gegenwart nicht abgelehnt oder verleugnet, sondern in ihrer aktuellsten Form aufgenommen und einbekannt. Nur vertritt die postmoderne Architektur daneben und zugleich auch andere Orientierungsmöglichkeiten. Die technologische Ausrichtung stellt eine obligate, aber doch nur *eine* neben anderen möglichen und gleichzeitig zu berücksichtigenden Orientierungen dar.

---

6) Vgl. Kap. IV, Anm. 27 u. 29. – Für Fortsetzungsformen und heutige Bewertung des modernen Programms einer Verbindung von Technik und Architektur ist aufschlußreich der Frankfurter Ausstellungskatalog *Vision der Moderne. Das Prinzip Konstruktion*, hrsg. von Heinrich Klotz, München 1986.

Diese Pluralisierung bedeutet allerdings eine gravierende Veränderung gegenüber dem Selbstverständnis technologischen Denkens. Es bedeutet eine äußere Relativierung und innere Depotenzierung desselben, jedenfalls soweit zum technologischen Denken ein Ausschließlichkeitsanspruch gehört – mag er offen oder verdeckt sein. „Postmoderne" ist daher gegenüber „Technologischem Zeitalter" das umfassendere Deutungsmuster. Es begreift Technologisches in sich, erkennt darüber hinaus aber auch anderes an. Und das hat nicht bloß den Sinn einer freundlichen Ergänzung, sondern ist eine einschneidende Korrektur. Das Grundmuster ist ein anderes. Die Postmoderne vertritt ihre grundsätzliche Pluralität gerade auch gegenüber der Monokultur eines „Technologischen Zeitalters".

Diese Unterscheidung von Postmoderne und Technologischem Zeitalter – die Absetzung der Postmoderne von jeglicher Verabsolutierung des Technologischen – kann innerhalb des Architekturdiskurses sogar noch weiter exemplifiziert werden, und zwar anhand der Unterscheidung postmoderner von spätmoderner Architektur.[7] Als spätmodern bezeichnet man diejenige, welche zwar – wie die postmoderne auch – das technische Moment als technologisches erfaßt und inszeniert (also in gesteigerter und z.T. auch spielerischer Form zur Geltung bringt, man denke beispielsweise an das Centre Pompidou in Paris), die aber – anders als die postmoderne – *ausschließlich* diesem technologischen Modell folgt und also nicht mehrsprachig-postmodern, sondern einsprachig-technologisch-spätmodern operiert. Dieser architektonische Ansatz entspricht strukturell genau der These vom Technologischen Zeitalter, so daß sich die konkurrierenden Deutungsmuster der Gesamtsituation – Postmoderne und Technologisches Zeitalter – innerarchitektonisch schon als Postmoderne und Spätmoderne gegenüberstehen.[8] Man hat den Unterschied technologisch-einheitlicher von postmodern-pluraler Gestaltung hier offenbar als so gravierend empfunden, daß man sich gedrängt sah, ihm durch Einführung eines eigenen neuen Terminus – „Spätmoderne" – Rechnung zu tragen.

---

7) Die Unterscheidung stammt von Charles Jencks, vgl. *Die Sprache der postmodernen Architektur. Die Entstehung einer alternativen Tradition*, Stuttgart ²1980, 133, sowie ders., *Spätmoderne Architektur. Beiträge über die Transformation des Internationalen Stils*, Stuttgart 1981, 7f., 10ff.

8) Dabei ist interessant, daß die spätmoderne Hypertrophie des Technologischen den Umschlag zur Postmoderne geradezu provozieren kann. Auf die Spitze getrieben, durchbricht das Technologische seinen Verabsolutierungswahn. Das haben Architektengruppen wie Archigram in England sowie Superstudio und Archizoom in Italien in den sechziger und siebziger Jahren demonstriert. Bei ihnen schlagen Geometrie und Konstruktion ins Fiktionale um. Das lehrt, daß die postmoderne Konstellation einen Entwicklungsschritt weiter ist als die Spätmoderne. Aktuelle Tendenzen (Foster, vor allem aber Rogers) deuten denn auch auf einen zunehmenden Übergang der Spätmoderne in die Postmoderne hin.

3. Postmoderne Philosophie versus Technologisches Zeitalter

Ebenso deutlich, ja noch einschneidender ist der Gegensatz von Postmoderne und Technologischem Zeitalter im Bereich der Philosophie. Lyotard hat seine Konzeption von Postmoderne in der Programmschrift von 1979 in Opposition zum Denken des Technologischen Zeitalters entwickelt und hat diese Perspektive 1983, im *Widerstreit*, noch verschärft.

Im *Postmodernen Wissen* geht Lyotard davon aus, daß die neuen Kommunikationstechnologien uniformierend sind. Die Hegemonie der Informatik bewirkt, daß als Erkenntnis zunehmend nur noch akzeptabel sein wird, was in Informationsquanten übertragen werden kann. „In dieser allgemeinen Transformation bleibt die Natur des Wissens nicht unbehelligt. Es kann nur dann in die neuen Kanäle eintreten und einsatzfähig werden, wenn seine Erkenntnis in Informationsquantitäten übertragen werden kann. Daher kann man vorhersagen, daß all das, was am vorhandenen Wissen nicht in dieser Weise übersetzbar ist, aufgegeben werden wird, und daß die Ausrichtung der neuen Untersuchungen sich der Bedingung der Übersetzbarkeit etwaiger Ergebnisse in die Maschinensprache unterordnen wird ... Mit der Hegemonie der Informatik ist es eine bestimmte Logik, die auferlegt wird."[9] Die Informatik filtert nach den ihr eigenen Kriterien und macht diese so zu den effektiven Wahrheitskriterien der Gesellschaft. Nuancen werden hinfällig, Wortspiele sinnlos, Dunkelheiten inexistent. Widersprechendes braucht nicht erst widerlegt zu werden, es hebt sich schon von selbst auf, indem es eigentlich sagbar nicht mehr ist: Was nicht programmierbar ist, darüber muß man schweigen. – So wirken die neuen Technologien – indem sie „postindustriell" zu Steuerungszwecken und zur Leistungssteigerung des Systems eingesetzt werden[10] – als Medien der Uniformierung.

Es ist gar keine Frage: Dieser Wirkung der neuen Technologien muß die Postmoderne sich entgegenstellen. Wo Polymorphie getilgt wird, wittert der Postmodernist Perversion und geht auf die Barrikaden. Und in diesem Fall glaubt er auch eine konkrete Therapie zur Hand zu haben. Er setzt darauf, daß von den neuen Technologien auch ein anderer Gebrauch gemacht werden könne, ein sozusagen im postmodernen Geist, nicht nach technologischem Styling erfolgender Gebrauch. Es bedarf dazu nur zweier Voraussetzungen. Zuerst einer institutionellen: des freien Zugangs zu den Speichern und Datenbanken; und dann vor allem einer psychologischen: der Phantasie von Gruppen. Dann könnten diese Gruppen die vorhandenen Daten zu ganz anderen Zwecken als denen der Systemoptimierung und Kontrolle einsetzen, sie könnten sie in anderen Sprach-

---

9) Jean-François Lyotard, *Das postmoderne Wissen*, 13/23 f.
10) Daher hält Lyotard zu Bells Konzeption der „postindustriellen Gesellschaft" deutlich Distanz und setzt sich vor allem Luhmanns Systemtheorie scharf entgegen.

spielen mit anderen Zugsorten verwenden.¹¹⁾ Und so wäre die technologische Uniformierung nachträglich durch eine neue Polymorphie überlistet und entschärft.

Wie immer es sich im einzelnen mit dieser 1979 von Lyotard skizzierten Perspektive verhalten mag – man kann ihr aus guten Gründen skeptisch gegenüberstehen,¹²⁾ und Lyotard selbst hat 1983 nichts dergleichen mehr propagiert –, signifikant ist die Logik dieser Gegenüberstellung von Postmoderne und Technologie. Der Postmodernismus setzt sich der technologischen Uniformierung ebensosehr entgegen wie jeder anderen auch. Oder genauer: Solange diese Uniformierung sektoriell begrenzt bleibt, ist nichts gegen sie einzuwenden. Sie stellt dann einen Operationsmodus neben anderen dar, und schließlich hat jeder Sektor und jedes Sprachspiel seine Weise von Uniformierung. Wenn aber das technologische Modell zu *dem* Modell von Kommunikation überhaupt, wenn sein Uniformierungstypus universell wird, dann ist dies postmodern zu kritisieren. Es sei denn – und das war Lyotards Idee –, es gelingt, diese Uniformität gewissermaßen nachträglich noch einmal zu re-partikularisieren, indem man sie erneut in heterogene Kontexte eingliedert. Mit Uniformität auf den Niveaus prä- und postuniverseller Partikularität ist der Postmodernismus einverstanden, nur auf dem universellen Niveau ist er ihr Gegner.

Zugespitzt bedeutet das: Wenn sich der Postmodernismus gegen Totalisierungen aller Art zur Wehr setzt, dann heute gegen die technologische im besonderen. Denn sie ist gesamtgesellschaftlich auf dem Vormarsch. Unter ihrer Ägide werden Gedicht und Anklage, Bericht und Hymnus, Analyse und Erzählung allesamt gleich, indem sie als bloße Informationsformen traktiert werden. Austausch von Informationen aber – handfest und reflexionslos, zeitsparend statt zeitverbrauchend, Bit um Bit – das ist der Prozeß, in dem die Sprache zum Geschäft wird und ihre Träger und Gehalte zu Waren verkommen. Die postmoderne Philosophie ist gegenüber Sprachuniformierung äußerst sensibel. In bezug auf die technologische Entwicklung hakt sie daher an diesem Punkt der Etablierung eines neuen Universalidioms ein und kehrt ihr sprachkritisches Instrumentarium gegen diese aktuelle Hegemonie einer Diskursart über alle anderen. So hat es Lyotard 1983 dargestellt. Gegen das neue Universalidiom – das technologisch

---

11) So die am Ende des *Postmodernen Wissens* entworfene Perspektive (107 f./192 f.).
12) Das zuvor attackierte Grundübel der Selektion nur des Programmierbaren wäre dadurch ja keineswegs angetastet; zudem lassen die jahrelangen Erfahrungen mit Bildschirmprozessen – Beispiel Computer-Kunst – Lähmung und nicht etwa Beflügelung der Phantasie erwarten; außerdem wären gerade für neue Fragen – in dem Maße, wie sie wirklich neu sind – die spezifischen Daten im Pool noch nicht vorhanden; demgegenüber darauf zu setzen, daß Innovation heute ohnehin nur mehr durch die neuartige Verknüpfung von Vorhandenem erfolgen könne, hieße selbst schon die technologische Vorstellung vom Wissensfortschritt übernommen und vorausgesetzt zu haben.

formiert ist und ökonomisch gefordert wird – gilt es Widerstand zu leisten:[13] gegen die Eliminierung von Erwartung, Ereignis, Wunder, gegen die Aufhebung des Inkommensurablen, gegen die pseudognostische Auflösung alles Opaken in telematische Informationssequenzen.[14]

Auf den Begriff gebracht, heißt das: Die Attacke der Postmoderne zielt genau auf die Vorstellung von einem Technologischen Zeitalter. Denn „Technologisches Zeitalter" bedeutet ja eben, daß es nicht bei der sektoriellen Uniformierung bleibt, sondern daß tendenziell *alle* gesellschaftlichen Prozesse dieser Technologik unterworfen werden und diese somit zum überall herrschenden Sinntyp wird. Dieser Universalisierung des Technologischen, seiner offenen oder stillschweigenden Erhebung zum einzigen effektiven Sinnkriterium tritt die Postmoderne scharf entgegen. Wenn man dagegen einwenden wollte, so ausschließlich, wie es im Ausdruck „Technologisches Zeitalter" erscheint, sei dieser Anspruch gar nicht gemeint, so wäre doch erstens zwischen Meinung und Wirklichkeit noch einmal zu unterscheiden und wäre zweitens dieses Mißverhältnis von Meinung und Benennung seinerseits verräterisch: Ein neues Zeitalter ruft nur aus, wer eine neue Grundbestimmung entdeckt hat, und wer diese als technologische identifiziert, hat sie wohl auch so gemeint; und wenn er dann so leicht Abstriche macht, so zeigt das nur, daß er sich die Frage der Vielfalt eben gar nicht gestellt hat – und das sagt genug.

Insgesamt kann sich der Postmodernismus somit keineswegs dazu verstehen, die bloß getrübte Wahrnehmung der vorbildlichen Realität eines Technologischen Zeitalters sein zu sollen. Er sieht sich eher umgekehrt als Wahrer einer vielfältigen Wirklichkeit gegen

---

13) Vgl. *Der Widerstreit*, Nr. 251, 263. – Eine unfreiwillige Bestätigung hat diese Perspektive Lyotards durch den offenkundigen Fehlschlag eines Projekts im Zusammenhang der von Lyotard organisierten Postmoderne-Ausstellung „Les Immatériaux" (Paris, Centre Georges Pompidou, 1985) erfahren: Etwa 30 Autoren (Literaten, Sprachwissenschaftler, Philosophen, Physiker, Biologen etc.) waren ein Vierteljahr lang über einen Personalcomputer mit einem Zentralspeicher verbunden und sollten zu bestimmten Aspekten der Ausstellungsthematik sowohl eigene Texte abfassen als auch auf die Texte der anderen Teilnehmer reagieren. Gefragt war vor allem nach den Veränderungen des Schreibens und Denkens, die durch die Verwendung der neuen Kommunikationstechnologien entstehen. Das Ergebnis liegt nahe bei Null. Die Autoren haben die Eigenheit ihres Schreibens bewahrt und vor kommunikativer Angleichung geschützt. Entweder intervenierten sie überhaupt nicht gegenüber anderen Texten oder sie taten es in sehr oberflächlicher Form. Sie haben sich – ganz im Sinn der von Lyotard 1983 propagierten Perspektive sprachlicher Eigenheit – der Intention der Ausstellung, die vor allem die positiven Möglichkeiten der neuen Kommunikationstechnologien eruieren wollte, widersetzt. Der Ausstellungsband *Epreuves d'écriture* (Paris 1985) ist die eindrucksvolle Dokumentation dieser Ablehnung.

14) *Der Widerstreit*, Nr. 252. – Vgl. zu dieser Perspektive insgesamt auch Jean-François Lyotard, „Appendice svelte à la question postmoderne", in: ders., *Tombeau de l'intellectuel et autres papiers* (Paris 1984, 75-87), 84, dt. „Rasche Bemerkung zur Frage der Postmoderne", in: *Grabmal des Intellektuellen* (Graz – Wien 1985, 80-88), 86.

ihre technologische Eintrübung. Eine Herausforderung ist das Technologische Zeitalter für den Postmodernismus sehr wohl, aber nicht als Konkurrent, der das Gleiche besser macht, sondern als Kontrahent, der alles gleich macht.

4. Keine Technologie-Feindlichkeit, nur Ausschließlichkeits-Kritik

Das alles darf nicht mißverstanden werden. Mit Technologie-Feindlichkeit hat es nichts zu tun. Wohl aber mit Verteidigung von Vielfalt. Die Kritik betrifft allein *Ausschließlichkeitsansprüche* des Technologischen, dabei aber sowohl die offen propagierten wie die implizit-faktischen. Es geht dem Postmodernisten darum, daß die technologische Entwicklung mit dem prinzipiell pluralen Orientierungsset der Gegenwart vereinbar sei oder bleibe oder werde. Weder ein Technologie-Monopol noch anti-technologische Affekte sind Sache der Postmoderne. Sie tritt für ein breiteres Orientierungsspektrum ein, in dem das Technologische eine prominente, aber nicht die ausschließliche Bestimmungsgröße ist. „Postmoderne" ist umfassender als „Technologisches Zeitalter". Sie weist der Technologie – die im technologischen Verständnis ortlos-absolut ist – einen wohldefinierten Ort zu.

Diese Stellung zum Technologischen entspricht der Geschichtsposition der Postmoderne und ergibt sich aus dieser. Die Postmoderne ist ja aus der Aufsprengung von Monopolansprüchen – und im besonderen des neuzeit-zentralen Monopolanspruchs wissenschaftlich-technischer Weltbeherrschung – hervorgegangen.[15] Daher kann für sie wissenschaftlich-technische Orientierung nur eine neben anderen sein. Diese muß aber andererseits für die Postmoderne von besonderer Relevanz bleiben, denn das entscheidende Revisionspotential gegenüber den Neuzeitansprüchen ging ja – in der „Grundlagenkrise" dieses Jahrhunderts – gerade aus der wissenschaftlichen Rationalität selbst hervor. Daher gehören beide Komponenten zur Postmoderne: Sie beendet die Hegemonie szientifischer Orientierung, aber sie bewahrt die Relevanz wissenschaftlich-

---

15) Das wurde im dritten Kapitel dargelegt. – Interessant ist in diesem Zusammenhang, wie Ulrich Becks „Weg in eine andere Moderne" mit dem hier entwickelten Konzept übereinstimmt (Ulrich Beck, *Risikogesellschaft. Auf dem Weg in eine andere Moderne*, Frankfurt a.M. 1986). Für Beck stellt die Industriegesellschaft – deren unveränderte Fortschreibung das Theorem vom Technologischen Zeitalter intendiert – eine halbierte Moderne dar (360 ff.). Das gegenwärtige Abrücken von Monopolen, die für diese Industriegesellschaft charakteristisch waren, bedeutet das Aufbrechen nicht moderne-spezifischer, sondern moderne-retardierender Monopole, so daß es sich um einen Prozeß nicht der Verabschiedung, sondern im Gegenteil der erweiterten Entwicklung der Moderne handelt. „Es brechen Monopole auf, aber es stürzen keine Welten ein." (370) Im Übergang vom Technologischen Zeitalter zur Postmoderne wird Neuzeit-Ballast abgeworfen, werden nicht Errungenschaften der Moderne preisgegeben.

technischer Rationalität. Wovon sie sich absetzt, das sind die bloßen Verlängerungs- oder Auslaufformen der Neuzeit, wie sie in den Theoremen der Posthistoire, der Spätmoderne, der postindustriellen Gesellschaft vertreten werden. Diese halten allesamt an einer einheitlichen, und zwar technologischen Bestimmung der Gegenwart und Zukunft fest und sind Uniformierungstheoreme, Konzeptionen eines Technologie-Primats, affirmative Theoreme des status quo.[16] Das ist mit der postmodernen Vision grundsätzlicher Pluralität unvereinbar.[17]

5. Kooperationsmodell von Postmoderne und Technologie

Wie stellt sich die Postmoderne – die der Verabsolutierung der Techno-Logik entgegentritt – dann das richtige Verhältnis zur Technologie vor? Die Generallinie ist klar: Diesseits der Ausschließlichkeit bleibt das Technologische prominent, aber nur sektoriell dominant. Der kritische Punkt liegt nicht in der Anwendung von Technologien, sondern in der vorausgehenden technologischen Perzeption auch solcher Phänomenbereiche, die von sich her keineswegs techno-logisch verfaßt sind, weshalb sie in technologischer Betrachtungsweise pervertieren müssen. Beispielsweise hat Thierry Chaput sehr zu Recht darauf hingewiesen, daß der Stundenweltrekord des Radprofis Francesco Moser nicht in die Geschichte des Sports, sondern in die der technologischen Wissenschaft gehört: In mehr als einjähriger Vorbereitungszeit hatten Computerprogramme das Leistungsoptimum des Athleten festgelegt und diesen zum präzisen Erfüllungs-

---

16) Für Gehlens Posthistoire bildet „die Zusammenarbeit von Naturwissenschaft, Technik und industrieller Fertigung" – also das Technologie-Syndrom – die „Basis des Zusammenlebens" (Arnold Gehlen, „Ende der Geschichte?", in: ders., *Einblicke*, Frankfurt a.M. 1975, 115-133, hier 120); Lévi-Strauss berief sich für sein typisch spätmodernes Konzept einer einheitlichen Erklärung aller Erscheinungen auf das neue Universalparadigma der Information (vgl. Claude Lévi-Strauss, „Geschichte und Dialektik", in: ders., *Das wilde Denken*, Frankfurt a.M. 1973, 282-310, hier 307 ff.); und Bell bezeichnet die postindustrielle Gesellschaft, die vor allem auf „intellektuelle Technologien" setzt, unverblümt als „technokratisch" (Daniel Bell, *Die nachindustrielle Gesellschaft*, Frankfurt – New York 1985, 43 ff. bzw. 251).

17) Diesen Unterschied gilt es nicht nur gegenüber zahllosen Kritikern zu betonen, die gegen die Postmoderne zu Felde ziehen und dabei in Wahrheit nur ihr eigenes diffuses Postmoderne-Konstrukt dekonstruktiv zelebrieren, sondern noch gegenüber ernstzunehmenden Postmoderne-Theoretikern wie beispielsweise Ihab Hassan. Dessen informationstechnologisches und kosmisches Pathos ist ersichtlich eher spätmodern als postmodern. McLuhan und Le Corbusier sind darin nahtlos verbunden, und schon die Tatsache, daß der „neue Gnostizismus" eine Einheitsvision darstellt – und zudem eine, die sich von den zunehmend offenbar gewordenen Schreckensaspekten einer durchgängigen „Verlichtung" gänzlich unbeeindruckt zeigt –, spricht für seinen eher traditionellen als postmodernen Status.

gehilfen ihrer triumphalen Prognosen gemacht.[18] Das ist die technologische Perversion des Phänomens Eigenleistung, das für Sport gerade auch in der Gegenwart essentiell sein sollte.[19] Eine ähnliche, schon in Elementarzonen eingedrungene Absorption von Lebenswelt durch Technologie zeigt sich in der Reaktion transatlantischer Besucher in einem Heurigengarten in Wien: Als in dem Innenhof ein Lüfterl aufkommt, bitten sie, man möge die Air-condition abstellen – so sehr ist Natur für sie schon durch technologische Surrogate aufgezehrt. Heidegger hat uns die Augen dafür geöffnet, daß Technik nicht erst dort vorliegt, wo technische Instrumente verwendet werden, sondern universeller und bedrängender schon dort, wo die ganze Wahrnehmung, das Denken und das Handeln technisch strukturiert sind.

Hier setzt (ohne andererseits Heideggers Pauschalisierungen mitzumachen) das postmoderne Denken an. Es unterscheidet zwischen Bereichen, die von sich her technologisch sind, und solchen, die das nicht sind, und drängt auf eine differenzierende Praxis. Es widersetzt sich der Automatisierung der Techno-logik. Nur soweit Sachbereiche von sich her technologische Struktur haben, ist ihre technologische Bearbeitung legitim. Nicht-technologische Bereiche hingegen sind von technologischen Prozeduren freizuhalten. Dabei verbleiben allein deshalb noch immer genügend technologische Aktionsfelder, weil im allgemeinen auch die nicht-technologischen Sektoren doch Zonen beinhalten, die technologisch strukturiert und zu bearbeiten sind. Nur gilt es der automatischen Expansion des Technologischen zu wehren – binnensektoriell, intersektoriell, universell. Dazu ist Zielreflexion erforderlich. Man wird dabei von hierarchischen Bewertungen Abstand zu nehmen haben, wonach etwa – klassisch-modern – nur das Technologische wertvoll oder – romantisch-antimodern – nur das Nicht-Technologische menschlich sei. Diese Hickhackmuster heben sich postmodern in sachbezogener Differenzierung auf. Das Technologische wandelt sich von der Gallionsfigur zum Instrument. Und dadurch tritt an die Stelle einer Alternativsicht von Postmoderne und Technologischem Zeitalter ein Kooperationsmodell von Postmoderne und Technologie. Das Technologische fügt sich dem pluralen Orientierungsset der Postmoderne ein.

Man kann diesen Wandel abschließend an Worten zweier großer Architekten erläutern: Le Corbusier pries den Ozeandampfer – diese reine Schöpfung technischen Geistes – als universelles, vom Wohnen bis zur Lebensführung gültiges Vorbild, als „erste Etappe auf dem Weg zur Verwirklichung einer Welt, die dem neuen Geist entspricht".[20] Das war ein drastisch modernes und deutlich technokratisches Diktum. Paolo Portoghesi, einer der frühesten postmodernen Architekten, pries demgegenüber einen anderen Schiffs- und Konstruktionstyp als Modell: jene großen japanischen Segelschiffe,

---

18) Thierry Chaput, „Le petit vélo de Francesco. Étude d'un cas d'homme-prothèse", in: *Modernes et après. Les Immatériaux*, hrsg. von Élie Théofilakis, Paris 1985, 100-102.
19) Vgl. Hans Lenk, *Eigenleistung. Plädoyer für eine positive Leistungskultur*, Zürich 1983, 48.
20) Vgl. Le Corbusier, *Ausblick auf eine Architektur* (frz. Originalausgabe: *Vers une Architecture*, 1922), Braunschweig – Wiesbaden [4]1982, 86.

deren Segel elektronisch gesteuert werden.[21] Bei ihnen ist das Technologische in eine intelligente Dienstfunktion eingetreten. Diese Umstellung versinnbildlicht den Schritt von der Moderne zur Postmoderne. Zu einer Postmoderne, der ein langer Atem beschieden sein könnte. Auf eine Wende ist sie nicht angewiesen. Ihre Kurse versprechen anderes und mehr.

21) Vgl. Paolo Portoghesi, „Die Wiedergeburt der Archetypen", *Arch+*, 63/64, 1982, 89-91, hier 91.

VIII. Kapitel

Der Widerstreit oder Eine postmoderne Gerechtigkeitskonzeption

Anhand des *Postmodernen Wissens* habe ich ein Verständnis von Postmoderne entwickelt, das mir tragfähig zu sein scheint und das ich im letzten Kapitel zu bewähren suchte. Jetzt ist *Der Widerstreit* – Lyotards späteres und philosophisch gewichtigeres Buch – Thema. Ich werde eine eingehende Darstellung und kritische Erörterung zu geben suchen. Sie wird auf Probleme führen, deren Lösung den folgenden Kapiteln vorbehalten ist.

1. Das Verhältnis der Sprachspiele: Wettstreit und Dissens

Man kann die im *Widerstreit* entwickelte Konzeption als Bearbeitung eines im *Postmodernen Wissen* offen gebliebenen Problems verstehen. Lyotard hat das Verhältnis der Sprachspiele dort betont agonal angesetzt. Die Heterogenität der Sprachspiele führt zu Reibungen und Konflikten. Das Feld der Sprache ist keineswegs als Bühne eines vielstimmigen Gesangs, sondern als Arena eines Wettkampfs begriffen. „Sprechen ist Kämpfen im Sinn des Spielens, und die Sprechakte unterliegen einer allgemeinen Agonistik."[1]

Nun ist mit diesem Ansatz die These verbunden, daß der soziale Zusammenhang aus sprachlichen Spielzügen besteht.[2] Eine Gesellschaft ist ein Ensemble sprachlicher Praktiken. Daraus ist die gesellschaftliche Brisanz des gewählten sprachphilosophischen Ansatzes unmittelbar zu ersehen. Wenn Sprache wesentlich agonistisch strukturiert ist, dann muß es eine nach ihrem Modell verstandene Gesellschaft auch sein und muß das um so mehr sein, je mehr sie sich ihrem Ideal nähert. – Führt das aber nicht zum gesellschaftlichen Tohuwabohu und zur völligen Zersplitterung? Kann hier die Gemeinsamkeit, die – diesseits eines Einheitsoktroys – für Gesellschaft unentbehrlich ist, überhaupt noch gedacht werden?

---

1) Jean-François Lyotard, *Das postmoderne Wissen*, 23/40.
2) Vgl. ebd., 24/41.

1. Das Verhältnis der Sprachspiele: Wettstreit und Dissens

Lyotard hat seine Theorie der Sprachspiele primär nicht im Hinblick auf die Gesellschaft, sondern auf das Wissen entwickelt. Ergeben sich daraus Modifikationen? Eher nicht. Denn als Telos des postmodernen Wissens ist nicht der Konsens, sondern der Dissens bestimmt. Und das ist durchaus normativ, nicht bloß deskriptiv gemeint. Lyotard stellt fest, daß „das Interesse der postmodernen Wissenschaft den Unentscheidbaren, den Grenzen der Kontrollgenauigkeit, den Quanten, den Konflikten mit unvollständiger Information, den ‚Frakta', Katastrophen und pragmatischen Paradoxien gilt" und daß sie daher „als neues Legitimationsmodell ... das der als Paralogie verstandenen Differenz" nahelegt.[3)] Und er sagt unzweideutig: „Geht man von der Beschreibung der wissenschaftlichen Pragmatik aus, so muß der Akzent fortan auf den Dissens gelegt werden."[4)] Am Ende des Buches heißt es, genau dieses Wissensmodell sei zugleich als Gesellschaftsmodell zu nehmen. Nicht der Konsens ist das Ziel der Diskussionen, sondern die Paralogie.[5)] Es geht um eine an deren Leitidee orientierte Gesellschaft. – Aber noch einmal: Kann man eine Gesellschaft auf Differenz, Abweichung, Paralogie gründen? Kann eine Gesellschaft aus dem – paradox scheinenden – Konsens darüber leben, daß Dissens ihre Essenz ist?

Lyotards sprachphilosophische Exposition der Probleme erklärt sich aus einer doppelten Intuition: daß die Gesellschaft eine oberste Instanz und umfassende Regel weder hat noch haben soll; und daß eine derartige Verfassung paradigmatisch an der Sprache aufgewiesen werden kann. Daher vermöchte eine sprachphilosophische Exposition diese Gesellschaftskonzeption sowohl zu klären als auch zu legitimieren. Der „linguistic turn" der Philosophie bildet das Umfeld auch von Lyotards Rückgang auf die Verfaßtheit der Sprache,[6)] entscheidend für diesen Rückgang aber ist die Pointe, die man der Sprachanalyse entnehmen kann: die Absenz einer obersten Gattung und Regel.

---

3) Ebd., 97/172 f.
4) Ebd., 99/176 f.
5) Vgl. ebd., 106/190.
6) Bei dieser Gelegenheit gilt es einen unsachlichen Einwand auszuräumen. Man wirft ein, daß Lyotard sich zwar auf Wittgensteins Sprachspieltheorem beziehe, dies aber ganz falsch tue (ein Beispiel für viele: Jacques Bouveresse, *Rationalité et cynisme,* Paris 1984, 145 ff., 155 ff.). Wittgenstein habe das Theorem anders gemeint. Er rücke mit seiner Hilfe gerade den Regelcharakter des Sozialen und nicht, wie Lyotard, agonale Entregelungen desselben ins Licht. Das ist zwar, was Wittgenstein angeht, gewiß richtig, aber als Kritik an Lyotard ebenso offensichtlich unbrauchbar. Denn erstens hat Lyotard nie behauptet, daß er das Theorem so nehme, wie Wittgenstein es entwickelt hat, sondern er ließ stets erkennen, daß er *seine* Version des Gedankens vorträgt, und er hat auch mit seiner expliziten Wittgenstein-Kritik nicht hinter dem Berg gehalten (vgl. Jean-François Lyotard, „‚Nach' Wittgenstein", in: ders., *Grabmal des Intellektuellen,* Graz – Wien 1985, 68-74). Und zweitens wäre erst noch zu prüfen, wessen Fassung die adäquatere bzw. produktivere ist. Wittgensteins Theorie hat offenkundig, was Regelgenese und Regelabweichung betrifft, ihre Schwächen, und es wäre zu erwägen, ob ihr nicht gerade eine Ergänzung durch Lyotards Konzept gut bekäme.

VIII. Kapitel: Der Widerstreit oder Eine postmoderne Gerechtigkeitskonzeption

Sprachphänomenologisch ist offenkundig, daß es keine oberste Diskursart gibt, welche die anderen zu substituieren oder auch nur zu normieren vermöchte. Keine umfaßt alle anderen, keine wird den anderen „gerecht". „Es gibt überhaupt keinen Grund anzunehmen, man könne Metapräskriptionen bestimmen, die allen Sprachspielen gemeinsam wären."[7] Und das ist unmittelbar gesellschaftsphilosophisch relevant: „Die soziale Pragmatik ... ist ein aus der Überlagerung von Netzen heteromorpher Aussageklassen (denotativer, präskriptiver, performativer, technischer, evaluierender usw.) bestehendes Monstrum."[8] Daher werden „Paralogie" und „Dissens" konsequent zu Leitvokabeln in Lyotards Gesellschaftskonzept.

Das geschieht vor allem im Schlußkapitel des Buches, in der Auseinandersetzung mit Habermas. Gegen diesen macht Lyotard geltend, daß eine Diskursethik, deren Leitwort „Konsens" lautet, auf den Konkurs wirklicher Pluralität hinauslaufen müsse, weil sie diesen Konkurs theoretisch schon vorweggenommen, als Prämisse gesetzt habe. „Daß alle Sprecher über universell gültige Regeln oder Metapräskriptionen für alle Sprachspiele einig werden können, obwohl diese offenkundig heteromorph sind und heterogenen pragmatischen Regeln unterliegen", ist keine unschuldige, sondern eine folgenschwere Illusion.[9] Und eine weitere liegt in der Annahme, daß der Konsens mehr als einen Zustand der Diskussionen darstelle, daß er ihr Ziel sei. „Dieses liegt vielmehr in der Paralogie."[10] „Konsens" ist ein Prinzip nur bestimmter Sprachspiele und Verfahren, nicht aller. Man kann ihn daher als Metaprinzip weder ausweisen noch in Anspruch nehmen, man müßte ihn dazu schon erst erheben.

Lyotards Einwand bezieht sich also nicht darauf, daß mit der Konsenstheorie materiale Konsense angesonnen würden, sondern – entscheidend – bereits darauf, daß die formale Interpretation des Konsensverfahrens materiale Vorentscheidungen impliziert, die sie zu Unrecht als rein formale ausgibt. Eben dies war der Sinn des Hinweises, daß es keineswegs begründet, sondern eine Setzung ist, wenn man sagt, es gebe Metapräskriptionen, die allen Sprachspielen gemeinsam seien. Es ist kein formales Verfahren denkbar, das nicht in Wahrheit schon inhaltlichen Status und Sinn hätte. Man entkommt dem nicht in eine vorgebliche Universalität.[11]

---

7) *Das postmoderne Wissen*, 105/188.
8) Ebd.
9) *Das postmoderne Wissen*, 106/189.
10) Ebd., 106/189f.
11) Diesen Punkt hat Axel Honneth in seiner Kritik an Lyotard verkannt („Der Affekt gegen das Allgemeine. Zu Lyotards Konzept der Postmoderne", *Merkur* 430, 1984, 893-902). Er unterstellt Lyotard das „substantialistische Mißverständnis" des diskursethischen Formalismus, ohne auf die Argumente Lyotards einzugehen (ebd., 901). Er übersieht, daß Lyotard Habermas durchaus nicht substantialistisch mißversteht, sondern eine These vorträgt, die von einer solchen Replik nicht erreicht wird. Lyotards These ist nämlich, daß der vorgebliche Formalismus gar keiner ist, sondern in Wahrheit – entgegen dem Habermas'schen Selbst(miß)verständnis – einen verklausulierten Substantialismus darstellt. Diese These ist bis heute unwiderlegt.

Gegen Ende des *Postmodernen Wissens* resümiert Lyotard seine Stellung zu Habermas folgendermaßen: „Die Sache ist gut, aber die Argumente sind es nicht. Der Konsens ist ein veralteter und suspekter Wert geworden, nicht aber die Gerechtigkeit. Man muß daher zu einer Idee und einer Praxis der Gerechtigkeit gelangen, die nicht an jene des Konsenses gebunden ist."[12] Und er schließt: „Es zeichnet sich eine Politik ab, in der der Wunsch nach Gerechtigkeit und der nach Unbekanntem gleichermaßen respektiert sein werden."[13]

Man kann Lyotards Hauptwerk, man kann den *Widerstreit* als Ausführung dieser Konzeption einer der Gerechtigkeit und dem Unbekannten gleichermaßen verpflichteten Politik verstehen.

2. Die unvermeidliche Ungerechtigkeit des Sprechens

Das Buch – 1983 im Original *(Le Différend)* und 1987 in deutscher Übersetzung erschienen – ist von anderem Zuschnitt und Gewicht als *Das postmoderne Wissen*. Lyotard selbst hat es als „sein philosophisches Buch" bezeichnet.[14] Durch dieses Werk sieht er all seine „früheren Arbeiten aufgehoben, es waren einfache Skizzen, eher schlechte ..."[15] Das Thema der Postmoderne wird erst hier auf höchstem Niveau behandelt. Das Buch wendet sich gegen eine Flut grassierender Postismen („post-dieses, post-jenes") und bemüht sich um eine „achtenswerte Postmoderne".[16] An ihm ist einiges zu messen: negativ der feuilletonistische Postmodernismus und sein Double, die ihrerseits in laxer Postmodernität schwelgende Kritik, positiv der philosophische Autor Lyotard und die Idee eines philosophischen Postmodernismus überhaupt.

Lyotard entfaltet das Thema der Pluralität wiederum auf sprachphilosophischer Basis, aber jetzt in eigenständigerer, nicht mehr an Wittgenstein orientierter Form. Nicht

---

12) *Das postmoderne Wissen*, 106/190.
13) Ebd., 108/193.
14) Jean-François Lyotard, *Le Différend*, Paris 1983, Umschlagrücken. – Zur Zitation: In diesem Kapitel finden sich die Belege fortan im Haupttext. Alleinstehende Ziffern bezeichnen dabei (in französischer und deutscher Ausgabe identische) *Abschnitts*nummern, zwei durch Schrägstrich getrennte Ziffern geben die französische und die deutsche *Seiten*zahl an. (Nicht alle Passagen des Buches sind als Abschnitte gezählt.)
15) Jean-François Lyotard mit anderen, *Immaterialität und Postmoderne*, Berlin 1985, 19. – Das gilt natürlich auch gegenüber dem *Postmodernen Wissen*, das Lyotard denn auch stets als „Gelegenheitsarbeit" bezeichnet hat. Adepten, Übersetzer und Kritiker waren schlecht beraten, daraus eine Bibel zu machen, wo jede flüchtige Bemerkung in alle Ewigkeit verbindlich sein sollte, wo es jedes Wort originalgetreu zu übertragen (statt zu übersetzen) galt, wo eine Kritik fauler Stellen schon für eine Vernichtung im Kern gelten konnte.
16) *Der Widerstreit*, 11/12.

VIII. Kapitel: Der Widerstreit oder Eine postmoderne Gerechtigkeitskonzeption

mehr von Sprachspielen ist die Rede, sondern von Satz-Regelsystemen (régimes de phrases) und Diskursarten (genres de discours). Unter Rekurs auf diese sprachanalytische Folie exponiert Lyotard die postmoderne Pluralität und Heterogenität der Lebens-, Handlungs- und Denkformen – und ihre Probleme.

Satz-Regelsysteme sind beispielsweise Argumentieren, Erkennen, Beschreiben, Erzählen, Fragen, Zeigen. Sie geben für einschlägige Sätze und Sprechhandlungen gewisse Regeln vor. So verlangt Erkennen den Übergang von Ereignis zu Struktur, wohingegen Erzählen diesen gerade ausschließt. Diskursarten sind demgegenüber beispielsweise: einen Dialog führen, Unterrichten, Recht sprechen, Werben. Sie sind komplexer gebaut als die Satz-Regelsysteme, verbinden jeweils Sätze verschiedener Satz-Regelsysteme. Zudem sind sie final strukturiert: in den genannten Fällen geht es um Wissen oder Belehrung oder Gerechtigkeit oder Verführung. Im Blick auf diese Ziele ermöglichen und leisten die Diskursarten die Aneinanderreihung („Verkettung") verschiedener Sätze und den Übergang von einem Satz-Regelsystem zu einem anderen.

In diesen anscheinend unverfänglichen Verhältnissen deckt Lyotard eminente Probleme auf. Es scheint unmöglich zu sprechen, ohne dabei ein Unrecht zu begehen. Lyotard expliziert das folgendermaßen: Wenn ein Satz auftritt, so bestehen jeweils verschiedene Möglichkeiten der Fortsetzung. Nicht nur kann man (was relativ unproblematisch ist) innerhalb derselben Diskursart mit Sätzen verschiedener Satz-Regelsysteme fortfahren (also beispielsweise auf eine Frage mit einer Definition oder mit einer Kritik der Frage antworten), sondern es gibt auch – und hier wiegen die Problemlasten schwerer – Möglichkeiten der Fortsetzung gemäß verschiedenen Diskursarten. So kann man etwa auf die Frage, was der Mensch sei, mit philosophischer Spekulation, soziologischer Statistik oder pfiffiger Kasuistik antworten. Indem man aber eine dieser Fortsetzungsformen wählt, geschieht dies unvermeidlich auf Kosten der anderen.

Für diese Wahl gibt es nun gerade in den kritischen Fällen keinerlei Kriterium. Weder existiert eine universelle Regel, die bestimmte, daß im Zweifelsfall stets mit diesem Satz-Regelsystem (etwa einer Aussage) fortzufahren oder jener Diskursart (etwa dem Dialog) der Vorzug zu geben sei, noch ist im Einzelfall der Konflikt zwischen den heterogenen Fortsetzungsfällen entscheidbar.

Das liegt zum ersten daran, daß die unterschiedlichen Diskursarten nicht bloß als divers erscheinen, sondern wirklich heterogen sind. Sie sind nicht verschiedene Gestalten des Selben. Daher ist es nicht möglich, daß die eine die andere ersetzt oder vertritt. Die Fortsetzungsalternative ist gravierend: Wegen der Heterogenität kann man nicht, indem man explizit die eine Fortsetzung wählt, implizit auch die andere realisiert haben. Hinzu kommt, daß die Entscheidung des Konflikts nach der Regel einer bestimmten Diskursart eo ipso eine Ungerechtigkeit gegenüber den anderen am Konflikt beteiligten Diskursarten impliziert. Denn wegen der Spezifität einer jeden Art können dieser nur Eigenregeln angemessen sein, zugleich ist wegen derselben Spezifität aber ausgeschlossen, daß solche Eigenregeln verschiedenen Arten gemeinsam sind, mithin muß die Anwendung einer Eigenregel im Fall des Konflikts zwischen unterschiedlichen

2. Die unvermeidliche Ungerechtigkeit des Sprechens

Arten notwendigerweise Unrecht erzeugen. Und da es keine Meta-Regel gibt – jede als solche prätendierte Regel erweist sich bei genauerer Untersuchung vielmehr als Eigenregel einer bestimmten Art – sind die Konflikte nicht zu schlichten, gibt es im Sprechen keine Gerechtigkeit.

Die Situation hat zusätzliche Schärfe dadurch, daß um die Fortsetzung stets ein Streit besteht. Kein Satz ist der erste, sondern jeder tritt schon innerhalb eines Spannungsfeldes unterschiedlicher Diskursarten auf, deren jede unter Verwendung des ankommenden Satzes ihre Aktualisierung zu bewerkstelligen sucht. Vermag sie sich den auftretenden Satz als Glied ihrer Fortsetzungslogik (interpretierend) anzueignen und sich mithin im Ausgang von ihm zu aktualisieren, so hat sie „gewonnen" (184). Die Fortsetzung erfolgt also stets auf dem Boden eines Kampfes nicht bloß bereitstehender, sondern zur Realisierung drängender Möglichkeiten, und ihre faktische Gestalt hat damit immer die Abweisung und Verdrängung der nicht aktualisierten Möglichkeiten zur Kehrseite.

Zudem kann man dem Konflikt nicht einmal vorübergehend – etwa durch Aufschieben oder Aussetzen der Entscheidung – entgehen. Denn das Gesetz der Zeit verfügt, daß auch die temporäre Nicht-Fortsetzung – das Schweigen – eine Fortsetzung darstellt (und oft genug eine besonders vielsagende). Also kommt es in jedem Fall zu einer Fortsetzung (40,43,102,135) – und damit zu einer Kupierung der nicht ergriffenen Möglichkeiten (10/11).

Pointiert kann man diese Sicht folgendermaßen zusammenfassen: Die grundlegende (und ganz unvermeidliche) Ungerechtigkeit besteht darin, daß sprachliche Möglichkeiten inaktualisiert bleiben – obwohl sie ebensogut wie die realisierten ein Recht auf Aktualisierung hätten.[17] Diese Grundsituation von Unrecht beruht auf zwei Gesetzen. Zum einen auf dem der Zeit und Bestimmtheit: Man muß fortsetzen, kann aber je nur mit *einer* Möglichkeit fortsetzen. Zum andern auf dem Gesetz der Diversität und Metaregel-Absenz: Die Möglichkeiten sind heterogen, und daher gibt es weder gegenseitige Vertretbarkeit noch – und vor allem – eine übergeordnete Regel, die zwischen ihnen begründet und gerecht zu entscheiden erlaubte. Diese Nicht-Existenz einer Metaregel (eines obersten Prinzips, eines Gottes, eines Königs, eines Jüngsten Gerichts oder auch nur einer respektablen Diskurspolizei) macht das Herz dieser Lyotardschen Konzeption wie des Postmodernismus überhaupt aus.

Während Lyotard diese Verfassung im *Postmodernen Wissen* vor allem über das Ende der Meta-Erzählungen plausibel gemacht hatte, begründet er sie jetzt anhand der Struk-

---

[17] Übrigens hat schon Herder (und natürlich auch er aufklärungskritisch) ausgesprochen, daß sich die Einheit einer Stimme auf dem Untergrund einer Vielheit nicht aktualisierter Stimmen erhebt (Johann Gottfried Herder: *Auch eine Philosophie der Geschichte zur Bildung der Menschheit,* Frankfurt a.M. 1967, 45). Allerdings verstand Herder das Verhältnis nicht einfach als das eines Ausschlusses, sondern sah eine Kooperation: Die nicht aktualisierten Stimmen sollten die eine erklingende „unterstützen". Bei Lyotard sind solche Verbindungen systematisch gekappt.

VIII. Kapitel: Der Widerstreit oder Eine postmoderne Gerechtigkeitskonzeption 233

tur der Sprache. Es gibt keine Sprache im allgemeinen, weder als ausgezeichnete Metasprache noch als systemartigen Zusammenhang der Diskurse. Daher sind Beherrschung und Einheitsentscheid von der Struktur der Sprache her prinzipiell ausgeschlossen. Das ist die Pointe von Lyotards postmodernem Sprachrekurs.

Zugleich versteht man: Eben weil Sprache so verfaßt ist, daß es *die* Sprache nicht gibt (11/11, 231, 263), sondern Heterogenität grundlegend ist, muß es zu Konflikten nicht nur kommen, sondern sind diese auch nicht zu schlichten. Die Unlösbarkeit des Streits – die Unvermeidlichkeit des Unrechts – ist eine Folge dieser Verfassung der Sprache selbst. Grundlegende Heterogenität und wirkliche Gerechtigkeit sind inkompatibel.

Dieser Konflikt tritt immer dort zutage, wo fundamentale Differenzen bestehen und eine übergeordnete Regel fehlt – und das ist eben zwischen den Diskursarten der Fall. Umgekehrt sind die Übergänge zwischen verschiedenen Satz-Regelsystemen innerhalb ein und derselben Diskursart deshalb (relativ) unproblematisch, weil hier in Gestalt der Finalität der jeweiligen Diskursart eine übergeordnete Regel existiert (43). Zusammengefaßt heißt das: *Intragenerische Konflikte sind lösbar. Der intergenerische Widerstreit aber ist es nicht.* Und die letztere, radikale Problemsituation macht den philosophischen Fokus von Lyotards Thematik aus. Diesem Widerstreit – dem „différend" – ist dieses Grundwerk des philosophischen Postmodernismus gewidmet.

Nun gibt es natürlich Fälle, in denen diese Konflikte weder unbemerkt bleiben noch einfach durch ein faktisches Prozedieren beantwortet werden, sondern ausdrücklich thematisiert und mit Rechtsbewußtsein entschieden werden. Tritt wenigstens hier Recht an die Stelle von Unrecht? Je nachdem. Soweit es sich um entscheidbare – also intragenerische – Fälle handelt, kommt sehr wohl durch die Austragung des Streits (idealiter) alles ins Lot. Der Übervorteilte erhält Recht und Entschädigung. Der Streit – es handelt sich hier, da die beiden Parteien auf einem gemeinsamen Boden stehen, um einen Rechtsstreit (litige) – wird geschlichtet, und der Schaden (dommage) – der sich aus der Verletzung des gemeinsamen Rechts ergeben hatte – wird behoben. Handelt es sich jedoch um intergenerische, also gar nicht entscheidbare Konflikte, so wird die Sache durch die juridische Prozedur allenfalls schlimmer. Denn daran, daß von zwei Parteien mit gleichwertigen, aber heterogenen Rechtsansprüchen nur eine Recht bekommt, an dieser gleichsam naturwüchsigen Ungerechtigkeit ändert sich auch jetzt nichts. Nur wird diese Unrechtsentscheidung nun mit ausdrücklichem Rechtsbewußtsein getroffen und dadurch ihrer Fragwürdigkeit enthoben. Um eine Unrechtsentscheidung aber muß es sich noch immer handeln, da die verwendeten Entscheidungskriterien wegen der vorausgesetzten Heterogenität der Rechtsansprüche bestenfalls der einen, niemals aber beiden Parteien entsprechen und gerecht werden können.

In der Praxis ergibt sich dies meist daraus, daß das Verfahren durch ein Idiom bestimmt ist, in dem nur die Ansprüche der einen, nicht aber auch die der anderen Position formulierbar sind. So kann in der Auseinandersetzung zwischen Arbeitgebern und Arbeitnehmern das Argument, daß die Arbeitskraft keine Ware ist, gar nicht Gehör finden, denn die Auffassung der Arbeitskraft als Ware zählt zu den konstitutiven Annahmen des ökonomischen Diskurses, der die Grundlage der Verhandlungen der Tarifpartner bildet (12,13). Stehen einander heterogene Rechtsansprüche gegenüber, so handelt es sich nicht um einen Rechtsstreit (litige), sondern um einen Widerstreit (différend), und dabei hat die Beeinträchtigung nicht die Bedeutung eines Schadens (dommage), sondern das Gewichts eines Unrechts (tort). Das juridische Verfahren jedoch behandelt, da es die grundsätzliche Heterogenität nicht wahrnimmt, jeden Widerstreit wie einen Rechtsstreit und gerät daher in den Fällen, in denen faktisch ein Widerstreit vorliegt, zu einem systematischen Verfahren der Unrechtserzeugung mit Rechtsbewußtsein und damit zu einem Verfahren der Erzeugung doppelten Unrechts, nämlich erstens und unvermeidlich des Unrechts der Nicht-Aktualisierung und zweitens und ignoranterweise der Statuierung dieses Unrechts als Recht.

Die Situation ist also die, daß wir sprechend nicht nur aktualisieren, sondern immer auch unterdrücken. Und daß die Versuche, dem durch juridische Prozeduren eine gerechte Form zu verleihen, fehlschlagen. Sie vollziehen nur, was faktisch ohnehin geschieht, zusätzlich mit der Illusion von Recht.

Hält man sich die von Lyotard visierte Extension dieser Problematik vor Augen, so erkennt man schnell die umfassende Bedeutung seiner Untersuchung. Wenn Lyotard anscheinend „nur" von der Sprache handelt (er bezieht sich sogar ausschließlich auf Sätze, weil Sätze das einzig Unbezweifelbare sind, könnte doch ihre Bezweiflung wiederum nur satzhaft erfolgen, 9/9f.), so ist diese Beschränkung erstens offensichtlich methodisch motiviert, denn die Satzanalyse und im besonderen die Untersuchung der Verkettung (enchaînement) von Sätzen bietet ein ideal prägnantes Untersuchungsfeld. Zugleich ist der Sprachaspekt aber auch universell relevant. So geht es in der mikroskopischen Analyse der Bruchstellen und Übergänge zwischen Sätzen stets um mehr als Linguistisches: Es stehen die Differenzen und Reibungen von Lebensformen und Weltkonzepten zur Debatte. Die Sprachanalyse ist nur das Mittel, deren Verfassungen, Strategien und Auseinandersetzungen wie in einem Schaupräparat vor Augen zu führen. Im Anschluß eines Satzes – aber eben: welchen Satzes? welchen Satz-Regelsystems? welcher Diskursart? – an den anderen stehen das Denken, die Erkenntnis, die Ethik, die Politik, die Geschichte, das Sein auf dem Spiel (11/11). Bestimmte Fortsetzungs- und Ausschlußweisen sind für diese je konstitutiv. Welche Verknüpfungen werden zugelassen, negiert, realisiert, verdrängt? Darin entscheiden sich Kontur und Gerechtigkeitsprofil der Welten.

3. Konkretionen und Modelle des Problems

Eines vermag Lyotards Konzeption wie keine zweite: Konfliktlagen transparent zu machen. Das sei an einigen Fällen verdeutlicht.

VIII. Kapitel: Der Widerstreit oder Eine postmoderne Gerechtigkeitskonzeption 235

Schon im Titelkapitel „Le différend" kommen mehrere Typen der Differenz von Diskursarten zur Sprache. Beispielsweise wird der Unterschied von vorsokratischem Ontolog, sophistischem Logolog und platonischem Dialog dargelegt. Während der Logos zunächst Wort des Seins oder Gottes war, verwandelte er sich mit Gorgias' bzw. Protagoras' Kritik zur argumentierenden Rede (39/45). Diese Diskursform, in der es um Kampf und Sieg geht, blieb für das öffentliche Leben in Geltung, als Platon abseits davon, in der Akademie, einen anderen Diskurstyp ausformte, in dem es auf Dialog und Übereinkommen ankommt und wo es – anders als im dialektischen und rhetorischen Streit vor Gericht – weder Zeugen noch Richter gibt, sondern wo allein das zählt, was die Dialogpartner vorbringen und worin sie zur Übereinstimmung gelangen. – Diese Gegenzeichnung der Diskurstypen führt vor die Frage, nach welchem Modell nun ein Streit zu behandeln ist, ob beispielsweise dialektisch oder dialogisch, und wie ein solcher Konflikt entschieden werden könnte (47/53).

An Protagoras exemplifiziert Lyotard ferner, wie ein bestimmter Satz nach den Regeln der einen Diskursart unzulässig, nach denen einer anderen aber völlig korrekt sein kann.[18] Protagoras hat einen Schüler unterrichtet und ein Erfolgshonorar vereinbart: Der Schüler muß nur dann bezahlen, wenn er wenigstens einmal in einer Streitsache gewinnt. Aber der Schüler gewinnt nie. Als Protagoras gleichwohl eine Bezahlung erbittet, entgegnet der Schüler, vertragsgemäß habe er nichts zu entrichten. Womit er zweifellos recht hat. Aber eben damit hat er nun – dies eine Mal und gegen seinen Lehrer – in einer Streitsache gewonnen. Also muß er jetzt – vertragsgemäß – bezahlen. – Muß er wirklich?

Lyotard behandelt die Paradoxie, indem er zeigt, daß die Argumentation des Protagoras – die den gegenwärtigen Streit als einen soeben vergangenen behandelt – zwar nach den Regeln einer bestimmten Diskursart inkorrekt ist – nämlich nach denen der logischen Diskursart, die über die Wahrheit von Sätzen eindeutig entscheiden können will und daher mit Russell die Selbstreferenz von Sätzen verbietet; daß sie aber nach den Regeln einer anderen Diskursart – der physischen – korrekt ist, denn Protagoras bedient sich nur der physisch unaufhebbaren Doppelnatur des Jetzt, sowohl Nullpunkt als auch Reihenmoment von Zeit zu sein. Somit erweisen sich der Satz und der Anspruch je nach gewähltem Diskurstyp als legitim oder illegitim. Es gibt aber keinen übergeordneten Gesichtspunkt, der zwischen den beiden Diskursarten zu entscheiden erlaubte. Es handelt sich um einen Widerstreit (19-21/21-24).

Lyotard will mit diesem Beispiel auf das allgemeine Problem hinweisen, daß das Negativurteil über einen Satz (einen Anspruch, ein Begehren) bei aller Stringenz, die es augenscheinlich hat, doch nicht Sachgründen entspringen muß, sondern der Anwendung eines inadäquaten Beurteilungsrasters entspringen kann. Der Fall, den Lyotard

---

[18] Ich versuche Lyotards Version der unterschiedlich überlieferten Geschichte möglichst komprimiert zu fassen.

dabei im Auge hat – und der gleich zu Beginn angesprochen wurde und ein Leitmotiv des gesamten Buches bildet –, ist der Fall Auschwitz.

Wenn Faurisson keinen Beweis dafür finden kann, daß die Konzentrationslager Stätten einer Endlösung waren, so nicht deshalb, weil sie es nicht gewesen wären, sondern weil er ein inadäquates Realitätskonzept in Anschlag bringt, nämlich das einer Kontrollrealität, wo als real nur das akzeptiert wird, was Korrelat allgemein anerkannter und jederzeit wiederholbarer Feststellungsprozeduren ist. Wie befolgt man dieses Konzept in diesem Fall? Indem man Zeugen befragt, verläßliche Zeugen. Wer ist ein Zeuge? Einer, der dabei war. Und der bezeugen kann, mit eigenen Augen die Vernichtung gesehen zu haben. Aber sobald er das bezeugt, erweist er sich nicht als verläßlicher, sondern als widersprüchlicher Zeuge. Er zeugt mit seiner Existenz gegen seine Aussage. Denn er hat ja offenbar überlebt, also ist er der lebendige Beweis dafür, daß es sich dort nicht einfach um Vernichtungslager gehandelt haben kann. Somit könnte allenfalls ein in den Gaskammern Umgekommener, der jetzt als Zeuge aufträte, Faurissons Prüfverfahren genügen (1,2). – Die Widerlegung ist nicht durch Gegenbeweise, sondern durch Aufdeckung der verwendeten Diskurslogik zu führen. In diesem Fall ist das Prüfverfahren keines: es hat das Ergebnis vollständig präjudiziert.

Wenn die Opfer der Vernichtungslager schweigen, so ist dies aufschlußreich (14). In den geläufigen und erträglichen Idiomen ist, was sie zu sagen haben, nicht sagbar (23,93). Daraus kann man lernen, daß zu Realität stets mehr gehört als das positiv Beschreibbare. In der Konstitution einer Wirklichkeit sind je andere Potentialitäten erstickt (83). Das Unsagbare gehört ihr wie ein Schatten zu. Daher zeigt Auschwitz die Grundsituation von Wirklichkeit überhaupt. Auschwitz gibt deren Prinzip – den Ausschluß und dessen Unsagbarkeit – zu erkennen (93).[19]

Zudem ist Auschwitz selbst schon das Ergebnis eines Widerstreits. Die eine Diskursart – die von den Nazis wiederbelebte mythische Erzählung – hat hier ihren Anti-

---

19) In Claude Lanzmanns Film „Shoah" sagt Simon Srebnik, ein überlebendes Opfer:
„Das ... das ... das kann man nicht erzählen.
Niemand kann das nicht bringen zum Besinnen,
was war so was da hier war.
Unmöglich. Und keiner kann das nicht verstehen.
Und jetzt glaub' auch ich, ich kann das auch schon nicht verstehen.
Ich glaube nicht, daß ich da hier ...
Das kann ich nicht glauben, daß ich bin hier noch einmal.
Das war immer so ruhig hier. Immer.
Wenn die haben da jeden Tag verbrannt zweitausend Leute,
Juden,
es war auch so ruhig.
Niemand hat geschrien. Jeder hat seine Arbeit gemacht.
Es war still. Ruhig.
So wie jetzt, so war es."

poden – den dem jüdischen Denken von jeher eigenen und in der Moderne insgesamt tragend gewordenen Diskurs der Befragung und Interpretation – eliminiert. Geschichtslose Zyklik stellte sich gegen Ereignis, das Schondagewesene gegen das Unverfügliche.[20] Und die Kluft zwischen beiden Diskursarten ist so groß, daß es nicht einmal zum Widerstreit kommt – es gibt kein gemeinsames Idiom, in dem (wenigstens irrtümlicherweise) das Unrecht als bloßer Schaden beklagt und verhandelt werden könnte (160). Es gibt keinen Widerstreit, sondern nur Auslöschung – bis zur Auslöschung noch dieser Auslöschung (durch die Elimination aller Bezeugungsmöglichkeiten, 93, 157, 160).

Die Problematik des Widerstreits reicht bis zum Äußersten. Harmlos ist sie nie, auch wenn sie nicht immer zum Exzeß führen muß. Untragbar wird sie, sobald Opfer entstehen. Zum Opfer wird, wer einen Schaden erleidet und dabei zugleich der Mittel beraubt wird, diesen zu reklamieren. Dergleichen geschieht gemeinhin nicht durch Abweisung von den Gerichten, sondern durch die Verbindlichkeit eines Idioms, in dem diese Rechtsansprüche nicht formulierbar sind. Der Geschädigte kann sich nicht mehr Gehör verschaffen, und so wird aus dem Schaden ein Unrecht und aus dem Kläger ein Opfer (7, 9). Der exemplarische Fall des Opfers ist das Tier. Bei ihm wird, da es sein Recht nicht artikulieren kann, jeder Schaden zum Unrecht (38). – Wie kann die Figur des Opfers vermieden, wie können die Opfer befreit werden?

4. Lyotards Problemlösung: Empfindung, Artikulation, Bezeugung des Widerstreits

Lyotards Versuch einer Problemlösung hat mehrere Facetten. Die nächstliegende Möglichkeit besteht darin, Sprachblockierungen aufzuheben. Also sowohl demjenigen, was sein eigenes Idiom noch nicht gefunden hat (in dem es allein seine legitimen Ansprüche auszudrücken vermöchte), zur Sprachfähigkeit zu verhelfen als auch dafür Sorge zu tragen, daß dieses Idiom wirklich gehört wird. Das läuft auf die Forderung nach neuen Gerichten hinaus (44). Die traditionelle Institutionalisierung eines einzigen obersten Gerichts war gleichsam die Inkarnierung des Grundfehlers, der systematisch für Ungerechtigkeit sorgte. Gegen ihn geht das postmoderne Denken insgesamt an. Der Heterogenität von Rechtsansprüchen vermag allein eine Pluralität von Gerichten Genüge zu tun. Freilich (und einmal ganz abgesehen von der Frage, wie denn zu gewährleisten sei, daß jeder Streit auch vor sein passendes Gericht komme): Die neuen Gerech-

---

20) Eine andere Erklärung der „Endlösung" hat Lyotard in *Le mur du Pacifique* (Paris 1979, dt. *Die Mauer des Pazifik*, Graz – Wien 1985) gegeben: Der eine Auserwähltheitsanspruch sieht sich einem anderen konfrontiert und kann, daß sein Anspruch der wahre ist, nur beweisen, indem er das „Reich", auf das der Anspruch sich jeweils bezieht und in dem die Wahrheit an den Tag treten muß, herbeiführt (67-76/50-56).

tigkeiten haben natürlich neue Ungerechtigkeiten zur Kehrseite (197). Die Vielzahl unterschiedlicher Gerichte mag ein Fortschritt sein, ein Durchbruch oder gar eine Lösung ist sie noch nicht. Das Grundproblem allen juridischen Prozedierens – daß der Richter, wie Lyotard sagt, notwendigerweise Partei ist (10/11) – bleibt bestehen. Das soll nicht heißen, daß unsere Richter innerhalb unserer Rechtsordnung parteiisch wären. Es besagt nur, daß die Rechtsordnung als solche notwendigerweise Partei ist, daß sie unvermeidlicherweise mit Ausschlüssen und potentiellen Ungerechtigkeiten verbunden ist. Dieses Problem ist allerdings – nach allem Vorausgegangenen – auch gar nicht aus der Welt zu schaffen. Das einzige, was man tun kann, ist: mit ihm anders umzugehen. Indem man nicht (qua Bürgerkrieg, Klassenkampf oder revolutionärer Gewalt, 197) noch einmal auf eine einzige (bloß andere) Gerechtigkeit setzt und ein anderes Tribunal anstelle des alten errichtet (das genauso ungerecht sein wird, bloß an anderer Stelle);[21] und indem man auch nicht (wie der Intellektuelle) für eine bestimmte Seite votiert und dieser zur Herrschaft zu verhelfen sucht (202);[22] sondern indem man sich – und das kennzeichnet die Rolle und die Position des Philosophen – auf den Widerstreit einläßt.

Das verlangt zuerst, daß man den Widerstreit überhaupt empfindet und entsprechenden Wahrnehmungen nicht aus dem Weg, sondern nachgeht. Es bedeutet sodann, daß man vom Widerstreit Zeugnis ablegt (11/12,22). Das geschieht zweifach: Theoretisch, indem man (wie Lyotard in diesem Buch) die Maschinerie des Unrechts attackiert und ihre Fehler aufdeckt, also darlegt, daß es eine umfassende Metasprache nicht gibt, daß die Hegemonie eines Diskurstyps gegenüber den anderen notwendigerweise Unrecht erzeugt, daß genau dergleichen Übergriffe und Totalisierungen das Grundübel sind und daß es demgegenüber die Unterschiede der Satz-Regelsysteme und Diskursarten zu achten und ihre Grenzen zu wahren gilt (5). Und praktisch arbeitet man am Widerstreit, indem man in konkreten Fällen ein Idiom zu finden oder auszubilden sich bemüht, in dem er ausgetragen werden kann (21-23,202), wobei es gerade der durch den herrschenden Diskurs in die Sprachlosigkeit gedrängten Partei zur Artikulation zu verhelfen gilt. Daß die Restriktionen der einzelnen Diskursarten positiv sind (weil sie die Möglichkeit anderer Diskursarten einräumen und deren Praxis und Erfindung ermöglichen, 31) und daß es allen Übergriffen und Totalisierungen entgegenzutreten gilt, bildet eine Leitlinie dieser Aufklärungsarbeit. Ihre Inspiration ist grundlegend anti-totalitär. Zu einem

---

21) Vgl. folgende aufschlußreiche Äußerung Lyotards: „Nous Français nous n'arrivons à penser ni la politique, ni la philosophie, ni la littérature, sans nous souvenir que tout cela, politique, philosophie, littérature, a eu lieu, dans la modernité, sous le signe du crime. Un crime a été perpétré en France en 1792. On a tué un brave roi tout-à-fait aimable qui était l'incarnation de la légitimité (au sens où Hegel dit que le pouvoir légitime doit être incarné dans un individu vivant). Nous ne pouvons pas ne pas nous souvenir que ce crime est horrible" (Discussion entre Jean-François Lyotard et Richard Rorty, *Critique* 456, 1985, 581-584, hier 583).
22) Vgl. Lyotards Kritik an der Figur des Intellektuellen im Titelaufsatz von *Grabmal des Intellektuellen*, Graz – Wien 1985, 9-19.

freilich – so möchte wohl mancher einwenden – gelangt sie dabei doch nicht: zu einer Ordnung, in der es nun keinen Widerstreit oder wenigstens keine Unterdrückungsfolgen desselben mehr gäbe. Die Pointe allerdings liegt gerade darin, daß eine solche Gesamtordnung prinzipiell unmöglich ist und daß man die Idee der Gerechtigkeit daher transformieren muß: Nicht mehr so sehr der Richter verkörpert sie, sondern der Anwalt; nicht mehr in der Entscheidung, sondern in der Zulassung hat sie ihren Schwerpunkt; sie ist nicht mehr juridischer, sondern ontologischer bzw. sprachlicher Art.

Der Philosoph (der hier eine grundlegend moralische Mission erhält) hat nicht so sehr Rezepte einer „gerechten" Entscheidung zu liefern als vielmehr dafür Sorge zu tragen, daß die Logik des Widerstreits erkannt und der konkrete Widerstreit als solcher wahrgenommen und beachtet und nicht bloß als Streit abgetan wird. Der Philosoph legt vom Widerstreit Zeugnis ab (11/12,22). Das ist die Weise, wie angesichts der Einsicht, daß der Richter immer Partei ist, die Ehre des Denkens noch gerettet werden kann (10/11). Natürlich ist mit dieser Ehre nicht das Eigeninteresse einer akademischen Disziplin gemeint (zu der Lyotard sein Denken eher in Opposition sieht, 11/11), sondern das Einstehen für das, wofür einzustehen die Aufgabe des Denkens ist: die Vielfalt und Heterogenität des Sprachlichen im weitesten Sinn. Was Lyotard in *Le Différend* entfaltet, kann man füglich als „Moralia linguistica" bezeichnen. Die Sensibilität für die heterogenen Ziele, die in den diversen (bekannten und unbekannten) Diskursarten impliziert sind, und die Fähigkeit, diese Ziele so weit wie möglich zu verfolgen, machen für ihn die aktuelle Idee der Humanität aus (253). Sie bestimmen zugleich das Ideal und die Aufgabe des Philosophen (202).[23]

Mancher wird in einer solchen Konzeption resignative Züge wahrzunehmen und ihr daraus einen Vorwurf zu machen geneigt sein. Lyotard gebe den Anspruch universaler Gerechtigkeit – und damit die Idee der Gerechtigkeit selbst – preis. – Da sollte man freilich vorsichtig oder einfach genau sein. Daß Gerechtigkeit Gerechtigkeit für alle sein muß, ist in der Tat von der Idee der Gerechtigkeit untrennbar. Und diese *Idee* der Gerechtigkeit hält Lyotard absolut aufrecht, wie man gerade daraus ersehen kann, daß der

---

23) Schon in *Au Juste* (gemeinsam mit Jean-Loup Thébaud, Paris 1979) war zutage getreten, daß Gerechtigkeit *das* Problem für Lyotard ist, Gerechtigkeit freilich jenes anspruchsvollen Typs, der dort gefordert ist, wo man nicht einfach einer vorgegebenen Regel folgen kann. Lyotard schloß sich dort eng an Aristoteles an. Das galt vom Motto des Buches – daß die Regel des Unbestimmten selbst unbestimmt sein müsse (vgl. EN V 14, 1137 b 29 f.) – bis zur Berufung auf die Aristotelische *phronesis* als Vermögen, dort noch treffend zu urteilen, wo kein Kriterium und Modell mehr hinreicht *(Au Juste,* 52 f.). Aristoteles hat die *phronesis*, gerade was diesen Aspekt angeht, als *aisthesis* charakterisiert. (Vgl. hierzu Verf., *Aisthesis. Grundzüge und Perspektiven der Aristotelischen Sinneslehre*, Stuttgart 1987, 53-56). Das ist in Lyotards Plädoyer für „Sensibilität" noch lebendig. Mit Blick auf diese *phronesis* kann sich der Postmodernist geradezu als Aristoteliker bekennen: „... celui dont je me sens le plus près, c'est finalement Aristote." *(Au Juste,* 52, ähnlich 58 f.; vgl. auch *Immaterialität und Postmoderne,* 43 f.)

ganze Impetus seiner Konzeption ja der einer *Erweiterung* der Gerechtigkeitssphäre ist. Gerade das üblicherweise und systematisch verborgene Unrecht soll aufgedeckt und behoben werden. Die Zielrichtung ist also durchaus universalistisch (und der Vorwurf gegen die geläufigen universalistischen Ethiken lautet denn gerade, daß diese nicht wirklich universalistisch sind und es in der von ihnen verfolgten Weise auch nie werden können). Nur: Wie diese Idee universaler Gerechtigkeit einzulösen sei – darum geht der Streit. Lyotards harte und konsequenzenreiche These ist, daß diese Idee, die überhaupt erst wegen der Heterogenität der Diskursarten so eminent wichtig wird, wegen der gleichen Heterogenität zugleich *als positive Realform unmöglich* ist – und doch gerade so als *Idee* verpflichtend wird. Die reale Implantierung dieser Idee in dieser oder jener Form verkehrte sie notwendig – da sie artspezifisch ausfallen und somit Heterogenes dominieren müßte – ins Gegenteil. Nur solange man diese Dialektik nicht ernst nimmt oder ihren unaufhebbaren Grund nicht einsieht, kann man im Namen der Gerechtigkeit systematisch Ungerechtigkeit installieren und daneben den Kritiker dieses Verfahrens des Defaitismus bezichtigen.

Die Faktizität der Welt – die Heterogenität der Diskursarten – macht eine harmonische Gesamtordnung und damit eine Form durchgängiger Gerechtigkeit unmöglich. Die Gerechtigkeit ist nicht bloß faktisch getrübt, sie ist in der Konstruktion der Wirklichkeit notwendig mit ihrem Gegenteil verbunden. Genau das weist darauf hin, daß Gerechtigkeit eine *Idee* ist, und macht beides notwendig: sie festzuhalten – aber mit dem Bewußtsein, daß es sich um eine Idee handelt. Man kann und soll ihr zuarbeiten – bündig installieren aber kann man sie nicht. Es ist leichter, Ungerechtigkeit aufzudekken, als Gerechtes zu tun. Nicht das Gute liegt in unserer Hand, sondern das weniger Schlechte (197).[24] Man kann den Widerstreit nicht aufheben. Aber man kann dafür sorgen, daß seine stillschweigende Tilgung nicht unbemerkt bleibt und daß fortan anders mit ihm umgegangen wird. Dies ist die jetzt geforderte Gerechtigkeitsarbeit.

Lyotard betont, daß die moderne Demokratie einer solcherart auf den Widerstreit sich einlassenden Praxis ungleich mehr Raum gibt als jede andere politische Form. Wo – wie vorher – die Erzählung regiert, werden die verschiedenen Diskursarten absorbiert. Das gehört zur Struktur der Erzählung (210,219). Die beratschlagende Politik hingegen rechnet mit dem Widerstreit und läßt die Differenzen hervortreten (210). Sie basiert nicht, wie die Erzählung, auf einer einzigen Diskursart, sondern auf mehreren (217). Das macht sie zwar anfälliger (217), aber auch bejahenswert. Eine Inkarnation der Gerechtigkeit ist natürlich auch sie nicht. Aber die Idee der Gerechtigkeit ist strukturell in sie eingebaut, und in ihr hat die Gerechtigkeitsarbeit die größten Chancen. Die dazu gehörende Kritik muß freilich auch geleistet werden. Lyotard sucht sie hier auf dem grundsätzlichsten Niveau durchzuführen.

---

[24] Interessant ist die Kongruenz dieses Lyotardschen Ansatzes mit Wellmers Modifikation der Diskursethik (vgl. Albrecht Wellmer, *Ethik und Dialog. Elemente des moralischen Urteils bei Kant und in der Diskursethik*, Frankfurt a.M. 1986, 220 f.).

VIII. Kapitel: Der Widerstreit oder Eine postmoderne Gerechtigkeitskonzeption

Besondere Aktualität hat diese Analyse angesichts einer gegenwärtigen Uniformierungsdrohung. Die ökonomische Diskursart ist auf dem Weg zur absoluten Hegemonie. Uniformierung geschieht seit langem durch Monopolisierung dieser Diskursart. Die Opposition dagegen verstärkt die Plausibilität von Lyotards Ansatz und verleiht ihm zusätzliche Brisanz. Der ökonomische Diskurs ist nicht durch einen Primat ökonomischer Themen, sondern durch die Vorbildlichkeit der ökonomischen Umgangsweise mit Themen aller Art charakterisiert. Für diesen Diskurs geht es nur um möglichst effizienten – und das heißt zeitsparenden – Austausch von Informationen (240 f.). Unter seiner Ägide werden heute tendenziell alle Diskursarten nach ökonomischen Kriterien validiert und traktiert (245). Dieses neue universelle Idiom (251) absorbiert alle Unterschiede und eliminiert dergleichen wie Erwartung, Ereignis, Wunder (252). Gegen diese aktuelle Uniformierung ist die tagespolitische Seite von Lyotards Schrift gekehrt.

Darin liegt zugleich ihre marxistische Komponente. Die Analyse der ökonomischen Hegemonie und die Lösungsperspektive einer Empfindung und Bezeugung des Widerstreits machen Lyotard zufolge die aktuelle Nachfolgegestalt des Marxismus aus (236). Zudem markiert die Opposition gegen die ökonomische Uniformierung auch den gewissermaßen persönlichen Stand der Schrift. Im lapidar-informativen „Merkzettel zur Lektüre" (der dem Buch vorangestellt ist, damit der Leser, wenn er Lust hat, von dem Buch sprechen kann, ohne es gelesen zu haben, 13/14) sagt Lyotard, daß ein Buch und zumal ein philosophisches heute immer weniger Chancen habe, weil es mit den Erfordernissen des ökonomischen Diskurses nicht übereinstimme. Die Lektüre erfordere zuviel Zeit – und ganz verlorene Zeit, denn sie trage dem Leser auch nicht nachträglich Zeitgewinn ein (13f./15f.). Bücher wie dieses werde es künftig nicht mehr geben – es sei denn (so ist zu ergänzen), die Botschaft setze sich doch noch (auf welchen Wegen auch immer) durch.

Die Schlußperspektive des Buches jedoch ist mutig und klingt optimistisch: „Das einzige unüberwindliche Hindernis, auf das die Hegemonie des ökonomischen Diskurses stößt, liegt in der Heterogenität der Satz-Regelsysteme und Diskursarten" (263). – Ein Buch gegen eine Welt.

5. Die Idee einer philosophischen Politik

Letztlich, sagt Lyotard, geht es in diesem Buch darum, „die philosophische Politik aufzubauen" (11/12). Was heißt das? – Lyotard unterscheidet die philosophische Politik von der Politik der Intellektuellen und der Politik der Politiker. Der Politiker vertritt einen erklärten politischen Standpunkt. Der Intellektuelle vertritt ebenfalls einen Standpunkt, aber einen zunächst nicht politisch, sondern durch Wahrheitsansprüche anderer Art ausgezeichneten, der allerdings politische Implikationen und Konsequenzen hat, weshalb der Intellektuelle dann in die Politik interveniert. Ob von politikinternen oder politikexternen Positionen herkommend, beide betreiben die Politik eines Standpunkts.

Anders der Philosoph. Aus zwei Gründen: Er hat das prinzipielle Ungenügen von Standpunkten nicht nur erfaßt, sondern nimmt dies auch ernst. Und er versteht das Politische weit: Wo immer es um das Zusammenleben der Menschen geht, ist Politisches im Spiel. So wird für Lyotard das Politische mit dem Geschehen von Sätzen, insbesondere der Satzverkettung, koextensiv. Jedesmal geht es um Zulassung und Ausschluß, Entscheidung und Unterdrückung, Bahnung und Blockade. Hält man sich Lyotards weit gefaßtes Satz-Verständnis vor Augen – jede Handlung (ein Flugzeug besteigen, einen Schwur leisten, einen Strich ziehen) kann als Satz betrachtet werden –, so versteht man, daß er sagen kann, das Problem des Anschlusses eines Satzes an einen anderen sei das Problem der Politik (11/11f.):[25] „Politik ist dort, wo ein Konflikt droht zwischen den diversen, in jedem Moment möglichen Verkettungen" oder, noch drastischer, wo die „Möglichkeit des Widerstreits bei der geringfügigsten Verkettung besteht".[26]

Zugleich versteht man, daß der Philosoph, der des politischen Problems in dieser elementaren und weiten Form gewahr wird, nicht – wie die anderen – Standpunkt-Politiker sein kann, sondern zum Widerstreits-Politiker werden muß: Er erkennt, daß jeder Zug andere legitime Möglichkeiten tilgt, daß inkommensurable Rechte aneinander scheitern und daß die politische Aufgabe und Lösung nicht darin liegen kann, dem „einen richtigen" Standpunkt zum Sieg zu verhelfen, sondern daß es jenseits solcher Durchsetzung mit dem unaufhebbaren Konflikt der vielen legitimen Ansprüche anders und noch einmal im Sinn von Gerechtigkeit umzugehen gilt. Hier, auf dieser zweiten Stufe – jenseits der einzelnen Entscheidung und Durchsetzung – liegt das postmodern relevante und philosophisch einschlägige Problem der Politik.

Die philosophische Politik ist eine Art Meta- und zugleich Elementarpolitik. Sie bearbeitet das Problem, das nach der Durchsetzung neu entsteht und ihr immer schon vorausgeht: die Gerechtigkeit zwischen heterogenen Ansprüchen, wo unweigerlich die Legitimität des einen die Verletzung der Legitimität des anderen zur Kehrseite hat. Darin liegt die spezifisch postmoderne Dimension von Politik. Denn in der Postmoderne wurde die bislang eher latente Pluralität vordringlich und unübersehbar. Daher braucht es jetzt eine Politik, die diese Situation nicht mehr überspielt, sondern sich ihr stellt. Eben das tut die von Lyotard konzipierte philosophische Politik. Sie ist nicht, wie die konventionelle „pluralistische" Politik, auf die Buntheit von Varianten, sondern auf den Widerstreit elementarer Differenzen bezogen. Das verlangt ein anderes Spiel.

---

25) Ähnlich in einem späteren Aufsatz: „Die unscheinbarste Verknüpfung eines Satzes mit einem anderen wirft ein politisches Problem auf." (Jean-François Lyotard, „Le Nom et l'exception", in: *Tod des Subjekts?*, hrsg. von Herta Nagl-Docekal u. Helmuth Vetter, Wien-München 1987, 43-53, hier 43.)

26) Ebd., 43 bzw. *Der Widerstreit*, Nr. 192.

VIII. Kapitel: Der Widerstreit oder Eine postmoderne Gerechtigkeitskonzeption

Klar ist, daß man der Ungerechtigkeit nicht einfach entgehen kann. Lyotard hat als Ziel der Politik denn auch nur formuliert, „so wenig Unrecht wie möglich" zu begehen.[27] Schon der Konflikt zwischen Satz-Regelsystemen ist, genau genommen, nicht schlechthin lösbar. Man scheint ihn zwar entscheiden zu können, denn es gibt hier einen gemeinsamen Leitgesichtspunkt: das Ziel der jeweiligen Diskursart. Daher scheint man unter verschiedenen Fortsetzungsmöglichkeiten einfach derjenigen den Vorzug geben zu sollen, die am zielführendsten ist. Nur: Wie weiß man, welche das ist? In den meisten Fällen müßte man es erst ausprobieren, und das noch einmal mit verschiedenen Fortsetzungen, da diese ja auch rückwirkend vorausgegangene Schritte als fruchtbare oder unfruchtbare umdefinieren können – ein insgesamt offensichtlich unabsehbares und unmögliches Unterfangen. Das Zielkriterium filtert also allenfalls brauchbar, nicht aber „absolut" und nicht „gerecht".

Gänzlich ohne Kriterium aber muß man zwischen verschiedenen Diskursarten auskommen. Und es gibt tausend Momente, in denen der Wechsel von einer zur anderen nicht nur möglich, sondern sinnvoll sein könnte. Warum also den letzten Satz in der Diskurskette A fortschreiben, warum ihn nicht vielmehr als Anfangsglied einer Diskurskette B nehmen? Faktisch operiert man hier ständig im Bodenlosen – nur verdeckt man es sich, und tut das gerade durch Kontinuation. Deren Hauptfunktion ist nicht etwa sachliche Konsequenz, sondern Verdecken der Alternativen, Legitimation des eingeschlagenen Weges. Man könnte von einem Diskurs des Vergnügens zu einem der Überredung, von einem der Überzeugung zu einem des Urteils, von einem der Affektion zu einem des Zeigens übergehen, man könnte sozusagen aus dem Geltungsbereich der Aristotelischen Poetik in den der Topik, von der Analytik zur Ethik, von der Kantischen Ästhetik zur Wittgensteinschen Sprachanalyse übergehen,[28] aber egal, ob man es tut oder nicht: Man wird es in jedem Fall ohne „ausreichenden" Grund getan haben und wird, ob auf dem neuen oder dem alten Weg, andere Möglichkeiten niedergehalten und ausgeschlossen haben, wird sie nie kennenlernen.

Kann man dann nicht gleich alles beim Alten lassen? Nein. Ein empfundenes Unrecht muß aufgehoben werden, auch wenn voraussehbar ist, daß an anderer Stelle neue Unrechtsfolgen entstehen mögen. Bestehendes Unrecht nimmt (bei sonstiger Vergleichbarkeit) stärker in die Pflicht als entfernt mögliches Unrecht. Zudem vermag die Pluralisierung gewisse Härten zu nehmen. Aber da die neuen Diskursarten andere Ungerechtigkeiten zur Kehrseite haben und die Ungerechtigkeit prinzipiell nicht eliminierbar ist, reicht diese Strategie noch nicht aus, sondern es gilt einen insgesamt anderen Umgang mit dem Problem zu entwickeln.

Die „philosophische Politik" wird von Lyotard tatsächlich als ein vom Philosophen zu inaugurierender Politiktypus angesehen. Natürlich kann jedermann dazu finden, aber eben nur, wenn er eine bestimmte – als spezifisch „philosophisch" zu bezeich-

---

27) „Le Nom et l'exception", 44.
28) Vgl. *Immaterialität und Postmoderne,* 41.

nende – Erkenntnis und Haltung einnimmt. Diejenige nämlich, die auf der Einsicht in die Heterogenität und die Grundsituation des Widerstreits beruht. Wer diese Sicht gewonnen hat und deren Konsequenzen sich nicht verstellt, der wird mit Konflikten, die er als Folge dieser grundsätzlichen Widerstreitsituation erkennt, anders umgehen als derjenige, der noch dem Irrtum des einzigen richtigen Weges nachjagt.

Zunächst wird er prohibitiv eingreifen. Er wird darauf achten, daß Kriterien bestimmter Sinnzusammenhänge nicht zu Kriterien ganz andersartiger Sinnzusammenhänge gemacht werden. Gegen solche Grenzüberschreitung einer Diskursart oder Lebensform wird er das kehren, was man als Pascal-Regel bezeichnen kann. Pascal nämlich hat – im Zusammenhang seiner Lehre von den Ordnungen – als erster den Mechanismus und die Fatalität solcher Überschreitungen in völliger Klarheit offengelegt und demgegenüber einen Imperativ gattungsmäßiger Spezifikation aller Kriterien und Ansprüche formuliert.[29] Diese Pascal-Regel ist eine postmoderne Grundregel: Die Regeln der Diskursarten gelten nur binnen-, nicht trans-diskursiv; die Spezifität ist strikt zu beachten; Partikulares darf nicht universalisiert werden (und es gibt, genau besehen, nur Partikulares); solchen Universalisierungen (deren Unterschied zu Totalisierungen nur ein rhetorischer, kein sachlicher ist) gilt es im kleinen wie im großen entgegenzutreten. Übergriffe sind zu unterbinden, Pluralität ist dadurch offenzuhalten.

Daher ist postmodern ein Positionstypus ausgeschlossen: der absolutistische, der Alleinvertretungs- und Universalgeltungs-Ansprüche erhebt. Ausgeschlossen? Der Postmodernist ist gegen derlei Anmaßungen überaus empfindlich geworden, aber er verwirft sie nicht einfach, sondern widerlegt sie, indem er ihren Widerspruch aufdeckt: den von faktischer Partikularität und beanspruchter Universalität. Und wer ein geschärftes Sensorium hat, vermag diesen Sprengpunkt in concreto jeweils schnell zu entdecken.

Freilich ist es mit dieser Ausscheidung illegitimer Möglichkeiten noch nicht getan. Die Situation stellt sich postmodern als noch schwieriger dar, als Pascal sie faßte. Es bleiben stets mehrere legitime Möglichkeiten übrig. Von diesen kann aber je nur eine realisiert werden. Also ist man unweigerlich ungerecht noch innerhalb der Sphäre der Legitimität. Von daher taucht – in zweiter Instanz – das spezifisch postmoderne Problem auf: Wie ist innerhalb solch unvermeidlicher Ungerechtigkeit gleichwohl noch eine Praxis im Sinn von Gerechtigkeit möglich?

Auch die positiven Strategien der Idiomfindung und Artikulation reichen nicht aus, um diese Problemlage zu meistern. Es braucht vielmehr eine andere Grundeinstellung. Es scheint mir ein großes Verdienst von Lyotard zu sein, daß er diese Einstellung – die postmodern geforderte – umrissen oder zumindest erkennbar gemacht hat. Es geht um Grenzbewußtsein, Grenzbeachtung und Vielheitsblick. Bei jeder Entscheidung muß man um ihren Setzungscharakter und ihre Ausschlüsse wissen. Es gilt des blinden

---

[29] Das wird im zehnten Kapitel näher ausgeführt werden. – Lyotard bezieht sich des öfteren auf Pascals Gedanken der Ordnungen zurück, vgl. *Au Juste*, 31, *Immaterialität und Postmoderne*, 41, *Der Widerstreit*, Nr. 178.

Flecks im Sehen eingedenk und nicht nur gegen fremde, sondern auch gegen eigene Übergriffe auf der Hut zu sein. Man weiß um die Begrenztheit und Spezifität nicht nur, sondern man rechnet mit ihr, und das heißt vor allem: Man urteilt und verurteilt nicht mehr mit dem Pathos der Absolutheit und der Einbildung der Endgültigkeit, sondern man erkennt auch dem anderen mögliche Wahrheit grundsätzlich zu – noch gegen die eigene Entscheidung.[30] Man ist nicht nur prinzipiell davon überzeugt, daß die Lage aus anderer Perspektive sich mit gleichem Recht ganz anders darstellen kann, sondern dieses Bewußtsein geht in die konkrete Entscheidung und Praxis ein – und bewirkt nicht deren Stillstellung, sondern versieht sie mit einem Schuß Vorläufigkeit und einem Gran Leichtigkeit. Eine darauf aufgebaute Handlungswelt ist im einzelnen spezifischer und im ganzen durchlässiger. Sie achtet den Unterliegenden, sie vermutet einen Rechtskern im unrecht Scheinenden, sie rechnet wirklich mit Andersheit. Insgesamt bringt sie mehr Potentialität in die Wirklichkeit ein, oder umgekehrt: Sie lockert die Sperren der Wirklichkeitsauffassung zugunsten der faktischen Potentialität des Wirklichen. Indem sie den Möglichkeitscharakter wahrnimmt, entdeckt sie Alternativen und Öffnungen ins Unbekannte. Sie macht die Erfahrung der Vielheit real. Und läßt das Unbekannte zu. So löst diese „philosophische Politik" ein, was im *Postmodernen Wissen* als Schlußperspektive formuliert worden war: In ihr sind „der Wunsch nach Gerechtigkeit und der nach Unbekanntem gleichermaßen respektiert".[31]

6. Eine postmoderne Version von Aufklärung

War diese Einstellung der Moderne fremd? Bedeutet sie die Verabschiedung der Aufklärung? Oder umgekehrt gefragt: Wenn das Projekt der Moderne auch in der Postmoderne weiter besteht und wenn Kant gerade im *Widerstreit* zur Leitfigur von Lyotards Denken wird, drückt sich das dann auch in dieser Perspektive aus? Inwiefern geht in dieser Gerechtigkeitskonzeption die Moderne weiter, lebt die Aufklärung in ihr fort?

Für hartnäckige Schubladenverwalter, die zufrieden sind, Lyotard in den Rubriken anti-aufklärerisch, anti-emanzipatorisch und anti-modern untergebracht zu haben, muß es – falls sie ihn je lesen – zu den irritierendsten Erfahrungen gehören, daß er sein Denken gegen Ende des *Widerstreits* als die heutige, postmodern modifizierte Form von Aufklärung vorstellt. Leitbild seiner Geschichtskonzeption ist die Idee einer Menschheit, die erstens sensibel für die heterogenen Ziele ist, die in den diversen Diskursarten beschlossen sind, und die zweitens imstande ist, diese Ziele soweit wie möglich zu entwickeln und zu verfolgen (253). Ohne diese Idee, sagt Lyotard, ist eine „Universal-

---

30) Das Buch ist als Denkschrift für Gutachter zu empfehlen. Philosophische Gutachter können durch seine Lektüre zu solchen werden.
31) Lyotard, *Das postmoderne Wissen*, 108/191.

geschichte der Menschheit" gar nicht denkbar (ebd.). Das ist dreifach bedeutsam: Man erkennt, daß seine ethisch-politische Konzeption erstens eine wesentlich *ästhetische* Dimension hat („ästhetisch" freilich im alten, aufklärungs-ursprünglichen Sinn anthropologischen Empfindens, nicht eines besonderen Kunstbezugs zu nehmen) – es kommt darauf an, für die verschiedenen Ziele *sensibel* zu sein.[32] Zweitens bedeutet diese Ästhetik keine Flucht in Quietismus – gedacht ist vielmehr gerade an eine praxisleitende Empfindung und eine weitestgehende Entwicklung der diversen Möglichkeiten. Und drittens ist genau dies die Weise, wie die alte, aufklärerische Idee einer Universalgeschichte der Menschheit heute aufrechtzuerhalten und fortzuführen ist.

Lyotard führt diese „Idee einer weltbürgerlichen Geschichte" denn auch ausdrücklich gegen solches ins Feld, was typisch postmodern zu sein scheint, in Wahrheit aber, wenn es ohne Gegenhalt bleibt, deren Errungenschaften zu verspielen droht: gegen politische Partikularismen. Deren Dialektik ist nämlich, daß die Berufung auf Tradition und Besonderheit zwar zunächst für die Befreiung von Fremdherrschaft nützlich sein mag, danach aber ihrerseits zum Umschlag ins Totalitäre neigt. „Die stolzen Kämpfe um die Unabhängigkeit münden in junge reaktionäre Staaten" (262).[33] Der Partikularismus, der seine Grenze nicht kennt und sich nicht auf anderes hin öffnet, reproduziert die Figur der Tyrannei. Das postmoderne Plädoyer für Partikularität und Vielheit darf daher nicht halbiert werden. Seine universalistische Seite ist von ihm nicht zu trennen. Gerade auch einer Partikularität, die sich nicht als solche wahrnimmt, gilt die Kritik der Postmoderne.

Das postmoderne Denken ist fürwahr wie kein zweites auf das Ganze bezogen: so sehr nämlich wie nur irgendeines – und doch anders als alle anderen, nämlich nicht setzend, sondern offenhaltend. Die Grunderfahrung der Vielheit und Heterogenität motiviert zur Offenhaltung des Ganzen. Die Verteidigung des Partikularen – des in seiner Partikularität erfaßten Partikularen – ist an diese Öffnung gebunden. Eine postmoderne Politik – die „philosophische Politik" Lyotards – tritt weder für das eine Partikulare noch für das eine Universale ein, sondern bemüht sich um die Entfaltung vieler partikularer Möglichkeiten, von denen sie weiß, daß sie universal konfligieren. Das ist schließlich der gravierende Unterschied gegenüber Kant. Wenn es diesem um die „Freiheit für jeden" zu tun war, „seine Glückseligkeit selbst, worin er sie immer setzen mag, zu besorgen, nur daß er anderer ihrer gleich rechtmäßigen Freiheit nicht Abbruch tut",[34] so erkennt die Postmoderne eben dies als eine strukturell uneinlösbare Forderung. Nur solange man von einem Konkordanzmodell der Lebensentwürfe ausgehen konnte, ließ sich annehmen, diese könnten realisiert werden, ohne einander „Abbruch zu tun". Postmodern aber sieht man die Heterogenität und damit die Unvermeidlichkeit des

---

32) Vgl. zur Bedeutung des Gefühls (wieder mit Kant) *Der Widerstreit*, 255 f.
33) Vgl. zur gleichen Problematik und zur Unentbehrlichkeit der – modifizierten – Idee einer Universalgeschichte: „Le Nom et l'exception", a.a.O., 52 f.
34) Immanuel Kant, *Akademie-Ausgabe*, Bd. 11, 10.

„Abbruchs". Und muß daher Gerechtigkeit und Politik im letzten anders denken als Kant: nicht als Formen, zusammenstimmend zu machen, sondern als Weisen, mit unaufhebbarer Nicht-Zusammenstimmung gleichwohl noch „gerecht" und förderlich umzugehen. Darum geht es in Lyotards Konzeption.

7. Sprache und Ereignis – gegen Anthropozentrismus

Zuletzt zeigt Lyotard allerdings eine Tendenz, als eigentliches Widerstandspotential gegen Vereinheitlichung nicht eine entsprechende ethisch-politische Haltung der Menschen anzusehen, sondern die sprachliche Heterogenität selbst. Diese soll nicht nur der Grund oder gar nur das Demonstrationsmedium der Pluralität sein, sondern ihr eigentlicher Akteur. Noch einmal sei die Schlußperspektive des Buches zitiert: „Das einzige unüberwindliche Hindernis, auf das die Hegemonie des ökonomischen Diskurses stößt, liegt in der Heterogenität der Satz-Regelsysteme und Diskursarten." Und: „Das Hindernis entstammt nicht dem ‚Willen‘ der Menschen ..., sondern dem Widerstreit." „Das *Geschieht es?* kann von keinem Willen ... besiegt werden." (263)

Lyotard geht hier zu einem Objektivismus über, der mir problematisch erscheint und bei dem meine Kritik einsetzt. Nachdem Lyotards Überlegungen gegen Ende des Buches in eine aktuelle Transformationsform der Aufklärung gemündet waren, gibt er ihnen in den letzten Abschnitten eine andere Wendung. Er holt sie auf die Linie einer Dauerthese seiner sonstigen Ausführungen zurück. Dadurch erhöht sich zwar der Zusammenhalt des Buches, aber die gedankliche Spannung ist unverkennbar. Sie soll im folgenden fruchtbar gemacht werden. Warum geht Lyotard zuletzt zu einem Sprachobjektivismus über? Und warum ist dieser so mißlich?

Zunächst gilt es, sich mit Lyotards Gedanken des Ereignisses vertraut zu machen. Ich versuche das zuerst auf dem Weg einer Phänomen-Vergegenwärtigung, anschließend auf den Spuren von Lyotards Sprachanalyse. Es gibt eine Erfahrung des Augenblicks, die diesen von den geläufigen Zeit- und Verlaufsschematisierungen befreit. Für gewöhnlich ist der Augenblick Moment einer Zeit-, Intentions-, Handlungsreihe. Er kann dabei freilich auch Kreuzungspunkt divergenter Reihen sein. Schon in diesem Fall tritt das Interessante zutage, daß er, von verschiedenen Reihen aus gesehen, gleichsam unscharf wird, andersherum gesagt: an Eigenart gewinnt. Die Reihen sind nämlich nicht exakt zu synchronisieren, „derselbe" Zeitpunkt muß, im Übergang von einer Reihe zur anderen, gleichsam verschoben und umdefiniert werden. Läßt man sich darauf ein, so gewinnt, was nur „Moment" war, plötzlich Extension und stellt sich als Quellpunkt diverser Möglichkeiten dar. Die Zeit verwandelt sich von der Unilinearität zur Komplexion möglicher Ursprünge. Die verschiedenen Ketten und Dimensionen, die den Augenblick durchlaufen, werden ausdrücklich, und man erfährt, daß, was faktisch eintritt, in einem sehr elementaren Sinn keineswegs vorausbestimmt ist. Es bestehen je mehrere, darunter sehr verschiedenartige Möglichkeiten. Unausdrücklich wählt und entscheidet man ständig weit mehr, als man glaubt. Tatsächlich blitzt manche Möglichkeit nur einmal auf, ergreift man sie dann nicht, ist eine andere Bahn eingeschlagen, das Leben verspielt. In dieser Erfahrungslage gewinnt Geschehen den Charakter von Ereignis zurück. Dies gilt sowohl intentional – der Möglichkeitscharakter der Momente rückt wieder in den Blick[35] – als auch objektiv – das Begegnende verliert seine scheinbare Selbstverständlichkeit und tritt in seiner Unvorwegnehmbarkeit hervor. Kalkül wird durch Ereignis, Berechnung durch Betreffbarkeit, Plan durch Widerfahrnis abgelöst. Das Amalgam der Wirklichkeit wird wieder mehrschichtig, Differenzen zeigen sich als Elixier von Realität, Leerzonen der Unbestimmtheit erweisen sich als ihr Verbindungsmedium und Energiepotential. Darin nimmt die Realitätserfahrung die Struktur und die Wirklichkeit das Bild an, wie Lyotard sie zuvor als Verfassung der Sprache beschrieben hat.

Denn dies ist gegenüber der bislang gegebenen Darstellung von Lyotards Konzeption noch nachzutragen: Die Satz-Regelsysteme und Diskursarten in ihrer Heterogenität und Inkommensurabilität sind nur das eine. Sie bilden sozusagen den positiven Aspekt der Sprachverfassung. Dessen mindestens gleichermaßen wichtige Kehrseite aber ist der *Abgrund* zwischen diesen Sprachformationen (178,256) und schon zwischen den einzelnen Sätzen. Es ist die Funktion des „und" zwischen den Sätzen, diesen Abgrund zu überbrücken. Gerade an diesem Verbindungswort läßt sich erkennen, daß der Anschluß nicht selbstverständlich ist, daß die Sätze vielmehr durch einen Abgrund des Nichts getrennt sind (100). Lyotards Augenmerk gilt vor allem dieser Zone der Leere zwischen den Sätzen. Genau sie ist der Ort des *Ereignisses.* In gewissem Sinn hat jede Fortsetzung den Charakter eines Ereignisses. Wo die Heterogenität drastisch ist, nimmt die Fortsetzung erkennbar den Charakter des Unerwarteten an. Zudem gibt es Fälle, wo man inmitten der Diskontinuität schier nackt mit dem Ereignis konfrontiert wird. Der äußerste Fehler wäre, das Ereignis vorwegzunehmen, d.h. zu untersagen (151). Die äußerste Befürchtung ist, daß ein Satz der letzte sein, daß die Fortsetzung wegfallen, das Ereignis ausbleiben könnte (116/134).[36]

Lyotards Denken zielt auf das Ereignis. Daher läuft auch seine Sprachanalyse darauf zu. Die Untersuchung der sprachlichen Heterogenität öffnet, indem sie die Brüche im Sprachkontinuum aufdeckt, den Blick auf das Ereignis. Dieses ist der innere Gegenpart der Diskontinuität und der abgründigen Leere zwischen den Diskursformationen. Der Kernsatz, daß es vom Widerstreit zwischen diesen heterogenen Formationen Zeugnis abzulegen gelte (11/12,22,vgl.236,253), verwandelt sich dementsprechend im letzten Passus des Buches in die Forderung, vom Ereignis Zeugnis abzulegen (264).

---

35) Lyotard spricht von einem „Schwarm möglicher Bedeutungen" *(Der Widerstreit,* 82,83).
36) Die Imprägnierung durch den Gedanken des Todes – das existenzielle Grundphänomen von Heterogenität und Diskontinuität schlechthin und jenes Ereignis, welches nicht Fortsetzung, sondern Abbruch bedeutet – ist unverkennbar.

VIII. Kapitel: Der Widerstreit oder Eine postmoderne Gerechtigkeitskonzeption 249

In alldem ist die Verbindung mit jüdischem Denken unverkennbar. Die Bezugnahmen auf jüdische Tradition (beispielsweise wird die Heterogenität ethischer und kognitiver Sätze primär im Blick auf Abraham und nur beiläufig anhand von Aristoteles und Kant entwickelt, 162ff.,177,174f./200f.), auf jüdische Denker (Buber, Adorno, Lévinas, Derrida) und jüdisches Schicksal (Auschwitz) sind nicht Beiwerk, sondern essentiell. Schon die Akzentuierung der Sprache und des Hörens gegenüber der geläufigen Bevorzugung von Bild und Sehen ist jüdischen Geistes (vgl.133). Zumal ist es die Betonung der Nicht-Darstellbarkeit.[37] Unverfügbarkeit besteht gerade angesichts des Ereignisses.[38]

Philosophisch ist diese Betonung des Ereignisses zugleich als Absage an den Anthropozentrismus zu lesen. Lyotard führt hier eine vom Strukturalismus (Lévi-Strauss) und Poststrukturalismus (Foucault) her bekannte Kampflinie fort. Wenn man seinen eigenen Ansatz mit „Sprache und Ereignis" überschreiben könnte, so kritisiert er hier sowohl seinen Vordenker in Sachen Sprache – Wittgenstein – als auch seinen Vordenker in Sachen Ereignis – Heidegger. Beide sind ihm zufolge noch einer Anthropozentrik verhaftet geblieben. Wittgenstein drastisch, indem er die Sprache durch den menschlichen Gebrauch definierte (91,122).[39] Heidegger noch immer halbwegs, indem er das Ereignis als an den Menschen gerichtet auffaßte und das Hören auf das Ereignis als Selbstverwirklichung des Menschen bestimmte (115/133f.,173). Das paktiert noch zu sehr mit dem grundfalschen Instrumentalismus der gängigen Sprachauffassung, wonach Sprache ein Instrument menschlicher Mitteilung ist. Dieser Instrumentalismus liegt – so Lyotard – dem Gefängnis und der Folter ebenso wie den Humanwissenschaften zugrunde: Jedesmal gilt der Mensch als einer, der etwas mitzuteilen hat (16,19f.).

Lyotard setzt dem eine radikale Priorität und Autonomie der Sprache entgegen. Nicht ist der Mensch der Herr der Sprache (91), sondern die Sprache ist strukturell wie ereignishaft vorgängig, und der Mensch tritt in das von der Sprache eröffnete Spiel nur ein (119,173).[40] Ein Satz „geschieht" (10/10) – und ist nicht auf die Sprachtätigkeit eines

---

37) So sagt Scholem von der jüdischen Mystik, sie entdecke an der Struktur der Sprache etwas, was nicht auf Mitteilung eines Mitteilbaren, sondern auf Mitteilung eines Nicht-Mitteilbaren ausgerichtet sei (Gershom Scholem, *Judaica 3. Studien zur jüdischen Mystik,* Frankfurt a.M. 1970, 9).

38) Vgl. hierzu auch Lyotards Newman-Interpretation: Jean-François Lyotard, „Der Augenblick, Newman", in: *Zeit. Die vierte Dimension in der Kunst,* hrsg. von Michel Baudson, Weinheim 1985, 99-105.

39) „Die Sprache ist ein Instrument. Ihre Begriffe sind Instrumente" (Ludwig Wittgenstein, *Philosophische Untersuchungen,* in: ders., *Schriften 1,* Frankfurt a.M. 1969, 460, Nr. 569).

40) Auch Kant (ansonsten der große Inspirator der Konzeption) wird diesbezüglich kritisiert. Er habe die Problematik der „Darstellung" – in der sich eigentlich die des Unsagbaren und des Ereignisses kundtue – auf die Interaktion von Erkenntniskräften heruntergebracht. Er habe damit, was einzig auf der Ebene der Sprache angemessen zu thematisieren wäre, im Kontext

Menschen zu reduzieren. Ein Universum ist mit diesem Satz eröffnet – und bedarf dazu nicht erst des Menschen (173). Die Logik der Fortsetzung entstammt der Eigentendenz der betreffenden Diskursart – und nicht menschlichen Intentionen und menschlichem Gutdünken (148, 183). Es kommt darauf an, den Anthropozentrismus gänzlich hinter sich zu lassen (183, 188).

Wenn Lyotard gegen den Anthropozentrismus spricht, so hat er vor allem dessen Sprachauffassung im Visier, den Instrumentalismus. Und er attackiert dessen gegenwärtige und äußerste Form: die Zurechtstutzung von Sprache zu Information, wie sie insbesondere über die Kommunikationstechnologien zunehmend Realität wird. Diesen Verfall des Sprachlichen sieht Lyotard exemplarisch im Linguisten verkörpert. Er ist der Experte der von den Bedürfnissen und Anschauungen der Sprecher losgelösten Bedeutungen, die als reine Information zirkulieren. Diese Informationseinheiten sind im sprachlichen Bereich dasselbe wie die Werteinheiten in der ökonomischen Sphäre (20). In ihrer Abgehobenheit vom Gebrauch der Menschen sind sie objektiv und autonom geworden.

Nun ähnelt dieser Objektivität, die Lyotard als Gipfel der Verkehrung präsentiert, allerdings eine andere fatal. Ist, was Lyotard selbst in seiner Sprachtheorie als Gegenbild zu diesem Gegnerbild entwirft, nicht im Grunde ein ebensolcher – nur anderswo angesiedelter – Objektivismus des Sprachlichen? Für ihn ist doch die Absetzung von menschlichen Intentionen und Entscheidungen seinerseits so konstitutiv, wie sie am Informationismus gerügt wird. Auch Lyotards Sprache ist nicht die Sprache der Menschen. Nur daß sie vielgestaltig ist und dem Sprechen vorausliegt, während die Informationssprache univalent und vom Sprachgebrauch gleichsam abgezogen ist. In solcher Autonomie einer Sprache, die das objektive Regulativ allen Sprechens ist, kongruieren die Informationstheorie und ihr (vermeintliches) Korrektiv spiegelbildlich. Lyotards Auffassung restituiert den Objektivismus am anderen Ende. Seine Lösung ist vom Gift des Gegners gebeizt. – Und die Probleme seines Objektivismus – auf den wir zuerst stießen, sofern Lyotard am Ende des Buches alles Widerstandspotential von den Intentionen und Haltungen der Menschen auf die objektive Verfaßtheit der Sprache und die Unvorwegnehmbarkeit des Ereignisses zurückverlagerte – werden schnell im Detail sichtbar.

einer Metaphysik der Subjektivität verhandelt (96-101/111-117), sei also anthropozentrisch geblieben. Nur in der Ästhetik des Erhabenen sei er der Thematik des Nicht-Darstellbaren gerecht geworden. – Die letztere Thematik hat Lyotard kursorisch in *Beantwortung der Frage: Was ist postmodern? (Tumult* 4, 1982, 131-142) und systematisch in *Das Erhabene und die Avantgarde (Merkur* 424, 1984, 151-164) entfaltet. Vgl. auch den in Anm. 38 genannten Aufsatz.

8. Kritik des Autonomie- und Heterogenitäts-Theorems

Schon im ersten Kapitel und bezüglich der zentralen Thematik des ganzen Buches sagt Lyotard, daß der Widerstreit jenen Fall darstellt, wo man empfindet, daß etwas gesagt werden müßte, in den bestehenden Idiomen aber nicht gesagt werden kann. Also gilt es, neue Idiome (neue Bildungs- und Verbindungsregeln von Sätzen) zu finden. Das ist dann die Aufgabe einer Literatur, einer Philosophie und womöglich einer Politik (22). In solchen Situationen erfahre man mit Nachdruck, daß es sich mit der Sprache anders verhält, als die Instrumentalisten meinen. Die Sprache stehe offenbar nicht einfach als Kommunikationsinstrument zur Verfügung. Sprache könne gerade das Nichtverfügbare sein (23). – So weit – nämlich gegen den Instrumentalismus – hat Lyotard gewiß recht. Auf der anderen Seite ist seine Beschreibung der Situation aber problematisch, und seine Lösung widerstreitet seiner These. Problematisch ist, daß die Empfindung der Unsagbarkeit als Beanspruchtsein durch die Sprache ausgelegt wird, wie wenn *diese* einem die Ausbildung eines neuen Idioms abverlangte. Das ist zumindest kontraintuitiv: Die Forderung geht doch eher vom Sachkonflikt aus, und die Sprache befindet sich in der Position der Insuffizienz und des Beanspruchten. Und vollends inkonsistent ist die Behauptung, man erfahre hier den Appell einer Sprache, von der andererseits gelten soll, daß sie noch völlig unbekannt ist. Faktisch stellt sich denn auch die Findung des neuen Idioms viel eher als Überwindung eines Sprachhindernisses denn als Realisation einer bislang inaktualisiert gebliebenen Möglichkeit von Sprache dar. Der Objektivismus ist deskriptiv wie explikativ falsch. Die neuen Möglichkeiten werden nicht abgerufen, sondern erfunden. Dafür aber bedarf es des Menschen, den Lyotard durch seinen Sprachobjektivismus ins zweite Glied verbannen und bloß noch als Instanz innerhalb eines Sprachuniversums (119), nicht als Generator von Sprachuniversen zulassen will. Das Phänomen der Erfindung neuer Idiome widerlegt Lyotards These von der Priorität des Sprachlichen unmittelbar. Somit kehrt im Herzstück der Problematik – immerhin soll durch die Erfindung neuer Idiome ja das Kernproblem des Widerstreits gelöst werden – das Subjekt wieder. Lyotards Sprachobjektivismus und antianthropologischer Affekt (zu dem sich die gegenüber dem Instrumentalismus berechtigte Kritik des Anthropozentrismus auswächst) erweisen sich als unhaltbar, sobald es nicht mehr um statische, sondern um dynamische Phänomene, nicht mehr um Entscheidungen zwischen vorhandenen Ansprüchen, sondern um die Bildung neuer Sprachformen geht. Dergleichen ist von keinem Objektivismus aus zu fassen. Gefordert ist hier eine Theorie, die den Menschen nicht bloß als Exekutor vorgegebener Spielzüge, sondern ebenso als Erfinder neuer Spiele (was nicht gleich emphatisch heißen muß: als creator ex nihilo) zu verstehen vermag.

Im *Postmodernen Wissen* hatte Lyotard den einen Instrumentalismus –, den, der keiner ist – noch mitgemacht: Im Anschluß an Wittgenstein galten die Sprachspiele für Formen sozialen Handelns, und der Akzent lag gerade auf den produktiven und innovativen Momenten. Nur der eigentliche Instrumentalismus, der informationstheoretischtechnologische, war dort entschieden attackiert worden. Indem aber jetzt – unter dem Stichwort „Anthropozentrismus" – der erstere mit dem letzteren Instrumentalismus kurzgeschlossen wird, bleibt nur noch die subjektivitätslose abstrakte Gegenposition eines Sprachobjektivismus.[41] Auf Dauer wird ein Denker vom Rang Lyotards schwerlich dabei stehenbleiben können.

Was sich an der Sprachauffassung als problematisch erweist – die überzogene Autonomie (die Konzeption birgt geradezu Züge einer linguistischen Remythisierung) – ist auch im Grundproblem des Buches wirksam, beim Widerstreit. Es gilt im folgenden zu zeigen, wie einerseits die ganze Problemstellung Lyotards aus dieser Sprachauffassung resultiert und wie andererseits dieses Sprachverständnis keineswegs verbindlich ist, die eigentliche Problematik vielmehr anders verfaßt und mit anderen Mitteln zu lösen ist.

Das Problem des Widerstreits in der Lyotardschen Form ergibt sich zur Gänze aus der Heterogenität und Inkommensurabilität der Satz-Regelsysteme und Diskursarten. Präziser: aus der Absolutheit dieser Heterogenität und Inkommensurabilität. Genau weil die Unterschiede für absolut gelten, sind einerseits die Ansprüche notwendigerweise divers und unvereinbar, ist andererseits aber auch jede Form der Schlichtung ausgeschlossen, denn Maßgaben der einen Formation können für die andere nur unterdrückend sein, und eine Metaregel ist unmöglich. Wegen der Absolutheit der Unterschiede wird der Widerstreit zum Normalfall und zugleich unaufhebbar.[42]

Ist man dem Sprachobjektivismus (wie er sich in Formulierungen der Art „ein Satz ‚geschieht'" ausdrückt) erst einmal auf die Spur gekommen, so bemerkt man: Auch die heterophile Ansetzung der Sprachformen, welche die ganze Konzeption bestimmt, ist objektivistisch geprägt. Grundlegend ist, daß die Diskursarten für feststehende, auto-

---

[41] Dessen Paradoxie besteht hier wie überall darin, daß die Vertreibung von Subjektivität an der Subjektstelle die Begabung des Objektiven mit den Insignien von Subjektivität zur Kehrseite hat. Die Sprachformen sind jetzt so autonom und selbsttätig – auch realisationsgierig (vgl. 184) – angesetzt, wie die Subjekte es nicht mehr sein dürfen. Solcher Objektivismus ist ein verkehrter, kein aufgehobener Subjektivismus. (Vgl. zu dieser Figur einer „Wiederkehr des Verdrängten": Manfred Frank, *Was ist Neostrukturalismus?*, Frankfurt a.M., 1983, 18.)

[42] In *Au Juste* war am Ende hervorgetreten, daß das Problem der Gerechtigkeit genau dadurch gravierend wird, daß es um Gerechtigkeit in einer Situation der Vielheit geht (188 f.). Diese Vielheit aber setzt die von Lyotard bis dorthin verfolgte Perspektive der *phronesis* – jenes regellos treffsicheren Urteilsvermögens, das seit Aristoteles als das eigentliche Vermögen eines Richters gelten darf (52 f.) – tendenziell außer Kraft. Wirkliche Pluralität ist von jener *phronesis* – die nur innerhalb eines zumindest relativ einheitlichen und klaren Gesamtrahmens treffsicher ist – nicht mehr zu bewältigen. Daher verschiebt sich Lyotards Perspektive, als er – in *Le Différend* – die in *Au Juste* zuletzt anvisierte Problematik der Pluralität eigens und radikal aufnimmt, vom Vertrauen in die *phronesis* zur Skepsis gegenüber eigentlicher Gerechtigkeit, ja zur Demonstration von deren Unmöglichkeit. Die Konzeption läßt keine Gerechtigkeit mehr zu, der man nicht zugleich ihre Ungerechtigkeit nachweisen könnte.

VIII. Kapitel: Der Widerstreit oder Eine postmoderne Gerechtigkeitskonzeption

nome Gebilde gelten. Sie sind wie Solitäre angesetzt, Lyotard spricht ausdrücklich von Inseln (190/218 f.). Aus dieser Zuschneidung ergeben sich dann die beschriebenen Konsequenzen mit Notwendigkeit. Die Widerstreitsproblematik ist in jedem ihrer Aspekte eine Folge dieser strikten Autonomie der jeweiligen Sprachgebilde.

Auch die juridische Form, welche die Problemstellung bei Lyotard insgesamt erhält, ist eine Konsequenz dieser objektivistischen Autonomie. Das Auffällige bei Lyotard ist ja, daß alle Fragen neben einer sprachphilosophischen Buchstabierung eine juridische Präparierung erfahren.[43] Nun ist schon die sprachphilosophische Zurichtung nicht unproblematisch. Deutlich besteht die Tendenz, den Sprachprimat von einem methodischen zu einem sachlichen zu erheben. Das zieht aber dubiose Ontologisierungen von Sprachlichem nach sich und führt zu Fragen wie der, ob ein Regenschauer als Sprachphänomen zu verstehen sei – bei solcher Entgrenzung von Sprachlichkeit aber kann auch Lyotard nicht mehr ganz wohl sein (110). Und zuvor ist Sprachlichkeit hier möglicherweise schon in ihrem engsten Bereich überbelastet: Sind Sozial- und Lebensprobleme denn wirklich umstandslos Sprachprobleme? Die vorige Reflexion auf sprachschöpferische Situationen hat erkennen lassen, zu welchen Mißlichkeiten eine solche Blanko-Unterstellung schnell führen kann.

Gewiß nicht weniger problematisch ist die juridische Präparierung. Au fond sind Sozial- und Lebensprobleme wohl gerade nicht juridische, sondern eher strategische und Machtprobleme. Lyotard aber versucht eine völlige Rationalisierung dieser Sphäre und legt alle Machtprozesse als Prozeduren diskursiver Gerechtigkeit bzw. Ungerechtigkeit aus. Der Preis solcher Fundamentalgerechtigkeit ist dann aber peinlich hoch: Am Ende muß jede wirklich belangvolle Gerechtigkeit für unmöglich erklärt werden. Auch dies ist eine genaue Konsequenz des Autonomismus in der anfänglichen Ansetzung der diskursiven Formationen. Denn zunächst einmal führt dieser Autonomismus dazu, daß die Kontrahenten ob ihrer absoluten Heterogenität nicht miteinander reden können, also vor Gericht ziehen müssen. So entspringt die juridische Grundform dem Autonomismus. Zugleich aber stellen die Kontrahenten Parteien in einem absoluten Sinn dar: Sie haben keinerlei Gemeinsamkeit und können ausschließlich Eigenansprüche akzeptieren. Das jedoch ist gleichbedeutend mit der Verunmöglichung eines Rechtsspruchs. Denn da sich die Eigenregeln infolge der Heterogenität nicht überschneiden können, ist gar keine Regel denkbar, die beiden Parteien gerecht werden könnte. Die Position des Richters, die nur als Meta-Position sinnvoll wäre, ist verunmöglicht. Der Ruf nach

---

[43] Walter Benjamins Charakterisierung von Karl Kraus kann unmittelbar übernommen werden: „Man versteht nichts von diesem Mann, solange man nicht erkennt, daß mit Notwendigkeit alles, ausnahmslos Alles, Sprache und Sache, für ihn sich in der Sphäre des Rechtes abspielt" (Walter Benjamin, *Ästhetische Fragmente,* in: Gesammelte Schriften, hrsg. von Rolf Tiedemann u. Hermann Schweppenhäuser, Werkausgabe, Bd. 5, Frankfurt a.M. 1980, 624).

dem Gericht hat die Ablehnung des Tribunals schon zu seiner Kehrseite.[44] Die absolute Heterogenität führt zur paradoxen Doppelfigur der Konstitution von Parteien und der Verunmöglichung von Gerichten.

Man kann leicht erkennen, woran es liegt, daß die klassische Figur des Streites vor Gericht hier außer Kraft gesetzt ist. Zum Gericht gehört, daß ein gemeinsamer Boden existiert, auf den die Parteien bezogen sind und auf den hin Recht gesprochen werden kann. Fälle, in denen diese Voraussetzung nicht erfüllt ist, werden bekanntlich vor Gericht gar nicht zugelassen.[45] Und Lyotard ist sich dieser Bedingung von Gerichtsbarkeit natürlich bewußt und hat sie in seiner Unterscheidung von justiziablem Streit (litige) und injustiziablem Widerstreit (différend) scharf gefaßt. Nur sind die wirklich strittigen Fälle bei ihm von vornherein so angesetzt, daß ein gemeinsamer Boden per definitionem ausgeschlossen ist, und zwar vom sprachtheoretischen Ansatz her. Daher nimmt der Widerstreit hier partout die Form des juridischen Paradoxons von Parteienkonstitution und Gerichtsverunmöglichung an. Was sprachtheoretisch auf die Bahnen der Autonomie und Heterogenität festgelegt ist, kann nicht juridisch plötzlich auf Kooperation und Kommunikation umschwenken.

Das deutet auf eine unausgetragene Ambiguität in Lyotards Ansatz hin. Entweder setzt man auf die strikte Autonomie und Heterogenität, dann sind aber nicht erst Gerichte unmöglich, sondern dann ist schon die Hoffnung auf Gerichte falsch und die juridische Ausrichtung der Problematik von Grund auf verfehlt. Oder man setzt noch auf Gerichte und hält an Gerechtigkeit fest, dann darf man aber die Parteien nicht als radikal heterogen ansetzen, ja dann kann man sie im Grunde schon nicht als bodenlos

---

44) Jean-Luc Nancy hat eine sehr französische und sehr suggestive Lesart des Namens „Lyotard" vorgeschlagen (vgl. „DIES IRAE", in: Jacques Derrida, Vincent Descombes, u. a., *La Faculté de juger*, Paris 1985, 9-54, hier 9). Hört man den Namen griechisch, so besagt er: „Ich urteile, laß' Dir das gesagt sein." Diese Hörart Nancys spielt auf die juridische Perspektive an, der bei Lyotard alles unterworfen wird. Nun kann man in diesem Namen freilich statt eines Urteils auch schlicht die Teilung als solche und mithin Lyotards Faible für Dissoziation und Heterogenität ausgedrückt hören. Somit ergibt sich: Der Name impliziert die *beiden* oben herausgearbeiteten und in ihrer Gegenwendigkeit aufgezeigten Momente, sowohl das heterophile als auch das juridische. Er enthält somit in nuce die Gegenwendigkeit der Konzeption: Die Heterophilie ernötigt allenthalben Tribunale und macht sie andererseits unmöglich. – Was wunder, wenn Lyotard für die Ehre des Namens eintritt.

45) Partikularität war schon bei Adorno (mit dem sich Lyotard, wie in vielem, so auch hier eng berührt) die Voraussetzung, unter der solches Recht „das Urphänomen irrationaler Rationalität" genannt werden konnte, sofern durch es die Differenzen getilgt würden (Theodor W. Adorno, *Negative Dialektik*, Frankfurt a.M. 1966, 302). Dem ist entgegenzuhalten, daß solch abstrakte Opposition auf diese Partikularität nicht gerade das beste Licht wirft und daß Recht anders als in einer Vermittlung von Besonderheit und Allgemeinheit gar nicht gedacht werden kann. – Vgl. zu Lyotards Adorno-Einschätzung und -Affinität: *Grabmal des Intellektuellen*, 87.

heterogen angesehen haben. Möglicherweise bewegen sich die kritischen Fälle in Wahrheit genau zwischen dem problemlosen Typ des Streits und dem überproblematischen Typ des Widerstreits. Vielleicht ist die Lyotardsche Alternative von Homogenität oder Heterogenität zu abstrakt und zu glatt.

Natürlich ist auch Lyotards Problemlösung – der Appell, vom Widerstreit Zeugnis abzulegen und für die Differenzen einzutreten – eine Konsequenz des Autonomie- und Heterogenitäts-Theorems. Anderes, mehr bleibt in der durch diesen Ansatz geprägten Situation fürs erste nicht übrig.[46] Die Heterogenität macht jede wirkliche Lösung unmöglich. Man kann allenfalls sekundär eine neue Form des Umgangs mit dieser bleibenden Unmöglichkeit entwickeln. Im Grunde aber sind die Brücken nicht tragfähig, sind Übergänge illusorisch, Vermittlungen ausgeschlossen. Man wird immer wieder auf die unaufhebbare Autonomie und Heterogenität der Satz-Regelsysteme und Diskursarten zurückgeworfen.[47]

So zeigt sich, daß diese Lyotardsche Konzeption insgesamt – von der Konstitution des Widerstreits über seine juridische Form bis zur Lösungsperspektive – auf der radikalen Heterogenität und Inkommensurabilität der sprachlichen Formen basiert. Darin ist zugleich eine Art „nationaler" Komponente wirksam. Ja darin gipfelt, wie im fünften Kapitel schon erwähnt wurde, eine Traditionslinie neueren französischen Denkens, die (insgeheim von Pascal inspiriert) von Bachelard über Canguilhem und Foucault in die Gegenwart reicht und die sich der Kategorie des Bruches verschrieben hat und allenthalben Diskontinuitäten entdeckt. Es ist dieses sehr französische Denken, das Lyotard sprachphilosophisch gleichermaßen fundamentalisiert und extremisiert.[48] Man hat den Eindruck, als wolle er uns vor Augen führen, wie eminent schwierig sich die Welt darstellt, wenn man sie erst einmal im Licht dieses Denkens sieht. Und als ob er uns dann doch noch eine Art Ethik an die Hand geben wollte, die mit dieser unaufhebbaren Diversität von Ansprüchen einigermaßen ehrenhaft umzugehen erlaubt. – Aber vielleicht

---

46) Lyotard geht einmal sogar so weit einzuräumen, daß der Widerstreit als solcher eigentlich in keinerlei Idiom zu erscheinen vermag. Gleichwohl gelte es, „das (unmögliche) Idiom ... zu finden" *(Der Widerstreit,* 202).

47) Die Ungleichartigkeit bildet in dieser Konzeption tatsächlich, wie Lyotard einmal sagt, die letzte Autorität (44).

48) Auch seine anti-anthropozentrischen Akzente radikalisieren offenbar ein Moment dieser Tradition. Sie sind freilich mindestens ambivalent. Auch hier liegt eine unfreiwillige Kongruenz mit dem Gegner vor. Wenn Lyotard von der „Desidentifizierung" spricht, durch die dem Menschen seine angebliche Identität als Sonderwesen entzogen wird, so stimmt diese Desidentifizierung zwar der Idee nach mit Lyotards Projekt überein, aber realiter wird sie genau durch diejenigen Technologien vollzogen, welche die effizientesten Medien des ökonomischen Diskurses sind, dem Lyotards ganze Opposition gilt (vgl. „Die Immaterialien. Manifest eines Projekts am Centre Georges Pompidou", in: *Das Abenteuer der Ideen. Architektur und Philosophie seit der Industriellen Revolution,* Berlin 1984, 185-194, hier 189).

wird man den Spieß umdrehen und sagen, so stelle sich die Situation eben nur dar, wenn man solch „französische" Heterogenität und Diskontinuität anfänglich und absolut unterstelle; die Aporien jedoch, die daraus erwüchsen, sollten – eher als daß sie zu offensichtlich vergeblichen Lösungsversuchen reizten – Anlaß werden, die zugrundeliegende Ideologie der Diversität zu verabschieden oder jedenfalls einmal gründlich zu befragen. Vielleicht ist die Lösung nicht in nachträglichen Manövern, sondern in einer Revision der Voraussetzungen zu suchen. Vielleicht gilt es, mit dem Dogma des radikalen Bruchs zu brechen. Eine solche Infragestellung der Voraussetzungen sei im folgenden unternommen. Sie setzt bei Lyotards eigenen Thesen und Beschreibungen an.

9. Eine andere Sprachverfassung

Die Sprachspiele im *Postmodernen Wissen* standen noch nicht so beziehungslos zueinander wie die Diskursarten im *Widerstreit*. Gewiß, auch jene Sprachspiele waren autonom und heterogen gedacht, aber sie waren doch auch agonal aufeinander bezogen: Sie sollten einander attackieren und bestreiten: „Sprechen ist Kämpfen im Sinn des Spielens, und die Sprechakte unterliegen einer allgemeinen Agonistik".[49] Diese agonale Ausrichtung war dort vom Begriff des Sprechens nicht zu trennen. Das Sprechen betrieb von sich aus je schon eine Auseinandersetzung, begab sich in Reibungen und Konflikte und tat das gern. Dagegen hat, was jetzt, im *Widerstreit*, davon noch übrig ist, einen ganz anderen Unterton: Der Widerstreit und die Verletzung geschehen nicht mehr sua sponte, sondern sind eher schicksalhaft verhängt: durch das Gesetz der Zeit, durch die Notwendigkeit der Fortsetzung, angesichts der Heterogenität. Was zuvor freudig und aus eigenen Antrieben geschah, erscheint jetzt nur noch wie ein unvermeidliches Übel.

Nun ist freilich die erstere Position in gewissem Sinn widersprüchlich gewesen. Wenn die Sprachspiele einerseits radikal autonom und heterogen sind, dann ist unverständlich, wie sie andererseits überhaupt miteinander in Konflikt geraten sollen. Was völlig different wäre, könnte nicht einmal zusammenstoßen. So gesehen, bedeutet die spätere Position in der Tat eine Bereinigung. Sie hält die Autonomie fest und reduziert das agonale Sprachspiel. Aber dies scheint eine Bereinigung in die falsche Richtung zu sein (weshalb sie ja die Agonie auch nur zu reduzieren, nicht aber auszuschalten vermag). Es käme vielmehr darauf an, die Absolutheit des Autonomie- und Heterogenitätstheorems aufzugeben und dadurch die agonalen Züge – die offensichtlich wichtig (1979) und uneliminierbar sind (1983) – ohne Umstände begreifbar werden zu lassen.

In Wahrheit ist die Autonomie und Heterogenität der Satz-Regelsysteme und Diskursarten keineswegs so absolut, wie Lyotard unterstellt. Erstens ist jede dieser Sprach-

---

49) *Das postmoderne Wissen*, 23/40.

formen schon gegen andere profiliert. Und solche konkrete Andersheit ist ihr positiv wie negativ eingeschrieben. Man stelle sich nur einmal vor, es gäbe bloß noch Aussagesätze und eine einzige Diskursart, etwa die des Dialogs. Sogleich wäre eine Aussage nicht mehr Aussage im vorherigen Sinn, wo sie von einer Unterstellung, einer Frage, einer Bitte usw. unterschieden und durch diese Andersheit auch in ihrer Eigenheit charakterisiert war. Ebenso würde der Dialog seinen Unterschied gegenüber Dialektik und Klatsch, Kommando und Ersuchen, diffusem Gerede und präzisem Aphorismus verlieren. Was bedeutet: Er würde zu alledem und zugleich zu nichts von alledem werden, denn diese Gattungen höben sich wie die des Dialogs selbst in einem unilinguistischen Gebilde auf. Alles Sprachliche ist differentiell verfaßt. Die Autonomie sprachlicher Gebilde ist allenfalls suggestiver Anschein vor dem Hintergrund eines gemeinsamen Profilierungsgeflechts. Diesem gehören die Sprachspiele und Diskursformationen schon von ihrer Genese her zu. Stets erfolgt die Ausbildung der Sprachfelder differentiell. Man lernt das eine Sprachspiel vor dem Hintergrund anderer Sprachspiele und in Modifikation derselben. Diese grundsätzliche Verflechtung und wechselseitige Profilierung der Sprachformen bedeutet keineswegs, daß die vielen Sprachformen bloß Varianten einer einzigen wären – diese gibt es gerade nicht, und der Prozeß ist durchaus einer der Generierung unterschiedlichster Gebilde –, aber es bedeutet auf der anderen Seite eben doch, daß die diversen Sprachformen nicht absolut heterogen, sondern verflochten und gerade in ihrer Unterschiedlichkeit aufeinander bezogen sind. Die genetische Perspektive – die bei Lyotard ausgeblendet bleibt[50] – gibt den Schlüssel zur Überschreitung des Theorems der absoluten Heterogenität an die Hand.

Solche Kontaminationen werden dann auch im einzelnen Sprachgeschehen immer wieder virulent. Wird, wo eine Erläuterung zu erwarten stünde, mit einer Gegenfrage geantwortet, so ist diese nicht einfach abstrakt und unbezüglich als Frage zu nehmen (und als Fall des Satztypus Frage zu verbuchen), sondern als Verweigerung der erwarteten Auskunft und als Attacke auf diese Erwartung zu begreifen. Die Sprechhandlung beruht auf intergenerischen Relationen und arbeitet mit diesen. Sie ist nur im Zusammenhang solch intergenerischer Aktivität zu erfassen.

Des weiteren belegt die Möglichkeit, denselben Inhalt analog in verschiedenen Diskursmodi zu realisieren – eine Absicht beispielsweise durch Befehl oder Bitte, Verführung oder Suggestion, konsequenzenreiche Beschreibung oder vorweggenommene Tatsachenbehauptung zu befördern – vollends, daß diese Diskursmodi weder absolut heterogen noch einfach austauschbar sind, daß ihr Verhältnis vielmehr je durch eine

---

50) In diesem Punkt hat Lyotard ein Wittgenstein-Erbe beibehalten, das eine Hypothek ist. Wittgenstein war bemüht, „alles ‚Geschichtliche'" aus seiner Betrachtung auszuschalten (Ludwig Wittgenstein, *Philosophische Grammatik,* hrsg. von Rush Rees, Frankfurt a.M. 1973, 166).

Komposition von Identität und Differenz gekennzeichnet ist.[51] Und schließlich bestehen offensichtlich Verschränkungen und Korrespondenzen zwischen den Rationalitätsfeldern. So ist es zwar richtig, daß ethische Ansprüche von anderer Art sind als kognitive, aber zu ihrer verantwortlichen Einlösung kann es doch kognitiver Momente bedürfen. Und ästhetische Stimmigkeit ist zwar nur ästhetisch zu definieren, stellt aber innerhalb des Ästhetischen eine Art ethischer Komponente dar. Und zuletzt ist in jedem, auch im kognitiven Urteil ein ästhetisches Moment nicht nur wirksam, sondern unerläßlich.

All das bedeutet, daß die Heterogenität der Satz-Regelsysteme und Diskursarten nicht absolut, sondern relativ ist. Die Sprachformationen sind genetisch aufeinander bezogen; ihre tendenzielle Hermetik hat eine fluktuierende Synthetik zum Gegenhalt; und sie stehen nicht nur in Relationen der Absetzung, sondern auch in solchen der Entsprechung und treten in Verhältnisse der Kooperation ein. Dies stellt das Grundbild und den Ansatz Lyotards in Frage. Die Heterogenität ist keineswegs so einschneidend, daß Lyotards Problemstellung und Aporien daraus folgten. Seine entscheidende Prämisse ist nicht zu halten. Umgekehrt taucht vom springenden Punkt der Heterogenität her – die sich aber eben als relative, nicht absolute erweist – die Möglichkeit einer anderen Konzeption auf, einer Konzeption der Übergängigkeit. Was Lyotard widerstreitet, bereitet dieser den Weg. Das Feld der Sprache ist ohne Übergänge nicht zu beschreiben, geschweige denn zu verstehen. Noch das kann man an Lyotard selbst ablesen.

Aufschlußreich ist zum ersten schon die Form seines Buches. Es besteht aus einzelnen Abschnitten, die fortlaufend numeriert und zu Kapiteln zusammengefaßt sind; gelegentlich werden sie von Reflexionen („Notizen") zu philosophischen Texten unterbrochen. Die Abschnitte bilden untereinander keinen fortlaufenden Text, sondern haben eher den Charakter von Einzelanalysen. So spiegelt sich das Theorem der Heterogenität in der Form des Buches wider. Zugleich aber ist die Reihenfolge der Abschnitte und ihre Zusammenfassung zu Kapiteln keineswegs beliebig. Der Zusammenhang ist vielmehr außerordentlich präzis. Grundthesen, Durchführungsstrategien und Resümees der einzelnen Kapitel sowie des ganzen Buches wären ohne weiteres anzugeben. Die Einheit ist nicht inexistent, sondern vermieden. In dieser Diskrepanz von expliziter Erscheinung und impliziter Verfassung des Buches kehrt das konzeptionelle Grund-

---

51) Die ganze Problematik erinnert übrigens verblüffend an Aristotelische Theoreme und Analysen: an die Einsicht in die Doppelstruktur der Bewegung und an die Behandlung der intergenerischen Sinnesproblematik. Wie Bewegung nur als Komposition von Veränderung und Bleiben gedacht werden kann, so sind auch in solcher Übersetzung Differenz und Identität verknüpft; und wie intergenerische Relationen im Wahrnehmungsbereich angesichts der Heterogenität der Sinne unmöglich scheinen, faktisch aber vorliegen und daher eines die Sinnesheterogenität überschreitenden Erklärungsmoments bedürfen, so ist die Lyotardsche Heterogenität um eine solche („Aristotelische") Weiterführung zu ergänzen und in deren Sinn zu modifizieren. (Vgl. zur Problematik bei Aristoteles: Verf., *Aisthesis*, a.a.O., insbes. Kap. VI.)

problem von behaupteter Heterogenität und faktischen Verbindungen noch einmal wieder. Propagiert sind Brüche, praktiziert hingegen sind Verschleifungen, Übergänge, Verbindungen.

Ausdrücklich kommt Lyotard auf das Problem der Übergänge in seiner dritten Kant-Notiz zu sprechen (189ff./217ff.). Wie er sein eigenes Denken als eines der Zerstreuung charakterisiert (12/12), so interpretiert er Kant als frühen Denker solcher Zerstreuung zwischen den Diskursarten (12/12, 190/218). Dann haben beide freilich auch die Problematik des Übergangs gemeinsam. Kant stellt sich dieser in der Einleitung zur dritten Kritik und bestimmt die Urteilskraft als Vermögen des Übergangs zwischen den Vermögen. Lyotard veranschaulicht diese Situation durch das Bild des Archipels: Die Diskursarten entsprechen den einzelnen Inseln, aber es bedarf dann doch zusätzlich auch noch eines Reeders oder Admirals, der für Austausch zwischen ihnen sorgt und sich dazu des Kommunikationsmediums des Meeres bedienen kann (190/218f.); ohne eine solche Gemeinsamkeit könnte nicht einmal von Zerstreuung gesprochen werden. Und Lyotard schließt sich diesem Bild und dieser Position an. Was er in seinem Buch tue, sei offenbar auch nichts anderes, als zwischen den verschiedenen Sprachinseln hin und her zu fahren und deren Unterschiede darzulegen (196/225).[52]

Lyotard ist sich also bewußt, daß er eine permanente Praxis des Übergangs übt und daß seine Reflexionen darin ihre Essenz haben. Das ist angesichts des Dauer-Plädoyers für Inkommensurabilität gewiß widersprüchlich. Aber zum einen kennt Lyotard – problematischerweise – nur stumpfe, nicht wirklich sinnvolle Übergänge, und zum andern gibt er Widersprüchlichkeiten gerne zu. So beispielsweise auch diejenige, daß die postmoderne Ateleologie, die er vertritt, ohne Telos – zumindest in der Ersatzform eines „Leitfadens" – nicht auskomme (196/225, 182). Lyotard vermag all solches freilich nur im Sinn eines „Paradoxons" zu fassen, dem man eben nicht entgehen könne (196/225). Die Fundamentalität des Heterogenitäts-Theorems läßt anderes nicht zu. Nur sorgt die denkerische Unbestechlichkeit dafür, daß das Problem immerhin als solches kenntlich gemacht wird. Zu fordern aber wäre eine Konzeption, die diese Gegenwendigkeiten nicht bloß als unvermeidliche einzuräumen, sondern positiv zu begreifen vermöchte.

Eine dritte Beobachtung in Sachen Übergängigkeit: Für Lyotard gibt es zwei Typen von Übergang: den intragenerischen, der dank der leitenden Finalität der Diskursart relativ unproblematisch ist, und den intergenerischen, der wegen der Absenz eines übergreifenden Prinzips überproblematisch ist und kaum sinnvoll behandelt werden kann. Beide Typen sind aber offensichtlich überzeichnet. In Wahrheit stehen sie einander näher, als Lyotard glauben macht. Denn für die intragenerische Fortsetzung ist die Finalität der Diskursart keineswegs ausreichend. Sie selektiert ja – wie erwähnt – nur

---

[52] Das Bild ist übrigens sehr mißlich. Lyotard führt hier, ohne es zu merken, eine Figur des Typs ein, gegen den er sich sonst immer vehement erklärt: eine Meta-Instanz. Denn nichts anderes ist dieser Reeder oder Admiral, der souverän alle Inseln anzusteuern und auszunützen vermag, ohne selbst an eine bestimmte Position gebunden zu sein.

zwischen möglichen und unmöglichen, aber nicht zwischen guten und besseren Lösungen, denn die Entscheidung darüber kann nicht generell, sondern nur situativ erfolgen. Man braucht dafür ein feineres Sensorium, als das generelle Finalitätsbewußtsein es sein kann.

Während es in diesem Fall die von Lyotard eingeräumten Unsicherheitsfaktoren und Kreativitätsmomente wesentlich zu erhöhen gilt, sind seine Bedenken gegenüber den Möglichkeiten sinnvoller Fortsetzung im intergenerischen Fall zu ermäßigen. Beispielsweise: Auf eine Aufforderung mit einer Frage zu antworten, muß nicht dadaistisch-sinnlos, muß auch nicht einfach ein Affront, sondern kann eine sehr sinnvolle Fortsetzung sein, die etwa den (suspekten) Grund der (in Wahrheit ungerechtfertigten) Aufforderung offenlegt. Der Übergang kann solcherart innerhalb eines situativ sehr präzisen Sinnstrahls erfolgen. Der Wechsel des Satz-Regelsystems (genauer: vom erwarteten zum unerwarteten Satz-Regelsystem, von Auskunft zu Rückfrage) bedeutet zugleich einen Wechsel der Diskursart (von Gehorsam zu Rechtfertigung oder Dialog), aber dieser Übergang kann selbst durch in der vorigen Diskursart (Befehl, Gehorsam) erfolgte Züge motiviert sein, etwa wenn dort eine inkorrekte Forderung erhoben wurde. Der Unterschied solcher Übergänge von Anschlüssen im Sinn bloßer Beliebigkeit und Heterogenität ist kapital und darf nicht durch ein generelles Inkommensurabilitäts-Theorem negiert werden. Dieses vergeht sich gerade an den wichtigen und auch alltäglich bedeutsamen Fällen, wo der „Sprung" oder „Bruch" eben ein Übergang ist, der sich sinnvoll auf das Vorausgegangene zurückbezieht.

Die intragenerische und die intergenerische Fortsetzung sind also weder so einfach regelhaft noch so einfach regellos, wie Lyotard sie anzusetzen die Tendenz hat, und sind einander ähnlicher, als seine Gegenzeichnung vermuten läßt. In beiden Fällen kommt es jenseits der Regelhaftigkeit und diesseits der Regellosigkeit darauf an, eine in der spezifischen Situation sinnvolle Fortsetzungsmöglichkeit zu finden. Das erfordert eine besondere Vernunftform. Diese muß offenbar eine „ästhetische" Charakteristik und Funktionen von *phronesis* einschließen. Lyotard hat das auch verschiedentlich angedeutet. Nur: Bei ihm wird diese Vernunftform mysteriöser oder unmöglicher, als es nötig wäre – eben weil er das Problem, das sie löst, ganz aufs Gleis rigider Heterogenität gesetzt und damit in die Sackgasse der Alternative von interner Regularität und externer Irregularität gesteuert hat. Im Unterschied zu seinen früheren ästhetischen und ästhetisch grundierten Untersuchungen ist Lyotard hier – erstaunlicherweise – zu einer ganz und gar regelkonzentrierten Analyse übergegangen. Deren Pathos ist ein objektivistisches. Es ist freilich eben dieser Objektivismus, der allenthalben die Schwierigkeiten schafft, die er dann für unlösbar erklären muß.

An einer Stelle bricht Lyotard aus dem zu rigiden Regeldenken interessanterweise aus. Freilich: Er bricht eben nur aus, was bedeutet: er flieht ins Gegenteil. Er tut es in der Bestimmung der Philosophie. Während in den anderen Diskursarten alles geregelt ist, soll der philosophische Diskurs derjenige sein, in dem es die Regeln erst zu erfinden gilt (12/13, 144f./167f., 98, 174, 228). Nun ist weder gegen diese Bestimmung noch gegen die damit verbundene Königserklärung der Philosophie eo ipso etwas einzuwenden. Nur sollte dergleichen nicht die Krönung einer anderswo begonnenen Verzerrung sein. Die Formen der Wiederkehr des Verdrängten pflegen bloß unausweichlich, nicht herrlich zu sein. Lyotards exklusive Gleichsetzung von Philosophie und Regelfindung ist aber Reflex solch einer anderen Einseitigkeit. Nur weil die anderen Diskursarten gänzlich auf die Typik des Verstandes – die der Regelbefolgung – festgelegt werden, erscheint die Philosophie plötzlich als ausschließliche Stätte von Vernunft – von Regelfindung. Das aber wird keiner der Diskursarten gerecht. Schon deren internes Prozedieren (etwa die Bevorzugung eines Satz-Regelsystems gegenüber einem anderen) ist ohne Momente von Vernunft gar nicht denkbar – ganz zu schweigen von den äußeren Übergängen. Man muß Lyotards Ansatz mit einer Explikation von Vernunft verbinden, die solch transgressive Momente thematisierbar und verständlich macht. Vollzüge solcher Vernunft sind nicht der Philosophie reserviert, sondern finden sich in allen Rationalitätsfeldern. Eine Theorie solcher Vernunft wird im elften Kapitel unter dem Titel einer „transversalen Vernunft" entwickelt. Sie wird als diejenige Vernunftkonzeption verstanden, welche die Probleme, die bei Lyotards Ansatz offenbleiben, zu lösen vermag.

Die an Lyotards Konzeption geübte Kritik betrifft nicht seine Intentionen, sondern die Folie, mit deren Hilfe er diese einlösen zu können glaubt. Der Gedanke des Widerstreits ist vorbildlich, seine sprachanalytische Basis aber ist dubios. Die Heterogenitätsthese ist überzogen und sprachphänomenologisch nicht zu halten. Ohne Übergänge kann man das Feld der Sprache nicht verstehen. Solche Übergänge sind das Dominium transversaler Vernunft.

Bevor deren Konzeption entfaltet wird, gilt es noch einen Blick auf das breitere Spektrum der gegenwärtigen philosophischen Vernunft-Diskussion zu werfen. Das Problem der Pluralität, dem die Konzeption transversaler Vernunft eine Lösung zu geben sucht, bildet nicht nur den Fokus der Postmoderne, sondern ist – als Problem der Vielheit von Rationalitätstypen und Diskursformen – seit geraumer Zeit ins Zentrum der philosophischen Reflexion gerückt. Es bildet ein Kernproblem der Philosophie der Gegenwart. Die Konzeption transversaler Vernunft will nicht nur ein Problem in Lyotards Denken lösen. Sie sucht nach einer Antwort auf die – rationalitätstheoretische, philosophische, postmoderne – Grundfrage der Gegenwart. Daher ist – nach der Lyotardschen Engführung und vor der Präsentation des Lösungsvorschlages – zunächst auf andere Fassungen und die Diskussionsbreite des Problems zu blicken.

IX. Kapitel
Der gegenwärtige Streit um die Vernunft

1. Die plural gewordene Vernunft

Daß die Vernunft eine und daß im Horizont der Vernunft betrachtet alles eins sei, ist eine alte These der Philosophie. Sie war allerdings schon traditionell nicht unbestritten, und im nächsten Kapitel werden einige Gegenkonzeptionen exemplarisch zur Sprache kommen. In der Moderne aber wurde Monismus in Sachen Vernunft definitiv unglaubwürdig. Joachim Ritter hat erstmals 1956 in einer einflußreichen Hegel-Interpretation dargelegt, daß „Entzweiung" seit bald zweihundert Jahren die Grundform der „in der Gegenwart vorhandenen Vernunft" ist.[1] Das ist zwar, was Hegel angeht, problematisch – für Hegel war die Entzweiung erst einmal „der Quell des Bedürfnisses der Philosophie" und bestand „das einzige Interesse der Vernunft" gerade darin, „solche festgewordene Gegensätze aufzuheben"[2] –, aber im Blick auf die Gegenwart erwies sich die Rede von Entzweiung als treffend, eher noch als Untertreibung: Vernunft tritt – zumal als Rationalität – zunehmend pluralisiert, facettiert, ja atomisiert auf. „Entzweiung" markiert die Schwelle: daß kein Weg mehr zu Einheit zurückführt oder daß Einheit der Vernunft fortan nur noch via Entzweiung, Vielheit, Differenz gedacht werden kann.

Gewiß: Dagegen rührt sich bald die tiefsitzende (vielleicht auch nur in der Theorie tief habitualisierte, keineswegs lebenspraktische, eher lebenshinderliche und imaginäre) Furcht, infolge solcher Preisgabe von Einheit könne die Verständigung abreißen, der soziale Konnex zusammenbrechen, gar schon die Selbstverständigung erstarren. Da wird Heraklit, der Dunkle, mit scheinbar hellen Sätzen herbeigerufen: „Wenn man mit Vernunft reden will, muß man sich stark machen mit dem allen Gemeinsamen." „Drum ist es Pflicht, dem Gemeinsamen zu folgen. Aber obschon der Sinn gemeinsam ist, leben die Vielen, als hätten sie eine eigene Einsicht." „Die Wachenden haben eine einzige und gemeinsame Welt, doch im Schlummer wendet sich jeder von dieser ab in seine

---

1) Joachim Ritter, „Hegel und die französische Revolution", in: ders., *Metaphysik und Politik. Studien zu Aristoteles und Hegel*, Frankfurt a.M. 1977, 183-255, hier 229.
2) Georg Wilhelm Friedrich Hegel, *Differenz des Fichte'schen und Schelling'schen Systems der Philosophie*, Hamburg 1962, 12 bzw. 13.

1. Die plural gewordene Vernunft

eigene."[3] Man fürchtet offenbar – während man dem Gemeinsamen vertraut – den Eigensinn. Und doch ist das Gemeinsame, ist die Einheit der Vernunft, an die man appelliert, nicht mehr demonstrierbar, sondern allenfalls noch behauptbar, beschwörbar. An Husserl läßt sich das ebensogut erkennen wie am Antipoden Nietzsche.

Husserl zitiert Descartes' Sentenz, wonach die menschliche Wissenschaft immer ein und dieselbe bleibe, auf wie unterschiedliche Gegenstände sie auch angewandt werden möge, da sie von diesen doch keine größere Unterscheidung erfahre als das Sonnenlicht von der Unterschiedlichkeit der Dinge, die es beleuchtet.[4] Aber Husserl zitiert das nicht ohne Ambivalenz. Denn einerseits erkennt er darin ein Ideal, das noch ihn beseelt, andererseits macht er darin die Formel eines universellen und einseitigen Objektivismus aus. Er zitiert den Satz denn auch in einer nur noch von der Einheit sprechenden Form: „Wie die Sonne die eine allerleuchtende und wärmende Sonne ist, so ist auch die Vernunft die eine."[5] Und wo Husserl dann die moderne Erfahrung reflektiert, daß diese Cartesische Rationalität heute eher auf begründete Zweifel stößt als Euphorie auslöst, da schlägt er selbst einen anderen Weg ein. Er weicht in einen Orakelsatz aus, der nicht mehr die Einheit der Vernunft betont, sondern die Vernunft auf Vielheit hin öffnet: „Vernunft ist ein weiter Titel", lautet Husserls sibyllinische Auskunft.[6] Damit scheint er denjenigen entgegenzukommen, die für plurale Rationalität, für Rationalitätsformen jenseits des Cartesischen und des Aufklärungs-Rationalismus plädieren. Freilich: Sieht man genauer hin, so erkennt man, daß das nur ein Schein ist und daß der Satz trügerisch war. Der „weite Sinn" von Vernunft dient Husserl nämlich nur zu dem freundlichen Zugeständnis, daß „auch der Papua Mensch und nicht Tier" ist.[7] Anschließend aber will Husserl von Vernunft „in diesem weiten Sinne" die „philosophische Vernunft" als „eine neue Stufe" unterschieden wissen und als höhere Stufe erreicht sehen.[8] Und von dieser Vernunft – um die es ihm einzig geht – soll schließlich in völliger Strenge gelten, daß sie „keine Unterscheidung in ,theoretische', ,praktische' und ,ästhetische' und was immer zuläßt".[9] Die Weite des Vernunftbegriffs war nur ein vorläufiges Zugeständnis, am

---

3) Hermann Diels, *Die Fragmente der Vorsokratiker*, hrsg. von Walther Kranz, 3 Bde., o.O. ^{17}1974, I 176, 151, 171 (Nr. 114, 2, 89).
4) René Descartes, *Regulae ad directionem ingenii*, Œuvres, hrsg. von Adam und Tannery, Paris 1897-1913, X, 360.
5) Edmund Husserl, *Die Krisis der europäischen Wissenschaften und die transzendentale Phänomenologie. Eine Einleitung in die phänomenologische Philosophie*, hrsg. von Walter Biemel, Haag, ²1976, 341.
6) Ebd., 337.
7) Ebd.
8) Ebd., 338.
9) Ebd., 275. – Da kehrt sozusagen im späten Husserl noch einmal der junge Hegel wieder. Schon dieser hatte emphatisch behauptet: „Daß die Philosophie nur *eine* ist und nur *eine* sein kann,

Ende geht es um unteilbare Einheit. Bloß: Solcher Rigorismus ist mittlerweile nur mehr ein überanstrengtes Dekret. Eine Moderne, die durch Kant hindurchgegangen ist, erkennt darin bloß noch Gebärden, nicht mehr Pflichten. Will man in dieser Moderne Einheit nicht bloß als Vokabel einsetzen, sondern sie ernsthaft zum Thema machen, so führt das regelmäßig zur Auflösung der rigiden Einheitsimperative. Das ist an der Entwicklung der Phänomenologie abzulesen, die als sukzessive Dekonstruktion binnenphänomenologischer Einheitsverpuppungen verstanden werden kann. – Dasselbe tritt aber auch dort zutage, wo auf Einheitsvorstellungen nicht hyperrationalistisch gesetzt wird, wie bei Husserl, sondern vitalistisch, wie bei Nietzsche.

Nietzsche denkt Einheit – interessanterweise (aber als noch interessanter wird sich die Grenze dieses Gedankens erweisen) – nicht als Ziel, sondern als Mittel. Der Kreis des Lebensausgriffs soll möglichst groß sein, damit möglichst viele Lebensmöglichkeiten umfaßt bzw. „eingeräumt" werden können. Ideal ist die Kombination äußerer Horizontfestigkeit mit innerer Komplexität. Schwindet die erstere, so verliert das Leben an Kraft, schwindet die letztere, so verliert es an Fülle. Die „plastische Kraft", die Nietzsche preist, besteht gerade darin, möglichst große interne Vielheit doch noch zusammenhalten, in einem gemeinsamen Lebenskreis verbinden zu können. Aber dieser Einheitsgedanke – Umfassung zwecks Vielheitszulassung – verfällt bald seinem inneren Widerspruch: Einheitlich umfaßt kann nur solches werden, was gar nicht wirklich vielheitlich, nicht radikal different ist. Daher geht der apollinische Einheitsgedanke schließlich doch in der dionysischen Rauschvision unter. Die Dämme brechen, die Territorien werden überspült, und das Leben realisiert sich nun, indem es sich verströmt.

Das ist gewiß keine Lösung, aber eine Lehre kann es sein: Einheitsdekrete sind mit der Dynamik der Moderne unvereinbar. Wo mit ihrer Anstrengung ernst gemacht wird, scheitern sie – wissenschaftlich wie lebensmäßig. Modern kann die Aufgabe nicht darin liegen, gegenüber der Vielheit gewordener Rationalität noch einmal Vernunft als klassische Einheitsinstanz zu verordnen oder zu implantieren, sondern Vernunft anders zu denken: in einer mit solcher Vielheit von Grund auf konkordanten Form.

---

beruht darauf, daß die Vernunft nur *eine* ist; und sowenig es verschiedene Vernunften geben kann, ebensowenig kann sich zwischen die Vernunft und ihr Selbsterkennen eine Wand stellen, durch welche dieses eine wesentliche Verschiedenheit der Erscheinung werden könnte; denn die Vernunft absolut betrachtet und insofern sie Objekt ihrer selbst im Selbsterkennen, also Philosophie wird, ist wieder nur eins und dasselbe und daher durchaus das Gleiche." (Georg Wilhelm Friedrich Hegel, „Über das Wesen der philosophischen Kritik überhaupt und ihr Verhältnis zum gegenwärtigen Zustand der Philosophie insbesondere", *Werke 2*, Frankfurt a.M. 1986, 172) – Weder diese Einheit gilt uns heute noch für unproblematisch noch jenes Selbsterkennen für einfachhin transparent. Hegel freilich meinte, man habe auf entgegenstehende Konzeptionen „eigentlich keine Rücksicht zu nehmen" (ebd.). Das sagt über Zwang und Grenze seiner Einheit und Transparenz genug.

1. Die plural gewordene Vernunft

Daß von Vernunft nur im Angesicht einer Vielheit von Rationalitätsformen gesprochen werden kann, ist daher in der Gegenwart unumstritten geworden. Rationalität und Pluralität zusammenzubringen ist geradezu der Generaltrend heutiger Vernunftdebatten. Vernunft wird nicht mehr als Zaubermittel zur Beseitigung von Vielheit angepeilt. Wohl aber kann sie gegenüber einzelnen Problemen dieser Vielheit als Therapeutikum wirken. Solche Probleme entspringen sowohl aus Verkürzungen im Design der einzelnen Rationalitätsarten als auch aus Überzeichnungen ihrer Eigenständigkeit.

Die Moderne hat die Vielfalt von Rationalität zunächst wissenschaftsintern entdeckt und entwickelt. Exemplarisch geschah das bei Kant. Dessen Unterscheidung von kognitiver, ethischer und ästhetischer Rationalität ist vorbildlich geblieben. (Wobei wichtig ist, daß diese drei Formen bei Kant einerseits als Verstand, Vernunft und Urteilskraft bestimmt sind, andererseits allesamt als Formen von Vernunft angesprochen werden können.) Demgegenüber zeigt die gegenwärtige Vernunftdebatte eine doppelte Modifikation. Zum einen wird die wissenschaftsinterne Pluralität quantitativ wie qualitativ verstärkt: Pluralität und Paradigmenkonkurrenz herrschen schon innerhalb der jeweiligen Rationalitätstypen, und die Gräben werden allenthalben tiefer: „Inkommensurabilität" hat Konjunktur. Zum anderen ist zunehmend auch von außerwissenschaftlicher Rationalität die Rede: von einer Rationalität der Kunst, des Mythos, der Religion, der Lebenswelt. Und diese Dispute sind keineswegs bloß theoretischer Natur. Wie es wissenschaftsintern um die Legitimität von Alternativen und damit um die Veränderung von Monopolen und die Umverteilung von Ressourcen und Befugnissen geht, so stehen wissenschaftsextern gesellschaftliche Orientierungen zur Debatte. Gerade hier werden „Risse und Gräben zwischen wissenschaftlicher und sozialer Rationalität" unübersehbar und folgenreich.[10]

Man kann die Situation mit Blick auf Veränderungen hinsichtlich des Kritischen Rationalismus konturieren. Für Spinner ging es ehedem – unter dem Stichwort „Pluralismus als Erkenntnismodell" – nur um konsequenten wissenschaftsinternen Pluralismus.[11] Mit dem neueren Konzept der „Doppelvernunft" aber sucht er gerade auch jenen – insbesondere „okkasionellen" – Vernunftformen gerecht zu werden, die außerwissenschaftlich relevant sind.[12] Wie gewichtig eine solche Veränderung ist, lehrt ein Rückblick auf Alberts „theoretischen Pluralismus", der sich gegenüber allen nicht-wissenschaftlichen Formen von Rationalität als rigoroser Dogmatismus erwies: Glaubenslehren beispielsweise wurden für Albert geradezu als systematische „Immunisierungsstrategien" mittels „dogmatischer Abschirmungsprinzipien" rekonstruierbar, so selbstverständlich unterschob er – fern jedes wirklichen Pluralismus – sein eigenes Wissens-

---

10) Ulrich Beck, *Risikogesellschaft. Auf dem Weg in eine andere Moderne*, Frankfurt a.M. 1986, 39.
11) Helmut F. Spinner, *Pluralismus als Erkenntnismodell*, Frankfurt a.M. 1974.
12) Helmut F. Spinner, „Max Weber, Carl Schmitt, Bert Brecht als Wegweiser zum ganzen Rationalismus der Doppelvernunft", *Merkur* 453, 1986, 923-935.

verständnis jeder möglichen Denkart überhaupt.[13] Der aktuelle Pluralismus ist in der Tat anders. Er ist weder mehr ein solch verdeckt-dogmatischer von Wissenschaft noch der hausbackene des politischen Liberalismus, sondern ein offener und tiefgehender Pluralismus. Feyerabend hat ihn mit interessanten Argumenten zunächst in der Wissenschaft vertreten und dann auch hinsichtlich seiner sozialen und politischen Dimensionen entwickelt.

„Die Bewegung verläuft von der einen und einzigen Wahrheit und einer fertig vorgefundenen Welt zum Erzeugungsprozeß einer Vielfalt von richtigen und sogar konfligierenden Versionen oder Welten", so hat Goodman die Bilanz der Entwicklung gezogen.[14] Man versteht diese Entwicklung freilich erst recht, wenn man auch die Einsprüche gegen sie berücksichtigt. Sie betreffen vor allem zwei Punkte. Zum einen wird gesagt, die Pluralitätsthese sei im Maß ihrer Radikalität widersprüchlich und unhaltbar; zum andern wird eingewandt, Pluralität sei als Befund zwar richtig, in ihren Folgen aber unbefriedigend, und ihr gegenüber erwachse als eigentliche philosophische Aufgabe erneut die einer Verbindung, einer Richtungsangabe, einer Vernunftperspektive. Die erstere Debatte ist wissenschaftszentriert, die letztere zugleich gesellschaftsbezogen.

2. Inkommensurabilität

Das Stichwort, auf das sich die Pluralitätskritik konzentriert, lautet „Inkommensurabilität". Von Pluralität im einschneidenden Sinn kann in dem Maße gesprochen werden, wie die diversen Möglichkeiten nicht Gestalten des Selben, sondern grundverschieden sind und daher mit keinem gemeinsamen Maßstab gemessen werden können, also „inkommensurabel" sind. Inkommensurabilität bezeichnet daher in der Tat den Nerv des Pluralitätstheorems. – Warum aber schmerzt dieser Nerv? Warum dringen Kritiker auf Anästhesie oder gar Abtötung? Was klemmt bei ihnen, daß dieser Nerv sie schmerzt?

Zur Erinnerung: Von „Inkommensurabilität" ist in den Wissenschaften traditionell innerhalb der Mathematik die Rede. Als inkommensurabel bezeichnet man Strecken, die nicht ganzzahlige Vielfache einer gemeinsamen Grundstrecke darstellen, anders ausgedrückt: deren Verhältnis keine rationale, sondern eine irrationale Zahl ergibt. Der klassische Fall ist die Diagonale des Quadrats im Verhältnis zur Seite, ein anderer das Verhältnis von Umfang und Radius des Kreises. Dabei ist von Irrationalität und Inkommensurabilität offenbar in einem sehr präzisen, die Gefilde der Rationalität keineswegs zugunsten von Nebelbänken verlassenden Sinn die Rede. Und man wird gut daran tun, sich auch weiterhin dieser Basis zu erinnern und modellhaft an ihr sich zu orientieren.

---

13) Hans Albert, *Traktat über kritische Vernunft*, Tübingen 1986, 106-108.
14) Nelson Goodman, *Weisen der Welterzeugung*, Frankfurt a.M. 1984, 10.

Inkommensurabilität besagt keineswegs, daß toto coelo Verschiedenes vorläge. In den genannten Beispielen handelt es sich ja jedesmal um Strecken. Nur unter Maß- bzw. Erzeugungsgesichtspunkten sind sie grundverschiedenen Typs. Und diese Verschiedenheit ist ihrerseits präzis darstellbar – was sie freilich keineswegs aufhebt, sondern gerade eindringlich zur Erscheinung bringt. Die Entdeckung von $\sqrt{2}$ macht Diagonale und Seite nicht kommensurabel, und die Entdeckung von π führt nicht zur Quadratur des Kreises, wohl aber geben sie dem Bewußtsein der Inkommensurabilität Klarheit und Stabilität. Die Inkommensurabilität betrifft immer nur ein bestimmtes Prinzip der jeweiligen Phänomengruppen – jenseits davon mögen sie etliches gemeinsam haben. Aber in diesem einen Punkt haben sie nichts gemeinsam, und dies zu verkennen ist geradeso falsch wie nur noch dies zu sehen und die sonstigen Übereinstimmungen zu ignorieren. Die Rede von Inkommensurabilität ist mit hochgradigen Spezifikationsauflagen zu versehen. Totalisierungen der Inkommensurabilitäts- oder Kommensurabilitäts-Gesichtspunkte sind hier das *proton pseudos*.

Das gilt insbesondere auch für die wissenschaftstheoretische Version des Inkommensurabilitätstheorems, wie sie von Kuhn und Feyerabend vorgetragen wurde und auf heftigen Widerspruch gestoßen ist. Wissenschaftliche Theorien unterschiedlicher Paradigmatik sollen demnach in ihren Wahrheitsansprüchen unvergleichbar, vorsichtiger: nicht vollständig vergleichbar sein. Im Kern jedenfalls bestehe keine Übersetzbarkeit.

Diese These hat durch Davidson eine vielbeachtete Kritik erfahren.[15] Allein: Diese Kritik scheint mir eher ein Muster an Begriffsverwirrung zu sein – worin sie für viele Angriffe auf die Inkommensurabilitätsthese beispielhaft und daher hier zu behandeln ist. Davidson rekonstruiert als Basis der Rede von Inkommensurabilität und Unübersetzbarkeit einen Dualismus von Realität und Schema, und diesen attackiert er mit in der Tat einleuchtenden Argumenten. Nur hat er damit keineswegs die angeführten Positionen widerlegt. Er hat vielmehr nur sein eigenes Rekonstruktionsschema widerlegt, und dies überdies so, daß er zu einem Ergebnis gelangt, das den vermeintlich kritisierten Positionen längst als Basis dient. Denn Davidsons These, daß es keinen Sinn habe, von einer uninterpretierten Realität zu sprechen (also mit dem Dualismus von Realität und Schema bzw. Welt und Schema zu operieren), ist für diese Positionen völlig selbstverständlich. Davidsons Einsicht verändert denn auch am Problem der Inkommensurabilität gar nichts. Denn die Inkommensurabilität besteht allein zwischen Theorien, und für diese ist es selbstverständlich, daß dasjenige, worauf sie sich gemeinsam beziehen, selbst schon Gegenstand einer Theorie (und nicht „eine uninterpretierte Realität") ist. Schon am Ausgangsbeispiel ist das klar: Strecken sind offenbar keineswegs „uninterpretierte Realität", sondern Gegenstände der Geometrie. Davidsons Schema trifft die Inkommensurabilitätsfrage weder auf elementaren noch auf höheren Niveaus. Wo

---

[15] Donald Davidson, „Was ist eigentlich ein Begriffsschema?", in: ders., *Wahrheit und Interpretation*, Frankfurt a.M. 1986, 261-282.

Davidson kratzte, hat es nicht gejuckt, und das Wohlgeschrei der Erleichterung beruht auf einem Mißverständnis.

Auch unter einem zweiten Punkt kann man erkennen, daß Davidson gegen einen Popanz gekämpft hat. Dieser zweite Gesichtspunkt ist vor allem hinsichtlich der korrekten Rede von Inkommensurabilität lehrreich. Davidson arbeitet mit einer Totalitätsunterstellung, zu der manche seiner Kontrahenten in schwachen Stunden wohl neigen mögen – aber erstens soll man seinen Kollegen nicht in deren schwachen Stunden nachstellen, und zweitens und vor allem macht die betreffende Totalitätsthese keinen Sinn. Es geht um die Rede von „vollständiger" Unübersetzbarkeit respektive Inkommensurabilität. Offenbar wäre es falsch zu sagen, zwischen Diagonale und Seite des Quadrats bestehe keinerlei Vergleichbarkeit. Was immer auf Geraden zutrifft, trifft auf diese beiden ja gewiß zu. Unvergleichbarkeit (Unübersetzbarkeit bzw. Inkommensurabilität in diesem Sinn) besteht nur in einer Hinsicht: bezüglich der Länge. Darin aber besteht sie nicht vorläufig und scheinbar, sondern in der Tat vollständig. Es gilt, jenen extensiven und diesen intensiven Sinn der Rede von „vollständiger Unübersetzbarkeit" genau auseinanderzuhalten; der erstere ist unsinnig, der letztere präzis.

Daher ist die Rede von Inkommensurabilität stets spezifikationsbedürftig. Umgekehrt gesagt: Der Weltbegriff muß hier (und vielleicht nicht nur hier) aus dem Spiel bleiben. „Welt" beansprucht zu leicht zu viel. Als Ausdruck für ein Totum kann „Welt" nie korrekterweise so gebraucht werden, daß von der Inkommensurabilität von Welten gesprochen werden könnte, denn um dies tun zu können, müßte auf dieses Ganze nicht qua Idee, sondern qua Begriff vorgegriffen sein – was dem Sinn von „Welt" widerstreitet. Inkommensurabilität kann nur zwischen überschaubaren Konfigurationen und in spezifischer Hinsicht behauptet werden, nicht global zwischen „Welten".

Auf Rationalitätsformen bezogen heißt das: Man kann sie sich – in einer ersten Annäherung – durchaus nach der Analogie von Gerade und Kreis vorstellen. Die Generierungsprinzipien, Verlaufsformen und Kriterien sind tatsächlich unterschiedlich, gleichwohl handelt es sich in beiden Fällen um Linien. Und diese gemeinsame Typik ist ihrerseits präzis entfaltbar und gilt für beide gleichermaßen (Eindimensionalität, Sequenzcharakter usw.), nur hindert dies umgekehrt nicht, daß die hinzukommenden und gewissermaßen existenz-konstitutiven Prinzipien von Gerade und Kreis ihrerseits in einem Verhältnis der Inkommensurabilität stehen. Und wie so Gerade und Kreis inkommensurabel sind, obwohl sie beide Linien darstellen, so sind auch beispielsweise ethische und ästhetische Rationalität in einem präzisen und strikten Sinn inkommensurabel, obwohl sie beide Formen von Rationalität darstellen.

Wem der geometrische Vergleich unzugänglich ist, der mag das Beispiel des Vexierbilds erwägen. Dieselbe Zeichnung kann einmal als Landschaft, das andere Mal als Gesicht aufgefaßt werden. Niemand wird bestreiten, daß dabei auch zahlreiche Gemeinsamkeiten im Spiel sind, von denen drei elementare genannt seien: das Liniengefüge der Zeichnung als gemeinsame Grundlage der Auffassungen; ein Kulturkontext, in dem sowohl „Landschaft" als auch „Gesicht" Bedeutung haben; schließlich die Identität eines Betrachters, ohne die sich der Vexierbild-Effekt nicht einstellt. Aber bei all solchen Gemeinsamkeiten gilt doch, daß die beiden Auffassungen im anschaulichen Sinn strikt inkommensurabel sind. Was sich beispielsweise darin zeigt, daß man sie nicht ineinander überführen, sondern nur zwischen ihnen hin und her gehen, daß man nicht von der einen zur anderen hinübergleiten kann, sondern von der einen zur anderen springen muß.

Der Blick auf die Inkommensurabilitätsdebatte und einige Inkommensurabilitätsexempel lehrt also, daß „Inkommensurabilität" – korrekt, nämlich spezifisch gebraucht – erstens im klassischen Kernbereich von Rationalität, in der Mathematik, ihren legitimen und keineswegs dubiosen, sondern präzisen Ort hat; daß Inkommensurabilität zweitens Rationalität nicht aufhebt, sondern ein höchst rationaler Befund hinsichtlich des Verhältnisses verschiedener Regelsysteme bzw. Rationalitäten sein kann; und daß drittens eine Entfaltung und Aufrechterhaltung des Fächers der Rationalität überhaupt nur unter Beachtung der Inkommensurabilität möglich ist. Wer heute von Vernunft sprechen und damit keine Regression verbinden möchte, der muß gerade der Inkommensurabilität selbstverständliches Heimatrecht und große Bedeutung einräumen.[16]

3. Streitpunkt: Einheitsform

Wenn sich somit der Nerv pluraler Rationalitätsverständnisse – das Inkommensurabilitätstheorem – als bestens verteidigbar und rational unverzichtbar herausstellt, entsteht dann vielleicht am anderen Ende, erwächst jenseits der Pluralität noch einmal eine Frage und eine Aufgabe? Kann das Kaleidoskop der Rationalitäten das letzte Wort sein oder treten gerade infolge dieses Kaleidoskops unabweisbare Probleme der Koordination und Kooperation hervor? Ist es so, daß gegenwärtig Vielheit zwar unbestritten ist, die Frage aber, was in puncto Einheit daraus folgt, höchst umstritten ist? Liegt hier der eigentliche Nerv der gegenwärtigen Vernunftdebatte?

Kaleidoskop versus Kooperation – das nimmt eine von Hans Lenk gebrauchte Wendung auf, die dieser zuerst als rationalitätstheoretische formuliert hat, aber zugleich auch als gesellschaftliche verstanden wissen wollte. Wir befinden uns mit diesem zweiten Einspruch gegen ein radikalisiertes Vielheitstheorem an der Verbindungsstelle von

---

16) Ein klares Bewußtsein der Problematik hatte übrigens schon Diderot. Mit Inkommensurabilität korrekt umgehen zu können, zeichnete für ihn den Philosophen aus. Denn der Philosoph war für ihn nicht nur derjenige, „der die Meinung, die er verwirft, ebenso tief und klar [versteht] wie die Meinung, der er sich anschließt", sondern der Philosoph hat seine eigentliche Auszeichnung darin, daß er es, „wenn er keinen eigentlichen Beweggrund zum Urteilen hat, sogar fertig [bringt], die Dinge unentschieden zu lassen" (Enzyklopädie-Artikel „Philosoph").

Rationalitäts- und Sozialproblematik. Daher wird uns, was Lenk fordert, auch bei Habermas wieder begegnen.

Lenk betont zu Recht, daß „die Probleme der Vernunft und der Architektonik unterschiedlicher Rationalitätstypen ... eine zentrale philosophische Herausforderung der gegenwärtigen Zeit" darstellen[17] – ich würde sogar sagen: *die* zentrale philosophische Herausforderung der gegenwärtigen Zeit. Denn die Vernunftproblematik – im heute geforderten weiten Sinn – macht in der Tat das Gravitationszentrum der Debatten aus, und dabei bildet, auf der Basis der Vielheitsakzeptanz, die Einheitsfrage den Fokus der Probleme, und alles wird darauf ankommen, die rechte Form der Einheit zu finden. Lenk weist zudem auf die brisante Erfahrung hin, die hinter diesen Debatten steht: die Erfahrung, „daß das Paradigma der (Natur-)Wissenschaften nicht das einzige für Vernunft und Rationalität sein kann".[18] Vernunft und Rationalität sind nicht nur in der Wissenschaft verkörpert, und unsere Gesellschaften stellen sich um, indem sie diese in der Moderne befolgte Gleichung überschreiten und deren Auflagen nicht mehr mitmachen. Dann entsteht aber Lenk zufolge umgekehrt die Aufgabe neuer „Koordinierungsstrategien", die den Herausforderungen der Zeit zu begegnen vermögen, es braucht „eine plurifunktionale Wiedervereinigung im Zusammenspiel", sozusagen ein Vernunftdesign für eine „kooperative Gesellschaft".[19] – Fragt sich nur, wie diese „Koordination" und „Kooperation", wie diese neue Einheitsform, die hier als Desiderat formuliert ist, in concreto aussehen soll.[20]

Man kann einer Lösung oder zunächst einmal der richtigen Form der Fragestellung näher kommen, wenn man auf Lyotard und Habermas blickt. Bei beiden ist die gesellschaftliche Dimension der Vernunft-Problematik evident. Und wenn sie einander in puncto Vielheit versus Einheit so unversöhnlich gegenübertreten, so offenbar nur, weil ihnen beiden die Einheitsform, auf die es ankäme, fehlt. Faktisch sind ihre Konzeptionen keineswegs völlig inkompatibel. Nur verkennen sie einander systematisch, weil ihre Vorstellungen von Vernunft und vernunftrelevanter Einheit kontrovers sind. Was für Lyotard die postmoderne Struktur von Vernunft kennzeichnet, das schilt Habermas

---

17) Hans Lenk, „Postmodernismus, Postindustrialismus, Postszientismus. Wie epigonal oder rational sind Post(modern)ismen?", Vortrag bei der Tagung des Engeren Kreises der Allgemeinen Gesellschaft für Philosophie in Deutschland, Braunschwieg, September 1986, Manuskript S. 4.
18) Ebd.
19) Ebd., 28 f.
20) Ähnlich sagt Jürgen Mittelstraß, „ein Plädoyer für die Einheit der Rationalität oder, emphatischer, die Einheit der Vernunft [ist] nicht etwa ein Gespenst, das hin und wieder aus Philosophenträumen steigt, sondern eine sehr realistische Vorstellung, die der Zerlegung unserer Praxis und damit auch der Zerlegung unserer Existenz entgegenwirken soll" (Jürgen Mittelstraß, „Wissenschaft als Kultur", *Heidelberger Jahrbücher* 30 (1986), 51-71, hier 54).

schlicht als „Irrationalismus". Und was Habermas als Vernunftaufgabe benennt, wird von Lyotard des „Terrorismus" bezichtigt. Wie kommen diese Verzerrungen zustande?

Habermas steht ebenso wie Lyotard auf dem Boden der modernen Differenzierungsprozesse. Auch er will diese nicht rückgängig machen. Nur erkennt er in ihnen auch Probleme. Die Moderne erzeugt auf dem Weg der Differenzierung ihre eigenen Aporien.[21] Die Ausdifferenzierung der Wertsphären Wissenschaft, Moral und Kunst führt nicht nur zu Fortschritten, sondern auch zu strukturellen Einseitigkeiten. Deren Negativfolgen will Habermas durch eine Art Kreislauftherapie begegnen, durch eine „Kommunikation" der spezialistisch auseinandergetretenen Vernunftmomente und durch eine „Rückkoppelung" der Expertenkulturen mit der Alltagspraxis. Vermittlungsprozesse sollen der bloßen Differenzierung die Waage halten. Dies freilich – und darum kann der Dissens mit Lyotard kein absoluter sein – so, daß Vielheit dabei nicht erstickt wird, sondern erhalten bleibt.

Lyotard ist rigoroser, auch einseitiger. Er will strikt an der Differenz und Heterogenität der Rationalitätsformen festhalten. Gewiß schafft dies Probleme, Probleme des Widerstreits nämlich. Aber diese sind nicht durch Vermittlungsstrategien und Integrationsrezepturen zu lösen, sondern durch Anerkennung der Differenzen in ihrer Schärfe und Unüberschreitbarkeit zu behandeln. Man darf die Härten nicht verwischen, sondern muß ihren Konsequenzen Rechnung tragen. Wo hingegen Kommunikation propagiert und Konsens zur Pflicht gemacht wird, da wittert Lyotard Totalisierung. Er hat das Habermas drastisch vorgehalten: „Wir haben die Sehnsucht nach dem Ganzen und Einen, nach der Versöhnung von Begriff und Sinnlichkeit, nach transparenter und kommunizierbarer Erfahrung teuer bezahlt. Hinter dem allgemeinen Verlangen nach Entspannung und Beruhigung vernehmen wir nur allzu deutlich das Raunen des Wunsches, den Terror ein weiteres Mal zu beginnen, das Phantasma, die Wirklichkeit zu umschlingen, in die Tat umzusetzen. Die Antwort darauf lautet: Krieg dem Ganzen, zeugen wir für das Nicht-Darstellbare, aktivieren wir die Widerstreite, retten wir die Ehre des Namens."[22] Man mag das für zu hart halten. Aber auch auf dem Terrain der Nüchternheit bleibt die Ablehnung entschieden: Die Heterogenität der Diskursgattungen verpflichtet zum „Widerstand gegen eine ‚kommunikative' Verflachung und Vereinheitlichung".[23]

Für beider Vernunftverständnis sind also Differenzen essentiell, aber für den einen sind diese Differenzen wirklich vernünftig erst dann, wenn Vermittlung hinzutritt, für den anderen hingegen hört eben damit die Vernünftigkeit auf. Andererseits besteht

---

21) Vgl. Habermas' Adorno-Preis-Rede sowie die in der *Theorie des kommunikativen Handelns* entfaltete und in *Vorstudien und Ergänzungen zur Theorie des kommunikativen Handelns* präzisierte Position.
22) Jean-François Lyotard, „Beantwortung der Frage: Was ist postmodern?", *Tumult* 4 (1982) 131-142, hier 142.
23) Jean-François Lyotard mit anderen, *Immaterialität und Postmoderne*, Berlin 1985, 49.

Gemeinsamkeit nicht nur darin, daß beide auf dem Boden der modernen Differenzierung stehen, sondern auch darin, daß beide sich ausdrücklich als Anwälte von Rationalität und Vernunft verstehen. Eben deshalb geraten sie ja andererseits so drastisch aneinander. Und eben darum ist ihr Konflikt so aufschlußreich für den gegenwärtigen Streit um die Vernunft.

Lyotard unterstreicht die „Verschiebung der Idee der Vernunft" vom Prinzip einer universellen Metasprache zur Pluralität formaler und axiomatischer Systeme,[24] und er versteht diese Vervielfachung gerade als Zeichen nicht „für weniger Vernunft, sondern für erhöhte rationale Strenge".[25] Im Umkehrschluß und gegen Habermas ergibt sich daraus, daß jemand, der solch gesteigerte Vernunftansprüche als „Neo-Irrationalismus" brandmarkt,[26] seinerseits eine „Verwirrung der Vernunft" betreibt, weil er gegen gewordene Einsichten noch am „höchst ‚modernen' Projekt einer universellen Sprache" festhält, am Projekt „einer Metasprache, die in der Lage wäre, ohne Rest all die Bedeutungen in sich aufzunehmen, die in den besonderen Sprachen niedergelegt sind".[27] Genau eine solche Einheitsform von Vernunft aber (die Lyotard allenfalls theoretisch, nicht aber praktisch zu Unrecht Habermas unterstellt) reproduziert Strukturen einer Herrschaftsinstanz, gegen die Lyotard so allergisch ist und von denen ein aktuelles Vernunftkonzept unbedingt freizuhalten wäre.

Umgekehrt versteht sich auch Habermas ausdrücklich als „Hüter der Rationalität", der Fragen der Begründbarkeit von solchen bloßer Gewohnheit unterscheidet, der für „empirische Theorien mit starken universalistischen Ansprüchen" eintritt und der sich anheischig macht, eine Kommunikation der ausdifferenzierten Rationalitätsaspekte zu bewirken, also „das stillgestellte Zusammenspiel des Kognitiv-Instrumentellen mit dem Moralisch-Praktischen und dem Ästhetisch-Expressiven wie ein Mobile, das sich hartnäckig verhakt hat, wieder in Bewegung zu setzen".[28] Nur wie das wirklich geschehen soll, bleibt unklar; Habermas kann sogar auf die Möglichkeit solcher Schritte bloß vertrauen; und der nähere Grund dieses Vertrauens ist schwach: er ergibt sich aus der Annahme, die verschiedenen Rationalitätsformen seien Differenzierungsprodukte einer einheitlichen Vernunft. Das mag bei der Triade des Kognitiv-Instrumentellen, Moralisch-Praktischen und Ästhetisch-Expressiven (in der die alte Dreifaltigkeit des Wahren,

---

24) Jean-François Lyotard, *Das postmoderne Wissen*, Ausg. 1986, 128.
25) Jean-François Lyotard, „Die Vernunftverwirrung", in: ders., *Grabmal des Intellektuellen*, Graz – Wien 1985, 32-39, hier 33.
26) *Grabmal des Intellektuellen*, 83.
27) Ebd., 38 f.
28) Jürgen Habermas, „Die Philosophie als Platzhalter und Interpret", in: ders., *Moralbewußtsein und kommunikatives Handeln*, Frankfurt a.M. 1983, 9-28, hier 27, 23, 26.

3. Streitpunkt: Einheitsform

Guten und Schönen neu erscheint) zur Not noch glaubhaft sein, aber bei dem heute gebotenen Ausgriff auf andere Rationalitätsformen ist die Unterstellung einer vorausliegenden Einheit bloß noch illusorisch. Die kommunikative Vernunft zeigt deutlich restriktive Züge;[29] ihre Einheitsform verfällt der berechtigten Kritik derer, die der Inkommensurabilität und Pluralität heutiger Rationalitätsformen gewahr geworden sind.

Der Streit zwischen Modernisten und Postmodernisten ist ein Streit um die Vernunft. Dieser Streit, der gegenwärtig im Brennpunkt des philosophischen Interesses steht, kann nicht einfach als der von Vernunftfreunden gegenüber Vernunftfeinden verstanden werden, sondern muß als einer zwischen verschiedenen Konzeptionen von Vernunft begriffen und behandelt werden. Er kann auch nicht schlicht als einer zwischen Vielheits- und Einheitsverständnis von Vernunft angesetzt werden, denn Vielheitsakzeptanz gehört zu den Basis-Gemeinsamkeiten aller ernstzunehmenden Kontrahenten – zumindest so weit hat sich der Postmodernismus auch bei ehedem rigiden Modernisten durchgesetzt. Traditionalisten und Transformatoren der Vernunft gehen heute gleichermaßen von einer Vielheit von Vernunftformen und Rationalitätstypen aus (mag deren Katalog dann im einzelnen enger oder weiter gefaßt sein).[30]

Der Streit geht im Grunde ausschließlich darum, ob jenseits der Vielheit auch noch eine Einheitsform der Vernunfttypen ins Auge zu fassen ist, und wenn ja, welche. Liegt das Heil in der reinen Vielfalt oder bedürfen die diversen Vernunftformen noch eines vereinigenden Prinzips oder Bandes, um überhaupt für Formen von Vernunft gelten zu können? Und wie wäre dieses Prinzip oder Band zu denken? Wie sähe eine Vernunftform aus, die nicht durch die Hintertür den Totalitarismus wieder einführte, den man soeben durch entschiedenen Übergang zum Pluralismus losgeworden zu sein sich freute? Das ist der Problemstand und die gemeinsame Grundfrage der gegenwärtigen Diskussion. Der in den letzten Jahren viel beredete deutsch-französische Dissens dreht sich im Grunde um nichts anderes als um diese Frage und wäre durch ihre Lösung zu überwinden.

Philosophisch ist klar, daß die These reiner Vielheit nicht zu halten ist. Andererseits sind aber die Einheitsformen, die dagegen in Vorschlag gebracht werden, kontraindiziert. Die Aufgabe ist, eine Einheitsform zu finden, die nicht bloß formale Gemeinsam-

---

[29] Waldenfels hat mit Blick auf Habermas' Schematisierungs-Hypertrophie darauf hingewiesen, daß „eine Diktatur des Logos ... auch mit der sanften Gewalt von Gitterkästchen auftreten kann" (Bernhard Waldenfels, *In den Netzen der Lebenswelt*, Frankfurt a.M. 1985, 113).

[30] Selbst Apel hat sich veranlaßt gesehen, für eine „Theorie der Rationalitätstypen" zu plädieren. Dabei bekennt er sein Motiv freimütig ein: Er hofft, daß eine solche Theorie „die gegenwärtige Rationalitätskritik gewissermaßen auffangen könnte" (Karl-Otto Apel, „Das Problem einer philosophischen Theorie der Rationalitätstypen", in: *Rationalität. Philosophische Beiträge*, hrsg. von Herbert Schnädelbach, Frankfurt a.M. 1984, 15-31, hier 20).

keiten zwischen Vernunftformen verständlich, sondern eine materiale Kooperation ihrer möglich macht, ohne andererseits der konventionellen Dialektik der Einheit – der Sistierung des Vielen, um dessen Produktivität es doch ginge – zu verfallen. Welche ist die heute angesichts der Vielheit von Rationalitäten mögliche und nötige Form von Vernunft?

Die Konzeption transversaler Vernunft, die im übernächsten Kapitel vorgestellt wird, sucht darauf eine Antwort zu geben. Zur Vorbereitung werden im folgenden Kapitel exemplarisch einige Stationen der Philosophiegeschichte beleuchtet, an denen die Vielheit von Rationalitätsformen bereits einmal Thema wurde. Dabei ist zu untersuchen, wie die einzelnen Rationalitätsformen voneinander abgesetzt wurden, vor allem aber ist zu betrachten, wie die betreffenden Denker sich dann dem Problem der Einheit dieser Formen, dem eigentlichen Problem der Vernunft, gestellt haben.

X. Kapitel

Vielfalt von Rationalitätstypen – Einheit der Vernunft Modelle der Tradition

Es geht hier nicht um einen Überblick über die Geschichte des Pluralitätstheorems in Vernunftfragen. Ich beschränke mich vielmehr auf drei exemplarische Positionen: auf die der Entdeckung, auf die der Radikalisierung und auf die der Verbindung unterschiedlicher Vernunftformen. Ich beschränke mich auf Aristoteles, Pascal und Kant.

1. Aristoteles
   oder
   Die Selbstverständlichkeit von Vielfalt

Grundsätzliche Pluralität in Sachen Vernunft ist nicht etwa eine Erfindung der Moderne oder gar erst der Postmoderne, sondern schon eine These der Antike. Sie tritt erstmals bei Aristoteles auf, also vor gut 2300 Jahren.

Aristoteles ist generell der traditionelle Philosoph der Pluralität – und sollte als solcher geschätzt werden. In der Wissenschaft, als deren Hauptleistung man herkömmlich umfassende Einheitsstiftung ansieht, in der „Metaphysik", hat er – der als ihr Begründer gelten kann – gerade in puncto Einheit erstaunliche Konzilianz, um nicht zu sagen Nonchalance bewiesen.

So hat er, was den Zusammenhang der kategorialen Seinssinne angeht, darauf hingewiesen, daß dieser Zusammenhang keineswegs die übliche und starke Einheitsform des *kath' hen* (also die einer gemeinsamen Grundbedeutung), sondern bloß die schwache des *pros hen* (der Ausrichtung auf einen bestimmten Sinn) aufweist – und hat dies für genügend befunden.[1] Man kann Aristoteles zufolge keine einheitliche Bedeutung der verschiedenen kategorialen Seinssinne angeben, sondern nur darauf hinweisen, daß sie formal alle auf einen ausgezeichneten Seinssinn, auf „Substanz" (*ousia*), bezogen sind.

---

1) Vg. Aristoteles, *Metaphysik* IV 2.

Das ist schon die ganze Einheitlichkeit. Und überdies (und im gleichen Zusammenhang) hat Aristoteles dann auch noch die Vorstellung von Einheit selbst aufgebrochen, indem er darlegte, daß – gerade so wie „Sein" – auch „Einheit" ein plurivoker Begriff ist, und dies ebenfalls nicht etwa in der unproblematischen Weise des *kath' hen*, sondern in der problemreichen Weise des *pros hen*.[2]

Vollends souveränen Umgang mit Einheitsfragen zeigte Aristoteles schließlich in Met. V 7. Er bezieht sich dort auf die volle Palette der Seinssinne, also nicht mehr bloß auf die zehn kategorialen Seinssinne, sondern auch auf die weiteren, in deren Koordinatennetz jedes „ist" plaziert ist, also auf das Von-sich-her-Sein und das Von-einem-anderen-her-Sein, das Wahrsein und das Falschsein sowie das Wirklichsein und das Möglichsein. Und hinsichtlich dieser Vielfalt von Seinstypen nimmt Aristoteles die Frage, worin deren Einheitlichkeit noch liege, nicht einmal mehr auf. Hier noch nach Einheit zu fragen, wäre offenbar allzu vergeblich.[3]

Und für Aristoteles muß die Seinswissenschaft eben auch nicht Einheitswissenschaft sein. Überhaupt hat man hier nicht Wünsche zu hegen, sondern Sachstrukturen anzuerkennen. Und diese sind in puncto Sein eben derart, daß sie keine Einheitlichkeit bieten. Das Evidente ist hier die Diversität. Auf diese hat die Seinsphilosophie sich einzulassen.

Aristoteles, der in der philosophisch zentralen Seinsfrage soviel Sinn für Vielfalt an den Tag legte, war begreiflicherweise dann auch der erste, der eine grundsätzliche Vielfalt von Rationalitätstypen klar erkannt und ausgearbeitet hat. Er unterscheidet drei Rationalitätsformen: theoretische, praktische und poietische Vernunft. Ich konzentriere mich auf die wichtigste dieser Unterscheidungen, auf die von theoretischer und praktischer Vernunft. Sie ist besonders wichtig auch deshalb, weil sie besonders häufig und mit den nachteiligsten Folgen verkannt wird.

Theoretische Vernunft hat es mit Unveränderlichem zu tun. Paradebeispiel ist die Mathematik. Zwei und zwei ist immer vier. Praktische Vernunft hingegen hat es mit der Gewinnung von Glück, mit dem Gelingen menschlichen Lebens, also mit sehr Veränderlichem und Situationsabhängigem zu tun.

Die Philosophie ist traditionell auf die theoretische Vernunft konzentriert und hat mit der praktischen Schwierigkeiten. Das kann man (so die Beispiele des Aristoteles) an Leitfiguren wie Anaxagoras und Thales unmittelbar ablesen, denn diese brillierten zwar als Repräsentanten philosophischer Kosmos-Weisheit, auf das menschliche Leben aber verstanden sie sich nicht. Und als die Philosophie schließlich auch das konkrete menschliche Leben unter ihre Gegenstände aufnahm, also praktische Philosophie

---

[2] Ebd.
[3] Vgl. zur gesamten Problematik P. Aubenques klassische Studie *Le problème de l'être chez Aristote*, Paris 1962; speziell zu Met. V 7 zuletzt: E. Tugendhat, „Über den Sinn der vierfachen Unterscheidung des Seins bei Aristoteles (Metaphysik Δ 7)", in: *Spiegel und Gleichnis. Festschrift für Jacob Taubes*, hrsg. von Norbert Bolz und Wolfgang Hübener, Würzburg 1983, 49-54.

wurde, da blieb sie darin doch theoretische Philosophie, denn sie behandelte die praktischen Fragen weiterhin im herkömmlichen Stil theoretischer Vernunft. Der exemplarische Fall dafür ist Platon. Daher muß sich Aristoteles, als er erstmals eine wirkliche Ethik – und das heißt eine an der Eigenart praktischer Rationalität orientierte Lehre vom sittlichen Leben – entwirft, von dieser altphilosophischen und jüngstplatonischen theoretischen Majorisierung des Praktischen absetzen. Er tut das in der *Nikomachischen Ethik*.[4]

Er greift dabei zunächst auf sein ontologisches Vielheitsargument zurück. Die Platonische Berufung auf die Idee des Guten, sagt er, erweist sich bei näherer Betrachtung als nichtig. „Gut" wird nämlich in ebenso vielen Bedeutungen ausgesagt wie „seiend" im Sinn der Kategorien und weist die gleiche innere Heterogenität auf. „Gut" ist nicht ein allgemeiner Begriff, der in allen spezifischen Anwendungen dasselbe meinte. Dann kann es aber auch nicht eine Wissenschaft von „dem" Guten geben, kann die Ethik nicht als Wissenschaft vom Guten durchgeführt werden. Selbst wenn man sich auf eine einzige Kategorie beschränkte, beispielsweise die der Zeit, und das Gute mithin als den rechten Moment faßte, selbst dann entginge man der Pluralität nicht, denn es gibt offenbar – je nach Sachbereich – verschiedene Wissenschaften vom rechten Moment: Im Krieg ist die Wissenschaft des rechten Moments die Feldherrnkunst, in der Krankheit die Heilkunst und in der Erziehung (so könnte man diese Aristotelische Reihe fortführen) die Pädagogik. Eine monistische Ethik ist unmöglich. Man wird die Ethik eher pluralistisch durchführen müssen, also so, daß sie für Spezifikation und Konkretion offen ist.[5]

Das bedeutet vor allem auch, daß die Ethik einen anderen Typ von Wissen erfordert, als das theoretische Wissen ihn bietet. Diese prinzipiell andere Struktur praktischen Wissens macht den Kernpunkt der Unterscheidung aus. Praktisches Wissen kann nicht generellen und deduktiven Zuschnitts sein, sondern muß vor allem auch situatives Wissen beinhalten, da es zuletzt darauf ankommt, das in bestimmten Umständen Richtige herauszufinden. Die Sachstruktur des Bereichs – die Prominenz des Einzelnen – verlangt diese andere Wissensform, sofern dieses Einzelne sich nicht aus einem Allgemeinen deduzieren läßt. Sittliche Rationalität kann nicht mathematisch-geradlinigen Typs sein.

Gleich im ersten Kapitel der *Nikomachischen Ethik* weist Aristoteles auf diese Andersartigkeit des hier zu fordernden und zu erwartenden Wissens gegenüber dem in anderen Wissenschaften beheimateten Wissen hin. Er tut es insbesondere, indem er Ansprüche und Standards theoretischen Wissens abweist. Die dort übliche Genauigkeit und Strenge steht hier nicht zu erwarten. Aber nicht etwa, weil die Ethik noch in den Anfängen steckte und den Weg zur Genauigkeit erst zurücklegen müßte, sondern weil die

---

[4] Das berühmte Wort „Amicus Plato, magis amica veritas" geht denn auch auf diesen Zusammenhang zurück, vgl. *Nikomachische Ethik* I 4, 1096 a 12-17.
[5] Vgl. EN I 4.

Sachstrukturen hier so sind, daß ein Wissen im Sinn theoretischer Genauigkeit prinzipiell deplaziert wäre und nichts fruchtete. Wollte man ein solches Wissen ethischen Sachverhalten partout oktroyieren, so würde man diese garantiert verfehlen. Die sittlichen Fragen lassen sich nicht derart unter generelle Regeln bringen, daß die besonderen Fälle nur mehr subsumptive Fälle dieser Regeln wären. Die Standards wechseln vielmehr von einer Gesellschaft zur nächsten, und dieselbe Tugend (etwa Mut) gereicht dem einen zur Ehre, während sie dem anderen den Untergang beschert. Hier herrscht Unterschiedlichkeit und Kontextabhängigkeit, daher muß auch die Wissenstypik eine andere sein, kann nicht die Genauigkeitsart der theoretischen Wissenschaften haben.

Natürlich ist das dem sittlichen Wissen nicht vorzuhalten. Die Pointe des Aristoteles liegt gerade darin, daß sittliches Wissen wegen dieser Struktur *wirkliches* Wissen nur dann sein kann, wenn es sich nicht am Ideal theoretischen Wissens orientiert, sondern sich auf diese scheinbare Ungenauigkeit einläßt. Was aus theoretischer Warte als seine Inferiorität erscheint, ist in Wahrheit gerade das Signum seiner Eigenart und Treffendheit.

Die allgemeinen Aussagen (wie sie für eine Wissenschaft überhaupt charakteristisch sind) können hier nicht (wie bei den theoretischen Wissenschaften) den Einzelfall bestimmen, sondern können nur im Groben umreißen, wie es sich verhält. Die genaue Bestimmung des Einzelfalls hingegen ist einzeln und situativ zu leisten, und dafür braucht es dann auch ein spezifisches, situatives Wissensvermögen: die *phronesis*. Die Ethik kann – als allgemeine Wissenschaft – nur darlegen, daß und inwiefern dies so ist. Die Bestimmung des Einzelfalls aber muß durch das besondere sittliche Wissen der *phronesis* erfolgen. Genauigkeit gibt es hier also auch, aber sie ist anderen Typs und bewegt sich auf einer anderen Stufe als bei den theoretischen Wissenschaften. Die praktische Wissenschaft kann nur Umriß-Wissenschaft sein, die wirkliche Genauigkeit hingegen kommt erst dem konkreten Wissen des sittlich Handelnden zu.[6]

Wer die Sachfelder in ihrer Unterschiedlichkeit kennt, weiß um diesen Grundunterschied. Ja man erkennt – so Aristoteles – den Gebildeten gerade daran, daß er weiß, welche Art von Genauigkeit in welchem Feld zu verlangen ist.[7] Die Anwendung dieses Grundsatzes und die kritische Pointe der ganzen Ausführungen liegen darin, daß derjenige ein Ignorant ist, der die Ethik am Modell der theoretischen Wissenschaft orientieren und deren Genauigkeit von ihr verlangen möchte. Er würde nicht etwa, wie er sich schmeicheln mag, eine besonders anspruchsvolle Ethik entwerfen, sondern die Ethik grundlegend verzeichnen. Und eigentlich, meint Aristoteles, müßte das jedermann einleuchten. Denn wie es offenkundig lächerlich wäre, von einem Mathematiker bloße Wahrscheinlichkeitsgründe zu verlangen – denn Mathematik ist eine Sache der

---

6) Vgl. zur Aristotelischen Idee der Ethik als Umriß- bzw. Grundriß-Wissenschaft: O. Höffe, *Praktische Philosophie. Das Modell des Aristoteles*, München – Salzburg 1971.
7) Vgl. EN I 1, 1094 b 23-25. Ähnlich schon (gegen die Orientierung der Physik am Ideal der Mathematik) Met. II 3, 995 a 6-17.

Exaktheit –, so wäre es umgekehrt ebenso lächerlich, von einem Rhetor strenge Beweise zu fordern – denn Rhetorik ist eine Sache der Wahrscheinlichkeit.[8] Und so wäre es drittens gleichermaßen töricht, die Ethik sei es more mathematico oder more rhetorico aufzuziehen. Sie kann weder eine exakte Wissenschaft sein noch sich in persuasiven Akten erschöpfen. Ihre Rationalität ist anderer, ist von eigener Art.

Man kann an einem besonderen Punkt verdeutlichen, wie groß der Unterschied praktischer und theoretischer Rationalität in Aristoteles' Augen letztlich ist: an Aristoteles' – für viele überraschender – Kennzeichnung sittlicher Vernunft als Wahrnehmung.

Sittliche Vernunft – *phronesis* – schließt zwar auch allgemeine Einsichten ein, beispielsweise das Wissen, daß jede ethische Tugend in der Mitte zwischen einem Zuviel und einem Zuwenig – Mut beispielsweise zwischen Tollkühnheit und Feigheit – liegt, aber entscheidend ist dann doch, diese allgemeinen Einsichten im Einzelfall richtig anzuwenden, und das heißt: das in der *Einzellage* sittlich Gebotene herauszufinden. Müßte man sich zwischen allgemeiner und Einzelerkenntnis entscheiden, so hätte man unbedingt der letzteren den Vorzug zu geben.[9] Und diese konstitutive Ausrichtung der *phronesis* auf das Einzelne unterstreicht Aristoteles dann durch die terminologische Eigentümlichkeit, daß er die *phronesis* als *aisthesis* charakterisiert, also als Wahrnehmung.[10] Nun muß man bedenken, daß in der theoretischen Sphäre Wahrnehmung den genauen Gegenfall zum Wissen darstellt. Denn Wissen geht auf das Allgemeine, Wahrnehmung hingegen auf das Einzelne. Somit kann Aristoteles den Unterschied praktischen Wissens gegenüber theoretischem Wissen gar nicht drastischer ausdrücken als durch diese Qualifizierung des praktischen Wissens als Wahrnehmung. Möglich und berechtigt ist das aber eben dadurch, daß in sittlicher Hinsicht dem Einzelnen Prinzipienstatus und Letztcharakter zukommt.

Aristoteles bringt das sehr lapidar in einer vielumrätselten und von den Anwälten einer theoretischen Majorisierung des Ethischen stets mit Kopfschütteln begleiteten Passage im 12. Kapitel des VI. Buches der *Nikomachischen Ethik* zum Ausdruck. Der *aisthesis*-Charakter der *phronesis* wird dort nämlich gar mit ihrem *nous*-Charakter in eins gesetzt. *Nous*, die höchste, für die Erfassung der Prinzipien zuständige Vernunftform, bildet im theoretischen Bereich den extremen Gegenpol zur *aisthesis*. Ethisch aber ist es völlig anders. Die *phronesis* ist, sofern sie Einzelnes erfaßt, *aisthesis*. Sofern es aber ganz auf dieses Einzelne ankommt, hat die *aisthesis*, die derartiges Einzelnes erfaßt, hier die Wertigkeit des *nous*. Ethisch gilt (was theoretisch ganz unmöglich wäre), daß die *aisthesis nous* ist. Genau das besagt der Schlußsatz der Passage: *haute d' esti nous*.[11] Er ist verwunderlich nur so lange, als man – gegen Konzeption und Dauerrede des Aristoteles – theoretische Vernunft als fraglosen Maßstab auch praktischen Wissens

---

8) Vgl. EN I 1, 1094 b 25-27.
9) EN VI 8, 1141 b 21 f.
10) So erstmals EN VI 9, 1142 a 23-27.
11) EN VI 12, 1143 b 5.

zugrunde legt. In Wahrheit stellt dieser Schlußsatz gerade den Gipfelpunkt von Aristoteles' Herausarbeitung der Eigenart und Eigenständigkeit praktischer Vernunft dar.

Aristoteles, so wurde eingangs gesagt, ist generell ein Philosoph der Typendifferenzierung. Er tritt, wo Vielheit sich zeigt, vorbehaltlos und nachdrücklich für diese ein. Das wurde für die Grundfrage der Ontologie – für die Frage nach „sein" (die Aristoteles zufolge gerade nicht als Frage nach „dem" Sein zu behandeln ist) – skizziert, es schlägt sich ebenso als generelles methodologisches Prinzip in der Anweisung nieder, daß die Methode dem Gegenstand zu folgen habe und daß verschiedene Seinsbereiche daher verschiedene Methoden der Untersuchung erfordern, und es ist bis in Einzelheiten wie die Feststellung hinein wirksam, daß die zoologisch falsche Wiedergabe des Ganges einer Hirschkuh gleichwohl ästhetisch adäquat, ja geradezu wahr sein könne. Es gilt jedesmal, Eigengesetzlichkeiten zu unterscheiden und vor Übergriffen zu schützen. Genau darum geht es auch in der Rationalitäts-Problematik. Hinsichtlich der Unterscheidung von theoretischer und praktischer Vernunft hat sich dabei ergeben, daß Aristoteles diese Unterscheidung als prinzipielle versteht und als eminent bedeutungsvolle vertritt.

Die für unseren Zusammenhang interessante weitere Frage ist dann aber: Wie bestimmt Aristoteles das Verhältnis oder den Zusammenhang dieser hochgradig differenten Vernunftformen? Wie operiert er in der Frage der Einheit der Vernunft? Setzt er auf eine solche Einheit jenseits, inmitten oder zwischen den unterschiedlichen Vernunftformen? Die Stellung des Aristoteles zu diesen Fragen und generell sein Beitrag zu einem Verständnis der Pluralität von Vernunftformen lassen sich in fünf Punkten darstellen.

1. Aristoteles gibt mit seiner Unterscheidung theoretischen und praktischen Wissens die exemplarische Analyse einer Differenz von Vernunftformen. Diese Differenz ist keine Binnendifferenz, sondern eine Fundamentaldifferenz. Bei Binnendifferenzen, wie sie sich in der Vernunftsphäre ebenfalls finden, liegen die Dinge anders. So stellen beispielsweise Weisheit (*sophia*), Wissenschaft (*episteme*) und Prinzipienwissen (*nous*) Binnendifferenzierungen theoretischer Vernunft dar. Aber die genannten Vermögen sind grundsätzlich einstimmig und kooperieren denn auch faktisch; die *episteme* beispielsweise bedarf des *nous*, und *sophia* besteht gerade im gleichzeitigen Besitz von *episteme* und *nous*.[12,13] Bei Fundamentaldifferenzen ist dergleichen nicht möglich. Es gibt keine Kooperation von theoretischer und praktischer Vernunft. Ja es ist nicht einmal ein Übergang vom einen zum anderen Bereich oder von der einen Vernunftform zur anderen denkbar oder auch nur wünschenswert. Das theoretische Wissen enthält nicht Keime einer praktischen Reflexion, und keines seiner Elemente ist in der praktischen Sphäre kompetent; ebensowenig ist praktisches Wissen für theoretisches Wissen relevant oder auch nur hilfreich.

---

12) Vgl. EN VI 3,6,7.
13) Ähnlich stellen Physik, Mathematik und Theologie Binnendifferenzierungen theoretischer Wissenschaft dar. Daher gibt es für sie auch eine einheitliche Unterscheidungs- und Hierarchisierungs-Skala.

2. Übergänge kommen nur negativ zustande: als illegitime Übergriffe. Und gerade gegen solche Übergriffe ist Aristoteles' Analyse gerichtet. Der Übergriff theoretischer Vernunft auf Fragen praktischer Vernunft ist der philosophische Skandal, den Aristoteles vor Augen hat. Er hoffte verhindern zu können, daß er zum Dauerskandal würde. Aber Aristoteles hat die Partie nicht gewonnen, er konnte sie kaum offenhalten. Seine Problemlinie – Rettung der Rationalität der Lebenswelt vor den Imperativen mathematischer Rationalität[14] – ist uns noch immer und erneut bedrängend gegenwärtig. Sie ist gerade in der derzeitigen Neuzeitkritik verstärkt aktuell.

3. Es gibt bei Aristoteles keine ausdrückliche Reflexion auf den Zusammenhang oder die Einheit der unterschiedlichen Vernunftformen. Es gibt jedoch – sei es in Form einzelner Aussagen, sei es in Form reflexiver Praktiken – einige Bausteine dazu. Die wichtigsten seien genannt. Zunächst kommen diese Vernunftformen allesamt darin überein, Vermögen von Wahrheit zu sein.[15] (Nur ist die Struktur des Wahren je eine andere, weshalb auch die der Vernunft je anders sein muß.) Des weiteren ist die Unterschiedlichkeit der Vernunftformen durch eine Unterschiedlichkeit der Sachgebiete bedingt. Der rationalen Differenz liegt eine regionale zugrunde. Und schließlich – und das ist besonders wichtig – sind die Wissensformen bei aller Differenz nicht schlechthin heterogen. Man kann sie und ihre Unterschiede vielmehr mit Hilfe der gleichen operativen Begriffe darstellen, man muß nur jeweils zusätzlich die spezifischen (und entscheidend unterschiedlichen) Applikationsbedingungen dieser Begriffe angeben. So läßt sich, auch wenn es keinen materialen Übergang von einer Vernunftform zur anderen gibt, doch die Struktur praktischen Wissens mit Begriffen wie Prinzip, Allgemeines, Einzelnes bestimmen, also mit den gleichen Begriffen, die man auch zur Darstellung des theoretischen Wissens verwendet (bzw. dort erarbeitet) hat. Nur gilt es zusätzlich die einschlägige Modifikation bzw. Transformation anzugeben. Diese liegt vor allem darin, daß im ersteren Fall ein Allgemeines, im letzteren Fall ein Einzelnes die Stelle des Prinzipienhaften einnimmt. Beachtet man diesen Unterschied, so sind des weiteren auch Begriffe wie *nous* und *aisthesis* sowohl in der theoretischen wie in der praktischen Sphäre verwendbar. Und gerade dieses Verfahren, die gleichen Ausdrücke in kontrollierter Transformation zu verwenden, ist geeignet, die Unterschiedlichkeit der Gebiete vollendet klar zu machen. Sie erweisen sich dabei als zwar hochgradig different, aber kompossibel.

4. Klar ist, daß Aristoteles nicht an eine Hypervernunft über den verschiedenen Vernunftformen denkt. Er gibt nicht nur keine Metatheorie der verschiedenen Vernunftformen, sondern er denkt auf eine solche Vernunft nicht hinaus. So gibt es für ihn beispielsweise auch kein eigenes Vermögen, das verordnete, in den Kreis welcher Vernunftform

---

14) Da die Mathematik die exemplarische theoretische Wissenschaft ist, muß Aristoteles, indem er allgemein gegen die Majorisierung des Praktischen durch das Theoretische kämpft, im speziellen sich immer wieder gegen die Behandlung ethischer Fragen nach dem Modell mathematischer erklären (vgl. EN I u. VI 9).
15) Vgl. EN VI 3, 1139 b 15-17.

welche Fragen gehören. Für diese Entscheidung bedarf es, so meint Aristoteles, gar keines eigenen Vermögens, sondern allein der Entwickeltheit der verschiedenen Vernunftformen. Denn wenn die für eine Frage kompetente Vernunftform ausgebildet ist, wird sie eine entsprechende Frage schon als die ihre erkennen und ergreifen. Und umgekehrt wird eine Vernunftform, die sich über ihre Eigenart und damit über ihre Grenzen im klaren ist, Fragen, die nicht in ihren Bereich fallen, als Fragen anderen Typs erkennen und nicht an sich ziehen. Es braucht also, damit die Probleme ihren legitimen Ort finden, durchaus nicht eine übergeordnete Vernunft, sondern allein ein entwickeltes Bewußtsein der verschiedenen Vernunftformen. Genau das ist es, was Aristoteles unter „Bildung" versteht.[16]

Aristoteles ist also an der Frage der Einheit der Vernunft nicht aus Oberflächlichkeit, sondern aus Gründen der Einsicht weitgehend desinteressiert. Seine Nonchalance in dieser Frage ist die Kehrseite seines Vertrauens in die Vernunft. Eine Hypervernunft wäre eine widersprüchliche Vorstellung,[17] und wenn die Vernunftformen gut ausgebildet sind, ist sie auch überflüssig. Notwendig ist etwas anderes: eine Verteidigung der Vielfalt gegen Einheit, denn Einheit stellt sich, da es eine Hypervernunft nicht gibt, immer nur in der Weise her, daß eine bestimmte Vernunftform die Herrschaft über die anderen antritt. Das zu verhindern, gegen solch falsche Einheit für Vielheit einzutreten, macht – so Aristoteles – gerade die Aufgabe der Philosophie aus.

5. Die Frage, die sich wirklich stellt, ist nicht die einer Einheit, sondern die des Zusammenhangs, näherhin der Zusammenstimmung verschiedener Vernunftformen. Für diese Frage hat Aristoteles eine einfache Antwort parat. Die Zusammenstimmung ergibt sich in dem Moment, da die Vernunftformen wirklich ausgebildet sind, von selbst. Sie ergibt sich durch die Offenkundigkeit der Gebietseigentümlichkeiten und Gebietsgrenzen. Vernunft ist ein spezifizierendes und pluralisierendes Vermögen. Eine spezifische Vernunftform wird ganz sie selbst – ganz vernünftig – erst, wenn sie eine oder mehrere andere neben sich hat. Vernunft gibt es nur dank des Plurals ihrer Formen. Ihre „Einheit" besteht nicht über diesen und nicht im Modus einer Vereinheitlichung, sondern zwischen ihnen und kraft geklärter Unterschiede.

---

16) Vgl. Anm. 7.
17) Sie müßte (einer bei Aristoteles geläufigen Reflexionsfigur zufolge) entweder über das Wissen der einzelnen Vernunftformen verfügen (also eine unnötige Verdoppelung darstellen) oder sie bedürfte einer weiteren Vernunft, die dann zwischen ihr und den einzelnen Vernunftformen vermittelte (was zu einem unendlichen Regreß führte).

2. Pascal
oder
Dramatik und Widerspruch der Diversität

Bei Pascal wird die Pluralität zur Diversität. Diversität ist das Phänomen, das Pascal allenthalben sieht und auf das sein Denken insgesamt zu antworten sucht. Die „Pensées" sind in ihrer philosophischen Essenz das Zeugnis davon.[18]

In gemäßigter Form hat Pascal diese Diversität früh schon in der Gegenüberstellung von esprit de géometrie und esprit de finesse gefaßt (511-2, 512-1, 513-4). Geometrischer Geist und Feingeist verlangen grundverschiedene Einstellungen. Der letztere fordert, auf das zu achten, was vor Augen liegt, der erstere hingegen verlangt, davon sich abzukehren und sich den Prinzipien zuzuwenden.

In dieser Unterscheidung ist – bis zum Votum einer auf den Feinsinn setzenden Verteidigung der Lebenswelt gegen kurrente Übergriffe geometrischen Geistes – Aristotelisches Erbe lebendig. Im Gegensatz von Feingeist und geometrischem Geist wird der Aristotelische Unterschied von praktischer und theoretischer Vernunft aufgenommen. Auch die *phronesis* – deren Nachfolgeinstanz der esprit de finesse offenbar ist – war ja gegen das mathematisch-deduktive Wissen abgesetzt worden. Und schon dort war es um die Verteidigung der Eigenständigkeit und Besonderheit der *phronesis* gegen die Hegemonie theoretischer Vernunft gegangen. Was antik schon akut war, ist es neuzeitlich noch immer und erst recht wieder. Die Parallelität geht so weit, daß auch der esprit de finesse bei Pascal wie einst die *phronesis* bei Aristoteles als *aisthesis* (sens, Sinn) charakterisiert wird (512-1).

Eine entscheidende Verschärfung erfuhr das Theorem der Diversität dann in Pascals Lehre von den Ordnungen (308-793, 933-460).[19] Pascal unterscheidet drei Ordnungen. Jedes Phänomen, jeder Sachverhalt, jeder Satz gehört in eine bestimmte dieser Ordnungen und in keine andere. Die Ordnungen sind: die Ordnung der Liebe, die Ordnung des Geistes, die Ordnung des Fleisches (308-793). Phänomene der Religion beispielsweise gehören in die erste Ordnung, Erkenntnisse der Wissenschaft in die zweite, Fakten der Politik in die dritte. Jede dieser Ordnungen hat ihre eigene Rationalität. Die Logik des Glaubens ist eine andere als die des Verstandes, und von dieser ist wiederum die Logik politischen Handelns klar unterschieden.

---

18) Im folgenden stehen alle Zitate daraus im Text mit den Nummern der Ausgaben Lafuma (1963) und Brunschvicg.
19) Diese erwächst bei Pascal im Gefolge der Cartesischen Zweisubstanzenlehre. Vgl. zum Entwicklungsstrang insgesamt Heinrich Rombach, *Substanz, System, Struktur. Die Ontologie des Funktionalismus und der philosophische Hintergrund der modernen Wissenschaft*, 2 Bde., Freiburg – München ²1981.

2. Pascal oder Dramatik und Widerspruch der Diversität

Man könnte vielleicht daran Anstoß nehmen, daß hier bezüglich aller drei Ordnungen von „Rationalität" gesprochen wird. Aber das ist nur konsequent. Natürlich ist „Rationalität" dabei ein sehr formaler Ausdruck, der nur besagt, daß jede dieser Ordnungen ihre eigenen Prinzipien und ihre eigene Weise der Schlüssigkeit hat. Solcherart formal muß man den Ausdruck „Rationalität" verwenden, sobald sich, wie es bei Aristoteles geschah, eine grundsätzliche Verschiedenheit von Vernunfttypen herauskristallisiert. Machte man da noch *einen* Rationalitätstyp zum Maß aller anderen, so praktizierte man einen unzulässigen Übergriff. Entweder gibt es nur einen Vernunfttyp, dann gibt es gar keine Probleme. Oder aber es gibt verschiedene Vernunfttypen, dann muß man mit einem solcherart formalen Begriff von Rationalität operieren, um Übergriffe – die dann eo ipso unzulässig sind – zu vermeiden. Tertium non datur.

Genau das ist ein Hauptpunkt in Pascals Lehre. Die Heterogenität der Ordnungen ist ihm so klar und einschneidend geworden, daß er als erster ein generelles Verbot solcher Übergriffe deutlich ausgesprochen hat. Man kann das – im achten Kapitel wurde davon schon Gebrauch gemacht – als „Pascal-Regel" bezeichnen. Sie besagt, daß Ansprüche einer Ordnung legitim nur innerhalb dieser Ordnung erhoben werden können, daß es hingegen illegitim ist, sie auch im Bereich anderer Ordnungen zu erheben, und daß es totalitär ist, sie dort durchzusetzen. Pascal erläutert das an den Phänomenen Lieblichkeit, Wissen und Kraft. Es ist angemessen, für Lieblichkeit Liebe, für Wissen Akzeptanz und für Kraft Furcht zu erwarten. Aber es wäre verkehrt, beispielsweise für Lieblichkeit Furcht, für Wissen Liebe und für Kraft Zustimmung zu verlangen. Solche Ansprüche werden freilich allenthalben erhoben. Sie stellen Ordnungsfehler dar. Sie sind tyrannisch. Genau dies nämlich, außerhalb der eigenen Ordnung Herrschaft zu verlangen, macht für Pascal den Begriff der Tyrannei aus (58-332).

Die Ordnungen sind Pascal zufolge durch eine „unendliche Distanz" getrennt (308-793). Prädikate der einen Ordnung zeichnen sich in den anderen Ordnungen nicht ab, und man kann nicht von der einen Ordnung zur anderen sehen. Oder jedenfalls – so wäre diese Aussage Pascals zu präzisieren – gehört zum klaren Bewußtsein von den Ordnungen das Wissen, daß man das nicht kann. Das trübe Bewußtsein hingegen hält dergleichen für möglich, operiert mit Verbindungsbehauptungen und praktiziert tyrannische Übergriffe.

Was in der einen Ordnung groß ist, erscheint in der anderen keineswegs so. Jesus Christus, sagt Pascal beispielsweise, ist gewiß ein König – aber nur in der Ordnung der Liebe, nicht auch in der des Geistes oder des Fleisches. Ihn auch dort als König inthronisieren zu wollen (als Präzeptor der Philosophie oder Herrscher der Welt) wäre grundfalsch, wäre ein Akt von Tyrannei. Der Skandal des Kreuzes – daß der Herr des Himmels einen schändlichen irdischen Tod erleidet – ist ein Skandal nur für antikes, ganzheitliches, homogenes Denken; nicht aber für differenzbewußtes Denken, also nicht für jüdisches Denken, nicht für christliches Denken, nicht für Pascal.

Man kann daraus ersehen, wie drastisch die traditionellen Verbindungsfäden hier durchschnitten sind, wie radikal Einheit nun gesprengt ist. In der mittelalterlichen

Transzendentalienlehre hatte genau solche Konvertibilität noch gegolten, konnte man – zumindet analog – von einer Ordnung auf die andere schließen. Jetzt gilt solche Konvertibilitätsunterstellung als *proton pseudos*. Bei Pascal ist Diversität zur Grundstruktur der Welt geworden. Er hat die von Aristoteles paradigmatisch und punktuell entdeckte Unterschiedlichkeit von Vernunfttypen radikalisiert und universalisiert. Bei ihm ist die Differenz zur absoluten Heterogenität geworden und das Universum durch die unendliche Distanz solch heterogener Ordnungen bestimmt. Pascals Denken hat sich ganz auf die Seite der Heterogenität geschlagen.

Aber Pascal hat mit dieser seiner Konzeption auch Schwierigkeiten: sporadische und systematische. So vergreift er sich gelegentlich in der Bestimmung des Verhältnisses der Ordnungen. Das geschieht zunächst unscheinbar, wenn er sagt, man könne nicht von der unteren zur oberen Ordnung sehen und die obere sende kein Licht zur unteren. Die beiden Formulierungen sollen die Symmetrie der Verschlossenheit zum Ausdruck bringen, aber das tun sie offenbar nicht. Denn die zweite Formulierung, wonach von der oberen Ordnung kein Licht auf die untere fällt, wiederholt ja nur noch einmal – bloß mit anderen Worten und anderem Akzent – die Blindheit der unteren Stufe und schreibt sie fest. Hingegen bringt sie nicht zum Ausdruck, worauf es im Sinn der Symmetrie ankäme: daß auch die obere Stufe für die untere blind ist, im Bild gesprochen: daß auch von der unteren Stufe kein Licht auf die obere fällt.

Was hier nur verdächtig ist, gerät im Hauptfragment (308-793) fatal: Hinsichtlich des Verhältnisses von Körperwelt und Geisterwelt sagt Pascal, daß alle körperlichen Erscheinungen, vom Firmament bis zu den Königreichen der Erde, dem Geringsten der Geister nicht gleichkommen. Denn – und dies ist der eklatante Fehlgriff – ein solcher Geist kennt all das Genannte und auch noch sich selbst, während die körperlichen Phänomene nichts von alledem wissen. Deskriptiv ist das zwar richtig, normativ aber (und Pascal spricht hier, indem er eine Rangordnung behauptet, wertend und normativ) ist es höchst inkorrekt, verstößt es genau gegen Pascals eigenes Gebot, wonach Kriterien der einen Ordnung nicht zu solchen auch anderer Ordnungen gemacht werden dürfen. Die Strategie der Erhebung der Geisterwelt über die Körperwelt anhand des Kriteriums Erkenntnis ist – an Pascals eigenen Präzisierungen gemessen – „tyrannisch". Pascal läßt hier das Bewußtsein der Spezifität vermissen und praktiziert einen Übergriff. Wieder fehlt – wie im vorigen Beispiel und aufschlußreich für eine generelle Tendenz – die Umkehrform. Es fehlt ein Hinweis etwa der Art, daß sich in der Unbekümmertheit der Körperwelt um ihre Interpretation und Degradierung durch die Geisterwelt die Souveränität dieser Körperwelt bekundet. Wohl gehört es zur Geisterordnung, daß sie die Körperwelt interpretiert, aber es gehört auch zur Körperordnung, daß sie dieser Auslegung nicht achtet; es gehört zur Körperwelt, daß sie die Geisterwelt generell ignoriert, und es gehört zur Geisterwelt, daß sie die Körperwelt nur nach Geisterwelt-, nicht aber nach Körperwelt-Modus erfassen kann. Sie bleibt, in ihrem Erfassen der Körperwelt, in ihrer Geisterwelt befangen. Man kann die Unterschiedlichkeit solcher Bezugsformen sehr wohl beschreiben, aber Wertungen und ein hierarchisches Verhältnis daraus ableiten, genau das kann man – wenn man Pascals Gedanken genau nimmt – nicht, denn das setzte die Verabsolutierung einer Ordnung, ihre stillschweigende Erhebung zu *der* Ordnung voraus.

Solche Schwierigkeiten Pascals mit sich selbst sind aber nicht nur Lehrstücke für Ordnungsfehler, sondern enthalten auch eine Problemanzeige. Es ist offenbar äußerst schwierig, wenn nicht gänzlich unmöglich, Verhältnisbehauptungen (und somit potentielle „Übergriffe") zu vermeiden. Wenn selbst einem Pascal solche Übergriffe so selbstverständlich und unbemerkt unterlaufen, so ist das vielleicht ein Indiz dafür, daß sie aus einem Sachgrund unvermeidlich sind. Der Sachgrund liegt darin, daß die Ordnungen – zumindest einige davon – sich explizit oder implizit auf andere Ordnungen beziehen, mithin ohne diesen Bezug gar nicht korrekt zu erfassen sind. Das bedeutet freilich noch immer nicht, daß man dann eine Bezugsart zur ausgezeichneten erheben müßte, aber es weist darauf hin, daß eine genaue Erfassung der Ordnungen auf der Basis eines Heterogenitätstheorems allein gar nicht gelingen kann: Man müßte auch Implikationen, Absetzungen, vielleicht sogar Übergänge beachten und verständlich machen können. – Auf diese Problemspur wird es zurückzukommen gelten.

Pascals entschiedene Fassung der Pluralität stellt einerseits einen Fortschritt dar, andererseits hat sie zu große Problemlasten zu tragen. Sie ist zumindest ergänzungsbedürftig. Das läßt sich gerade im entscheidenden Punkt zeigen, in der Vernunftfrage. Gerade hier erweist sich, daß es keine Heterogenität ohne Gemeinsamkeit und keine Spezifität ohne Generalität gibt. Sagt man nämlich, jede Ordnung habe ihre spezifische Rationalität und Logik, jede Frage müsse der Logik ihrer Ordnung gemäß behandelt werden, alles andere sei Tyrannei, so sind das offenbar alles keine binnen-, sondern transordinalen Aussagen. Sie sind nicht aus der Perspektive einer dieser Ordnungen gesprochen, sondern im Blick auf sie alle gesagt. Wäre es anders, bewegten sie sich ihrerseits in den Bahnen der Tyrannei. Welches ist aber dann das Vermögen, das diese generellen Aussagen zu machen vermag? Liebe, Verstand, Macht – die Grundbestimmungen der Ordnungen – können es nicht sein. Sie sind ja umgekehrt gerade die Betroffenen dieser generellen Aussagen und Gebote.

Pascal selbst nennt das betreffende Vermögen *Vernunft*. Er sagt, daß derjenige, der die Ordnungen solcherart spezifisch ansieht und praktiziert, der Macht der Vernunft folgt (170-268). Das könnte für manchen überraschend klingen. Denn Pascal hat doch – so meint man – die Unterwerfung des Verstandes zugunsten des Glaubens gefordert. Das ist so freilich nur halb richtig. Wohl forderte Pascal die Unterwerfung des Verstandes in Glaubensfragen, aber er verlangte umgekehrt ebenso die Abstinenz des Glaubens in Wissensfragen. Und vom Gedanken der Ordnungen her ist klar, daß Pascal so denken mußte.

Dann könnte in der Bestimmung der Spezifizierungsmaxime als Vernunftgebot allenfalls etwas anderes noch irritierend sein. „Raison", das Wort für „Vernunft", ist zugleich das Wort für „Verstand", und so könnte man Pascal rein terminologisch dahingehend mißverstehen, daß er das Verhältnis der Ordnungen insgesamt nach der Logik einer dieser Ordnungen, eben der des Verstandes, angesetzt und damit – seinen eigenen Prämissen zufolge – „tyrannisch" verzeichnet habe. Aber diese Konfusion ginge zu Lasten des Lesers, nicht des Autors.

Denn Pascal selbst spricht den Unterschied von Verstand und Vernunft sehr genau an: Der Verstand, sagt er, erreicht seine wirkliche Stärke erst dann, wenn er seiner Grenzen gewahr wird und sie beachtet (188-267). Genau dann wird er vernünftig. Dieselbe Unterscheidung und dasselbe Entwicklungsgebot gelten auch für den Glauben und die Politik. Vernünftig sind auch sie in dem Maße, wie sie spezifiziert, d.h. präzis auf Umfang und Logik ihrer Ordnung restringiert sind. Die Einsicht in die Grenzen ist ausschlaggebend für den Übergang eines Rationalitätstyps in seine Vernunftform. Vernunft will weniger und mehr als Verstand. Weniger dem Ausgriff nach, mehr der Vielheit und Präzision nach.

Pascal, der erstens die Diversität von Vernunftformen radikalisiert und zum Grundphänomen der Welt erklärt hat, gibt also zweitens auch zu erkennen, daß diese differenz-emphatische Außenseite der Konzeption ohne eine den Ordnungen gemeinsame Innenseite nicht auszukommen vermag. Selbstgesetzlichkeit, Spezifikationsgebot, Übergriffsverbot sind allen gemeinsam. Pascal bezeichnet diese durchgängigen Charaktere und Gebote ausdrücklich als solche der Vernunft.

Bleibt freilich drittens die Frage, wie diese Vernunft genau zu denken ist. Offenbar kann sie weder in der Art eines Fundaments noch in der Art eines Gewölbes gedacht sein. Denn in beiden Fällen stellte sie eine vierte Ordnung dar und verfiele sofort dem Übergriffsargument. Sie muß also vielmehr als immanente Kraft gedacht sein. Und zweifellos hat Pascal sie so verstanden wissen wollen. Nur muß man dann folgende Frage beantworten: Wie kommt die interne Rationalität der Ordnungen jeweils dazu, in ihre Vernunftform überzugehen? Am Beispiel der Geistordnung, am Fall des Übergangs des Verstandes in seine Vernunftform, hat Pascal gesagt, daß es dazu der Einsicht in die eigene Spezifität und Grenze bedarf. Aber wie gelangen die Rationalitäten der anderen Ordnungen zu dieser Einsicht? Wie kommt man überhaupt dazu, die entscheidende Erfahrung der Spezifität und Begrenztheit zu machen?

Das ist offenbar nur über die Erfahrung von anderem, genauer: von anderer Rationalität mit anderer Logik – aber gleichem inneren Recht – möglich. Eben den Weg zu dieser entscheidenden Erfahrung aber hat Pascal sich theoretisch abgeschnitten. Er hat – als radikaler Differenztheoretiker – die Heterogenität abstrakt genommen und absolut behauptet und daher die These aufgestellt, daß es unmöglich sei, von einer Ordnung aus andere Ordnungen zu erfahren. Aber wenn zudem jeder Standpunkt jenseits der Ordnungen ausgeschlossen ist, dann kann es überhaupt nicht mehr zu einer Erfahrung der Vielheit von Ordnungen kommen und dann ist nicht nur mangels Andersheits- oder Grenzerfahrung der Übergang von anfänglicher Rationalität zu wirklicher Vernunft allenthalben unmöglich, sondern dann hebt sich Pascals Lehre insgesamt auf.

Pascal hat das Aristotelische Pluralitätstheorem radikalisiert und universalisiert, aber er hat das in einer Form getan, die nicht haltbar ist. Denn reine Heterogenität und wirkliche Vernunft – und Pascal wollte beides – gehen nicht zusammen, und gerade diese Lehre kann man aus seiner Konzeption ziehen.

Die Diversität – so eine von Pascals essentiellen Einsichten – ist überhaupt nur haltbar und lebbar, wenn das Heterogene je mit einem Bewußtsein seiner Spezifität verbunden ist und dementsprechend praktiziert wird. Genau dann wird es in einer Vernunftperspektive praktiziert. Denn eben kraft solchen Grenzbewußtseins geht die jeweilige Rationalität in ihre Vernunftform über.

Diese treffliche Forderung Pascals wird aber uneinlösbar, weil Pascal nur die eine Seite – die der Heterogenität und nicht auch die der Gemeinsamkeit – ins Auge gefaßt und entwickelt und verabsolutiert hat.[20] Denn genau die absolute Heterogenität verhindert, daß die bestimmte Rationalität einer Ordnung je die Erfahrung der Wirklichkeit und Legitimität auch anderer Rationalitäten anderer Ordnungen machen kann. Damit aber bleibt ihr die Möglichkeit der Grenzerfahrung systematisch verschlossen und der Übergang in ihre eigene Vernünftigkeit versperrt. Einerseits käme es gerade wegen der Diversität der Rationalitäten darauf an, daß jede derselben ihre Vernunft- sprich Grenzform gewänne, andererseits ist wegen der Auslegung der Diversität im Stil absoluter Heterogenität eben dies unmöglich. Rationalität kann ihre eigentliche Form – die der Vernunft – nicht erreichen, weil Pascal die Möglichkeit von Übergängen, Ausblicken, Fremderfahrungen dementiert hat. Und er mußte das tun, weil er die Diversität im Stil absoluter Heterogenität angesetzt hatte. Dieses Dekret ist der wunde Punkt seiner wie aller radikalen Vielheitskonzeptionen.

Das absolute Differenztheorem torpediert sich selbst. Es braucht vielmehr, was Pascal bestritt: einen Blick über die Grenzen. Übergänge zwischen den Rationalitätsformen müssen möglich sein. Sie werden es bei Kant.

---

[20] Man kann dafür auch sagen: Pascal vermag den einen Totalitarismus – den des Übergriffs – nur durch Anbahnung eines anderen – eines hermetischen – zu vermeiden. Er konstruiert ja jede der Ordnungen im Sinn eines hermetisch abgeriegelten Spiels. Das ist aber nicht nur sachlich unhaltbar (denn faktisch zeigen die Ordnungen nicht nur mannigfache Verschränkungen, sondern zum Teil sind „Übergriffe" für sie geradezu essentiell, und die schiedlich-friedliche Division à la Pascal ist zuletzt unmöglich). Vor allem aber übersieht Pascal, daß genau die Hermetik, die er propagiert, den Totalitarismus begünstigt, den er bekämpfen will. Denn wenn eine Ordnung nichts anderes als sich selbst kennen kann, wie sollte sie da ihren Ansprüchen eine andere Form als die von Totalansprüchen geben? Wie sollte sie Übergriffe überhaupt erfahren können? Eine Hermetik auf der Basis der Heterogenität – und das ist die Pascalsche – führt schier unausweichlich zu totalitären Konsequenzen.

3. Kant
oder
Übergänge ohne Brücken

Kant nimmt genau das Problem der Übergänge auf. Freilich: Zunächst ist auch Kant (wie Pascal) ein Differenztheoretiker der Vernunft. Er unterscheidet klar und strikt zwischen theoretischer und praktischer Vernunft. Die erstere, welche Naturerkenntnis leistet, hat er in der *Kritik der reinen Vernunft* analysiert, die letztere, die den Menschen als sittliches Wesen bestimmt, in der *Kritik der praktischen Vernunft* thematisiert. Beide Vernunftarten sind a priori gesetzgebend, aber hinsichtlich gänzlich unterschiedlicher Phänomenbereiche, so daß die beiden Gesetzgebungen einander nicht in die Quere kommen können. Die theoretische Gesetzgebung bezieht sich auf Natur, auf die Welt der Erscheinungen, die praktische hingegen auf Freiheit, auf den Bereich der Sittlichkeit. Kant hat ein vollkommen klares Bewußtsein von der Heterogenität dieser Gesetzgebungen bzw. Ordnungen. Er selbst sagt, daß zwischen ihnen „eine unübersehbare Kluft" liegt, „gleich als ob es so viel verschiedene Welten wären".[21] Kant hat – salopp gesagt – seinen Pascal intus.

Aber er hat mehr zu bieten als dieser. Kant hat sich mit der radikalen Differenz der Vernunftformen nicht begnügt, sondern sich der Frage eines möglichen Übergangs zwischen ihnen zugewandt. Er hat 1790 in der dritten Kritik, der *Kritik der Urteilskraft*, die Urteilskraft als dritte Vernunftform und im besonderen als Vermögen eines solchen Übergangs zwischen theoretischer und praktischer Vernunft expliziert. Auf diese Funktion der Urteilskraft und damit auf die Kantische Gesamtsicht der Vernunft als einer Sphäre sowohl von Differenz als auch von Übergang konzentriert sich die folgende Darstellung.

Zuvor noch eine terminologische Bemerkung: Die drei Vernunftformen tragen bei Kant sonst auch besondere Namen, nämlich Verstand (so die theoretische Vernunft), Vernunft (so die praktische Vernunft) und Urteilskraft (so die ästhetische bzw. teleologische Vernunft). In den Passagen, in denen Kant die Übergangsproblematik aufgreift und auf die ich mich beziehe, ist es aber Kants eigener Sprachgebrauch, sie alle drei ausdrücklich als Formen von Vernunft zu bezeichnen (sofern sie nämlich allesamt Urteile nach Prinzipien a priori ermöglichen, vgl. V f. u. XXII f.).

Wenn Pascal die Frage einer Verbindung der Vernunftformen beiseite ließ, Kant hingegen sie aufnimmt, so kommt Kant zu diesem Fortschritt in der Lösung vor allem deshalb, weil er schon im Problemansatz einen Schritt über Pascal hinausgegangen ist. Kant erkennt nämlich, daß die verschiedenen Ordnungen keineswegs fein säuberlich getrennt nebeneinander bestehen, sondern einander auch durchdringen. In Kants Terminologie: Sie üben ihre Gesetzgebung zwar in verschiedenen Gebieten, aber doch „auf einem und

---

21) *Kritik der Urteilskraft*, A XIX. – Alle folgenden Zitate daraus sind im Text nachgewiesen.

demselben Boden der Erfahrung" aus (XVIII). Um das zu können, müssen sie aber nicht bloß negativ-kompatibel, sondern auch positiv-kompatibel sein. Das heißt: Es genügt nicht, daß kein Widerstreit zwischen ihnen besteht, sondern die Erfahrungswelt muß überdies ihrer Form nach so sein, daß Freiheitswirkungen in ihr auch gesetzt werden können. Daraus ergibt sich Kants Leitfrage in der berühmten zweiten Einleitung in die *Kritik der Urteilskraft:* Gibt es Indizien dafür, daß die verstandesgesetzlich bestimmte Natur so verfaßt ist, daß auch Vernunftakte – denn solche sind die Freiheitsakte für Kant – in ihr realisiert werden können? Bietet die Urteilskraft solche Indizien? Ist sie eine Vernunftform, die einen Übergang zwischen den beiden anderen Vernunftformen ermöglicht und somit Aussichten auf eine Verbindbarkeit derselben, also eben auch auf die Realisierbarkeit von Freiheitsforderungen in der Erfahrungswelt eröffnet?

Die Urteilskraft kennt zwei Formen, in denen sich die Natur als zweckmäßig für unsere Vernunftinteressen darstellt. Das ist zum einen in der teleologischen, zum anderen in der ästhetischen Betrachtung der Fall. Daß wir besondere Naturgesetze zu größeren Gesetzeszusammenhängen verbinden können bedeutet, daß die Natur diesem Vernunftinteresse (denn Einheit ist ein Interesse der Vernunft) willfährig ist. Wie immer das seinen Ursachen nach im einzelnen zu erklären sein mag, es gibt jedenfalls einen Wink in die gesuchte Richtung einer Vereinbarkeit von Naturgesetzlichkeit und Vernunftforderung.

Und die ästhetische Erfahrung des Schönen – des Naturschönen – bedeutet, daß es Naturphänomene gibt, die ihrer ganzen Art nach den idealen Erfordernissen unseres Erkenntnisvermögens entsprechen. Denn die Empfindung des Schönen beruht, ohne daß wir uns dessen bewußt wären, eigentlich darauf, daß wir ein völlig ungezwungenes, harmonisches Zusammenspiel unserer Erkenntnisvermögen erfahren. Also hat man es auch hier mit einer Übereinstimmung von Naturphänomenen mit Vernunftbedürfnissen (im weitesten Sinn) zu tun. Die Schönheit wird denn auch abschließend, als Ertrag gleichsam der so aufgewiesenen möglichen Konkordanz von Natur und Freiheit, als „Symbol der Sittlichkeit" bestimmt.

Es gibt also zwei Formen, in denen sich die Möglichkeit eines Übergangs von der reinen theoretischen zur reinen praktischen Vernunft zeigt. Beide Male ist der vermittelnde Begriff der einer Zweckmäßigkeit der Natur, das heißt einer Angemessenheit ihrer für unsere oberen Vermögen. Indem die Urteilskraft sich dieses Begriffs als eines regulativen Prinzips bedient, macht sie „den Übergang vom Gebiete des Naturbegriffs zu dem des Freiheitsbegriffs möglich" (LIV). Damit erweist sich die Urteilskraft als jene Vernunftform, welche die „systematische Einheit" der Vernunft verbürgt (LV). Kraft ihrer gehören zur Architektur der Vernunft bei Kant sowohl Differenzen als auch Übergänge.

Eines gilt es dabei freilich noch zu beachten: „Übergang" hat bei Kant nicht den Sinn einer „Brücke", sondern nur den einer „Verknüpfung". Gerade im abschließenden Abschnitt der Einleitung in die *Kritik der Urteilskraft,* der „Von der Verknüpfung der Gesetzgebungen des Verstandes und der Vernunft durch die Urteilskraft" überschrieben ist und auf den sich die zuletzt gegebene Zusammenfassung bezog, sagt Kant, es sei „nicht möglich, eine Brücke von einem Gebiete zu dem andern hinüberzuschlagen" (LI f.). Man kann nur zeigen, daß es einen vermittelnden Begriff gibt, der eine Verknüpfung plausibel macht. Buchstäblich ausmünzen aber kann man diese dann so wenig, wie man ohne Veränderung der Vernunft – bloß über eine „Brücke" – von einem Gebiet zum anderen übergehen kann. Kant hält die Differenz aufrecht. Nur vermeidet er die Aporien absoluter Heterogenität. Das Kantische Vernunftgebäude stellt eine *Komposition* von Heterogenität und Übergängigkeit dar.

*

Bei Aristoteles haben wir der Geburt des Differenztheorems im Hinblick auf Vernunftarten beigewohnt. Aristoteles hat eine solche Differenz als erster klar gesehen und nachdrücklich ausgearbeitet. Er ist allerdings nicht so weit gegangen, nur noch Heterogenität zu sehen. Pascal hingegen sah nur noch Heterogenität. Freilich erwies eine Betrachtung seines Ansatzes, daß diese radikale Heterogenitätsthese nicht zu halten ist. Weder trifft sie die Verfassung der Ordnungen noch ist sie konsistent. Sie verunmöglicht gerade die Diversitätserfahrung und somit all das, worauf es Pascal ankommt, so vor allem auch die Ausbildung wirklicher Vernunft. Kant hingegen hat sowohl die Differenz beachtet wie die Frage des Zusammenhangs darüber nicht aus den Augen verloren, sondern hat ihr Rechnung getragen, indem er Formen des Übergangs zwischen den Vernunftformen aufdeckte.

Kant verfügt über ein durch Pascal geschärftes Problembewußtsein. Die Vielheit nur analysieren und begrüßen wie Aristoteles kann er nicht mehr. Er hat die Dramatik vor Augen, in die eine solche Konzeption führen kann. Aber das veranlaßt ihn nicht zur Rückkehr zu substantialen Einheitsthesen oder zur Entwicklung prozessualer Ganzheitsformen. Er ist kein traditioneller Metaphysiker mehr und wird kein Weltprozeßidealist. Er sucht vielmehr *auf der Basis der Vielheit* nach möglichen *Übergängen*. Er erkennt, daß genau dies die Weise ist, wie man der doppelten Gefahr einer Einheitsverordnung oder Vielheitsdispersion von Vernunft entgehen kann. Kant ergreift den Mittelweg einer sich auf Übergänge stützenden Vernunftkonzeption als Zukunftsperspektive einer Vielheit wahrenden und Vernunft nicht preisgebenden Philosophie.

Die Eigengesetzlichkeit der Vernunftformen ist unbestreitbar, und daher kann die Verbindung zwischen ihnen nicht durch eine Art Übervernunft, sondern allein in der Weise von Übergängen erfolgen. Die Einheit der Vernunft, wie Kant sie denkt – und man kann sagen: wie sie auf dem modern verbindlichen Boden der Diversität einzig noch möglich, andererseits aber auch unverzichtbar ist –, diese Einheit der Vernunft ist weder die einer Basalvernunft noch die einer Übervernunft, sondern kann sich einzig transversal, kann sich allein in Übergängen vollziehen. Kant weist den Weg zu einer transversalen Vernunftkonzeption. Darin bleibt sein Ansatz vorbildlich.

Nur eine Beschränkung gilt es fallenzulassen. Es ist die zuvor in Kants Ablehnung von „Brücken" angeklungene. Es gibt solche Brücken sehr wohl. Und in Zeiten gesteigerter Rationalitätsvielfalt werden gerade sie wichtig. Kant erwägt nur formale Übergänge, welche die Wohlgefügtheit des Vernunftmosaiks dartun, nicht auch materiale, die Austausch zwischen den Vernunftformen bewirken. Unter dem Stichwort „Verknüpfung" räumt er formale Übergänge ein (vgl. auch LV), während er materiale unter dem Stichwort „Brücke" ausschließt. Damit hält er noch zu sehr an Pascal fest, hält vor allem dessen ganz und gar autonomistisches Verständnis der Vernunftformen zu ungebrochen aufrecht. Tatsächlich sind die Vernunftformen verflochtener und material übergängiger, als Pascal glaubte und Kant erkannte. In die Richtung materialer Übergänge gilt es Kants Perspektive einer durch Übergänge gekennzeichneten Vernunft weiterzuentwickeln.

Kant scheint heute ein Autor zu sein, an den – gerade in der Rationalitätsthematik – alle anzuknüpfen vermögen. Natürlich tut das jeder seinem eigenen Akzent entsprechend. Die Postmodernisten französischer Provenienz erwählen sich den Vielheitstheoretiker, der jede Überschreibung von Grenzen als transzendentale Illusion entlarvt. Die Modernisten deutscher Provenienz favorisieren den Systemphilosophen, der bei aller Differenzierung doch auch systematischen Zusammenhang betont. Ich selbst knüpfe – zwischen beiden – an das Problem an, das ich bei Kant finde. Es ist das zuletzt skizzierte. Gibt es nicht diesseits der formalen auch materiale Übergänge zwischen den Vernunftformen? Und sind diese nicht für die transversale Verfassung von Vernunft – zu der Kant den Weg gewiesen hat – letztlich entscheidend? Das ist die Leitfrage des nächsten Kapitels.

XI. Kapitel

Transversale Vernunft

1. Zum Konzept

Der Rückblick auf exemplarische Pluralitätsanalysen in Sachen Vernunft hatte zum Ergebnis, daß Vernunft angesichts der Vielfalt ihrer Formen ihre Einheit darin haben muß, daß Übergänge zwischen diesen Formen möglich sind. Bloß formale Gleichheiten zwischen den diversen Rationalitäten (daß beispielsweise jedesmal eine Form argumentativer Begründung vorliegt oder die formale Logik allenthalben Geltung besitzt) genügen nicht. Vernunft muß mehr als ein solch formaler Allgemeinbegriff sein. Früher mochte es naheliegen, ein solches Konzept – Vernunft als Oberbegriff und Grundform verschiedener Rationalitäten – für ausreichend, ja für erwünscht zu halten. Heute ist das anders. Gerade durch die Vervielfältigung und Spezialisierung von Rationalitätstypen hat sich die Aufgabe von Vernunft verschoben und deren Begriff verändert: Als Vernunft gilt uns heute – pluralitätsbezogen – gerade ein Vermögen der Verbindung und des Übergangs zwischen den Rationalitätsformen. Nicht mehr kosmische, sondern irdische, nicht mehr globale, sondern verknüpfende Funktionen prägen ihr Bild.

Das entscheidende Merkmal, das Vernunft von Verstand (Rationalität) unterscheidet, ist dabei erhalten geblieben: das des größeren, von Verstand prinzipiell nicht einlösbaren Ausgriffs. Traditionell (seit dem späten 18. Jahrhundert) nennt man Verstand das Vermögen der Begriffe, das jeweils zur exakten Erfassung und Praxis *eines Gebiets* befähigt. In diesem Sinn sprechen wir auch heute noch von kognitiver, ethischer, ästhetischer, religiöser, technischer etc. Rationalität. Gegenüber solch bereichsspezifischen Formen ist Vernunft das überschreitende Vermögen. Dieses wird dort relevant, wo die Verstandesformen sich begrenzt, strikt auf ihren Bereich restringiert finden. Die Weise jedoch, wie Vernunft in solchen Fragen operiert, in denen der Verstand nichts mehr vermag, unterliegt einem prinzipiellen Gebot und einer geschichtlichen Verschiebung: Vernunft muß erstens von grundsätzlich anderer Struktur als Verstand sein, darf nicht wiederum eine Art Verstand – bloß unter dem Decknamen Vernunft – darstellen. Nur dann kann Vernunft die jenseits von Verstandesrestriktionen liegenden Aufgaben legitim wahrnehmen. Und zweitens muß Vernunft – und das folgt aus dem ersteren und ist geschichtlich überdeutlich geworden – nicht vom Besitz eines Ganzen ausgehen und

1. Zum Konzept

dekretorisch verfahren, sondern bei den Rationalitätsformen selbst ansetzen und die alte Aufgabe der Überschreitung im neuen Modus von Übergängen wahrnehmen. Solche Übergänge sind etwas anderes als Überblicke. Gerade diese Unterscheidung hält von solcher Vernunft das Mißverständnis ihrer als eine Art Super-Verstand fern. Vernunft ist nicht ein begreifendes Vermögen auf höherer oder integraler Ebene gegenüber Verstand. Sie ist auf Totalität zwar bezogen, aber allein im Modus von Verbindungen und Übergängen. Daher – als solcherart in Verbindungen und Übergängen sich vollziehende Vernunft – wird sie hier als „transversale Vernunft" bezeichnet. Diese ist grundlegend unterschieden von allen prinzipialistischen, hierarchischen oder formalen Vernunftkonzeptionen, die allesamt ein Ganzes zu begreifen oder zu strukturieren suchen und darin Vernunft an Verstand assimilieren. Transversale Vernunft ist beschränkter und offener zugleich. Sie geht von einer Rationalitätskonfiguration zu einer anderen über, artikuliert Unterscheidungen, knüpft Verbindungen und betreibt Auseinandersetzungen und Veränderungen. Ihr ganzes Prozedieren ist horizontal und übergängig, bleibt in diese transversale Typik gebunden. Es wird sich noch zeigen, daß diese Vernunft auch nicht nachträglich zu Totalsynthesen gelangt. Sie bleibt in ihrem Hinausgehen über die Rationalitätsformen zugleich an diese zurückgebunden, daher bleiben ihre Synthesen partial und ihre Prozesse selbst vielfältig. Sie „überwindet" die Pluralität nicht, sondern beseitigt nur deren Aporien. Sie bringt Pluralität als Vernunftform zur Geltung.

Natürlich meint „transversale Vernunft" nicht eine besondere, gar neue Art von Vernunft, sondern charakterisiert ein bestimmtes – und allenfalls in dieser Akzentuierung neuartiges – Verständnis von Vernunft. Diesem wird hier Triftigkeit sowie Aktualität zugesprochen. Vernunft ist freilich immer schon, wo sie sich radikal reflektierte und sich nicht aus Wünschen, sondern aus Befunden solcher Reflexion verstand – wie es vorbildlich in der Platonischen Dialektik geschah –, auf diese transversale Verfaßtheit ihrer selbst gestoßen. Unter heutigen Bedingungen, in der „postmodernen" Situation einer gesteigerten Pluralität von Rationalitätsformen, wird diese transversale Typik von Vernunft vordringlich und obligat. Sie wird sich als die spezifische Vernunftform einer postmodernen Moderne erweisen.

Dabei könnte es zunächst so scheinen, als wäre solche Vernunft ob der Vervielfältigung der Rationalitätstypen zwar notwendiger, zugleich aber auch schwieriger geworden als zuvor. Die Zahl der zu leistenden Übergänge und Verbindungen ist gestiegen. Dem hält freilich eine andere Folge der Vervielfachung zumindest die Waage: Die Intermedien wurden kleiner, Verflechtungen daher naheliegender. Übergänge sind dadurch zwar nicht zur Selbstverständlichkeit geworden, aber Anknüpfungspunkte für sie werden vielfacher sichtbar.

Das ist bedeutsam hinsichtlich der Möglichkeit materialer Übergänge, auf die es verstärkt ankommt und denen die Konzeption transversaler Vernunft besonders verpflichtet ist. Gegenüber den traditionellen Reflexionen zum Thema, die fast ausschließlich formale Gemeinsamkeiten ins Auge faßten, will sie gerade auf die Möglichkeit solch materialer Übergänge aufmerksam machen. Sie erkennt in diesen die eigentlichen Bewegungsbahnen der Vernunfttätigkeit und die fruchtbarsten Interventionsmöglichkeiten von Vernunft in einer Situation vermeintlich letzter Heterogenität und manchmal unheilbar scheinender Zersplitterung.

2. Materiale Übergänge: implizit und explizit

Über eine Reihe von Reflexionsschritten kann man sich klar machen, daß materiale Übergänge zwischen Rationalitätstypen, die durch deren Ausdifferenzierung zunächst ausgeschlossen scheinen, gleichwohl zur Logik ihrer Unterscheidung gehören und von ihrer impliziten in eine explizite Form überführt werden können. Die Möglichkeit solcher Übergänge wird im folgenden nicht durch die Analyse eines gesonderten subjektiven Vermögens namens Vernunft dargetan, sondern primär objektiv demonstriert: als immanente Korrelation und Verflechtung von Rationalitätstypen.

Man kann von der geläufigen Vorstellung einer sektoriellen Unterscheidung der Rationalitätstypen ausgehen. Als Beispiele seien ökonomische, ethische und ästhetische Rationalität gewählt. Die Notwendigkeit von deren Unterscheidung ist unstrittig und plausibel. Denn natürlich ist die Erwirtschaftung von Gewinnen nicht nach einem ethischen oder ästhetischen, sondern nach einem ökonomischen Kalkül zu planen. Ebenso sind ethische Fragen zuerst einmal als solche, also unabhängig von ökonomischen oder ästhetischen Auswirkungen zu diskutieren. Und ebenso gilt es, ästhetische Fragen weder ökonomisch noch ethisch zu präjudizieren, gehört doch ihre Freisetzung von moralischen Vorgaben zu den Errungenschaften der Moderne und ihre Bewahrung vor ökonomischer Absorption zu den Pflichten der Gegenwart. Man muß insgesamt die Eigengesetzlichkeit der Sphären beachten und sich an deren sektorielle Trennung wie rationale Spezifität halten. Hier gilt: so differenziert, so gut. So weit noch immer Pascal. Oder so weit die Grundvorstellung moderner Ausdifferenzierung.

Dieses Schema sektoriell-schiedlicher Differenzierung wird jedoch durch einen Folgeeffekt seiner zumindest fraglich, tendenziell sogar unhaltbar. Denn indem die einzelnen Rationalitäten autonom gesetzt sind, werden sie auch frei, ihren Sinn und ihre Grenzen selbst zu bestimmen. Externe Festlegungen soll es nicht mehr geben, also bleiben nur interne übrig. Hier gehört es aber zu den natürlichen Folgen unterschiedlicher Paradigmen, daß diese auch den Gegenstandsrahmen und damit die Extension ihres Sektors unterschiedlich festlegen. Nichts wäre ja wundersamer, als wenn eine Neubestimmung der Sachstruktur ausgerechnet die Definition des Gegenstandsbereichs unverändert lassen sollte. Daher haben Voraussetzung eins – die Autonomisierung der Rationalitätstypen – und Faktor zwei – die Pluralität konkurrierender Paradigmen – drittens zur Folge, daß die Sektorendefinitionen konfligierend werden, und das natürlich nicht nur auf den jeweils zur Debatte stehenden Sektor bezogen, sondern unvermeidlich auch andere Sektoren betreffend. Die strikte sektorielle Abgrenzung der Regionen, die namens deren Autonomie vorgenommen wird und einen Fortschritt darstellt, scheitert an ihrer eigenen Folge: den internen und externen Grenzkonflikten unterschiedlicher Paradigmen, die gerade auf der Basis solcher Autonomie hervortreten. Die sektorielle Schiedlichkeit produziert eine Sprengmasse eigener Art: den Dissens unterschiedlicher Paradigmen, der vor den Bereichsdefinitionen nicht haltmachen kann.

Um ein Beispiel zu geben: Es macht einen großen Unterschied, ob man ästhetische Rationalität subjektiv oder objektiv versteht. Im ersteren Fall – man denke etwa an Kant – bleiben die Grenzen zu kognitiver Rationalität geschlossen, im letzteren Fall – man denke etwa an Bense – fallen sie dahin.[1] Vergleichbar konsequenzenreich ist der Unterschied eines ästhetizistischen gegenüber einem avantgardistischen Kunstverständnis. Das eine Mal ist die Kunst – gemäß der Devise l'art pour l'art – ein hochgradig spezifizierter Sektor; das andere Mal hat sie – gemäß der Formel „Kunst und Leben" – ihren Sinn gerade in der Überschreitung dieser ästhetizistischen Schranke und im Übergang ins Leben. Die erstere Konzeption führt zum Musentempel, die letztere zur befreiten Existenz. Beide Male handelt es sich um hochkarätige Konzeptionen von ästhetischer Rationalität. Aber ihre Gegenstandsbereiche sind höchst unterschiedlich. Sie überschneiden sich zwar, aber sie decken sich keineswegs. Ästhetische Verfaßtheiten des Alltags sind für die letztere Konzeption essentiell, in der ersteren kommen sie nicht vor. In der fundamentalistischen Konkurrenz solcher Paradigmen differieren zugleich mit den Rationalitätsdefinitionen auch die Sektorendefinitionen.

Dasselbe gilt für unterschiedliche Ethik-Konzeptionen, etwa für Moralität versus Sittlichkeit. Die beiden Konzepte können geradezu eine scharfe Alternative bilden – so etwa, wenn eine vernunftbegründete Pflichtethik eine gewachsene Lebensordnung insgesamt verwirft, während eine Ethik des Ethos dies niemals vermöchte –, und auch hier hat die Differenz im Rationalitätsmodell für die Definition des Sektors Folgen: Während eine Pflichtethik keine Handlungsbereiche von ethischer Normierung ausnimmt, vermag das Ethos dies sehr wohl zu tun, so daß der Kreis ethischer Fragen nach dem ersteren Modell sehr viel größer ist (und sehr viel weniger weiße Flecken aufweist) als beim letzteren Modell.

Wichtig für unsere Frage ist nun vor allem die externe Folge der unterschiedlichen Sektorendefinitionen: Die verschiedenen Rationalitätstypen – soeben erst schiedlich getrennt – kommen einander erneut ins Gehege. Eine Ästhetik des l'art pour l'art beispielsweise ist nicht mit einer Ethik jeden Typs kompatibel, sondern nur mit einer bestimmten. Sie ist inkompatibel mit Ethiken, die ästhetischer Höhe auch einen sittlichen Wert beimessen und daher statt des Rückzugs des Ästhetischen auf die Kunst ein Vordringen derselben in den Alltag fordern. Sie ist aber auch inkompatibel mit einer Ethik, für die das Ästhetische prinzipiell dubios ist und die es daher nicht nur aus dem Alltag,

---

[1] Vgl. Immanuel Kant, *Kritik der Urteilskraft*. Max Bense, *Einführung in die informationstheoretische Ästhetik. Grundlegung und Anwendung in der Texttheorie*, Reinbek bei Hamburg 1969.

sondern auch noch aus der Kunst ausgetrieben sehen möchte. Sie ist kompatibel allein mit Ethiken, die sich ästhetisch indifferent verhalten; und darunter vorzugsweise mit einer solchen, die spezialistische Differenzierung als Gestalt gelingenden Lebens betrachtet. Verschiedene Konzepte geraten also nicht nur binnensektoriell, sondern auch transsektoriell in Konflikt, und das lehrt, daß das autonomistische Verständnis der Sektoren und Rationalitätstypen ungenügend ist. Es ist naiv und unrichtig zu sagen, die Sektoren lägen fest und unterschiedliche Paradigmen würden diese nur unterschiedlich erfüllen. Die Tatsachen zeigen das Gegenteil, und jede Reflexion lehrt warum. Die unterschiedlichen Paradigmen definieren – gerade im Maß ihrer Autonomie – mit ihrem unterschiedlichen Phänomenverständnis zugleich unterschiedliche Extensionen des jeweiligen Gegenstandsbereichs.

Diese Konflikte, die transsektoriell unvermeidlich entstehen, lassen rückwirkend erkennen, daß die Rationalitäten und ihre Sektorendefinitionen nicht Sache von Monaden sind, sondern immer auch Zusammenhänge betreffen und Kompossibilitätsfragen aufwerfen. Unwillkürlich macht man mit Aussagen über einen Rationalitätstyp auch Aussagen über andere Rationalitätstypen. Zumindest implizit bezieht man sich immer auf einen Zusammenhang – sei dieser als systematischer vermeint, als struktureller bestimmt oder als okkasioneller akzeptiert. Es gibt nicht die eine verbindliche („neutrale" oder „objektive") Einteilung der Sektoren. Indem die Rationalitätstypen ihren Rahmen je mitdefinieren, bestimmen sie auch den Boden und die Einteilung der Felder unterschiedlich. Die Karten werden je neu gemischt und die Lose anders verteilt.

Es gilt daher – bei aller Autonomie – diesen Zusammenhang nicht auszublenden. Eine jede sektorielle Definition ist tragfähig nur in der Konstellation mit kompossiblen Definitionen anderer Sektoren. Wer die Rationalitätstypen für schlechthin autonom hält, ist einer sektoriellen Illusion verfallen. Der Zusammenhang muß nicht ausdrücklich sein, wirksam ist er immer.

Die einzelnen Rationalitätstypen sind bei aller hochgradigen Ausdifferenzierung und Spezialisierung nicht nur binnensektoriell definiert, sondern auch (was für die Frage materialer Übergänge besonders wichtig ist) transsektoriell konstelliert. Damit soll keineswegs behauptet sein, daß jeder Rationalitätstyp sich auf *alle* anderen bezöge und das in bestimmter Weise tue. Einer solchen Behauptung tritt schon die Vielfalt unterschiedlicher Kandidaten für jeden externen Sektor in den Weg, die eine Gesamtdeutung unmöglich macht. Behauptet ist nur, daß die scheinbar autonome Bestimmung eines Sektors stets auf zumindest *einige angrenzende* Sektoren in bestimmter Weise bezogen ist. Für den hier verfolgten Gedanken ist dies deshalb wichtig, weil solche Bezüge mögliche Wege transversaler Vernunft darstellen und weil sich so zeigt, daß diese Wege engrammatisch schon in der Bildung der einzelnen Rationalitätstypen angelegt sind.

Ein Schlüsselaspekt, um solche konstitutiven Verflechtungen von Rationalitätstypen zu erkennen, ist die Genese der einzelnen Rationalitätsparadigmen. Die Paradigmen bilden sich immer gegen andere. Das gilt zunächst schon sektorenintern. So ist „Kunst und Leben" schon historisch ein Gegenkonzept gegen das ästhetizistische Programm.

2. Materiale Übergänge: implizit und explizit

Und dieses hatte sich seinerseits als Gegenkonzept gegen eine moralische oder begriffliche Präjudizierung der Kunst herausgebildet. Somit stehen die Paradigmen – zusammen mit ihren fundamentalen Dissensen – von vornherein in Verhältnissen der Absetzung, der Umdeutung, der Verwerfung. Die einzelnen Konzepte sind je schon interkonzeptionell verfaßt, sowohl von ihrer Genese her wie bleibenden Zügen ihres Designs nach. Verbunden sind mit solch interkonzeptionellen Bezügen binnensektorieller Art aber zugleich interrationale Bezüge transsektorieller Art. Nicht nur ist ein bestimmter Rationalitätstypus gehalten, sich, was Bereichsabgrenzungen angeht, mit einem anderen zu arrangieren, sondern solche Bezüge sind den einzelnen Rationalitätstypen schon immanent. „Autonomie der Kunst" ist eo ipso schon ein Programm gegen moralische Restriktion, was bedeutet: Es definiert Ethisches mit. In diesem Fall wird gefordert, daß Ethisches so verfaßt sein müsse, daß exterritoriale Zonen seiner – wie hier für die Kunst – möglich sind. Der einzelne Rationalitätstyp ist also nicht nur mit sektoriellen, sondern auch mit inhaltlichen Kompossibilitätsansprüchen gegenüber anderen Rationalitätstypen verbunden, er enthält notwendig Optionen, die seine Kompetenz überschreiten, hier: ethische Anforderungen eines ästhetischen Rationalitätstypus.

Inhaltliche Verflechtungen ergeben sich des weiteren daraus, daß jede Konzeption auf einem geschichtlich-kulturellen Boden aufruht, der nicht nur der ihre, sondern mehreren Konzeptionen gemeinsam ist. Von dieser Basis her sind gemeinsame Prägungen ihnen schon inhärent, sei es in Form selbstverständlicher Übernahmen, sei es in Form spezifischer Interpretationen. Faktisch enthält jeder Rationalitätstypus zugleich eine Kultur- und Geschichtstheorie. Diese muß nicht ausdrücklich sein, angebbar ist sie immer. Oft versteht man denn auch einzelne Rationalitätstypen erst dann recht, wenn man diesen ihren generellen Kontext vor Augen bekommt. So hat beispielsweise das neuzeitlich-naturwissenschaftliche Denken gewiß nicht nur philosophische Grundlagen, sondern ebenso sozio-ökonomische Voraussetzungen, religiöse Flankierungen und künstlerische Vorbereitungen. Oder: Sozialdarwinistische Theorien setzen nicht nur den biologischen Darwinismus voraus, sondern greifen auch nur in einer Konkurrenzgesellschaft und unter Zusatzbedingungen wie Selbstverständniskrise oder Übervölkerungsdruck.

Die Ausblendung solcher Rahmenbedingungen und Verflechtungen gehört zu den systematischen Illusionen hochgradig spezialisierter Rationalitätstypen. Die Folgen sind gravierend: Was außen abgeblendet wird, bleibt entweder negiert oder wird innen substituiert. Beides ist bedenklich. In harmloseren Fällen führt es zu Urteilsverzerrungen, in schlimmeren zu Totalisierungen. Technische Rationalität beispielsweise nimmt lebensweltliche nicht mehr als andere wahr, sondern stempelt sie zur Illusion, und ästhetische Rationalität kann, indem sie sich gegen Besonderheiten ihres geschichtlichen Standes blind macht und sich zum Generalschlüssel aller Phänomene erklärt, die Verwandlung der Wirklichkeit ins Gesamtkunstwerk intendieren – bis zur politischen Paranoia.

Situiertheit, Rahmenbedingungen, Bezogensein auf einen Geschichts- und Kulturstand sind also von den einzelnen Rationalitätsausprägungen nicht zu trennen. Dabei geht es nicht einfach um Vorbedingungen, sondern um etwas, womit diese Rationalitäten selbst mehr oder minder ausdrücklich operieren und dessen Negation für ihre Verfassung und Triftigkeit sofort folgenreich wäre. Alle bislang genannten Aspekte – intersektorielle Verzahnungen und Folgen binnensektorieller Definitionen, genetische Verflechtungen binnen- wie transsektorieller Art, Gemeinsamkeit geschichtlicher Prägungen – machen auf Beziehungen, Wechselverhältnisse und Konstellationen der einzelnen Rationalitätstypen mitsamt ihren Paradigmen aufmerksam. Wo immer einer dieser Rationalitätstypen sich gründlich und umfänglich analysiert, stößt er auf solche Relationen, Basisübereinkünfte, Fremdvoraussetzungen, Rahmenakzeptanzen. Er entdeckt damit, daß er je schon konkrete Übergänge impliziert und praktiziert. Ohne sie ist seine vermeintlich autonome Verfassung gar nicht wirklich zu beschreiben.

Die Verbindungslinien solch allgemeiner Art werden noch durch eine Reihe sehr viel speziellerer Bezüge ergänzt. Gebilde einzelner Sektoren können sich auf bestimmte Gehalte anderer Sektoren beziehen. So ist der Wirklichkeitsbezug von Kunst nie bloß ästhetisch zu erklären, vielmehr erstreckt er sich auch auf transästhetische Wirklichkeitsbestände. Allerdings erfolgt die Bezugnahme primär ästhetisch, sie richtet sich auf ästhetische Momente der betreffenden Wirklichkeit. So ist beispielsweise in einem Hiroshima-Bild von Morris ein geschichtliches Faktum nicht-ästhetischer Art Thema: die atomare Auslöschung einer Stadt gegen Ende des Zweiten Weltkrieges. Die adäquate Erfahrung eines solchen Bildes kann ohne die Kenntnis dessen, was „Hiroshima" bedeutet, nicht gelingen, außerästhetische Konnotationen gehören zum Sinnfeld. Aber dieses Außerästhetische wird gerade seinen ästhetischen Valenzen nach Thema: Morris wählt als Anknüpfungspunkt, als Perspektive seiner Arbeit die Dimension des Grauens und Schreckens, die mit Hiroshima verbunden ist. Er bezieht sich damit auf etwas, was einerseits unabdingbar zum Phänomen gehört, andererseits gerade ein Proprium ästhetischer Erfahrung ist. Die Bezugnahme auf den nicht-ästhetischen Gegenstand erfolgt (anders als etwa bei objektivistischen Verlaufsbeschreibungen oder statistischen Datenerhebungen) auf spezifisch ästhetischem – die Dimension sinnenhaft-leiblicher Erfahrung aktualisierendem – Weg. Das ist ein erster Modus von Überschritt: Das ästhetische Gebilde (das Kriterien ästhetischer Rationalität folgt) bezieht sich nicht auf Kunst-, sondern Wirklichkeitsbestände, wenn auch zunächst auf spezifisch ästhetische Komponenten derselben. Der Sektor (Kunst) wird überschritten, das Medium (das Ästhetische) zunächst noch beibehalten. Auf diesen ersten Überschritt folgt aber ein zweiter. Das Werk bezieht sich über seine Perspektive des Grauens zugleich auf nicht-ästhetische Komponenten des thematisierten Wirklichkeitsbestandes (Kriegstechnologie, Fortschritts-Ambivalenz etc.). Damit überschreitet es auch die Grenze des Mediums. Wohl ist der ästhetische Ansatz verbindlich. Aber er kann ganz „logisch" zu solchen Überschritten – zunächst des Sektors, dann auch des Mediums – führen.

Übergänge und Überschritte gehören gar schon sektorenintern zur ratio essendi von Kunst. Jedes Werk bezieht sich auf andere Werke und andere ästhetische Standards und ist in diesem Sinn interikonisch verfaßt (der Barock ist renaissance-gesättigt, Mondrian ohne Cézanne nicht denkbar und Isozaki schier ein Destillat japanischer Tradition; bei Morris geht der Bezug speziell auf Leonardo da Vincis Katastrophen-Darstellungen). Das ist ein erster Übergangsmodus. Der zweite ist dann der transsektorielle, der dritte der transmediale. Die Bindung des Werks an ästhetische Arbeit und die Anknüpfung an ästhetische Valenzen der thematisierten Wirklichkeitsbestände bleiben obligat. Aber da nicht-ästhetische Dimensionen von diesen gar nicht zu trennen sind (noch die ästhetische Akzentuierung ist nur vor dem Hintergrund eines Bewußtseins auch anderer Gegenstandsdimensionen wirksam), wird über die ästhetische Bezugnahme zugleich auch Nicht-Ästhetisches ins Spiel gebracht. Man wäre borniert, wollte man diese Sinndimensionen systematisch ausblenden oder vernachlässigen. Die ästhetische Valenz ist zwar der Zugangsweg oder die Eingangsseite, angesprochen aber wird das Ganze eines Wirklichkeitsbestands. Das kann sogar bis zur Erfahrung der tendenziellen Unmöglichkeit einer ästhetischen Darstellung des Gegenstandes reichen – ein sowohl für die Art des Gegenstandes wie die Begrenztheit des Ästhetischen äußerst aufschlußreicher Fall. Ihm ist geradezu exemplarisch zu entnehmen, wie sehr bei Prävalenz einer ästhetischen Perspektive doch auch andere Perspektiven mitspielen können. Sie können es so sehr, daß gar eine davon (aber nicht etwa beliebig oder dekretorisch, sondern auf Grund ästhetischer Scheiterns-Erfahrung) prävalent zu werden vermag und das Ungenügen ästhetischer Erfahrung ihr gegenüber deutlich werden läßt.

Zuletzt seien zwei weitere – für diese eher skizzenhafte Auflistung die letzten – Typen transsektorieller Momente oder Implikationen spezifischer Rationalitäten angeführt. Auch sie seien nur exemplarisch vor Augen gebracht, nicht in ihrer Breite entfaltet. Einzelne Rationalitätstypen können sich zum ersten auf Aufgaben beziehen, die für alle Rationalitätstypen relevant sind, und sie können zum zweiten von sich aus auf Grundcharaktere anderer Rationalitätstypen zumindest analog anspielen. So gehört es beispielsweise zu Kunst, daß sie je auch ein bestimmtes Bild des Menschen ins Spiel bringt und anregt. Das muß keineswegs vordergründig und schon gar nicht aufdringlich geschehen, es erfolgt gleichwohl beharrlich. Damit bezieht sich Kunst aber auf einen prinzipiell transsektoriellen Gehalt (denn der Mensch ist nicht spezifischer Gegenstand nur eines bestimmten Rationalitätstypus). Und zweitens kann man sagen, daß jede ästhetische Struktur zugleich ein soziologisches Kryptogramm enthält. Mondrians Kunst des Auswägens trifft nicht nur auf bildnerische Momente zu, sondern ist zugleich exemplarisch für das Auswägen von Lebensgewichten, wie es in jedem individuellen Leben geboten ist, und für das Austarieren sozialer Antagonismen, wie es zu einer gelungenen Gesellschaft gehört. Und das gilt allgemein: In jedem künstlerischen Werk geschieht dergleichen: Verschiedene Komponenten werden in ein stimmiges Verhältnis gebracht. Das aber ist eine Aufgabe und Grundstruktur allen Lebens und Seins. Die Art, wie dies jeweils geschieht – ob beispielsweise diktatorisch oder organisch oder in offener Konstellation –, charakterisiert sowohl künstlerische Stile wie Grundtypen des Lebens. Man stößt hier auf eine Schicht transsektorieller Aufgaben und Bedeutungen, die, auch wenn sie eine besondere Affinität zu einzelnen Sektoren haben, doch analog auch in anderen Sektoren sich finden.

So dürfte beispielsweise schwer zu entscheiden sein, ob die offenkundige Affinität zwischen Ethik und Ästhetik auf eine Bestimmung zurückgeführt werden kann, die originär dem einen und nicht dem anderen Bereich zugehört. So wie ästhetische Verhältnisse als Sozialmodelle gelesen werden können, so kann man auch zu jeder Ethik eine strukturell entsprechende Ästhetik schreiben. Aber woran liegt das? Daran, daß auch in aller Ästhetik schon eine Ethik impliziert ist? Das ist ja nicht nur im schon skizzierten Sinn der Lebensmodelle der Fall, sondern gilt auch insofern, als das Erzielen von Stimmigkeit – eine ästhetische Grundforderung – eine Art ethischer Forderung ist. Und dies sowohl zunächst in dem speziellen Sinn, wonach sie eine Art ethischen Imperativs hinsichtlich ästhetischer Phänomene formuliert: Du sollst, wenn Du gestaltest, Stimmigkeit erzeugen; als auch in dem sehr viel generelleren, dem Ausgriff einer Ethik schon nahekommenden Sinn: Du sollst überall dort, wo Du gestaltest, auf Stimmigkeit aus sein. Aber kann man das noch eine ästhetische Forderung nennen – auch wenn man sie ebensowenig schon als ethische wird bezeichnen wollen? – Vermutlich ist das alte Transzendentalientheorem nicht schlechthin zu verabschieden. Entsprechungen sind noch immer aufweisbar oder konstruierbar. Eine einschneidende Veränderung allerdings ist unumgänglich: In einer grundsätzlich durch diverse Paradigmen gekennzeichneten Situation kann dieses Theorem bloß noch für bestimmte korrespondierende Reihen gelten, nicht mehr universal.

Immerhin: Die Tatsache, daß einzelne Rationalitätstypen sowohl transsektorielle Prädikate („Mensch") ins Spiel bringen als auch Grundcharakteristika anderer Rationalitäten anklingen lassen können, verweist noch einmal in besonderer Weise auf Verflechtungen der Rationalitätstypen und deutet Bahnen an, die transversale Vernunft als Wege beschreiten kann.

Ich habe mich in all diesen Beispielen auf *anerkannt* differente Rationalitätstypen bezogen. Und ich habe mich des weiteren auf einen engen Katalog beschränkt, auf vorwiegend ästhetische und ethische Exempel. Durch diese Kontinuität sollten die Vielfalt der gebotenen internen Unterscheidungen und die Breite des Problemfächers besser erkennbar bleiben. Es hat sich ergeben, daß die einzelnen Rationalitätstypen nicht monadisch existieren, sondern bei aller Autonomie doch auch durch eine Vielfalt von Verflechtungen mit anderen Rationalitätstypen charakterisiert sind. Das rein sektorielle Rationalitätsverständnis ist unzureichend. Man muß auch intersektorielle Bezüge, transmediale Anklänge und transsektorielle Analogien berücksichtigen. Für unsere Zwecke bedeutet dies: Nicht nur der Rationalitätstypen sind viele, sondern auch die Palette der Übergänge zwischen ihnen ist sowohl breit wie hochgradig differenziert. In Einzelfällen kann sie schmal und selektiv sein – nur wenige Übergangstypen sind im Spiel, während die meisten außer Kurs bleiben –, aber im ganzen ist sie von beträchtlicher Verzweigungsvielfalt. Daher kann man sie zwar im Einzelfall übersehen, darf das aber keineswegs im ganzen tun.

3. Vernunft: Vermögen und Vollzug solcher Übergänge

Die genannten Verflechtungen eröffnen Möglichkeiten des Übergangs zwischen den Rationalitätstypen. Ja sie sind eigentlich gleichbedeutend mit der Einschreibung solcher Übergänge in die Konstitution der Rationalitätstypen. Die Dimension dieser Übergänge ist die Dimension der Vernunft. Wenn es zuvor hieß, daß Vernunft das Vermögen ist, das dort greift, wo die einzelnen Rationalitäten an ihre Grenzen stoßen, dann liegt eben hier, in dieser Schicht der Beziehungen, Verflechtungen und Übergänge, der spezifische Funktionsbereich der Vernunft. Davon gilt auch die Umkehrform: Vernunft ist essentiell das Vermögen und der Vollzug solcher Übergänge. Ihr Begriff ist von allen substantialistischen, prinzipialistischen, ganzheitlichen Auffassungen freizuhalten oder zu reinigen. Denn in diesen wird Vernunft stets an Verstand angeglichen und verraten. Dagegen sollte man die Lektion, die Kant gab, gelernt haben. Alle thetischen Formen von Vernunft sind – da in ihnen der (dem Ausgriff nach) transrationale Anspruch, der zu Vernunft gehört, aufrechterhalten, andererseits aber die thetische Funktionsart des Verstandes in Anspruch genommen wird – nur als Verabsolutierungen bestimmter Rationalitätsformen möglich und daher widersprüchlich und illegitim.

Vernunft ist dabei auf drei Ebenen wirksam: in Reflexionen über die Verfaßtheit der Rationalitätsformen und die Möglichkeit von Übergängen; in der Praxis solcher Übergänge; als Medium der Konfliktaustragung zwischen heterogenen Ansprüchen.

Die erste Funktion ist traditionell nicht unbekannt, ihre musterhafte Beschreibung hat Platon im *Sophistes* gegeben. Er zeigt dort, daß in der Frage von Identität und Differenz alles darauf ankommt, nicht mit generellen Behauptungen zu operieren, sondern den Sachverhalten „im einzelnen prüfend nachzugehen" und die Hinsichten genau zu beachten, in denen das eine oder das andere gilt, und darauf aufmerksam zu sein, in welchem Sinne dies jeweils der Fall ist (259 c–d). Das ist eine Maxime, durch die man sich noch heute sowohl von rigiden Modernisten wie lässigen Postmodernisten unterscheiden kann. Platon hat vier Weisen möglicher Beziehung von Einem und Vielem aufgelistet: die penetrative, wo Eines durch vieles Unterschiedliches hindurchgeht; die globale, wo Vieles durch Eines umfaßt wird; die konstellative, wo durch die Verknüpfung von Vielem Eines zustande kommt; schließlich die separative, wo das Viele ohne jegliche Einheit besteht (253 d–e). Diese Verhältnisse zu untersuchen macht für Platon das „dialektische Geschäft" aus, und er hat dieses keinem anderen zuweisen wollen als dem „rein und recht Philosophierenden" (253 e). Dem ist nichts hinzuzufügen – außer dem Geforderten: der Beachtung und Durchführung des Programms.

Die Reflexion auf Struktur und Verhältnis der Rationalitätsformen – also auf Einheit, Verschiedenheit, Zusammenhang, Übergang, Implikation, Analogie und dergleichen (all das, was im vorigen skizzenhaft durchgeführt wurde) – ist nur als Leistung von Vernunft möglich. Niemals läßt sich dergleichen einfach als Funktion einer der Teilrationalitäten verstehen, werden diese dabei doch gerade in ihrer Begrenztheit ansichtig und thematisch. Vernunft ist das überlegene Vermögen. Aber dabei kommt umgekehrt alles auf die Einsicht an, daß sie dies nicht in der Weise eines höheren Verstandes ist, daß sie nicht fertige Maßstäbe mitbringt, an denen sie alles mißt, sondern daß sie in diesem explikativen Geschäft die Verfassung und die internen Ansprüche vorgegebener Rationalitäten prüft und daß sie dabei nicht dekretiert, sondern expliziert, artikuliert, vergleicht und dadurch Selbstmißverständnisse einzelner Rationalitätsformen zu korrigieren wie andererseits auch Lücken im Rationalitätsprofil aufzudecken und die Ausarbeitung weiterer Rationalitätsfelder anzuregen und voranzutreiben vermag. Vernunft ist ein metarationales Vermögen, aber sie ist dies wesentlich als interrationales. Ihr Dominium sind Übergänge.

Wie Vernunft in dieser Tätigkeit essentiell auf das Profil der Rationalitäten bezogen ist, so stehen ihr umgekehrt die einzelnen Rationalitätstypen auch nicht abstrakt gegenüber, sondern haben in dem Maß, wie Beziehungen auf andere Rationalitäten, wie wirkliche und mögliche Übergänge ihnen eingeschrieben sind, ihrerseits Anteil an Vernunft. (Und daher sind sie für Vernunftformen zu erkennen und kann sich die Vernunft, wo sie das Geschäft der Reflexion versieht, in „materialer" Hinsicht so ganz auf diese Rationalitätsformen verwiesen finden.) Indem sie auf andere Paradigmen und Rationalitätsformen je schon bezogen sind, gehören Vernunftprozesse ihnen konstitutiv schon zu. Und solche Vernunftprozesse bleiben für die Rationalitätsformen wesentlich, wo immer sie ihre Grenzen verschieben oder ihre Ansprüche modifizieren und dies in kontrollierter – denn das heißt umfeldbewußter und somit verschiedene Ansprüche abwägender, also nur kraft vernünftiger Übergänge möglicher – Art tun.

Entscheidend ist nun, daß in dieser Dimension der Vernunft materiale Übergänge möglich werden und stattfinden. So kann sich eine Ethik (unter anderem) durch ihre gesellschaftlichen Implikationen oder durch ihre Konsequenzen für die Ästhetik empfehlen; ein ökonomisches Modell kann wegen des pragmatischen Widerspruchs zu der von ihm latent verfolgten und legitimatorisch benutzten sozialen Zielvorstellung kritisiert werden; ein Gesellschaftsmodell kann auf seine anthropologischen Konkordanzbedingungen hin geprüft und durch sein ökonomisches Analogon ad absurdum geführt werden. Ein solches Verfahren ist freilich nicht ohne Gefahren. Legitim ist es in der Tat nur dort, wo die einzelnen Aussagen je in der Relation zu ihrem Geltungsrahmen genommen werden und die Übergänge insofern kontrolliert erfolgen. Das beliebige Gleiten von einem Aspekt zum anderen mit Verschiebung der Grenzen wird dadurch gerade ausgeschaltet. Es ist zwar alltäglich real, rationalitätstheoretisch aber ein Graus.[2] Andererseits ist solch alltäglichem Verfahren immerhin der Wink zu entnehmen, daß eine vernünftige Praxis gerade durch solche Übergänge gekennzeichnet sein müßte. Vernunft ist dann genau das Vermögen, das solche Übergänge kontrolliert zu vollziehen, und das heißt unter Offenlegung und Beachtung des jeweiligen Verhältnisses von Identität und

---

[2] Schon Platon hat es beklagt und hat solchen Redeflimmer den Sophisten vorgehalten (vgl. *Sophistes*, 259 d 2-7).

Differenz vorzunehmen vermag. Die Übergänge werden nicht alltäglich verwischend und zerstörend vorgenommen, sondern erfolgen vernünftig geklärt und kontrolliert. Eine vernünftige Praxis ist eine, die nicht bloß die Konsequenz eines einzigen Rationalitätstyps verfolgt, sondern auch das Umfeld im Blick hat und regulativ zur Geltung bringt. Genau eine solche Praxis wird durch die Vollzugsform transversaler Vernunft möglich. Wo immer eine Praxis solchen Zuschnitts vorliegt – die wir in einem gängigen Sinn als „vernünftig" bezeichnen – entdeckt die Analyse, daß nicht bloß eine einzelne Rationalität verfolgt wird, sondern auch deren Anschlußpunkte, Implikationen und Übergänge Beachtung finden. In diesem Sinn handelt es sich jedesmal um eine Praxis transversaler Vernunft. Und auf diese Vollzugsform kommt es an. – Der Name ist nebensächlich.

Nicht nur die Agonistik der Rationalitätstypen, sondern auch ihre Genese, ihre Erneuerung und Verlagerung, ihre Anpassung und Umformung, ihre Wirksamkeit gegenüber anderen Paradigmen und Rationalitätstypen vollziehen sich in den Bahnen transversaler Vernunft. Für das naive Bewußtsein ist, daß solche Übergänge problematisch sein sollen, verwunderlich. Für das differenzreflektierte Bewußtsein wurde umgekehrt unglaubhaft, daß solche Übergänge überhaupt noch möglich seien. Das philosophische Bewußtsein erkennt dazwischen – in der schmalen, aber vielbahnigen Zone der Übergänge – den Königsweg der Vernunft.

Schließlich ergibt sich schon aus dieser Beschreibung, daß Vernunft der geschilderten Art auch das Medium der Austragung von Rationalitätskonflikten ist. In ihrem Horizont treten diese Konflikte ja allererst auf, und nur durch Reflexion von Grenzen, Verflechtungen und Übergängen sind sie zu lösen. Auch wenn es Nicht-Lösbares gibt – Platon räumte in seiner vierten Gruppe immerhin die Existenz von völlig Heterogenem ein –, so sind diese Unlösbarkeit, Heterogenität und Fundamentalität des Dissenses doch nur im Medium solcher Vernunft erfahrbar und feststellbar. Zudem ist einzig solche Vernünftigkeit dann auch das Medium, in dem mit solchen Befunden pragmatisch sinnvoll umgegangen werden kann. Der Dissens ist keineswegs das Ziel (wie Lyotard übertreibend behauptet hatte). Aber in Situationen effektiven Dissenses ist in der Tat nicht Konsens, sondern Dissensklärung das letzte Ziel. Sie stellt dabei nicht untergründig wieder eine Verbindung her, wohl aber leistet sie die volle Klarheit des Situationsverständnisses – manchmal in der Form, daß die Relativität der Argumentationen auf unterschiedliche Basiskonzepte evident wird, zwischen denen dann nicht mehr weiter argumentativ entschieden werden kann, sondern wo es auf einen Entschluß zur einen oder anderen Möglichkeit ankommt. Damit ist eine exemplarisch geklärte Situation erreicht, und diese bedeutet alles andere als einen Konkurs von Rationalität – eher repräsentiert sie deren üblichen Letztfall. Umgekehrt bedeutete die uneingeschränkte Verpflichtung der Diskurse auf den Konsens eine Letztprogrammierung der Diskurse auf Konkurs. Denn bei gezielt vorangetriebener Klärungsarbeit gelangt man über kurz oder lang zu effektiven Dissensen, deren Verständnis und Behandlung – ja schon Zulassung – nach dem Konsensmodell nicht möglich sind, so daß hier in jeder Hinsicht – thetisch wie faktisch – der Konkurs von Rationalität unausweichlich wird. Die Auseinandersetzung von Rationalitätsformen verlangt demgegenüber einen Vernunfttyp, der mit Differenz und Identität umzugehen vermag, ohne sich von vornherein auf eine der beiden Seiten geschlagen zu haben. Genau das ist bei der transversalen Vernunft der Fall. Sie setzt zwar bei einer Situation der Differenz an, aber sie akzentuiert dann die Möglichkeit von Übergängen. Damit ist sie von systematischen Einseitigkeiten frei.

Faktisch bewegen sich die alltäglichen und wirklichen Klärungs- und Auseinandersetzungsprozesse in den Bahnen dieser Vernunftverfassung – nur tun sie es im allgemeinen unklar und unkontrolliert. Dagegen gilt es nicht, eine andere, einseitige Zurichtung von Vernunft aufzubieten, sondern die methodisch bewußte und analytisch präzise Arbeit transversaler Vernunft zu leisten. Diese Vernunft ist Medium und Prozeßform aller interrationalen Klärungen.

4. Weitere Strukturmerkmale transversaler Vernunft

Das Vermögen transversaler Vernunft ist bekannt und rätselhaft zugleich. Drei Gesichtspunkte seien nachgetragen, bevor dieses Vermögen abschließend speziell auf die postmoderne Problematik bezogen wird.

a) Transversale Vernunft darf sowenig wie irgendeine – aber bei ihr ist es deutlicher als bei anderen Formen – vergegenständlicht, reifiziert, wie eine Sache aufgefaßt werden. Die Gefahr droht unter mannigfachen Vorzeichen. Zwei seien angesprochen: die regionale und die logische Reifizierungstendenz.

Schon die Rede von Vernunftformen ist verfänglich, wenn darunter regional abgrenzbare Rationalitäten verstanden werden. Man mag sich die Gegenstandsbereiche wie Regionen vorstellen. Die zugeordneten Rationalitätstypen aber hat man davon freizuhalten. Ihr Verhältnis ist vermutlich schon als „Architektonik" falsch angesetzt, gewiß ist das in geographischen Analogien von Feldern, Gebieten, Dominien der Fall. Das gilt von Kant bis Habermas. Die Rationalitätstypen stehen in Wahrheit nicht nebeneinander, sondern sind in anderer Weise unterschieden: als differente Bezugsformen, welche Rationalität realisieren kann. Die Suggestionen räumlicher Modelle verstellen die Struktur der Rationalität. Das wird vollends klar, wenn man auf die transversalen Vernunftfunktionen achtet. Diese sind in keinem Fall orts- oder regiongebunden vorzustellen. Transversale Vernunft ist eine Prozeßform, die quer durch die Rationalitätstypen und in ihnen anzutreffen ist. Dabei ist noch die metaphorische Rede von Übergängen nicht unproblematisch, sie kann aber insofern für gerechtfertigt gelten, als sie ihrerseits dem entscheidenden Mißverständnispunkt zuwiderarbeitet: Sie macht gerade klar, daß diese Vernunft nicht einen Ort hat oder eine Region darstellt, sondern wesenhaft prozessual ist und in Reifizierungen nur verfehlt werden könnte. Vernunft ist mit Sachbegriffen und Topologien nicht zu bestimmen. Die ersteren verfehlen ihre Eigenart, und den letzteren liegen ihre Funktionen immer schon voraus. Vernunft ist nicht, Vernunft geschieht. Und sie geschieht nicht andernorts, sondern in ihren eigenen Prozessen. – Mancher könnte es irritierend finden, daß hier verschiedentlich die Grenze zu Hegel gestreift wird. Ein Postmoderner in meinem Sinn fände es eher irritierend, wenn das gar nicht mehr möglich sein sollte. Der Unterschied zu Hegel bleibt freilich klar – dazu mehr unter Punkt c).

Unter logischer Reifizierung verstehe ich die Verführung, Rationalitätstypen, Paradigmen oder Theorien als Gegenstände der auf sie reflektierenden Vernunft zu verstehen und damit zu einer Art objektiver Bestände zu machen. Mißlich ist das insofern, als Vernunftverhältnisse dabei dem Vorstellungsmodell einer Bezugnahme von Subjekten auf physische Gegenstände angeglichen werden. Dieses Modell ist aber für Vernunftverhältnisse gänzlich unbrauchbar. Denn erstens ist, was in Vernunftverhältnissen als Gegenstand erscheint, selbst schon Vernunftleistung, zweitens führt die Bezugnahme somit keineswegs aus dem Medium der Vernunft heraus, sondern in es zurück. Und drittens ist die Rede von „Gegenständen" in Vernunftangelegenheiten generell irreführend und genau genommen falsch. Denn sie schreibt dem, was sie „Gegenstand" nennt, einen Objektstatus zu, den dieses nie hat, und rückwirkend scheint dann auch noch die Vernunft selbst einen solchen – als Metastatus – zu bekommen, womit man sich unentrinnbar in Gegenstands-, Ebenen- und Typenaporien der Vernunft verrannt hat. Das wird an anderer Stelle genauer auszuführen sein. Hier mag der Hinweis genügen, daß Vernunft wesentlich als Geschehen – nicht als Vermögen und schon gar nicht im Stil einer Sache – zu begreifen ist. Daher gründet sie sich ja auch nicht auf einen festen Begriffs- und Kriteriensatz – wie ihn die Objektivisten der Vernunft immer suchen, aber nie finden können –, sondern ist durch offene Prozessualität gekennzeichnet.

b) Unübersehbar ist die Nähe dieser Vernunft zu dem, was man traditionell „Urteilskraft" nennt, insbesondere zu deren reflektierender Form, wie Kant sie beschrieben hat. Denn transversale Vernunft sucht überall das Gemeinsame (und sei es die Gemeinsamkeit einer Absetzung voneinander), und gerade solche Suche kennzeichnet Kantisch die Urteilskraft in ihrer reflektierenden Funktion.

Der naheliegende Einwand, daß die transversale Vernunft dann füglich gleich als Urteilskraft und nicht als Vernunft zu bezeichnen sei, geht fehl. Schon bei Kant ist es ja so, daß die Urteilskraft erstens selbst eine Vernunftform darstellt und zweitens sich bei näherer Betrachtung sogar als die Grundfunktion jeglicher Vernunft, sowohl der theoretischen wie der praktischen, erweist. Ein Allgemeines und ein Einzelnes stimmig zu verbinden ist ihre allgemeinste Funktion, und dies ist fürwahr die zentrale Aufgabe in jedem Vernunftbereich. Im Grunde bildet daher die Urteilskraft nicht nur die durchgehende Konstante in Kants Rede von Vernunft, sondern ist das geheime Zentrum der Vernunft. Eine ausgearbeitete Vernunftkonzeption wird daher in dem Umstand, daß ihre Entfaltung von Vernunft urteilskraft-nah ausfällt, am ehesten eine Bestätigung ihrer Triftigkeit erkennen.

Transversale Vernunft nimmt Funktionen von Urteilskraft in mindestens vier Hinsichten wahr. Erstens gibt sie an, welchem Rationalitätstypus eine Gegenstandsfrage zuzuordnen ist. Noch wenn es dazu nicht eines eigenen Aktes transversaler Vernunft bedarf, sondern wenn der betreffende Rationalitätstyp selbst eine Frage als die seine erkennt, so vermag er dies doch nur kraft seines Anteils an transversaler Vernunft, denn für diese Entscheidung muß er auch über ein Umfeldbewußtsein verfügen, und derlei Ausgriff ist ihm genau im Maß seines Einschlusses von Funktionen transversaler Vernunft zu eigen. Zweitens ist transversale Vernunft ein Vermögen der Findung von Übergängen. „Findung" soll dabei anzeigen, daß die Übergänge nicht aus einem Gesamtsystem deduziert werden können, sondern entdeckt werden müssen. In dieser Schicht hat transversale Vernunft viel von einem Spürsinn, ist sie stark „ästhetisch" konnotiert (und darin übrigens dem ursprünglichen Begriff des *nous* sehr nahe).[3] Drittens reflektiert transversale Vernunft Gemeinsamkeiten zwischen Rationalitätstypen, z.B. Gemeinsamkeiten analogischer Art, also Gemeinsames, das als solches gar nicht mehr eindeutig angebbar, sehr wohl aber in seinem Entsprechungscharakter durch Urteilskraft erfaßbar ist, z.B. die Ungezwungenheit ästhetischer Erfahrung und die Freiheit sittlichen Handelns. Transversale Vernunft stellt dabei die Ähnlichkeit der Verfahrensweise fest, die sie im einen und im anderen Gebiet praktiziert.[4] Gerade darin erweist sie sich als das eigentliche Verbindungsglied der Rationalitäten. Und viertens ist transversale Vernunft als Urteilskraft auch dort tätig, wo sie bei Konflikten zwischen heterogenen Ansprüchen eine Analyse „dialektischer" Art vornimmt und darin die jeweiligen Rechtsgründe differenziert, prüft und abwägt – und das nicht nur hinsichtlich ihrer Vergleichbarkeit, sondern auch ihrer Unvergleichbarkeit.

c) Die Betonung der Möglichkeit von Übergängen könnte zu dem Mißverständnis Anlaß geben, hier werde auf dem Boden der Differenz durch die Hintertür doch wieder ein Hegelianismus eingeschleust. Gerade für Hegel kam ja alles darauf an, den Gedanken des Übergangs zu besitzen.[5] Und Hegelisch gilt in der Tat auch die Umkehrung: Hat man diesen Gedanken des Übergangs, so steht man in der Hegelschen Konzeption. Aber „Übergang" meint bei Hegel etwas ganz anderes als hier. Hegels Übergänge sind teleologisch, bedeuten die „Aufhebung" des Vorausgegangenen und ergeben insgesamt den Gang des Geistes. Man kann sie auf eine Reihe bringen, und diese stellt die vollständige Reihe der Wirklichkeit dar. Die Konzeption transversaler Vernunft hingegen teilt weder das teleologische Prinzip noch die Aufhebung noch die Totalisierung. Die Umfeldverflechtungen implizieren ja im allgemeinen eine Pluralität inkonvertibler Determinanten. Daher vermag man zwar Komplexionen in einzelnen Sachverhalten

---

3) Vgl. Kurt von Fritz, „Die Rolle des NOUS. NOUS und NOEIN in den Homerischen Gedichten", in: *Um die Begriffswelt der Vorsokratiker*, hrsg. von Hans-Georg Gadamer, Darmstadt 1968, 246-363.
4) Vgl. hierzu Kants Ausführungen in § 59 der *Kritik der Urteilskraft*.
5) Vgl. Georg Wilhelm Friedrich Hegel, *Vorlesungen über die Philosophie der Geschichte,* Werke, Frankfurt a.M. 1970, Bd. 12, 104.

aufzudecken und auch ganze Bereiche transparent zu machen, aber ein Gesamtsystem kommt nicht in Sicht, sondern wird, je genauer man die Verhältnisse untersucht, desto unwahrscheinlicher. Licht wird nicht im Ganzen, sondern nur in einzelnen Zonen. Und dabei sind die Lichtsorten von Zone zu Zone verschieden. Das eine große Licht gibt es nicht. Und die vielen Lichter sind von vielen Schatten begleitet.

5. Verhältnis zu Lyotards Konzeption

Der Punkt der Totalitäts-Abwehr gibt Gelegenheit, das Verhältnis dieser Konzeption transversaler Vernunft zum Ansatz Lyotards zu bestimmen. Offenbar ist auch die Konzeption transversaler Vernunft den anti-totalitären Intentionen postmodernen Denkens verbunden. Nur gelangt sie dorthin nicht durch angstvolle Problematisierung oder Negation jeglicher Verbindung, sondern durch freimütige Verfolgung der Sachstrukturen in ihren übergängigen ebenso wie ihren differenten Aspekten. Daher fällt ihre Abkehr vom Totalitätsbesitz nicht weniger scharf aus als die Lyotards, sie darf aber vielleicht begründeter genannt werden.

Gegenüber Lyotards Konzeption wird hier eine einschneidende Veränderung vorgenommen. Angesonnen wird seinem Ansatz die Verabschiedung des Theorems absoluter Heterogenität, wie es sich im achten Kapitel als sprachphänomenologisch unhaltbar und im zehnten Kapitel als reflexiv widersprüchlich herausgestellt hat. Dagegen führt die Konzeption transversaler Vernunft keineswegs Einheitsimperative ein, die mit Lyotards Konzeption unverträglich wären. Die Art, wie sie das alte Motiv der Einheit aufnimmt, ist gegenüber der Tradition ja durch eine mindestens ebensogroße Modifikation charakterisiert. Transversale Vernunft realisiert Einheit allein in einer auf Übergängigkeit bezogenen, damit aber grundsätzlich an Diversität festhaltenden Form. Daher gebietet sie zwar, das Theorem der absoluten Heterogenität zu verabschieden, aber die Übergänge, die sie wahrzunehmen verlangt, sind mit Lyotards Intentionen – die man von ihrer linguistischen Explikationsfolie zu unterscheiden großen Anlaß hat – gut verträglich, ja durch sie werden diese Intentionen – die sich im absoluten Differenztheorem selbst torpedieren – überhaupt erst einlösbar.

Das läßt sich an drei kritischen Punkten exemplarisch belegen. Lyotard votiert im *Widerstreit* nicht nur gegen Despotismus, sondern auch gegen Anarchie.[6] Die Frage ist allerdings, ob er zur Vermeidung der Anarchie so ganz die tauglichen Mittel gefunden hat. Zwar unterstellen die Gegner zu Unrecht, daß der Verzicht auf ein umfassendes Prinzip in jedem Fall auf Anarchie hinauslaufen müsse. Aber Lyotards Stillstellung der Diskursarten in absoluter Heterogenität vermeidet solche Anarchie offenbar nur durch die Kappung aller Beziehungen. Demgegenüber ist die Einräumung impliziter

---

6) Jean-François Lyotard, *Der Widerstreit*, München 1987, Nr. 229.

Verflechtungen und expliziter Übergänge – wie sie zur Konzeption transversaler Vernunft gehört – realistischer. Sie könnte nun freilich zunächst auch als anarchie-trächtiger erscheinen. Denn jetzt können agonale Beziehungen ungehindert hervortreten. Gleichwohl stellt die transversale Vernunft gerade deren Korrektiv und Überwindung dar. Denn sie vermag Übergänge des Typs, der motiviert, im Kegel eines Sinnstrahls und mit nachvollziehbaren und angebbaren Bedeutungen erfolgt, von Übergängen jener anderen Art zu unterscheiden, die spontan-anarchisch-beliebig geschehen. Somit vermag erst die Konzeption transversaler Vernunft den Anarchismus glaubhaft zu verhindern, den ein Ansatz absoluter Heterogenität bloß vermeidet.

Dasselbe zeigt sich bei Lyotards Kritik an Univozität. Er sagt, daß Univozität nicht die letzte Instanz sei, daß vielmehr im Grunde jeder Univozität das Manko spürbar werde, daß manches in ihr nicht gesagt werden könne, sondern systematisch ausgeschlossen bleibe.[7] Damit spricht er aber ein Motiv an, das ihn einerseits bewegen müßte, die Autonomie der Diskursarten zu überschreiten, das er aber andererseits auf dem Boden der Heterogenität nur registrieren, nicht aber wirklich denken kann. Auch das wird erst in einer Konzeption transversaler Vernunft möglich. Denn erst wenn mit einer Dialektik zwischen der Binnen-Rationalität der Diskursarten und differenten Umfeld-Ansprüchen gerechnet werden kann – und das ist eben erst in einer Konzeption transversaler Vernunft möglich –, vermögen Univozitätsgrenzen auch wirklich aufgewiesen, ernst genommen und berücksichtigt zu werden. Lyotards Hyperdifferenz ist mit absoluter Univozität insgeheim noch im Bunde, erst ein Denken der Übergänge vermag die Ränder der Eindeutigkeit wahrzunehmen und ihre Unbestimmtheiten zu nutzen.

Generell gilt, daß Lyotard zwar von „Übergängen" zwischen Diskursarten spricht, diese aber so versteht, als vollzögen sie sich rein faktisch, weil man eben fortsetzen bzw. verketten muß. Damit fällt für ihn der eigentlich interessante Fall, wo die Übergänge – auf Grund von Prozessen transversaler Vernunft – im Duktus eines Sinnstrahls erfolgen, mit dem Allerweltsfall zufälliger Verknüpfungen unterschiedslos zusammen. Das hätte, zu Ende gedacht, die Konsequenz absoluter Beliebigkeit und höbe damit die Intentionen, die Lyotard verfolgt, völlig auf. (Jede Handlung wäre, da gleich illegitim wie die anderen, auch gleich legitim wie sie. Das gälte noch für offensichtlichste Unterdrückung gegenüber augenscheinlicher Befreiung.) Seine Konzeption ist ohne die Einführung transversaler Vernunft gar nicht haltbar, geschweige denn durchführbar.

Genau besehen, bewegt sich alles, was Lyotard konstatiert, im Medium transversaler Vernunft. Denn welche Instanz ist es denn, die generell den radikalen Unterschied von Diskursarten analysiert, ihn in konkreten Fällen versteht und die aufdeckt, daß dieser Unterschied für die Verwirrung derer, die ihn nicht erkennen, verantwortlich ist? Welche Instanz ist es, die sich den Unterschied der Argumentationen des Protagoras und des Euathlos, den Unterschied der physischen und der logischen Diskursart und die

---

7) Ebd., Nr. 146.

Inkommensurabilität beider klarmacht? Das kann nicht eine dieser Diskursarten als solche leisten, sondern das kann nur ein Vermögen tun, das beide Logiken in ihrer Heterogenität sich vor Augen zu bringen und zu vergleichen vermag. Nur ein solches Vermögen – das Lyotard allenthalben in Anspruch nimmt, aber ausdrücklich nicht wahrhaben will – garantiert die Praxis, die er nahebringen möchte. Nur transversale Vernunft, die beides zu gewahren vermag, kann die Anspruchsgrenzen der beiden Diskursarten erfassen und eine Beschränkung verfügen, wie sie diesen Verstandeskonfigurationen als solchen nie in den Sinn käme.

Was Lyotard als Widerstreit bezeichnet, kann nur durch solche Vernunft erfahren werden. Wenn er die Bezeugung des Widerstreits fordert, so ist auch dies nur als Praxis solcher Vernunft denkbar. Diese Vernunft ist dabei nicht als Gegengift gegen Heterogenität verstanden, sondern als Medium der Explikation von Heterogenität und Übergang, Differenz und Identität wirksam. Man kann sich das gerade an der eigentlichen Pointe der absoluten Heterogenitätsreden klarmachen. Die Pointe liegt ja in der These, daß die Ansprüche des Heterogenen absolut gleiche Legitimität hätten. Damit nimmt aber der (vorgeblich) reine Heterogenist in seinem Telos eine Identität massivster Art in Anspruch, wie er sie sonst allenthalben dementiert. Konsequenterweise kann er das gar nicht tun. Aber gäbe er dem nach, so verlöre er den ganzen Ertrag seiner Bemühungen. Was er will, ist in Wahrheit nur von einem Vermögen behauptbar und vertretbar, dessen Dominium beides: Differenz und Identität, Heterogenität und Übergang einschließt. Die Wahrung der Pluralität und die Sicherung vor Übergriffen – Grundmotive postmodernen Denkens – werden erst in einer solchen Perspektive transversaler Vernunft möglich und ausweisbar. Das reine Heterogenitätstheorem greift zu kurz. Es bedarf der Ergänzung und Korrektur durch eine solche Perspektive.[8] In diesem Sinn läßt sich sagen, daß diese Konzeption transversaler Vernunft Lyotards Ansatz um einen gewichtigen Zug erweitert und doch dabei dessen Intentionen nicht preisgibt, sondern allererst einlösbar macht. Sie denkt in Lyotards Richtung. Und glaubt, daß dieser Zug – die Ergänzung des Ansatzes um die Perspektive transversaler Vernunft – der Gewinnzug dieser Konzeption sein könnte.

6. Transversale Vernunft und der Streit zwischen Modernisten und Postmodernisten

Die Konzeption transversaler Vernunft ist imstande, die Forderungen einzulösen, die sich im neunten Kapitel aus der Analyse der gegenwärtigen Vernunftproblematik ergaben. Sie stellt eine Einheitsform dar, die nicht bloß formale Gemeinsamkeiten zwischen

---

8) Bei Musil lautet das: „Es liegt in jedem Entweder-Oder eine gewisse Naivität, wie sie wohl dem wertenden Menschen ansteht, aber nicht dem denkenden, dem sich die Gegensätze in Reihen von Übergängen auflösen." (Robert Musil, „Das hilflose Europa oder Reise vom Hundertsten ins Tausendste", in: ders., *Das hilflose Europa. Drei Essays,* München 1961, 5-32, hier 23)

Lebensformen verständlich, sondern auch eine materiale Kooperation ihrer möglich macht und die das so tut, daß sie dabei nicht wieder stillschweigend eine Totalisierung einführt und der konventionellen Dialektik von Einheit – der Sistierung des Vielen, um dessen Produktivität es doch ginge – erliegt. Der Konzeption transversaler Vernunft könnte unter Gegenwartsgesichtspunkten ein beträchtliches Lösungspotential zukommen.

Im Streit zwischen Modernisten und Postmodernisten könnte sie Schlüsselfunktion besitzen. Daß es sich in dieser Konfrontation um die Opposition von Einseitigkeiten handelt, ist offensichtlich. Auch erkennt der historisch geschulte Blick, daß das Oppositionsmuster im Grunde so neu nicht ist.[9] Die alte Opposition von Totalvernunft und gebrochener Vernunft, von Einheit des Logos und Vielheit seiner Stimmen tritt hier (freilich gegenüber der Tradition ersichtlich in Richtung Pluralität verschoben) in der Konfrontation von Einheitsappellen auf der Basis der Vielheit und Beschwörungen reiner Differenz erneut zutage. Demgegenüber stellt die Konzeption transversaler Vernunft eine „Mitte" jener Art dar, die Motive beider Seiten einzulösen vermag, beiden aber auch einschneidende Korrekturen zumutet.

Manche Stellungnahmen in der Vernunftdebatte deuten bereits in die Richtung transversaler Vernunft. So hat Albrecht Wellmer davon gesprochen, daß Vernunft heute „neu gedacht werden" müsse,[10] wobei sein Vorschlag durch eine Ermäßigung der Einheitsansprüche und eine Verstärkung der Pluralitätsmomente charakterisiert ist. Das beginnt bei dem Spielraum, den Regeln für verschiedene Befolgungsmöglichkeiten eröffnen (was in Zerrbildern identitätslogischer Vernunft immer übersehen wird), und reicht bis zur Konzeption „pluraler Rationalitäten", deren Zusammenspiel die eigentliche und einzige Weise sei, wie Einheit der Vernunft sich verwirkliche.[11] Diese Vorstellung ist der Konzeption transversaler Vernunft nahe, auch wenn bei Wellmer nicht ersichtlich wird, was „Vernunft" über „Rationalität" hinaus noch besagt oder wie die Metaphorik von Vernetzung, Verschränkung und Durchlässigkeit genau zu verstehen ist und warum sie beispielsweise nicht ebenso von einer Metaphorik der Absetzung, Ignoranz und Überherrschung begleitet ist.

---

9) Wolfgang Röd beispielsweise hat es als Gegensatz von absolutem Wissen und kritischer Rationalität bzw. Platonismus und Sophistik gefaßt („Absolutes Wissen oder kritische Rationalität: Platos Auseinandersetzung mit der Sophistik", in: *Wandel des Vernunftbegriffs,* hrsg. von Hans Poser, Freiburg – München 1981, 67-106). Maximilian Forschner hat es als „das alte Wechselspiel philosophischer Fraktionsbildung: des Dogmatismus und des Skeptizismus" beschrieben und auf Rousseau bezogen (*Rousseau,* Freiburg – München 1977, 7).

10) Albrecht Wellmer, *Zur Dialektik von Moderne und Postmoderne. Vernunftkritik nach Adorno,* Frankfurt a.M. 1985, 108.

11) Ebd., 109, sowie ders., *Ethik und Dialog. Elemente des moralischen Urteils bei Kant und in der Diskursethik,* Frankfurt a.M. 1986, 171 f.

Bernhard Waldenfels hat für eine „Vervielfältigung der Vernunft" plädiert und dabei zwar betont, daß dies ein heikler Schritt sei, sofern Andersheit und Verschiedenheit damit „bis in die Kernzone der Vernunft" vordringen, aber andererseits hat er auch klargestellt, daß dies keineswegs auf eine „Auflösung der Vernunft" hinauslaufen müsse, daß dem vielmehr „laterale Formen des Austauschs" entgegenstünden. Waldenfels spricht von einem „Netz aus heterogenen, jedoch vielfältig verflochtenen, sich nicht nur ausschließenden, sondern auch überschneidenden Rationalitätsfeldern, Diskursen, Lebensformen, Lebenswelten". Die „lateralen Formen des Austauschs" (im Unterschied zu „vertikalen Steuerungen") sind durch „Knotenstellen, Übergänge, Übersetzungsmöglichkeiten", aber auch durch „Konfliktzonen" repräsentiert.[12] – Die Nähe zur Konzeption transversaler Vernunft ist unverkennbar und hat möglicherweise in gemeinsamen Rückbezügen auf Merleau-Ponty ihre Wurzel.[13]

Die Konzeption transversaler Vernunft hält sich zwischen Modernismus und Postmodernismus. Einerseits wendet sie sich gegen die Totalitätsaporien der Moderne und trägt dem postmodernen Differenzierungsinteresse Rechnung, indem sie grundsätzlich nicht auf Totalität, sondern auf Übergänge verpflichtet – zu deren Skala auch die Feststellung und Schärfung von Differenzen gehört. Andererseits korrigiert sie das absolute Heterogenitäts-Dogma des rigiden Postmodernismus und trägt so dem Verbindungsinteresse moderne-bezogener Positionen Rechnung, ohne deren Tendenz zu Reduktion und Nivellierung der Differenzen zu verfallen. Inkommensurabilität gilt, so zeigt sie, nur im Kern, nicht aber universell. In diesem Vernunfttyp sind – positionell gesprochen – sowohl Habermassche als auch Lyotardsche Intentionen aufgenommen. Der Versuch einer Konfrontation der beiden Ansätze könnte gerade die Konturierung dieses Vernunfttyps zum Ergebnis haben. Transversale Vernunft wahrt die Motive Lyotards gegenüber Habermas, indem die Verbindungen, die eingeführt werden, nirgendwo derart sind, daß sie die Hegemonie eines Rationalitätstypus legitimieren könnten. Sie vermag andererseits auch Habermasens Interesse an Austausch, Ergänzung und gegenseitiger Korrektur der Rationalitätsformen gegenüber der Lyotardschen Verabsolutierung der

---

[12] Bernhard Waldenfels, *In den Netzen der Lebenswelt,* Frankfurt a.M. 1985, 116 f.

[13] Wie Waldenfels von „lateralen Formen des Austauschs" spricht, so hat Maurice Merleau-Ponty sich der Rede von einem „universel latéral" bedient *(Signes,* Paris 1960, 150). (Vgl. dazu auch Bernhard Waldenfels, *Ordnung im Zwielicht,* Frankfurt a.M. 1987, 209.) Die Konzeption transversaler Vernunft unterscheidet sich bei aller Affinität davon in einem gewichtigen Punkt. Merleau-Ponty denkt noch in einer Perspektive des Totum, sei dieses auch ein offenes Totum. Eben daher vermag er von einem „Universalen" zu sprechen. Transversale Vernunft hingegen kennt keine integrativen Leistungen, die dorthin führten. Universalität und Totalität sind für sie nicht einmal Idealbestände, die anzuzielen verbindlich wäre. Nicht nur ist die Struktur von Wirklichkeit und Vernunft (negativ) so, daß sie dies nicht gestattet, sondern sie ist (positiv) so, daß dies kein eigentliches Letztziel, sondern nur ein Aspekt unter anderen sein kann.

Heterogenität Rechnung zu tragen. Sie leistet Kommunikation, ohne Hegemonie zu verfügen, und sie exponiert Differenzen, ohne Brücken abzubrechen. Transversale Vernunft operiert in einem Zwischenbereich, wo derlei Einseitigkeiten nicht favorisiert, sondern korrigiert werden. Sie knüpft Verbindungen, ohne Einheit zu erzwingen, sie überbrückt Gräben, ohne das Terrain zu planieren, sie entfaltet Diversität, ohne alles zu fragmentieren.

Diese Vernunftform darf für exemplarisch „postmodern" in einem Sinn gelten, der nicht mehr gegen die Moderne auszuspielen ist, sondern deren Motive aufnimmt und fortführt. Diese Vernunftform – die Vernunftform „unserer postmodernen Moderne" – ist spezifisch auf die gegenwärtige Grundsituation bezogen: auf das Aufeinandertreffen material wie formal hochdifferenter Konzeptionen und Ansprüche. Sie stellt sich dieser Situation nicht halb, indem sie nur die Differenz betonte, sondern ganz, indem sie gerade auch den Übergängen Rechnung trägt.

7. Transversale Vernunft und postmoderne Lebensform

Diese Vernunftform antwortet nicht nur auf philosophische Suchbewegungen der Gegenwart, sondern kongruiert mit dem, was man – in einem anspruchsvollen Sinn – als postmoderne Lebensform bestimmen könnte. Das sei abschließend unter zwei Gesichtspunkten dargelegt, zunächst unter dem Gesichtspunkt „Subjekt".

Bekanntlich stellt dieses Thema einen Nebenschauplatz in der Auseinandersetzung zwischen Modernisten und Postmodernisten dar, allerdings einen, den die Kämpfenden selbst meist für den Hauptschauplatz halten oder ausgeben möchten. Warum das illusorisch ist, wird darzulegen sein.

Alt-moderne Matadore des Subjekts und postmoderne Verkünder von dessen Tod stehen sich unversöhnlich gegenüber. Oder sollte schon diese Frontbeschreibung eher einer Mär entsprungen sein denn der Wirklichkeit entsprechen? Immerhin gibt es ja auch entschiedene Modernisten, die über die Subjektphilosophie hinauswollen und auf die Verabschiedung des bewußtseinsphilosophischen Ansatzes zugunsten eines kommunikationstheoretischen Paradigmas von Vernunft drängen. Und auf der anderen Seite ist die Rede vom Tod des Subjekts erstens nicht eine Erfindung der Postmodernisten, sondern eine Unterstellung der gegen sie kämpfenden Modernisten. Zweitens kommen diese damit aber ein Vierteljahrhundert zu spät und treffen nicht mehr die richtigen Adressaten an. Denn einen Mord am Subjekt mochte man den Strukturalisten vorhalten, auf die Poststrukturalisten aber und gar auf die Postmodernen trifft dergleichen nicht mehr zu. In der Postmoderne kehrt – gerade umgekehrt – Subjektivität eher wieder, als daß sie noch immer dementiert würde. Warum aber – so muß man dann fragen – erkennen die Subjektverteidiger das nicht? Sollte es daran liegen, daß sie einem antiquierten Subjektbegriff nachjagen?

In der Tat ist der Typus Subjekt, der postmodern wiederkehrt, anders konturiert als der moderne. Er ist das jedenfalls dann, wenn man für die Moderne deren angestrengtesten Subjektbegriff zum Dauermaß erhebt, also einen Subjektbegriff, der schon seit langem weit eher eine Ideologie darstellt, als daß er durch die Praxis der Subjekte – noch der freiesten und profiliertesten – gedeckt wäre. Denn ein absoluter Souverän, ein Herrscher und Meister – so die Quintessenz dieses angeblich moderne-notorischen Subjektbegriffs – ist das Subjekt postmodern in der Tat nicht mehr. Es regiert nicht aus einem intangiblen intelligiblen Punkt die Erscheinungen. Diese Subjektvorstellung ist passé. Nur bedeutet das keineswegs den Tod des Subjekts. Eher bedeutet es den Übergang zu einem Subjektbegriff, wie er Sterblichen ansteht und wie Lebendige ihn praktizieren.

Diese Depotenzierung der herrscherlichen Subjektimagination hat ihren Ausgangspunkt und Legitimationsboden nicht in philosophischen Theorien (subjektphilosophischer, anti-subjektphilosophischer, strukturalistischer, kommunikationstheoretischer etc. Art), sondern in der modernen und postmodernen Pluralisierung und Diversifizierung der Rationalitätstypen. Diese ist dafür verantwortlich, daß die absolute Einheit eines Subjekts nur noch um den Preis massivster Ausschlüsse, nur paranoisch gelingen könnte. Demgegenüber ist das „schwache" Subjekt schon lange das wahrhaftigere und leistungsfähigere. In ihm kommt die eigentliche Stärke der Rationalität – ihre Vielartigkeit – zum Tragen. Solche Subjekte vermögen mehr zu kennen, weiter zu erfahren, genauer zu berücksichtigen und dann immer noch für anderes empfänglich zu sein.

Daher ist das Problem des Subjekts nicht ein erstrangiges, sondern ein sekundäres. Ihm geht die Differenzierung von Rationalitätstypen voraus. Daher muß die Subjektdebatte – die sich irrigerweise am originären Problempunkt wähnt – so unfruchtbar bleiben, wie es sich abzeichnet. Erst der Rückgang auf die Sachprobleme, auf die Verfaßtheit der Rationalitätsfelder, und die Bereitschaft zu Analyse und Prüfung statt Konstruktion und Appell könnten sie aus ihrer Irreführung befreien.

Wie die moderne und postmoderne Pluralisierung von Rationalität den Subjekten Erweiterungen und Polyperspektivität abverlangt, so konturiert sie zugleich einen Vernunfttypus, der sowohl mit solcher Pluralität im Bunde ist wie den Subjekten die Einheitlichkeit verbürgt, die sie für den Umgang mit solcher Pluralität brauchen: die Einheitsform transversaler Vernunft. Sie ist Subjekten eigentümlich, die zwischen verschiedenen Rationalitätstypen abzuwägen gehalten sind und überzugehen vermögen. Solche Subjekte haben gewiß nicht die Entschlossenheit derer, die alles nach nur einem Maß beurteilen, weil sie nur dieses eine kennen und alles andere ignorieren. Aber solche Borniertheit kann auch nur dem Bornierten als Stärke erscheinen. Wenn Kant bezüglich der Sinnlichkeit notierte, sie könne sowohl als Schwäche wie als Stärke betrachtet werden, so sei hier von der transversalen Vernunft und ihrem Subjekttypus gesagt, daß, was ihre vermeintliche Schwäche ausmacht, der Widerschein ihrer eigentlichen Stärke ist. Nur Subjekte, die nicht so sehr herrscherlich als vielmehr übergangsfähig sind, vermögen der wirklichen Verfaßtheit von Rationalität gerecht zu werden und eine entsprechende Praxis von Vernunft auszubilden. Theoretische Überzeichnungen der Subjektsverflüssigung werden dadurch, daß man ihnen umgekehrt übertrieben kompakte Subjektmonumente entgegenhält, nicht korrigiert, sondern bloß erneut provoziert. Jenseits solchen Geplänkels geht es um Subjektivität, die nicht vielheitsscheu, sondern vielheitsfähig ist. Nur sie ist den normativen Ansprüchen des postmodernen Alltags gewachsen.

Transversale Vernunft erweist sich gerade im Blick auf diese Herausforderungen als bedeutsam. Sie stellt das Grundvermögen einer postmodernen Lebensform dar. Denn die postmoderne Wirklichkeit verlangt allenthalben, zwischen verschiedenen Sinnsystemen und Realitätskonstellationen übergehen zu können. Diese Fähigkeit wird geradezu zur postmodernen Tugend. Sie ist jedenfalls die Bedingung gelingenden Lebens unter Auspizien der Postmoderne. Und diese Fähigkeit kongruiert mit transversaler Vernunft. Denn indem diese ein Vermögen gerade materialer Übergänge ist, trägt und leistet sie, was für die postmoderne Lebensform erforderlich ist: den Übergang von einem Regelsystem zum anderen, die gleichzeitige Berücksichtigung unterschiedlicher Ansprüche, den Blick über die konzeptionellen Gatter hinaus. Lyotard hat diese Prozeßform postmodernen Lebens einmal durch den Terminus der „sveltezza", der Raschheit und Gewandtheit, charakterisiert.[14] Das ist eine Beschreibung von Transversalität. Wie die sveltezza – intelligent und nicht dogmatisch, leichtfüßig, aber nicht leichtfertig, präzis und doch nicht bloß exakt – von einer Konfiguration zur anderen übergeht, so hat die transversale Vernunft in solchen Übergangs- und Austauschprozessen ihr Dasein. Wie in jener ein Inbegriff postmoderner Kompetenz sich skizziert, so kann diese als die spezifische Vernunftform der postmodernen Verfassung gelten.

Die Postmodernität hat ihre eigene Anspruchshöhe. Und diese ist in unserer Alltagsorientierung in einem früher kaum für möglich gehaltenen Maß gegenwärtig. Gewiß gibt es auch hier – wie überall – Verfallsformen, aber diese widerlegen – wie auch sonst – nicht das Prinzip. Übergängigkeit ist zum Ideal geworden, Grenzbewußtsein die Minimalforderung, jegliche Verabsolutierung kontraindiziert. Noch einmal: Diese Weise, der Pluralität Rechnung zu tragen, ist heute weitgehend Standard geworden – jedenfalls auf der Ebene der faktischen Orientierung, weniger noch in der offiziellen Orientierungsrhetorik. Und diese Einstellung ist keineswegs schlicht permissiv – so wird sie nur gescholten. Eher hat sie mit Anerkennungsprozessen zu tun. Wir sind auf dem Weg, das Verschiedene nicht bloß hinzunehmen – zu „tolerieren" –, sondern in seinem Eigenwert zu schätzen und deshalb zu fördern und zu verteidigen.

Dabei kann die Pluralität selbst unterschiedlich gesehen sein und erscheinen. Ich nehme die architektonische Analogie des vierten Kapitels noch einmal auf. Wenn uns heute die beste Architektur anspruchsvolle Erfahrungen von Pluralität vermittelt, so sind dabei drei typische Formen zu erkennen: Das Viele kann im schiedlichen Nebeneinander monadischer Solitäre erscheinen; es kann als spannungsreiches Zusammenspiel unterschiedlicher Paradigmen in einem einzigen Werk inszeniert sein; und es kann in verschliffenen Formen vorliegen, wo die verschiedenen Ausgangspunkte zwar wirk-

---

14) Jean-François Lyotard, *Grabmal des Intellektuellen*, Graz – Wien 1985, 87 f.

sam, aber kaum noch separat buchstabierbar sind. Diese Typologie, die durch die Namen Ungers, Stirling und Hollein repräsentiert sein kann, zeigt unterschiedliche Entfaltungsstände des Pluralitätsbewußtseins: die zögernde Nebeneinanderstellung, die demonstrative Gegenführung und die gekonnte Verschleifung. Jedesmal wird von der Aufmerksamkeit beides verlangt: sowohl die Erfassung von Besonderheiten wie die Fähigkeit zu Übergängen. Nur die Akzente sind verschieden. Postmodern wird die Pluralität zunehmend zur Selbstverständlichkeit und Transversalität zur eigentlichen Leistung. Auch das hat die Konzeption transversaler Vernunft im Visier.

XII. Kapitel

Perspektiven der Postmoderne

1. Jenseits des Ausdrucks „Postmoderne"

Zu hoffen steht, daß die Irreführungen des Ausdrucks „Postmoderne" ausgeräumt sind. Als unglücklich wurde der Terminus von Anfang an bezeichnet, als mißverständlich wurde er erwiesen, als verzichtbar dargetan. Man muß nicht auf den Ausdruck, sondern auf die Sache achten. Allenfalls indikativ, als Fingerzeig in deren Richtung, hat er Sinn, semantisch jedoch führt er von ihr gerade weg. Denn er suggeriert, daß die Moderne vorbei sei und Antimodernes künftig die Tagesordnung bestimmen werde. Genau das aber ist grundfalsch, denn die Postmoderne transformiert zwar die Moderne, aber sie beendet sie nicht und verkehrt sie nicht in eine Antimoderne. Daher ist Vorsicht gegenüber den Konnotationen des Ausdrucks geboten. Andererseits zwingt auch nichts dazu, ausgerechnet in Sachen „Postmoderne" noch einmal die antiquierteste philosophische Position, die begriffsrealistische, einzunehmen und andächtig der immanenten Bedeutung eines Wortes zu lauschen. Schon für die Moderne war Nominalismus obligat (er hatte sie eingeleitet). Postmodern ist das nicht anders. Warum sollte ausgerechnet ihrem Begriff gegenüber ein prämodernes Denkmuster angebracht sein? Mit dem Ausdruck ist nicht gläubiger umzugehen als mit einem Ausdruck wie „Vatermörder". Wie im letzteren Fall nur naive Gemüter auf die Idee kommen, es gelte jemanden dingfest zu machen und vor Gericht zu bringen, so sollte man sich auch in Sachen „Postmoderne" nicht darauf versteifen, daß hier partout jemand der guten Mutter Moderne an den Kragen wolle und daß auf ihrem Grab der Frühlingstanz einer neuen Welt aufgeführt werde. Der Ausdruck ist sinnvoll nur als Indiz. Er verweist auf eine Bestimmungskrise, wo eine alte Signatur nicht mehr greift, eine neue aber noch nicht eindeutig in Sicht ist. Man spürt, daß die überkommen Strategien nicht mehr gemäß sind und daß es von ihnen abzurücken gilt. Dazu will der Terminus anhalten. Er hat Signalfunktion.

Ihr wird dort Rechnung getragen, wo man die Provokation aufnimmt, indem man um ein reicheres und problembewußteres Verständnis der Moderne sich bemüht. Man verhielte sich dabei allerdings zu selbstgefällig, wenn man sagte, sinnvoll sei eben nur von der Moderne, nicht von der Postmoderne zu reden. Ohne die Provokation der Postmoderne wäre man zu solch neubestimmter Rede von Moderne gar nicht gelangt, sondern verharrte noch immer bei der fraglos-identifikatorischen Berufung auf Moderne.

Irritierend bleibt das hohe Aversionspotential, das dem Ausdruck „Postmoderne" entgegenschlägt. Hier liegen Fragen an den Tiefensoziologen. Daß eine elementare Identifikation – die mit Moderne – getroffen ist, reicht als Erklärung nicht aus, denn Aversionen zeigen auch diejenigen, die sich mit der Moderne gerade nicht identifizieren. Ist es die Zumutung einer Veränderung überhaupt, auf die man hier, in vermeintlichen Sekuritäten aufgestört, mit Aggression reagiert?

2. Pluralität – intensiv und extensiv

Der Sachgehalt, auf den „Postmoderne" verweist, die neue Struktur, der es Rechnung zu tragen gilt, wurde im vorigen als Verfassung radikaler Pluralität bestimmt. Pluralität ist postmodern vielfältiger und einschneidender geworden. Sie ist extensiv und intensiv gestiegen. So sehr, daß ein qualitativer Sprung eintrat. Alle Beschreibungen, alle Strategien, alle Lösungen haben künftig vom Boden der Vielheit aus zu erfolgen. Galt Pluralität zuvor als Entfaltungsform, Herausforderung oder Entwicklungsanlaß von Einheit, so muß fortan umgekehrt von ihr ausgegangen und Einheit in ihrem Rahmen – nicht mehr gegen sie – gedacht werden. Die geforderte Umstellung ist größer und grundsätzlicher, als man gemeinhin annimmt.[1] Was vorstehend ausgeführt wurde, sind Präliminarien. Die alten Spielformen von Einheit und Vielheit gelten nicht mehr. Die entsprechende Schachliteratur der Philosophie – hochkarätig und bewundernswert in ihrer Weise – muß umgeschrieben werden. Ihre Eröffnungszüge sind veraltet – von den Endspielen ganz zu schweigen. Dabei ist die Philosophie nur der begriffs-paradigmatische Ort einer Umstellung, die allenthalben geschieht. Aussichtslos wäre das Unterfangen, der Pluralisierung sich entgegenzustellen. Geboten ist, ihre positiven Formen zu entwickeln.

---

[1] Robert Musil sprach etwas davon aus. Nachdem er festgestellt hatte, daß „niemals wieder ... eine einheitliche Ideologie" in unsere Gesellschaft kommen wird, während andererseits „immer neue Ideenquellen" erschlossen werden, sagte er: „Da aber kaum bestritten werden kann, daß jeder der von da und dort sich kreuzenden Ideen ein gewisser Lebenswert einwohnt, Unterdrückung Verlust, und nur Aufnahme Gewinn ist, so liegt ein ungeheures Organisationsproblem darin beschlossen, daß man die Auseinandersetzung und Verknüpfung ideologischer Elemente nicht dem Zufall überlasse, sondern fördere. Diese notwendige Funktion der Gesellschaft existiert heute nur auf wissenschaftlichem, also reinem Verstandesgebiet; auf geistigem Gebiet ist sie nicht einmal von den Schaffenden als nötig erkannt." (Robert Musil, „Das hilflose Europa oder Reise vom Hundertsten ins Tausendste", in: ders., *Das hilflose Europa. Drei Essays,* München 1961, 5-32, hier 27 bzw. 28)

Das Postmoderne-Konzept der Pluralität ist nicht das einzige. Es ist aber das einzige, das zugleich die anderen Konzepte verständlich zu machen und kritisch zu orten vermag. Das gilt gegenüber den holistischen so sehr wie gegenüber den alternativen und den katastrophischen Versionen von Postmoderne. Den ersteren wird der Nachweis angetan, daß ihre Ganzheiten ihrerseits partikular sind. Das destruiert diese Konzeptionen zwar nicht, aber es schraubt ihre Ansprüche auf das Maß des Vertretbaren herunter. Zweitens vermag das Pluralitätskonzept auch verständlich zu machen, daß in dem Moment, wo eine überkommene Grundorientierung fraglich wird, bislang Übergangenes als Alternative verkündet und als neuer Heilsweg beschritten wird – tatsächlich geht es ja um Pluralisierung und also um die Weckung und Einführung alternativer Potentiale —, aber das Pluralitätskonzept macht zugleich durchschaubar, daß neue Groß-Alternativen zuletzt nur den alten Einheits-Fehler reproduzieren – bloß mit anderem Inhalt; und daß sie wirklich fruchtbar erst dort werden können, wo sie einem prinzipiell pluralen Orientierungsmuster sich nicht mehr entgegenstellen, sondern einfügen. Schließlich ist vom Postmodernitäts-Konzept aus gut zu erkennen, daß die katastrophischen Postmoderne-Versionen – eines Cioran, Baudrillard, Kamper oder Sloterdijk – eine neue Romantik darstellen, nur ohne Hoffnung: Sie nehmen die Auflösung des Einen und Ganzen wörtlich und definitiv; sie übersehen deren Kehrseite und Chance, das Hervortreten der Pluralität; und dies deshalb, weil ihr Blick noch ganzheitlich gebannt ist. Daher müssen sie die Vervielfachung als Auflösung, Indifferenzerzeugung und Katastrophe beschreiben.

Der Pluralitätstheoretiker erkennt, wie diese Theoreme allesamt in einer Phase der Desintegration und Pluralisierung möglich werden, wie sie andererseits aber insgesamt noch expliziten oder impliziten Ganzheitsokkupationen folgen und daher die Formen annehmen, die sie haben. Ob ihrer Totalitätsbindung können sie die neue Pluralität nicht genuin wahrnehmen, sondern müssen wiederum bekannte Globalitäten oder neue Einseitigkeiten vertreten. Sie vermögen den eigentlichen Sinn des Vorgangs – den Übertritt in eine Konstellation wirklicher Pluralität – nicht zu erfassen.

Nicht nur durch diese Leistung, daß es auch Ansatz, Zuschnitt und Grenze der anderen Positionen verständlich zu machen vermag, empfiehlt sich das plurale Konzept von Postmoderne. Es ist zudem von dem verkrampften Verhältnis zur Moderne frei, an dem die anderen Positionen so nachhaltig kranken. Bei ihnen muß die Moderne prämodern oder transmodern überwunden werden oder an ihr selbst zugrunde gehen. Mit derlei Zumutungen aber überhebt man sich. Das Konzept der Pluralität dagegen greift einerseits weiter aus als diese Konzepte – es skizziert eine wirklich neue Verfassung –, ist andererseits dabei aber gerade nicht gezwungen, die Moderne überwinden zu wollen oder für beendet erklären zu müssen. Sein Grundmotiv – Pluralität – kann vielmehr als Radikalisierung eines Grundzugs der Moderne verstanden werden, und so kann auch die Zukunft, die es entwirft, als Transformationsform der Moderne begriffen werden. Ein solches Verhältnis zur Moderne ist rundum realistischer und glaubwürdiger als bombastische Pauschalabsagen.

3. Praxis der Pluralität

Daß eine adäquate Praxis der Pluralität nicht leicht sein wird, steht schon von daher zu vermuten, daß die Wahrnehmung der Pluralität offenbar so schwerfällt. Bedroht ist die Praxis veritabler Postmodernität dann durch mindestens zwei Gefahren: Beliebigkeit und Oberflächlichkeit. Ich beginne mit der letzteren, weil von ihr zu sprechen weniger geläufig ist. Ich habe dabei eine Praxis vordergründiger und oberflächlicher Subjektivität im Auge, die Pluralität bloß im Modus der Bequemlichkeit und zu Entlastungszwecken in Anspruch nimmt. Ich denke an wissenschaftliche Diskurse und meine das Verhalten derer, die allem, was sie sagen, ein „ich meine", „aus meiner Sicht", „ich vertrete die Auffassung" vorschalten und dadurch sich der Pflicht zu eingehender, im besonderen voraussetzungen-bezogener Argumentation enthoben glauben. Da wird Pluralität zum Lehnstuhl von Selbstherrlichkeit, und aufschlußreich ist, daß die anderen auch schon alle in solchen Lehnstühlen zu sitzen scheinen, denn sie nehmen solche Reden hin, ohne nachzufragen, und antworten ihrerseits mit „von meiner Position aus". Eine solche Praxis ist, wie gesagt, erstens aufschlußreich, sofern sie zeigt, wie selbstverständlich Pluralität schon geworden ist, sie ist aber zweitens und vor allem miserabel, denn sie setzt Pluralität in einer Oberflächlichkeit an, wo sie weder einschneidend noch überhaupt schon vorhanden ist. Denn nicht schon in Bekundungen unterschiedlicher Subjekte, sondern erst auf der Ebene des Widerstreits von Konzeptionen tritt jene Pluralität hervor, die gravierend und fruchtbar ist, und die Subjekte wären gehalten, bis in diese Dimension des Widerstreits sich argumentierend zurückzuarbeiten, anstatt sich in small talk zu ergehen und schon Ping-Pong – den Anfang von Argumentation – für eine Zumutung anzusehen.

Die andere Art, sich der Pluralität so zu bedienen, daß man sie tilgt, besteht in der Beliebigkeit. Davon war verschiedentlich die Rede. Wer zwar gemerkt hat, daß Differenzen das Wirklichkeitsbild prägen, auf Dauer aber differenzierungsunfähig ist, der nimmt gerne zum gleichmacherischen „anything goes" Zuflucht. Derlei Indifferentismus hebt aber nicht nur das, worauf er sich beruft, gedankenlos auf, sondern beruht schon auf Gedankenlosigkeit. Denn in Wahrheit verhält es sich nicht so, daß alles ginge, sondern nur einiges geht im Sinn des Gelingens, während anderes bloß ein Stück weit geht und wieder anderes schlicht daneben geht oder zugrunde geht. Es ist lächerlich, sich solcher Unterschiede durch die Proklamation eines generellen „es geht" zu begeben.

Demgegenüber ist eine Praxis der Artikulation und Zuschärfung nicht nur ehrlicher und produktiver, sondern auch die einzige, welche Pluralität nicht parasitär in Anspruch nimmt, um sie aufzuheben, sondern als Grundsituation ernst nimmt, um sie zu entwickeln. Gegen die bloß subjektive Attitüde, gegen das sogenannte „Finden", wo man dann nicht fähig ist, seinen Fund auch vorzuweisen, gegen die Laxheit eines „alles ist gleich" und gegen die Mischung von allem, die bloß alles verwischt, gilt es postmodern allemal auf eine Praxis der Differenz, der Artikulation und der Präzision zu setzen. Das mag manch einen, es mag insbesondere die (affirmativen wie pseudokritischen) Agenten des feuilletonistischen Postmoderne-Geredes wenig „postmodern", sondern eher alteuropäisch anmuten. Dann hätten sie etwas Richtiges wahrgenommen. Eine neue Beliebigkeit wäre keineswegs besser als der alte Imperialismus. Und Postmoderne darf heute nicht, indem sie dem letzteren sich entgegensetzt, der ersteren verfallen. Seit geraumer Zeit besteht, vor solch schlecht-postmoderner Auflösung zu warnen, mindestens soviel Anlaß, wie gegen die schlecht-moderne Totalisierung zu sprechen. Differenzierung und Pluralität müssen in ihrer Schärfe praktiziert werden. „Postmoderne" ist eine anspruchsvolle Konzeption, kein Relax-Szenario. Als solches wird sie allenfalls diskriminiert. Und im Übergang dorthin ruiniert. Gegen das pêle-mêle solcher Beliebigkeit wäre Hyperdifferenz allemal im Recht. Wenn in den vorausgegangenen Kapiteln auch an solcher Hyperdifferenz Kritik geübt, wenn für eine Ergänzung der Differenzen durch eine Praxis der Übergänge plädiert wurde, so hatte das keineswegs den Sinn, umgekehrt solcher Beliebigkeit das Wort zu reden.

Nicht das weiße Rauschen der Indifferenz ist das Telos der Postmoderne, sondern ein plurales Kode-Bewußtsein bildet ihre Basis. Und dieses Bewußtsein ist heute erstaunlich verbreitet. Die vielen Fälle, wo Sätze geäußert werden, die nicht semantisch, sondern als Anspielung auf einen bestimmten Kode gemeint sind und verstanden werden wollen, belegen das. Diesem Kode-Bewußtsein gesellt sich eine Praxis von Übergängen hinzu, welche die Kodes weder vergleichgültigt noch schlechthin synthetisiert, sondern in spannungsvolle Beziehungen treten läßt. Indifferenz und Beliebigkeit markieren allenfalls deren Fehlformen. Die Hochformen sind durch Klarheit und Komplexität charakterisiert. Auch sie können irritieren. Aber produktiv.

4. Irritation, Hybridbildung

Der Postmodernismus geht zwar nicht über den Pluralismus, wohl aber über dessen Instrumentierung im Sinn des Nebeneinander hinaus. Die „Abgründe", durch die Lyotard die Diskursarten getrennt sah, hielten die Grundvorstellung eines Nebeneinander noch aufrecht, nur wurden sie im Konflikt und Widerstreit dann auch überschritten. Die Konzeption der Übergänge löst sich von solch tendenziellem Isolationismus und thematisiert bewußt Verknüpfungsformen des Pluralen. Avancierte postmoderne Gestaltung ist in besonderer Weise auf Komplexionseffekte des Pluralen gerichtet. Hybridbildung ist ihr Strukturmerkmal, die dabei entstehende Irritation ihr Ziel.

Das wäre allerdings mißdeutet, wenn man meinte, es ginge um Irritationseffekte als solche, um reine Verblüffung, gar um bloßen Bluff. Dagegen gilt es die Struktur zu beachten, der die Irritation sich verdankt. Und nur wenn sie von dieser her entsteht – nicht als bloßer Effekt inszeniert ist –, hat sie den postmodern angezielten Sinn.

4. Irritation, Hybridbildung

Von Beständen der Alltagsästhetik bis zu hochkarätigen Kunstwerken ist charakteristisch, daß eine Verkreuzung von Kodes zustande kommt, ohne daß Vermischung eintritt. Vermischung würde das Ganze in Indifferenz absacken lassen. Verkreuzung hingegen erhält die Kodes aufrecht und verknüpft sie in einer Form, die klar und irritierend zugleich ist. Sie ist nicht leicht zu beschreiben: Immer wieder sind Teile eines Gebildes im Sinn differenter Kodes lesbar. Im Ganzen aber stellt sich zuletzt Irritation ein, weil die Teile zwar durchaus nicht beliebig, sondern gerade überkodiert sind, so daß man an jeder Stelle im Sinn mindestens eines beteiligten Kodes „logisch" übergehen kann – aber für das Ganze ist dann keiner dieser Kodes mehr kompetent, und es tritt auch kein anderer hinzu und übernimmt diese Aufgabe. Das Geregelte, in Teilen auch Übergeregelte, nur an Gelenkstellen immer auch schon ein Stück weit Entregelte vollendet sich im Ungeregelten.

Lyotard spielt auf diese Struktur am Ende des *Postmodernen Wissens* mit dem „Wunsch nach Unbekanntem" an; in der Architektur haben wir sie bei Stirling und Hollein kennengelernt; sie darf für postmodern par excellence gelten. Polyregularität ohne Totalitätsregel – so könnte man sie bezeichnen. Die Kombination, Verkreuzung, Durchdringung verschiedener Regelsysteme setzt zwei komplementäre Erfahrungen frei: im Detail die von Deckungsmöglichkeiten des Heterogenen, im Ganzen die der Unfaßlichkeit. Der postmoderne Erfahrungsraum der Mehrfachkodierung bewegt sich auf die Wahrnehmung eines Unfaßlichen zu.[2]

Das ist zuletzt das Spezifische der postmodernen Pluralität. Sie überschreitet das Nebeneinander, und sie überschreitet auch noch die bloße Zuschärfung und Potenzierung der Pluralität. Sie überschreitet sie in Richtung Irritation, zunächst im Sinn der Vieldeutigkeit und zuletzt und vor allem im Sinn der Unfaßlichkeit.

Auch hierin ist der Unterschied zur Moderne noch einmal deutlich. Ich spreche nicht davon, daß ein Moderner solche Phänomene bloß als „Unübersichtlichkeit" verbuchen wird. Ich spreche davon, daß die Moderne – die „romantische" Moderne – zwar stets gegen die Funktionswelt absoluter Regelung auf ein Gegenphänomen setzte: auf den Blitz des Fragments, den Einschlag eines Anderen, das Bersten der Sinnketten – daß dies aber mit der postmodernen Strategie nicht vergleichbar ist. Denn in der postmodernen Konstellation geschieht dieses „Gegenphänomen" anders. Zunächst und gewiß: Auch die postmoderne Hervorhebung der Mehrdeutigkeit und zuletzt des Unfaßlichen hat ihren Nerv im Gegenzug gegen Uniformierungseffekte der expandierenden Funktionswelt. Aber der Modus ihrer Gegenoption ist ein anderer. Sie beschwört nicht (stets verwechselbar, stets gefährlich) eine Gegenkraft, sondern läßt die Alternative aus der Regularität selbst entstehen. Die Mehrfachkodierung führt mögliche Sprünge in die

---

[2] In diesem Sinn hat Lyotard die Ästhetik der Postmoderne unter die Perspektive des Erhabenen gestellt, wobei der Akzent nicht auf unserer Unfähigkeit zu dessen Darstellung, sondern darauf liegt, daß es Übersteigendes, Unfaßliches gibt.

Wirklichkeitsverläufe ein; und die Unfaßlichkeit des Ganzen gibt rückwirkend noch dem Regelhaften eine andere Färbung.

Das macht die postmodernen Gegengewichte nicht nur interessanter, sondern auch veritabler und glaubhafter, ja verbindbarer und möglicherweise effizienter als die modernen. Die Postmoderne erneuert nicht eine Gigantomachie, wo der eine „Gigant" immer schon nur ein Zwerg ist. Sie läßt das Gigantische selbst auf das Ungigantische hin sich überschreiten.

Ein gleichermaßen demonstratives wie lapidares Beispiel dieser Struktur hat Josef Albers schon 1957 in einer seiner „Strukturalen Konstellationen" gegeben.[3] Es handelt sich um eine scheinbar sehr einfache Aneinanderfügung räumlicher Gebilde. Irritierend ist jedoch, daß es keine Lesart gibt, die für das Ganze pertinent wäre. Man ist vielmehr gezwungen, immer wieder von der einen Lesart („Draufsicht") in die komplementäre („Untersicht") überzugehen. Mehrfachkodierung im einzelnen und Unfaßlichkeit im Ganzen haben hier eine elementare Formulierung gefunden. Es ist bezeichnend, daß Robert Venturi – der postmoderne Architekt vor der Ausrufung einer architektonischen Postmoderne – gerade auf Albers sich berief. Zu *dieser* Moderne, die konstruktivistisch ansetzte, um anschließend die Paradoxien von Konstruktion zu erforschen (Albers war der erste Bauhaus-Lehrer, der am Bauhaus selbst ausgebildet worden war), steht die Postmoderne in einem Verhältnis der Fortsetzung. Das „Unfaßliche", das sie thematisiert, ist kein Gegenphänomen zu Rationalität, sondern deren Medium und Textur.

5. Philosophie: Rationalität und Weisheit

Was zuletzt als Grundstruktur von Postmodernität an ästhetischen Phänomenen beschrieben wurde, bildet sich auch im Feld der Philosophie ab. Der Mehrfachkodierung entspricht die Vielheit von Rationalitätstypen. Den sprechenden Kontrasten oder Deckungsmöglichkeiten der Kodes entsprechen die Übergänge transversaler Vernunft. Und das Unfaßliche? Ich zögere nicht zu sagen: Es hat in Weisheit, in einer spezifischen Weisheitsfunktion der Philosophie sein Analogon. Solche Weisheitsfunktion ist als Moment von Philosophie untrennbar. Postmodern wird sie sowohl wichtig wie erneut möglich. Weisheit kommt dabei in einem Sinn ins Spiel, der zwar nicht ihr einzig möglicher, auch nicht ihr geschichtlich allein realer, wohl aber ihr seit langem leitender ist. Die Akzentuierung allerdings ist spezifisch.

Der Weise ist nicht derjenige, der alles weiß oder das Ganze wüßte. Das sind Vorformen und bei scheinbarer Anspruchshöhe doch allzu einfache Fassungen seines Begriffs. Der Weise ist vielmehr derjenige, der noch und gerade dort, wo es keine eindeutige Regel mehr gibt, das Richtige zu sagen und zu treffen weiß. In einer Situation der Pluralität

---

[3] Vgl. S. 125, Anm. 89.

bedeutet dies, daß er über jene Urteilskraft in besonderer Weise verfügt, die sich als Kernstück der heute geforderten Vernünftigkeit erwies. Dafür ist gegenwärtig wie seit je etwas in besonderer Weise wichtig: Grenzbewußtsein. Man bedarf seiner im einzelnen, um nicht gegen Legitimitätsgrenzen zu verstoßen. Der Weise bedarf seiner auch im ganzen, um für das Unfaßliche offen zu sein und von daher im Faßlichen gerecht operieren zu können. Die alte Definition des Weisen – daß zu seinem Wissen das Wissen um sein Nicht-Wissen gehört – bleibt wichtig. Finitätsbewußtsein wird gerade postmodern, wird komplementär zur Pluralisierung erneut bedeutsam, und zwar sowohl hinsichtlich des Verhältnisses der Rationalitäten wie hinsichtlich des Ganzen, dessen Position – die strukturell paradox und praktisch schwierig ist – zu vertreten zu den klassischen Aufgaben des Weisen zählt.

Nur der Unwissende traut und spricht sich Zugriff aufs Ganze zu, der Weise hingegen wehrt solcher Totalisierung und bringt durch seine Praxis exemplarisch vor Augen, daß das Ganze zu wahren ist, indem ein Horizont von Unfaßlichkeit erhalten bleibt. Das geschieht nicht durch Generalthesen, sondern indem man von jedem Punkt aus mit wenigen Schritten in Zonen des Unfaßlichen zu führen vermag. Postmodern wird das in besonderer Weise zur Aufgabe. Grenzbewußtsein und Ganzheitssorge gehören zusammen. Einzelnen Übergriffen entgegenzutreten ist immer geboten. Man tut dies aber am nachhaltigsten, wenn man zugleich die Dialektik des Ganzen aufdeckt: Nur indem es nicht besetzt wird, ist es zu erfüllen, nur indem man auch anderes bewahrt, ist das einzelne zu wahren. Diese Einsicht und Praxis verkörpert der Weise. Philosophie ist nie nur Weisheit. Sie steht in einer Balance von Wissenschaft und Weisheit. Ohne das Weisheits-Moment verfällt sie.

Der Philosophie-Begriff, den ich damit vertrete, hat zweifellos seine emphatischen Seiten. Der Wissenschaftsbezug, der Bezug auf Rationalität, erschöpft ihn nicht. Nur wenn der Weisheitsakzent gegeben ist, kommt Philosophie nicht bloß vor, sondern kann sie geschehen. Die postmoderne Doppelstruktur von Polyregularität und Unfaßlichkeit ist auch die einer Wissenschaftlichkeit und Weisheit verbindenden Philosophie.

An prominenten Denkern der Postmoderne ist diese Doppelung immer wieder abzulesen. Stellvertretend seien Derrida und Lyotard genannt. Derrida hat betont, daß für Philosophie in seinem Sinn die Wissenschaft „absolut unumgehbar" ist, weshalb gilt: „Ich bin für die Disziplin." Aber zugleich sah er Anlaß hinzuzufügen: „Aber ich bin in einer Situation, in der das Verhältnis zwischen der Disziplin und dem Undisziplinierbaren immer offen ist."[4] Postmoderne Philosophie betreibt keinen Kult des Unfaßlichen, aber sie ist auf die Ränder und Rückseiten der Präzision aufmerksam und schätzt das dort sich Zeigende. Lyotard hat gar von einer „Stunde des Philosophierens" gespro-

---

[4] *Französische Philosophen im Gespräch,* hrsg. von Florian Rötzer, München 1986, 82 bzw. 87.

chen[5] und die Aufgabe der Philosophie gerade in den Bereichen gesehen, die nicht solche bestehender Regularität sind, sondern in denen es Regeln erst zu finden gilt[6] und wo – vor allem – Ungeregeltes auftritt und Unvorwegnehmbarkeit zu verteidigen ist. Gegen eine Welt der Uniformierung, gegen die Fraglosigkeit von Bewältigungs- und Erstarrungs-Mechanismen wird es zur philosophischen Aufgabe, die Erfahrung des Unstrukturierten wachzuhalten, Ungedachtes zuzulassen, vom Ereignis Zeugnis abzulegen.[7] Dinge zu tun, von denen man nicht weiß, was sie sind – auch das wird postmodern vom Traum zur Realität.

6. Grundbild Pluralität

Mit Grundbildern ist es eine eigene Sache. Sie können geschichtlich lange vorbereitet sein. Ihre Stunde kann gleichwohl auf sich warten lassen. Noch, wenn sie kommt, kann man nicht sicher sein, ob das Grundbild ganz zu Klarheit, zu Wirksamkeit, gar zur Durchsetzung gelangt.

Das Grundbild der Pluralität ist heute weit vorgedrungen. Alltagsphänomene sind dafür aufschlußreicher als theoretische Konstrukte. Pluralität ist freilich ein Tiefenbild. Als solches kann sie nur in ihrem eigenen Horizont recht erfaßt werden. Gegenzeichnungen vermögen für Klarstellungen hilfreich zu sein, begründende Funktion können sie nicht haben. Daß Pluralität als Grundbild möglich ist, läßt sich zeigen. Daß sie heute zunehmend unser Denken und Fühlen bestimmt, läßt sich nachweisen. Daß sie aus den Gefahren anderer Grundbilder herauszuführen vermag und geschichtliche und moralische Intuitionen der Gegenwart verkörpert, ist offenkundig. Aber obligat machen kann man sie nicht. Das widerspräche ihrem Geist. Man kann sie nur in ihrer geklärten Form und ihren hohen Potentialen vor Augen bringen. Empfehlen muß sie sich selbst. Verordnen läßt sich nur das Falsche.

Im individuellen Leben kann es zu Schlüsselsituationen kommen, wo ein Leben entweder zu Ende geht oder eine neue Form findet. Mancher mußte von einem alten Schema, das ihn abwürgte, freikommen. Er wurde es durch eine andere Vision, in der allein er fortan leben kann. Vergleichbares gibt es auch im kollektiven Leben.

---

5) Jean-François Lyotard, *Der Widerstreit*, München 1987, 12. – Jacques Bouveresse hat die Doppelstruktur von Zurücknahme und Anspruch, wie sie dieses postmoderne Philosophie-Verständnis kennzeichnet, verkannt und nur eine Resignation gegenüber alten Ansprüchen (die er ohnehin für überzogen hält) wahrgenommen und daher die postmoderne Philosophie als bloße Enttäuschung auf Grund vorausgegangener Philosophie-Überschätzung erklären wollen (Jacques Bouveresse, *Rationalité et cynisme*, Paris 1984, 135). Das greift viel zu kurz.
6) Vgl. Lyotard, *Der Widerstreit*, Nr. 98, 174, 180, 228, S. 167 f., sowie ders. mit anderen, *Immaterialität und Postmoderne*, Berlin 1985, 20.
7) Vgl. *Der Widerstreit*, Nr. 251, 264.

Auch hier kann es sein, daß überkommene Muster zunehmend nur noch Miseren erzeugen und zum Koma führen. Die Moderne hat eine solche Erfahrung mit sich gemacht. Als Postmoderne sucht sie sich davon zu befreien. Die Vision, der ihre Hoffnung gilt, ist die der Pluralität. Niemand kann für ihren Erfolg garantieren. Aber ihre Versprechen sind nicht grundlos. Es käme darauf an, sie beim Wort zu nehmen.

Ergänzende Veröffentlichungen von Wolfgang Welsch zum Thema Postmoderne

1. Monographien

Postmoderne – Pluralität als ethischer und politischer Wert, Köln: Bachem 1988

Ästhetisches Denken, Stuttgart: Reclam 1990, 4. Aufl. 1995

Vernunft. Die zeitgenössische Vernunftkritik und das Konzept der transversalen Vernunft, Frankfurt am Main: Suhrkamp 1995; stw 1996

Grenzgänge der Ästhetik, Stuttgart: Reclam 1996

Hrsg.: Wege aus der Moderne. Schlüsseltexte der Postmoderne-Diskussion, Weinheim: VCH Acta humaniora 1988, 2. Aufl. Berlin: Akademie Verlag 1994

Hrsg. (gemeinsam mit Christine Pries): Ästhetik im Widerstreit, Weinheim: VCH Acta humaniora 1991

2. Aufsätze

Modernité et Postmodernité, in: *Les Cahiers de Philosophie* 6 (1988), *21–31*

Architektur ist nicht alles, in: *Werk, Bauen + Wohnen* 11 (1988), *18–23*

Weisheit in einer Welt des Widerstreits, in: *Studia Philosophica* 47 (1988), *99-115*

Kulturpolitische Perspektiven der Postmoderne – Plädoyer für eine Kultur der Differenz, in: *Das neue Interesse an der Kultur*, hrsg. von Hajo Cornel u. Volkhard Knigge, Hagen: Kulturpolitische Gesellschaft 1990, *76–94*

Gibt es eine postmoderne Ästhetik?, in: *Kunst machen? Gespräche und Essays*, hrsg. von Sara Rogenhofer u. Florian Rötzer, München: Boer 1990, *230–247;* Leipzig: Reclam 1993, *192–216*

Postmoderne oder: Ästhetisches Denken – gegen seine Mißverständnisse verteidigt, in: *Postmoderne – Anbruch einer neuen Epoche? Eine interdisziplinäre Erörterung*, hrsg. von Günter Eifler u. Otto Saame, Wien: Passagen 1990, *237–269*

Postmoderne Perspektiven für das Design der Zukunft, in: *Kunstforum International* 107 (1990), *260–266*

Rückblickend auf einen Streit, der ein Widerstreit bleibt, in: *Postmoderne – Ende in Sicht*, hrsg. von Armin Wildermuth u. Ulrike Klein, Heiden: Niggli 1990, *1–25*

Asynchronien. Ein Schlüssel zum Verständnis der Diskussion um Moderne und Postmoderne, in: *Jahrbuch der Bayerischen Akademie der Schönen Künste*, 4 (1990), *347–367*

Wie modern war die moderne Architektur?, in: *Nachdenken über Städtebau. Stadtbaupolitik, Baukultur, Architekturkritik*, hrsg. von Klaus Novy u. Felix Zwoch, Braunschweig; Vieweg 1991, *55–73*

Gesellschaft ohne Meta-Erzählung?, in: *Die Modernisierung moderner Gesellschaften. Verhandlungen des 25. Deutschen Soziologentages in Frankfurt am Main 1990*, hrsg. im Auftrag der Deutschen Gesellschaft für Soziologie von Wolfgang Zapf, Frankfurt am Main: Campus 1991, *174–184*

Subjektsein heute – Zum Zusammenhang von Subjektivität, Pluralität und Transversalität, in: *Studia Philosophica* 51 (1992), *153–182*

Topoi der Postmoderne, in: *Das Ende der großen Entwürfe*, hrsg. von Hans Rudi Fischer, Arnold Retzer u. Jochen Schweitzer, Frankfurt am Main: Suhrkamp 1992, *35–55*

Das weite Feld der Dekonstruktion, in: *Schräge Architektur und aufrechter Gang – Dekonstruktion: Bauen in einer Welt ohne Sinn?*, hrsg. von Gert Kähler, Braunschweig: Vieweg 1993, *50–63*

Ach, unsre Finaldiskurse … Wider die endlosen Reden vom Ende, in: *Zukunft oder Ende – Standpunkte, Analysen, Entwürfe*, hrsg. von Rudolf Maresch, München: Boer 1993, *23–28*

Transkulturalität – die veränderte Verfassung heutiger Kulturen, in: *Sichtweisen. Die Vielheit in der Einheit*, Weimar: Edition Weimarer Klassik 1994, *83–122*

Modernity and Postmodernity in Post-War Germany (1945–1995), in: *Culture in the Federal Republic of Germany, 1945–1995*, hrsg. von Reiner Pommerin, Oxford: Berg, 1996, *109–132*

Personenregister

Abraham 249
Adorno, Th.W. 50 f., 53, 70, 89, 101, 110, 113 f., 116, 159, 163 f., 175-177, 199, 249, 254
Albers, J. 125, 193, 325
Albert, H. 266 f.
Alletz, E. 66
Anaxagoras 278
Apel, K.-O. 171, 274
Apollinaire, G. 48 f.
Aristoteles 4, 10, 35, 82, 144, 239, 243, 249, 252, 258, 277-287, 293
Aubenque, P. 278
Augustinus 47

Bachelard, G. 140, 195 f., 255
Bacon, F. 69 f.
Ball, H. 191 f.
Balzac, H. de 54
Barth, J. 15
Barthes, R. 94
Bataille, G. 163 f.
Bateson, G. 55
Baudelaire, Ch. 24, 48-50, 65, 74, 87, 179, 198
Baudrillard, J. 32, 53, 149-154, 203, 210, 216, 321
Baumeister, W. 101
Baumgarten, A.G. 73 f., 87 f., 110
Beck, U. 222, 266
Behne, A. 95 f.
Behrens, P. 90
Bell, D. 26-30, 32, 39, 53, 156, 191 f., 195, 219, 223
Benhabib, S. 155 f.
Benjamin, W. 106, 159, 179, 253

Benn, G. 24, 54, 74, 89
Bense, M. 298
Berdiajew, N. 57-59
Berger, B. 192
Berger, P. 192
Bernhard, Th. 163
Bernini, G.L. 48, 123
Beuys, J. 193
Blumenberg, H. 80
Boehm, G. 23
Boethius 46
Bohr, N. 189
Bohrer, K.H. 24, 198
Boisserée, S. 91
Boltzmann, L. 189
Bolz, N. 17
Bonatz, P. 117
Botta, M. 104
Bourbaki, N. 187
Bouveresse, J. 228, 327
Bramante 123
Braunfels, W. 118
Broch, H. 33
Brouwer, L.E.J. 187
Buber, M. 249
Bubner, R. 198
Burckhardt, J. 59
Bürger, P. 24
Butor, M. 54

Canguilhem, G. 255
Capra, F. 55
Carnap, R. 187
Castaneda, C. 196

332 Personenregister

Cézanne, P. 302
Chaplin, Ch. 46
Chapman, J.W. 12
Chaput, Th. 223
Cioran, E.M. 321
Claessens, D. 60 f.
Cohen, L. 15

d'Alembert, J. 85
Dante 112
Davidson, D. 268 f.
De Chirico, G. 49
Deleuze, G. 38, 81, 141 f., 144, 148, 181
Derrida, J. 38, 54, 81, 114 f., 141-148, 151, 153, 163 f., 201, 203, 207, 249, 326
Descartes, R. 46, 68, 70-73, 75, 130, 187, 264, 285
Diderot, D. 34 f., 46, 75, 85, 87 f., 270
Dilthey, W. 70
Donne, J. 53
Drucker, P.F. 14
Dubuffet, J. 25
Duchamp, M. 193
Dumitriu, P. 43

Eco, U. 10 f., 16, 39, 45, 57-59, 142, 195
Ehn, K. 90
Eichendorff, J.v. 176 f.
Einstein, A. 34, 77, 186, 189
Eliot, T.S. 14 f., 181
Enzensberger, H.M. 24, 194
Ernst, M. 50, 193
Etzioni, A. 26, 39
Euathlos 235, 311

Faurisson, R. 236
Ferguson, M. 55
Feyerabend, P. 38, 78, 80, 135, 189, 201, 267 f.
Fichte, J.G. 75
Fiedler, L. 15 f., 19, 22
Fischer v. Erlach, J.B. 92, 123 f.
Fischli, P. 162
Forschner, M. 313
Foster, H. 156 f.
Foster, N. 218

Foucault, M. 38, 139-141, 143, 148, 163 f., 174, 249, 255
Frank, M. 38, 55, 252
Frank, Ph. 188
Friedrich, C.D. 91
Fritz, K.v. 309
Furet, F. 76

Gadamer, H.-G. 80, 105, 187
Galilei, G. 69
Gehlen, A. 17 f., 29, 152, 158, 183 f., 191 f., 197, 223
Geldsetzer, L. 12
Gide, A. 112
Giorgione 204
Girke, R. 193
Glucksmann, A. 180
Godard, J.-L. 25
Gödel, K. 34, 77 f., 125, 186, 201
Goethe, J.W. v. 91, 125
Goodman, N. 267
Gorgias 235
Gropius, W. 18, 24, 90, 96, 98, 100-102, 217
Guattari, F. 142, 154, 181
Günther, H. 71

Haacke, H. 193
Habermas, J. 30, 32, 39, 47, 51-53, 56 f., 84, 89, 102, 107-110, 137, 154, 158-165, 215, 229 f., 271-274, 307, 314 f.
Hadrian 117
Haken, H. 77, 188
Hall, J.A. 192
Häring, H. 95
Hassan, I. 21, 216, 223
Haus-Rucker-Co 105
Hegel, G.W.F. 54, 67-71, 73, 75, 105, 123, 173-175, 238, 263, 264 f., 308 f.
Heidegger, M. 38, 69, 93, 137, 139, 143, 163 f., 166, 174, 201, 207-213, 215, 224, 249
Heisenberg, W. 34, 77, 186
Hejduk, J. 111-113
Henrich, D. 75
Heraklit 263 f.

Herder, J.G. 174 f., 232
Hesse, H. 98
Hien, A. 25
Higgins, D. 12
Hilberseimer, L. 99
Hilbert, D. 78, 186 f.
Hisamatsu, S. 17
Hitler, A. 50
Hobbes, Th. 72
Hochkeppel, W. 188
Höffe, O. 280
Hoffmann, G. 14
Hofmann, W. 193 f.
Hofmannsthal, H. v. 33
Hölderin, F. 32, 54
Hollein, H. 39, 112 f., 120, 128 f., 131 (Abb. 1), 134 (Abb. 7), 318, 324
Homer 10
Honneth, A. 229
Horkheimer, M. 53, 69 f., 116, 163
Hornung, A. 14
Howe, I. 14, 40
Hübner, K. 78, 196
Hudnut, J. 18
Husserl, E. 69, 71, 73, 79, 187, 264 f.
Huyssen, A. 108, 156

Ingold, F.Ph. 58
Isozaki, A. 302

James, W. 36 f.
Jameson, F. 157-159, 181, 216
Jauß, H.R. 11, 47, 49 f.
Jencks, Ch. 19-22, 28, 32, 41 f., 47, 83, 104, 109, 115 f., 122, 127, 160, 218
Johnson, Ph. 103 f.
Joyce, J. 14 f., 21

Kamper, D. 1, 51, 148, 210, 321
Kandinsky, W. 23, 97, 193
Kant, I. 4, 35, 38, 41, 79, 82 f., 87 f., 163, 174 f., 188, 243, 245 f., 249, 259, 265 f., 277, 290-294, 298, 304, 307 f., 316
Kästner, E. 49 f.
Kaufmann, F.-X. 60

Kellner, H. 192
Kierkegaard, S. 175
Kitaj, R.B. 39
Klee, P. 89, 97
Klein, Y. 193
Klotz, H. 1, 21-23, 102, 104, 107, 109, 112, 115
Köhler, M. 13
Kondylis, P. 88
Koselleck, R. 66, 72, 205
Koslowski, P. 39, 165-167
Kosuth, J. 193
Kramer, H. 156
Kraus, K. 33, 253
Kuhn, Th.S. 80, 139, 198, 268
Kükelhaus, H. 90
Kunow, R. 14

La Bruyère, J. de 67
Laclotte, M. 204
Laermann, K. 2
Lalande, A. 68
Lanzmann, C. 236
Le Corbusier 71, 90, 94, 97-99, 101 f., 117, 217, 223 f.
Leibniz, G.W. 37
Lenk, H. 224, 270 f.
Leonardo da Vinci 111, 302
Lévi-Strauss, C. 53, 56, 140 f., 154, 223, 249
Levin, H. 14, 40
Lévinas, E. 249
Linné, C. v. 72
Loos, A. 33, 92, 113
Lübbe, H. 62, 205
Luckhardt, W. 98
Luhmann, N. 32, 201, 219
Lüthi, U. 193
Lyotard, J.-F. 1, 4, 10, 28, 31-37, 39, 41-43, 47, 53 f., 56 f., 79 f., 82-84, 138, 141, 148, 154-156, 160, 164 f., 169, 171, 174 f., 177, 181, 184-186, 194 f., 197, 199, 201, 207-209, 212 f., 215, 219-221, 227-261, 271-273, 306, 310-312, 314 f., 317, 324, 326 f.

Mach, E. 33, 189
Magritte, R. 193

Personenregister

Maier, H. 62
Mailer, N. 15
Mandel, E. 157
Mandelbrot, B. 77, 188
Mansart, F. 123
Marcuse, H. 156
Marinetti, F.T. 91
Marquard, O. 38 f., 51 f., 56, 80, 161, 164, 197
Marx, K. 76, 158
Matthieu, V. 46
McLuhan, M. 216, 223
Meier, R. 102, 126, 133 (Abb. 5)
Melanchthon, Ph. 170
Melville, H. 112
Merleau-Ponty, M. 79, 314
Merz, M. 25, 39
Messner, R. 203
Meyer, A. 96, 100
Meyer, E. 114, 145
Meyer, H. 97
Mies van der Rohe, L. 90, 95-98, 100, 102, 130
Mittelstraß, J. 271
Mondrian, P. 89, 193, 301 f.
Moore, Ch. 115-117, 119, 128, 132 (Abb. 2)
Morris, R. 301 f.
Moser, F. 223
Muche, M. 92
Müller, M. 92
Müller-Gangloff, E. 14
Münch, I. 57
Musil, R. 33, 110, 176, 180, 196, 312, 320

Nancy, J.-L. 254
Newman, B. 193, 249
Newton, I. 46
Nietzsche, F. 13, 39, 53, 65, 74, 105, 137, 163 f., 170, 181, 188, 201, 265

Offe, C. 48
Oliva, A.B. 23-25, 74
Oníz, F. de 13
Opalka, R. 193
Owens, C. 158

Paik, N.J. 193

Paladino, M. 25, 39
Palmer, R. 156, 207 f.
Pannwitz, R. 10, 12-14, 40
Pascal, B. 4, 35, 54, 140, 244, 255, 277, 285-291, 293 f., 297
Perrault, Ch. 67
Petty, W. 72
Pevsner, N. 18, 102
Piano, R. 117
Pichler, W. 113
Pistoletto, M. 193
Platon, 202, 235, 279, 304-306
Popper, K. 32, 196
Portman, J. 159
Portoghesi, P. 109, 224 f.
Posener, J. 95
Pound, E. 14, 181
Prigogine, I. 77, 188
Protagoras 235, 311
Proust, M. 15, 112
Pufendorf, S. 72
Putman, H. 38, 57

Ranke, L. 67
Reinhardt, A. 193
Riemann, B. 187
Riesman, D. 26 f.
Rimbaud, A. 50
Ritter, J. 80, 263
Rochlitz, R. 38, 172
Röd, W. 68, 313
Rodieck, Th. 21
Rogers, R. 117, 218
Rombach, H. 80 f., 209, 285
Rorty, R. 154 f.
Rosenberg, H. 108, 193
Rothko, M. 193
Rousseau, J.-J. 73, 75 f., 313
Russell, B. 187, 235

Sade, M. de 76
Sansovino, J. 123
Sartre, J.-P. 46
Schelling, F.W.J. 75, 163
Schiller, F. 24, 32, 53, 76, 88

Personenregister

Schinkel, K.F. 100, 117, 119 f.
Schlegel, F. 67, 73, 199
Schlick, M. 187
Schmitt, C. 191 f., 197
Schnädelbach, H. 182
Scholem, G. 249
Schönberg, A. 33, 49, 193
Schreiber, M. 130
Schürmann, R. 208
Schwitters, K. 193
Sedlmayr, H. 124
Serres, M. 55
Seubold, G. 69
Severino, E. 139
Siedler, W.J. 92
Sloterdijk, P. 146, 163, 321
Snow, Ch.P. 181
Somervell, D.C. 13
Sontag, S. 15
Spaemann, R. 30, 39, 54 f., 165-167
Spinner, H. 266
Spinoza, B. de 72
Spoerri, D. 193
Srebnik, S. 236
Stam, M. 90
Stephan, G. 25
Stern, R. 19
Stirling, J. 21, 39, 117-120, 122, 128 f., 132 (Abb. 3), 133 (Abb. 4), 318, 324
Strawinsky, I. 49
Suger v. St. Denis 22

Taut, B. 90, 98
Taylor, M.C. 145
Thales 278
Thom, R. 77, 188
Tieck, L. 58
Tizian 204
Toulmin, S. 55
Touraine, A. 26 f.
Toynbee, A. 10, 13 f.
Tuchman, B. 59
Tugendhat, E. 278

Ungers, O.M. 39, 128 f., 134 (Abb. 6), 318

Valéry, P. 15, 54, 190-192
Vasari, G. 46
Vattimo, G. 38 f., 136-139, 143, 146, 166, 207 f.
Venturi, R. 25, 119, 121 f., 125, 129, 325
Viallat, C. 193
Vian, B. 15, 39
Vico, G. 73, 75 f.
Villani, A. 139, 173
Volpi, F. 162, 196

Wackenroder, W.H. 58
Wagner, O. 11, 92, 113
Wagner, R. 54
Waldenfels, B. 144, 274, 314
Wapnewski, P. 89
Warhol, A. 193
Weber, M. 57, 189-192, 201
Weber, S. 147
Weinbrenner, F. 117
Weiss, D. 162
Weizsäcker, C.F. v. 78, 89
Wellmer, A. 38, 107-110, 160 f., 240, 313
Welsch, W. 84, 195, 239, 258
Wilde, O. 24
Winch, P. 80
Winckelmann, J.J. 48
Wittgenstein, L. 4, 33, 35, 38, 80, 82, 93, 177 f., 201, 228, 230, 243, 249, 251, 257
Wolff, E. 49, 66
Wright, F.L. 96, 117

Yeats, W.B. 14

Zimmerli, W.Ch. 166

Sachregister

"Alles ist erlaubt" 35, 41
Alltag 83, 185, 190, 194 f., 206, 317
Analogie 302, 309
Anarchie 57, 161, 169 f., 199-201, 208, 310 f.
Angelologie 203
Antagonismus 188, 191
Anthropozentrismus 183, 209, 249-253, 255
Antike 46, 100
Antimodernismus 105
"anything goes" 3, 38, 135, 322
Apokalypse 2, 40, 146-148
Apokatastasis 211
Arbeitskraft 233
Archigram 218
Archipel 259
Architektur 87-130, 159 f., 217 f.
– als öffentliche Kunst 87, 89 f., 114 f.
– u. Sprache 20 f., 23, 117 f., 120 f., 145
– moderne
– – u. Herrschaft 145
– – u. Industriebündnis 98 f., 101
– – u. technischer Geist 97-100
– – Retardiertheit 125, 129 f.
Archizoom 218
Ästhetik 73-75, 78, 98
– u. Autonomie 198 f.
– u. Ethik 298-300, 303
– u. Lebensform 118, 194 f., 200
– u. Weltentwurf 118
– Ausdruck 110
– Vorreiterfunktion 87-90, 194 f.
Ästhetizismus 169 f., 199-201
Aufklärung 19, 31, 47 f., 58, 73, 75, 108 f., 151, 238, 247

– Begriff 87 f.
– u. Ästhetik 87 f.
Augenblick 247
Auschwitz 236, 249
Ausdifferenzierung 30, 56 f., 272, 297
Ausschließlichkeit 75-78, 83 f., 93, 114, 182, 188, 218, 222
Avantgarde 24, 34-36, 48 f., 109, 138, 194, 201, 298

Barock 33, 42, 74, 93, 100, 176, 301
Bauhaus 325
Beliebigkeit 2, 21, 23, 37, 41, 81, 126, 156, 202, 260, 322
Beschleunigung 204 f.
Bestimmungskrise 319
Bezeugung
– des Widerstreits 238 f., 241, 255, 312
– des Ereignisses 248, 327
Bildung 280, 284
Blinder als Modell des Sehenden 70
Bruch 140, 174, 200, 248, 255 f., 259 f.
Brücke 292-294

Cartesisches Programm 47, 70
Chaosforschung 11, 77, 188
Charta von Athen 95
coincidentia oppositorum 210
Collage 78, 198
common sense 161
Computer-Kunst 220

Dadaismus 191, 193
Dandytum 175

Dekadenz 13, 139, 181
Dekonstruktion 146, 148, 171, 202 f.
Demokratie 5, 84, 89, 109, 158, 182 f., 201, 240
Denken, ganz anderes 208, 211 f.
– jüdisches 237, 249
Desidentifizierung 255
Deutscher Werkbund 90, 98
deutsch-französischer Dissens 274
Dialektik 309
– platonische 296, 304
dialektische Bedeutungstheorie 122
Dialog 119-121, 126, 235
différance 144
Differenz 24, 34, 41, 60, 138-146, 148 f., 173 f., 204, 228, 240, 248, 254
Differenzbildung als Indifferenzerzeugung 149
Differenzierung 56, 165, 224
Differenzierungsgebot 52
Diskontinuität 65, 77, 78, 139-141, 188, 205, 248, 255
– der Geschmackskulturen 20
Diskurs
– ökonomischer 234, 241
– philosophischer 260 f.
Diskursarten 231-233, 235, 238, 241, 243, 247 f., 260, 311
– Autonomie 252-258, 311
– Heterogenität 252-258, 261
– Inkommensurabilität 252
Diskursethik 229, 240
dissémination 144
Dissens 34, 183, 228 f., 306
Dissensklärung 306
dissipative Strukturen 77, 188
Disziplin u. Undisziplinierbares 326
Diversifikation 11, 158, 170
Diversität 202, 256, 285, 287, 290, 293 f., 310
Doppelkodierung 20, 42, 104, 117
Dualismus von Realität und Schema 268

Ehre des Denkens 239
Ehre des Namens 254
Eigenregel 231

Eigensinn 263
Einheit 10, 40, 55, 65, 174-176, 184, 258, 265, 278, 286, 292, 310
– als Einheit von Einheit u. Differenz 173
– als Vernunftinteresse 292
– u. Vielheit 60-63, 119-125, 127, 177, 304, 320
– absolute Einheit 206
– offene 125-128, 177
– substantielle 126
– virtuelle 124 f., 177
– Einheit in der Mannigfaltigkeit 125
– Verlust ders. 36, 39, 81, 127
Einheitsdekret 265
Einheitsobsession 36, 114
Einheitssprache 114
Einheitstheorien 186
Einheitswünsche 33, 36, 175, 177
Eklektizismus 23, 35, 108, 113, 119, 121, 123 f., 125
Emanzipation 31, 47, 172
Empfindung des Widerstreits 238, 241
Ende 146, 148 f., 151, 211
Engel der Geschichte 179 f.
Entlastung 158, 197, 322
Entzweiung 263
Epoche 212
Ereignis 237, 247, 327
Erfahrung, geschichtliche 178
Erhabenes 159, 200, 250, 324
Erkenntnis 77, 189, 219, 234
Erlösung 176
Erwachen 202
Erzählung 240
Esoterik 2, 11, 167, 196
esprit de finesse 285
esprit de géometrie 285
Essentialismus 166
Ethik 7, 98, 234, 255, 279-282, 298
Ethnologie 150
Expressionismus 49, 98

falsche Bedürfnisse 113 f.
Faschismus 181
Feminismus 11, 158

Fiktion 22, 111-113
Finitismus 79, 125
Formalismus 96 f., 103 f.
Fortschritt 178-180, 183, 205
Fortsetzung 231 f., 243, 250
Fragment 57, 324
Fragmentierung 165, 167, 170, 194
Fraktale 11, 77, 188
free style classicism 117
Frühmoderne 11, 92, 113
Funktion 22, 94 f., 107, 111-113
Funktionalismus 93-99, 102-104, 107, 113, 129
Futurismus 91, 105, 138

Ganzes 42, 62 f., 119, 125, 173, 175, 177 f., 186, 295 f., 325 f.
– offenes 127
– prekäres 121
– rhetorisches 42, 122
– schwieriges 121, 125
– Abschied 126, 174-176, 178, 186, 197
– Auflösung 32, 39, 172 f., 193, 321
– Dialektik 326
– Offenhaltung 246
Ganzheit 53, 55, 60, 122, 126, 167, 172, 211-213
– nur via Differenz einlösbar 60-63
– Partikularität 173
Ganzheitsoption 54-63
Ganzheitssorge 326
Geist 173 f.
Genauigkeit u. Seele 110, 176
genetische Perspektive 257
Gerechtigkeit 33, 36 f., 184, 230, 232 f., 239 f., 242, 245, 247, 252-254
Gerichte 233 f.
– neue 237
– Pluralität ders. 237 f.
Gesamtkunstwerk 89, 300
Geschichte 59, 65, 72, 93, 178-182, 212, 234, 257
Geschichtsphilosophie 65, 155, 174, 183
Gesellschaft
– u. Dissens 228, 270 f.
– u. Pluralität 20, 118

– u. Sprache 227 f.
– aktive 11, 26 f.
– bürgerliche 101
– demokratische 201
– industrielle 11, 17, 184
– moderne 29, 189-192, 200 f.
– postindustrielle 11, 26-32, 43, 219, 223
– postmoderne 26-30
Gesetz der Zeit 232
Geviert 211 f.
Gleichzeitigkeit des Ungleichzeitigen 4, 49, 83, 216
Gnostizismus 216, 223
Gotik 46, 100, 176
Grenzbewußtsein 244, 289 f., 317, 326
Grenzüberschreitung 15 f.
Grundlagenkrise 79, 185, 187, 222
Gruppe Zero 193

Hedonismus 170
Hegemonie 219 f., 222, 238, 241
Heilsvorstellungen als Unheilsvorstellungen 151, 178-180, 183, 210 f.
Hermeneutik 137 f.
– des Sinns 31, 47, 172
Heterogenität 34-37, 83, 120, 138, 141, 158, 167, 182, 227, 231, 233, 239-241, 243, 246-248, 286, 288, 291, 297, 306, 312
– absolute 7, 206, 252, 256-258, 287, 289 f., 293, 310 f., 314
High-Tech 217
Hiroshima 301
Historismus 21, 23, 31, 52, 67, 106-108, 117, 123, 137, 159, 174
Hochrenaissance 48
Holismus 42, 55, 57, 63, 167
Homosexualität 158
Humanwissenschaften 249
Hybridbildung 25, 202 f., 323
Hyperdifferenz 323
Hypertelie 149-151, 155

Idealismus 31, 83, 210
Identität 29, 115, 192, 205

– u. Differenz 258, 304-307, 312
Idiom 233, 237 f., 251, 255
Imagination 22, 110, 112 f.
Imperativ, temporaler 67, 136
Indifferenz 120, 126, 149, 151, 153 f., 184, 203-205, 321-324
Indikativ, substantieller 67, 136
Individuum 190 f., 203
Informatik 219 f.
Informationsgesellschaft 149 f.
Informel 144
Ingenieur-Ästhetik 94, 217
Inkommensurabilität 125, 148, 194 f., 198 f., 221, 242, 259 f., 266-270, 312, 314
Innovation 6, 17, 34, 91-94, 152, 204 f., 220
Instrumentalismus 209, 249, 251
Inszenierung 204
Integration 10, 54, 57 f., 62, 123 f., 141, 165, 167, 184, 209, 272, 314
Intellektueller 238, 241 f.
Internationaler Stil 20, 39, 90, 93, 104, 129
Interpenetration 4, 57
Irrationalismus 81, 169-171, 182, 199-201, 272
Irrationalität 87, 267
Irritation 102, 128 f., 194, 217, 323-325

Jetztzeit 106, 135, 159
juridische Perspektive 253 f.

Kapitalismus 29, 48, 54, 101, 157 f., 172
Katastrophe 34, 146, 151, 179, 228, 321
Katastrophentheorie 77, 188
Klassengesellschaft 15
Klassik 176
Klassizismus 100, 166
Klon 151
Kode-Bewußtsein, plurales 323
Kommunikation 272
Kommunikationstechnologien 84, 221, 250
Kompensation 5, 74, 101, 158
Komplexität 107, 121, 124, 129, 160
Kompossibilität 299 f.
Konflikt 231, 234, 242 f., 256, 306
Konsens 34, 37, 161, 183, 228-230, 272, 306
Konservativismus 40, 107, 127, 159

Konstruktion u. Mimesis 25, 110, 176
Konstruktivismus 49, 93, 119 f.
Kontextualität 110, 122
Kontinuation 243
Krebs 151
Krieg 40
Kritik, archimedischer Typus ders. 155 f.
Kritische Theorie 69
Kritischer Rationalismus 266
Kubismus 78, 206
Kulissen 110, 115 f., 160
Kultur 28 f., 149, 157 f.
Kulturindustrie 116
Kunst 81, 89, 167, 176, 266
– u. Leben 24, 194, 298 f.
– u. Markt 94
– u. Philosophie 199
– u. Wirklichkeit 89, 301 f.
– Individualismus 24 f.
– interikonisch verfaßt 301 f.
– mittelalterliche 58
– moderne 193-195
– sozial/asozial 24
– Wirklichkeitsbezug 301

l'art pour l'art 89, 298 f.
Labyrinth 142
Lebenswelt 4, 30, 34, 56, 74, 166, 192, 194, 224, 266, 283, 285
Lehre von den Ordnungen 140, 244, 285, 293
Les Immatériaux 221
Les temps modernes 46
Liberalismus 58, 266
Linguist 250
Logischer Positivismus 81
Logozentrismus 170, 183

Magie des falschen Namens 43
maniera moderna 46, 48
Manierismus 100, 194
Marxismus 241
Massengesellschaft 14 f., 27
Mathematik 186, 267-270, 278, 280, 282 f.

Mathesis universalis 6, 36, 69 f., 72, 77-79, 81, 140 f., 182, 186 f.
Mehrfachkodierung 20, 117, 120, 217, 324 f.
Mehrsprachigkeit 16, 20 f., 105, 118-121, 138
Mensch
– Ende dess. 140, 146
– postmoderner 12 f., 40
Meta-Erzählungen 31, 33, 54, 79, 81, 155 f., 172 f., 197, 209, 232
Meta-Instanz inexistent 228 f., 232
Metaphysik 54, 146, 200, 212 f., 277
Metaregel 232, 252
Metasprache 119 f., 145, 238, 273
Mittelalter 57-59, 67 f., 166
Möbiusband 150, 206
Moderne
– als Tradition 7, 108 f.
– u. Differenzierung 53 ff.
– u. Mode 50, 179, 203
– u. Moder 178 f.
– u. Pluralität 5, 180
– u. Retotalisierung 180 f.
– u. Uniformierung 53 ff.
– ästhetische 47-51
– neuzeitliche 36, 75, 84 f.
– des 20. Jahrhunderts 77-79, 84
– Aporien 54, 272
– "asoziale" Komponente 24
– Ausdruck 31, 49, 66
– Begriff 45
– Dialektik 90
– Grundopposition 110
– Innovationsverhältnis 90, 93 f.
– kulturpolitische Domestizierung 156
– Pathologien 13, 164
– Projekt der Moderne 108 f., 159-161, 163-165, 245
– Selbstbewußtsein 103
– Tabuisierung 109-111
– Traditionsverhältnis 90-93, 100 f., 109
– traumatische Erfahrungen mit ihr 178-180
– Univalenz 20, 54
– Verteidigung 163 f.
– viele Versionen 45 ff., 200

Modernisierung 178-180
Modernismus 6, 24, 83, 138, 148, 166, 205
Modernisten versus Postmodernisten 274 f., 294, 312-315
modernité 48, 50
modern times 46
modernus 67
Mona Lisa 203 f.
Moralia linguistica 239
"München wird modern" 178 f.
Museum 91
Museumsboom 194
Mystik 100, 176
– jüdische 249
Mythos 10, 55, 81, 196, 266

Nachkriegs-Hoffnung 40
Nachmoderne 38
Neo-Irrationalismus 148, 273
Neohistorismus 52, 104 f., 107
Neokonservativismus 49, 107 f., 156, 161, 215
Neoliberalismus 48
Neostrukturalismus 38
Neue Sachlichkeit 49
Neue Technologien 11, 31 f., 54, 84, 157, 215-217, 219, 255
Neue Wilde 23
Neutralisierungen 197
Neuzeit 31, 36, 46 f., 59, 129 f., 141, 166, 197, 223
– u. neuzeitliche Moderne 73-77
– u. Gegen-Neuzeit 74
– u. wissenschaftlich-technische Zivilisation 70, 72
– Ausdruck 66
– Begriff 66-77
– Grundsatzrevision ders. 78, 84
– immanente Gegenbewegungen 73-77
– Kritik ders. 283
New Age 2, 42, 55
Nicht-Darstellbares 249 f.
Nihilismus 13, 136 f., 175
Nike von Samothrake 91, 105

Nomadologie 25, 142
Nominalismus 59, 319
Nostalgie 21, 33
Novismus 82, 136-138

Oberflächlichkeit 322
Objektivismus 264
Obszönität 151 f.
Ökologie 10 f., 110, 184
Ökonomie 98, 158
Opfer 237
Ordnung 180
Original 204
Ornament 92

Paradigmenkonkurrenz 11, 78, 266, 297 f.
Paradox 34, 145, 175, 188, 228, 259
Paralogie 34, 196, 228 f.
Partialität 62, 89, 126
Partikularismen 246
Partikularität 77 f., 188, 244, 254
Pascal-Regel 244, 286 f.
Perspektive 17, 176, 245
Pessimismus 33, 139, 175
Phänomenologie 69, 79, 265
Phantasie 151, 210
Philosoph 127, 238 f., 242, 270, 304
Philosophie 61, 260 f.
– analytische 38, 81
– integrale 196
– nachhegelsche 173-175
– offene 196
– postmoderne 79, 135 ff., 327
– Aufgabe ders. 111, 182, 251, 284, 327
– Einlösung 210 f.
– zwischen Wissenschaft u. Weisheit 326
phronesis 82, 239, 252, 260, 280 f., 285
Physik 188, 195, 280, 282
plastische Kraft 265
Platonismus 313
Pluralisierung 178, 181, 197, 243
Pluralismus 81, 142
– interferentieller 17

– postmoderner 4, 40, 42, 82, 121, 182, 188
– radikaler 36, 82, 183
– Vorformen dess. 82, 266
Pluralität 144, 148, 154, 213
– als Fokus der Postmoderne 5, 16 f., 28, 30, 34-36, 39, 42, 60-63, 68, 77-81, 83, 138, 167, 189, 231, 242
– als Grundbild 327 f.
– als Grundphänomen 144, 267, 320
– als Vernunftform 296
– als Vision 5, 39 f., 127, 154, 183 f., 202, 328
– i.d. Arch. 23, 107, 114-118, 120, 128 f., 317 f.
– i.d. Kunst 20, 25, 34, 78, 193
– i.d. Moderne 5, 79, 189-194
– i.d. Philosophie 173-175, 196
– orientierungsbezogen 196, 222, 224, 321
– radikale 4, 36, 158, 182, 184, 190, 320
– Anerkennung 127, 182, 317
– Positivität 33, 40, 175 f., 181, 190, 321
– Probleme 267
– Typologie 128 f., 317 f.
– Verbindlichkeit 197, 222
– Verteidigung ders. 312
– Widerstand gegen sie 60 f.
Politik 230, 234, 240, 242 f., 251, 285, 289
– philosophische 241-247
Polymorphie 34, 182, 193 f., 213, 219 f.
Polyregularität 324, 326
Polysemie 144
Polytheismus 40, 189 f.
Pop-Art 25
Pop-Kultur 117
Post-Postmodernismus 10
Posthistoire 17 f., 29, 41, 105 f., 149, 152-154, 184, 223
postindustrielle Linke 48
Postmetaphysik 207-213
Postmoderne
– u. Demokratie 182 f.
– u. Moderne 21, 36, 43, 45 ff., 82, 106-111, 135 f., 164 f., 321
– – Einlösung der Moderne 6, 84, 185-206
– – exoterische Alltagsform ders. 83, 202-206

– – keine Trans- u. Antimoderne 6, 21, 43, 83, 106, 109, 135 f., 188
– – Kongruenz 36, 83, 170, 185-206
– – Korrektiv 109, 160
– – radikal-modern 6, 66, 83, 85, 164
– – Transformationsform ders. 6, 106-111, 167, 321
– u. Neuzeit 130
– – nach-neuzeitlich, nicht post-modern 6, 66
– u. Öffentlichkeit 87
– u. Posthistoire 17 f., 105 f., 153 f.
– u. radikale Pluralität 4, 24, 52, 83, 320
– u. Vernunftkritik 163 f., 170 f.
– anti-totalitär 5, 37, 238
– Ausdruck 1 f., 9 ff., 18, 21, 31, 319 f.
– Aversionspotential 320
– Beginn 10, 13 f., 178
– Begriff 12, 16 f., 39 f., 45, 106-112
– Epochenanspruch 1, 35, 82, 148
– Geschichtsverhältnis 7, 10, 68, 83, 103-106, 108, 136, 212
– Hoch- u. Billigformen 23, 105
– Kritik an ihr 2 f., 135 f., 169-172, 199-201, 223, 230
– Kritikpotentiale ihrer 108, 152, 154-156
– philosophische Perspektiven ders. 169 ff.
– semantische Motivation 16, 19, 22
– soziale Motivation 16, 19
– Traditionsverhältnis 90, 103-107, 116 f.
– Vision 41, 182 f.
– Zeiterfahrung 148, 205
– Zitate 105, 120
– Zweideutigkeit ihrer Tendenzen 160
Postmodernismus
– alternativer 321
– anonymer 38, 80 f.
– diffuser 2 f., 35, 41, 81, 145, 153
– essentialistischer 165-167
– feuilletonistischer 3, 41, 81, 230, 323
– holistischer 321
– katastrophischer 146, 321
– kultureller 29 f.
– oppositioneller 156

– philosophischer 31-39, 79-81, 83, 135 ff., 164, 230
– präziser 2 f., 35, 80 f.
– reaktionärer 157
– veritabler 3, 41, 111, 118, 322
Poststrukturalismus 38, 81, 140 f., 207, 249, 315
Potentialität 245
Potpourri 2 f., 23, 41, 81, 115 f., 119
Präsenz 146, 148
Pseudo-Postmoderne 81
Pythagoreer 20

Querelle des Anciens et des Modernes 47, 67

Rationalismus 11, 73, 88, 189
Rationalität 2, 7, 78, 87 f., 170 f., 183, 186, 263, 270, 285 f., 316, 325
– ästhetische 298
– irrationale 254
– kommunikative 109, 160
– mathematische 283
– szientifische 54
Rationalitätsfelder 258
Rationalitätsformen 174, 264, 269, 273 f.
– Autonomie 297-301, 303
– Heterogenität 272
– Inkommensurabilität 198, 269, 274
– sektorielle Unterscheidung 297-299
– Vielheit 7, 83, 198, 200, 261, 266, 274, 278, 295 f., 313, 325
– außerwissenschaftliche 266
Rationalitätsparadigmen
– Genese 299 f.
– interkonzeptionell verfaßt 300
Realität 4, 149 f., 216, 236, 268
rechter Moment 279
Rechtfertigung, geschichtliche 178, 181 f.
Rechtsstreit 233 f., 239, 254 f.
Regel 313, 327
Régence 48
Reifizierung 307 f.
Relativismus 41, 202
Relativitätstheorie 77, 186

344 Sachregister

Religion 42, 55, 58, 62, 122, 266, 285
Remythisierung, linguistische 252
Renaissance 46, 71, 93, 100, 176, 301
Resemantisierung 116 f.
Retotalisierung 39, 180 f.
Revolution, ästhetische 48, 74
Rhizom 142
Rokoko 48
Romantik 36, 58 f., 76, 166, 175-177, 190, 321

Satz 234, 242
Satz-Regelsysteme 231-233, 238, 241, 243, 247 f., 260
– Autonomie 252-258, 311
– Heterogenität 252-258, 261
– Inkommensurabilität 252
Schaden 233 f.
Schlüssellattitüde 197
Schweigen 232
Sekuritätsbedürfnis 57
Selektion 205
Sensibilität 37, 239, 245
Simulakrum 142, 150
Simulation 2, 149, 151, 203 f.
Singularismus 77, 115, 155, 212
Sinnlichkeit 88, 316
Sonnen-Modell 5
Sophistik 202, 305, 313
Sozialismus 153
Spätmoderne 28, 32, 43, 103, 159, 218, 223
Spezifitätsbewußtsein 289 f.
Sport 223 f.
Sprache 23, 41 f., 108, 117-119, 125, 160, 182, 220, 239, 251
– Struktur ders. 233, 248, 256 f.
Sprachobjektivismus 247, 250-252
Sprachprimat 253
Sprachspiele 33, 80, 160 f., 167, 209, 219 f., 228, 251
– agonales Verhältnis 227, 256 f.
– Verflechtung 257
Stadt-Metapher 71
Standard-Vorwürfe 169-171, 199-201
Stil 118

Strukturalismus 140 f., 149, 249, 315
style moderne 48
Subjekt 29, 251, 314-317
– "schwaches" 316
Subjektivität 210, 252, 315-317
– schlechte 322
– vielheitsfähige 317
Superstudio 218
Surrealismus 24, 49, 203, 206
sveltezza 317
System 210, 219
– u. Lebenswelt 110, 159
Szientismus 11, 39, 183

Tasaday 150
Technik 138, 212, 217, 224
Technokratie 26, 28, 69, 72, 84
Technologisches Zeitalter 215-223
Teleologie des Geistes 31, 47, 172 f.
Terror 62, 167, 206, 272
Theologie 9, 282
Tier 237
Tod 248
Totalisierung 180-182, 200, 220, 238, 244, 272, 300, 326
Totalitarismus 96, 290
Totalität 6, 32, 57, 61 f., 77-80, 125 f., 130, 148, 167, 175, 181, 186, 188, 296, 310, 314
Tradition, französische 140, 255
Trans-Avantgarde 23-25, 74
Trans-Subjektivität 209 f.
Transformation 104 f., 117
Transmoderne 43
Transparenz 77, 120, 151, 186 f.
Transversalität 317 f.
Transzendentalien 65, 189, 287, 303
Turmbau zu Babel 114 f., 145
Tyrannei 126, 246, 286-288

Überbau 5, 158
Übergänge 63, 128 f., 142, 174, 202, 205 f., 231, 255, 258-261, 282 f., 288, 290-318, 323, 325
– materiale 294, 296-307
Übergriffe 283, 286-288, 290

Überwindung 136-138, 166
Umschlagserfahrung 178-180
Unbekanntes 184, 196, 230, 245, 324
Unfaßliches 325 f.
Ungerechtigkeit 231, 237 f., 243, 252 f.
Uniformierung 53 f., 90, 95, 97-99, 130, 154, 165, 219 f., 223, 241, 324, 327
Universalgeschichte 245 f.
Universalidiom 220
Universalismus 141, 155, 161, 183, 240, 246
Universalität 75-78, 89, 244, 314
Univozität 311
Unrecht 234, 243
Unschärferelation 77, 186
"unsere postmoderne Moderne" 6, 185
Unterdrückung 181, 234, 242
Unübersetzbarkeit 268 f.
Unübersichtlichkeit 157, 162 f., 324
Unverfügbarkeit 249, 251
Unvollständigkeitssatz 77, 186
Urteilskraft 259, 266, 291 f., 308 f., 326
Utopie 24, 36, 41, 151, 162, 179, 183

Verabsolutierung eines Partikularen 62, 126, 167, 181, 183
Verbindlichkeit 3, 156, 205
Vergleichgültigung 54, 149, 152
Verkettung 231, 242
Vernunft 7, 10, 100, 161, 170, 174, 196, 200, 202, 205, 260 f., 263-318
– u. Rationalitätsformen 295, 305
– u. Urteilskraft 266, 291, 308 f.
– u. Verstand 289 f., 295 f., 305
– instrumentelle 69, 109
– kommunikative 163-165, 274
– okkasionelle 266
– theoretische vs. praktische 278-292
– transversale 7, 63, 167, 261, 275, 294-318, 325
– – u. Postmoderne 315-318
– Architektonik 271, 307
– Doppelvernunft 266
– Einheit der Vernunft 263-267, 282-284, 293, 313
– – als Fokus der gegenwärtigen Problematik 270 f.
– – gesuchte Einheitsform 271, 273-275, 295, 312
– keine Hypervernunft 283 f., 289, 293
– Pluralität von Vernunftformen 263 f., 266, 273 f., 277-294
– – modern 263-267
– – gegenwärtig unbestritten 270 f., 274
– – Binnendifferenz 282
– – Fundamentaldifferenz 282
– – Entsprechungen 303
– – Probleme
– – – Generaltrend der Debatten 266
– – – gesellschaftliche Dimension 270 f.
– – – philosophisch zentral 261, 271
– – Verflechtungen 294, 297, 300, 303 f., 311
– – Zusammenhang 282 f., 293, 299
Versöhnung 24, 138, 176 f.
Verstand 7, 261, 266, 288 f., 291, 295, 304
Verstreuung 144, 146
Vexierbild 269 f.
Vielheit 177, 274 f.
Vielheitskonzeption 290
Vielheitsoption 54-63

Wahrheit 137, 147, 170, 173, 186, 267 f., 283
Warenhausmentalität 116
Weisheit 282, 325 f.
Welt 269
Widerstreit 155, 233-247, 251-256, 261, 272, 292, 312
Wiener Kreis 187
Wien um 1900 33, 175, 194
Wirklichkeit 77 f., 184, 188, 200, 202, 205, 210, 215, 236, 245, 248, 314
Wissen 31-34, 139 f., 185-188, 228, 279-282, 326
Wissenschaft 34, 69-71, 73, 77-81, 185-189, 195 f., 228, 264, 271, 280, 282, 285
Wissenschaftler, Aufgabe dess. 190
wissenschaftlich-technische Zivilisation 69 f., 72

Wissenschaftstheorie 78, 167, 188, 196
Wucherung 151 f.

Zeit 241, 247
Zersplitterung 53, 58, 297
Zusammenhang 119-121
Zuschärfung 322

Wege aus der Moderne

Schlüsseltexte der Postmoderne-Diskussion

Herausgegeben von Wolfgang Welsch

2. Auflage
1994. 324 S. – 6 Abbildungen
Pb, € 19,80
ISBN 3-05-002789-4

Der Band enthält die folgenden Texte, die die Postmoderne-Diskussion maßgeblich bestimmt haben:

Ihab Hassan Postmoderne heute · *Leslie A. Fiedler* Überquert die Grenze, schließt den Graben! Über die Postmoderne · *Umberto Eco* Postmodernismus, Ironie und Vergnügen · *Robert Venturi* Komplexität und Widerspruch in der Architektur · *Charles Jencks* Die Sprache der postmodernen Architektur · *Heinrich Klotz* Moderne und Postmoderne · *Jürgen Habermas* Moderne und postmoderne Architektur · *Achille Bonito Oliva* Die italienische Trans-Avantgarde · *Arnold Gehlen* Über kulturelle Kristallisation · *Daniel Bell* Die nachindustrielle Gesellschaft · *Jean Baudrillard* Die Simulation · *Dietmar Kamper* Nach der Moderne. Umrisse einer Ästhetik des Posthistoire · *Jürgen Habermas* Die Moderne – ein unvollendetes Projekt · *Jean François Lyotard* Die Moderne redigieren · *Jacques Derrida* Am Nullpunkt der Verrücktheit – Jetzt die Architektur · *Gianni Vattimo* Nihilismus und Postmoderne in der Philosophie · *Albrecht Wellmer* Kunst und industrielle Revolution. Zur Dialektik von Moderne und Postmoderne · *Peter Sloterdijk* Nach der Geschichte

Akademie Verlag

Ästhetik im Widerstreit

Interventionen zum Werk von Jean-François Lyotard

Herausgegeben von Wolfgang Welsch und Christine Pries
1991. VI, 225 S. – 170 x 240 mm Pb, € 34,80
ISBN 3-05-003978-7

Aus dem Inhalt:

Wolfgang Welsch, Christine Pries: Einleitung

1. Positionen

Jean-François Lyotard: Die Vorschrift
Albrecht Wellmer: Adorno, die Moderne und das Erhabene
Wolfgang Welsch: Ästhetik und Anästhetik

2. Musik, Malerei, Literatur

Hermann Danuser: Rationalität und Zufall – John Cage und die experimentelle Musik in Europa
Jörg Zimmermann: Bilder des Erhabenen – Zur Aktualität des Diskurses über Caspar David Friedrichs „Mönch am Meer"
Hans Ulrich Reck: Der Betrachter als Produzent? Zur Kunst der Rezeption im Zeitalter technischer Medien
Joseph Vogl: Grenze der Gemeinschaft. Undarstellbarkeit bei Kafka

3. Anschlüsse und Befragungen

Christine Pries: „Königsberger Avantgarde" oder: Wie modern war Immanuel Kant?
Bernhard H. F. Taureck: Unverfügbarkeit des Zeitlichen, Zeitlichkeit des Unverfügbaren. Auf der Suche nach der verlorenen Zeit von Montaigne bis zu Lyotard und Michel Tournier
Manfred Geier: Ich lüge immer. Unterwegs zu einer Ästhetik der Paradoxien
Josef Früchtl: Das Spiel der Vernunft und der Ernst der Kritik. Eine Erkundung Lyotards
Hans Joachim Lenger: Ohne Bilder. Über Versuche, das Entsetzlichste zu entziffern

Akademie Verlag

Panajotis Kondylis
Der Niedergang der bürgerlichen Denk- und Lebensform

Die liberale Moderne und die massendemokratische Postmoderne

1991. V, 301 S. – 130 x 210 mm Gb. € 24,80
ISBN 3-05-003991-4

Die Debatte über die Moderne und die Postmoderne wurde bisher hauptsächlich von Literaturwissenschaftlern und Philosophen geführt, deren Stellungnahmen im Zeichen normativer oder ästhetischer Optionen standen.

In diesem Buch wird nicht eine weitere solche Option formuliert, sondern der Versuch unternommen, die ganze Debatte von außen zu betrachten und in einen breiteren sozialpolitischen und geistesgeschichtlichen Rahmen einzuordnen. Es wird der massendemokratische Charakter postmodernistischer Ideologeme herausgearbeitet und gleichzeitig gezeigt, daß die bürgerlich geprägte Moderne schon längst der Vergangenheit angehört.

Dieser Nachweis wird auf der Basis einer multidimensionalen Analyse erbracht, die die sozialen und geistigen Wandlungen seit dem letzten Viertel des 19. Jahrhunderts bis heute in ihrer strukturellen Einheit erfaßt. Die Untersuchung der Entwicklungen in Literatur und Kunst, Wissenschaft und Philosophie unter diesem Gesichtspunkt ergibt das Bild eines Paradigmawechsels, der an die Stelle der bürgerlichen Denk- und Lebensform die massendemokratische gesetzt hat. Die Erörterung des Paradigmawechsels auf der Ebene des Ideellen wird ihrerseits durch die Darstellung der Umwälzungen untermauert, die im selben Zeitraum innerhalb der sozialen Organisation stattgefunden haben.

Akademie Verlag